Gerhard Roth/Nicole Strüber

Wie das Gehirn die Seele macht

Klett-Cotta

Klett-Cotta
www.klett-cotta.de
© 2014 by J. G. Cotta'sche Buchhandlung
Nachfolger GmbH, gegr. 1659, Stuttgart
Alle Rechte vorbehalten
Redaktion: Ulf Müller, Köln
Printed in Germany
Umschlag: Rothfos & Gabler, Hamburg
Gesetzt von Dörlemann Satz, Lemförde
Gedruckt und gebunden von CPI – Clausen & Bosse, Leck
ISBN 978-3-608-94805-9

Bibliografische Information der Deutschen Nationalbibliothek
Die Deutsche Nationalbibliothek verzeichnet diese Publikation in der
Deutschen Nationalbibliografie; detaillierte bibliografische
Daten sind im Internet über <http//dnb.d-nb.de> abrufbar.

Inhaltsverzeichnis

Vorwort 9

Einleitung 13

1 Die Suche nach dem Sitz der Seele 25
1.1 Die antike und mittelalterliche Seelenlehre 25
1.2 Die neuzeitliche Suche nach dem »Sitz der Seele« 32
1.3 Experimentelle Hirnforschung und Seele-Geist 34
1.4 Wo stehen wir heute? 41

2 Gehirn und limbisches System 45
2.1 Allgemeiner Aufbau des Gehirns 45
   Bau und Funktion der Nervenzellen 47
   Was die verschiedenen Teile des Gehirns tun 54
2.2 Bau und Funktion des limbischen Systems als Sitz
   des Psychischen 63
   Die untere limbische Ebene 63
   Die mittlere limbische Ebene 68
   Die obere limbische Ebene 83
   Die kognitiv-sprachliche Ebene – der Isocortex 87
2.3 Was lernen wir daraus? 92

**3 Die Sprache der Seele: Neuromodulatoren,
   Neuropeptide und Neurohormone** 95
3.1 Dopamin 96
3.2 Serotonin 103
3.3 Noradrenalin 110
3.4 Acetylcholin 114
3.5 Endogene Opioide 116
3.6 Oxytocin 120
3.7 Vasopressin 129

3.8 Glucocorticoide 132
3.9 Zusammenfassung: Sechs psychoneuronale Grundsysteme . . 144
    (1) Das Stressverarbeitungssystem 145
    (2) Das interne Beruhigungssystem 146
    (3) Das interne Bewertungs- und Belohnungssystem 147
    (4) Das Impulshemmungssystem 148
    (5) Das Bindungssystem 149
    (6) Das System des Realitätssinns und der Risikobewertung . . 150
    Psychoneuronale Systeme und das Vier-Ebenen-Modell 151

4 Die Entwicklung des Gehirns und der kindlichen Psyche 153

4.1 Die Entwicklung des Gehirns 153
    Kritische Perioden der Hirnentwicklung 155
    Die weitere Ausreifung des Gehirns 157
4.2 Die Entwicklung der kindlichen Psyche 159
    Die Entwicklung des kindlichen Emotionsverständnisses und
    einer »Theory of Mind« 160
    Die Entwicklung des autobiographischen Gedächtnisses . . . 162
    Die Entwicklung von Emotionen und Emotionsregulation . . 165
    Das Bindungssystem 167
    Das kindliche Temperament 177
4.3 Was lernen wir daraus? 181

5 Persönlichkeit und ihre neurobiologischen Grundlagen 184

5.1 Die gängigen psychologischen Bestimmungen
    der Persönlichkeit 184
5.2 Die neurobiologischen Grundlagen der Persönlichkeit 188
    Stressverarbeitung und Persönlichkeit 190
    Selbstberuhigung und Persönlichkeit 191
    Belohnung und Belohnungserwartung (Motivation) und
    Persönlichkeit 192
    Bindungsverhalten und Persönlichkeit 194
    Impulskontrolle und Persönlichkeit 196
    Realitätssinn und Risikowahrnehmung und Persönlichkeit . . 197
5.3 Was sagt uns das alles? 198

6	**Das Bewusstsein, das Vorbewusste und das Unbewusste**	**200**
6.1	Die Erscheinungsformen des Unbewussten	200
6.2	Die Erscheinungsformen des Bewusstseins und des Vorbewussten	205
	Phänomenologie des Bewusstseins	205
	Welche Bewusstseinszustände gibt es?	209
6.3	Die Funktionen des Bewusstseins	211
6.4	Die neurobiologischen Grundlagen des Bewusstseins	216
	Die Großhirnrinde – ein assoziatives und selbstreferentielles Netzwerk	217
	Synchronisations- und Oszillationsphänomene im Cortex und Bewusstseinsentstehung	219
	Neurobiologie des Vorbewussten	227
6.5	Wie verhalten sich nun Geist-Bewusstsein und Gehirn zueinander?	231
	Geist und Bewusstsein als emergente physikalische Eigenschaften	234
	Realität und Wirklichkeit des Geistes	237
	Mentale Felder – die Ordnungskraft des Bewusstseins	239
6.6	Was sagt uns das alles?	242
7	**Psychische Erkrankungen und Persönlichkeitsstörungen**	**245**
7.1	Depressionen	246
7.2	Angststörungen	263
7.3	Posttraumatische Belastungsstörung	269
7.4	Zwangsstörung	273
7.5	Borderline-Persönlichkeitsstörung	277
7.6	Antisoziale Persönlichkeitsstörung und Psychopathie	283
7.7	Psychische Erkrankungen und das Gehirn: Was sagt uns das?	295
8	**Psychotherapien**	**299**
8.1	Psychoanalyse	299
	Das Grundschema des Psychischen nach Freud	303
	Psychoanalytische Therapie	307

Moderne Ansätze der psychoanalytischen und
psychodynamischen Therapie 311
Die »Operationalisierte Psychodynamische Diagnostik – OPD« 313
8.2 Verhaltenstherapie 315
Das behavioristische Konzept der Verhaltenstherapie 319
Kognitive Verhaltenstherapie 321
8.3 Ergebnisse der Psychotherapie-Wirksamkeitsforschung 325
Die »Common-Factor-Theorie« und
der sogenannte Placeboeffekt 330
8.4 Was sagt uns das alles? 332

**9 Die Wirkungsweise von Psychotherapie aus Sicht
der Neurowissenschaften** 335

9.1 »Neuropsychotherapeutische« Korrelate und Messmethoden . 335
Welche Methoden besitzt die Neurobiologie,
um die Wirksamkeit von Psychotherapien zu überprüfen? ... 336
9.2 Neurowissenschaftliche Beurteilung
der Therapiewirkungsforschung 340
(1) Das VT-Paradigma der »Löschung«
unangepasster Verknüpfungen 340
(2) Das Paradigma der kognitiven Kontrolle und
kognitiven Umstrukturierung in der KVT 344
(3) Das Paradigma des Bewusstmachens unbewusster Inhalte
in der Psychoanalyse 350
9.3 Neurobiologische Interpretation der »therapeutischen Allianz« 355
9.4 Was geschieht in der zweiten Therapiephase? 361
9.5 Was bedeuten diese Erkenntnisse
für eine »Neuropsychotherapie«? 365

10 Zusammenfassung 370

Literatur 385

Register 419

Vorwort

Die eingehende Beschäftigung mit der Thematik dieses Buches begann 1997 mit der Gründung des Hanse-Wissenschaftskollegs, einer Einrichtung der Bundesländer Niedersachsen und Bremen in der zwischen Oldenburg und Bremen gelegenen Stadt Delmenhorst. Es ging damals darum, die wissenschaftliche interdisziplinäre Tätigkeit des Hanse-Kollegs längerfristig zu planen, und bei der Suche nach einem großen Rahmenthema entschieden wir uns für »Determinanten menschlichen Verhaltens«, die wir in den Bereichen der Neuro- und Kognitionswissenschaften, der Philosophie, der Sozialwissenschaften und der Anthropologie in Einzelprojekten behandeln wollten. Was uns und dem damaligen, leider viel zu früh verstorbenen Mitarbeiter Uwe Opolka dabei sehr am Herzen lag, war das Thema »Seele und Gehirn«. Wir wollten Neurobiologen, Psychologen, Psychiater, Psychotherapeuten und Philosophen zusammenbringen und zu gemeinsamen transdisziplinären Diskursen und Projekten anregen.

Schnell waren »Gründungsväter« für das Projekt »Seele und Gehirn« gefunden, vor allen anderen der Heidelberger Psychiater und Psychotherapeut Manfred Cierpka, hinzu kamen als weitere Kollegen Horst Kächele aus Ulm, Peter Buchheim aus München, Ulrich Sachsse aus Göttingen, Thomas Münte, seinerzeit aus Magdeburg, und Eckart Altenmüller aus Hannover, mit denen wir über zehn Jahre hinweg viele kleinere und größere Tagungen am Hanse-Kolleg und in Heidelberg, Ulm und München durchführten. Später kam eine ganze Reihe jüngerer Kolleginnen und Kollegen hinzu wie Anna Buchheim (heute Innsbruck), Svenja Taubner (heute Klagenfurt), Daniel Wiswede (heute Lübeck), Daniel Strüber (heute Oldenburg), Cord Benecke (heute Kassel), John Dylan Haynes (heute Berlin) und Henrik Kessler (heute Bonn).

Wir merkten aber bald, dass über diesen engen Kreis hinaus die Bereitschaft zu einem intensiven Gespräch zwischen den Neuro- und Kognitionswissenschaftlern einerseits und den Psychiatern und Psychotherapeuten andererseits bei den von uns angesprochenen Personen anfangs nicht sehr groß war. Viele naturwissenschaftlich orientierte Psychiater,

Neurologen und Neurobiologen sahen skeptisch bis geringschätzig auf die Psychotherapeuten und ihr »unwissenschaftliches Tun« herab, während für diese wiederum die Neurobiologen und die ihnen nahestehenden Psychologen nichts als hartgesottene Reduktionisten waren, mit denen zu sprechen sich nicht lohnte. Es brauchte unsererseits viel Überredungskunst, bis es zu ersten größeren Zusammenkünften und zu einem gegenseitigen Verstehen kam.

Ein besonderes Ereignis war die Einladung an G. R., als erster Neurobiologe auf den angesehenen Lindauer Psychotherapiewochen einen Vortrag zu halten, der dann den Titel trug: »Wie das Gehirn die Seele macht«. Dieser Titel stammte von Manfred Cierpka, und wir haben ihn auch für das vorliegende Buch gewählt. Der Vortrag stieß zu unser aller Erstaunen auf große Resonanz, was zur Folge hatte, dass ähnliche Auftritte in Lindau von nun an ungefähr alle zwei Jahre stattfanden und das Interesse der Psychotherapeuten, mehrheitlich Psychoanalytiker und Tiefenpsychologen, an der Hirnforschung stetig wuchs.

Am Hanse-Wissenschaftskolleg gelang es uns, den berühmtesten lebenden Neurobiologen, Eric Kandel, im Rahmen eines »Kurz-Fellowships« nach Delmenhorst und Bremen zu holen. Kandel forderte uns und unsere Kolleginnen und Kollegen aus Neurobiologie, Psychiatrie und Psychotherapie nachdrücklich zur Zusammenarbeit auf. Dies war dann auch der Auslöser für die erste Wirksamkeitsstudie zur psychodynamischen Therapie an depressiven Patienten, die mithilfe bildgebender Verfahren durchgeführt wurde. Bekannt geworden ist sie unter dem Namen »Hanse-Neuro-Psychoanalyse-Studie (HNPS)«, weil sie institutionell vom Hanse-Wissenschaftskolleg getragen wurde.

Die Zusammenarbeit im Kontext vieler Tagungen in Delmenhorst, Heidelberg, Lindau und an zahlreichen anderen Orten sowie im Rahmen der HNPS und sich anschließender Projekte entwickelte sich zu einem langsamen, aber doch deutlichen Erfolg. Dies heißt aber keineswegs, dass sich der »Traum« von Sigmund Freud, Eric Kandel und dem leider früh verstorbenen Klaus Grawe, eine neurobiologische Fundierung der Psychiatrie und Psychotherapie zu erreichen, von selbst verwirklichen würde. Denn während die kognitive Verhaltenstherapie schon seit langem die Zusammenarbeit mit Neurowissenschaftlern sucht, öffnet man sich dem in der psychoanalytischen Therapie nur zögerlich. Hier ist der Widerstand von ausschließlich geisteswissenschaftlich orientierten Psychoanalytikern bzw. Psychodynamikern noch immer groß. Selbst ein so bedeutendes Buch wie die *Neuropsychotherapie* von Klaus Grawe wird von manchen Psychoanalytikern auch zehn Jahre nach seinem Erscheinen geradezu verteufelt. »Wenn ich als Psychoanalytiker noch etwas dazulernen will, greife ich lieber zu einem Buch von Habermas, als dass ich in ein neurobiologisches Lehrbuch hineinschaue!«, hieß es kürzlich auf einer Tagung zu Fragen der Kinder- und Jugendpsychotherapie.

Einer solchen Abwehrhaltung, die vielerlei Gründe hat, steht die Tatsache gegenüber, dass seit dem Erscheinen des genannten Buchs von Grawe die Erforschung der neurobiologischen Grundlagen des Seelisch-Geistigen abermals große Fortschritte gemacht hat. Das betrifft alle Aspekte dieser Thematik, angefangen von der Entwicklung der Persönlichkeit und dem Entstehen von Geist und Bewusstsein über die Ursachen psychischer Erkrankungen bis hin zu Fragen der Wirkungsweise von Psychotherapien aus neurobiologischer Sicht. Diese Erkenntnisfortschritte in verständlicher Weise darzulegen ist das Hauptziel des vorliegenden Buches.

Ein weiterer entscheidender Schritt für das Zustandekommen unseres Buches war unsere umfassende und integrative Aufarbeitung psychologischer und neurobiologischer Befunde, die die Rolle frühkindlichen Stresserlebens beim Entstehen psychischer Störungen beleuchten. In dieser Aufarbeitung, die wir im Rahmen einer Projektarbeit durchführten, wurde uns bewusst, welche Bedeutung insbesondere die frühen Erfahrungen innerhalb kritischer sensibler Perioden, aber auch die genetisch-epigenetische Ausstattung des Menschen für seine spätere Persönlichkeit und die Entwicklung psychischer Erkrankungen haben. Es wurde deutlich, dass es während der Entwicklung vor allem die komplizierte Neurochemie ist, die sich in ihrer Funktionsweise den jeweiligen Lebensumständen anpasst: Bei Vorliegen ungünstiger genetisch-epigenetischer Prädispositionen, kombiniert mit negativen oder gar traumatischen Erfahrungen, erfährt sie langfristige Veränderungen und begünstigt so die Entstehung von psychischen Erkrankungen und Verhaltensstörungen.

Grundlage unserer Überlegungen ist eine »naturalistische« Sicht des Seelischen, derzufolge sich Psyche und Geist in das Naturgeschehen einfügen und dieses nicht transzendieren. Daher rührt die strenge empirische Ausrichtung unserer Argumente. Gleichzeitig versuchen wir, die

Fallstricke eines unfruchtbaren neurobiologischen Reduktionismus zu vermeiden. Inwieweit uns dies gelungen ist, hat der Leser zu entscheiden. Wir danken einer Reihe von Personen, die uns bei der Abfassung dieses Buches geholfen haben. Vor allem danken wir unseren Ehepartnern Prof. Ursula Dicke (Universität Bremen) und Prof. Daniel Strüber (Universität Oldenburg) für den ständigen fachlichen Rat und im Falle von Prof. Dicke für die wertvolle Hilfe bei der Anfertigung von Abbildungen. Weiterhin gilt für die kritische Lektüre einzelner Teile des Buches sowie die fachliche Beratung unser Dank (in alphabetischer Reihenfolge) Prof. Cord Benecke (Kassel), Mark Borner (Berlin), Prof. Georg Bruns (Bremen), Prof. Manfred Cierpka (Heidelberg), Annette Goldschmitt-Helfrich, Werner Helfrich (beide Bremen), Prof. Otto Kernberg (New York), Prof. Manfred Pauen (Berlin) und Dr. Iris Reiner (Mainz).

Bremen, Lilienthal und Brancoli/Lucca,
Mai 2014.

Einleitung

Seit Menschen damit begonnen haben, über sich und ihre Existenz nachzudenken, war ihnen das eigene Fühlen, Denken und Handeln rätselhaft. Die Welt um sie herum war zwar auch voller geheimnisvoller Vorgänge, doch bald lernten sie, durch Naturbeobachtungen und damit verbundene mythisch-religiöse Vorstellungen zunehmend Ordnung in diese Welt zu bringen. Die religiösen Anschauungen über die Natur und den Gang der Dinge wurden jedoch mehr und mehr durch wissenschaftliche Erklärungen ersetzt, auch wenn viele diese »Entzauberung der Welt« bedauerten und manche sie bekämpften. Heute scheint innerhalb der »harten« Naturwissenschaften fast nur noch im Bereich der Quantenphysik und der Kosmologie einiges vollkommen unerklärlich. Innerhalb der Biowissenschaften sind die Vorgänge, die einen Organismus am Leben erhalten, und ebenso diejenigen der Vererbung weitgehend aufgeklärt oder lassen eine solche Aufklärung in naher Zukunft vermuten. Dies gilt auch für die Prozesse, die im Gehirn auf der Ebene einzelner Nervenzellen und ihrer Bestandteile und innerhalb kleinerer Zellverbände ablaufen. Kaum ein Naturwissenschaftler vermutet hier noch geheimnisvolle Kräfte, die die Grenzen des Naturgeschehens überschreiten. Vielmehr herrscht die Vorstellung von der »Einheit der Natur« vor, die besagt, dass dieselben Prinzipien, die für die unbelebte Natur gelten, auch in der belebten Natur wirksam sind. Das war bis ins späte 19. Jahrhundert nicht selbstverständlich, denn bis dahin nahm man an, Lebewesen würden von ganz anderen Kräften und Prinzipien bestimmt als die unbelebte Natur, z.B. von einer mystischen Lebenskraft (vis vitalis). So glaubte man, es gebe in den Lebewesen eine spezifische »organische« Chemie, die sich von der »anorganischen« Chemie der unbelebten Materie grundsätzlich unterscheide. Der Nachweis durch Friedrich Wöhler im Jahre 1828, dass die »anorganische« und die »organische Chemie« denselben Gesetzen unterliegen, war ein großer Wendepunkt der Wissenschaftsgeschichte, auch wenn diese Tatsache nur sehr langsam akzeptiert wurde und es bis heute *vitalistische* Konzepte gibt.

Einen solchen Erkenntnisfortschritt hat es hinsichtlich solcher Fragen wie »Was sind Geist und Bewusstsein?«, »Woher kommen meine Gefühle und meine Gedanken?« oder »Warum handle ich in dieser Weise und nicht anders?« – also hinsichtlich dessen, was man in einem umfassenderen Sinn als das »Seelische« des Menschen versteht – augenscheinlich nicht gegeben. Auch wenn sich seit langem die Philosophen, später auch die Psychologen und noch später die Neurobiologen mit Antworten auf diese Fragen abmühen, so herrscht auch unter ihnen bislang keinerlei Konsens vergleichbar dem unter Physikern, Chemikern und Biologen. Erstaunlich viele Philosophen und sonstige Geisteswissenschaftler sind auch heute noch der festen Überzeugung, dass bei seelisch-geistigen Zuständen Prinzipien wirken, die die Grenzen des Naturgeschehens und einer naturalistischen Erklärung überschreiten. Kaum eine Woche vergeht, in der nicht Bücher und Artikel erscheinen, in denen Geisteswissenschaftler vehement gegen die »reduktionistischen Anmaßungen« und »naturalistischen Grenzüberschreitungen« der Hirnforschung zu Felde ziehen und die Einzigartigkeit des menschlichen Geistes herausstreichen.

Das müsste einen in der Wissenschaftsgeschichte Bewanderten nicht weiter beunruhigen, war dies doch zu Beginn der modernen Naturwissenschaften im 17. Jahrhundert nicht anders, und auch nicht beim Entstehen der empirisch-experimentellen Psychologie oder der naturwissenschaftlich orientierten Psychiatrie. Man kann das zum Teil als Kampf um akademische Macht oder als Verteidigung eines Alleinerklärungsanspruchs sehen, den die Philosophie zuvor ihrerseits über Jahrhunderte gegen die Theologie geführt hatte. Diese Haltung weist aber zugleich auf einen tieferen Beweggrund hin.

Natürlich bezweifelt kaum ein Philosoph, dass Wahrnehmen und Denken nach bestimmten Prinzipien ablaufen, wie es vor allem Immanuel Kant in seiner *Kritik der reinen Vernunft* zu erfassen suchte, und kein geisteswissenschaftlich orientierter Psychologe, Psychiater oder Psychotherapeut wird etwa den Zusammenhang zwischen frühkindlicher Traumatisierung und bestimmten psychischen Erkrankungen leugnen. Aber das betrifft ja nicht die Frage nach der »Natur« der Seele und des Geistes: Die Gesetze und Abläufe der Wahrnehmung und des Denkens, das Entstehen und die Erkrankungen unserer Gefühlswelt und deren mögliche Heilung sind nach dieser Auffassung nämlich rein geistig oder rein psychisch und lassen sich auch nur auf diese Weise erklären. Sie mit Strukturen und Funktionen des Gehirns in Verbindung zu bringen liefert zumindest keinerlei zusätzlichen Nutzen, und sie mit ihrer Hilfe gar erklären zu wollen erscheint absurd.

Eine solche Haltung ist durchaus verständlich. In unserem täglichen Empfinden und Erleben sind Bewusstsein, Denken und Fühlen etwas *ganz anderes* als die materielle Welt um uns herum. Diese lässt sich messen, wiegen, in ihren gesetzmäßigen Abläufen erfassen und zum Teil bis auf die siebte Stelle hinter dem Komma bestimmen. Freilich gibt es auch hier Dinge, die nur schwer zu berechnen sind, wie das Wetter, oder rätselhaft erscheinen, wie der Ursprung des Weltalls, die Natur der Gravitation oder die Existenz »objektiv zufälliger« Abläufe im Bereich der Quantenphysik. Das muss uns aber in unserem Alltag nicht bekümmern, denn all das scheint rein innerphysikalische Probleme zu betreffen. Geist und Gefühle kann man – so scheint es – *grundsätzlich* nicht messen und wiegen; sie haben offenbar gar keine Ausdehnung und kein Gewicht, keinen definitiven Ort, und ihre zeitlichen Eigenschaften sind verwirrend. Eine strikte Kausalität zwischen Gedanken oder Gefühlen in der Weise, dass ein bestimmter Gedanke einen anderen *erzwingt*, ein bestimmtes Gefühl *gesetzmäßig* ein nächstes nach sich zieht, scheint es nicht zu geben. Dies alles drängt uns ein dualistisches Weltbild auf, in dem Geist und Seele und das Naturgeschehen zwei unterschiedliche »Wesenheiten« sind und von wesensverschiedenen Prinzipien beherrscht werden.

Gleichzeitig – und das ist das Dilemma – gibt es gute Gründe, an einem solchen dualistischen Weltbild zu zweifeln, so plausibel es auf den ersten Blick erscheint. Nur zu gut kennen wir die enge Beziehung zwischen Psyche und Körper: Große Freude ebenso wie große Furcht lässt unseren Körper erbeben, uns schlottern die Knie, zittern die Hände vor Angst, bei großem Stress wälzen wir uns nachts im Bett herum, der Gedanke an die nahende Prüfung führt zu Schweißausbrüchen und so weiter. Gefühle können unseren Körper ergreifen. Wie aber kann es geschehen, dass Psyche und Geist als immaterielle Wesenszustände auf Gehirn und Körper einwirken, ohne dabei die Naturgesetze zu verletzen, was sie ja ganz offensichtlich nicht tun? Die umgekehrte Wirkungsrichtung scheint genauso rätselhaft: Auf welche Weise führt eine Verletzung zu einer Schmerzempfindung, also etwas rein Seelischem? Wie können chemische Substanzen wie Schmerzmittel oder Antidepressiva auf unsere Psyche schmerz- und angstlindernd wirken, wo doch die Psyche gar keine »Andockstellen« für diese Stoffe hat? Seit René Descartes hat kein Dualist diese Fragen plausibel beantworten können.

Sie stellen sich umso dringlicher, je weiter die Neurowissenschaften in enger Zusammenarbeit mit Psychologie, Psychiatrie und Psychotherapie darin voranschreiten, diejenigen Hirnprozesse zu identifizieren, die mit den geistig-psychischen Vorgängen verbunden sind. Noch vor rund zehn Jahren, als das »Manifest der Hirnforscher« geschrieben wurde, konnte man sich als Geisteswissenschaftler damit beruhigen, dass die bunten Hirnbilder eigentlich gar nichts Wichtiges beinhalten, denn sie zeigen auf den ersten Blick nichts weiter als die Tatsache, dass geistig-psychische Prozesse und neuronale Vorgänge irgendwie *parallel verlaufen*. Mit der klassisch-geisteswissenschaftlichen Maxime »Verstehen statt Erklären« und »Gründe statt Ursachen« kamen Psychiater und Psychotherapeuten über lange Zeit gut zurecht. Wenn man schon nicht an zwei wesensmäßig unterschiedliche Welten glaubte, so doch zumindest an zwei *komplementäre* Erklärungswelten, die sich letztlich gar nicht ins Gehege kamen.

Hatte nicht Sigmund Freud seinen *Entwurf einer Psychologie* von 1895 abgebrochen und damit sein großes Ziel, die Psychoanalyse neurobiologisch zu begründen, resigniert aufgegeben? Und hatte er nicht in dem berühmten Aufsatz *Das Unbewusste* von 1915 festgestellt, das Verständnis des Psychischen benötige zumindest »vorläufig« keine Kenntnis vom Gehirn? Vor rund zehn Jahren lehnte ein bekannter deutscher Psychoanalytiker während der Lindauer Psychotherapiewochen ein Gespräch mit dem Erstautor dieses Buches mit den Worten ab: »Die Neurobiologen suchen die Seele im Gehirn – sie werden sie dort nicht finden!«

Eine beträchtliche Zahl der heutigen Philosophen, Psychologen, Psychiater und Psychotherapeuten vertritt entsprechend einen *psychophysischen Parallelismus*. Dieser akzeptiert natürlich einen gewissen Zusammenhang zwischen Geist-Psyche und Gehirn, hält ihn aber für irrelevant. Ein solcher Parallelismus wird allerdings umso rätselhafter, als je enger sich die Beziehung zwischen dem Psychischen und dem Neuronalen erweist. Dies gilt insbesondere angesichts der Tatsache, dass die mit bewusstem Erleben verknüpften neuronalen Prozesse vom Stoffwechsel her sehr

»teuer« sind. Warum wird ein solcher Parallelaufwand betrieben, wenn er ohne funktionale Bedeutung ist?

Ganz unplausibel wird ein psychophysischer Parallelismus spätestens mit dem experimentellen Nachweis, dass dem bewussten Erleben von Wahrnehmungen, Gedanken und Gefühlen unbewusste neuronale Prozesse in einem gut messbaren Rahmen von einigen Hundert Millisekunden zeitlich vorhergehen, und dass ihr spezifischer Ablauf auch die Inhalte des Bewusstseins bestimmt. Das bedeutet, dass bewusstes Erleben stets einen unbewussten neuronalen »Vorlauf« hat, und dass bestimmte unbewusste neuronale Voraussetzungen erfüllt sein müssen, damit überhaupt etwas bewusst wird. Gleichzeitig heißt dies, dass es sehr viele neuronale Prozesse gibt, die niemals oder zumindest nicht unter den gegebenen Bedingungen bewusst werden, aber keine bewussten Prozesse, denen nicht unbewusste neuronale Prozesse vorhergehen würden.

Diese Erkenntnis hat natürlich eine große Bedeutung für das Verständnis der »Natur« von Geist, Seele und Bewusstsein, denn es bindet die Existenz dieser Zustände unlösbar an die Existenz des Gehirns. Darüber hinaus erhebt sich die dringliche Frage nach den spezifischen neuronalen Bedingungen für das Entstehen und die Art geistig-psychischen Erlebens. Diese Frage steht im Mittelpunkt unseres Buches, wenn es um die Entwicklung von Psyche und Gehirn geht, um die Grundlagen von Persönlichkeit, um das Entstehen psychischer Erkrankungen und die Wirkungsweisen von Psychotherapie. Es stellt sich die Frage, wie weit die Aufklärung der neuronalen Grundlagen denn gekommen ist.

Hier wird der Hirnforschung immer wieder vorgeworfen, dass sie über reine Korrelationen hinaus nichts vorzuweisen hat. Dieser Vorwurf ist sicherlich zum Teil berechtigt. So liefert die Feststellung, dass die Amygdala bei Furchtzuständen eine erhöhte Aktivität aufweist, erst einmal keine Erkenntnisse über die kausalen Zusammenhänge zwischen beiden Ereignissen. Für einen *interaktiven* Dualisten, für den das Gehirn ein Instrument in den Händen des Geistes ist, heißt dies nichts anderes, als dass der Empfindungszustand der Furcht bzw. Angst die Amygdala aktiviert und diese dann den Körper in Bewegung setzt, z. B. um zu fliehen. Natürlich kann man sofort fragen, warum eigentlich der Geist dafür die Amygdala oder überhaupt das Gehirn benötigt. Dem könnte der interaktive Dualist mit dem Argument begegnen, dass ein Pianist eben einen Flügel braucht, um Musik zu produzieren. Allerdings dürfte es dann keine unbewusste Furchtkonditionierung geben, bei der die Amygdala nachweislich aktiviert wird, ohne dass der Betroffene dies erlebt, denn das hieße, dass sich die Tasten des Flügels ohne den Pianisten bewegen. Nach den Erkenntnissen der Hirnforschung scheint das neuronale Geschehen die psychischen Erlebniszustände zu verursachen und nicht umgekehrt.

Läuft dies nicht doch auf einen »platten« Reduktionismus hinaus, für den etwa psychische Erkrankungen wie Depressionen nichts anderes sind als Fehlverdrahtungen in der Amygdala oder Unterfunktionen im Serotoninhaushalt? Solche Aussagen sind in der Tat unter Neuropharmakologen und naturwissenschaftlich orientierten Psychiatern keineswegs selten anzutreffen und dienen dann der geisteswissenschaftlichen Gegenseite als Schreckensbild eines neurobiologischen Reduktionismus. Zwar werden die meisten Neurobiologen zugeben, dass sie psychische Erkrankungen *noch nicht* in allen ihren Details neurobiologisch erklären können. Aber was ist in vielleicht 20 Jahren? Können wir dann das diagnostische Gespräch des Therapeuten nicht doch durch eine gründliche Untersuchung des Patientengehirns ersetzen?

Immerhin kann die moderne Medizin in anderen Bereichen nicht auf technische Diagnoseverfahren verzichten, und viele Ärzte beschränken sich zunehmend darauf, weil es für sie billiger und weniger risikoreich ist. Aber was ist dann mit der Psychotherapie? Könnte auch sie durch neurobiologische oder neuropharmakologische Verfahren ersetzt werden? In der Tat erwecken viele neuropharmakologisch orientierten Psychiater und erst recht die dahinterstehende Pharmaindustrie genau diese Hoffnung: Wenn denn Depression nichts anderes ist als eine Fehlfunktion des Serotoninsystems, dann muss man diesen Defekt eben durch Medikamente, z. B. die bekannten selektiven Serotonin-Wiederaufnahmehemmer (SSRI) beheben. Natürlich kann man argumentieren, dass die genaue langfristige Wirkung der SSRI nicht bekannt ist, dass diese Medikamente keineswegs bei allen Depressiven gleichermaßen wirken und bei manchen Patienten überhaupt nicht, und dass in der Regel die Wirkung mit der Zeit nachlässt – wie bei vielen anderen Psychopharmaka auch. Ein kritischer Experte wird zudem darauf hinweisen, dass die Wirkung sowohl der Neuro- und Psychopharmaka als auch der Psychotherapien verschiedenster Richtung signifikant von einem ganz unspezifisch wirkenden Faktor, nämlich der »therapeutischen Allianz«, dem Vertrauensverhältnis zwischen Patient und Therapeut bestimmt wird, und dass daher auch viele angeblich *spezifische* Wirkungen psychopharmakologischer und psychotherapeutischer Behandlung vornehmlich auf diesen Effekt zurückzuführen sind. Was könnte mehr die Unzulänglichkeit eines reduktionistischen Ansatzes in Psychologie, Psychiatrie und Psychotherapie demonstrieren?

Die große Herausforderung besteht also darin, die neurobiologischen Grundlagen des »Seelischen« zu bestimmen und zugleich die Fallstricke eines Reduktionismus wie die eines Dualismus zu vermeiden. Dies wird uns gelingen, wenn wir zeigen können, in welcher Weise im Gehirn Gene und Umwelt miteinander interagieren, vor allem wie vorgeburtliche und nachgeburtliche Erfahrungen auf die Genexpression einwirken, die ihrerseits die synaptische Verschaltung steuert. Eine zentrale Rolle wird dabei entsprechend die Darstellung der »neuronalen Sprache der Seele«, nämlich der Neuromodulatoren, Neuropeptide und Neurohormone spielen, welche die Kommunikation zwischen Zellen, Zellverbänden und ganzen Hirnregionen zugleich bestimmen und widerspiegeln.

Auf der Ebene der synaptischen Kommunikation spielt sich nämlich das Gehirngeschehen ab, das für das Psychische entscheidend ist. Es geht dabei um das Ausmaß von Produktion und Freisetzung der neuroaktiven Substanzen und um ihre Wirkung auf bestimmte Rezeptoren. Entsprechend ist dies die Ebene, auf der sich psychische Erkrankungen »materiell« manifestieren, nämlich durch Veränderungen in der Produktion und Freisetzung der Substanzen, in der Anzahl, Verteilung und Empfindlichkeit der Rezeptoren und in der Interaktion zwischen diesen Systemen. In den vergangenen Jahren hat sich ein wahrer »Quantensprung« ergeben, indem es gelang, die Wirkung psychischer Traumatisierung, etwa infolge von Vernachlässigung, Misshandlung oder Missbrauch in früher Kindheit, auf der Ebene neurochemischer Veränderungen und der damit verbundenen Gehirnmechanismen nachzuweisen und so die Einsicht in die neuronalen Korrelate psychischer Erkrankungen zu vertiefen. Es wurde deutlich, dass die individuellen Gene der neurochemischen Systeme die Empfindlichkeit gegenüber den Auswirkungen früher Erfahrungen vorgeben und so die Psyche schützen oder gefährden können. Die Erfahrungen können ihrerseits in einem epigenetischen Prozess auf die Gene zurückwirken und deren Umsetzung in Proteine, d.h. in Komponenten der neurochemischen Systeme beeinflussen. Damit ist zumindest im Prinzip hinsichtlich des Psychischen das uralte »Gen-Umwelt«-Problem gelöst, und es bestätigt sich die Anschauung, dass psychische Gesundheit ebenso wie psychische Erkrankungen durch spezifische Gen-Umwelt-Interaktionen bestimmt werden.

Daraus leitet sich die Erwartung ab, dass ein positiver Effekt von Psychotherapien, sei er spezifisch oder unspezifisch, auf der synaptisch-neurochemischen Ebene nachweisbar sein muss. Der all diesen Vorstellungen zugrundeliegende Gedanke lautet: Wenn psychische Erkrankungen einhergehen mit Fehlfunktionen bei der Kommunikation zwischen Neuronen, sich also auf der synaptisch-neurochemischen Ebene abspielen, und sie damit das Ergebnis »falschen Lernens« sind, dann muss eine erfolgreiche Psychotherapie als Veränderung auf eben dieser Ebene sichtbar werden.

Damit ist natürlich nicht auch schon geklärt, wodurch diese Veränderungen *genau* hervorgerufen werden. Hierzu gibt es bei den unterschiedlichen Psychotherapierichtungen spezifische Wirkmodelle wie etwa die »kognitive Umstrukturierung« in der kognitiven Verhaltenstherapie oder das »Bewusstmachen des Unbewussten« in der Psychoanalyse. Während sich die Psychoanalyse nach dem Scheitern Sigmund Freuds als Hirnforscher von neurobiologisch orientierten Wirkungsmodellen weitgehend fernhielt oder sie gar radikal ablehnte, entwickelte die kognitive Verhaltenstherapie relativ früh genauere Vorstellungen über die eigene neurobiologische Wirksamkeit. Damit hat sie in der Öffentlichkeit den Eindruck erwecken können, im Vergleich zur Psychoanalyse die einzige wissenschaftlich begründete Therapieform zu sein. Das zögerliche Verhalten vieler Psychoanalytiker gegenüber einer wissenschaftlichen Überprüfung ihrer Aussagen hat der Psychoanalyse schwer geschadet. Aber auch angesichts der zunehmenden und berechtigten Forderung des Gesundheitssystems nach einer »evidenzbasierten Medizin« kann eine solche Haltung immer weniger glaubhaft vertreten werden, auch wenn es richtig ist, dass sehr sorgfältig über geeignete Standards nachgedacht und geforscht werden muss, mit denen sich die Wirksamkeit von Psychotherapien überprüfen lässt.

Die Wirkmodelle der verschiedenen Psychotherapien bieten aber nicht nur eigene Konzepte ihrer Wirkung an, sie sollen außerdem die tatsächliche oder vermeintliche Überlegenheit der jeweiligen Richtung erklären. Im Rahmen unseres Buches werden wir deshalb die jeweils unterstellten Wirkmodelle kritisch auf ihre neurobiologische Plausibilität hin untersuchen. Besonders interessant wird es natürlich, wenn uns diese Plausibilität gering erscheint, die verschiedenen Therapien aber dennoch zumindest bei einigen Patienten wirksam sind. Lässt sich diese Wirkung dann auf andere Weise erklären? Dies führt dann zu der in der Psychotherapieforschung bereits intensiv diskutierten Frage, ob nicht allen Psychotherapien, wie oben erwähnt, ein ganz unspezifischer »gemeinsamer Faktor«, nämlich das »Arbeitsbündnis« oder die »therapeutische Allianz« zugrunde liegt. Es ist dann zu fragen, ob die Wirkung dieses Faktors, den man lange geringschätzig als Placeboeffekt abgetan hat, auch neurobiologisch erklärbar ist.

Natürlich kann es für eine glaubhafte neurobiologische Fundierung der Psychotherapie immer noch zu früh sein. Versuche in diese Richtung hat es außer bei dem jungen Neurobiologen Sigmund Freud viele gegeben, seit Wilhelm Griesinger, einer der Väter der modernen Psychiatrie, feststellte, psychische Erkrankungen seien Erkrankungen des Gehirns. Dies konnte allerdings zu einer Zeit, in der man fast kein sicheres Wissen über die Physiologie des Gehirns besaß und man wie Freud die Seele allein aus Hirnstrukturen zu erklären suchte, nur prophetisch-spekulativ sein. Selbst in der ersten Hälfte des 20. Jahrhunderts war an eine »Neuro-Psychotherapie« nicht zu denken.

Einer der ganz wenigen, die seit der zweiten Hälfte des 20. Jahrhunderts an der Vision einer neurobiologisch fundierten Psychotherapie festhielten, war der Neurobiologe Eric Kandel (geb. 1929), der – sozusagen in Gegenrichtung zu Freud – im Rahmen seines Medizinstudiums mit der Psychiatrie und Psychoanalyse begann und bei der molekular-zellulären Neurobiologie von Gedächtnisprozessen endete, für deren Erforschung er im Jahre 2000 den Nobelpreis für Physiologie/Medizin erhielt. Bereits 1979 entwickelte er in dem Aufsatz »Psychotherapie und die einzelne Synapse« die visionäre Vorstellung, dass Psychotherapie notwendigerweise auf der synaptischen Ebene ansetze und deshalb aufgrund synaptischer Veränderungen wirksam sein müsse. Rund 20 Jahre später, in den zwei Aufsätzen »Ein neuer theoretischer Rahmen für die Psychiatrie« und »Biologie und die Zukunft der Psychoanalyse« konkretisierte er diese Anschauung weiter. Im ersteren der beiden letztgenannten Aufsätze heißt es kurz und knapp: »Alle geistigen Funktionen spiegeln Gehirnfunktionen wider« (S. 83), und ebendort führt Kandel aus:

»Insofern Psychotherapie und Beratung wirksam ist und zu langfristigen Veränderungen im Verhalten führt, gründet diese Wirksamkeit vermutlich im Lernen, indem Veränderungen in der Genexpression erzeugt werden, die die Stärke der synaptischen Verbindungen verändern, und indem strukturelle Veränderungen stattfinden, die das anatomische Muster der Verbindungen zwischen Nervenzellen im Gehirn ändern« (wieder abgedruckt in Kandel 2008).

Allerdings dauerte es noch über zehn Jahre, bis derartige Ideen unter deutschsprachigen Psychoanalytikern überhaupt nur ernsthaft diskutiert wurden und man damit begann, neuro-psychiatrische Forschung auf der Grundlage funktioneller Bildgebung zu betreiben.

Das im Jahre 2004 erschienene Buch *Neuropsychotherapie* des leider 2005 viel zu früh verstorbenen Psychologen und Psychotherapeuten Klaus Grawe hat seinerzeit viel Aufsehen erregt, beruhte aber trotz vieler beeindruckender Einsichten auf einer immer noch unzureichenden Grundlage neurobiologischer Erkenntnisse. Das Umgekehrte muss von dem Buch *Gehirn, Psyche und Körper* des Heidelberger Physiologen Johann Caspar Rüegg gesagt werden (Rüegg 2014). Rüegg beschreibt darin einerseits verständlich und korrekt die neurobiologischen Grundlagen des Psychischen, übernimmt aber gleichzeitig relativ unkritisch die Darstellungen kognitiver Verhaltenstherapeuten über die Wirkungsweise ihrer Behandlungsmethode, und das zu einer Zeit, in der kognitive Verhaltenstherapeuten begonnen haben, sich vorsichtig von ihren bisherigen neurobiologischen Modellvorstellungen zu distanzieren. Von Psychoanalyse ist bei Rüegg so gut wie nicht die Rede.

Mit unserem Buch setzen wir die Bemühungen fort, ein neurobiologisches Verständnis des Seelisch-Psychischen, der Entwicklung der menschlichen Persönlichkeit als Träger dieses Seelischen, der Entstehung psychischer Erkrankungen und der Wirksamkeit von Psychotherapie zu erreichen.

Zu Beginn des Buches verfolgen wir in einem kurzen historischen Abriss die lange Suche nach dem »Sitz der Seele« und fragen uns in einer ersten Annäherung, ob und in welcher Hinsicht diese Suche heute zu einem Ende gekommen ist. Wir tun dies in der Überzeugung, dass die gegenwärtige Auseinandersetzung um eine »Neuropsychiatrie« bzw. »Neuropsychotherapie« nicht verstanden werden kann, wenn wir nicht auch deren Vorgeschichte kennen.

Es folgt im Kapitel 2 ein Überblick über den Aufbau des menschlichen Gehirns und dann eine genauere Darstellung des limbischen Systems als dem eigentlichen »Sitz« von Psyche und Persönlichkeit einschließlich unseres »Vier-Ebenen-Modells«. In Kapitel 3 geht es um die Darstellung der »neuronalen Sprache der Psyche«, also um die Wirkungsweise von Neurotransmittern, Neuromodulatoren, Neuropeptiden und Neurohormonen. Ohne eine Kenntnis von der Wirkungsweise dieser neuroaktiven Substanzen kann man sich nicht sinnvoll mit der Entstehung psychischer Erkrankungen und ihrer möglichen Therapie beschäftigen.

In Kapitel 4 behandeln wir die Individualentwicklung des menschlichen Gehirns und die darauf aufbauende Entwicklung der kindlichen Psyche. Hierbei geht es vor allem um die Ausformung des Bindungssystems und die Bedeutung der Bindungserfahrung für die weitere psychische Entwicklung. Im 5. Kapitel stellen wir ein neurobiologisch fundiertes Konzept der Persönlichkeit einschließlich des von uns entwickelten Modells der sechs psycho-neuronalen Grundsysteme vor.

In Kapitel 6 bemühen wir uns um eine genauere Definition der Begriffe des Unbewussten, Vorbewussten und Intuitiven sowie des Bewussten, die für die Psychotherapie zentral sind. In diesem Zusammenhang entwerfen wir eine Theorie von Geist und Bewusstsein auf neurobiologischer Grundlage. Wir werden hier das oben gegebene Versprechen einlösen müssen, eine Theorie des Geistes und des Bewusstseins zu präsentieren, die mit der Grundvorstellung der »Einheit der Natur« verträglich ist und dabei zugleich die jeweiligen Fallstricke eines Dualismus und eines Reduktionismus vermeidet.

Mit psychischen Erkrankungen, ihren neurobiologischen Grundlagen und insbesondere mit der Frage nach der dabei ablaufenden Gen-Umwelt-Interaktion befassen wir uns in Kapitel 7. Dabei konzentrieren wir uns auf diejenigen Erkrankungen, die aus neurobiologischer Sicht am besten (wenngleich noch immer unzulänglich) untersucht sind, nämlich Depressionen, Angststörungen, die posttraumatische Belastungsstörung, die Zwangsstörung und Persönlichkeitsstörungen einschließlich der Borderline-Störung und der antisozialen Verhaltensstörung. Im 8. Kapitel geht es um die Darstellung der am weitesten verbreiteten Psychotherapierichtungen, nämlich der Verhaltenstherapie bzw. kognitiven Verhaltenstherapie und der Psychoanalyse bzw. psychodynamischen Konzepte. Die Beschränkung auf diese Therapierichtungen ergibt sich sowohl aus Platzgründen als auch aus der Tatsache, dass nur hierzu ernstzunehmende neurowissenschaftliche Daten vorliegen. Die Vertreter anderer Psychotherapierichtungen bitten wir schon jetzt um Nachsicht.

Im 9. Kapitel werden wir die Wirkmodelle der genannten Psychotherapierichtungen auf ihre psychologische wie neurobiologische Fundierung und Plausibilität hin überprüfen. Sollten wir dabei auf Mängel stoßen, werden wir uns fragen, wie aus neurobiologischer Sicht plausiblere und allgemeinere Wirkmodelle der Psychotherapie aussehen könnten. Eine Frage wird dabei sein, warum Psychotherapien häufig keine nachhaltige Wirkung haben, auch wenn sie einer reinen Pharmakotherapie langfristig überlegen scheinen. Auch wird zu untersuchen sein, warum die Wirkung in vielen Fällen in zwei Phasen auftritt, nämlich einer kurzfristigen, aber nicht nachhaltigen Besserung der Symptomatik und subjektiven Befindlichkeit, und einer zweiten, längeren Phase voller mühsamer Fortschritte – falls es überhaupt zu einer Langzeittherapie kommt. Im abschließenden 10. Kapitel werden wir das Gesagte dann noch einmal modellhaft zusammenfassen.

1 Die Suche nach dem Sitz der Seele

Der Begriff der »Seele« ist einer der kompliziertesten Begriffe der Ideengeschichte. In allen Religionen, Weltanschauungen und Kulturen der Welt ist er in unterschiedlichsten Ausprägungen und Bedeutungen anzutreffen. Die Begriffsgeschichte beginnt mit dem *animistisch-vitalistischen* Seelenbegriff. Hierbei geht es um die Tatsache, dass es in der Natur *Lebewesen* wie Pflanzen, Tiere und Menschen gibt, die sich von toten oder unbelebten Dingen wie Steinen oder Metallen grundsätzlich unterscheiden. Alle Lebewesen sind in dieser ursprünglichen Naturauffassung »beseelt«, wenn auch in unterschiedlicher Weise. *Pflanzen* zeichnen sich durch Wachstum und Reizbarkeit aus, sie orientieren sich mit ihren oberirdischen Teilen zum Licht, mit ihren Wurzeln zur Erde hin. *Tiere* können sich außerdem bewegen, haben Sinnesorgane und zeigen zum Teil auch erstaunlich zweckhaftes Verhalten. Dieses Verhalten wird meist als angeboren oder *instinkthaft* angesehen, aber manche Tiere wie Hunde, Affen oder Rabenvögel gelten seit dem Altertum als intelligent. Der *Mensch* zeigt sowohl Wachstum und Reizbarkeit wie die Pflanzen und bewegt und verhält sich zweckhaft wie die Tiere, aber darüber hinaus hat er noch *Verstand*, den die Tiere entweder gar nicht oder nur in geringem Maße besitzen. Schließlich hat er *Vernunft*, also die Fähigkeit zum logischen und begrifflichen Denken, zu moralisch-sittlichem Handeln und zur Einsicht in das Walten Gottes in der Natur.

1.1 Die antike und mittelalterliche Seelenlehre

Diese deutlichen Unterschiede zwischen der belebten und der unbelebten Natur sowie zwischen Pflanze, Tier und Mensch wurden von den antiken Philosophen, Naturforschern und Ärzten unterschiedlich erklärt. Der am weitesten verbreiteten Anschauung nach war das Universum von einer »Weltseele« oft göttlicher Natur durchdrungen, auch *Pneuma* oder *Äther* (lateinisch *anima* oder *spiritus*) und im Deutschen *Odem* genannt. Mit der

Atemluft nahmen Tiere und Menschen diesen Odem auf und wurden dadurch belebt. Diese Annahme beruhte auf der Beobachtung, dass ein längerer Atemstillstand zum Tod führt, was aus heutiger Sicht ja auch nicht falsch ist, auch wenn wir mittlerweile wissen, dass beim Atmen der für den Körperstoffwechsel notwendige Sauerstoff aufgenommen wird und nicht etwa eine lebendigmachende Substanz.

Vorsokratische Philosophen wie Empedokles und Heraklit haben die Seele fast durchweg als feinstofflich (»ätherisch«) oder luftähnlich angesehen. Demokrit, der Begründer der antiken Atomlehre, ging von speziellen Seelen- oder Feueratomen aus, die besonders beweglich sind, über die Atemluft aufgenommen werden und sich im Körper bzw. im Gehirn zur Seele verdichten. Sie vermitteln auch Bilder aus der Umwelt ins Gehirn, die dann die Grundlage der Wahrnehmung sind. Über die Atmung besteht ein ständiger Austausch dieser Atome mit der Umwelt. Beim Tod und Atemstillstand zerstreuen sich die Atome wieder. Eine unsterbliche Seele ist daher für Demokrit und später für den lateinischen Dichter und Philosophen Lukrez, dessen Werk *De rerum natura* für die frühe Neuzeit als Hauptwerk einer materialistischen Weltanschauung galt, unmöglich.

Einen Höhepunkt findet die antike Anschauung der Seele in der »Drei-Seelen-Lehre«, wie sie unter anderem die griechischen Philosophen Platon (428/427–348/347 v. u. Z.) und Aristoteles (384–322 v. u. Z.) vertraten. Danach gibt es als grundlegendes Lebensprinzip eine »vegetative Seele«, lateinisch *anima vegetativa* oder *spiritus vegetativus*, die zu Wachstum, Entwicklung und Erregbarkeit durch Umweltreize führt. Pflanzen haben nur diese vegetative Seele. Tiere als höherstehende Lebewesen haben eine weitere Seele, »Tierseele« oder *anima animalis* bzw. *spiritus animalis* genannt; sie ermöglicht Bewegung, adaptives Verhalten und vielleicht auch Intelligenz. Der Mensch hat gegenüber den Tieren eine »Vernunftseele«, die *anima rationalis* oder den *spiritus rationalis*, die bis in die Neuzeit und zum Teil auch noch bis heute als unstofflich und zudem unsterblich galt und gilt. Durch sie erhebt sich der Mensch über die Tiere und hat Teil an einem göttlichen Prinzip, oder sie ist selbst Gabe der Götter bzw. Gottes. Sie steht damit im klassischen dualistischen Weltbild dem Körper als einer stofflichen Substanz gegenüber, was zu den in der Einleitung erwähnten Problemen des Dualismus führt.

Bereits im Altertum wurde die Seele durch diese Ausweitung vom Lebensprinzip hin zur »Vernunftseele« des Menschen auch zum *Organ der Erkenntnis*. Auf diese Weise verband sich die Frage nach der Herkunft und Natur der Seele auf neuartige Weise mit der Frage nach *gesicherter Erkenntnis*, wie sie seit Platon und Aristoteles im Zentrum der Philosophie steht. Für Platon konnte aus sinnlicher Erfahrung keine sichere Erkenntnis im philosophischen Sinne entstehen, da sie materieller Natur war. Sinnliche Erfahrung diente lediglich der Orientierung des Körpers an den Geschehnissen der Welt. Wahre Erkenntnis hingegen, *episteme* genannt, wurde durch die Seele, die »Augen des Geistes« gewonnen und hatte nichts mit der materiellen Welt zu tun, sondern mit dem Erfassen der unwandelbaren, unsterblichen und vollkommenen Ideen. Bevor sich die unsterbliche Seele mit einem sterblichen Körper verband und somit irdisch wurde, existierte sie in einem Raum »auf der Rückseite des Himmels«, wie es in Platons bekanntem Dialog *Phaidros* heißt, in der unmittelbaren Schau der Ideen. Daran kann sich die Seele mithilfe der wahren Methode des Erkenntnisgewinns, dem philosophischen Diskurs wiedererinnern.

Für Platon hat die *vernunftbegabte* Seele ihren Sitz im Gehirn, ihr *edelmuthafter* Teil sitzt in der Brust bzw. im Herzen und der *triebhaft-begehrende* Teil im Unterleib – wo sonst. Aus heutiger neurobiologischer Sicht lagerte Platon also die »limbischen Anteile« des Psychischen aus dem Gehirn in diejenigen Körperteile aus, die von Emotionen und starken Affekten offenbar besonders betroffen sind. Der muthafte Teil der Seele ist zwar durch den Nacken vom Gehirn als Sitz der Vernunftseele getrennt, ordnet sich aber gern dieser unter, während der begehrende Teil der Seele, durch das Zwerchfell vom Herzen getrennt, eher widerspenstig ist. Dies illustriert Platon am berühmten und bis heute populären Bild der Vernunft als »Wagenlenker« eines Zweigespanns von Pferden, von denen das eine fügsam, das andere wild ist. Nur die Vernunftseele, so der spätere Platon, ist unsterblich, die beiden anderen Seelenteile, Mut und Triebe, vergehen mit dem Leib.

Anders als Platon nahm sein Schüler Aristoteles einen engen Zusammenhang zwischen sinnlicher Wahrnehmung und gesicherter Erkenntnis an. Er verneinte die Existenz unsterblicher Ideen und ging als erster großer Naturforscher und »Empirist« der Philosophie davon aus, dass alle Erkenntnis auf sinnlicher Wahrnehmung und Erfahrung gegründet ist, indem die Vernunft über die »Vorstellungskraft« (*phantasia*) die Sinnesdaten mithilfe angeborener Erkenntnisschemata, den »Kategorien«, organisiert und in eine allgemeingültige Form bringt. Tiere können durchaus Sinneseindrücke miteinander verbinden und auch recht intelligent sein, aber abstrakte Erkenntnisse hat für Aristoteles nur der Mensch. Kategorien sind als Organisatoren des Denkens aktuell erfahrungsunabhängig, könnten aber durch assoziatives Lernen allmählich entstanden sein, wie es die britischen Philosophen John Locke und David Hume später annahmen. Vernunftseele und Denkvermögen sind bei Aristoteles unsterblich und leidensunfähig, zugleich aber auch überindividuell. Die individuellen Anteile der vegetativen und der tierischen Seele sterben hingegen mit dem Menschen. Im Gegensatz zu Platon sind für Aristoteles alle drei Seelenanteile nicht im Gehirn, sondern im Herzen lokalisiert, da dort alles Blut als Träger der Lebensgeister zusammenströmt und dann wieder im Körper verteilt wird. Aristoteles schloss das Gehirn als Ort der Seele aus, weil es sich nach Öffnung des Schädels kühl anfühlte, während doch die Wärme der Ausdruck des Lebensprinzips war. Vielmehr hielt er das Gehirn für eine Art Kühlsystem des Blutes. Aristoteles zählte also zu den »Cardiozentristen«, die meinten, das Herz sei Sitz der Seele, im Gegensatz zu den »Cerebrozentristen«, die zumindest die »rationale Seele«, also das Denkvermögen, mit dem Gehirn in Verbindung brachten, wie Platon es tat.

Die Anschauung, das Gehirn sei Sitz zumindest der Vernunftseele, der Intelligenz und der kognitiven Fähigkeiten, war mit Ausnahme von Aristoteles unter Naturforschern spätestens seit dem antiken Arzt Hippokrates (ca. 460–370 v. u. Z.) und seiner Schule weithin akzeptiert. Allerdings sah man als ihren genauen Ort die *Ventrikel*, die flüssigkeitsgefüllten Hohlräume des Gehirns, an. Man konnte sich nicht vorstellen, dass die schlüpfrige Gehirnmasse etwas mit der Vernunftseele zu tun habe. Dieses antike Seele-Gehirn-Modell erhielt seine Abrundung durch den griechischen Arzt Galen (um 129–216 n. u. Z.), der zunächst als Gladiatorenarzt, später in Rom als »Modearzt« der Kaiser und der vornehmen römischen Gesellschaft tätig war. Galen kam aufgrund von Tierexperimenten und Beobachtungen an verwundeten Gladiatoren (wie vor ihm schon andere Forscher) zu der Überzeugung, dass das *pneuma psychikón*, der *spiritus animalis* über die Atemluft und das Blut zuerst ins Herz gelangt und dann im Gehirn durch ein Geflecht aus feinsten Arterien, »Wundernetz« (lateinisch *rete mirabile*) genannt, aus dem Blut in die Ventrikel destilliert wird. Über das Rückenmark werde dann das in den Ventrikeln gespeicherte Pneuma im Körper verteilt und steuere ihn so. Ein Wundernetz, wie es Galen beschreibt, ist im Gehirn von Paarhufern wie dem Schaf vorhanden. Allerdings wusste man nicht, dass das menschliche Gehirn so etwas gar nicht besitzt – dieser Umstand wurde erst um 1500 n. u. Z. durch den italienischen Arzt Jacopo da Carpi nachgewiesen.

Die Pflanzenseele und Tierseele wurden von Galen und seinen späteren Anhängern allgemein als materiell, wenngleich von unterschiedlicher Beschaffenheit betrachtet. Die Pflanzenseele stellte man sich als breiartig wie den Trester vor, der beim Keltern der Trauben entsteht, während die Tierseele wie auch die menschliche Seele »feinstofflich« nach Art der Luft, des Äthers oder Weingeistes war, der beim Destillieren von Wein anfällt. Daher ist im Lateinischen die Wortidentität von *spiritus* als »Weingeist« und »Geist« nicht zufällig. Das Zuprosten mit geistigen Getränken ist ein uralter Brauch des Austauschs sowohl von alkoholischem wie seelischem Geist, der den meisten Menschen allerdings bei dieser Tätigkeit nicht bewusst ist.

Die mittelalterliche Theologie und Philosophie übernahm die platonische Vorstellung von der Unsterblichkeit der menschlichen Seele. Diese Ansicht wurde nach Jahrhunderten heftiger Auseinandersetzungen im Jahre 1515 auf dem 5. Laterankonzil als unbezweifelbare Wahrheit (Dogma) festgeschrieben und wird zumindest im Katholizismus bis heute verbindlich gelehrt, während protestantische Theologen wie Karl Barth und Jürgen Moltmann die auf jüdische Vorstellungen zurückgehende Lehre vom Tod der Seele mit dem Tod des Körpers und einer gänzlichen Neuschöpfung von Körper und Seele in einer »Auferstehung« vertraten bzw. vertreten.

Für die spätere christliche Lehre des Mittelalters verbindet sich die unsterbliche, bereits vor der Geburt existierende Seele wie bei Platon im Akt der Zeugung oder spätestens bei der Geburt mit dem Körper. Im Augenblick des Todes entweicht sie wieder aus dem Körper, so dass dieser »entseelt« zurückbleibt. Aus der Antike, etwa dem Werk Homers, übernahm man auch die Anschauung, dass die Seele nach ihrem Entweichen aus dem Körper an einen sicheren Ort geleitet werden müsse, da sie sonst als Gespenst in der Welt umherirre und bei den Lebenden Schaden anrichte. Wie in Abbildung 1.1 dargestellt, gibt es für gute Menschen hilfreiche

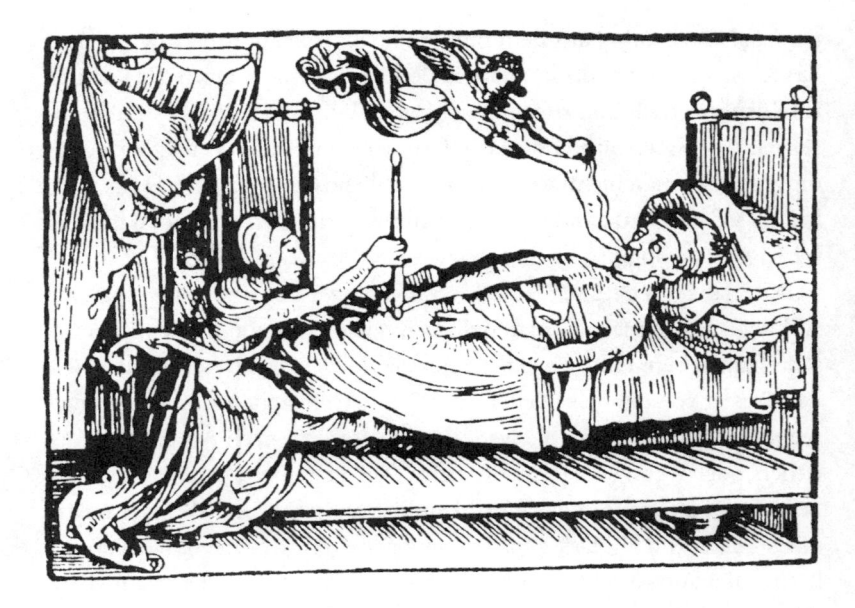

Abb. 1.1: *Volkstümliche Darstellung aus dem 16. Jahrhundert, die zeigt, wie die Seele aus dem Munde eines Sterbenden entweicht und den toten Körper zurücklässt. Die Seele wird von einem Engel in Empfang genommen. Die Gleichsetzung von Seele und Atem ist antiken Ursprungs (aus Florey 1996).*

Wesen, »Engel«, die die Seele in Empfang nehmen, sie eventuell gegen böse Mächte schützen und an einen paradiesischen Ort geleiten.

Die Lehren Galens bestimmten das ganze Mittelalter hindurch bis ins 18. Jahrhundert die Anschauungen über die Natur der Seele und ihren Ort. Man übernahm die Drei-Seelen-Lehre, sah aber im *spiritus rationalis* eine unstoffliche und unsterbliche Seele, die den *spiritus animalis* als »Botenstoff« benötigt. Damit war klar, dass der Ort der Interaktion zwischen beiden Seelen die Ventrikel waren, eine Vorstellung, die der mittelalterliche Universalgelehrte Albertus Magnus (um 1200–1280) weiter verfeinerte. Im Rahmen dieser Ventrikellehre, die bis ins 19. Jahrhundert wirksam war, wies man den vier (bzw. irrtümlich drei) Hirnventrikeln unterschiedliche Rollen bei Wahrnehmung und kognitiven Funktionen zu, wie in Abbildung 1.2 dargestellt. Im vorderen Ventrikel, der aus heutiger Sicht den paarigen Endhirnventrikeln entspricht, siedelte man den Gemeinsinn (*sensus communis*) an, in dem alle »Informationen« von den Sinnesorganen zusam-

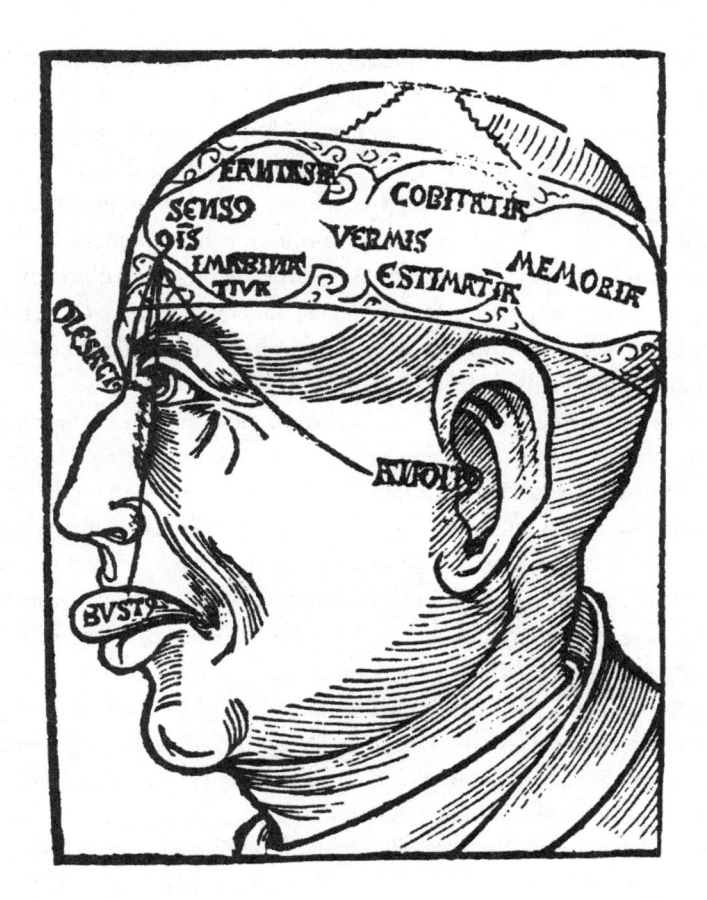

Abb. 1.2: *Eine aus dem 16. Jahrhundert stammende Darstellung der Hirnventrikel. Die hier gezeigten drei der fünf Sinne, nämlich der Geruchssinn (»olfactus«), der Hörsinn (»auditus«) und der Geschmackssinn (»gustus«) schicken, zusammen mit dem Gesichtssinn (»visus«) und dem Tastsinn (»tactus«), Erregungen zum ersten Ventrikel, in dem der Gemeinsinn (»sensus communis«), die Vorstellungskraft (»fantasia«) und das Anschauungsvermögen (»vis imaginativa«) ihren Sitz haben. Im zweiten Hirnverntrikel sind das Denkvermögen (»vis cogitativa«) und das Urteilsvermögen (»vis estimativa«) angesiedelt; erster und zweiter Hirnventrikel sind durch den Wurm (»vermis«) als eine Art Ventil getrennt. Im dritten Hirnventrikel ist das Gedächtnis (»memoria«) lokalisiert. Heute weiß man, dass die Hirntätigkeit nicht in den Ventrikeln, sondern in der Hirnmasse (graue und weiße Substanz) stattfindet (aus Florey 1996).*

menlaufen und sich zu einer einheitlichen Wahrnehmung formen. Albertus Magnus fügte dem Gemeinsinn noch die Vorstellungskraft (*imaginatio*) und das Erfassen von Bedeutung (*aestimatio*) hinzu. Im mittleren Ventrikel lokalisierte er das Denkvermögen (*phantasia* und *cogitatio*) und im hinteren das Erinnerungsvermögen oder Gedächtnis (*reminiscentia* und *memoria*). Andere Autoren siedelten das Gedächtnis im mittleren Ventrikel und die Willenskraft sowie die Fähigkeit zu Willkürbewegungen im hinteren Ventrikel an. Allgemein ging man davon aus, dass die Nerven, von den Sinnesorganen kommend, in den Ventrikeln enden und dort den Seelenstoff oder die unterschiedlichen Seelenstoffe abgeben.

Schwerwiegende Zweifel an dieser Ventrikellehre kamen durch den flämischen Arzt und Anatomen Andreas Vesalius (1514–1564) auf, der in Padua arbeitete und als Begründer der modernen Anatomie gilt. Er beschrieb den Unterschied zwischen grauer und weißer Hirnsubstanz und stellte fest, dass die großen Hirnnerven nicht in die Ventrikel einmündeten und auch keine Hohlräume besaßen, durch die der *spiritus animalis* hindurchgeleitet werden konnte. Das wurde aber nicht allgemein zur Kenntnis genommen. Der englische Arzt Thomas Willis (1621–1675) konstatierte als Erster, es sei die graue Substanz des Gehirns, die das Pneuma hervorbringe, und nicht die Ventrikel. Die weiße Substanz dagegen leite das Pneuma fort. Wenn man aus heutiger Sicht unter »Pneuma« die neuronalen Impulse versteht, so war dies völlig richtig. Wenig später stellte der Italiener Giovanni Alfonso Borelli (1608–1679) fest, dass die Nerven unmöglich einen gasförmigen *spiritus* enthalten konnten, und nahm stattdessen einen flüssigen Seelenstoff an. Dies gab Anlass zu Spekulationen, dass die Erregungsübertragung von den Sinnesorganen auf das Gehirn und dann auf den Geist *hydraulisch-pneumatisch* geschehen könnte.

1.2 Die neuzeitliche Suche nach dem »Sitz der Seele«

Die moderne Diskussion um den Sitz der Seele beginnt mit dem französischen Philosophen, Mathematiker und Naturforscher René Descartes (1596–1650). Descartes gilt heute als Hauptvertreter des neuzeitlichen Leib-Seele- oder Geist-Gehirn-Dualismus. Dieser besagt, dass es im Universum zwei »Substanzen« gibt, nämlich eine ausgedehnte Substanz (*res extensa*) oder Materie, die den Naturgesetzen gehorcht, und eine unausgedehnte Substanz (res cogitans) oder Geist bzw. Seele, die jenseits der Naturgesetze existiert und wirkt. Bis heute ist umstritten, ob und in welchem Maße ein solcher *Dualismus* den tatsächlichen Anschauungen Descartes' entsprach, oder ob er ihn aus Furcht vor der Verfolgung durch die Kirche, wie sie während Descartes' Lebzeiten Galileo Galilei erfahren hatte, zwar offiziell äußerte, insgeheim aber Materialist war.

Descartes ist nämlich auch Begründer des neuzeitlichen Materialismus-Physikalismus, demzufolge die gesamte Natur mit Ausnahme der menschlichen Seele oder des menschlichen Geistes nach rein physikalischen Gesetzen funktioniert und nicht »beseelt« ist, wie dies nahezu alle früheren Naturphilosophen glaubten. Allerdings wurde das, was er in seinem großen Werk *Traité de l'homme* (»Abhandlung über den Menschen«) um 1632 über die Geist-Gehirn-Beziehung schrieb, erst 1662, also nach seinem Tod, unter dem Titel *De Homine* (*Über den Menschen*) veröffentlicht. Viele bekannte Abbildungen zur Interaktion von Geist und Gehirn, wie auch Abbildung 1.3, entstammen dieser posthumen Ausgabe und sind nicht original.

Eine große Bedeutung für die mechanistische Sicht Descartes' war die Entdeckung des Blutkreislaufs und der Funktion des Herzens als Pumpe durch den englischen Arzt William Harvey (1578–1657), der so das Herz als vermeintlichen Sitz psychischer Zustände entzauberte. Descartes führte in der Nachfolge von Harvey selbst anatomische Experimente durch und betrachtete auch das Gehirn als eine – wenngleich äußerst komplizierte – Maschine. Er übernahm die Anschauung, dass die Nerven Röhren seien, die von »Lebensgeist« (*esprit animal*, also dem klassischen *spiritus animalis*) erfüllt sind. Allerdings enden sie für ihn nicht in den Ventrikelwänden, sondern in der Nähe der Zirbeldrüse (*Epiphyse*), die Descartes als Schnittstelle zwischen Geist und Gehirn ansah. Diese Annahme, die bereits den Zeitgenossen merkwürdig vorkam, ging zum einen auf die antik-mittelalterliche Ventrikellehre zurück, die zwischen dem ersten und dem zweiten Ventrikel eine Art Ventil annahm, *Vermis* (lateinisch für »Wurm«) genannt. Auch griff Descartes Befunde von Vesalius auf, wonach die Zirbeldrüse und der Balken (das *Corpus callosum*), der die linke und rechte Hirnhälfte miteinander verbindet, die einzigen unpaaren Gebilde des Gehirns seien. Unpaar musste die Schnittstelle zwischen Gehirn und Geist schon sein, weil es seit der Antike als unumstößlich galt, dass die Seele unausgedehnt ist. Deshalb konnte sie keineswegs wie die anderen Hirnteile paarig angeordnet und damit ausgedehnt sein.

Wie in Abbildung 1.3 dargestellt, wurde die Zirbeldrüse einerseits vom flüssigen Seelenstoff oder von Fäden durch die Nerven bewegt und verteilte andererseits, gelenkt von der immateriellen Seele, über die Nerven Erregungsflüssigkeiten, die dann die Muskeln durch Aufblähen zur Kontraktion brachten. (Ein solches Aufblähen der Muskeln bei der Kontraktion wurde aber bald als Irrtum erkannt.) Descartes nahm an, die hohlen Nerven würden sich durch Druck und Stoß ohne jegliche Verzögerung öffnen und in der Nähe der Epiphyse den Seelenstoff freisetzen. Wie dieser dann die Epiphyse in Erregungen oder Schwingungen versetzte, blieb unklar, ebenso die Frage, wie die Seele ihrerseits die Epiphyse so beeinflusste, dass ihre Handlungsabsichten in Körperbewegungen umgesetzt werden konnten.

Descartes ist in der Leib-Seele- bzw. Geist-Gehirn-Diskussion also in mehrfacher Hinsicht bedeutsam. Zum einen verabschiedete er sich radikal von der Drei-Seelen-Lehre, denn für ihn gab es – zumindest in seinen veröffentlichten Schriften – nur noch *eine* unsterbliche und unstoffliche Seele. Das bedeutete, dass man sich ohne religiöse oder philosophische Gewissensbisse mit der Anatomie und Physiologie der Sinnesorgane und des Gehirns befassen konnte, wenn man die kritische Frage aussparte, *wie* denn diese Seele mit dem Gehirn interagierte. Dies taten nun auch praktisch alle Naturforscher der Neuzeit und nahmen zumindest offiziell die Existenz einer immateriellen, nicht lokalisierbaren Seele an. Nur wenige Materialisten, insbesondere solche unter den französischen Enzyklopädisten wie Diderot oder D'Alembert und später die Materialisten des 19. Jahrhunderts wie Carl Vogt, Jakob Moleschott und Ludwig Büchner betrachteten den Geist bzw. die Seele als einen materiellen Zustand, der vom Gehirn hervorgebracht wird, wenngleich auch hier offengelassen wurde, wie dies genau geschieht.

1.3 Experimentelle Hirnforschung und Seele-Geist

Die Hirnforschung im modernen Sinne nahm im 19. Jahrhundert einen bedeutsamen Aufschwung, insbesondere im Zuge verbesserter neuroanatomischer Methoden und der deutlichen Steigerung der Leistungsfä-

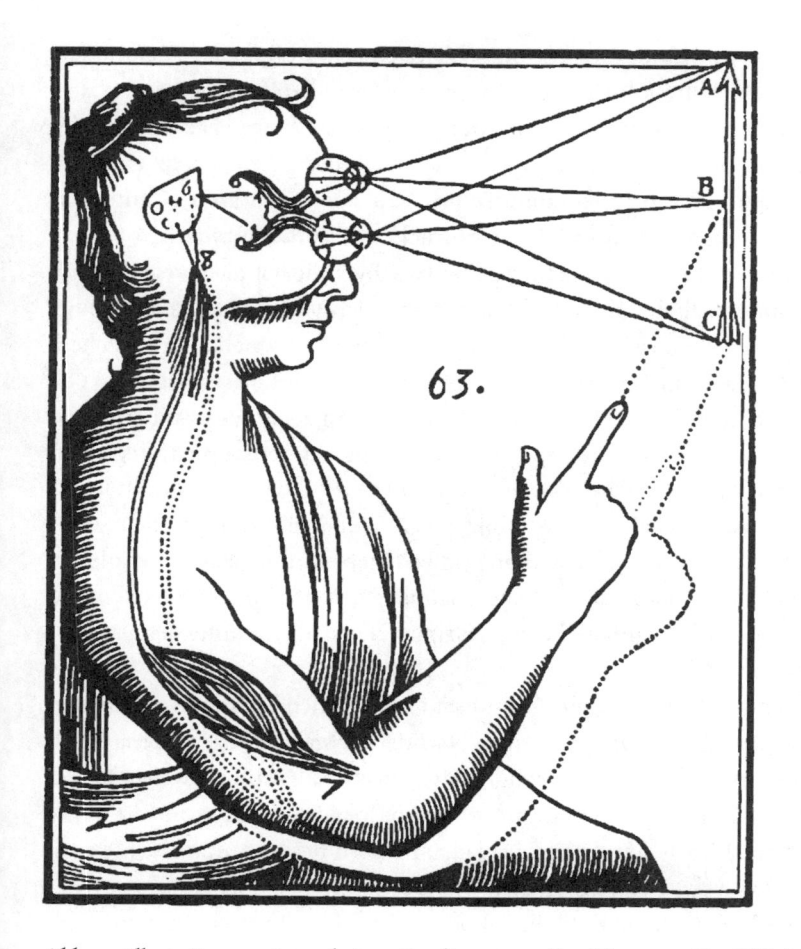

Abb. 1.3: *Illustration zum interaktiven Dualismus von René Descartes. Das Bild eines Gegenstandes (hier eines Pfeils) wird von den Augen aufgenommen und die entsprechende Erregung per »Seelenstoff« über die Sehbahn (als nichtkreuzend falsch dargestellt) zur Oberfläche der Epiphyse geleitet. Diese gerät hierdurch vermutlich über den Seelenstoff oder feine Fäden in Schwingungen, die dann in nicht weiter erläuterter Weise auf den immateriellen Geist einwirken und die bewusste Wahrnehmung erzeugen. Der Geist kann dann seinerseits aufgrund eines Willensentschlusses die Epiphyse in Schwingungen versetzen, die dann über feine Fäden die in den motorischen Nerven enthaltene Seelenstoff-Flüssigkeit in Bewegung setzt. Diese bläht dann die Muskeln auf und bewirkt so die Armbeugung (ebenfalls eine völlig falsche Annahme). Diese wie auch alle anderen Abbildungen wurde dem 1662 posthum auf Lateinisch erschienenen Werk De Homine von dem Leidener Philosophieprofessor Florent Schuyl hinzugefügt. Sie stammt also nicht von Descartes selbst.*

higkeit von Mikroskopen sowie schließlich dem Aufkommen der modernen Elektrophysiologie und Neurochemie (vgl. Shepherd 1991; Florey und Breidbach 1997). In dieser Forschung gab es eine lange Liste von Problemen zu lösen wie etwa (a) die Natur der »nervösen« Erregungsfortleitung von den Sinnesorganen zum Gehirn und schließlich zum eigentlichen »Seelenorgan« als – modern ausgedrückt – *Schnittstelle* zwischen Gehirn und Seele, (b) die Frage, mit welcher Geschwindigkeit die Erregungsfortleitung stattfindet (unendlich schnell, mit Lichtgeschwindigkeit oder viel langsamer?) und (c) wie die unterschiedlichen Sinnesqualitäten entstehen, (d) die Frage, ob Funktionen im Gehirn räumlich verteilt sind oder das Gehirn »holistisch« arbeitet, (e) wie die Integration der Sinneswahrnehmungen im Zusammenhang mit der Entstehung »höherer« Hirnfunktionen (Bewusstsein, Denken, Vorstellen, Erinnern, Wollen usw.) stattfindet, (f) wie Lernen und Gedächtnis funktionieren, und vieles andere mehr. Charakteristisch war, dass Neuroanatomen einerseits und Neurophysiologen andererseits hierbei weitgehend unabhängig voneinander arbeiteten und sich die große Synthese beider Disziplinen erst ab der Mitte des 20. Jahrhunderts vollzog.

Die größten, wenngleich mühsam errungenen Fortschritte machten erst einmal die Neuroanatomen. Nachdem man sich durch Abtragungsexperimente davon überzeugt hatte, dass die Hirnfunktionen in der grauen, zellhaltigen Substanz des Gehirns lokalisiert waren und die weiße Substanz im Wesentlichen aus langen Fasern bestand, untersuchte man die Textur des Gehirns genauer, wobei diese Studien anfangs sehr von der schlechten Qualität der Mikroskope beeinträchtigt waren. Immerhin sahen alle Forscher im Gehirn ein Fasergeflecht, das sich von der weißen in die graue Substanz fortsetzte und feinste Verästelungen aufwies. Es lag nahe, in diesem sehr subtilen Geflecht die Grundlage der Gehirnfunktionen zu sehen. Als Erster beschrieb 1833 der deutsche Naturforscher Christian Gottfried Ehrenberg (1795–1876) »Ganglienkugeln«, die im Gehirn in ein sehr feines Fasergeflecht eingebettet waren, doch gelang es ihm mit seinen Mikroskopen nicht, eine eindeutige Beziehung zwischen diesen Kugeln und den Fasern aufzuzeigen. Erst 1844 wies der deutsch-polnische Neuroanatom und Embryologe Robert Remak (1815–1865) die beobachteten Fasern als Fortsätze der »Ganglienkugeln« nach, und sein früh verstorbener Kollege Otto Deiters (1834–1863) lieferte die erste genaue Beschreibung des exakten Baues von Nervenzellen, die er als zusammengesetzt aus Dendriten, Zellkörper (Soma) und Axon erkannte. Hieraus erwuchs gegen Ende des 19. Jahrhunderts die moderne »Neuronendoktrin«, d. h. die Anschauung, dass das Gehirn – neben den Gliazellen als Stütz- und Nährzellen – aus »Neuronen« besteht, wie Heinrich Wilhelm Waldeyer die Nervenzellen 1891 nannte. Auch wurden spätestens mit den bahnbrechenden Arbeiten des vielleicht größten Neuroanatomen, des Spaniers Santiago Ramón y Cajal (1852–1934 – meist fälschlich nur »Cajal« genannt) die Funktionen der einzelnen Neuronenbestandteile klar: Dendriten nehmen Erregungen – meist von anderen Neuronen – auf, leiten sie zum Zellkörper (Soma) und dann zum Ursprungsort des Axons, dem Axonhügel, weiter, von wo aus sie über das Axon und seinen Verzweigungen (*Kollaterale*) bis zur nächsten Nervenzelle weiterlaufen (s. Kapitel 2).

Bis weit ins 20. Jahrhundert gab es einen erbitterten Streit darüber, ob die Nervenzellen ein ununterbrochenes Vielzellgeflecht, ein »Synzytium«, bildeten und an ihren Fortsätzen ineinander übergingen, oder ob es sich um Einzelzellen handelte, die durch einen – wenngleich winzig kleinen – Spalt voneinander getrennt waren. Diese Frage war mit den damaligen Lichtmikroskopen nicht eindeutig zu entscheiden. Allerdings entdeckte der Schweizer Neuroanatom Wilhelm His (1831–1904), dass Nervenzellen wie jede Körperzelle als diskrete Einheiten entstehen und allmählich ihre Fortsätze (die Dendriten und das Axon) ausbilden. Infrage kam also, wenn überhaupt, nur eine *sekundäre* Verschmelzung der Fortsätze zu einem »Synzytium«. Eine solche Annahme machte die Fortleitung von Erregungen zwischen den Nervenzellen plausibel, während die Ansicht einer räumlichen Trennung durch einen sehr schmalen Spalt die Frage aufwarf, wie denn dann die Erregungsfortleitung zwischen den Zellen ablaufen sollte. Andererseits blieb bei einer Kontinuität zwischen den Nervenzellen offen, wie hierbei überhaupt eine komplexe »Informationsverarbeitung« geschehen konnte, da man doch annehmen musste, dass sich die Erregungen zwischen den Zellen schnell und widerstandsfrei ausbreiteten.

Ramón y Cajal glaubte aufgrund seiner lichtmikroskopischen Untersuchungen, die im Wesentlichen auf der sogenannten »Golgi-Färbung« beruhten, bei den Axonen diskrete Endknöpfchen nachweisen zu können – Strukturen, die wenige Jahre später (1897) der britische Neurophysiologe Charles Scott Sherrington (1857–1952) als »Synapsen« bezeichnete. Deren

Existenz, Bau und Funktion konnte allerdings erst in den 50er Jahren des 20. Jahrhunderts mithilfe der Elektronenmikroskopie endgültig erwiesen und durch einen Schüler Sherringtons, John C. Eccles (1903–1997), sowie zahlreiche weitere Neurophysiologen und Neuropharmakologen genauer beschrieben werden. Der Entdecker der seinerzeit bahnbrechenden »Golgi-Färbung«, der italienische Neuroanatom Camillo Golgi (1843–1926), hielt dagegen hartnäckig an der Theorie des Synzytiums fest, wie auch viele andere bedeutende Neuroanatomen jener Zeit, obwohl die Zahl der Gegenbelege schnell wuchs. So kam es zu der bemerkenswerten Situation, dass im Jahre 1906 Golgi und Ramón y Cajal für ihre jeweiligen Arbeiten den Nobelpreis für Physiologie/Medizin erhielten und jeder von ihnen in der eigenen Nobelpreisrede seine gegensätzliche Ansicht vertrat. Aus heutiger Sicht behielt Ramón y Cajal recht, allerdings mit der Einschränkung, dass er damals keine wirklich klaren Belege vorlegen konnte und es neben den vorwiegend vorhandenen chemischen Synapsen durchaus auch elektrische Synapsen (sogenannte *gap junctions*) gibt, die praktisch eine Plasmabrücke zwischen Neuronen darstellen und somit Camillo Golgis Position zumindest teilweise bestätigen.

Die *Neurophysiologie* entwickelte sich dagegen langsamer, insbesondere weil es bis zur zweiten Hälfte des 19. Jahrhunderts keine geeigneten Instrumente gab, um schnelle und schwache elektrische Vorgänge zu messen. Allerdings war seit dem frühen 17. Jahrhundert der Zusammenhang zwischen Nervensystem und Elektrizität bekannt, und der berühmte englische Physiker Isaac Newton (1642–1726) spekulierte, Elektrizität sei das lange gesuchte »Nervenfluidum«. Mit den Entdeckungen der italienischen Forscher Luigi Galvani (1737–1798) und Alessandro Volta (1745–1827) verdichteten sich im 18. und 19. Jahrhundert die Hinweise, dass die Erregungsfortleitung in den Nerven ein elektrischer Vorgang ist. Bahnbrechend war der durch den Physiker und Physiologen Hermann von Helmholtz (1821–1894) am Froschnerven erbrachte Nachweis, dass die neuronale Erregungsfortleitung überraschend langsam verlief, nämlich nur wenige Meter pro Sekunde. Es häuften sich zudem Belege, dass die Membranen der Nervenzellen eine Art Batterie oder Kondensator waren, deren Ladung durch die ungleiche Verteilung von geladenen chemischen Teilchen (Ionen) entsteht (s. Kapitel 2). Zugleich gab es erste Erkenntnisse, wonach Nervenfasern kurze elektrische Signale, *Aktionspotenziale* genannt, fortleiteten. Deren genauer Verlauf und ihr Zusammenhang mit der Ladung der Nervenzellmembranen blieb jedoch unklar, vor allem da es an geeigneten Messinstrumenten fehlte.

Dies änderte sich entscheidend mit der Entwicklung des Kathodenstrahl-Oszilloskops auf der Grundlage der Braunschen Röhre. Mit seiner Hilfe konnten Herbert Spencer Gasser und Joseph Erlanger in den 1920er Jahren erstmals den genauen Verlauf des Aktionspotenzials darstellen. Schließlich gelang es in den 1950er Jahren den englischen Forschern Alan Hodgkin und Andrew Huxley, in bahnbrechenden Experimenten die Entstehung des sogenannten Ruhemembranpotenzials und des Aktionspotenzials aufzuklären; sie erhielten dafür im Jahre 1963 zusammen mit John Eccles den Nobelpreis. Eine noch ungeklärte Frage war allerdings, ob die Erregungsübertragung an den Synapsen elektrischer oder chemischer Natur war oder eine Kombination aus beidem. Hierüber kam es unter Neurobiologen erneut zu einem erbitterten Streit.

Bereits seit Beginn des 20. Jahrhunderts war die erregende oder hemmende Wirkung bestimmter chemischer Stoffe auf die Aktivität des Herzens und anderer Muskel sowie der Nervenzellen nachgewiesen. Man nannte diese Stoffe später Adrenalin, Noradrenalin und Acetylcholin und identifizierte Letzteren schließlich als Überträgersubstanz oder »Transmitter« zwischen Nervenendigungen und Skelettmuskeln. Damit war klar, dass ein Großteil der Synapsen *chemische* Synapsen sind, bei denen ein einlaufender elektrischer Reiz, in der Regel ein Aktionspotenzial, in der sogenannten Präsynapse die Ausschüttung eines Transmitters in den synaptischen Spalt auslöst. Dieser Transmitter wird dann in der sogenannten Postsynapse wieder zu einer elektrischen Erregung umgeformt und führt schließlich in der zugehörigen Zelle zu einem Aktionspotenzial. Details dieses Vorgangs erfahren wir im nächsten Kapitel.

Der bereits erwähnte australische Neurophysiologe John Eccles, der sich zunächst vehement gegen das Konzept der chemischen Signalübertragung an der Synapse gewehrt hatte, wurde nach seiner »Bekehrung« in den 1950er Jahren zum Pionier in der weiteren Aufklärung der Synapsenfunktion (Nobelpreis 1963). Durch die Entwicklung der sogenannten Patch-Clamp-Technik durch die beiden Deutschen Bert Sakmann und Erwin Neher (Nobelpreis 1991) erlebte die Elektrophysiologie in den 1980er Jahren einen weiteren bedeutenden Entwicklungsschub, denn diese Technik erlaubte die genauere Analyse der Ionenkanäle, die als Grundbausteine der chemo-elektrischen Erregungsverarbeitung identifiziert worden waren. Ebenso wichtig waren die Aufklärung der Dopamin-vermittelten synaptischen Übertragung durch Arvid Carlsson und David Greengard sowie der zellulären und molekularen Grundlagen des Lernens und der Gedächtnisbildung durch Eric Kandel (zusammen Nobelpreis 2000); auch diese Forschungen bauten auf der Patch-Clamp-Methode auf. Heute gilt die neuronale synaptische Erregungsübertragung in den Grundzügen als aufgeklärt, wenngleich die Interaktion von Nervenzellen in großen Zellverbänden noch weitgehend unverstanden ist.

Eine in der Hirnforschung ebenfalls über lange Zeit erbittert geführte Kontroverse betraf die Frage, ob es anatomisch und funktionell abgrenzbare Hirnzentren gibt, wie es die *Lokalisationisten* annahmen, oder ob Gehirne »holistisch«, d.h. als eine durchgängige Funktionseinheit arbeiten, wie es die *Holisten* annahmen. Für einen Lokalisationismus sprachen seit der Antike Beobachtungen, dass die Verletzung unterschiedlicher Hirnteile zu unterschiedlichen sensorischen, motorischen, kognitiven oder emotionalen Ausfällen führte. So hatten Verletzungen des Hinterhauptslappens Sehstörungen zur Folge, solche des Stirnlappens führten zu Störungen der Aufmerksamkeit oder zu plötzlichem antisozialem Verhalten. Gegen Ende des 18. und zu Beginn des 19. Jahrhunderts entwickelte der Anatom Franz Joseph Gall (1758–1828) anhand genauerer anatomischer Untersuchungen die Anschauung, es gebe sowohl in der Großhirnrinde als auch im übrigen Gehirn Zentren, die für unterschiedliche Funktionen im Bereich der Wahrnehmung, der Begabungen und der Charakterzüge verantwortlich seien. Diese Auffassung geriet jedoch in Misskredit, als Gall behauptete, bestimmte Begabungen und Charakterzüge eines Menschen ließen sich an besonderen Ausprägungen des Schädelknochens erkennen. Diese »Phrenologie« genannte Lehre hat sich als völlig unzutreffend erwiesen.

Demgegenüber vertrat der seinerzeit führende französische Physiologe Marie Jean Pierre Flourens (1794–1867) die holistische Auffassung, dass Wahrnehmungen und kognitive Fähigkeiten über das gesamte Gehirn verteilt seien. Er leitete dies aus Beobachtungen ab, wonach Verletzungen der Großhirnrinde in der Regel nicht zu scharf umrissenen Ausfällen führten, sondern je nach Größe der Verletzung zu einer abgestuften

Beeinträchtigung von Wahrnehmung, Intelligenz oder Gedächtnis. Eine Wende brachte der aufsehenerregende Befund des französischen Arztes und Forschers Paul Broca (1824–1880), dass eine charakteristische Störung des Sprachvermögens, heute Broca-Aphasie genannt, eindeutig auf eine Verletzung in einem bestimmten Bereich des linken Frontallappens, dem später so genannten Broca-Areal, zurückzuführen war. Dies verhalf dem Lokalisationismus zu erneutem Aufschwung. In der Folge häuften sich dann Befunde über die Lokalisation bestimmter Funktionen: die räumliche Orientierung im rechten Scheitellappen, das »semantische« Sprachzentrum (auch Wernicke-Zentrum genannt) im linken Schläfenlappen, die Verhaltensplanung und Impulskontrolle im Stirnhirn und so weiter. Diese Befunde erhielten dann weitere Bestätigung durch Tierexperimente, in denen die Bedeutung eng umgrenzter Hirnregionen mithilfe von Läsionen oder elektrischer Stimulation untersucht wurde.

1.4 Wo stehen wir heute?

Im Laufe des 20. Jahrhunderts konnten diese Befunde durch genaue anatomische Untersuchungen des Gehirns, insbesondere der Großhirnrinde, und der Verknüpfung der einzelnen Gehirnzentren untermauert werden. Dies betraf vor allem Funktionen der Wahrnehmung und der Bewegungssteuerung, später wandte man sich auch den kognitiven Leistungen im Zusammenhang mit Aufmerksamkeit, Lernen, Gedächtnisbildung und Sprache zu. Diese Entwicklung wurde nachhaltig beeinflusst durch die berühmte »kognitive Wende«, die Ende der 1960er Jahre die Psychologie erfasste. Erst relativ spät begannen sich Forscher den neuronalen Grundlagen der Emotionen und des Psychischen im engeren Sinne zuzuwenden.

Dies lag zum einen daran, dass Emotionen gegenüber Wahrnehmungen und kognitiven Leistungen als weniger »edel« angesehen wurden, aber auch daran, dass die Hirnregionen, die offenbar für sie verantwortlich waren, meist außerhalb der Großhirnrinde lagen, tief im Innern des Gehirns und so für Experimente schlechter zugänglich als die Funktionen der Großhirnrinde, die man seit der Erfindung der Elektroenzephalographie (EEG) in den 1920er Jahren relativ leicht untersuchen konnte. Erst das Aufkommen der Positronen-Emissions-Tomographie (PET) und insbesondere der funktionellen Magnetresonanz-Tomographie (fMRT; s. Kapitel 9) in den 1980er Jahren erlaubte es, die Grundlagen des Emotionalen bzw. Psychischen auch im lebenden menschlichen Gehirn ohne chirurgischen Eingriff zu studieren. Bahnbrechend waren hier die Forschungen der Arbeitsgruppe um den portugiesisch-amerikanischen Neurobiologen Antonio Damasio, der die Auswirkungen untersuchte, die eine Verletzung des unteren Stirnhirns auf Impulskontrolle und »moralisches« Verhalten hatte (vgl. Damasio 1994). Dieses Vorgehen wurde dann auf alle erdenklichen Aspekte des Psychischen und seiner Erkrankungen ausgedehnt und von den Neurobiologen Joseph LeDoux und Jaak Panksepp (um nur einige zu nennen) durch anatomische und neurophysiologische Experimente an Tieren, zumeist Makaken, Ratten und Mäusen, ergänzt und untermauert. In den letzten Jahren kam eine große Zahl von Studien hinzu, die Licht auf die molekularen und genetischen Grundlagen psychischer Prozesse und ihrer Erkrankungen werfen. Von ihnen wird in diesem Buch noch ausführlich die Rede sein.

Aus Sicht der Naturwissenschaften und der Neurobiologie bzw. Hirnforschung ist die Suche nach dem »Sitz der Seele« insofern zu einem Abschluss gekommen, als es keinen Zweifel mehr daran geben kann, dass psychische Prozesse genauso wie Prozesse der Wahrnehmung, der Kognition und der Motorik aufs Engste mit der Aktivität von Nervenzellen in unterschiedlichen Regionen des Gehirns verbunden sind. Es gibt allerdings keinen eng umgrenzten Ort, an dem das Seelisch-Psychische lokalisiert ist. Vielmehr beruhen unterschiedliche Aspekte des Psychischen wie Furcht oder Angst, Freude, Aggression, Mitleid oder Impulshemmung auf dem *Zusammenwirken* vieler Komponenten des »limbischen« Systems, und oftmals sind dieselben Komponenten, wenngleich in unterschiedlicher Weise, an ganz verschiedenen Aspekten beteiligt. Insofern ist auch dem Streit der »Lokalisationisten« und der »Holisten« der Boden entzogen worden, denn weder arbeitet das Gehirn dabei als ein Ganzes, noch gibt es eng umrissene »Zentren« für Furcht, Angst, Aggression und dergleichen. Stattdessen liegen diesen Zuständen in aller Regel ausgedehnte und stark überlappende Netzwerke und Funktionssysteme zugrunde.

Auch die Frage nach dem »Seelenstoff« oder »Nervenfluidum« als des unmittelbaren materiellen Substrats der Seele hat sich erledigt: Nervenfasern sind keine Röhren, in denen sich bestimmte Seelenstoffe oder »Geisterchen« bewegen, vielmehr sind sie elektrochemische Leiter, über die Aktionspotenziale laufen – wenngleich überraschend langsam. Zwischen den einzelnen Nervenzellen bestehen Kontaktstellen, die Synapsen, an denen die Aktionspotenziale über ausgeschüttete Transmitterstoffe in chemische Signale umgewandelt und dann in den nachgeordneten Nervenzellen wieder zu elektrischen Signalen transformiert werden. Die Nervenfasern sind zudem für den Transport von Substanzen vom Zellkern zu den Synapsen zuständig. Daneben gibt es auch rein elektrische Synapsen und diffuse Ausschüttungen von »neuromodulatorischen« Stoffen außerhalb der Synapsen. Ebenso existieren bereits plausible Annahmen darüber, wie Lernen und Gedächtnisbildung funktionieren und wie im Gehirn die verarbeiteten »Informationen« integriert werden, wie Gefühle entstehen und Verhalten vorbereitet und gesteuert wird.

Ein zentrales Problem ist aber nach wie vor das Verhältnis zwischen beobachtbaren Hirnprozessen und den von uns bewusst erlebten Vorgängen des Wahrnehmens, Denkens, Vorstellens, Erinnerns, Fühlens und Wollens, wovon bereits in der Einleitung die Rede war. Für den klassischen Dualismus ist das Geistige oder Mental-Psychische eine *eigenständige* Wesenheit, die prinzipiell weit über dasjenige hinausgeht, was natur- bzw. neurowissenschaftlich beschreibbar und erklärbar ist. Der Geist wirkt demnach mithilfe einer eigenen, nicht naturgesetzlichen Kausalität, *mentale Verursachung* genannt, auf menschliches Verhalten ein, insbesondere auf moralisch-sittliches Verhalten. Hier hat auch das Konzept der Willensfreiheit im klassischen Sinne seinen Platz: Danach hat der Mensch die metaphysische Möglichkeit, sich in seinem moralisch-sittlichen Handeln über die physikalisch-biologisch-psychologischen Gesetzmäßigkeiten und Bedingungen hinwegzusetzen. Entsprechend ist menschliches Verhalten auch niemals rein naturwissenschaftlich erklärbar. Ein solcher Dualismus ist nicht nur bei vielen Philosophen und Geisteswissenschaftlern, sondern auch bei vielen Psychiatern und Psychotherapeuten explizit oder implizit vorhanden.

Wir sehen also, dass aus neurobiologischer Sicht die Suche nach dem Sitz der Seele erfolgreich beendet wurde. Es kann keinen vernünftigen Zweifel daran geben, dass das Gehirn die Seele hervorbringt, und zwar auf ganz unterschiedlichen Ebenen des neuronalen Geschehens, angefangen von den Vorgängen an den Synapsen bis hin zu den Interaktionen des ganzen Gehirns mit Körper und Umwelt. Geblieben sind aber die Fragen nach der Natur des Geistig-Psychischen und nach seiner Wirkungsweise durch Prozesse im Gehirn. Entfaltet das Geistig-Psychische bei aller neuronaler »Herkunft« nicht doch eine eigenständige Wirkung auf das Gehirngeschehen, oder ist es bloß ein wirkungsloses Beiwerk, ein *Epiphänomen*? Wir werden versuchen, hierauf eine plausible Antwort zu geben – aus neurobiologischer wie auch aus philosophischer Sicht.

2 Gehirn und limbisches System

In diesem Kapitel werden wir uns der Mühe unterziehen müssen, das Gehirn als Entstehungsort des Seelisch-Psychischen zumindest in den Grundzügen zu verstehen – nach dem Motto: Verstehen wir das Gehirn nicht, so verstehen wir auch das Seelisch-Psychische nicht! Gleichzeitig soll diese »kleine Gehirnkunde« so verständlich wie möglich gestaltet sein. Zuerst wollen wir dazu einen kurzen Überblick über das menschliche Gehirn und seine grundlegenden Funktionsweisen geben, ehe wir uns dem limbischen System als »Sitz der Seele« im engeren Sinne zuwenden. Leser, die mit dem allgemeinen Aufbau des Gehirns und den grundlegenden neuronalen Prozessen vertraut sind, können das Unterkapitel 2.1 überspringen. Die kleingedruckten Passagen dieses wie auch der folgenden Kapitel enthalten Vertiefungswissen und können vom kundigen oder eiligen Leser ebenfalls übersprungen werden.

2.1 Allgemeiner Aufbau des Gehirns

Das menschliche Gehirn wird häufig als »einzigartig« bezeichnet. Wenn man damit etwa tiefgreifende Unterschiede in Bau und Funktion zwischen dem Gehirn des Menschen und den Gehirnen nichtmenschlicher Tiere meint, so ist dies falsch. Das menschliche Gehirn ist ein typisches Primatengehirn und darüber hinaus ein typisches Säugetier- und Wirbeltiergehirn, und es gibt, abgesehen von seiner Größe, nur ganz wenige Merkmale, die es von den Gehirnen unserer nächsten stammesgeschichtlichen Verwandten, den Schimpansen und den Gorillas, unterscheiden (vgl. Roth 2010, 2013). Das gilt auch für die Großhirnrinde, den *Cortex cerebri*, der gemeinhin als »Sitz« all jener Fähigkeiten angesehen wird, die den Menschen ausmachen, nämlich Geist, Bewusstsein, Verstand, Handlungsplanung und Sprache.

In Abbildung 2.1 ist das menschliche Gehirn im Längsschnitt dargestellt. Es bildet zusammen mit dem Rückenmark das *Zentralnervensystem*. An das Rückenmark schließt sich das verlängerte Mark (lateinisch *Medulla*

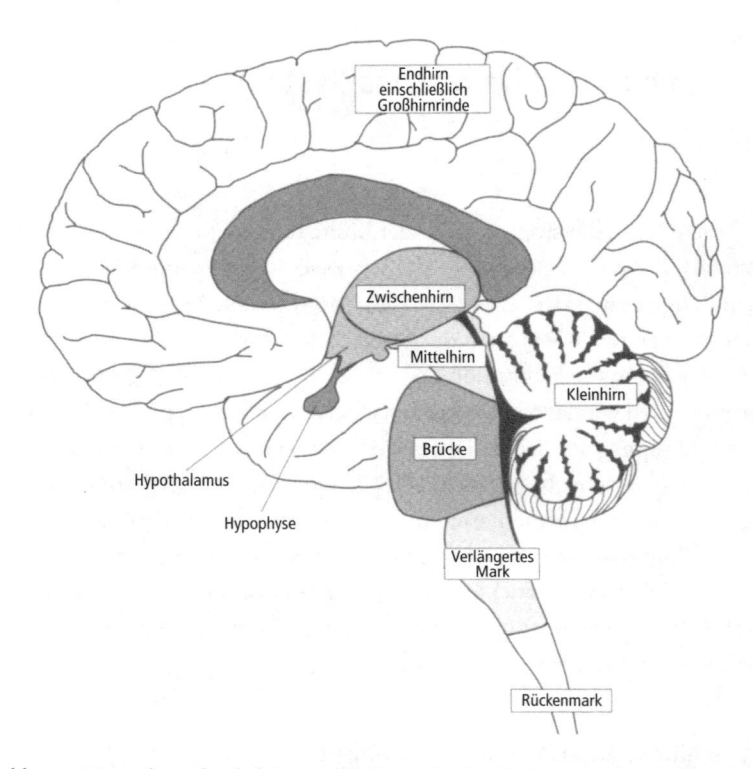

Abb. 2.1: Längsschnitt durch das menschliche Gehirn (nach Eliot 2001, verändert). Weitere Erläuterungen im Text.

oblongata), das Kleinhirn (*Cerebellum*), das Mittelhirn (*Mesencephalon*), das Zwischenhirn (*Diencephalon*) und das Endhirn (*Telencephalon*), auch Großhirn genannt, an. Verlängertes Mark und Mittelhirn bilden zusammen den *Hirnstamm*. Das Endhirn ist in seinem vorderen Teil bei allen Wirbeltieren paarig angeordnet; die beiden Großhirnhälften nennt man *Hemisphären* (Halbkugeln). Sie werden durch den »Balken« (*Corpus callosum*) verbunden. Bei Vögeln und Säugetieren einschließlich dem Menschen unterscheidet man noch einen weiteren, sechsten Hirnteil, die Brücke (lateinisch *Pons*), der aber nur ein besonders gestalteter Teil des Hirnstamm-Bodens ist.

Diese fünf Teile sind bei Amphibien und Reptilien und den meisten Fischen hintereinander angeordnet; bei Säugetieren und Vögeln vergrößern sich aber Zwischenhirn und Endhirn überdurchschnittlich, und bei Säugetieren mit großen Gehirnen vergrößert sich zusätzlich die Hirnrinde sehr stark, faltet sich und dehnt sich nach allen Seiten aus, so dass sie schließlich die übrigen Teile des Gehirns fast völlig überdeckt. So kommt es, dass beim menschlichen Gehirn ebenso wie bei den Gehirnen anderer großer Säugetiere bis auf das Kleinhirn und der Stiel des Hirnstamms nur die Großhirnrinde äußerlich sichtbar ist (vgl. Abbildung 2.2, oben). Diese eindrucksvollen Unterschiede, die sich sowohl in der Stammesgeschichte (Phylogenese) als auch der Individualgeschichte (Ontogenese) zeigen, ändern aber nichts an der Tatsache, dass der Grundaufbau des menschlichen Gehirns nichts Besonderes an sich hat.

Das menschliche Gehirn ist nicht nur in seiner Grundstruktur sehr konservativ, sondern auch in seinem Feinbau. Wie alle anderen Organe unseres Körpers besteht es aus Zellen, und zwar aus Nervenzellen, *Neurone* (oder *Neuronen*) genannt, und aus Gliazellen. Nervenzellen sind die Grundbausteine unseres Gehirns als eines erregungs- und informationsverarbeitenden Systems, während Gliazellen unter anderem Stütz- und Versorgungsfunktionen für die Nervenzellen ausüben. Inwieweit sie bei der neuronalen Erregungsverarbeitung mitwirken, ist nicht genau geklärt, zumindest spielen sie eine wichtige Rolle bei der Synthese von neuronalen Botenstoffen, den Transmittern, Neuropeptiden und Neurohormonen, von denen wir im nächsten Kapitel genauer hören werden. Das menschliche Gehirn ist durchschnittlich 1350 Kubikzentimeter groß und enthält schätzungsweise 60 bis 100 Milliarden Nervenzellen, wovon allein das Kleinhirn 30 Milliarden Nervenzellen beinhalten soll. Gliazellen gibt es vermutlich doppelt so viele wie Nervenzellen.

Bau und Funktion der Nervenzellen

Nervenzellen sind die Träger der neuronalen Erregungs- bzw. Informationsverarbeitung, denn sie nehmen Erregungen auf, verarbeiten sie und geben sie an andere Nervenzellen, Sinneszellen, Muskeln oder Drüsen weiter. Sie kommen in vielen verschiedenen Gestalten und Größen vor. Wie Abbildung 2.3 zeigt, besteht eine typische Nervenzelle, hier eine Pyramidenzelle der Großhirnrinde, aus einem *Zellkörper*, aus meist vie-

48   2 Gehirn und limbisches System

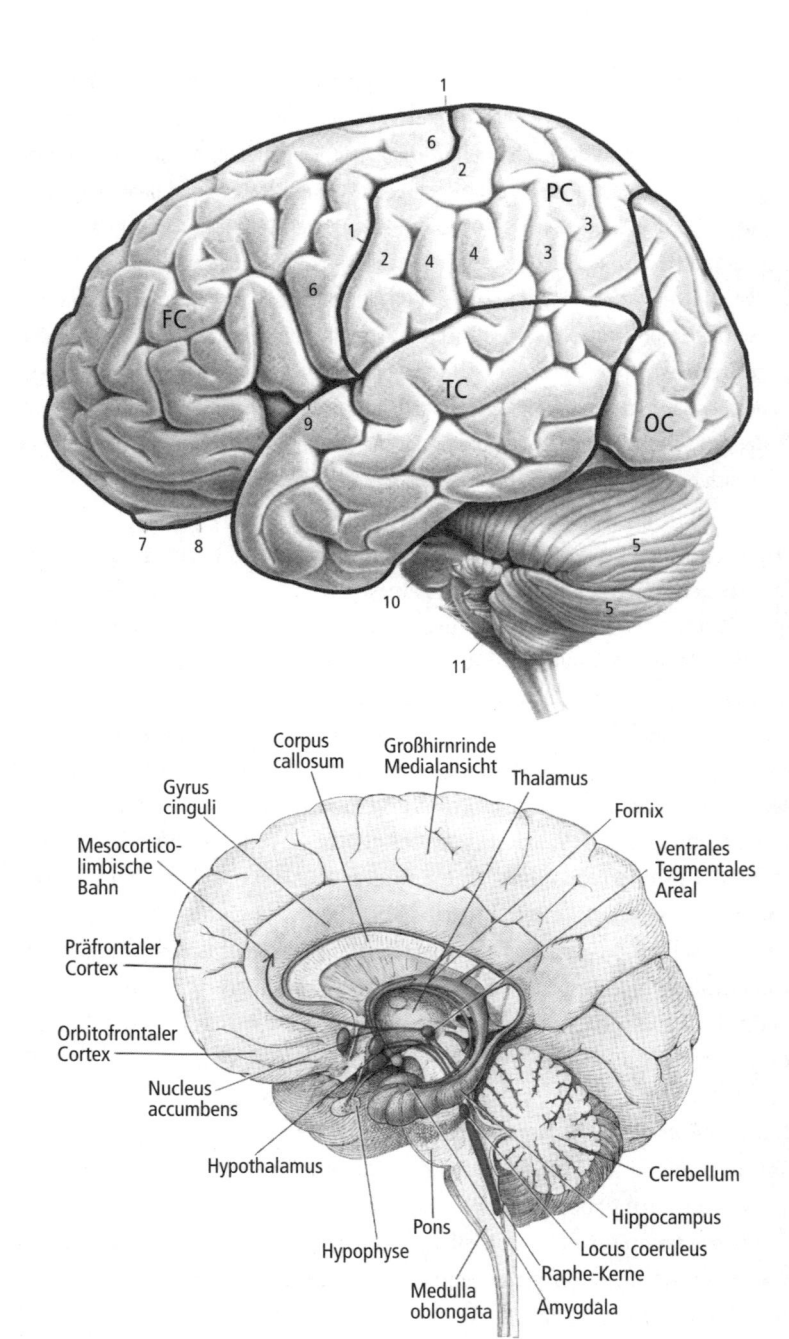

len verzweigten Fortsätzen, den *Dendriten,* über die sie Erregungen von anderen Nervenzellen aufnimmt, und aus einem Fortsatz, dem *Axon* (von dem es auch mehrere geben kann), über den die Zelle Erregungen an andere Nervenzellen weitergibt. Axone verzweigen sich an ihrem Ende meist stark und kontaktieren auf diese Weise viele benachbarte Zellen. Nervenzellen, die lange Axone besitzen und damit auch weiter entfernte Ziele erreichen, etwa die Pyramidenzellen, nennt man *Projektionsneurone,* während solche, die nur kurze Axone besitzen und in die lokale Erregungsverarbeitung eingebunden sind, *Interneurone* heißen. Diese üben eine erregende oder hemmende Wirkung auf die Projektionsneurone aus.

Fortsätze, die auf ein bestimmtes Hirngebiet zulaufen und Informationen von den Rezeptoren in den Sinnesorganen, der Haut oder den Eingeweiden oder von einem vorgeschalteten Hirngebiet dorthin weiterleiten, stellen *Afferenzen* für diese Zielgebiete dar. *Efferenzen* werden dagegen Axone genannt, die Informationen von einem bestimmten Zentrum zu anderen Zentren wegführen. In diesem Fall sagt man, dass das bestimmte Zentrum zu einem anderen Zentrum »projiziert«.

Die Erregungsverarbeitung im Nervensystem einschließlich des Gehirns erfolgt sowohl elektrisch als auch chemisch. Grundlage ist die Tatsache, dass die Zellmembran aufgrund der Trennung unterschiedlich geladener chemischer Teilchen, der Ionen, elektrisch aufgeladen ist, und

Abb. 2.2: Oben: Seitenansicht des menschlichen Gehirns. Zu erkennen ist die Großhirnrinde mit ihren Windungen (Gyrus/Gyri) und Furchen (Sulcus/Sulci) und das ebenfalls stark gefurchte Kleinhirn. Abkürzungen: FC = Stirnlappen; OC = Hinterhauptslappen; PC = Scheitellappen; TC = Schläfenlappen; 1 Zentralfurche (Sulcus centralis); 2 Gyrus postcentralis; 3 Gyrus angularis; 4 Gyrus supramarginalis; 5 Kleinhirn-Hemisphären; 6 Gyrus praecentralis; 7 Riechkolben; 8 olfaktorischer Trakt; 9 Sulcus lateralis; 10 Brücke; 11 verlängertes Mark (nach Nieuwenhuys et al. 1991, verändert). Unten: Medianansicht des menschlichen Gehirns mit den wichtigsten limbischen Zentren. Diese Zentren sind Orte der Entstehung von Affekten, von positiven (Nucleus accumbens, ventrales tegmentales Areal) und negativen Gefühlen (Amygdala), der Gedächtnisorganisation (Hippocampus), der Aufmerksamkeits- und Bewusstseinssteuerung (basales Vorderhirn, Locus coeruleus, Thalamus) und der Kontrolle vegetativer Funktionen (Hypothalamus) (verändert nach Spektrum/Scientific American 1994).

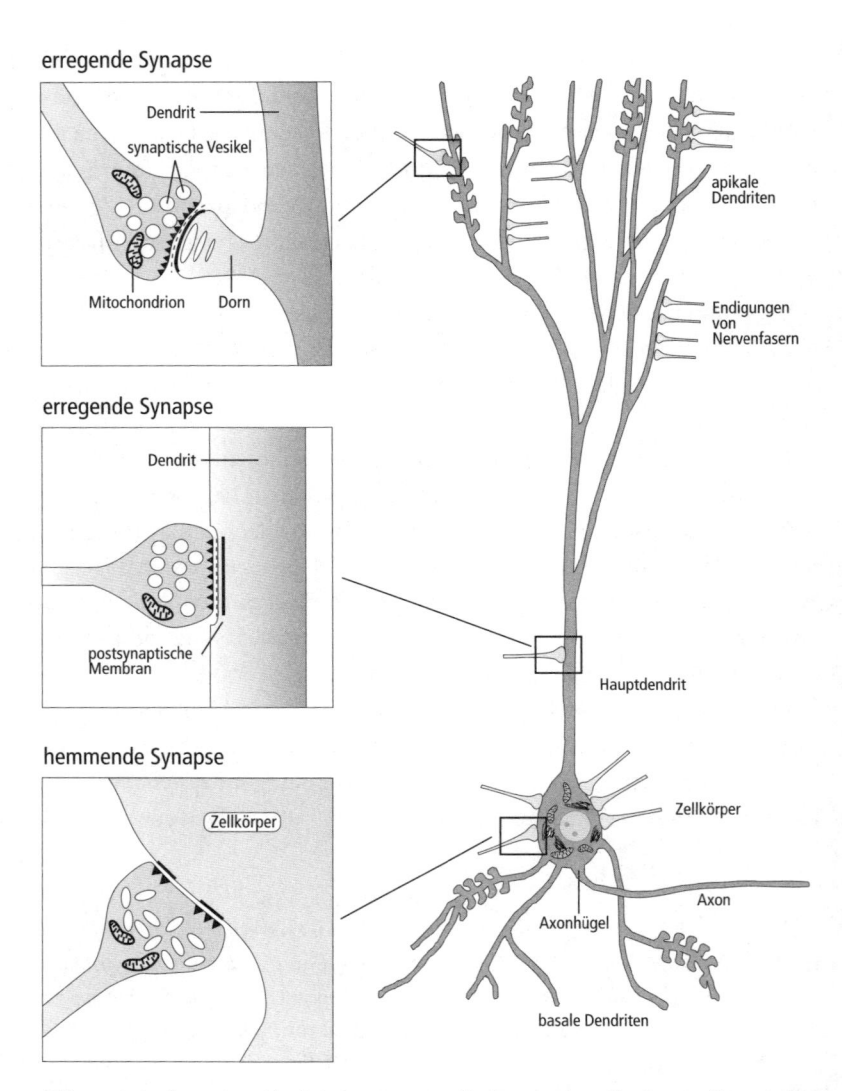

Abb. 2.3: *Aufbau einer idealisierten Nervenzelle (Pyramidenzelle der Großhirnrinde). Die apikalen und basalen Dendriten dienen der Erregungsaufnahme, das Axon ist mit der Erregungsweitergabe an andere Zellen (Nervenzellen, Muskelzellen usw.) befasst. Links vergrößert drei verschiedene Synapsentypen: oben eine erregende Synapse, die an einem »Dorn« eines Dendriten ansetzt (»Dornsynapse«); in der Mitte eine erregende Synapse, die direkt am Hauptdendriten ansetzt; unten eine hemmende Synapse, die am Zellkörper ansetzt (aus Roth 2003).*

zwar derart, dass das Zellinnere gegenüber der Umgebung eine negative Spannung von rund 70 Millivolt aufweist. Diese Spannung kann sich nun durch das Öffnen von Ionenkanälen, welche die Membran durchziehen, kurzfristig entladen oder sogar ins Positive umkehren und dadurch am sogenannten Axonhügel elektrische Impulse erzeugen. Diese Impulse, man nennt sie Aktionspotenziale, laufen über das Axon zu anderen Zellen weiter.

Eine einzelne Nervenzelle, wie sie in Abbildung 2.3 gezeigt ist, ist über viele kleine Kontaktpunkte, die *Synapsen*, mit Tausenden anderen Nervenzellen verbunden. Diese Synapsen bestehen aus Endverdickungen von Axonen (*Präsynapsen* genannt), die an einem bestimmten Ort auf einer anderen Nervenzelle, der *Postsynapse*, ansetzen. Prä- und Postsynapse stoßen bei elektrischen Synapsen direkt aufeinander und besitzen spezialisierte Übergänge. Bei den im Gehirn am häufigsten auftretenden chemischen Synapsen sind Prä- und Postsynapse durch einen extrem schmalen synaptischen Spalt voneinander getrennt. Meist befinden sich die Synapsen an den Dendriten der nachgeschalteten Zelle, sie kommen aber auch am Zellkörper vor.

Bei den elektrischen Synapsen kann die elektrische Erregung, meist in Form von Aktionspotenzialen, direkt und fast verzögerungsfrei von der Prä- zur Postsynapse weitergeleitet werden. Bei den chemischen Synapsen lösen die in die Präsynapse einlaufenden Aktionspotenziale die Ausschüttung von Neurotransmittern (oder einfach Transmittern) aus, deren Moleküle in den synaptischen Spalt eindringen und dann auf die Postsynapse einwirken (Abbildung 2.4). Hier koppeln sie an bestimmte Strukturen, die Rezeptoren, an, welche teils direkt, teils indirekt Ionenkanäle öffnen, durch die sich die Ionen hindurchbewegen können. Auf diese Weise bewirken die Transmittermoleküle Veränderungen im elektrischen Ladungszustand des Membranfleckchens an der Postsynapse. Dies dauert nur 1 bis 2 Millisekunden.

Allerdings entstehen an der Postsynapse, anders als am Axonhügel, keine Aktionspotenziale. Vielmehr kann durch Einwirkung der Transmitter die Membran der Postsynapse »graduell« weniger negativ oder sogar positiv werden; dies nennt man *Depolarisation*. Die so entstehende elektrische Erregung läuft von der Postsynapse über die Dendriten zum Zellkörper und weiter zum Ursprungsort des Axons (dem Axonhügel), wo sie un-

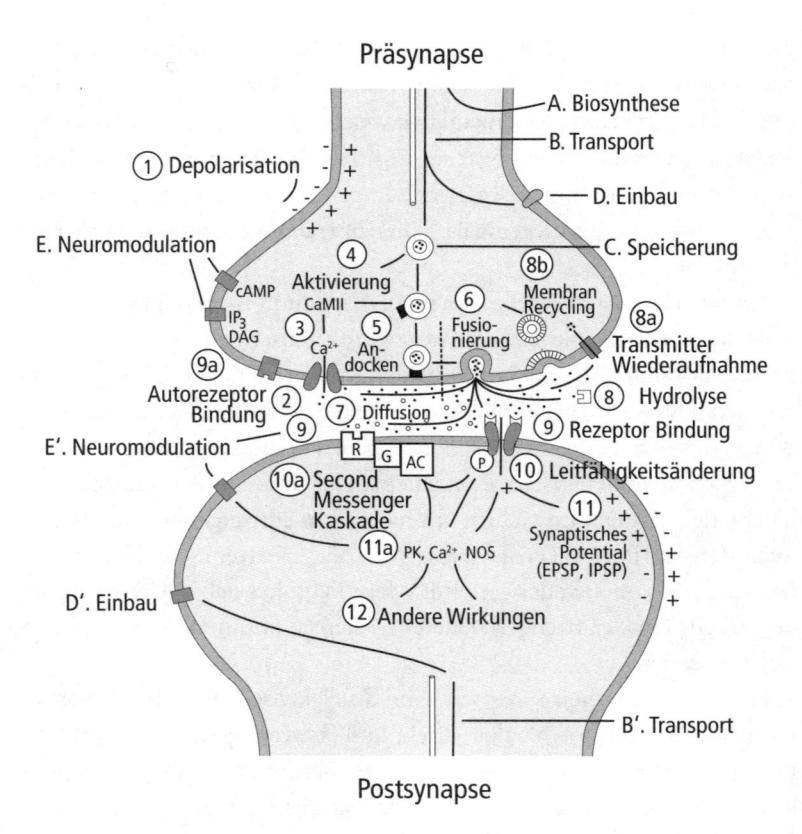

Abb. 2.4: *Biochemische Vorgänge an einer chemischen Synapse. 1–12 kennzeichnen schnelle Vorgänge im Millisekundenbereich, die während der unmittelbaren Verarbeitung und Weitergabe von Signalen an der Synapse ablaufen. A–E bzw. A'–E' bezeichnen eher langsamere Vorgänge im Sekundenbereich: Synthese, Transport und Speicherung von Transmittern und Modulatoren; Einbau von Kanalproteinen und Rezeptoren in die Membran; modulatorische Wirkungen. AC = Adenylatcyclase, cAMP = cyclisches Adenosinmonophosphat, Ca^{2+} = Calcium-Ionen, CaMII = calmodulinabhängige Proteinkinase II, DAG = Diacylglycerin, G = GTP-bindendes Protein, IP3 = Inositoltriphosphat, NOS = Stickstoffmonoxid-Synthase, PK = Proteinkinase, R = Rezeptor (aus Roth 2003).*

ter günstigen Umständen Aktionspotenziale auslöst. Der Transmitter kann aber auch die Spannung an der postsynaptischen Membran noch negativer machen und zum Beispiel auf minus 80 Millivolt treiben; dies nennt man *Hyperpolarisation*. Die Hyperpolarisation hemmt die Zelle und hat zur Folge, dass sie für nachfolgende Erregungen von der vorgeschalteten Zelle vorübergehend unempfindlicher wird.

Wir haben damit die beiden wichtigsten Wirkungen kennengelernt, die eine Nervenzelle auf andere Nervenzellen haben kann, nämlich Erregung (*Exzitation*) und Hemmung (*Inhibition*), natürlich in jeweils abgestufter Weise. Ob eine Präsynapse auf die Postsynapse erregend oder hemmend wirkt, hängt nicht nur von der Art des Transmitters ab, der von der Präsynapse ausgeschüttet wird, sondern auch von der besonderen chemischen Empfänglichkeit der postsynaptischen Membran, die durch die Art der dort vorhandenen Rezeptoren bestimmt wird. Das bedeutet, dass viele Überträgerstoffe je nach Rezeptor sowohl erregend als auch hemmend wirken können.

Diese Rezeptoren sind meist nur für einen Typ von Transmittern oder anderen Übertragersubstanzen empfindlich. Der wichtigste Transmitter in unserem Gehirn, der grundsätzlich erregend wirkt, ist *Glutamat*, die beiden wichtigsten hemmenden Transmitter sind *Gamma-Amino-Buttersäure* (abgekürzt *GABA*) und *Glycin*. Diese drei Stoffe sind an der schnellen Erregungsübertragung an den Synapsen beteiligt, wobei »schnell« wörtlich zu nehmen ist und Vorgänge im Millisekundenbereich beschreibt. Es gibt daneben Transmitter, die langsamer, im Bereich von Sekunden, wirken und die Arbeit der »schnellen« Transmitter beeinflussen. Sie werden deshalb auch *Neuromodulatoren* genannt. Es handelt sich dabei vornehmlich um die Stoffe *Noradrenalin*, *Serotonin*, *Dopamin* und *Acetylcholin*. Sie haben zusammen mit den Neuropeptiden und Neurohormonen eine tiefgreifende Wirkung auf unsere seelische Befindlichkeit. Von ihnen wird deshalb ausführlicher im nächsten Kapitel die Rede sein.

Im menschlichen Gehirn spielt die Tätigkeit eines einzelnen Neurons kaum eine Rolle, entscheidend ist vielmehr das Zusammenspiel von Hunderten, Tausenden oder gar Millionen von Nervenzellen. Neurone derselben Funktion sind im Gehirn meist zu anatomisch sichtbaren Gruppen zusammengefasst, die man Kerne (lateinisch *Nuclei*, Singular *Nucleus*) nennt. Diese Kerne können sensorische Funktionen haben, wenn sie mit dem Entstehen von Wahrnehmungen befasst sind, oder motorische Funktionen, wenn sie an der Steuerung des Bewegungsapparates beteiligt sind. Geht es um komplexe Wahrnehmungsleistungen, um Denken, Vorstellen und Erinnern, dann haben sie kognitive Funktionen, sind sie am Entstehen und an der Kontrolle vegetativer Körperfunktionen und von Affekten und Gefühlen beteiligt, haben sie limbische Funktionen, und wenn sie mit der Planung und Vorbereitung von Handlungen zu tun haben, dann handelt es sich um exekutive Funktionen. Dabei gibt es Nervenzellen, die Erregungen unterschiedlichster Art bündeln und verarbeiten und die man entsprechend assoziative oder integrative Neurone nennt.

Von den Kernen laufen Axon- oder Faserbündel bzw. Trakte (lateinisch *Tractus* genannt – mit langem »u«; der Singular heißt *Tractus* mit kurzem »u«) zu anderen Kernen im Gehirn. Axonbündel, die aus dem Gehirn aus- oder ins Gehirn eintreten, werden Nerven (lateinisch *Nervi*, Singular *Nervus*) genannt – im Gehirn gibt es entsprechend keine »Nerven«, sondern Trakte. Nerven stellen die Verbindungen zwischen dem Gehirn und Sinnesorganen, anderen Organen (Herz, Lunge usw.), Drüsen und dem Bewegungsapparat, d.h. den Muskeln und Sehnen, dar. Die insgesamt zwölf Nerven, die das Gehirn mit Nase, Auge, Innenohr, Kopf und Gesicht, Zähnen, Mund, Zunge und Kehlkopf verbinden, bilden die Kopfnerven. Der zehnte Nerv, der *Nervus vagus* (»umherschweifender Nerv«) hat allerdings zusätzliche Funktionen, denn über ihn als Teil des sogenannten parasympathischen Systems beeinflusst das Gehirn Teile der Eingeweide.

Bevor wir uns mit den Funktionen der einzelnen Hirnteile beschäftigen, müssen wir uns noch mit einigen weiteren Grundbegriffen der Anatomie vertraut machen, die aus dem Lateinischen stammen und Lagebeziehungen im Körper bzw. im Gehirn bezeichnen. *Dorsal* und *superior* heißt »oben«, *ventral* und *inferior* heißt »unten«. *Rostral* und *anterior* heißt »vorn«, *caudal* und *posterior* heißt »hinten«. *Medial* heißt »zur Mitte hin«, *median* heißt auf der Mittellinie liegend, und *lateral* heißt »seitlich«.

Was die verschiedenen Teile des Gehirns tun
Das *verlängerte Mark* ist die direkte Fortsetzung des Rückenmarks und der Eintritts- und Austrittsort der Hirnnervenpaare fünf bis zwölf (*Nervus trigeminus, N. abducens, N. facialis, N. statoacusticus, N. glossopharyngeus, N. vagus, N. accessorius* und *N. hypoglossus*), deren motorische bzw. sensorische Kerngebiete er enthält. Diese Kerngebiete werden umgeben von einer netzwerkartigen (»retikulären«), in lose Kerngruppen gegliederten Struktur, der retikulären Formation (lateinisch *Formatio reticularis*). Diese Struktur zieht sich vom verlängerten Mark über die Brücke bis zum vorderen

Mittelhirn und spielt eine Rolle bei lebenswichtigen Körperfunktionen wie Schlafen und Wachen, Blutkreislauf und Atmung sowie bei Erregungs-, Aufmerksamkeits- und Bewusstseinszuständen. Hier sind unter anderem einige der Kerne lokalisiert, in denen die Neuromodulatoren gebildet werden. Die Formatio reticularis bildet zusammen mit dem Hypothalamus (s. unten) die Grundlage unserer biologischen Existenz.

An das verlängerte Mark schließt sich nach vorn die *Brücke (Pons)* an, die eine Reihe wichtiger motorischer und limbischer Kerne enthält und unter anderem die Verbindung zwischen Großhirnrinde und Kleinhirn herstellt. Das *Kleinhirn* ist auf die Brücke aufgesetzt und gliedert sich anatomisch und funktionell in drei Teile.

Der erste Teil hat mit der Steuerung des Gleichgewichts und der Augenfolgebewegung zu tun und wird Vestibulo-Cerebellum genannt. Der zweite Teil erhält über das Rückenmark Eingänge von den Muskeln, Sehnen, Gelenken und der Haut; er hat mit der Koordination des Bewegungsapparates zu tun und heißt Spino-Cerebellum. Der dritte Teil ist eng mit der Großhirnrinde, dem Cortex cerebri verbunden und mit der Steuerung der feinen Willkürmotorik befasst, mit der auch die Großhirnrinde zu tun hat; er wird entsprechend Cerebro-Cerebellum genannt. Wir benötigen diesen Teil des Kleinhirns, wenn wir mit den Fingerspitzen etwas anfassen oder einen Faden durch ein dünnes Nadelöhr fädeln wollen. Das Kleinhirn stellt in diesem Zusammenhang auch einen wichtigen Ort motorischen Lernens dar. Es ist aber keineswegs nur ein Zentrum für die Koordination von Bewegungen, sondern ist auch an kognitiven und emotionalen Leistungen wie Denken, Vorstellen und Fühlen sowie an Sprache beteiligt. Alle diese Ereignisse haben eine Zeitstruktur, ohne dass uns dies bewusstseinsmäßig immer zugänglich ist. Dabei geht es um die Feinkoordination von Abläufen, seien es Bewegungen, Sprachlaute, Gedankenketten oder Emotionen, und um die Ausbildung von Gewohnheiten in diesen Bereichen. Insofern ist es nicht verwunderlich, dass bei fast allen Registrierungen der Hirnaktivität mithilfe sogenannter bildgebender Verfahren das Kleinhirn sichtbar wird.

An Brücke und Kleinhirn schließt sich nach vorn das Mittelhirn (*Mesencephalon*) an, das beim Menschen relativ klein ist. Es gliedert sich in einen oberen Teil, das Mittelhirndach (Tectum oder Vierhügelplatte), und einen unteren Teil, das Tegmentum. Die Vierhügelplatte besteht aus den vorderen bzw. oberen Hügeln (*Colliculi superiores*) und den hinteren bzw. unteren Hügeln (*Colliculi inferiores*). Die oberen Hügel spielen eine wichtige Rolle

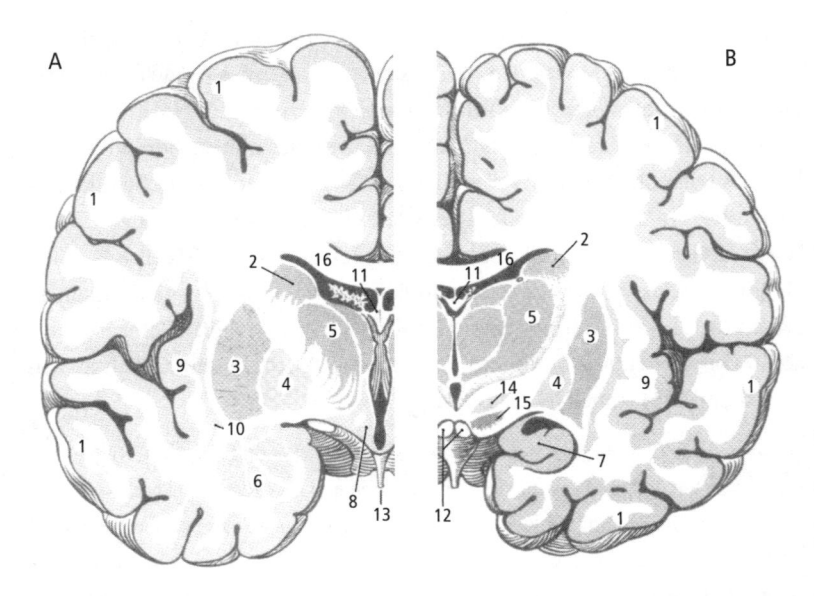

Abb. 2.5: Querschnitte durch das menschliche Gehirn: (A) Querschnitt auf Höhe des Hypothalamus, der Amygdala und des Striato-Pallidum; (B) Querschnitt auf Höhe des Thalamus und des Hippocampus. *1* Neocortex, *2* Nucleus caudatus, *3* Putamen, *4* Globus pallidus, *5* Thalamus, *6* Amygdala, *7* Hippocampus, *8* Hypothalamus, *9* insulärer Cortex, *10* Claustrum, *11* Fornix (Faserbündel), *12* Mammillarkörper (Teil des Hypothalamus), *13* Infundibulum (Hypophysenstiel), *14* Nucleus subthalamicus, *15* Substantia nigra, *16* Balken (Corpus callosum) (verändert nach Kahle 1976).

bei visuell gesteuerten Blick- und Kopfbewegungen sowie bei gerichteten Hand- und Armbewegungen und entsprechenden Orientierungsleistungen. Die unteren Hügel sind ein wichtiges Verarbeitungszentrum für die unbewusste Hörinformation. Das *Tegmentum* enthält Anteile der Formatio reticularis sowie Zentren, die für Bewegung, Handlungssteuerung und Handlungsbewertung wichtig sind, nämlich den Nucleus ruber, die Substantia nigra und das ventrale tegmentale Areal (s. unten).

Das *Zwischenhirn* liegt, wie in Abbildung 2.5 B gut zu sehen, beim Menschen tief im Endhirn eingebettet. Es besteht von oben nach unten aus Epithalamus, dorsalem Thalamus, ventralem Thalamus (auch Subthalamus genannt) und Hypothalamus sowie aus der anhängenden Hypophyse. Der *Epithalamus* beinhaltet die Zirbeldrüse (*Epiphyse*), in der das

Hormon Melatonin produziert wird, über das unser Schlaf-Wach-Rhythmus und andere Zeitrhythmen des Körpers gesteuert werden. Ebenso befinden sich dort die Habenulae. Sie sind Teil des limbischen Systems.

Der *dorsale Thalamus* ist ein Komplex aus funktional sehr unterschiedlichen Kernen und Kerngebieten und mit der Hirnrinde über auf- und absteigende Fasern verbunden, die das thalamo-corticale System bilden (Abbildung 2.6). Hier werden die von Auge, Ohr, Geschmacks- und Gleichgewichtssystem sowie von Haut und Muskeln kommenden sensorischen Bahnen auf Bahnen zur Hirnrinde umgeschaltet. Ebenso enden hier motorische Bahnen von der Hirnrinde, um dann ihren Weg zu motorischen Zentren des Hirnstamms und Rückenmarks zu nehmen. Entsprechend haben Kerne des dorsalen Thalamus teils sensorische, teils motorische Funktionen, sind aber auch an kognitiven und limbischen Funktionen beteiligt. In diesem Sinne ist der dorsale Thalamus das Ein- und Ausgangstor der Großhirnrinde. Der *ventrale Thalamus* besteht aus dem Globus pallidus und dem Nucleus subthalamicus, die auch den Basalganglien (s. unten) zugeordnet werden.

Der *Hypothalamus* (Abbildung 2.5 A, 2.11) ist das Regulationszentrum für vegetative Funktionen wie Atmung, Herzschlag, Kreislauf, Nahrungs- und Flüssigkeitshaushalt, Wärmehaushalt und immunologische Reaktionen. Er ist zusammen mit der retikulären Formation des Hirnstamms das »Überlebenszentrum« unseres Gehirns. Über die Freisetzung verschiedener Neuropeptide ist der Hypothalamus zusammen mit der Hypophyse zudem an Prozessen der Stressverarbeitung und der zwischenmenschlichen Bindung beteiligt.

Das Endhirn (*Telencephalon, Cerebrum*) bildet den größten Teil unseres Gehirns und gliedert sich in die dünne Hirnrinde (*Cortex cerebri*) und in Teile, die von dieser Hirnrinde umschlossen werden und deshalb »subcortical« genannt werden (vgl. Abbildung 2.5). Die beiden Hälften (*Hemisphären*) des Endhirns werden, wie erwähnt, durch den Balken miteinander verbunden, der aus vielen Millionen Nervenfasern besteht. Das bei weitem größte subcorticale Gebilde ist der Streifenkörper (*Corpus striatum*, meist einfach *Striatum* genannt), dem eng der bleiche Körper (*Globus pallidus*) anliegt (Abbildung 2.5 A). Striatum und Globus pallidus, häufig auch Striato-Pallidum genannt, bilden zusammen mit dem Nucleus subthalamicus, der Substantia nigra und dem ventralen tegmentalen Areal des

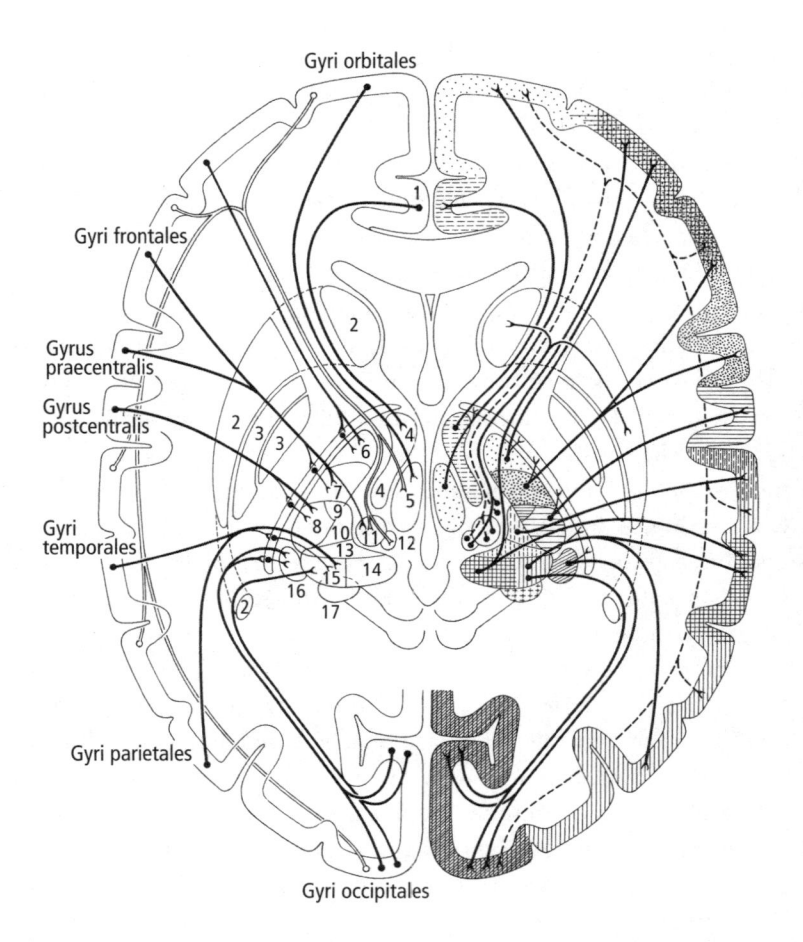

Abb. 2.6: Schema des thalamo-corticalen Systems in einem Horizontalschnitt durch das menschliche Gehirn (oben ist vorn, unten ist hinten). In der Mitte sind die verschiedenen thalamischen Kerne sowie andere wichtige subcorticale Zentren abgebildet, außen die verschiedenen Areale der Großhirnrinde mit den wichtigsten Hirnwindungen (Gyri). Rechts sind die Projektionen der thalamischen Kerne zur Großhirnrinde dargestellt, links die Projektionen von Hirnrindenarealen zu thalamischen Kernen. *1* Gyrus cinguli; *2* Corpus striatum; *3* Globus pallidus; *4* Nucleus anterior thalami; *5* Nucleus medialis thalami; *6* Nucleus ventralis anterior; *7* Nucleus ventralis lateralis; *8* Nucleus ventralis posterior; *9* Nucleus ventralis posterior, pars parvocellularis; *10* Nucleus lateralis posterior; *11* Nucleus centromedianus; *12* Nucleus parafascicularis; *13* Pulvinar, pars anterior; *14* Pulvinar, pars medialis; *15* Pulvinar, pars lateralis; *16* lateraler Kniehöcker; *17* medialer Kniehöcker (aus Nieuwenhuys et al. *1991*).

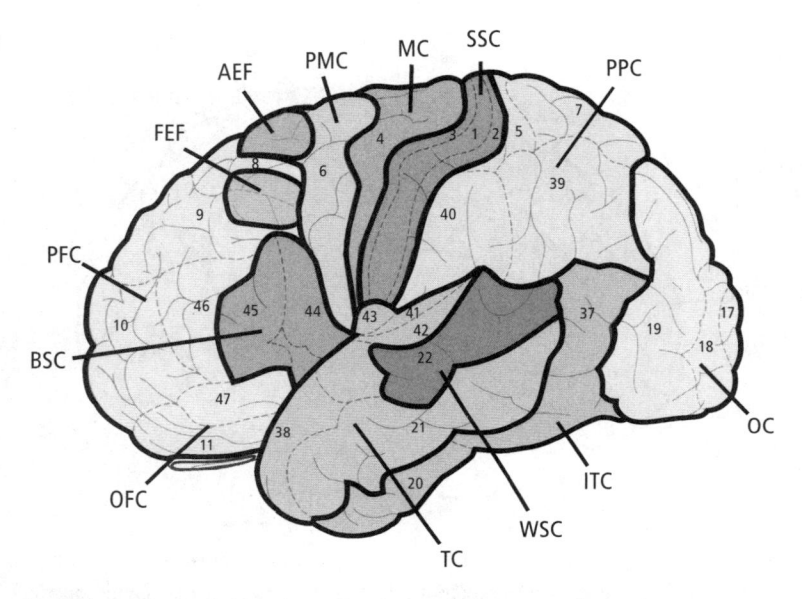

Abb. 2.7: (A) Anatomisch-funktionelle Gliederung der Hirnrinde von der Seite aus gesehen. Die Zahlen geben die übliche Einteilung in cytoarchitektonische Felder nach Korbinian Brodmann an. Abkürzungen: AEF = vorderes Augenfeld; BSC = Broca-Sprachzentrum; FEF = frontales Augenfeld; ITC = inferotemporaler Cortex; MC = motorischer Cortex; OC = occipitaler Cortex (Hinterhauptslappen); OFC = orbitofrontaler Cortex; PFC = präfrontaler Cortex (Stirnlappen); PMC = dorsolateraler prämotorischer Cortex; PPC = posteriorer parietaler Cortex; SSC = somatosensorischer Cortex; TC = temporaler Cortex (Schläfenlappen); WSC = Wernicke-Sprachzentrum.

Hirnstamms die Basalganglien, die für die Steuerung willkürlicher Bewegungen wichtig und der Ort von Automatismen und Gewohnheiten sind. Dem Striato-Pallidum eng benachbart sind der Mandelkern (*Amygdala*, Abbildung 2.5 A) und die septale Region. Von diesen Zentren wird gleich ausführlich die Rede sein.

Die Großhirnrinde, der *Cortex* (Abbildung 2.7 A, B) besteht aus einem größeren, durchgängig sechsschichtigen Teil, Isocortex genannt (vgl. Abbildung 2.8), der sensorische, kognitiv-assoziative und motorische Funktionen ausübt, sowie aus limbischen Anteilen, die drei- bis fünfschichtig sind. Deren Strukturen und Funktionen sollen im Zusammenhang mit dem limbischen System besprochen werden.

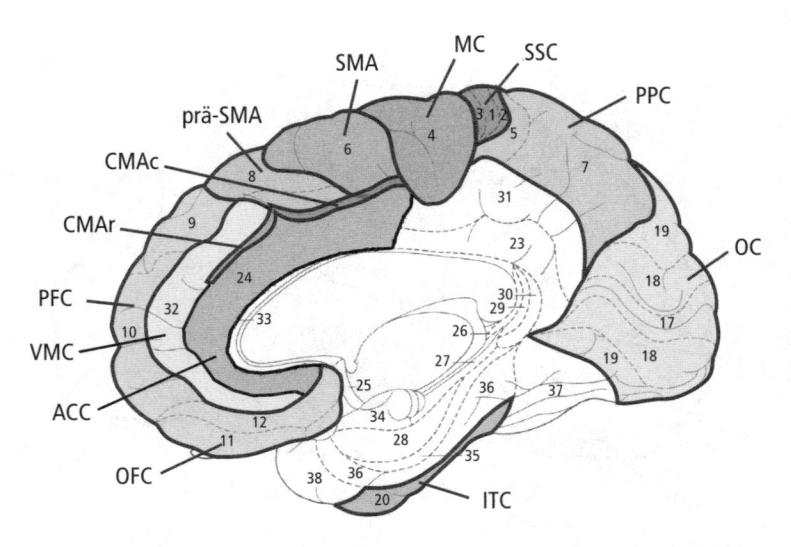

Abb. 2.7: (B) *Anatomisch-funktionelle Gliederung der Hirnrinde von der Mittellinie aus gesehen. Abkürzungen: ACC = anteriorer cingulärer Cortex (Gyrus cinguli anterior); CMAc = caudales cinguläres motorisches Areal; CMAr = rostrales cinguläres motorisches Areal; ITC = inferotemporaler Cortex; MC = motorischer Cortex; OC = occipitaler Cortex; prä-SMA = prä-supplementär-motorisches Areal; PFC = präfrontaler Cortex; PPC = posteriorer parietaler Cortex; SMA = supplementär-motorisches Areal; SSC = somatosensorischer Cortex; VMC = ventromedialer (präfrontaler) Cortex (verändert nach Nieuwenhuys et al. 1991).*

Die Großhirnrinde wird üblicherweise eingeteilt in 52 Gebiete, die nach dem Neuroanatomen Korbinian Brodmann (1868–1918) »Brodmann-Areale« genannt und üblicherweise, wie auch in diesem Buch geschehen, mit »A« oder »BA« abgekürzt werden (Abbildung 2.9). So heißt der primäre visuelle Cortex des Menschen »BA 17«, der vorderste Teil des präfrontalen Cortex »BA 10«. Brodmann nahm in seinem bahnbrechenden Buch *Vergleichende Lokalisationslehre der Großhirnrinde* von 1909 diese Einteilungen aufgrund der Unterschiede im zellulären (cytologischen) Aufbau von Teilen des Cortex vor, wie in Abbildung 2.8 dargestellt. In der Folgezeit stellte man fest, dass die meisten dieser Brodmann-Areale neben cytologischen Unterschieden auch Unterschiede in den Eingängen und Ausgängen besitzen. Alle drei Faktoren, d. h. zellulärer Aufbau, Eingänge und Ausgänge bestimmen die spezifische neuronale Verschaltung eines Areals und damit seine Funktion. Wenn im

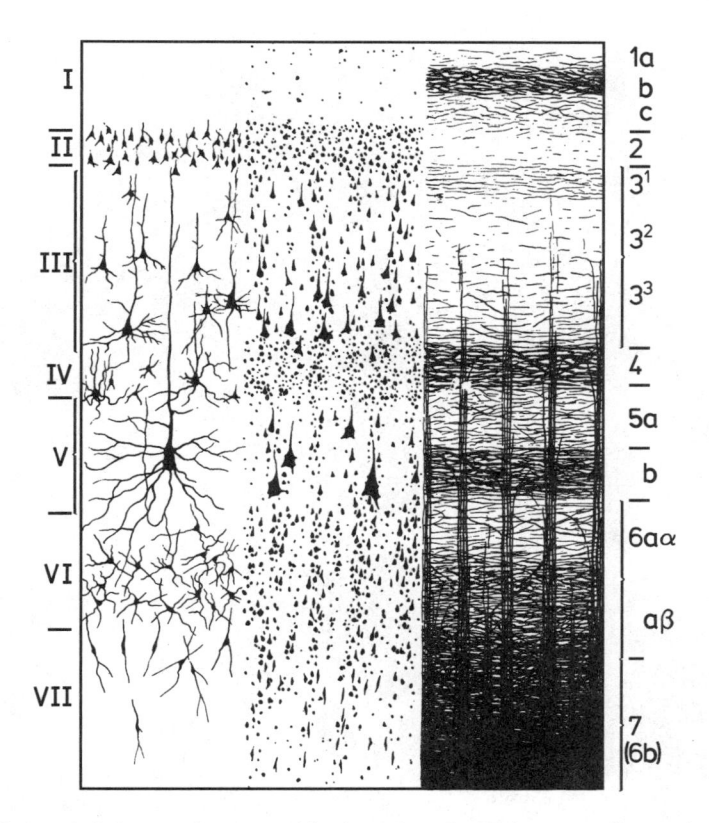

Abb. 2.8: Zellulärer Aufbau (Cytoarchitektur) der sechsschichtigen Großhirnrinde (Isocortex). Der linke Teil der Abbildung zeigt die Verteilung der wesentlichen Nervenzelltypen des Isocortex, vor allem Pyramidenzellen, in einer sogenannten Golgi-Färbung. Der mittlere Teil zeigt die Verteilung der Nervenzellkörper in einer sogenannten Nissl-Färbung. Rechts sind myelinisierte Fasern in einer sogenannten Weigert-Färbung dargestellt. Links ist in römischen Ziffern die übliche sechsschichtige Unterteilung angegeben, rechts in arabischen Ziffern die genauere Unterteilung aufgrund der Nissl-Färbung (verändert nach Vogt und Brodmann aus Creutzfeldt 1983).

weiteren Verlauf unseres Buches von corticalen »Arealen« die Rede ist, so meinen wir damit die Brodmann-Areale.

In jüngster Zeit hat man damit begonnen, die Einteilungen Brodmanns mithilfe der strukturellen Kernspintomographie zu überarbeiten (vgl. Zilles 2006; Zilles et al. 2013). Diese Arbeiten sind aber noch nicht zu einem definitiven Abschluss gekommen.

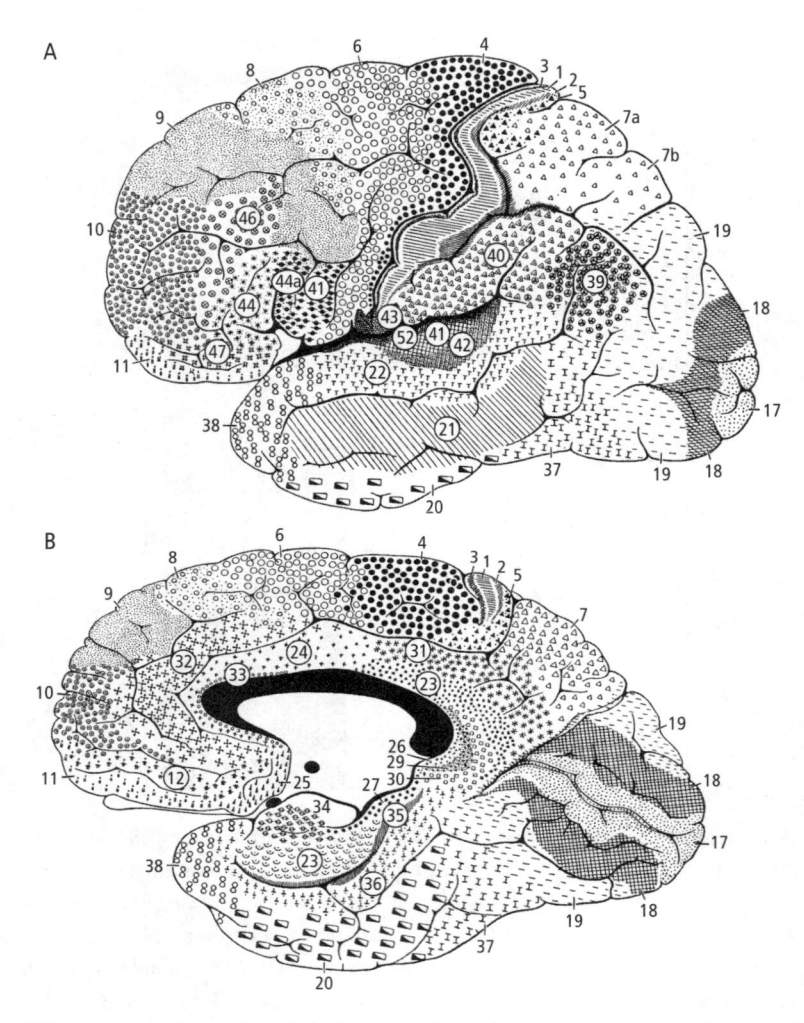

Abb. 2.9: Hirnrindenareale nach Korbinian Brodmann (1909). A: Seitenansicht, B: Innenansicht der Großhirnrinde. Die Zahlen geben die von Brodmann durchnummerierten Areale an (aus Roth 2003).

2.2 Bau und Funktion des limbischen Systems als Sitz des Psychischen

Das limbische System (vgl. Abbildung 2.2, unten) wird von Neurobiologen als »Sitz« des Psychischen einschließlich der unbewussten und bewussten Gefühle (Emotionen), Motive und Ziele angesehen. Es hat die für den Organismus zentrale Aufgabe, Ereignisse und Handlungen danach zu bewerten, ob sie positive oder negative Folgen haben. Die Ergebnisse dieser Bewertung werden dann gespeichert und zur Grundlage zukünftigen Verhaltens gemacht. Aufgrund dieser vielfältigen Funktionen überrascht es nicht, dass es sich beim limbischen System nicht um ein einzelnes Zentrum, sondern um ein sehr komplexes Netzwerk von zum Teil recht unterschiedlich gebauten Zentren handelt, welches das gesamte Gehirn durchzieht. Wir wollen uns im Folgenden auf die für unser Buch notwendigen Informationen beschränken; eine ausführliche Darstellung findet sich bei Roth und Dicke (2006).

Den Aufbau und die vielfältigen Funktionen des limbischen Systems versteht man am besten, wenn man in einiger Vereinfachung drei limbische Ebenen unterscheidet, und zwar eine *untere*, eine *mittlere* und eine *obere* limbische Ebene, der eine *kognitiv-sprachliche* Ebene gegenübersteht (Abbildung 2.10).

Die untere limbische Ebene

Die untere limbische Ebene hat im Zusammenwirken mit der Hirnanhangsdrüse (*Hypophyse*) eine lebenserhaltende Bedeutung, indem sie die wichtigsten Körperfunktionen und überlebenswichtige angeborene Verhaltensweisen steuert. Bei Fehlfunktionen auf dieser Ebene sind wir augenblicklich tot oder zumindest völlig hilflos. Sie zieht sich als untere Mittelachse von vorn nach hinten durch das ganze Gehirn und gehört neben den primären motorischen und sensorischen Arealen zu den am frühesten entstehenden Hirnteilen. Der unteren limbischen Ebene gehören die präoptisch-hypothalamische Zone, das zentrale Höhlengrau, das pedunculopontine tegmentale Kerngebiet, der Locus coeruleus sowie die Raphe-Kerne an.

Ihr vorderer Teil wird durch die *präoptisch-hypothalamische Zone*, hier kurz Hypothalamus genannt, gebildet (Abbildung 2.11 A, B). Diese wird eingeteilt in drei *Längszonen*, nämlich eine *periventrikuläre*, also den Hirn-

KOGNITIV - KOMMUNIKATIVES ICH	INDIVIDUELL - SOZIALES ICH
Linker assoziativer Neocortex Broca – Wernicke	Rechter assoziativer Neocortex OFC, VMC, ACC, IC

UNBEWUSSTES SELBST

Emotionale Konditionierung, Belohnung, Motivation
Bl Amy, VTA, NAcc, Basalgang.

Vegetativ-affektives Verhalten
Hyth, Z Amy, PAG, Veget. Hirnst.

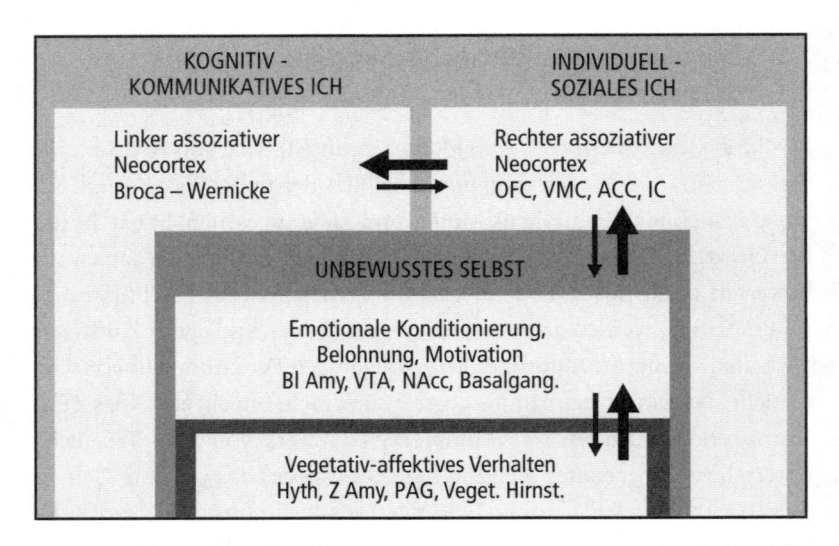

Abb. 2.10: *Vier Ebenen der Persönlichkeit. Die untere limbische Ebene des vegetativ-affektiven Verhaltens und die mittlere limbische Ebene der emotionalen Konditionierung, Bewertung und Motivation bilden zusammen das »unbewusste Selbst«. Auf bewusster Ebene bildet die obere limbische Ebene das »individuell-soziale Ich«, dem das »kognitiv-kommunikative Ich« gegenübergestellt wird. ACC = anteriorer cingulärer Cortex; Basalgang. = Basalganglien; Bl Amy = basolaterale Amygdala; Hyth = Hypothalamus; IC = insulärer Cortex; NAcc = Nucleus accumbens; PAG = zentrales Höhlengrau; OFC = orbitofrontaler Cortex; Veget. Hirnst. = vegetative Hirnstammzentren; VMC = ventromedialer präfrontaler Cortex; VTA = ventrales tegmentales Areal; Z Amy = zentrale Amygdala (aus Roth 2009a).*

ventrikeln direkt anliegende Zone, die vegetative und hormonale Funktionen hat; eine sich nach außen anschließende *mediale* Zone, die ebenfalls hormonale Funktionen ausübt; und eine *laterale* Zone, die Verbindungen zum limbischen und nicht-limbischen Cortex unterhält.

Die *periventrikuläre Zone* hat vegetative und hormonale Funktionen. Hierzu gehört die Kontrolle des Kreislaufs durch den Nucleus periventricularis; die Stimulation der Produktion und Freisetzung der weiblichen Sexualhormone Luteinisierendes Hormon (LH) und Follikelstimulierendes Hormon (FH) über die Hypophyse durch den anteroventralen periventrikulären Nucleus und den präoptischen suprachiasmatischen Nucleus; die Kontrolle biologischer (z.B. zirkadianer) Rhythmik durch den Nucleus suprachiasmaticus; die Produktion und Ausschüttung von Oxytocin, Vaso-

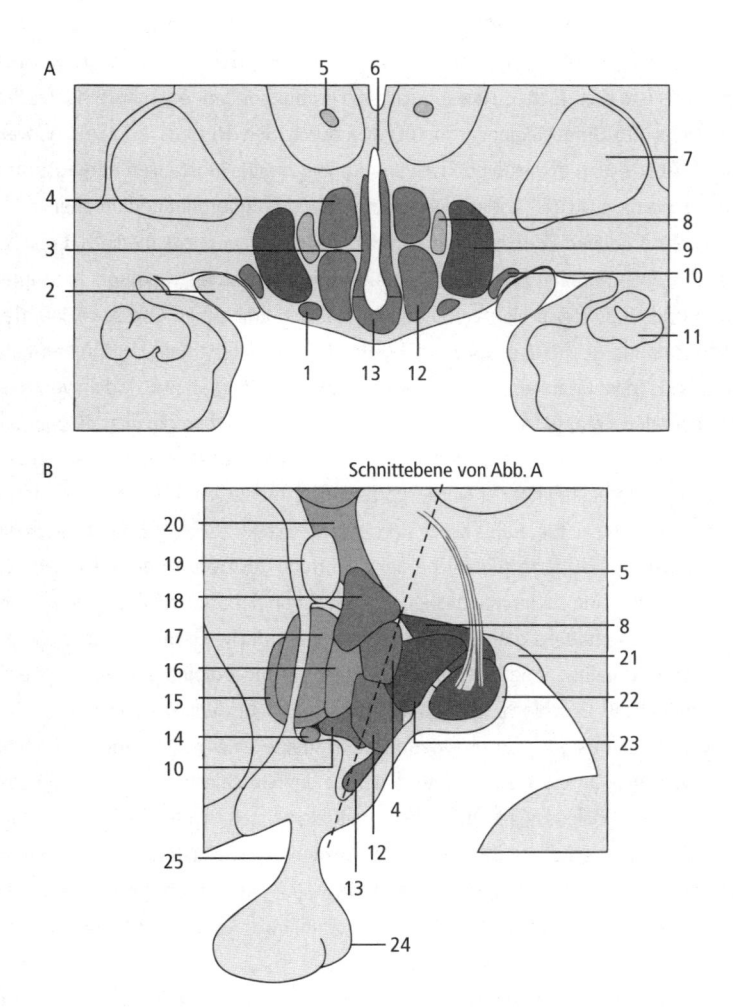

Abb. 2.11: *Schematische Darstellung der wichtigsten Kerne (Nuclei, sing. Nucleus, Ncl.) des Hypothalamus in Queransicht (A) und Längsansicht (B). 1 lateraler tuberaler Ncl., 2 optischer Trakt, 3 periventrikulärer Ncl., 4 dorsomedialer hypothalamischer Ncl., 5 mammillo-thalamischer Trakt, 6 dritter Ventrikel, 7 Globus pallidus, 8 Fornix, 9 laterale hypothalamische Zone, 10 supraoptischer Ncl., 11 Amygdala, 12 ventromedialer hypothalamischer Ncl., 13 Ncl. arcuatus, 14 suprachiasmatischer Ncl., 15 lateraler präoptischer Ncl., 16 anteriorer hypothalamischer Nucleus, 17 medialer präoptischer Ncl., 18 paraventrikulärer Ncl., 19 anteriore Kommissur, 20 Fornixsäule, 21 ventrales tegmentales Areal, 22 Mammillarkörper, 23 posteriorer hypothalamischer Ncl., 24 Hypophyse, 25 Infundibulum (verändert nach Kandel et al. 1996).*

pressin und Corticotropin-freisetzendem Faktor (CRF) durch den Nucleus paraventricularis und den Nucleus supraoticus; die Produktion und Ausschüttung des Pro-Hormons Pro-Opio-Melanocortin (POMC) durch den Nucleus arcuatus, woraus durch Abspaltung in der Hypophyse unter anderem die Substanzen adrenocorticotropes Hormon (ACTH) und das endogene Opioid ß-Endorphin hervorgehen.

In der *medialen Zone* befindet sich der Nucleus praeopticus medialis. Er ist mit nahezu allen anderen präoptisch-hypothalamischen Kernen verknüpft und unterhält rückläufige (reziproke) Verbindungen mit den limbischen Cortexarealen, dem Hippocampus, der medialen Amygdala, dem Nucleus interstitialis der Stria terminalis (BNST), dem lateralen Septum, dem zentralen Höhlengrau (PAG), dem ventralen tegmentalen Areal (VTA), dem Locus coeruleus (LC) und dem dorsalen Raphe-Kern (RD), von denen weiter unten noch die Rede sein wird. Zusammen mit dem Nucleus anterior hypothalami hat der Nucleus praeopticus medialis mit Wärmehaushalt und Durstregulation zu tun. Beide Kerne sind zudem reich an Zellen, die durch das in den Keimdrüsen produzierte männliche Sexualhormon Testosteron gesteuert werden. Entsprechend sind sie im männlichen Geschlecht an der Steuerung des Sexual- und Aggressionsverhaltens beteiligt. Dies ist eine wesentliche Grundlage für die Kopplung von Sexualität, Aggressivität und Territorial- und Dominanzverhalten, die für das männliche Geschlecht charakteristisch ist. Der Nucleus praeopticus medialis ist bei Männern stärker ausgebildet als bei Frauen – einer der wenigen auffälligen anatomischen Unterschiede zwischen den beiden Geschlechtern im menschlichen Gehirn. Der Nucleus ventromedialis hypothalami steuert das weibliche Sexualverhalten. Hier wird die Bereitschaft zu sexueller Aktivität durch das weibliche Sexualhormon Östrogen induziert, das ebenso wie das Testosteron von den Keimdrüsen (Gonaden) produziert und vom Hypothalamus aus dem Blut aufgenommen wird.

Das *laterale hypothalamische Areal* als Hauptteil der lateralen Zone erhält Eingänge von der Amygdala, vom Hippocampus sowie von Teilen des Striatum, die ihrerseits Eingänge vom Hippocampus und von der Amygdala erhalten. Projektionen des Areals ziehen zum gesamten Cortex, zur Amygdala, zum Septum, zu den intralaminären Kernen und den Mittellinienkernen sowie zum dorsomedialen Kern des Thalamus, die ihrerseits zum Hippocampus, zur Amygdala, zum prä- und orbitofrontalen Cortex und zum Nucleus accumbens projizieren. Daneben gibt es Projektionen zu den somatomotorischen und vegetativen Zentren des Hirnstamms und des Rückenmarks, vornehmlich zu den Raphe-Kernen, dem pedunculopontinen tegmentalen Kern (PPT) und den Parabrachialkernen (PB). Aufgrund dieser Verbindungen nimmt das laterale hypothalamische Areal eine Schlüsselstellung bei der Vermittlung limbisch-emotionaler Informationen zwischen Hypothalamus, Amygdala, Hippocampus, dem limbischen Cortex und den limbisch-vegetativen Zentren des Hirnstamms ein.

Das *zentrale Höhlengrau*, auch periaquäduktales Grau (PAG) genannt, schließt sich an den Hypothalamus an und umgibt im menschlichen Gehirn den Verbindungskanal (»Aquädukt«) zwischen drittem und viertem Hirnventrikel. Es ist die Grundlage von automatisierten Angriffs-, Verteidigungs-, Wut- und Angstreaktionen und den damit üblicherweise verbundenen emotional-affektiven Lautäußerungen, sowie von Sexualverhalten und der entsprechenden Hormonfreisetzung. Es vermittelt außerdem schmerzlindernde (analgetische) Wirkungen. Das PAG trägt wesentlich dazu bei, das Verhalten in schneller, reflexhafter und unbewusster Weise (»aus dem Bauch heraus«) auf potenzielle Gefährdungen und evolutionär vorteilhaftes Verhalten einzustellen.

Der *Locus coeruleus* (LC, »blauer Kern«) ist Teil der retikulären Formation des Hirnstamms (vgl. Abbildung 2.2, unten) und enthält Noradrenalin-produzierende (also »noradrenerge«) Neurone. Er übt über die Ausschüttung von Noradrenalin wichtige regulatorische Funktionen auf den Schlaf-Wach-Zustand, den Aufmerksamkeitszustand, die Furcht- und Stressbewältigung sowie auf Lern- und Gedächtnisleistungen aus.

Eingänge erhält der LC vor allem von der Amygdala, vom Nucleus interstitialis der Stria terminalis (BNST), dem Hypothalamus, dem zentralen Höhlengrau und vom Spinalmark. Seine vielfältigen Verbindungen sind überwiegend reziprok: Im Endhirn werden der olfaktorische Cortex und der Isocortex, der Hippocampus, das Septum und die Amygdala einschließlich des BNST innerviert; im Zwischenhirn ziehen die Projektionen des LC zu den Mittellinienkernen und zu sensorischen Gebieten des Thalamus sowie zum medialen Hypothalamus.

Der dem Locus coeruleus benachbarte *mediane* und der *dorsale Raphe-Kern* sind Produktionsorte des Neuromodulators Serotonin. Über die Ausschüttung von Serotonin werden die allgemeine Hirnentwicklung und darüber hinaus circadiane Rhythmen sowie Schlafen und Wachen beeinflusst, ebenso alle affektiv-psychischen Funktionen. Veränderungen in serotonergen Neuronen und ihren Zielrezeptoren werden mit psychischen

Erkrankungen wie Depression und Angststörungen in Verbindung gebracht. Darüber wird ausführlich zu berichten sein.

Die Raphe-Kerne haben wie der Locus coeruleus reziproke Verbindungen mit vielen anderen Hirnteilen. Hierzu gehören der mediale und laterale Hypothalamus, das Mittelhirndach sowie Striatum und Septum, Amygdala, Hippocampus und olfaktorischer Bulbus. Die Raphe-Kerne projizieren zur Großhirnrinde, wobei die Projektionen des medianen Kerns hauptsächlich zum Hippocampus ziehen, die des dorsalen Kerns zum limbischen Cortex.

Die mittlere limbische Ebene

Die mittlere limbische Ebene hat mit unbewusster Emotionsentstehung und Emotionskontrolle zu tun, mit unbewusster Verhaltensbewertung und in diesem Zusammenhang mit unbewusster emotionaler Konditionierung. Sie ist für die Psyche die wohl wichtigste »Etage« des Gehirns. Ihr werden die septale Region, der Amygdala-Komplex, die Basalganglien einschließlich dorsaler und ventraler Schleife, der Thalamus sowie der Hippocampus und die ihn umgebende Rinde zugeordnet.

Septale Region
Die septale Region, meist einfach »Septum« genannt, liegt der Trennwand (*Septum*) zwischen den beiden Ventrikeln des Endhirns an. Es werden ein mediales und ein laterales Septum unterschieden, die sich aber in ihren Verbindungen und Transmittern/Neuropeptiden sehr ähnlich sind.

Beide Teile des Septums sind eng mit dem Hippocampus über die »septo-hippocampale« Bahn rückläufig verbunden, daneben mit nahezu allen Teilen des limbischen Systems. Die meisten Neurone des medialen Septums weisen Acetylcholin (ACh) und GABA als Transmitter auf. Daneben gibt es eine Reihe von Zellen, die Neuropeptide wie Substanz P, Somatostatin, Met-Enkephalin, Dynorphin B und Neuropeptid Y enthalten.

Die septale Region spielt trotz ihrer geringen Größe in drei Bereichen eine bedeutende Rolle: zum ersten im Rahmen des septo-hippocampalen Systems bei kognitiven und motivationalen Funktionen, insbesondere was Aufmerksamkeit, Lernen und Gedächtnisbildung betrifft; zum zweiten bei endokrinen und vegetativen Funktionen (Wasser- und Salzaufnahme, Fieber und Thermoregulation, Winterschlaf); und zum dritten bei starken affektiven Zuständen wie Aggression. Das Septum ist eine wichtige Schaltstelle zwischen dem übrigen limbischen System und dem Cortex. Man nimmt an, dass seine Bahnen den Grad der Aktivierung corticaler Nervennetze durch sensorische Eingänge und die Verarbeitung sensorischer Informationen im Kontext früherer Erfahrungen beeinflussen. Eine Zerstörung des Septums und des benachbarten basalen Vorderhirns führt zu massiven Störungen von Aufmerksamkeit und Gedächtnis, wie dies z.B. bei der Alzheimerschen Altersdemenz der Fall ist.

Amygdala-Komplex

Der Amygdala-Komplex, auch einfach Amygdala genannt, liegt am vorderen inneren Ende des Schläfenlappens und grenzt unmittelbar an das Striatum an (Abbildung 2.5 A, 2.12, 2.13, 2.15). Üblicherweise wird die Amygdala in eine corticale Kerngruppe, eine zentral-mediale Kerngruppe einschließlich des BNST und in eine basolaterale Kerngruppe eingeteilt.

Die corticale Kerngruppe stellt einen stammesgeschichtlich älteren Teil der Großhirnrinde dar. Sie erhält ihren hauptsächlichen Eingang vom primären und akzessorischen olfaktorischen System. Die Hauptausgänge laufen dorthin zurück sowie zur präoptisch-hypothalamischen Region, zu limbischen Kernen des Thalamus und zu Teilen des limbischen Cortex, die mit olfaktorisch gesteuertem Verhalten zu tun haben.

Die zentro-mediale Amygdala enthält die mediale und zentrale Amygdala sowie den Nucleus interstitialis der Stria terminalis (BNST). Der BNST erhält affektiv-limbische Informationen von Hippocampus sowie orbitofrontalem und insulärem Cortex, von Hypothalamus, Nucleus accumbens, VTA und vom zentralen Höhlengrau. Informationen über die Eingeweide (die »Viscera«) und über Verletzungen des Körpers (Nociception) erhält er von den parabrachialen Kernen sowie vom dorsalen Nervus-Vagus/Nucleus-Ambiguus-Komplex. Ihm wird eine wichtige Rolle bei der Entstehung von Angststörungen zugeschrieben. Die mediale Amygdala ist das Hauptzentrum für die unbewusste Verarbeitung sozialer Gerüche (sogenannter Pheromone).

Der *Zentralkern* der Amygdala ist die wichtigste Ausgangsstation für Projektionen des Amygdala-Komplexes zu den verhaltenssteuernden Zentren des Hirnstamms. Aufgrund seiner Ein- und Ausgänge ist der Zentral-

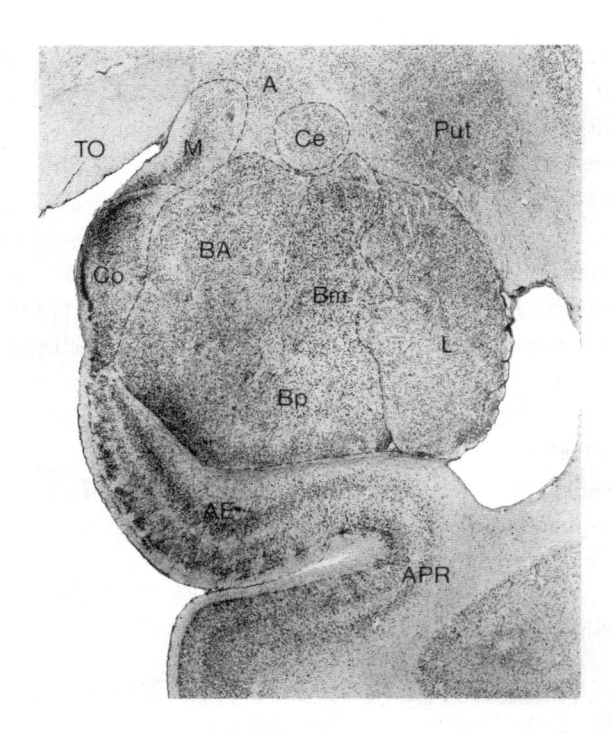

Abb. 2.12: Querschnitt durch die Amygdala und die umgebende medial-temporale Hirnrinde. Links ist medial (Mittellinie des Gehirns), rechts ist lateral. Abkürzungen: A = Area amygdaloidea anterior; AE = Area entorhinalis; APR = Area perirhinalis; BA = Nucleus basalis anterior; Bm = Nucleus basalis magnocellularis; Bp = Nucleus basalis parvocellularis; Ce = Nucleus centralis; Co = Nucleus corticalis; L = Nucleus lateralis; M = Nucleus medialis; Put = Putamen; TO = Tractus opticus (verändert nach Drenckhahn und Zenker 1994).

kern der Amygdala das Kontrollzentrum des Endhirns für viszerale, vegetative und affektive Verhaltenssteuerung und ist in diesem Zusammenhang entscheidend an der emotionalen Konditionierung beteiligt.

Der Zentralkern erhält olfaktorische, gustatorische und somatosensorische sowie visuelle und auditorische corticale Eingänge. Weitere corticale Informationen stammen vom orbitofrontalen, anterioren cingulären und entorhinalen Cortex und vom Hippocampus. Subcorticale Eingänge kommen vom BNST, vom lateralen Septum, vom mesolimbischen System und von zahlreichen Teilen des Hypothalamus. Die zen-

A

EINGÄNGE DER AMYGDALA

- PHEROMONE (akzess. olf. S.)
- GERUCH (prim. olf. S.)
- LIMB. CORTEX (OFC/ AC/ Ins)
- MESOLIMB. S. (VTA)
- VEGETAT./VISZ. ZENTREN (Hypoth./ Tegment./ PAG/ FR)
- SENS. CORTEX/THAL. (gustatorisch/ viszeral/ somatosensorisch/ auditorisch/ visuell)
- HIPPOCAMP. FORM. (deklarat. Gedächtnis)
- LIMB. CORTEX (OFC AC Ins)

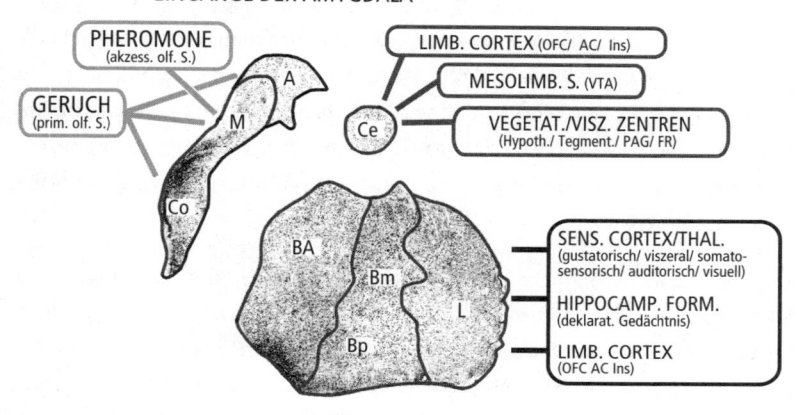

B

AUSGÄNGE DER AMYGDALA

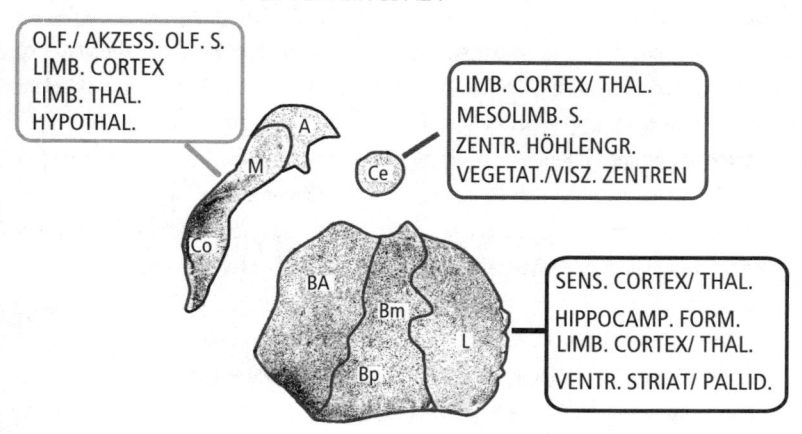

- OLF./ AKZESS. OLF. S.
  LIMB. CORTEX
  LIMB. THAL.
  HYPOTHAL.
- LIMB. CORTEX/ THAL.
  MESOLIMB. S.
  ZENTR. HÖHLENGR.
  VEGETAT./VISZ. ZENTREN
- SENS. CORTEX/ THAL.
  HIPPOCAMP. FORM.
  LIMB. CORTEX/ THAL.
  VENTR. STRIAT/ PALLID.

Abb. 2.13: Die wichtigsten Ein- und Ausgänge des Amygdala-Komplexes: (A) Eingänge, (B) Ausgänge. Abkürzungen: A = anteriore Amygdala, AC = anteriorer cingulärer Cortex, BA = basale anteriore Amygdala, Bm = magnozelluläre basale Amygdala, Bp = parvozelluläre basale Amygdala, Ce = zentrale Amygdala, Co = corticale Amygdala, Ins = insulärer Cortex, L = laterale Amygdala, M = mediale Amygdala, OFC = orbitofrontaler Cortex, PAG = zentrales Höhlengrau, VTA = ventrales tegmentales Areal. Weitere Erklärungen im Text.

trale Amygdala erhält vom Hypothalamus sowie von Kernen des Hirnstamms eine Vielzahl serotonerger, dopaminerger, cholinerger und noradrenerger Eingänge sowie Einflüsse von zahlreichen Neuropeptiden und Neurohormonen wie dem Corticotropin-freisetzenden Faktor (CRF), Dynorphin, Enkephalin, Neuropeptid Y und Substanz P. Der Zentralkern projiziert seinerseits zum BNST, zum basalen Vorderhirn, zum mesolimbischen System, zum zentralen Höhlengrau, zur präoptisch-hypothalamischen Region und zu allen Kernen des Thalamus und des Hirnstamms, von denen er Eingänge erhält.

Die *basolaterale Kerngruppe* ist die größte Kerngruppe der Amygdala und besteht aus dem lateralen, dem basolateralen und dem basomedialen Kern. Dieser Bereich ist eine wesentliche Eingangsstruktur für Informationen über emotionale Reize verschiedener Modalitäten und relevanter Kontextinformationen. Ihrerseits projiziert die Kerngruppe unter anderem zur zentralen Amygdala sowie in den Cortex und ermöglicht hierdurch körperliche Reaktionen auf die Reize sowie ein bewusstes Gefühl.

Der laterale Kern bildet die Haupteingangsstruktur der Kerngruppe für visuelle, auditorische, gustatorische somatosensorische und nozizeptive, d.h. schmerzbezogene Afferenzen aus dem Cortex. Weitere Eingänge erhält er vom orbitofrontalen, ventromedialen und cingulären Cortex sowie vom Hippocampus und der ihn umgebenden entorhinalen Rinde. Subcorticale Eingänge kommen von Mittellinienkernen des Thalamus und von posterioren thalamischen Kernen sowie vom Hypothalamus. Efferenzen ziehen zum sensorischen Cortex. Stark ausgeprägt sind die Projektionen zum entorhinalen, orbitofrontalen und insulären Cortex sowie zum ventralen Striatum/Nucleus accumbens.

Der basolaterale Kern erhält ebenfalls Eingänge vom orbitofrontalen und anterioren cingulären und insulären Cortex und – wenngleich schwächer als beim lateralen Kern – vom visuellen und auditorischen Cortex sowie vom temporalen Pol als Sitz des autobiographischen Gedächtnisses. Die stärksten Eingänge stammen vom Hippocampus und der entorhinalen Rinde als Organisatoren des deklarativen Gedächtnisses; sie vermitteln den Kontext emotionaler Geschehnisse. Der Kern projiziert massiv zurück zum orbitofrontalen, cingulären, insulären und temporalen Cortex sowie zum Hippocampus, zum BNST, zum Nucleus accumbens und zum Putamen.

Der basomediale Nucleus erhält ebenfalls vornehmlich Eingänge vom Hippocampus, vom orbitofrontalen und cingulären Cortex, vom olfaktorischen System und von einigen Mittellinienkernen des Thalamus. Ausgänge ziehen zum BNST, zum olfaktorischen Cortex und zur Insel, daneben zum Nucleus accumbens, zum Hypothalamus, zum perirhinalen und entorhinalen sowie orbitofrontalen und cingulären Cortex, zum Hippocampus und zum Septum. Die basolaterale Kerngruppe ist also stark mit dem sensorischen und limbischen Cortex verbunden, und ihre Projektionen dorthin bilden die Grundlage bewusster Emotionen. Alle drei Kerne projizieren zum Zentralkern der Amygdala. Die Projektionen des lateralen Kerns zur zentralen Amygdala, die bei angeborener Furchtreaktion eine bedeutende Rolle spielen, sind allerdings teilweise indirekt und werden in einem die ganze Amygdala durchziehenden Zellband, der »intercalaren Zellmasse« umgeschaltet. Dieses Band besteht aus dichtgepackten, dornenbesetzten inhibitorischen Neuronen, die eine hohe Dichte von Opioid- und Dopaminrezeptoren tragen und hemmend zur zentralen Amygdala sowie zum basalen Vorderhirn projizieren.

Trotz intensiver Erforschung in den letzten Jahren besteht hinsichtlich der genauen Funktion der Amygdala keine volle Übereinstimmung. Unbestritten ist ihre Rolle bei der Regulation von vegetativen Funktionen wie dem Herz- und Kreislaufsystem, der Atmung, Schlafen und Wachen, dem Hormonhaushalt, dem Stressverhalten und bei der Verarbeitung primärer und pheromonbezogener olfaktorischer, gustatorischer, viszeraler und nozizeptiver Informationen, die alle eine starke emotionale Komponente haben. Dies gilt vor allem für die zentrale Amygdala einschließlich des BNST.

Unbestritten ist auch die Beteiligung der basolateralen Amygdala an erlernten, also durch Erfahrung modifizierten Emotionen und an den emotionalen Komponenten erlernten Wissens und Verhaltens, wobei für die Amygdala negative oder überraschende Ereignisse eine größere Rolle zu spielen scheinen als positive Ereignisse, für die eher der Nucleus accumbens zuständig ist. Dies gilt für Objekte, Geschehnisse und kommunikative Signale wie Mimik und Gestik. In Hinblick auf die Mimik reagieren Neurone der basolateralen Amygdala am stärksten auf ängstliche Gesichter, weniger stark auf bedrohliche und nur schwach auf neutrale oder freundliche Gesichter. Im Zusammenhang mit dem Erkennen der emotionalen Bedeutung von Geschehnissen kommt es zu einer engen Interaktion der basolateralen Kerngruppe mit assoziativen corticalen Arealen, vor allem mit dem orbitofrontalen, ventromedialen und anterioren cingulären Cortex sowie mit dem Hippocampus und der ihn umgebenden

Rinde. Dies gilt zum Beispiel für das Erlernen und Wiedererkennen negativer Umweltereignisse.

Es wird angenommen, dass die basolaterale Amygdala bei der Furchtkonditionierung unmittelbar nach dem Reiz entweder direkt vom Thalamus oder über die sensorischen Cortexareale ein grobes Abbild des sensorischen Reizes erhält. Ein wenig später bekommt sie sensorische Eingänge vom Cortex und vom Hippocampus zu den inhaltlichen Details der furchterregenden Geschehnisse oder Objekte und zu deren Kontext. Die entsprechend verarbeiteten Informationen werden zur zentralen Amygdala weitergeleitet, die dann in Hirnstammzentren die entsprechenden vegetativen und motorischen Furchtreaktionen auslöst.

Diesem »seriellen« Modell der Furchtkonditionierung widersprechen einige jüngere Befunde, wie sie von Cardinal et al. (2002) sowie Balleine und Killcross (2006) dargestellt und in einem »Parallelmodell« zusammengefasst wurden. Danach ist für komplexere Formen der Furchtkonditionierung durchaus die erwähnte »Serienschaltung« notwendig; eine einfache Furchtkonditionierung, die auf dem Schema einer primären klassischen (Pavlovschen) Konditionierung beruht, benötigt dagegen nur den Zentralkern, nicht die basolaterale Amygdala. Die sekundäre klassische Furchtkonditionierung, bei der ein zweiter konditionierter Reiz an einen ersten »angehängt« wird und dessen Funktion übernimmt, sowie die instrumentelle Furchtkonditionierung benötigen aber die Mitwirkung der basolateralen Amygdala.

Basalganglien
Zu den Basalganglien rechnet man (1) das *Corpus striatum* (»Streifenkörper«), das sich aus dem *Nucleus caudatus* und dem *Putamen* sowie dem *Nucleus accumbens* zusammensetzt, (2) den *Globus pallidus* (auch einfach »Pallidum« genannt), (3) den *Nucleus subthalamicus*, (4) die *Substantia nigra* und (5) das *ventrale tegmentale Areal* (VTA). Die Basalganglien üben zwei unterschiedliche, wenngleich miteinander verflochtene Funktionen aus, nämlich zum einen die Vorbereitung und Steuerung von Willkürhandlungen (sensomotorische und exekutive Anteile) und zum anderen die emotionale und motivationale Beeinflussung der Handlungsvorbereitung und -auswahl (limbische Anteile) (Liljeholm und O'Doherty 2012). Diese Teile sind innerhalb des Corpus striatum und des Pallidum weitgehend räumlich getrennt. Entsprechend werden Corpus striatum und Pallidum in

einen dorsalen sensomotorisch-exekutiven, und einen ventralen emotional-motivationalen Teil gegliedert. Ähnlich unterscheidet man eher sensomotorisch-exekutive und eher limbische Teile des Nucleus accumbens. Das *Corpus striatum* bildet im menschlichen Endhirn die größte subcorticale Zellmasse (Abbildung 2.5 A). Nucleus caudatus und Putamen werden getrennt durch massive Faserzüge, die Capsula interna. Der Nucleus caudatus zieht um das Putamen herum und gliedert sich in einen »Kopf« (*caput*), der mit dem vorderen Teil des Putamen verwachsen ist, und einen lang ausgezogenen »Schwanz« (*cauda*). Generell wird das Striatum in einen größeren dorsalen Teil, gemeinhin einfach »dorsales Striatum« genannt, und einen kleineren ventralen Teil, »ventrales Striatum« genannt, eingeteilt, wobei das ventrale Striatum den *Nucleus accumbens* als vorderen ventromedialen Teil einschließt. Eng mit dem Striatum verbunden ist der *Globus pallidus* (»bleiche Kugel« – s. unten).

Das dorsale Striatum mit dorsalem Nucleus caudatus und dorsalem Putamen enthält beim Menschen etwa 100 Millionen Neurone. Die meisten davon sind mittelgroße, mit sogenannten Dornensynapsen besetzte Zellen (*medium spiny cells*). Sie sind allesamt inhibitorische Projektionsneurone, die ihre Axone zum dorsalen Pallidum, zur Substantia nigra sowie zum VTA schicken. Sie werden durch die Neuropeptide Substanz-P, Dynorphin und Enkephalin beeinflusst. Beim Rest der Zellen des Striatum handelt es sich zum einen um große cholinerge Interneurone, also lokale Schaltzellen mit wenigen »Dornen«, zum anderen um mittelgroße dornenlose Neurone, die hemmend wirken und durch eine ganze Reihe von Neuropeptiden wie Enkephalin, Somatostatin, Substanz P und Neuropeptid Y beeinflusst werden.

Das dorsale Striatum gliedert sich funktional in einen medialen und einen lateralen Anteil, entsprechend dorsomediales Striatum (DMS) und dorsolaterales Striatum (DLS) genannt, die unterschiedliche Ein- und Ausgänge und entsprechend unterschiedliche Funktionen haben (Abbildung 2.14). Das DMS erhält Eingänge von den mit Handlungsplanung und Handlungssteuerung befassten präfrontalen (PFC, prä-SMA), temporalen und parietalen Cortexarealen und ist mit der unbewussten Steuerung und dem unbewussten Erlernen zielorientierter Bewegungen und Handlungsabläufe befasst. Der inhibitorische Hauptausgang des DMS geht teils direkt, teils über Zwischenstationen auf den Globus pallidus internus, der seinerseits hemmend zu Kernen des dorsalen Thalamus (MD/VA) projiziert. Diese wirken dann erregend zurück auf diejenigen Cortexanteile, von denen das DMS Eingänge erhält.

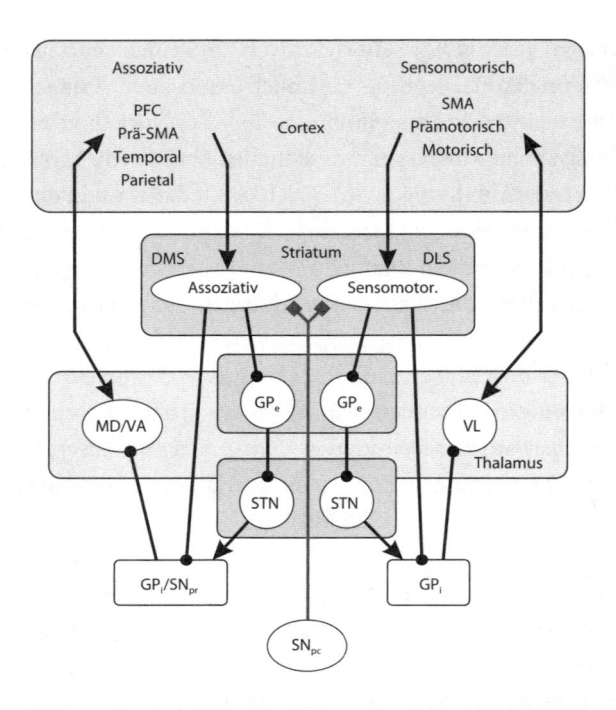

Abb. 2.14: *Schema der assoziativen und sensomotorischen Schleife. Die assoziative Schleife verläuft von assoziativen Cortexarealen, die mit Handlungsplanung und -vorbereitung zu tun haben, zu* medialen *Anteilen des dorsalen Striatum und zieht dann über das externe Pallidum, den Nucleus subthalamicus, die Substantia nigra pars compacta und den Nucleus mediodorsalis und ventralis anterior des Thalamus zurück zu den assoziativen Cortexarealen. Diese Schleife ist mit dem* anfänglichen Erlernen *von kognitiven, emotionalen und motorischen Abläufen befasst. Die sensomotorische Schleife zieht von prämotorischen und motorischen Cortexarealen zu lateralen Anteilen des dorsalen Striatum und läuft dann über andere Teile des externen und internen Pallidum, den Nucleus subthalamicus und den Nucleus ventrolateralis des Thalamus zum sensomotorischen Cortex zurück. Diese Schleife ist der Ort der* Ausbildung kognitiver, emotionaler und motorischer Gewohnheiten und Automatismen. *Abkürzungen: DLS = dorsolaterales Striatum, DMS = dorsomediales Striatum, GP_e = Globus pallidus externus, GP_i/SN_{pr} = Globus pallidus internus (Substantia nigra pars reticulata), MD/VA = Nucleus mediodorsalis/Nucleus ventralis anterior des Thalamus, PFC = präfrontaler Cortex, Prä-SMA = prä-supplementärmotorisches Areal, SMA = supplementärmotorisches Areal, STN = Nucleus subthalamicus, SN_{pc} = Substantia nigra pars compacta, VL = Nucleus ventrolateralis des Thalamus. Pfeilförmige Endigungen = Erregung; kugelförmige Endigungen = Hemmung (verändert nach Ashby et al. 2010).*

Das DLS hingegen ist vornehmlich mit der Steuerung von hochgradig automatisierten Bewegungsabläufen befasst und erhält seine Haupteingänge von den somatosensorischen und prämotorisch-motorischen Cortexarealen, die für die Steuerung von Körperbewegungen wichtig sind. Das DLS projiziert hemmend direkt oder indirekt (über den Globus pallidus externus und den Nucleus subthalamicus) zum Globus pallidus internus, der seinerseits hemmend zum Nucleus ventrolateralis des dorsalen Thalamus projiziert. Dieser wirkt dann erregend zurück zu den somatosensorischen und motorischen Cortexarealen, von denen das DLS Eingänge erhält. Eine weitere hemmende Projektionsbahn geht von DLS und DMS zur Substantia nigra pars reticulata (SNpr), die ihrerseits hemmend auf die genannten thalamischen Kerne einwirkt (nicht in Abbildung 2.14 gezeigt). Auf die funktionelle Bedeutung dieser komplizierten Verschaltungen werden wir im Zusammenhang mit der Ausbildung von Gewohnheiten in Kapitel 9 eingehen.

Das ventrale Striatum einschließlich des Nucleus accumbens erhält erregende Eingänge vom orbitofrontalen, ventromedialen, insulären, anterioren und posterioren cingulären Cortex, vom Hippocampus und von der ihn umgebenden Rinde sowie vom lateralen Hypothalamus. Dopaminerge Eingänge stammen aus dem VTA. Wie das dorsale Striatum besteht das ventrale Striatum mehrheitlich aus mittelgroßen, dornenbesetzten Neuronen, die alle hemmende Projektionsneurone sind. Der Rest (ca. 5 %) sind dornenlose GABAerge und cholinerge Interneurone. Der Nucleus accumbens zeigt eine Gliederung in eine Schalen-(»Shell«-)Region und eine Kern-(»Core«-)Region. Die Kernregion ähnelt insgesamt mehr dem dorsalen Striatum, während die Schale zahlreiche für das Striatum atypische Eigenschaften aufweist, etwa eine starke Verbindung zur Amygdala und zum Hippocampus. Die Schale des Nucleus accumbens zeigt eine schwache, der Kern eine starke Präsenz von Rezeptoren für endogene Opioide.

Dem Nucleus accumbens kommt eine besondere Rolle bei motivationalen und lustbetonten (»hedonischen«) Zuständen zu. Er zeigt vornehmlich den Belohnungswert von Objekten und Handlungen an. Wir werden hierauf in Kapitel 3 im Zusammenhang mit der Wirkung des Dopamins noch einmal genauer eingehen.

Der *Globus pallidus* (Abbildung 2.5 A) wird wie das Striatum in einen *dorsalen* und einen *ventralen* Teil untergliedert; es gibt aber auch hier zwischen dorsalem und ventralem Teil keine scharfen anatomischen und cytoarchitektonischen Grenzen.

Das dorsale Pallidum ist die Ausgangsstruktur der das dorsale Striatum durchziehenden motorisch-exekutiven Schleife, die weiter unten beschrieben wird. Das ventrale Pallidum erhält Afferenzen vom ventralen Striatum bzw. Nucleus accumbens, vom basalen und lateralen Kern der Amygdala und vom orbitofrontalen und anterioren insulären Cortex. Die Efferenzen des ventralen Pallidum sind außerordentlich vielfältig. Eine erste, limbisch-corticale Bahn zieht zum medialen und orbitofrontalen Cortex, eine zweite, limbisch-subcorticale Bahn zieht zurück zum ventralen Nucleus accumbens sowie zum Septum, zur Amygdala, zum lateralen Hypothalamus und zur lateralen Habenula. Eine dritte, vorwiegend motorisch-exekutive Bahn zieht zu den limbischen Kernen des Thalamus (s. unten), und eine vierte, limbisch-prämotorische Bahn läuft zu den dopaminergen Zellgruppen im VTA, zur Substantia nigra und zu den tegmentalen Kernen.

Die *Substantia nigra* (»schwarze Substanz«) (Abbildung 2.5 B) ist die größte Zellmasse im ventralen Tegmentum des Mittelhirns. Die namengebende dunkle Färbung erhält sie durch das Vorkommen von Neuromelanin in ihren Zellen. Sie gliedert sich in einen dorsalen zellreichen Teil, pars compacta (SNpc) genannt, und einen ventralen Teil geringerer Zellpackung, pars reticulata (SNpr) genannt. Die SNpc, die hier besonders interessiert, enthält viele dopaminerge Zellen und bildet zusammen mit dem ventralen tegmentalen Areal (s. unten) das dopaminerge mesolimbische System.

Eingänge erhält die SNpc vornehmlich vom dorsalen Striatum und parallel dazu vom Motorcortex und projiziert mit den Axonen der dopaminergen Zellen zurück zum dorsalen Striatum, wo deren Endigungen teils über D_1-Rezeptoren enthemmend, teils über D_2-Rezeptoren hemmend auf die ihrerseits hemmenden Projektionsneurone des Striatum einwirken (vgl. Kapitel 3). Dadurch entsteht innerhalb der »dorsalen Schleife«, die gleich noch besprochen wird, ein sehr effektiver selektiver Hemmungs-Enthemmungsmechanismus für Willkürbewegungen.

Das *ventrale tegmentale Areal* (VTA) (Abbildung 2.2, unten) liegt medial von der Substantia nigra und geht nach vorn in den lateralen Hypothalamus über. Es enthält 60–80 % dopaminerge und 20–40 % nicht-dopaminerge, meist GABAerge Neurone. Opioid-Rezeptoren sind massenhaft in der Substantia nigra und im VTA vorhanden. Dopaminerge Neurone des VTA haben ähnliche Antworteigenschaften wie die des Nucleus accumbens, indem ihre Aktivität bei unerwarteten Belohnungen über die Spontanaktivität hinaus erhöht wird und bei negativen Erfahrungen unter das normale Niveau fällt. Geschieht alles wie erwartet, so gibt es keine Veränderung der Spontanaktivität. VTA und Nucleus accumbens bilden also hierbei eine funktionale dopamingetriebene Einheit im Belohnungssystem des Gehirns.

Eingänge erhält das VTA von der Amygdala, vom Hypothalamus, Pallidum und orbitofrontalen und ventromedial-cingulären Cortex. Der »Schwanz« des VTA erhält Eingänge von der lateralen Habenula, welche die dort befindlichen hemmenden Neurone aktiviert, die ihrerseits hemmend auf die dopaminergen Neurone des eigentlichen VTA wirken. Der Hauptausgang des VTA zieht zum Nucleus accumbens, daneben gibt es auch Projektionen zur Amygdala und zum Septum sowie zum orbitofrontalen, anterioren cingulären und entorhinalen Cortex.

Dorsale und ventrale Schleife
Die Basalganglien stellen das wichtigste System zur Verhaltensvorbereitung und -kontrolle im gesamten Gehirn dar, und zwar noch vor der Großhirnrinde, denn sie sind nicht nur für unbewusste, sondern auch für bewusste exekutive und bewertende Prozesse unabdingbar. Ihnen kommen dabei zwei sehr unterschiedliche Funktionen zu, die von der sogenannten dorsalen und der ventralen »Schleife« ausgeführt werden.

Die *dorsale Schleife* verbindet Zentren, die für geplante und bewusst gesteuerte oder zumindest bewusst ausgelöste Bewegungen – sogenannte Willkürbewegungen – notwendig sind. Sie geht von corticalen Arealen aus, die exekutive (handlungsvorbereitende) und motorische Funktionen haben. Hierzu gehören der motorische, prämotorische und supplementär-motorische Cortex, der dorsolaterale präfrontale Cortex und der posteriore parietale Cortex. Die dorsalen Bereiche der Basalganglien stellen eine Art Handlungsgedächtnis dar, in dem alle bisher erfolgreich ausgeführten Bewegungsarten gespeichert sind. Erregungszustände in der Großhirnrinde im Zusammenhang mit Handlungsplanung und -vorbereitung laufen vor der eigentlichen Ausführung der Handlung zu den dorsalen Bereichen der Basalganglien und werden dort mit dem Handlungsgedächtnis abgeglichen. Das Resultat dieses Abgleichs läuft dann über den Thalamus (s. unten) zur Großhirnrinde zurück. Dabei wird in den

Basalganglien durch Hemmung und selektive Enthemmung diejenige Handlung festgelegt, die in diesem Augenblick und in dieser Weise den vorgegebenen Intentionen am besten entspricht. Ohne diesen subcorticalen Abgleich in den Basalganglien können Willkürbewegungen nicht durchgeführt werden.

Die *ventrale Schleife* verbindet hingegen Zentren, die mit motivationaler und emotionaler Steuerung von Willkürbewegungen, mit der Bewertung der Folgen von Handlungen, mit deren Einpassung in den sozialen Kontext und mit Fehlerkontrolle zu tun haben. Sie hat ihren Ursprung im orbitofrontalen und anterioren cingulären Cortex und zieht über die ventralen Bereiche der Basalganglien und den Thalamus zurück zu den limbischen Cortexbereichen. Die ventrale Schleife ist auf komplexe Weise mit der dorsalen, exekutiv-motorischen Schleife verbunden. Ein Hauptverbindungsglied ist die Substantia nigra, die beiden Schleifen angehört. Dopaminerge Neurone der Substantia nigra schicken Projektionen zum dorsalen Striatum. Deren Signal greift damit je nach Dopamin-Rezeptortyp (D_1 oder D_2 – s. nächstes Kapitel) durch Verstärkung und Abschwächung in den Erregungsfluss zwischen Cortex, dorsalen Basalganglien, Thalamus und Cortex ein und führt zur »Freischaltung« einer ganz bestimmten Handlung bei Unterdrückung aller Handlungsalternativen. Dies geschieht unter dem Einfluss des Hippocampus, der den Verhaltenskontext vermittelt (s. unten), der Amygdala, die vornehmlich negative oder überraschende Erfahrungen vermittelt, und des Nucleus accumbens, der überwiegend positive Erfahrungen und Belohnungserwartungen weitergibt. Hierdurch findet ein Abgleich unbewusster positiver und negativer Motive statt, die dann in den bewusstseinsfähigen limbischen Cortex gelangen.

Thalamus
Der Thalamus ist Teil des Zwischenhirns auf Höhe des Zusammenflusses der beiden Endhirnventrikel und des dritten (d.h. des Zwischenhirn-)Ventrikels. Der obere Teil wird vom Epithalamus gebildet, in dem sich unter anderem die Habenula befindet. Der dorsale Thalamus nimmt den größten Teil des Thalamus ein, während der seitlich anliegende Nucleus reticularis thalami, die Zona incerta und der zu den Basalganglien zählende Nucleus subthalamicus zum viel kleineren ventralen Thalamus gerechnet werden.

Der Gesamtkomplex des *dorsalen Thalamus* (Abbildung 2.5 B, 2.6) wird aufgeteilt in einen medialen Teil, der von der medialen Kerngruppe eingenommen wird, und einen lateral-ventralen Teil, der die laterale und die ventrale Kerngruppe umfasst. Am vorderen inneren Pol des Thalamus befindet sich die anteriore Kerngruppe, an die sich die mediale Kerngruppe anschließt. Nach hinten (caudal) folgen das Pulvinar und der laterale und mediale Kniehöcker (Corpus geniculatum laterale bzw. mediale). Eingelagert in die durch den dorsalen Thalamus ziehenden Faserzüge liegen die intralaminären Kerne, ganz innen an der Ventrikelwand die Mittellinienkerne. Außen an der lateralen Kerngruppe liegt schalenförmig der Nucleus reticularis thalami an.

Die anteriore und mediale Kerngruppe, die intralaminären Kerne und die Mittellinienkerne des dorsalen Thalamus spielen eine wichtige Rolle bei der Integration der Aktivität corticaler und subcorticaler limbischer Zentren und der Vermittlung zwischen Amygdala, Hippocampus und dorsalem und ventralem Striatum. Die anteriore Kerngruppe ist an der Gedächtnisbildung beteiligt, die intralaminären Kerne und Mittellinienkerne haben teils limbische, teils motorisch-kognitive Funktionen. Der dorsomediale Kern ist eine bedeutende Umschaltstelle von Erregungen aus subcorticalen limbischen Zentren, vor allem aus der Amygdala, zum orbitofrontalen und ventromedialen Cortex. Der um den Thalamus schalenförmig angeordnete Nucleus reticularis thalami übt eine Kontrollfunktion innerhalb des thalamo-corticalen Systems in Hinblick auf Aufmerksamkeit und Bewusstsein aus, indem er unter Einfluss der Formatio reticularis hemmend in die aufsteigenden und absteigenden Bahnen eingreift und somit als Filter und »Tor zum Bewusstsein« wirkt (vgl. Kapitel 6).

Die *Habenula* des Epithalamus besteht aus einem medialen und einem lateralen Kern, wobei hier nur der laterale Kern interessiert. Dieser erhält limbisch-emotionale Eingänge vom Nucleus accumbens über das ventrale Pallidum und vom Hypothalamus sowie kognitiv-exekutive Eingänge vom Hippocampus und vom dorsalen Pallidum und projiziert über die Mittellinienkerne des Thalamus, den lateralen Hypothalamus und das zentrale Höhlengrau zurück zum ventralen Striatum. Hierüber beeinflusst er die vegetativ-autonomen Zentren des Hirnstamms und des Rückenmarks. Projektionen der lateralen Habenula laufen zum ventralen tegmentalen Areal (VTA), genauer zu dessen »Schwanz« und liefern Informationen über das Ausbleiben von Belohnung, also ein »negatives Belohnungssignal«. Der »Schwanz« des VTA projiziert – wie erwähnt – seinerseits hemmend auf die dopaminergen Neurone des eigentlichen VTA. Der laterale Habenula-Kern ist also als Vermittler negativer Informationen ein wichtiges Glied im zerebralen Belohnungssystem.

Hippocampus und umgebende Rinde
Der Hippocampus (Abbildung 2.2, 2.5 B) setzt sich aus der Ammonshorn-Region (Cornu ammonis, CA), abgekürzt CA1–CA4, dem Gyrus dentatus und dem Subiculum zusammen und wird von der entorhinalen, der parahippocampalen und der perirhinalen Rinde umgeben. Diese Strukturen nehmen eine zentrale Vermittlerrolle zwischen subcorticalen und corticalen Prozessen und damit zwischen der mittleren und oberen limbischen Ebene ein.

Die Ammonshornregion CA1–CA4 ist fünfschichtig aufgebaut; in der vierten Schicht sind die großen Pyramidenzellen parallel zueinander angeordnet. Auf ihnen enden Eingänge (»Moosfasern«) aus dem Gyrus dentatus, den Raphe-Kernen, dem Locus coeruleus, dem Hypothalamus, der Amygdala und dem Nucleus accumbens, die alle emotional-modulierend auf die Aktivität des Hippocampus einwirken. Neben den Pyramidenzellen gibt es inhibitorische Interneurone (Korbzellen), die ausgedehnte Dendritennetze bilden und deren Axone sich spalierartig zwischen den Zellkörpern der Pyramidenzellen verästeln. Die Axone der Pyramidenzellen des Subiculum und der CA3-Region ziehen zum Septum. Andere Fortsätze ziehen zum entorhinalen Cortex, der seinerseits zurück zum Isocortex projiziert. Umgekehrt enden Afferenzen aus dem Isocortex im entorhinalen Cortex und gelangen von dort in den Hippocampus.

Der Hippocampus integriert unter dem Einfluss subcorticaler limbischer Zentren, besonders der Amygdala und des Nucleus accumbens, Informationen aus dem Kurzzeit- bzw. Arbeitsgedächtnis und sendet sie über den anliegenden entorhinalen, perirhinalen und parahippocampalen Cortex in die assoziativen Gebiete der Großhirnrinde, in denen sich das Langzeitgedächtnis befindet. Ebenso wichtig sind der Hippocampus und die umgebende Rinde für den »Abruf« von Inhalten aus dem Langzeitgedächtnis. Man nimmt an, dass im Hippocampus die »Zugriffscodes« zu den Inhalten des Langzeitgedächtnisses, insbesondere des episodischen Gedächtnisses, lokalisiert sind, und zwar räumlich hintereinander angeordnet, entsprechend der zeitlichen Reihenfolge der Ereignisse. Eine besondere Rolle spielt hier das räumliche Gedächtnis mit der Codierung über die berühmt gewordenen »Ortszellen« und allgemein die Codierung des Kontextes von Geschehnissen.

Geschehnisse werden über die Projektionen der Amygdala und des mesolimbischen Systems auf den Hippocampus emotional »eingefärbt«. Dies ist bedeutsam für die Verankerung von Inhalten im Langzeitgedächtnis, denn die emotionale Komponente verstärkt die Konsolidierung. Ein beidseitiger Verlust des Hippocampus, etwa aufgrund einer Degeneration, einer Verletzung oder eines operativen Eingriffs, führt sowohl zum Verlust der Fähigkeit, neue Dinge nachhaltig zu lernen (*anterograde Amnesie*), als auch jener, geschehene Dinge aus dem Langzeitgedächtnis abzurufen (*retrograde Amnesie*).

Die obere limbische Ebene

Die obere limbische Ebene ist die Ebene bewusster Gefühle und Motive und zugleich der Sozialisation und der Erziehung. Sie wird durch die limbischen Areale der Großhirnrinde gebildet. Hierzu gehören der orbitofrontale, der ventromediale und der anteriore cinguläre Cortex (Abbildungen 2.2, 2.7 A, B) sowie der sich nach außen anschließende, tief eingesenkte insuläre Cortex (Abbildung 2.5 A, B).

Der *orbitofrontale Cortex* (OFC) des Menschen umfasst die Brodmann-Areale BA 11–14 sowie mediale Teile von BA 10 im unteren und medialen Stirnhirn (Abbildung 2.7 A, B). Stammesgeschichtlich ist der OFC der Ort, an dem olfaktorisch-gustatorische Empfindungen bewertet werden, insbesondere in Hinblick auf die Genießbarkeit von Nahrung. In einer Erweiterung dieser primären Funktion hat der OFC bei Primaten einschließlich des Menschen vornehmlich mit emotionalen und motivationalen Aspekten der Verhaltensplanung zu tun, insbesondere mit der Frage, ob die erwogenen oder geplanten Handlungen positive oder negative Konsequenzen nach sich ziehen könnten.

Der OFC erhält olfaktorische Eingänge aus der medialen Amygdala, und zwar teils direkt, teils vermittelt über den dorsomedialen thalamischen Nucleus, sowie visuelle, auditorische und somatosensorische Eingänge aus den entsprechenden corticalen Arealen. Die Haupteingänge sind also teils sensorisch, teils limbisch-emotional. Der OFC hat reziproke Verbindungen mit dem Nucleus accumbens und projiziert entweder direkt zur zentralen Amygdala oder indirekt zur »intercalaren Masse« in der Amygdala, die hemmend auf die zentrale Amygdala einwirkt, sowie zur basolateralen Amygdala (Abbildung 2.15). Er hat auch reziproke Verbindungen zum dorsolateralen PFC (s. unten), wobei die Verbindungen zu diesem hin stärker sind als die in umgekehrter Richtung. Mit den motorischen Cortexregionen gibt es nur spärliche Verbindungen.

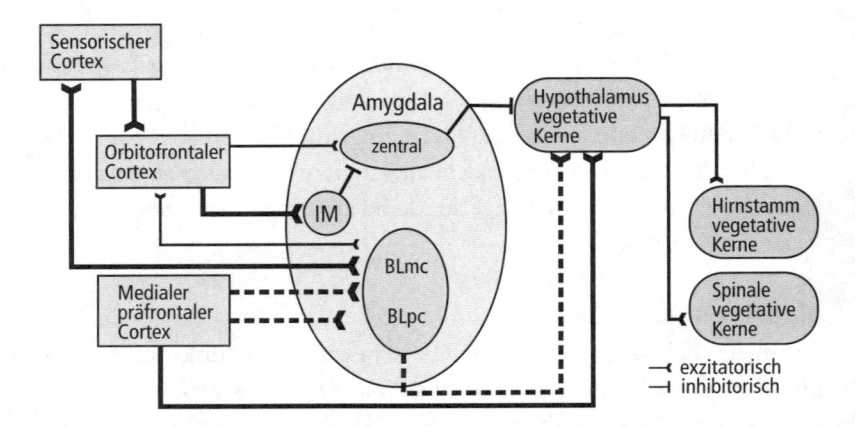

Abb. 2.15: *Schematische Darstellung der Verbindung sensorischer und limbischer corticaler Areale (orbitofrontaler und medialer präfrontaler Cortex einschließlich des anterioren cingulären Cortex) auf den Amygdala-Komplex und die vegetativen Zentren in Hypothalamus, Hirnstamm und Spinalmark. Der dorsolaterale präfrontale Cortex ist nicht gezeigt, weil er keine direkten Verbindungen zur Amygdala besitzt. Abkürzungen: BLmc = großzelliger Teil der basolateralen Amygdala, BLpc = kleinzelliger Teil der basolateralen Amygdala, IM = intercalare Masse. Die gestrichelten Linien stellen die indirekten, über die basolaterale Amygdala verlaufenden Verbindungen des medialen präfrontalen Cortex zum Hypothalamus dar (verändert nach Ray und Zald, 2012).*

Der *cinguläre Cortex* (Gyrus cinguli) erstreckt sich gürtelförmig (»cingulär«) oberhalb des Corpus callosum (Abbildung 2.7 B). Er besteht aus einem vorderen Teil, dem Gyrus cinguli anterior (Brodmann-Areale BA 24, 25 und 32), der weitgehend identisch mit dem Gebiet ist, das viele Autoren als »ventromedialen PFC« bezeichnen. Der hintere Teil des cingulären Cortex hat, soweit bekannt, keine limbischen, sondern sensorische und kognitive Funktionen. Der *anteriore* Gyrus cinguli (ACC) ist dagegen ein wichtiges limbisches Integrationszentrum.

Der ACC steht in enger rückläufiger Verbindung mit dem präfrontalen, orbitofrontalen und entorhinalen Cortex sowie mit dem Hippocampus, dem Septum, der Amygdala, den limbischen Thalamuskernen, dem zentralen Höhlengrau und den limbischen Hirnstammkernen. Seine Ausgänge ziehen außerdem zum motorischen und prämotorischen Cortex, zu den Basalganglien, zum Colliculus superior und über die

Brücke zum Kleinhirn. Anders als der orbitofrontale Cortex hat er damit einen direkten Zugriff auf die motorischen Zentren.

Gewöhnlich wird der anteriore cinguläre Cortex eingeteilt in dorsale Anteile der Brodmann-Areale 32 und 24, die eher kognitive Funktionen im Zusammenhang mit Aufmerksamkeit, Fehlererkennung und Fehlerkorrektur haben, sowie in frontale und ventrale Anteile der Areale 32 und 24, die überwiegend limbische Funktionen besitzen. Zu Letzteren gehören die affektiven und emotionalen Komponenten der Schmerzwahrnehmung (z. B. Schmerz als Warnsignal) sowie die Risikoabschätzung. Bei stark risikofreudigen Personen tritt entsprechend eine sehr geringe Aktivität im ACC auf. Diese Unterscheidung ist allerdings umstritten; manche Autoren weisen darauf hin, dass im ACC kognitive und emotional-limbische Anteile vermischt vorliegen.

Nicht nur im medial liegenden anterioren cingulären Cortex, sondern im gesamten medialen PFC einschließlich des inneren Anteils des OFC und des rostralen medialen Areals BA 10 (frontopolarer Cortex genannt) finden sich Neurone, die die Art sowie die relative und absolute Größe einer Belohnung oder Bestrafung codieren. Hierbei werden Informationen aus dem Nucleus accumbens und dem VTA hinsichtlich Belohnung und anderer positiver Ereignisse und aus der Amygdala zu Bestrafung, Schmerz und anderen negativen Ereignissen kombiniert. Sie werden zusammen mit Informationen aus dem Hippocampus in einen raumzeitlichen Kontext eingebettet und bewusst gemacht.

Im medialen PFC werden Informationen über den eigenen Zustand integriert. Dazu gehören eine Rückmeldung über die physiologische Befindlichkeit (z.B. Aufregung) durch Eingänge von der Amygdala und vom sympathischen Nervensystem ebenso wie Erinnerungen und die beschriebenen Erwartungen von Belohnung und Bestrafung, die dem medialen PFC von Strukturen wie dem Hippocampus oder dem mesolimbischen System zugetragen werden. Informationen über die körperliche Erregung und über Eigenschaften der Situation, in der die Erregung auftritt, werden so zusammengeführt und bilden als »somatische Markierungen« (Damasio 1994) die Grundlage für zukünftige Bewertungen ähnlicher Situationen.

Bei Patienten mit Läsionen im OFC und im angrenzenden medialen präfrontalen Cortex (mPFC, s. unten) kommt es zum Verlust der Impulskontrolle und der Fähigkeit zum Belohnungsaufschub. Ebenso ist die Fähigkeit beeinträchtigt, den sozial-kommunikativen Kontext, etwa die Bedeutung von Szenendarstellungen oder die Mimik von Gesichtern zu erfassen. Diese Patienten sind auch unfähig, negative oder positive Konsequenzen ihrer Handlungen vorauszusehen, wenngleich unmittelbare Belohnung oder Bestrafung von Aktionen ihr weiteres Handeln beeinflussen können. Sie gehen trotz besseren Wissens große Risiken ein (Anderson et al. 1999). Weitere Defizite äußern sich in der Unfähigkeit, flexibel auf Reizveränderungen zu reagieren, also »umzuschalten« und z.B. ein einmal gefasstes Vertrauen oder Misstrauen gegenüber einer Person aufgrund neuer Erfahrungen zu ändern. Schließlich fällt bei größeren OFC- und mPFC-Verletzungen die Reue- und Gewissenlosigkeit der betroffenen Personen auf. Dies ist im Zusammenhang mit Symptomen der antisozialen Persönlichkeitsstörung bzw. der Psychopathie wichtig (vgl. Kapitel 7).

Der mPFC ist zudem Bestandteil eines im Ruhezustand aktiven Netzwerkes von Hirnregionen (*resting state network*). Ist man nicht mit bestimmten externen Reizen befasst, so ist er aktiv und erlaubt eine Beschäftigung mit internen Prozessen, z.B. selbstreflexiven Gedanken und autobiographischen Erinnerungen. Eine Fokussierung auf kognitive Aufgaben geht dagegen mit einer Deaktivierung dieses Bereichs einher.

Der mediale PFC ist damit das corticale und bewusstseinsfähige Gedächtnis für positive und negative Ereignisse. Diese Informationen werden dem ACC zur »Entscheidung« bereitgestellt. Weitere wichtige Funktionen des OFC und des medialen PFC sind die Wahrnehmung drohender negativer Ereignisse und in diesem Zusammenhang das Auslösen antizipatorischer Furcht, aber auch die Evaluation und Regulation kognitiver und motivationaler Konflikte. Bedeutsam ist die Tatsache, dass der ACC noch stärker als der OFC zur Amygdala projiziert und entsprechend deren Aktivität beeinflussen kann. Dies hat offensichtlich mit der Fähigkeit zur Impulskontrolle zu tun, denn eine Zerstörung dieser absteigenden Bahnen oder die Läsion des OFC und des ACC führt in vielen Fällen zu hoher Impulsivität.

Der *insuläre Cortex*, oft auch einfach »Insel« genannt, liegt beim Menschen tief eingesenkt im Übergangsbereich des lateralen frontalen und des temporalen Cortex und steht in enger Wechselwirkung mit dem medialen

PFC (Abbildung 2.5 A, B) Er gliedert sich in einen vorderen (BA 13) und einen hinteren Bereich (BA 14, 15 und 16).

Der *hintere* Bereich ist der primäre gustatorische, also Geschmacksinformationen vermittelnde Cortex. Zudem erhält er Eingänge aus den Eingeweiden (Viszera). Von hier aus gelangen viszerale und gustatorische Informationen zur Amygdala, zum Hypothalamus, zum orbitofrontalen, cingulären und entorhinalen Cortex und zum Nucleus accumbens. Dies ist offensichtlich wichtig für das Entstehen körperlicher Empfindungen wie Herzrasen und Kniezittern bei Furcht oder das Herzhüpfen bei großer Freude.

Der *vordere* Teil des insulären Cortex spielt eine besondere Rolle bei der Vermittlung des bewussten Körpergefühls einschließlich der primären Schmerzwahrnehmung, also des »Wehtuns« des Schmerzes (Singer et al. 2009). Davon abgeleitet vermittelt er empathisches Verstehen gegenüber anderen Personen (Singer et al. 2004), aber auch die schmerzhaften Empfindungen bei Verlust, Niederlagen und Verzicht.

Die kognitiv-sprachliche Ebene – der Isocortex

Die kognitiv sprachliche Ebene des Gehirns wird durch »assoziative« Teile des *Isocortex* (»gleichförmiger« Cortex) repräsentiert (Abbildung 2.2, 2.7 A, B). Dieser ist im Gegensatz zum drei-bis fünfschichtigen limbischen *Allocortex* (»andersartiger« Cortex) durchgehend sechsschichtig (Abbildung 2.8). Im Isocortex unterscheidet man (1) primäre und sekundäre somatosensorische, visuelle, auditorische, gustatorische und vestibuläre, d. h. den Gleichgewichtssssinn betreffende Areale, deren Aktivität die Vorstufen unserer bewussten Wahrnehmung bildet; (2) primäre und sekundäre motorische Areale, in denen Details der Steuerung von Willkürbewegungen festgelegt werden; (3) kognitiv-assoziative Areale, die mit komplexer, bedeutungshafter Wahrnehmung, mit Vorstellen, Erinnern und Sprache zu tun haben; und schließlich (4) exekutive Areale, die mit Verhaltensplanung und -vorbereitung und ebenfalls mit Sprache befasst sind.

Der primäre somatosensorische Cortex verarbeitet Informationen über Tast-, Druck- und Berührungsreize der Haut und der Haare sowie über die Stellung der Gelenke und den Spannungszustand der Muskeln. Er umfasst die parietalen Brodmann-

Areale BA 3, 1 und 2, die in dieser Reihenfolge hinter der Zentralfurche bzw. in der Tiefe der Zentralfurche liegen (s. Abbildung 2.9 A, B). Der primäre visuelle Cortex (V1/BA 17, auch striärer, d.h. »gestreifter« Cortex genannt) liegt am hinteren Teil des Cortex sowie an seiner hinteren Innenfläche. Er wird eingerahmt vom sekundären (V2/BA 18) und tertiären visuellen Cortex (V3/BA 19); zusammen auch extrastriärer Cortex genannt. Das extrastriäre Areal V2 enthält Zellen, die selektiv auf Farbe/Wellenlänge, Kantenorientierung und Bewegung bzw. Bewegungsrichtung ansprechen. Das extrastriäre Areal V3 verarbeitet vornehmlich die visuellen Merkmale »Form« und »räumliche Tiefe«. Areal V4 hat überwiegend mit komplexer Farbwahrnehmung zu tun. Areal V5/MT (mediales temporales Feld) verarbeitet Bewegungsinformationen von Objekten, und Areal V6/MST (mediales superiores temporales Feld) Rotation und Expansion von Gegenständen. Zusammengenommen bilden Aktivitäten in V5/MT und V6/MST die Grundlage komplexer Raum- und Bewegungswahrnehmung.

Der primäre auditorische Cortex umfasst beim Menschen das corticale Gebiet BA 41 (die sogenannten Heschlschen Querwindungen). Der primäre auditorische Cortex zeigt eine systematische Abbildung der Tonfrequenzen (tonotope Organisation). Der sekundäre auditorische Cortex (BA 42) umschließt hufeisenförmig den primären auditorischen Cortex und ist nicht klar tonotop gegliedert. Der assoziative auditorische Cortex befindet sich im oberen Temporallappen. Im Gegensatz zu subcorticalen auditorischen Neuronen reagieren die meisten corticalen auditorischen Neurone nur auf komplexe auditorische Reize.

Der primäre motorische Cortex (MC) wird von Areal BA 4 repräsentiert, dessen Schaltkreise die unmittelbaren motorischen Abläufe einschließlich der Feinmotorik steuern. Nach vorn liegt ihm der prämotorische Cortex (PMC, BA 6) und nach innen der supplementär-motorische Cortex (SMA, ebenfalls BA 6) an, die die größeren Bewegungsabläufe steuern. Dem SMA vorgelagert ist der prä-supplementär-motorische Cortex (prä-SMA, BA 8), der mit dem willkürlichen Auslösen von Handlungen, aber auch mit Handlungszielen und nur vorgestellten Handlungsabläufen zu tun hat. Diese Areale stehen in enger Verbindung mit dem parietalen Cortex, der für Raumorientierung zuständig ist, und über die »dorsale Schleife« (s. oben) mit den Basalganglien und dem Kleinhirn, die mit der subcorticalen Kontrolle motorischer, gedanklicher und sprachlicher Abläufe befasst sind.

Der parietale Assoziationscortex, auch posteriorer parietaler Cortex genannt, umfasst die Brodmann-Areale BA 5 und 7, die den oberen Parietallappen bilden, sowie den Gyrus angularis (BA 39) und den Gyrus supramarginalis (BA 40), die den unteren Parietallappen umfassen und linksseitig das Schreib-Lese-Zentrum bilden. Der parietale Assoziationscortex vermittelt vor allem körperbezogene Wahrnehmungen, das Körpergefühl einschließlich des Gleichgewichtsgefühls, er konstruiert die Tastwelt und vermittelt Informationen über Bewegungsabläufe. Zu den Aufgaben des vorderen oberen Parietallappens gehören auch die Konstruktion einer dreidimensionalen Welt und die Lokalisation der Sinnesreize, des eigenen Körpers und seiner Bewegungen in der Umwelt. Der Parietallappen des Menschen zeigt dabei deutliche funktionale Hemisphärenunterschiede. Im rechten Parietallappen dominiert die räumliche Lokalisation, die konkrete oder mentale Konstruktion des Raumes mit der Möglichkeit des Perspektivwechsels. Im linken Parietallappen wird vornehmlich symbolisch-analytische Information verarbeitet, etwa Rechnen und Sprache einschließlich Schreiben und Lesen sowie die Bedeutung von Abbildungen und von Symbolen.

Der *temporale Assoziationscortex* umfasst den oberen und mittleren Temporallappen, der neben Areal BA 22 die primären und sekundären auditorischen Regionen BA 41 und 42 einschließt, daneben den temporalen Pol (BA 38), den caudalen, an den Hinterhauptscortex angrenzenden Teil (BA 37) und den unteren temporalen Cortex (IT; BA 20, 21). Er hat vornehmlich mit auditorischer und visueller Objekterkennung zu tun, Hierzu gehört das Identifizieren und Kategorisieren von Objekten und Szenen und das darauf aufbauende Erfassen ihrer Bedeutung. Im linken Temporallappen befindet sich das Wernicke-Areal, das für Wortbedeutungen und das Verstehen einfacher Sätze zuständig ist.

Im rechten Temporallappen ist die Fähigkeit angesiedelt, die emotionalen Komponenten der Sprache, Prosodie genannt, zu erfassen, und ebenso die Fähigkeit, die Gesichtsmimik zu verstehen. Patienten mit Läsionen im rechten Temporallappen sind nicht mehr in der Lage, bestimmte soziale Signale wie den kurzen Blick des Gastgebers auf die Uhr zu später Stunde in ihrer Bedeutung zu erfassen. Schließlich führt die Zerstörung oder chirurgische Entfernung des rechten Temporallappens zu tiefgreifenden Persönlichkeitsveränderungen, die man »Temporallappenpersönlichkeit« nennt.

Hierzu gehören eine pedantische Sprache, Egozentrik, Beharren auf persönlichen Problemen im Gespräch, paranoide Züge, die Überbeschäftigung mit religiösen Vorstellungen und die Neigung zu aggressiven Ausbrüchen. Besonders letzteres Merkmal lässt vermuten, dass hier auch die benachbarte Amygdala in Mitleidenschaft gezogen wurde (Kolb und Wishaw 1996).

Innerhalb des Frontalcortex sind vor allem der *dorsolaterale* und der *ventrolaterale präfrontale Cortex* (dlPFC, vlPFC) an den kognitiv-sprachlichen Funktionen beteiligt, während der untere und innere Teil, der orbitofrontale und ventromediale Cortex, wie beschrieben für limbische Funktionen von Bedeutung sind.

Beide Gebiete, der dlPFC und der vlPFC, erhalten unterschiedliche corticale und subcorticale Eingänge. Der dorsolaterale PFC (BA 9 und 46) erhält körper-und bewegungsbezogene Informationen aus dem posterioren parietalen Cortex über die Stellung und Bewegung von Kopf, Nacken, Gesicht und Händen, daneben Informationen über räumliche Aspekte der Handlungsplanung. Er empfängt keine wesentlichen limbischen Eingänge. Der ventrolaterale PFC (BA 10, 44, 45) erhält vom Temporallappen Informationen über komplexe auditorische und visuelle Wahrnehmungen, z. B. beim Erfassen von Objekten und Szenen, sowie sprachbezogene Informationen aus dem linken Temporallappen, d. h. dem Wernicke-Sprachzentrum. Hinzu kommen für den lateralen PFC allo- und subcorticale Afferenzen aus dem anterioren cingulären und insulären Cortex sowie aus dem parahippocampalen Cortex, der dem linken PFC verbale, dem rechten nichtverbale Gedächtnisinhalte vermittelt. Von besonderer Bedeutung für die Funktionen des präfrontalen Cortex sind die dopaminergen Afferenzen vom Nucleus accumbens und vom VTA. Ausgänge des PFC ziehen zurück in die iso- und allocorticalen Gebiete, aus denen die Afferenzen kommen, außerdem zum Nucleus caudatus des Striatum, zum zentralen Höhlengrau und in die Umgebung des Nucleus ruber und der Substantia nigra – zwei motorischen Zentren im Mittelhirn. Der laterale PFC hat nur wenige Efferenzen zu den limbischen Cortexarealen und gar keine zu den subcorticalen limbischen Gebieten, von denen er stark beeinflusst wird.

Der dorsolaterale PFC ist mit zeitlich-räumlicher Strukturierung von Sinneswahrnehmungen und entsprechenden Gedächtnisleistungen befasst, und zwar bei der Planung und Vorbereitung von Handlungen sowie beim Lösen sachlicher Probleme und in diesem Zusammenhang mit Erinnern, Vorstellen und Denken (Förstl 2002). Er ist auch Sitz des Arbeitsgedächtnisses, also desjenigen Gedächtnisses, das im Zusammenhang mit Handlungsplanung für wenige Sekunden einen bestimmten Teil der Wahrnehmungen und die hiermit verbundenen Gedächtnisinhalte und Vorstellungen im Bewusstsein festhält. Auf der Grenze zwischen dorsolateralem und ventrolateralem präfrontalen Cortex ist – in der Regel linksseitig – das Broca-Sprachzentrum angesiedelt (BA 44 und 45). Es ist zuständig für die Verarbeitung und Produktion der syntaktisch-grammatikalischen Anteile der menschlichen Sprache.

Unklar ist, welche kognitiv-exekutiven Funktionen in welchen Teilen des dorsolateralen und des ventrolateralen PFC anzusiedeln sind. Allgemein scheinen beide vor allem mit der kontextgerechten Beurteilung und der entsprechenden bewussten Handlungsentscheidung zu tun zu haben, wobei Emotionen im dorsolateralen PFC keine, im ventrolateralen PFC dagegen eine größere Rolle spielen, und zwar unter dem Einfluss des limbischen Cortex.

Läsionen des ventrolateralen präfrontalen Cortex (vlPFC) rufen beim Menschen, abgesehen von syntaktisch-grammatischen Sprachdefiziten nach Verletzungen im Bereich des Broca-Areals, keine genau umschriebenen Defizite bei der Wahrnehmung oder bei kognitiven Leistungen einschließlich der Intelligenz hervor, sondern vornehmlich Ausfälle, die zum einen die Handlungsplanung und zum anderen die Persönlichkeit des Menschen betreffen. Bei Letzteren ist immer auch der orbitofrontale Cortex in Mitleidenschaft gezogen.

Ein Symptomkomplex betrifft den Verlust des divergenten Denkens, d.h. der Fähigkeit, neue, zum Teil ungewöhnliche Lösungen eines Problems zu finden und sich Alternativen bei der Handlungsplanung einfallen zu lassen. Zu den beeinträchtigten Fähigkeiten gehört auch das Entwickeln neuer Strategien, also kreatives Denken. Patienten mit Läsionen im vlPFC beharren auf alten, bewährten Lösungen – eine Haltung, die man Perseveration nennt. Sie haben auch Mühe, komplexere Anweisungen zu befolgen. Bei alledem sind sich die Patienten – wie so häufig bei Defekten des assoziativen Cortex – ihrer Fehlleistungen meist nicht bewusst. Sie versichern vielmehr, die ihnen gestellte Aufgabe richtig verstanden und gelöst zu haben. Typisch für Patienten mit Schäden im vlPFC ist der Verlust der Verhaltensspontaneität, wobei linksseitige Schäden meist zu einer erheblichen Beeinträchtigung des Sprachflusses und der Sprachgewandtheit, rechtsseitige Schäden zu einer Reduktion der spontanen Mimik und Gestik und ganz allgemein des spontanen Verhaltens führen.

2.3 Was lernen wir daraus?

Das Gehirn des Menschen besteht wie das aller Wirbeltiere aus fünf Funktionsbereichen: erstens dem Bereich der Sicherung unserer biologischen Existenz durch vegetativ-autonome Funktionen, zweitens dem Bereich der Sensorik, drittens dem Bereich der Motorik, viertens dem Bereich kognitiver Funktionen und fünftens dem Bereich limbischer, d.h. emotionaler und motivationaler Funktionen.

Diese Funktionen des Gehirns ergeben sich aus den Eigenschaften der beteiligten Nervenzellnetze, also der Art ihrer Ein- und Ausgänge und der dazwischen befindlichen (intrinsischen) Verknüpfung. Dabei spielen die synaptischen Kontakte und die dort ablaufenden Prozesse der elektrisch-chemischen Erregungsübertragung eine entscheidende Rolle, denn sie sind die eigentlichen Träger der neuronalen Informationsverarbeitung. Verstärkung oder Abschwächung der synaptischen Übertragungseigenschaften bedeuten daher Veränderungen in der Funktion der Netzwerke.

Im Zusammenhang mit dem vorliegenden Buch spielt das limbische System eine besondere Rolle, denn es ist neben der Steuerung direkt lebenserhaltender Funktionen der Ort für die Bewertung des Verhaltens nach »positiv« (und damit zu wiederholen) oder »negativ« (und damit in Zukunft zu vermeiden). Dies erst ermöglicht es dem Organismus, sich den Gegebenheiten seiner natürlichen und sozialen Umwelt anzupassen. Auf der Ebene des Bewusstseins erleben wir das als Emotionen und Motive, die unser Handeln lenken. Dies bildet dann die unmittelbare Grundlage des Seelisch-Psychischen.

Um die äußerst komplexe Organisation des limbischen Systems zu verstehen, haben wir drei limbische Ebenen unterschieden (vgl. Abbildung 2.10). Die *untere limbische Ebene* ist eng mit der Regulation lebenswichtiger vegetativer Funktionen verbunden. Hier geschieht auch die Auslösung und Kontrolle angeborener Verhaltensweisen wie Flucht, Erstarren, Verteidigung, Aggression, Stressregulation und elementarer affektiv-emotionaler Zustände wie Wut und Zorn, Freude oder Trauer. Diese Funktionen bedingen auch die grundlegenden Eigenschaften unserer Persönlichkeit, *Temperament* genannt, mit denen wir auf die Welt kommen. Sie sind überwiegend genetisch bestimmt, können aber auch durch vorgeburtliche Erfahrungen – häufig vermittelt über negative Erfahrungen der Mutter während der Schwangerschaft – beeinflusst werden. Davon wird genauer in den nachfolgenden Kapiteln die Rede sein.

Die *mittlere limbische Ebene* ist die Ebene der emotionalen Konditionierung und Prägung, die vorrangig im Rahmen der frühkindlichen Bindungserfahrung stattfindet. Geleitet von dieser Ebene beginnt das Kleinkind damit, unter Anleitung der Mutter bzw. der primären Bezugsperson seine Gefühlswelt zu differenzieren, die Gefühle Anderer zu verstehen und damit die Grundlage der nichtverbalen emotionalen Kommunikation zu legen. Dies führt auch zu ersten Belohnungserfahrungen und der sich daraus ergebenden Belohnungserwartung, die dann die Grundlage der egozentrischen Motivation bilden (»Ich will alles, und zwar sofort!«). Diese Geschehnisse haben einen stark prägenden Einfluss auf die Entwicklung der Persönlichkeit, die sich entweder unbewusst oder – im Rahmen der infantilen Amnesie (s. Kapitel 4) – nicht erinnerungsfähig vollzieht. Die mittlere limbische Ebene zeichnet sich durch schnelles, vor allem auf Konditionierung beruhendes Lernen aus, das sich aber zunehmend gegen weitere Erfahrungen abschottet.

Die *obere limbische Ebene* umfasst mehrheitlich Funktionen der limbischen Cortexareale, d.h. des orbitofrontalen, ventromedialen bzw. anterioren cingulären Cortex sowie des insulären Cortex. Die Aktivität dieser Zentren ist die Grundlage bewusster Gefühle und Motive, aber auch von Sozialisierung und Erziehung und der sozialen Motivation. Hier bildet sich die Fähigkeit zur Impulshemmung, zum Belohnungsaufschub, zur Frustrationstoleranz und zur Empathie aus, insbesondere auch die Fähigkeit, die möglichen Konsequenzen des eigenen Handelns abzuwägen und Risiken realistisch einzuschätzen. All dies geschieht wie auf der mittleren Ebene unter dem Einfluss der Umwelt, jedoch diesmal nicht nur über die primären Bezugspersonen, sondern auch über die weiteren Familienmitglieder, über Freunde und Schulkameraden, die damit zum Vorbild eigenen Verhaltens werden. Diese Ebene bildet sich langsam bis zum Erwachsenenhalter hin aus und ist entsprechend leichter zu verändern, hat aber zugleich einen geringeren Einfluss auf unsere Persönlichkeit.

Diesen drei limbischen Ebenen ist die *Ebene der kognitiv-sprachlichen Fähigkeiten* gegenübergestellt, die vom Isocortex und insbesondere dessen »assoziativen« Anteilen repräsentiert wird. Hier wird die Welt unserer sinnlichen Erfahrungen, aber auch unserer Gedanken, Erinnerungen und

Ziele konstruiert. Eine besondere Rolle spielt dabei der dorsolaterale präfrontale Cortex als Sitz des Arbeitsgedächtnisses und damit des Aktualbewusstseins (s. Kapitel 6) sowie der Fähigkeit, zukünftiges Handeln gedanklich und zweckrational zu planen.

Der dorsolaterale Cortex hat bemerkenswerterweise keinen wesentlichen Einfluss auf die handlungssteuernden limbisch-corticalen und subcorticalen Zentren (Ray und Zald 2012). Er spielt entsprechend die Rolle eines »vernünftigen Beraters« ohne eigene Entscheidungsbefugnisse. Die Synthese kognitiver und emotionaler Informationen findet vielmehr im ventrolateralen, orbitofrontalen und ventromedialen PFC statt.

3 Die Sprache der Seele: Neuromodulatoren, Neuropeptide und Neurohormone

Im vorangegangenen Kapitel haben wir uns mit dem allgemeinen Aufbau des Gehirns und dann mit dem limbischen System, dem »Sitz der Seele«, beschäftigt. In diesem Kapitel wollen wir uns mit den Vorgängen befassen, die diese Einheit überhaupt erst herstellen, nämlich mit der *neurochemischen Kommunikation*. Diese beeinflusst die Art, wie wir Dinge wahrnehmen, wie wir fühlen, denken und handeln.

Zum einen spielen hierbei die »klassischen« Neurotransmitter eine Rolle. Dazu gehören Glutamat, GABA und Glycin sowie Dopamin, Noradrenalin, Serotonin und Acetylcholin. Glutamat, GABA und Glycin werden im Gehirn verwendet, um innerhalb von Millisekunden Signale an der Synapse zu übertragen. Es handelt sich hier also um eine sehr *lokale* Wirkung. Noradrenalin, Serotonin, Dopamin und Acetylcholin heißen auch *Neuromodulatoren*, denn sie verändern (»modulieren«) die Wirkung der anderen Transmitter, und zwar im Sekundenbereich. Ihre Wirkung kann sowohl lokal an ganz bestimmten Synapsen ansetzen oder größere Hirnareale »überschwemmen«.

Allerdings müssen immer entsprechende Rezeptoren vorhanden sein, an denen sie »andocken« und ihre Wirkung entfalten können. Diese Rezeptoren sitzen in der Regel in den Membranen der synaptischen Kontakte. Dopamin und Noradrenalin werden zusammen mit Adrenalin als *Catecholamin-Transmitter* bezeichnet; sie entstehen aus der Aminosäure Tyrosin. Zusammen mit Serotonin gehören die Catecholamine auch zu den *Monoaminen*, da sie chemisch gesehen nur eine Amin-Gruppe tragen. Weitere Moleküle, deren Funktionsweise die neuronale Erregungsübertragung beeinflussen, sind die *Neuropeptide* und die *Neurohormone*. Dazu gehören unter anderem die Peptide Oxytocin, Vasopressin, die endogenen Opioide, Substanz P, Cholecystokinin, das vasoaktive intestinale Peptid sowie das Hormon Cortisol und seine Vorstufen. Ihre Rezeptoren befinden sich zum Teil auch im Zellinnern. Diese Substanzen wirken meist noch weniger lokal als die Neuromodulatoren, und ihre Wirkung kann Sekunden bis Stunden andauern.

Während die klassischen »schnellen« Transmitter in Milliarden von Nervenzellen überall im Gehirn entstehen, werden die genannten Neuromodulatoren in ganz spezifischen, meist eng umgrenzten Hirngebieten produziert und von dort aus verteilt. Beispielsweise wird das im Gehirn auftretende Serotonin vornehmlich in den vorderen Raphe-Kernen hergestellt, das Dopamin in der Substantia nigra und im ventralen tegmentalen Areal (VTA), das Noradrenalin im Locus coeruleus und das Acetylcholin im basalen Vorderhirn. Auch die Neuropeptide und Neurohormone haben in der Regel eng umgrenzte Produktionsstätten, so das »Bindungshormon« Oxytocin, die endogenen Opioide (bzw. deren Vorläufer) und der »Stressfaktor« Corticotropinfreisetzender Faktor (CRF), die in der periventrikulären Zone des Hypothalamus bzw. in der Hypophyse entstehen. Diese Hirnregionen haben stark verzweigte axonale Projektionsbahnen, über die die genannten Substanzen weiträumig im Gehirn verteilt werden.

Die meisten Neuromodulatoren, aber auch Stresshormone wie CRF, ACTH und Cortisol werden im Zustand der Ruhe gleichmäßig in geringen Mengen freigesetzt. Man spricht in diesem Fall von einer *basalen* oder *tonischen* Aktivität. Unter bestimmten Voraussetzungen erfolgt dann eine zusätzliche schubartige Freisetzung, so etwa beim Dopamin, wenn eine Belohnung erwartet wird, oder beim Oxytocin, wenn man das eigene Baby anblickt oder berührt. Wir wollen im Folgenden einige dieser neurochemischen Systeme vorstellen und zeigen, in welcher Weise sie die Aktivitäten des Gehirns und die Psyche beeinflussen.

3.1 Dopamin

Dopamin wird von »dopaminergen« Zellen aus der mit der Nahrung aufgenommenen Aminosäure Tyrosin synthetisiert. Dies geschieht zum einen in der Substantia nigra, die ein für die Kontrolle von Willkürbewegungen wichtiges dopaminerges Faserbündel zum dorsalen Striatum schickt (*nigrostriatales Dopaminsystem*). Weitere dopaminerge Neuronen entstammen dem VTA und schicken ihre Fasern in den Frontalcortex (*mesocorticales Dopaminsystem*) sowie zur Amygdala und zum Nucleus accumbens (*mesolimbisches Dopaminsystem*).

In den Zielstrukturen stimuliert das freigesetzte Dopamin spezielle Rezeptoren. Bislang wurden fünf verschiedene Klassen von Dopaminrezeptoren identifiziert, die man als D_1-, D_2-, D_3-, D_4- und D_5-Rezeptoren bezeichnet. Bindet Dopamin an die D_1- und D_5-Rezeptoren, so wirkt es *erregend* (d. h. depolarisierend), bindet es an die D_2-, D_3- und D_4-Rezeptoren, wirkt es *hemmend* (d. h. hyperpolarisierend). Die D_1- und D_5-Rezeptoren *verstärken* also die Wirkung der betroffenen erregenden oder hemmenden Synapse, die D_2-, D_3- und D_4-Rezeptoren *vermindern* sie. Auf diese Weise kann z. B. eine inhibitorische Verschaltung unter Dopamineinfluss gezielt enthemmt oder in ihrer hemmenden Wirkung noch verstärkt werden, wie es etwa in den Basalganglien geschieht (s. voriges Kapitel).

Die Hirnstrukturen, deren Aktivität von dopaminergen Zellen beeinflusst wird, sind mit *Motivation* und *zielgerichtetem Verhalten* befasst. Entsprechend nimmt man an, dass die Aktivitäten dopaminerger Neurone wichtige Informationen zu Belohnungen vermitteln. Verhindert man z. B. die Wirkung von Dopamin, indem man die D_1- oder D_2-Rezeptoren chemisch blockiert, verlieren Belohnungen ihre normale verstärkende Wirkung auf Lernprozesse.

Lange nahm man an, dass Dopamin das *hedonische Signal* des Gehirns darstellt und direkt für Freude- oder Lustgefühle verantwortlich ist, die eine Belohnung wie Futter oder Geld mit sich bringt. Heute weiß man, dass die Funktionsweise des Dopamins viel komplizierter ist, denn die Lust an der Belohnung, das *Mögen* (»liking«), wird nicht von Dopamin, sondern vornehmlich von endogenen Opioiden (s. unten) vermittelt. Stattdessen schreibt Dopamin bestimmten Reizen eine *anspornende* Bedeutung (»wanting«) zu und erzeugt hierüber eine *Belohnungserwartung*, die als direkte Grundlage von Motivation angesehen werden kann. In diesem Kontext geht man davon aus, dass Dopamin ein Signal dafür ist, in welcher Weise sich nach einem Hinweisreiz (etwa dem Anblick eines Kuchens oder eines Lottoscheins) eine Belohnungserwartung erfüllt oder stärker oder schwächer ausfällt als erwartet. Ist die Belohnung wie erwartet, dann bleibt die Aktivität der dopaminergen Neuronen gleich, und sie feuern weiterhin langsam (»tonisch«) vor sich hin. Fällt die Belohnung dagegen höher oder niedriger als erwartet aus, so verstärkt oder vermindert sich ihre Aktivität. Im Falle einer unerwartet hohen Belohnung setzt sich eine schnelle und hohe (»phasische«) Dopaminantwort der gleichmäßigen tonischen Aktivität auf. Fortan begleitet diese hohe Aktivität bereits den Hinweisreiz und signalisiert so dessen Belohnungswert (Schultz et al. 1997, Abbildung 3.1).

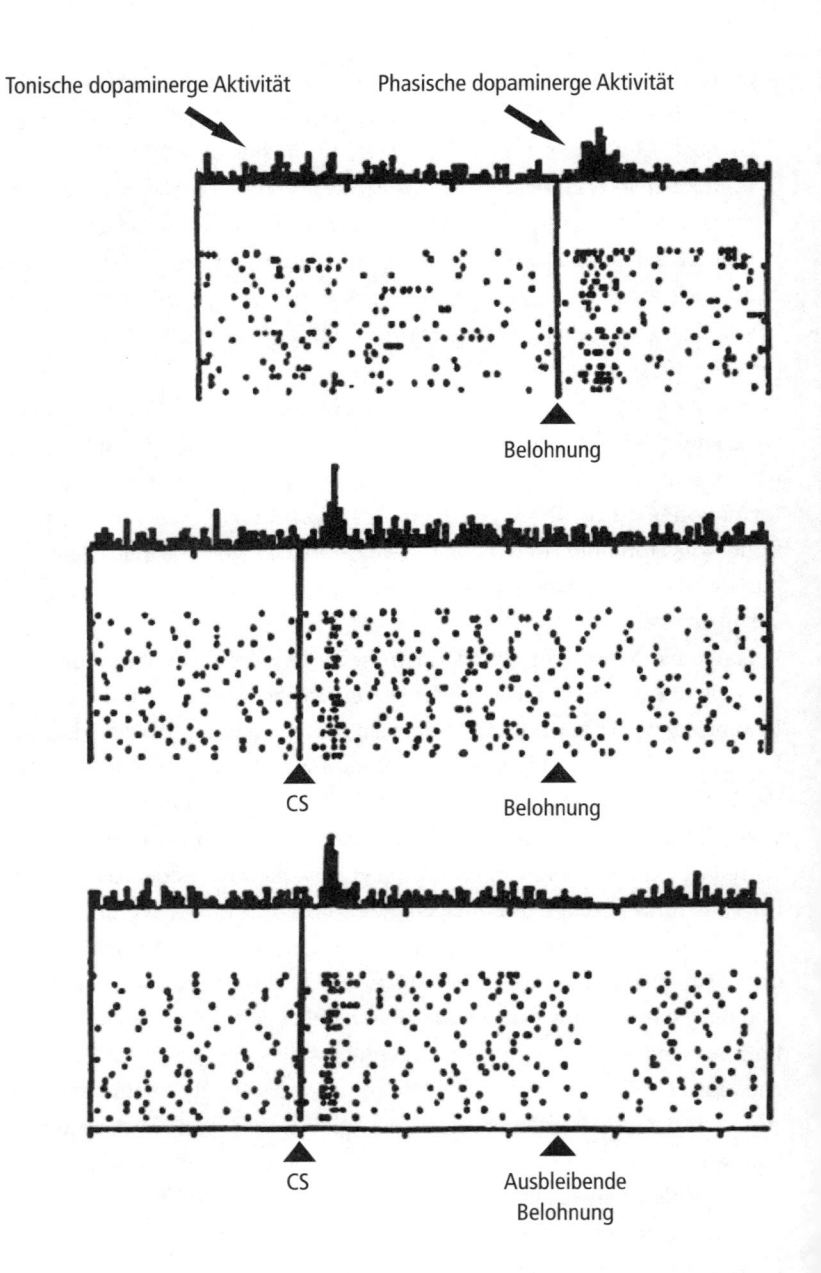

Tonische dopaminerge Aktivität   Phasische dopaminerge Aktivität

Belohnung

CS   Belohnung

CS   Ausbleibende Belohnung

Abb. 3.1: Dopamin signalisiert, ob eine Belohnungserwartung sich erfüllt oder stärker bzw. schwächer ausfällt als erwartet. Normalerweise sind die dopaminergen Zellen gleichmäßig geringfügig aktiv (tonische Aktivität). Der unerwartete Erhalt einer Belohnung führt zu einer zusätzlichen Serie von Aktionspotenzialen, d. h. zu einer »phasischen Antwort«. Die dopaminergen Zellen signalisieren hierdurch die unerwartete Belohnung (oberes Diagramm). Wird gelernt, dass ein bestimmter Reiz immer einer Belohnung vorausgeht und sie somit vorhersagt (konditionierter Reiz, conditioned stimulus = CS, *z. B. ein Ton im Tierexperiment), dann erfolgt die phasische Dopaminantwort bereits kurz nach dem ankündigenden Reiz, nicht aber zum Zeitpunkt der Belohnung. Sie signalisiert die Belohnungserwartung (mittleres Diagramm). Bleibt aber die Belohnung trotz Ankündigung aus, dann fällt die tonische Dopaminaktivität zur Zeit der ausbleibenden Belohnung unter das normale tonische Niveau. Es wird signalisiert, dass die Belohnung geringer ausgefallen ist als erwartet (unteres Diagramm, verändert nach Schultz et al. 1997).*

Neben dem, was im Leben natürlicherweise Spaß macht oder es zumindest verspricht, stimulieren suchterzeugende Drogen einschließlich Nikotin und Alkohol das Belohnungssystem und erhöhen die Dopaminkonzentration im Nucleus accumbens und im orbitofrontalen sowie ventromedialen Cortex. Allerdings tun sie dies über verschiedene Mechanismen. So blockiert Kokain, dessen Wirkung Sigmund Freud als einer der Ersten untersuchte, den Dopamintransporter in der präsynaptischen Membran. Dadurch verhindert es den Rücktransport von Dopamin in die Zelle und bewirkt auf diese Weise einen erheblichen Anstieg der Dopaminkonzentration im synaptischen Spalt. Opiate hingegen binden an die Rezeptoren für die endogenen Opioide, wodurch sie eine ähnliche Wirkung erzielen. Opioidrezeptoren (s. unten) befinden sich beispielsweise auf GABAergen Interneuronen im VTA. Diese üben einen stetigen hemmenden Einfluss auf die dortigen dopaminergen Neurone aus. Die Opiate hemmen nun die Interneurone, so dass deren hemmende Wirkung auf die dopaminergen Neurone aufgehoben wird. Die Folge ist eine starke Dopaminfreisetzung, die dann unter anderem den Nucleus accumbens beeinflusst. Das geschieht allerdings auch direkt, denn Opioidrezeptoren befinden sich auch auf Neuronen des Nucleus accumbens und können bei Bindung von Opiaten oder endogenen Opioiden das Dopaminsignal verstärken.

Suchterzeugende Drogen unterscheiden sich von natürlichen Belohnungen darin, dass sie auch dann eine Dopaminfreisetzung im Belohnungssystem bewirken, wenn sie wiederholt und vorhersehbar konsumiert werden, die Belohnung also »wie erwartet« ausfällt. Allerdings lässt das Lustgefühl bekanntlich bald nach, weil die lusterzeugenden Mechanismen schnell adaptieren.

Neben dem Eintreten und dem eventuellen Grad der Belohnung signalisieren bestimmte dopaminerge Zellen den Grad der *Unsicherheit* einer Belohnung. Dies wird durch eine langsame und moderate Aktivierung codiert, die zwischen dem ersten Hinweis auf eine Belohnung und dem Zeitpunkt ihres Eintritts abläuft und umso höher ausfällt, je größer die Unsicherheit darüber ist, ob der Hinweisreiz und die damit einhergehende phasische Dopaminantwort auch wirklich eine Belohnung ankündigt. Die Zielzelle erhält also zwei Typen von Signalen: Eine schnelle und hohe Dopaminfreisetzung informiert über das Eintreten einer *unerwarteten* Belohnung, eine langsame, moderate Dopaminfreisetzung signalisiert die *Unsicherheit* darüber, ob die Belohnung auch wirklich eintritt. Dieser Unsicherheitsfaktor beeinflusst, ob man motiviert ist, ein Verhalten auszuführen, oder nicht (etwa den Kuchen kaufen, den Lottoschein ausfüllen). Ist der Belohnungswert hoch, die Unsicherheit über das Auftreten der Belohnung jedoch ebenfalls hoch, dann würde diese Form der Dopaminaktivität bei vorsichtigen Personen mit einem hohen Risikobewusstsein nicht zu einem motivierten Verhalten führen, während besonders risikobereite Personen auf dieses Muster mit einer großen Verhaltensbereitschaft reagieren. Bei ihnen hat das langsame und mäßig hohe Dopaminsignal der Unsicherheit selbst eine belohnende Wirkung und verstärkt riskantes Verhalten. Dies erklärt etwa, warum manche Individuen gewillt sind, im Glücksspiel hohe Beträge einzusetzen, obwohl die Unsicherheit über einen möglichen Gewinn extrem groß ist (Fiorillo et al. 2003).

> Codiert werden die genannten unterschiedlichen Signaltypen dadurch, dass unterschiedliche Rezeptortypen aktiviert werden, und zwar aktivieren hohe Dopaminkonzentrationen die weniger empfindlichen und erregend wirkenden D_1-Rezeptoren, während geringere Dopaminkonzentrationen die hoch empfindlichen und hemmend wirkenden D_2-Rezeptoren stimulieren.
>
> In den vergangenen Jahren stellte sich zudem heraus, dass einige dopaminerge Zellen auch *aversive* Ereignisse wie Bestrafung oder Belohnungsentzug signalisieren, und zwar über eine langsame und anhaltende Verringerung der Spontanaktivität, die vermutlich auf den Einfluss inhibitorischer Neurone im »Schwanz« des VTA zurückgeht. Derartige Signale verstärken das Rückzugsverhalten und führen dazu, dass ein bestimmter Reiz gemieden wird.

Kürzlich wurde eine weitere Eigenschaft der dopaminergen Zellen gefunden: Bei Tieren, die eine Serie von Handlungen durchführen müssen, um eine spätere Belohnung zu erhalten, steigt im Verlauf der Suche die Dopaminkonzentration. Dies könnte auch bei Menschen einen *anhaltenden* Handlungsantrieb liefern und etwa dafür verantwortlich sein, dass man sich bei aufkommender Müdigkeit eine Tasse Kaffee zubereitet oder sich allgemein nicht entmutigen lässt (Niv 2013, Abbildung 3.2).

Die Dopaminfreisetzung in den Zielbereichen des mesocorticalen und des mesolimbischen Dopaminsystems ist hiernach die neurochemische Entsprechung von *Motivation*. Der *Nucleus accumbens* meldet dem Frontalhirn, dass bei einer bestimmten Verhaltensweise eine Belohnung winkt.

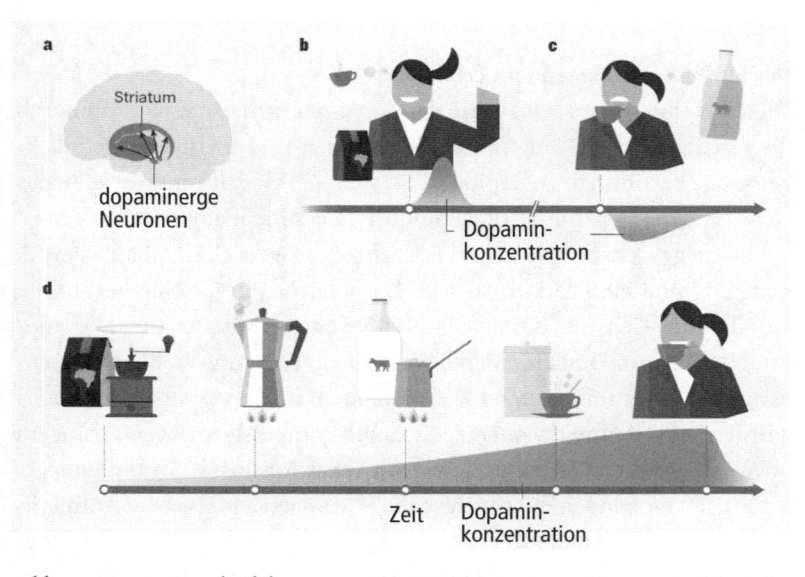

Abb. 3.2: *Dopamin und Belohnungserwartung. (a) Dopaminerge Neurone projizieren ins Striatum. (b) Sie signalisieren über eine erhöhte Dopaminfreisetzung eine unerwartete Belohnung (etwa die Feststellung, dass der Supermarkt um die Ecke neuerdings die bevorzugte Kaffeesorte anbietet). (c) Über eine verringerte Dopaminfreisetzung wird eine unerwartete Bestrafung bzw. ausbleibende Belohnung angezeigt (etwa aufgrund der Feststellung, dass die Kaffeesahne sauer ist). (d) Muss eine Serie von Handlungen durchgeführt werden, um eine Belohnung zu erhalten (etwa die verschiedenen Schritte der Kaffeezubereitung), dann baut sich mit zunehmender Nähe zum Ziel graduell eine erhöhte Dopaminkonzentration auf (verändert nach Niv 2013).*

Sobald dieses Verhalten ausgeführt ist, sind die Zielbereiche des Dopamins im *Thalamus* und im *orbitofrontalen Cortex* hochaktiv. Sie bleiben dann so lange aktiv, bis die erwartete Belohnung empfangen wurde. Über eine Beteiligung endogener Opioide könnten sie auch am Wohlgefühl beteiligt sein, das sich bei Erhalt der Belohnung einstellt (s. unten).

Die Zellen des präfrontalen Cortex wiederum können über eine Rückprojektion die Aktivität der dopaminergen Zellen beeinflussen. Darüber hinaus erregen Neurone der lateralen Habenula über ihre Axone inhibitorische Interneurone im »Schwanz« des VTA, die dann, wie erwähnt, die Dopamin-freisetzenden Zellen im VTA hemmen. Dies führt zu einer *Unterdrückung* von motorischem Verhalten, wenn ein Organismus keine Belohnung erhält oder eine Bestrafung oder ein anderes negatives Ereignis erwartet.

Der Einfluss von Genen und Erfahrung

Die individuelle Funktionsweise des dopaminergen Systems kann durch die *genetische* Ausstattung beeinflusst werden und hierüber Persönlichkeitszüge bestimmen (s. Kapitel 5). So steht eine bestimmte Variante des Gens für den Dopamin-D_4-Rezeptor im Zusammenhang mit der Persönlichkeitseigenschaft *Offenheit/Intellekt*, also der Eigenschaft, phantasievoll, neugierig und künstlerisch zu sein. Das Gleiche gilt für eine bestimmte Variante des Gens für die Catechol-O-Methyltransferase (COMT), eines Proteins, das am Dopaminabbau beteiligt ist (DeYoung et al. 2011). Genvarianten dieser und weiterer Komponenten des dopaminergen Systems wurden mit Aufmerksamkeitsleistungen, impulsivem, gewalttätigem oder risikoreichem Verhalten sowie mit Sensationslust in Verbindung gebracht. Bei Individuen mit psychischen Störungen wie etwa der Aufmerksamkeitsdefizit-Hyperaktivitätsstörung (ADHS) wurden ebenfalls spezielle Genvarianten des dopaminergen Systems gefunden.

Bei Ratten hat man nachgewiesen, dass auch *Erfahrungen* die Entwicklung und Aktivität des dopaminergen Systems und des entsprechenden Verhaltens beeinflussen können.

Wenn die Tiere vor dem Abstillen wiederholt von ihrer Mutter getrennt wurden, so zeigten sie gegenüber normal aufwachsenden Ratten einen *erhöhten* Dopaminumsatz im Striatum, aber einen *verringerten* Dopaminumsatz im medialen präfrontalen Cortex. Zudem reagierten sie als erwachsene Tiere weniger stark auf Belohnungen als andere Tiere. Eine in der *späteren* Kindheit der Ratten auftretende soziale Isolation führt dagegen zu *erhöhten* Dopaminkonzentrationen im medialen präfrontalen Cortex sowie im Nucleus accumbens und zu einer *Verstärkung* von Sozialkontakten im Erwachsenenalter.

Eine Isolationserfahrung während der Kindheit führt dazu, dass die Tiere im Erwachsenenalter Schwierigkeiten haben, unter neuen oder herausfordernden Bedingungen Entscheidungen zu treffen, auch haben sie eine geringere Impulskontrolle. Dies wird von einer verringerten Dopaminempfindlichkeit der Nervenzellen im präfrontalen Cortex begleitet. Bei Strauchratten (die keine Ratten, aber doch Nager sind) führt die Kombination wiederholter früher Trennungen und die anschließende Aufzucht in sozialer Isolation dazu, dass in verschiedenen Bereichen des medialen präfrontalen Cortex weniger modulierende Dopaminfasern vorhanden sind als bei normal aufgewachsenen Strauchratten (Braun et al. 2000).

Generell zeigt sich bei den Auswirkungen verschiedener genetischer Varianten für den Dopaminrezeptor eine *Gen-Umwelt-Interaktion*. So reagieren Kinder, die eine bestimmte Genvariante des Dopamin-D_4-Rezeptors besitzen, besonders stark auf die Feinfühligkeit der Mutter. Ist die Mutter wenig feinfühlig, so neigen die Kinder zu oppositionellem und aggressivem Verhalten. Reagiert die Mutter hingegen sehr feinfühlig, sind die Kinder ausgesprochen friedlich (Bakermans-Kranenburg und van IJzendoorn 2006, Abbildung 3.3). Dies stimmt mit der »Differential Susceptibility«-Hypothese von Jay Belsky (1997) überein, nach der bestimmte Kinder aufgrund ihres Temperaments oder ihrer genetischen Ausstattung für die Auswirkungen von positiven wie negativen Umwelteinflüssen empfindlicher sind als andere. Diese Kinder können mehr als andere von einer positiven Umwelt profitieren, werden aber auch öfter von schwierigen frühen Lebensbedingungen negativ beeinflusst.

3.2 Serotonin

Serotonin (5-Hydroxytryptamin, 5-HT) ist für verschiedene physiologische Systeme des Körpers von großer Bedeutung, etwa für den Blutkreislauf oder den Magen-Darm-Trakt. Dieser ist auch der mengenmäßig wichtigste Produktions- und Speicherort für Serotonin. Das dort produzierte Serotonin kann allerdings nicht die Blut-Hirn-Schranke überwinden. Das

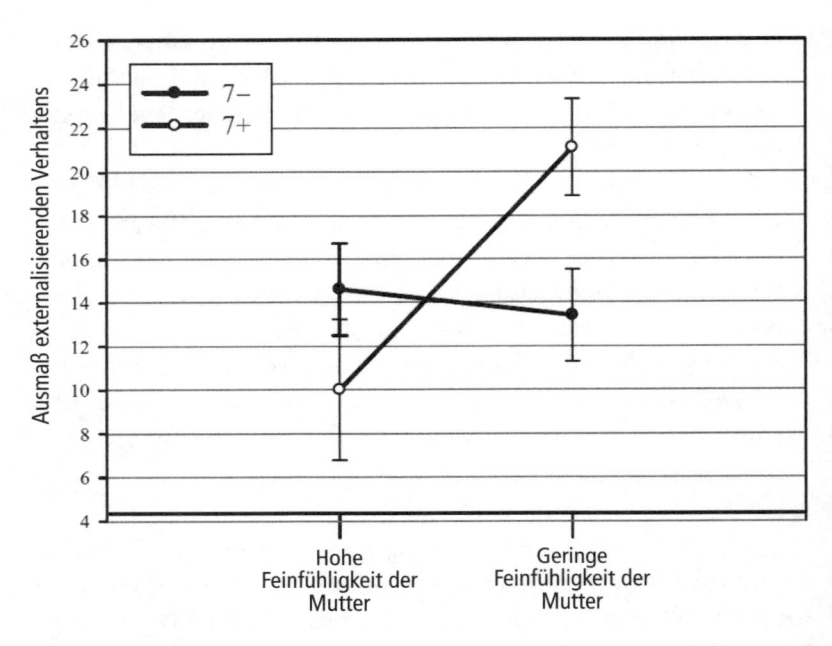

Abb. 3.3: *Beeinflussung des kindlichen Verhaltens durch Gene und Umwelt. Kinder, die eine bestimmte Genvariante des Dopamin-D_4-Rezeptors besitzen (hier als 7+ dargestellt), reagieren besonders empfindlich auf die Feinfühligkeit der Mutter. Ist die Mutter im Umgang mit den zehn Monate alten Kindern wenig feinfühlig, so neigen die Kinder im Alter von drei Jahren zu oppositionellem und aggressivem Verhalten (dargestellt sind die erreichten Punkte in einem Elternfragebogen). Reagiert die Mutter hingegen sehr feinfühlig, so weisen die Kinder ausgesprochen friedliches Verhalten auf. Kinder mit einer anderen Genvariante (7−) werden nicht in diesem Ausmaß von der mütterlichen Feinfühligkeit beeinflusst (verändert nach Bakermans-Kranenburg und van IJzendoorn 2006).*

im Gehirn vorhandene Serotonin wird in den Raphe-Kernen aus der Aminosäure Tryptophan synthetisiert, die mit der Nahrung aufgenommen wird.

Die vordersten dieser Kerne, der mediane und der dorsale Raphe-Kern, senden aufsteigende Projektionen zu Hypothalamus, Mittelhirndach, Striatum, Septum und Hippocampus, zur Amygdala und zu allen Teilen des limbischen Cortex. Dort modulieren sie »schnelle« Transmitterfunktionen von Glutamat und GABA, beeinflussen aber auch in entsprechenden Regionen (VTA, Substantia nigra, Locus coeruleus und

Septum/basales Vorderhirn) Nervenzellen, die andere Neuromodulatoren wie Dopamin, Noradrenalin oder Acetylcholin freisetzen. Diese wiederum beeinflussen die Freisetzung von Serotonin in den Raphe-Kernen. Es kommt auch häufig vor, dass Rezeptoren für diese unterschiedlichen Neuromodulatoren an ein und derselben Synapse vorhanden sind.

Im normalen wachen Zustand eines Individuums sind serotonerge Nervenzellen langsam und gleichmäßig aktiv. Stress, insbesondere solcher, der nicht vermieden werden kann, erhöht die Aktivität dieser Zellen und führt zu einer vermehrten Freisetzung von Serotonin in den Zielgebieten. Nach der Ausschüttung von Serotonin in den synaptischen Spalt ist der *Serotonintransporter* (SERT, auch 5-HTT genannt) für die Wiederaufnahme des Serotonins in die Präsynapse zuständig.

Serotonin beeinflusst eine Vielzahl psychischer Funktionen wie Stimmungen, Emotionen, Gedächtnis, Schlaf, Appetit und Temperaturregulation. Es sind mindestens 14 Serotoninrezeptoren bekannt, einschließlich zahlreicher Untertypen mit unterschiedlichen Wirkungen. Gut untersucht ist der 5-HT_{1A}-Rezeptor, der sich auf den serotonergen Zellen in den Raphe-Kernen selbst befindet und dort als »Autorezeptor« die Freisetzung des Serotonins *hemmt*. Daneben ist er als »Heterorezeptor« auf anderen Zellen in den Zielgebieten des Serotonins vorhanden, wobei die Bindung von Serotonin dort ebenfalls hemmend wirkt. Das Gegenteil gilt für den 5-HT_{2A}-Rezeptor. Hier *erregt* die Bindung von Serotonin die Zellen, auf denen sich der Rezeptor befindet.

Ob der *Gesamteffekt* des Serotonins erregend oder hemmend ist, hängt wie beim Dopamin aber davon ab, ob der Rezeptor auf glutamatergen Pyramidenzellen oder auf hemmenden Interneuronen angesiedelt ist. Befindet sich der erregende 5-HT_{2A}-Rezeptor nämlich auf hemmenden Interneuronen, so ist der Nettoeffekt eine Hemmung. Entsprechend ihrer gegensätzlichen Wirkung auf die Erregbarkeit von Zellen haben die verschiedenen Serotoninrezeptoren auch unterschiedliche Wirkungen auf andere neurochemische Systeme. Während etwa die Aktivierung des 5-HT_{2C}-Rezeptors die Dopaminfreisetzung hemmt, kann die Aktivierung des 5-HT_{2A}-Rezeptors diese fördern.

Im menschlichen Gehirn entstehen die ersten serotonergen Neuronen im embryonalen Alter von fünf Wochen und beginnen dann mit der Synthese von Serotonin. Die Serotoninsynthesefähigkeit ist bis ins Alter von fünf Jahren doppelt so hoch wie bei Erwachsenen, danach verringert sie sich. Bei autistischen Kindern dagegen steigt sie interessanterweise im Alter von zwei bis 15 Jahren noch an. Sobald sich die serotonergen Neurone gebildet haben, senden sie ihre Fortsätze in ihre Zielgebiete. Dort beeinflusst die Freisetzung von Serotonin nicht nur die *akute Erregbarkeit* der Zellen, sondern auch deren *Entwicklung*, etwa die neuronale Differenzierung oder die Ausbildung von Fortsätzen an den Zielzellen. Zudem können die serotonergen Zellen das Ausmaß modulieren, in dem die Fasern anderer Neuromodulatorsysteme, etwa des Dopaminsystems, in bestimmte Hirnbereiche einwachsen.

Serotonin hat einen starken Einfluss auf emotionale Zustände wie *Furcht* und *Angst*. Dabei hängt die Auswirkung der Serotoninausschüttung davon ab, welche Rezeptortypen in welchem Gehirngebiet aktiv sind, denn je nach Rezeptor wird Angst verstärkt oder vermindert (Holmes 2008). Es wurde vorgeschlagen, dass dies in unterschiedlichen emotionalen Zuständen begründet ist und Serotonin vorausschauende Furcht bzw. Angst *fördert*, Panik dagegen *hemmt*.

Aggressionen und Impulsivität werden ebenfalls vom Ausmaß der Serotoninfreisetzung beeinflusst. Eine *verringerte* serotonerge Aktivität geht allgemein mit *erhöhtem* impulsiv-aggressivem Verhalten einher, so dass es scheinen könnte, Serotonin hemme Aggressionen. Neuerdings vermutet man jedoch, dass die Wirkung des Serotonins auf Aggressivität davon abhängt, in welchem Maß eine *individuelle Neigung zu Aggressionen* ausgebildet ist. Wird männlichen Versuchspersonen Serotonin entzogen oder verabreicht, so hängt die Wirkung von den individuellen aggressiven Tendenzen ab. Männer mit einer *ausgeprägten* Neigung zu Aggressionen reagieren auf eine *Verminderung* von Serotonin mit erhöhter Aggressivität, Feindseligkeit und Streitsucht sowie einem verringerten Wohlgefühl, während eine *Erhöhung* bei diesen Menschen das Gegenteil bewirkt. Männer hingegen, die eine *geringe* Tendenz zu Aggressionen aufweisen, reagieren auf die Veränderungen der Serotoningabe *nicht* mit Veränderungen der Aggressivität. Es scheint also, dass Serotonin nicht generell die Aggression reduziert, sondern die *Impulsivität* hemmt, d.h. die Bereitschaft, latent vorhandene aggressive Tendenzen auszudrücken. Bei niedrigem Serotoninspiegel bricht sich dann die impulsive Aggression Bahn.

Impulsivität bezieht sich jedoch nicht nur auf aggressive Handlungen, sondern lässt sich auch beschreiben als Veranlagung zu schnellen, ungeplanten Reaktionen, deren mögliche negative Konsequenzen nicht bedacht werden. Es wird angenommen, dass Serotonin grundsätzlich für die *Hemmung* von Verhalten wichtig ist. Eine Verringerung der serotonergen Übertragung bewirkt hiernach, dass es manchen Menschen schwerer fällt, eine passive oder abwartende Haltung einzunehmen. Entsprechend könnte man Serotonin als Gegenspieler des Dopamins betrachten: Während Dopamin ein *appetitives* System darstellt, das eine Hinwendung zu positiven Reizen oder Ereignissen fördert, wirkt das Serotoninsystem als *aversives* System, das die Abwendung von negativen Reizen und damit ein *passives Verhalten* fördert (Daw et al. 2002).

Einen Aufschluss über die Funktion des Serotonins liefert auch ein Vergleich der Antworteigenschaften serotonerger und dopaminerger Neurone bei der Konfrontation mit Stress. Stresssituationen sind *kontrollierbar*, wenn ein Individuum imstande ist, sie mit einer aktiven Bewältigungsstrategie, z. B. Kampf oder Flucht, zu lösen. In einer solchen Situation ist im Nucleus accumbens die tonische Dopaminfreisetzung erhöht. Wenn hingegen Stressoren *unvermeidbar* oder *unkontrollierbar* sind, ist es manchmal besser, *gar nicht* oder *passiv* zu reagieren: Ein Tier stellt sich tot, ein Mensch ist »starr vor Angst« oder aufgrund von Schmerzen und Angst immobilisiert. In solchen Situationen und bei entsprechendem passiven Verhalten wird die tonische Dopaminfreisetzung verringert, und gleichzeitig nimmt die Freisetzung von Serotonin in vielen Bereichen des Vorderhirns zu. Eine *Verhaltenshemmung* ist die Folge.

Der Einfluss von Genen und Erfahrungen

Verschiedene *genetische* Varianten haben eine Bedeutung für die individuelle Entwicklung des Serotoninsystems. Am bekanntesten ist der Polymorphismus des *Serotonintransporter-Gens*. Eine bestimmte Region dieses Gens, Promotorregion genannt, dient dem An- und Abschalten der Genexpression, d. h., sie bestimmt, wann wie viel Transporterprotein synthetisiert wird. Diese Region kann nun in unterschiedlichen Formen vorliegen. Bei der S-Variante (»short«) ist sie gegenüber dem L-Allel (»long«) leicht verkürzt. Dies führt im Vergleich zur L-Variante zu einer *verringerten Synthese* des Transporterproteins und somit zu einer reduzierten Serotoninwiederaufnahme und einer verlängerten Wirkung des Serotonins im synaptischen Spalt (Canli und Lesch 2007, Abbildung 3.4).

Einer Reihe von Untersuchungen zufolge ist dieser Polymorphismus bedeutsam für die Entwicklung der *Persönlichkeit* und das Risiko, *psychische Erkrankungen* zu entwickeln. Das S-Allel steht danach im Zusammenhang mit angstbezogenen Persönlichkeitsmerkmalen, einer höheren Amygdala-Reaktivität auf bedrohliche Reize, einer Tendenz zu Depressionen und einer erhöhten Stressempfindlichkeit oder Reizbarkeit. Allerdings sind die Befunde nicht eindeutig, und es wird spekuliert, dass dieser Zusammenhang nur dann gegeben ist, wenn die genetische Variante an frühe

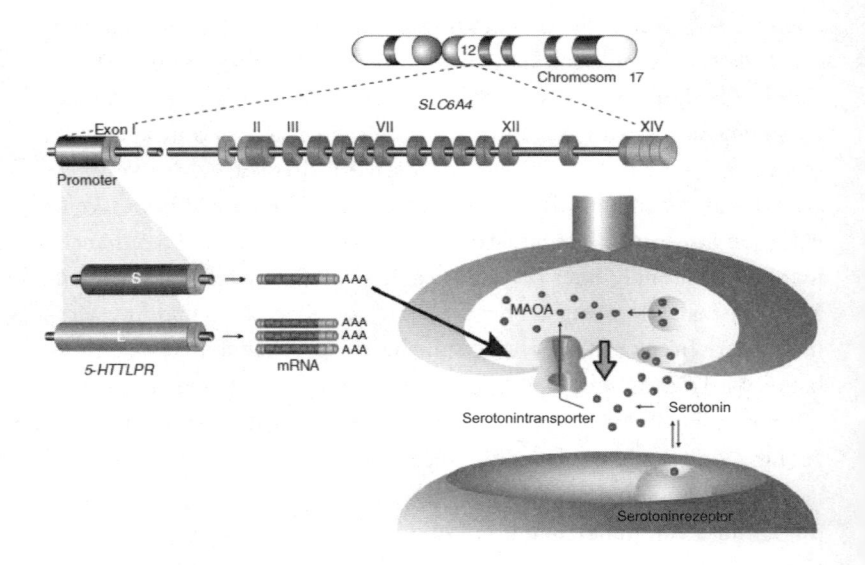

Abb. 3.4: *Einfluss des Serotonintranporter-Polymorphismus auf den Serotoninhaushalt. In einer für das An- und Abschalten der Genexpression wichtigen Region (Promoter) treten beim Gen für den Serotonintransporter (slc6a4) in einem bestimmten Bereich (der 5-HTT gene-linked polymorphic region, 5-HTTLPR) verschiedene Varianten auf. Die kurze Variante (das S-Allel, hier dunkelgrau) führt zu einer verringerten Transkription des Gens, zu einer reduzierten Serotoninwiederaufnahme und einer verlängerten Wirkung des Serotonins im synaptischen Spalt. Die lange Variante (das L-Allel, hier hellgrau) geht dagegen mit einer erhöhten Transkription und einer verminderten Wirkung des Serotonins im synaptischen Spalt einher (verändert nach Canli und Lesch 2007).*

oder erhebliche Stresserfahrungen gebunden ist, d. h., wenn eine Gen-Umwelt Interaktion auftritt (s. unten).

Polymorphismen von anderen Komponenten des 5-HT-Systems können ebenfalls serotonerge Funktionen und deren Auswirkungen auf die Psyche modulieren. Die Promotorregion des Gens für den $5\text{-}HT_{1A}$-*Rezeptor* kann beispielsweise in verschiedenen Varianten vorliegen und hierüber eine Tendenz zu übertriebener Ängstlichkeit oder zu Depressionen bewirken.

Negative *Umweltbedingungen* können die Entwicklung und Funktion des Serotoninsystems ebenfalls beeinflussen. Bei erwachsenen Nagern, die während ihrer Entwicklung von ihrer Mutter getrennt oder in sozialer Isolation aufwuchsen, stellte man im Hippocampus und im medialen präfrontalen Cortex eine geringere Serotoninkonzentration sowie Veränderungen in der Funktion der verschiedenen Serotoninrezeptoren und des Serotonintransporters fest. Auch ist dann das *Gleichgewicht* serotonerger und dopaminerger Fasern im medialen präfrontalen Cortex verändert (Braun et al. 2000), die ja gegensätzliche Funktionen haben.

Beim Menschen ist ebenfalls ein – wenngleich komplexer – Einfluss früher Erfahrungen auf das serotonerge System vorhanden. Früh misshandelte und depressive Kinder weisen eine *höhere* serotonerge Aktivität auf als nicht misshandelte Kinder, während bei Erwachsenen eine frühe Misshandlung an eine *verringerte* serotonerge Aktivität gebunden scheint.

Ob frühe traumatische Erfahrungen allerdings über eine Veränderung des Serotoninsystems die Entstehung psychischer Erkrankungen begünstigen, hängt von der oben angesprochenen Gen-Umwelt-Interaktion ab. Menschen mit mindestens einer S-Variante des Gens für den Serotonintransporter haben hiernach im Vergleich mit dem L/L-Genotyp (je ein L-Allel von der Mutter und vom Vater) mehr depressive Symptome und Selbstmordneigungen, wenn sie mehrfach erheblichen Stress erlebt haben, etwa im ersten Lebensjahrzehnt Misshandlungen ausgesetzt waren (Caspi et al. 2003). Kinder mit mindestens einem S-Allel, deren Mütter eine geringe Fürsorge zeigten, entwickeln mit höherer Wahrscheinlichkeit eine unsichere Bindung als andere Kinder. Bei Kindern mit dem L/L-Genotyp spielt die mütterliche Bereitschaft und Feinfühligkeit dagegen keine derart große Rolle.

Schon *vorgeburtliche* Erfahrungen können Auswirkungen auf das spätere Temperament und das Verhalten des Kindes haben; diese sind allerdings abhängig von der genetischen Ausstattung. Kinder mit zwei S-Allelen, deren Mütter während des dritten Drittels der Schwangerschaft starke Angstzustände hatten, sind selbst ängstlicher und neigen zu depressiven Symptomen, während dieselben Bedingungen bei Kindern mit dem L/L-Genotyp zu einer erhöhten Aggression und zu aggressivem Verhalten führen können. Zudem weisen jugendliche Träger des L/L-Genotyps, die unter ungünstigen soziökonomischen und psychosozialen Verhältnissen aufwachsen, vermehrt Gefühllosigkeit und Narzissmus auf – zwei Persönlichkeitsmerkmale, die zur Diagnose von Psychopathie gehören. Bei Individuen mit einem S-Allel ist dieser Zusammenhang hingegen nicht gegeben.

Ein Polymorphismus des Gens für die *Monoaminoxidase-A* (MAO-A), die für Abbau und Re-Synthese von Serotonin wichtig ist, kann ebenfalls in einer Gen-Umwelt-Interaktion langfristige Auswirkungen haben. Menschen mit einem solchen Polymorphismus bilden nach Misshandlungen im Kindesalter statistisch häufiger Verhaltensstörungen aus und zeigen eine erhöhte Tendenz zur antisozialen Persönlichkeit bzw. zu gewalttätiger Kriminalität im Erwachsenenalter (Caspi et al. 2002; Kim-Cohen et al. 2006). Bei ihnen tritt zudem eine stark erhöhte Antwort der Amygdala auf emotionale Stimuli und eine verminderte Antwort präfrontaler Regionen auf. Diese könnte für das bei Schwerkriminellen oft anzutreffende erhöhte Bedrohtheitsgefühl verantwortlich sein, das sich dann in *reaktiver Gewalt* äußert (vgl. Kapitel 7).

3.3 Noradrenalin

Noradrenalin ist wie Dopamin ein Catecholamin. Vom verwandten Adrenalin unterscheidet es sich durch das Fehlen einer Methylgruppe, wodurch es eine etwas andere Wirkung besitzt. Es wird von der Dopamin-β-Hydroxylase aus Dopamin synthetisiert und entweder als Hormon durch das Nebennierenmark in das Blut oder als Neuromodulator im Gehirn freigesetzt. Dort wird es vornehmlich von Neuronen des Locus coeruleus (LC) im Hirnstamm produziert. Ein einzelnes LC-Neuron projiziert in zahlreiche Hirngebiete und kann dort bis zu 100 000 Nervenendigungen haben.

In den Zielgebieten der noradrenergen Neuronen bindet das Noradrenalin an Rezeptoren der α- oder der β-Gruppe. Je nach Konzentration besetzt es hierbei unterschiedliche Rezeptoren. Ein wichtiger Wirkmechanismus des Noradrenalins ist die Verstärkung des *Signal-zu-Rausch-Verhältnisses* im Cortex und Hippocampus. Noradrenalin *senkt* die spontane Aktivität der dort vorhandenen Neuronen und *verstärkt* gleichzeitig die Antwort auf bestimmte Reize. Wenn irgendein Ereignis dem Gehirn für gegenwärtiges oder zukünftiges Verhalten wichtig erscheint, werden die noradrenergen Zellen aktiviert, und zwar unabhängig davon, ob das Ereignis positiv oder negativ ist – entscheidend ist nur die *Neuartigkeit*. Die Zellen antworten mit einer Reihe von Aktionspotenzialen, also mit einer sogenannten *phasischen Aktivierung*. Diese fördert fokussierte Aufmerksamkeit, so dass optimal auf den relevanten Reiz reagiert werden kann. Allerdings ist eine solch konzentrierte Beschäftigung nur in einem Zustand entspannter Wachsamkeit möglich, nicht aber in Momenten der Müdigkeit oder des Stresses.

Die Aktivität der noradrenergen Neuronen hängt vom allgemeinen Erregungszustand ab, denn unabhängig davon, ob gerade neue Reize vorhanden sind oder nicht, tritt eine gleichmäßige, *tonische* Aktivität der LC-Neuronen auf. Diese ist bei Schläfrigkeit gering, bei höheren Anforderungen dagegen hoch. Die *phasischen* Aktivitätsschübe sind den tonischen Entladungsraten aufgesetzt. Wie groß sie ausfallen, wird wiederum von der tonischen Aktivität bestimmt, denn bei Schläfrigkeit und entsprechend geringer tonischer Aktivität ist die phasische Antwort auf Sinnesreize gering. Das spiegelt sich bei Müdigkeit in einer verminderten Aufmerksamkeit wider. Bei mittlerer tonischer Aktivität ist die phasische Antwort auf sensorische Reize dagegen hoch, was eine fokussierte Aufmerksamkeit und eine konzentrierte Beschäftigung mit dem jeweiligen Reiz zur Folge hat (Valentino und van Bockstaele 2008, Abbildung 3.5).

Eine Erhöhung der tonischen Entladungsrate über dieses günstige Niveau hinaus, beispielsweise aufgrund von Stress, geht mit einem *Zustand erhöhter Erregung* einher. Dies macht eine konzentrierte Beschäftigung mit einem Reiz oder einer Aufgabe ebenfalls schwierig. Es kommt dann zu einer Loslösung von der gegenwärtigen Aufgabe und zu einem Zustand hoher Verhaltensflexibilität mit einer absuchenden Aufmerksamkeit – eine Antwort, die in einer stressreichen und herausfordernden Umwelt sehr zweckmäßig ist. Der Locus coeruleus kann über die beschriebene

Modulation der tonischen und phasischen Aktivität das Erregungsniveau und den Aufmerksamkeitsfokus den Anforderungen der jeweiligen Umwelt anpassen.

In einer Stresssituation verstärkt der Corticotropin-freisetzende Faktor (CRF) die Erregung der noradrenergen Zellen im Locus coeruleus. Dies bewirkt dort eine *hohe tonische Aktivität* und als Konsequenz eine erhöhte Noradrenalinfreisetzung in vielen Projektionsgebieten des LC, unter anderem im medialen präfrontalen Cortex, im Hippocampus und in der Amygdala (s. Abbildung 3.5). Insgesamt versetzt dies den Körper in Alarmbereitschaft und verhindert die Beschäftigung mit kognitiv anspruchsvollen Aufgaben. Zudem werden *Erinnerungen* an bedrohliche Situationen gespeichert. Noradrenalin fördert dadurch nicht nur das Überleben während einer akuten Krise, sondern ist auch an der Vorbereitung auf zukünftige Gefahren beteiligt. Allerdings kann es im Falle lebensbedrohlicher Ereignisse aufgrund einer massiven Einwirkung von Noradrenalin auf die Amygdala auch zu einer *Überkonsolidierung* traumatischer Erinnerungen bzw. deren langanhaltenden Speicherung kommen, wie sie für die posttraumatische Belastungsstörung typisch ist (vgl. Kapitel 7).

Im Gegensatz zur Amygdala wird der präfrontale Cortex in einer Stresssituation durch die Noradrenalinwirkung *gehemmt*. Eine schnelle automatisierte Reaktion wird so im Dienste des Überlebens in bedrohlichen Situationen anstelle einer komplexeren Antwort begünstigt. Hier hat das Noradrenalinsystem des Gehirns dieselbe Wirkung wie das sympathische Nervensystem im restlichen Körper, indem es zu einer schnellen Reaktion unter Stress befähigt – Nachdenken und Grübeln werden abgeschaltet! Dies kann bei hohem Stress zu dem sprichwörtlich »kopflosen« Verhalten führen.

Ist der Stress *beendet*, so binden endogene Opioide an ihre Rezeptoren im Locus coeruleus und verlagern das Aktivitätsmuster hin zu einer *geringen tonischen Aktivität* (s. Abbildung 3.5). In einem normalen aufmerksamen Wachzustand, d.h. in Abwesenheit von bedrohlichem Stress, kann zudem der PFC über seine Verbindungen zu Neuronen des LC deren Aktivität regulieren.

Geringe tonische Aktivität
Geringe phasische Aktivität
⇨ verminderte Aufmerksamkeit, Müdigkeit

Mittlere tonische Aktivität
Hohe phasische Aktivität
⇨ fokussierte Aufmerksamkeit, konzentrierte Aufgabenbewältigung

Hohe tonische Aktivität
Geringe phasische Aktivität
⇨ absuchende Aufmerksamkeit, erhöhte Erregung, keine konzentrierte Aufgabenbewältigung möglich

Aktivität der Zellen im Locus coeruleus

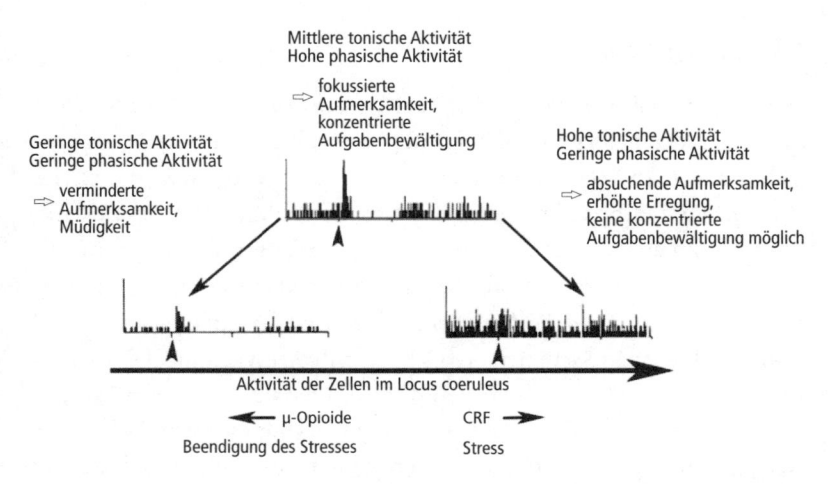

◄— µ-Opioide   CRF —►
Beendigung des Stresses   Stress

Abb. 3.5: Beeinflussung von Aufmerksamkeit und Verhalten durch tonische und phasische Aktivität der Zellen im Locus coeruleus. In diesen drei kleinen Diagrammen ist die Aktivität (y-Achsen) von noradrenergen Zellen des Locus coeruleus im Verlauf der Zeit (x-Achsen) dargestellt. Die kleinen Pfeilspitzen unterhalb der drei Diagramme zeigen die Antwort auf einen sensorischen Reiz an. Ist die tonische Aktivität der noradrenergen Zellen gering, dann ist auch die phasische Antwort auf einen Reiz der Umwelt gering. Dies ist verbunden mit Müdigkeit und einer verringerten Aufmerksamkeit gegenüber der Umwelt (linkes Diagramm). Bei einem optimalen mittleren Niveau der tonischen Aktivität ist die phasische Antwort auf Umweltreize hoch. Dies geht mit einer fokussierten Aufmerksamkeit und einer konzentrierten Aufgabenbewältigung einher (mittleres Diagramm). Eine Erhöhung der tonischen Aktivität über dieses optimale Niveau hinaus führt zu einem Verlust der phasischen Antwort auf sensorische Reize. Dieser Zustand stellt eine Anpassung an starken Stress dar und ist mit einer erhöhten Erregung, einer absuchenden Aufmerksamkeit und einem hochflexiblen Verhalten verbunden (rechtes Diagramm). Das Stresspeptid CRF erhöht die tonische Entladung und verschiebt den noradrenergen Aktivitätsmodus in Richtung des rechten Diagramms. Ist der Stress beendet, wirken endogene Opioide an µ-Rezeptoren im Locus coeruleus und fördern eine Verschiebung in Richtung des linken Diagramms (verändert nach Valentino und van Bockstaele 2008).

3.4 Acetylcholin

Acetylcholin wirkt im *peripheren* Nervensystem als *Neurotransmitter*. Dort wird es an der neuromuskulären Endplatte von der Nervenzelle freigesetzt, bindet an sogenannte nicotinische Acetylcholinrezeptoren der Muskelzelle und bewirkt hierdurch deren Kontraktion. Im *Gehirn* wirkt Acetylcholin überwiegend *neuromodulatorisch* und beeinflusst über nicotinische ebenso wie muscarinische Rezeptoren die Freisetzung anderer Neurotransmitter oder die Antwort der Gehirnzellen auf diese.

In verschiedenen Systemen des Gehirns tritt Acetylcholin als *Neuromodulator* auf. Hierzu gehören vornehmlich das basale Vorderhirn/Septum und die Habenula im Epithalamus. Zwar gibt es nur eine vergleichsweise geringe Zahl sogenannter »cholinerger« Zellen, diese senden jedoch ihre Fortsätze in fast alle Hirnbereiche. Zudem sind im Striatum cholinerge Interneurone vorhanden, die aber nur lokale Wirkung haben. Nicotinische Rezeptoren im Gehirn werden durch inhaliertes Nikotin aktiviert und haben mit der Suchterzeugung des Nikotins zu tun.

Eine Hauptwirkung des Acetylcholins betrifft die Erzeugung selektiver Aufmerksamkeit und eine Förderung von Lernen und Gedächtnis einschließlich des Arbeitsgedächtnisses, und zwar über Fasern des Nucleus basalis zum Cortex und des Septums zum Hippocampus.

> Der Einfluss von Acetylcholin ist im Elektroenzephalogramm (EEG, s. Kapitel 6 und 9) sichtbar. Hier löst Acetylcholin schnelle Frequenzen aus, die mit einer erhöhten Wachsamkeit einhergehen. Substanzen mit einer *blockierenden* Wirkung auf die Acetylcholinrezeptoren bewirken dagegen das Auftreten langsamer Frequenzen und eine *verminderte* Wachsamkeit. Situationen, in denen neuartige und bedeutungshafte (belohnende oder bedrohliche) Reize *aufmerksam* analysiert werden müssen, führen zu einer Aktivierung des Acetylcholinsystems. Das Erleben von unkontrollierbarem Stress führt ebenfalls zu einer verstärkten Freisetzung von Acetylcholin im Hippocampus oder präfrontalen Cortex, nicht aber im Nucleus accumbens oder in der Amygdala.
>
> Darüber hinaus senden cholinerge Zellen des Hirnstamms ihre Fortsätze zum Thalamus oder zu den dopaminergen Zellen des Mittelhirns und beeinflussen den Grad der Erregbarkeit und der Aktivierung (z. B. Schlaf-Wach-Zyklus). Werden dort bestimmte Zellgruppen geschädigt oder Anästhetika mit einer blockierenden Wirkung

auf die cholinergen Rezeptoren verabreicht, so kommt es zu einem Koma – das *Bewusstsein* verschwindet.

Möglicherweise verlängert das Acetylcholin die neuronale Repräsentation von Umweltreizen. Acetylcholin – so wird angenommen – bewirkt, dass die Aufmerksamkeit *fortgesetzt* auf solche Reize ausgerichtet bleibt, die gerade im *Fokus* stehen, indem der Einfluss ablenkender Reize verringert wird (Hasselmo und Sarter 2011). Es erhöht die Aktivität der Zellen, die das Objekt im Fokus der Aufmerksamkeit abbilden, und verstärkt deren Einbindung in synchron aktive Neuronenverbände (s. Kapitel 6). Bedeutsame Reize können hierdurch effizient repräsentiert werden. Entsprechend scheint Acetylcholin daran beteiligt zu sein, ein Verhalten, das den aktuellen Umweltbedingungen angepasst ist, zu *verstärken*, während Antworten auf Reize, die keine unmittelbare Handlung erfordern, *vermindert* werden.

Entsprechend dieser Funktion wurde auch eine Wirkung von Acetylcholin auf das mesolimbische Dopaminsystem gefunden. Reize, die mit Belohnung assoziiert sind, aktivieren eine bestimmte Gruppe cholinerger Zellen, die ihrerseits die dopaminergen Zellen stimulieren. Dadurch könnte die Dopaminfreisetzung als Reaktion auf hervorstehende Umweltreize erhöht werden. Diese neurobiologische Feineinstellung fördert womöglich die Anbindung wichtiger Belohnungsereignisse an entsprechende Hinweise der Umgebung und hierdurch belohnungsorientiertes Verhalten.

Einfluss von Genen und Erfahrungen

Ein Zusammenhang der *genetischen Ausprägung* des cholinergen Systems mit individuellen Eigenschaften wurde vor allem hinsichtlich des Risikos für das Auftreten einer Aufmerksamkeitsdefizit-Hyperaktivitätsstörung (ADHS) gezeigt. Diese Störung wurde mit einer bestimmten genetischen Variante des Cholin-Transporters in Verbindung gebracht, der das Cholin für die Synthese von Acetylcholin in die Zelle transportiert. Ein Einfluss von *frühem Stress* wurde für die Entwicklung des cholinergen Systems ebenfalls nachgewiesen. Wir haben erwähnt, dass Acetylcholin die Aktivität der Zellen im präfrontalen Cortex beeinflusst und hierdurch exekutive Funktionen wie Arbeitsgedächtnis, Aufmerksamkeit, zielgerichtete Handlungssteuerung usw. beeinflusst. Exekutive Funktionen entwickeln sich in vollem Ausmaß erst in der späten Jugend oder im jungen Erwachsenenalter. Zu dieser Zeit treten gewöhnlich Veränderungen im cholinergen System auf: In den Zellen wird Kalzium freigesetzt, das die Wirkung des Acetylcholins auf die muscarinischen Rezeptoren verstärkt. Früher Stress kann diese Entwicklung behindern und über diesen Mechanismus möglicherweise die Ausreifung der exekutiven Funktionen langfristig beeinträchtigen. Weiterhin wurde ein Einfluss *vorgeburtlichen* Stresses auf die Entwicklung des cholinergen Systems nachgewiesen. Mütterlicher Stress während der Schwangerschaft führt hiernach im Tiermodell zu einer veränderten Ausbildung der Bindungsstellen für das Acetylcholin im Hippocampus.

3.5 Endogene Opioide

Opioide sind Neuropeptide mit einer opiat-ähnlichen Wirkung. Das *endogene*, d.h. hirneigene *Opioidsystem* besteht aus den Opioid-Peptiden und ihren Bindungsstellen. Die bekannteste Wirkung der endogenen Opioide ist eine Minderung oder Aufhebung der Schmerzempfindung, *Analgesie* genannt.

Drei Hauptklassen endogener Opioid-Peptide sind bekannt, die Endorphine (z.B. β-Endorphin), die Enkephaline und die Dynorphine. Ferner wurden zwei weitere endogene Peptide gefunden, die an einen Opiatrezeptor binden, nämlich Endomorphin-1 und -2. Die Opioide werden von verschiedenen Zellgruppen sowohl im Gehirn, z.B. in der Hypophyse, als auch anderswo im Körper freigesetzt. Ihre Wirkung im Gehirn wird von drei Rezeptorgruppen vermittelt. Dabei binden die μ(Mu)-Rezeptoren die Endorphine, die δ(Delta)-Rezeptoren vor allem die Enkephaline, und die κ(Kappa)-Rezeptoren unter anderem die Dynorphine. Diese Opioidrezeptoren befinden sich überwiegend im Cortex, im limbischen System sowie im Hirnstamm.

Im Zuge der Analgesie können Opioide Schmerzen einerseits *direkt* reduzieren, indem sie etwa auf Neuronen im Rückenmark einwirken und deren Aktivierung nachgeschalteter Hirnzentren vermindern, die mit Schmerzverarbeitung zu tun haben. Hierzu gehören das zentrale Höhlengrau und die serotonergen Raphe-Kerne, die auch für die schmerzhemmende Wirkung von Morphium oder Opiaten mitverantwortlich sind. Zum anderen können die Opioide über eine *indirekte* Wirkung die Schmerz*wahrnehmung* und die begleitenden Gefühle im somatosensorischen Cortex sowie in limbischen Hirnbereichen, insbesondere im insulären und anterioren cingulären Cortex unterdrücken. Dort binden die Opioide unter anderem an µ-Rezeptoren.

Die schmerzhemmende Wirkung erstreckt sich nicht nur auf körperlichen, sondern auch auf *seelischen* Schmerz, etwa bei sozialer Ablehnung und Ausgrenzung. Es wird vermutet, dass die Aktivierung der µ-Rezeptoren eine *schützende* Wirkung hat. Die endogenen Opioide fördern offenbar durch ihre Bindung an diese Rezeptoren das Wohlgefühl eines Individuums in seiner sozialen Umwelt (Hsu et al. 2013). Untersuchungen zeigen zudem, dass es schmerzlindernd ist, das Bild des Partners zu betrachten. Dem könnte eine Aktivierung der µ-Rezeptoren zugrunde liegen.

Eine besondere Rolle spielen die Opioide im *Belohnungssystem*. Dieses besteht aus unterschiedlichen, teilweise jedoch überlappenden Systemen. Zum einen ermöglicht es die Erfahrung von Freude, das *Mögen* (»liking«), zum anderen die beschriebene Motivation, die Belohnung zu erhalten, das *Wollen* (»wanting«). Ebenfalls dem Belohnungssystem zugerechnet wird das belohnungsbezogene Lernen. Während Dopamin das *Wollen* vermittelt, sind es die endogenen Opioide, die das *Mögen* im Gehirn begleiten. Dies geschieht allerdings nur dann, wenn sie an ihre Rezeptoren in ganz bestimmten Bereichen in der Schalenregion des Nucleus accumbens (s. Kapitel 2) oder im ventralen Pallidum binden. In vielen anderen Bereichen des Nucleus accumbens unterstützen die Opioide ebenso wie das Dopamin das *Wollen* von Belohnungen und hierüber das motivgesteuerte Verhalten (Berridge und Kringelbach 2013).

Die µ-Rezeptoren im Nucleus accumbens vermitteln auch die belohnende Wirkung *sozialer Interaktionen*. Diese Rezeptoren werden z. B. durch ß-Endorphin stimuliert, damit soziale Interaktionen attraktiv erscheinen. Eine Dysfunktion dieses Rezeptors scheint den Störungen sozialen Verhaltens etwa bei Autismus, Schizophrenie oder Persönlichkeitsstörungen zugrunde zu liegen (s. unten). Ebenso könnte Traurigkeit mit einer verringerten Bindung der endogenen Opioide an µ-Rezeptoren im anterioren cingulären Cortex, im ventralen Pallidum und in der Amygdala zusammenhängen. Eine solche *Deaktivierung* im µ-Opioidsystem scheint die Grundlage negativer emotionaler Gefühle zu sein.

Demgegenüber kann die *Aktivierung* der µ-Rezeptoren positive emotionale Wirkungen haben, denn die Bindung der Opioide an diese Rezeptoren trägt dazu bei, die emotionale Reaktivität und die Antworten des Gehirns auf affektive und stressreiche Reize zu *dämpfen*. Furcht gegenüber bedrohlichen Reizen, aber auch Angstreaktionen bei einer Trennung von Mutter und Kind werden hierdurch *unterdrückt*. Werden dagegen in einer Versuchsperson *positive* Emotionen ausgelöst, so geht dies mit einer höheren Aktivität der Opioide in verschiedenen Bereichen des limbischen Systems wie etwa der Amygdala einher.

Der estnisch-amerikanische Neurobiologe Jaak Panksepp und seine Mitarbeiter und Kollegen haben in diesem Zusammenhang die sogenannte Brain Opioid Theory of Social Attachment entwickelt. Dabei wird angenommen, dass Opioide eine wesentliche Grundlage für den Aufbau und Erhalt sozialer Bindungen bilden. Zahlreiche Studien deuten an, dass sie im Kontext sozialer Kontakte freigesetzt werden; sie könnten hierbei den belohnenden Wert sozialer Zugehörigkeit vermitteln (Panksepp et al. 1980; Nelson und Panksepp 1998). Aus diesen Experimenten folgert man, dass unter Bedingungen geringer Opioidfreisetzung (etwa aufgrund einer individuell geringen Freisetzung) das Bedürfnis nach sozialer Nähe *erhöht ist* und ein Individuum motiviert wird, soziale Kontakte zu suchen. Eine *hohe* Opioidwirkung kann dagegen die sozialen Bedürfnisse abschwächen.

Die wohl wichtigste soziale Bindung ist die zwischen *Mutter und Kind* (vgl. Kapitel 4). Sind Mutter und Kind kurzfristig voneinander getrennt, so äußern Säugetiere einschließlich des Menschen durch Vokalisationen ihren Unmut über die Abwesenheit der Mutter. Säuglinge und Kleinkinder schreien oder rufen nach ihrer Mutter, wenn sie zu lange von ihr getrennt sind. Die Wiedervereinigung der beiden führt in der Regel zu einem positiven emotionalen Zustand und zu verstärkten »affiliativen« Verhaltensweisen wie Anklammern oder lautliche und physische Liebkosungen. Hierbei zeigt sich, dass sowohl die Stresslaute des Kindes in Abwesenheit der Mutter als auch das beiderseitige affiliative Verhalten nach der Wiedervereinigung *gehemmt* werden, wenn die Opioidrezeptoren experimentell *aktiviert* werden. *Blockiert* man hingegen die Opioidrezeptoren, so führt dies zu *verstärktem* Bindungsverhalten: Primatenkinder suchen dann vermehrt die Nähe der Mutter und rufen nach ihr. Selbst in Anwesenheit der Mutter treten dann Stressvokalisationen auf.

Die Opioide sind interessanterweise eine Voraussetzung dafür, dass Säugetiere ihre *eigene Mutter* anderen Müttern vorziehen. Werden die Rezeptoren experimentell blockiert, so ist diese normale Vorliebe nicht mehr gegeben, und das Tier sucht Trost und Sicherheit bei *irgendeinem* Muttertier. Diese bindungsfördernde Wirkung ist nicht auf die Mutter-Kind-Bindung beschränkt, vielmehr spielen Opioide auch eine Rolle bei der *Partnerbindung*, wie an einer monogam lebenden Wühlmausart (Präriewühlmaus) gezeigt wurde (was durch die Weltpresse ging!).

Normalerweise ziehen diese Tiere bei einer Paarung den bekannten Partner einem Fremden vor. Werden aber deren µ-Rezeptoren im dorsalen Striatum blockiert, so paaren sich die weiblichen Tiere ebenso häufig mit einem Fremden wie mit einem bekannten Partner.

Dieser Befund hat die Autoren der Studie veranlasst, die untersuchte monogame Spezies mit einer ähnlichen, aber nicht monogam lebenden Spezies zu vergleichen. Sie konnten zeigen, dass die monogam lebende Art in vielen Bereichen des Vorderhirns eine wesentlich höhere Dichte an µ-Rezeptoren hat als die promiskuitiv lebende Spezies. Die hohe Rezeptordichte könnte wesentlich an den Unterschieden im sozialen Bindungsverhalten beteiligt sein. Entsprechende Untersuchungen an der Spezies *Homo sapiens* stehen bedauerlicherweise noch aus.

Der Einfluss von Genen und Erfahrungen

Auch im Opioid-System können *genetische* Polymorphismen die individuelle Funktionsweise der jeweiligen Systeme beeinflussen. Dies ist für den Polymorphismus des Gens für den µ-Rezeptor der Fall. Hier haben Träger des G-Allels häufig andere Eigenschaften als Träger zweier A-Allele. Das G-Allel kommt häufiger bei Frauen als bei Männern vor und ist besonders im asiatischen Raum verbreitet. Entsprechend der genannten Wirkung von Opioiden auf seelischen Schmerz sind Menschen mit diesem Allel nicht nur besonders sensibel gegenüber körperlichem Schmerz, sondern reagieren auch empfindlicher auf soziale Ablehnung als andere. Sie sind grundsätzlich interessierter an sozialen Interaktionen als Individuen mit einer anderen Genvariante und tendieren seltener als andere zu vermeidendem Bindungsverhalten (s. Kapitel 4). Stattdessen zeigen sie häufig ein ängstliches Bindungsverhalten, indem sie den engen Kontakt zu anderen zwar sehr wünschen, dabei aber zugleich fürchten, verletzt zu werden.

Selbst Affenkinder mit einem G-Allel eines vergleichbaren Polymorphismus weisen in der Mutter-Kind-Interaktion ein Verhalten auf, dass dem Verhalten von Kindern ähnelt, deren Bindung zur Mutter in der »Fremden Situation« nach Ainsworth (vgl. Kapitel 4) als unsicher-ambivalent klassifiziert wurde.

In einer *Gen-Umwelt-Interaktion* beeinflusst die individuelle Funktionsweise der Opioidrezeptoren zudem, welchen Einfluss Umwelterfahrungen haben. Träger des G-Allels des oben beschriebenen Polymorphismus haben im Vergleich zum A/A-Genotyp zwar grundsätzlich eine größere Tendenz zu einem ängstlichen Bindungsstil, allerdings wird ihr Bindungsstil nicht so sehr durch die Umwelt beeinflusst. Die Individuen mit einem A/A-Genotyp sind *anfälliger* gegenüber den Auswirkungen früher Erfahrungen. Dies gilt im Guten wie im Schlechten: Wenn sie als Kinder eine *hohe* mütterliche Fürsorge erhalten haben, dann ist bei ihnen das Risiko, einen ängstlichen Bindungsstil zu entwickeln, sehr gering. Haben sie dagegen eine *geringe* mütterliche Fürsorge erlebt, dann ist dieses Risiko besonders groß, und zwar noch größer als bei den Individuen mit dem G-Allel.

3.6 Oxytocin

Die Freisetzung von *Oxytocin* wird von den unterschiedlichsten physiologischen Reizen ausgelöst. Dazu gehören die Geburt eines Kindes, das Saugen an der mütterlichen Brust, sexuelle Aktivität, Berührungen der Haut, verschiedene Formen von Stress sowie positive und negative soziale Interaktionen (Neumann und Landgraf 2012). Sie ist zudem stark erfahrungsabhängig und kann z.B. durch bloße Erinnerungen an positive soziale Kontakte ausgelöst werden.

Oxytocin wird vornehmlich von Neuronen im *Nucleus paraventricularis* und in geringerem Umfang im *Nucleus supraopticus* des Hypothalamus gebildet (s. vorheriges Kapitel). Über deren Fortsätze gelangt es zur Hypophyse und von dort in den Blutkreislauf des Körpers. Oxytocin ist über seine Wirkung an den peripheren, d.h. außerhalb des Gehirns angesiedelten Bindungsstellen wichtig für den Geburtsvorgang und die Milchsekretion, hat aber über seine Wirkung im Gehirn auch viele psychische Effekte.

Im Gehirn wird Oxytocin in die Gehirn-Rückenmarksflüssigkeit (den Hirnliquor) abgegeben und kann über diesen Weg verschiedene Hirnbereiche gleichzeitig erreichen. Es wird vermutet, dass dieser Freisetzungsweg die Wirkung des Oxytocins und somit einen bestimmten Verhaltenszustand über eine längere Zeit aufrechterhält. Einige Fortsätze der Oxytocin-produzierenden Zellen des Hypothalamus erreichen aber auch auf direktem Weg limbische Areale des Gehirns und beeinflussen hierüber das emotionale Erleben und das Verhalten (Knobloch et al. 2012). Beim Menschen sind Oxytocinrezeptoren vor allem in der Amygdala, im anterioren cingulären Cortex, in dem für die Acetylcholinproduktion wichtigen basalen Vorderhirn bzw. Septum, in den Basalganglien und der Substantia nigra zu finden. Oxytocin und verschiedene andere Neuromodulatoren beeinflussen sich gegenseitig. So fördert Oxytocin die Serotoninfreisetzung. Umgekehrt wird auch die Oxytocinsynthese und -freisetzung durch Serotonin verstärkt (für eine Übersicht s. Emiliano et al. 2007).

Zu den wichtigsten psychischen Wirkungen des Oxytocins gehört die Beeinflussung mütterlichen Verhaltens über die Aktivierung von Oxytocinrezeptoren im Gehirn. Ein solches Verhalten kann – wenngleich nur kurzfristig – durch ein Oxytocin-haltiges Nasenspray beeinflusst werden. Ein Effekt einer intranasalen Verabreichung betrifft die positive Reaktion auf das Schreien eines Säuglings: Nach der Oxytocingabe wird die neuronale Aktivität in Hirngebieten, die eher auf aversive Reize ansprechen, reduziert, während empathierelevante Hirnbereiche aktiviert werden. Untersuchungen an Nagern zeigen, dass Oxytocin vor allem dazu führt, dass von Anfang an ein positives Verhältnis zum Neugeborenen aufgebaut werden kann und der Säugling nicht etwa abgelehnt wird. Oxytocin fördert danach das Einsetzen mütterlichen Fürsorgeverhaltens und nicht so sehr dessen Aufrechterhaltung.

Beim Menschen gibt es allerdings Hinweise auf eine langfristige Wirkung. So wurde in verschiedenen Untersuchungen ein Zusammenhang von Oxytocin und Bindungssicherheit gefunden (z.B. Buchheim et al. 2009, vgl. Kapitel 4). Im Verlauf der ersten Monate nach der Geburt eines Kindes erhöht sich die Oxytocinkonzentration im elterlichen Blut, und zwar abhängig davon, wie fürsorglich die Eltern mit ihren Kindern umgehen. Eine hohe Oxytocinkonzentration steht bei der Mutter in enger Beziehung mit einem herzlichen Sprechen mit dem Kind (der sogenannten

Ammensprache) und dem Ausdruck positiver Gefühle sowie mit liebevollen Berührungen. Die väterliche Oxytocinkonzentration ist dagegen an stimulierendes Verhalten, etwa Berührungen oder das Zeigen von Objekten gebunden.

Im Verlauf einer solch liebevollen Interaktion zwischen Elternteil und Kind steigt der Oxytocinspiegel im Speichel erheblich an. Besonders deutlich wird dieser Zusammenhang, wenn der Säugling Stress erlebt und die Zuwendung seiner Mutter mehr als sonst benötigt. Je *höher* hierbei die Oxytocinantwort der Mutter, desto *länger* richtet sie ihren Blick auf ihren Säugling. Mütter mit einer eher geringen oder durchschnittlichen Oxytocinantwort schauen dagegen im Verlauf des kindlichen Stresses immer weniger auf ihre Babys. Der Oxytocinspiegel steigt im Verlauf der Interaktion zwischen Eltern und Kind *auch beim Kind* an (Abbildung 3.6). Interessant ist zudem, dass die Oxytocinwerte von einzelnen Elternteilen und ihrem eigenen Kind sowohl vor als auch nach der Interaktion *korreliert* sind, d. h., Eltern, die hohe Oxytocinkonzentrationen aufweisen, haben Kinder mit ebenfalls hohen Oxytocinwerten. Hier scheint die individuelle Funktionsweise des Oxytocinsystems von einer Generation auf die nächste übertragen zu werden (Feldman et al. 2010). Diese Korrelation wird auch deutlich, wenn Väter *intranasal* Oxytocin erhalten. Dies führt nicht nur dazu, dass sich die Väter liebevoller und aufmerksamer mit ihren Babys beschäftigen, sondern erhöht auch beim Baby die Oxytocinkonzentration im Speichel und dessen Aufmerksamkeit auf die soziale Situation (Abbildung 3.7).

Oxytocin hat einen hemmenden Einfluss auf die Cortisolfreisetzung (Neumann et al. 2000). Dieser Effekt wird deutlich, wenn Kinder mit einer sozialen Stresssituation konfrontiert werden. Sowohl körperlicher Trost als auch der telefonische Kontakt mit der Mutter bewirken in der Stresssituation eine hohe Oxytocinkonzentration und eine verminderte Cortisolfreisetzung. Kinder, die mit der sozialen Stresssituation allein zurechtkommen müssen, reagieren mit einer geringen Oxytocin- und einer hohen Cortisolfreisetzung (Seltzer et al. 2010, Abbildung 3.8). Es scheint, dass warmherziges mütterliches Verhalten ebenso wie die liebevolle Stimulation des Kindes durch den Vater die Freisetzung von Oxytocin bei den Nachkommen erhöhen und hierdurch die Ausschüttung von Stresshormonen reduzieren kann.

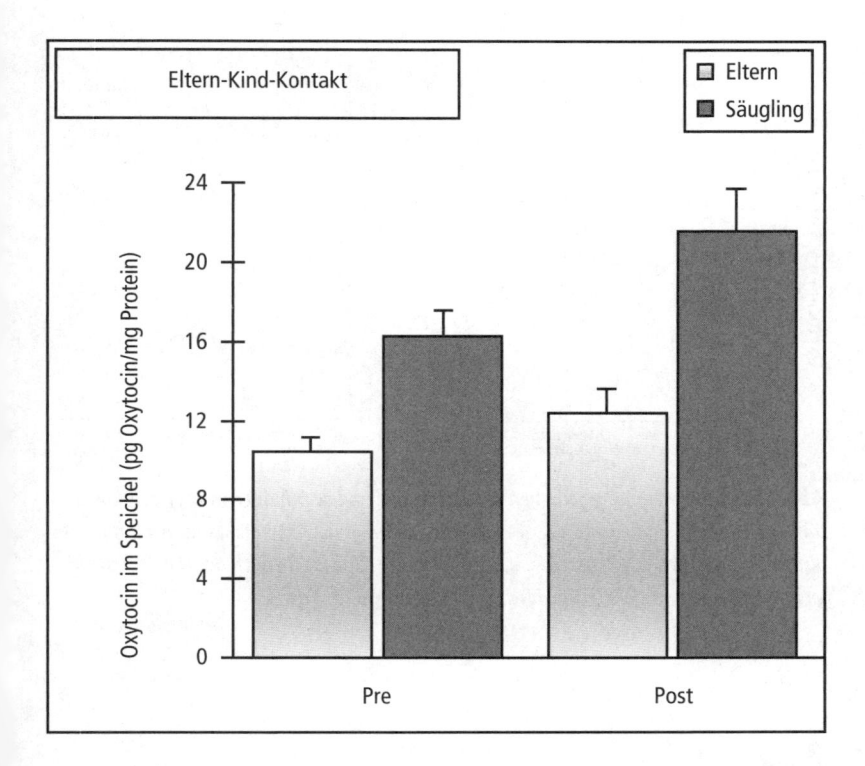

Abb. 3.6: *Eltern-Kind-Kontakt führt zu einer Erhöhung der Oxytocinkonzentration. Im Verlauf einer Eltern-Kind-Interaktion steigt die Oxytocinkonzentration sowohl bei den Eltern als auch beim Säugling von geringeren Werten vor der Interaktion (»Pre«) hin zu höheren Werten nach dem Miteinander (»Post«) (verändert nach Feldman et al. 2010).*

Diese hemmende Wirkung des Oxytocins auf das Stresssystem tritt auch in späteren Jahren auf. So reduziert eine Verabreichung von Oxytocin per Nasenspray bei Erwachsenen die Streitlust und erhöht die positive Kommunikation. Ebenso wird die Aktivität des *sympathischen Nervensystems*, das überwiegend für schnelle stressbedingte Kampf- oder Fluchtreaktionen zuständig ist, durch Oxytocin *gehemmt*, während die überwiegend schützenden und erhaltenden Funktionen des *parasympathischen Nervensystems* durch Oxytocin *gefördert* werden. Auf der Verhaltensebene weisen Personen mit einer höheren Aktivität des parasympathischen Systems eine stärkere Tendenz zu positiven Emotionen und einen Sinn für Verbundenheit auf (für eine Übersicht s. Carter 2014).

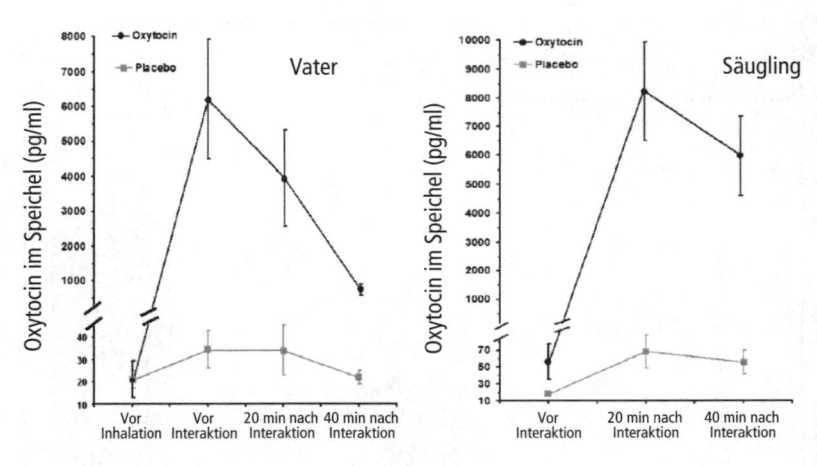

Abb. 3.7: Zusammenhang zwischen der väterlichen und der kindlichen Oxytocinkonzentration. Erhält ein Vater intranasal Oxytocin, so steigt die Oxytocinkonzentration nicht nur im Speichel des Vaters sondern auch in dem des Kindes erheblich an. Ein Placebomittel hat nicht diesen Effekt (verändert nach Weisman et al. 2012).

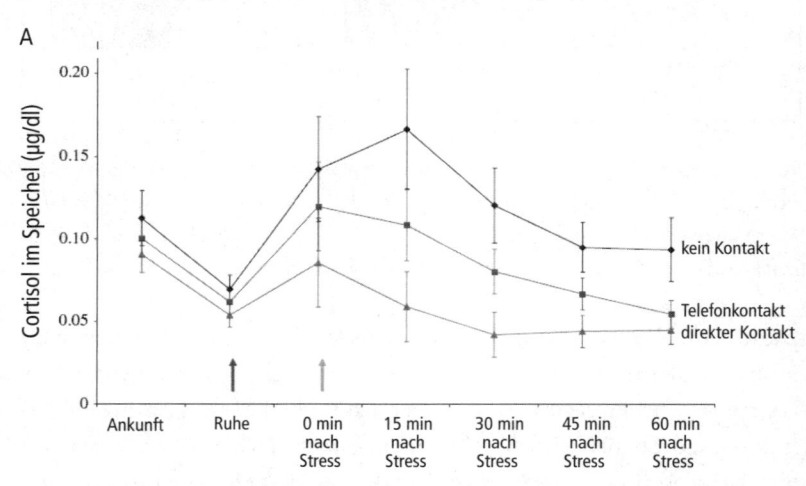

Abb. 3.8: Mütterlicher Kontakt fördert die Oxytocinfreisetzung und reduziert die Cortisolkonzentration. (a) Darstellung der Cortisolkonzentration im Speichel von Kindern, die in einer sozialen Stresssituation – sie mussten vor Zuhörern reden und Rechenaufgaben lösen – entweder direkten Kontakt mit der Mutter (Dreiecke), telefonischen Kontakt mit der Mutter (Quadrate) oder keinen Kontakt (Rauten) hatten. Der dunkle Pfeil markiert den Beginn des Stresses, der helle Pfeil kennzeichnet den Beginn des mütterlichen Kontaktes (verändert nach Seltzer et al., 2010).

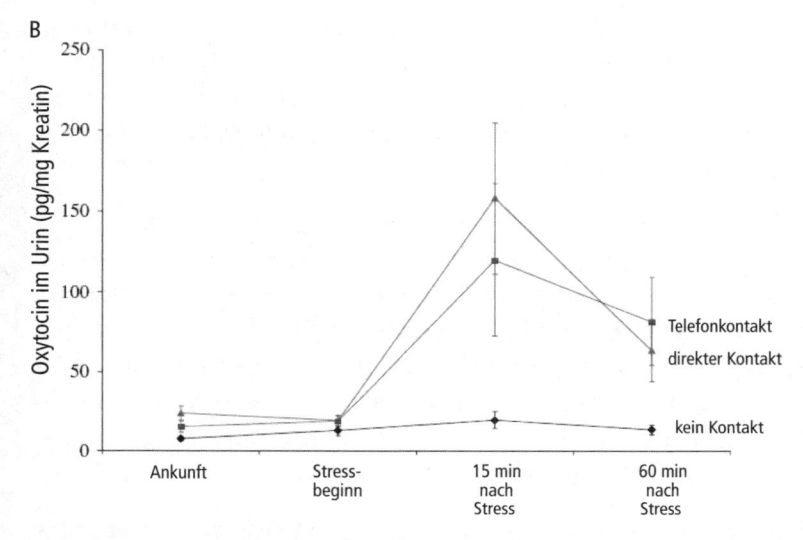

Abb. 3.8 (Fortsetzung): *(b) Darstellung der Oxytocinkonzentration im Urin von Kindern, die in einer Stresssituation entweder direkten Kontakt mit der Mutter (Dreiecke), telefonischen Kontakt mit der Mutter (Quadrate) oder keinen Kontakt (Rauten) hatten. Es zeigte sich, dass Kinder, die mit dem Erlebnis allein umgehen mussten, eine geringe Oxytocinkonzentration sowie eine hohe Cortisolkonzentration aufwiesen, während der direkte oder indirekte mütterliche Kontakt mit einer hohen Oxytocinfreisetzung sowie einer verringerten Cortisolfreisetzung einherging (verändert nach Seltzer et al. 2010).*

Über die Eltern-Kind-Bindung und die Paarbindung hinaus hat Oxytocin einen allgemein förderlichen Effekt auf prosoziales Verhalten, Einfühlungsvermögen, Vertrauen und Empathie, auch wenn dieser Effekt komplizierter zu sein scheint als in der Öffentlichkeit dargestellt und unter anderem abhängig ist vom Geschlecht, von frühen Erfahrungen und von psychischen Erkrankungen. Auch ist Oxytocin kein Glücks- und Liebeshormon per se, denn es kann auch *schlechte* Eigenschaften wie Neid und Schadenfreude verstärken, eventuell über die Steigerung von Aufmerksamkeit gegenüber sozialen Signalen.

Ebenso erweist sich die Interaktion zwischen der Ausschüttung von Oxytocin und Furcht- bzw. Angstzuständen als ziemlich kompliziert. Diese Interaktion schließt vornehmlich Aktivitäten der Amygdala ein. Wie geschildert, löst die zentrale Amygdala über Projektionsneurone zum Hirnstamm Furchtreaktionen aus, die von GABAergen Interneuronen gehemmt werden können. Die Ausschüttung von Oxytocin in der zentralen Amygdala verstärkt nun diese Hemmung, und zwar insbesondere in Situationen mit sozialer Bedeutung. Infolgedessen verringern sich hierdurch bei Männern negative Gefühle gegenüber wütenden Gesichtern.

Interessanterweise hat Oxytocin bei Frauen einen gegenteiligen Effekt, denn bei ihnen wird die Amygdala-Antwort auf bedrohliche Szenen durch Oxytocin *verstärkt*, allerdings ohne das subjektive Gefühl der Angst zu erhöhen. Es könnte sein, dass dieser Effekt mit dem mütterlichen Fürsorgeverhalten und dem damit zusammenhängenden Verteidigungsverhalten zu tun hat. Untersuchungen an Ratten zeigen einen engen Zusammenhang zwischen bemutternd-schützendem Verhalten gegenüber ihren Nachkommen sowie hoher Aggression gegenüber Eindringlingen einerseits und einem hohen Oxytocinspiegel andererseits.

Oxytocinforscher aus Mannheim und Freiburg stellten zusammenfassend fest, dass Oxytocin das Erkennen emotionaler Hinweise verbessert und die Bereitschaft fördert, Risiken bezüglich kooperativen und vertrauensvollen Verhaltens einzugehen. Hierdurch wird die Motivation erhöht, sich an sozialen Interaktionen zu beteiligen (Meyer-Lindenberg et al. 2011). Oxytocin könnte grundsätzlich die Bedeutung sozialer Signale verstärken. Hierdurch könnten soziale Emotionen und Verhaltensweisen aller Art gefördert werden wie etwa Vertrauen und Aufgeschlossenheit gegenüber angenehmen Sozialkontakten, Verteidigungsverhalten bei Angriffen auf die Kinder und allgemein elterliches Verhalten.

Der Einfluss von Genen und Erfahrungen
Wie zu erwarten, beeinflusst die individuelle *genetische Ausstattung* eines Menschen die Funktionsweise seines Oxytocinsystems und hierüber sein Verhalten. Eine bestimmte Variante des Gens für den Oxytocinrezeptor (das sogenannte A-Allel des rs53576 Polymorphismus) geht mit einer *geringeren* Ausprägung von Prosozialität, Empathie, Vertrauen, positivem Affekt, Optimismus, Beherrschung und Selbstwertgefühl einher. Träger dieses Allels zeigen zudem eine größere Stressempfindlichkeit und haben Schwierigkeiten, Menschen vor einem Geräuschhintergrund zu verstehen. Personen mit einem A/A-Genotyp profitieren *nicht* so sehr von einer Unterstützung durch den Partner, und ihre Stressantwort wird nicht

durch die soziale Unterstützung reduziert. Grundsätzlich scheinen Menschen mit einem A/A-Genotyp weniger dazu zu neigen, in Stresssituationen soziale Unterstützung zu suchen. Personen mit dem G-Allel profitieren dagegen in einer Stresssituation gut von einer sozialen Unterstützung durch den Partner. Sie weisen nur eine geringe subjektive Stressempfindlichkeit und eine geringe Cortisolfreisetzung als Antwort auf den Stress auf.

Die genetische Ausprägung beeinflusst hiernach die Effektivität positiver sozialer Interaktion als Schutzmechanismus vor stressreichen Erfahrungen. *Mütterliches* Verhalten wird ebenfalls durch diese Genvariante beeinflusst, denn Mütter mit einem A-Allel reagieren oft weniger einfühlsam auf ihr Kleinkind als Mütter mit dem anderen Genotyp. Sie scheinen weniger empfindlich für Botschaften des Babys zu sein, zumindest beantworten sie dessen Schreien mit einer geringeren physiologischen Reaktivität. Für *antisozial-psychopathisches* Verhalten, ausgeprägt aggressive oder auch unempathische Verhaltensweisen wurde ebenfalls ein Zusammenhang mit Polymorphismen des Oxytocinrezeptors nachgewiesen.

Darüber hinaus können *Erfahrungen* den Oxytocinhaushalt langfristig beeinflussen, insbesondere frühkindliche positive und negative Erfahrungen mütterlicher Fürsorge. Eine hohe mütterliche Fürsorge kann hiernach bei den Nachkommen eine *erhöhte Oxytocinfunktion* auslösen, ebenso wie eine *verminderte* mütterliche Fürsorge die Funktionsweise des Oxytocinsystems langfristig *verringert* (Winslow et al. 2003).

Allerdings gibt es hier eine sensible Periode, denn viele Kinder, die früh vernachlässigt wurden, aber bereits einige Jahre behütet in einer Adoptivfamilie leben, reagieren im Gegensatz zu anderen Kindern auf körperlichen Kontakt mit ihrer Mutter *nicht* mit einer erhöhten Oxytocinfreisetzung.

Offenbar beeinträchtigt die frühe Vernachlässigung deutlich die normale Entwicklung des Oxytocinsystems. Normalerweise bietet der körperliche Kontakt mit vertrauten Erwachsenen dem Kind Schutz; er spendet Trost und beruhigt das Kind. Im Gehirn des vernachlässigten Kindes scheint dies aber nicht zu funktionieren. Allerdings gibt es Kinder, die trotz einer frühen Vernachlässigung eine durchaus normale Oxytocinfunktion besitzen. Sie haben aufgrund ihrer genetischen Ausstattung und zusätzlicher positiver Umweltbedingungen wie einer »Ersatzmutter« in der näheren Umgebung eine ausreichende Widerstandskraft (*Resilienz*) entwickelt. Eine erfahrungsbedingt verringerte Oxytocinfunktion ist auch im *Erwachsenenalter* noch nachweisbar. Frauen, die während ihrer Kindheit missbraucht wurden, neigen ebenfalls zu einer verringerten Oxytocinkonzentration im Hirnliquor (Heim et al. 2009, Abbildung 3.9). Der spätere Umgang mit *Stress* kann ebenfalls durch das erfahrungsabhängige Ausmaß der Oxytocinfunktion beeinflusst werden. Wie beschrieben, kann Oxytocin die Freisetzung des Stresshormons Cortisol hemmen, und entsprechend können frühe negative Erfahrungen, z.B. eine frühe Trennung von den Eltern, diese Fähigkeit des Oxytocins langfristig reduzieren. Die frühe traumatische Erfahrung scheint deshalb mit einer erhöhten Stressempfindlichkeit einherzugehen.

Der Einfluss früher Erfahrungen auf das Oxytocinsystem scheint zudem eine Veränderung in der Ausbildung der Oxytocinrezeptoren zu be-

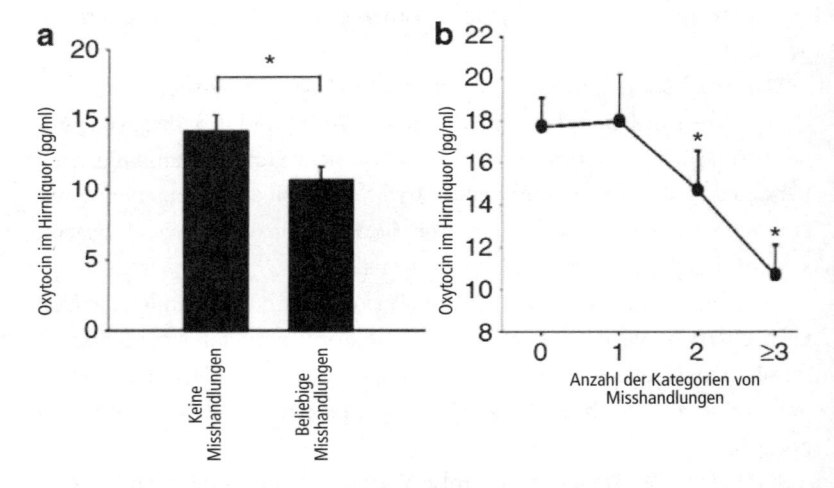

Abb. 3.9: *Abhängigkeit des Oxytocinhaushalts von frühen Erfahrungen. (a) Frauen, die während ihrer Kindheit Misshandlungen erlebt hatten, wiesen im Erwachsenenalter eine signifikant verringerte Oxytocinkonzentration im Hirnliquor gegenüber Frauen ohne Misshandlungserfahrungen auf. (b) Je größer die Anzahl erlebter Kategorien von Misshandlungen (z.B. emotionaler, physischer und sexueller Missbrauch, physische oder emotionale Vernachlässigung), desto ausgeprägter war die Verminderung der Oxytocinkonzentration (verändert nach Heim et al. 2009).*

inhalten (z. B. Branchi et al. 2013) und hierüber auch die *Wirkung* des Oxytocins vermindern zu können. Die frühe Kindheit stellt offenbar eine Periode dar, innerhalb der Oxytocin selbst die Anzahl seiner Bindungsstellen beeinflusst und hierdurch die Unterschiede in späterem Verhalten langfristig festlegt.

> Die Möglichkeit, Oxytocin intranasal zu verabreichen, wurde euphorisch aufgenommen. Jedoch werden nicht alle Menschen gleichermaßen dadurch beeinflusst. Vielmehr können frühe negative Erfahrungen die positiven neurobiologischen und verhaltensrelevanten Auswirkungen (z. B. erhöhtes prosoziales Verhalten) einer solchen Verabreichung abschwächen. Es ist wahrscheinlich, dass die frühen negativen Erfahrungen zu Veränderungen in der Funktionsweise des *Oxytocinrezeptors* geführt haben und diese eine verringerte Sensitivität gegenüber intranasalem Oxytocin nach sich ziehen.

Möglicherweise tritt auch im Oxytocinsystem eine *Gen-Umwelt-Interaktion* auf. Das G-Allel des Oxytocinrezeptor-Polymorphismus könnte eine genetische Variante darstellen, die eine *Anfälligkeit* für die Auswirkungen von Umwelteinflüssen bewirkt. Im Vergleich zu Trägern des A-Allels haben Individuen mit einem G/G-Genotyp ein *größeres* Risiko, infolge eines Kindesmissbrauchs emotionale Fehlregulationen und eine desorganisierte Bindungsrepräsentation zu entwickeln. Das A-Allel könnte hingegen eine *Resilienz* gegenüber den Auswirkungen früher negativer Erfahrungen hervorbringen (Abbildung 3.10).

3.7 Vasopressin

Vasopressin (auch als Arginin-Vasopressin oder antidiuretisches Hormon bezeichnet), wird ebenso wie Oxytocin von Neuronen im Nucleus paraventricularis und Nucleus supraopticus des Hypothalamus produziert, allerdings von anderen Zellen, und gelangt über die Hypophyse in den Blutstrom.

> Drei verschiedene Rezeptorarten, V_{1a}, V_{1b} und V_2 genannt, werden durch Vasopressin *aktiviert*. Vor allem der V_{1a}-Rezeptor wird im Gehirn ausgebildet und findet sich vornehmlich im Cortex, in den Basalganglien und in der Amygdala. Oxytocin und Vasopressin können auch die Rezeptoren des jeweils anderen Peptids aktivieren. In-

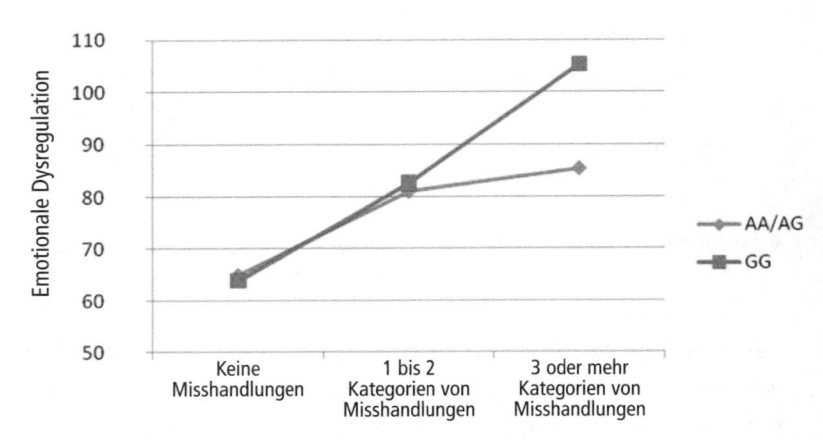

Abb. 3.10: *Interaktion von Genvarianten des Oxytocinrezeptors mit frühen Erfahrungen. In einer großen Stichprobe afroamerikanischer Personen, die einen geringen sozioökonomischen Status hatten und häufig traumatische Erfahrungen aufwiesen, kann die Kombination von Anzahl von Misshandlungskategorien und Variante des Oxytocinrezeptor-Gens das Risiko beeinflussen, eine emotionale Dysregulation (dargestellt anhand erzielter Punkte in einem Fragebogen) zu entwickeln. Entsprechend sind insbesondere Träger des G/G-Genotyps gefährdet, infolge früher negativer Erfahrungen eine emotionale Dysregulation zu entwickeln, wenn sie mehrere Kategorien von Misshandlungen erlebt haben (verändert nach Bradley et al. 2011).*

nerhalb eines limbischen Areals sind Vasopressin- und Oxytocinrezeptoren häufig in einem komplementären Muster angeordnet. So befinden sich die Oxytocinrezeptoren in lateralen Bereichen der zentralen Amygdala, die Vasopressinrezeptoren eher in medialen Bereichen.

Vasopressin wird wie Oxytocin in stressreichen und sozialen Situationen freigesetzt. Im Gegensatz zu Oxytocin, das in der Regel eine angst- und stresslösende Wirkung hat, *verstärkt* Vasopressin jedoch ängstliches Verhalten. Auf das Stresssystem wirkt Vasopressin ebenfalls antagonistisch zu Oxytocin, erhöht die Aufmerksamkeit gegenüber Umweltreizen und die Tätigkeit des sympathischen Nervensystems (Kampf- oder Flucht) und verringert die Aktivität des parasympathischen Nervensystems (Ruhe und Verdauung). Eine solche gegensätzliche Wirkung von Vasopressin und Oxytocin wird auch im Cortisolsystem deutlich, indem Oxytocin die Cortisolproduktion *hemmt*, während Vasopressin sie anregt. Vasopressin *potenziert* die Wirkung des Corticotropin-freisetzenden Faktors (CRF) auf die Freisetzung von adrenocorticotropem Hormon (ACTH) und verhindert eine Gewöhnung an den Stress.

Vasopressin – als Nasenspray verabreicht – steigert bei Männern den Eindruck der *Bedrohlichkeit* fremder Gesichter. Bei Frauen hingegen führt die intranasale Verabreichung von Vasopressin dazu, dass *Fürsorglichkeit und Freundlichkeit* in die Gesichter hineininterpretiert wird. Hier wird deutlich, dass auch Vasopressin wie Oxytocin auf beide Geschlechter unterschiedlich wirkt. In einer interaktiven Spielsituation verstärkt Vasopressin bei Männern die Kooperation mit anderen, während dieses Verhalten bei Frauen nicht gefördert wird.

Sowohl Oxytocin als auch Vasopressin scheinen die soziale Wiedererkennung zu fördern. Es wird angenommen, dass Oxytocin eher für den *Erwerb* von Erinnerungen zuständig ist, während Vasopressin die *Konsolidierung* dieser Gedächtnisinhalte vermittelt. Bindungsprozesse, und zwar sowohl die Paarbindung als auch die enge Beziehung der Eltern zu ihrem Kind, werden ebenfalls sowohl durch Oxytocin als auch durch Vasopressin verstärkt.

Der Einfluss von Genen und Erfahrungen

Verschiedene *Polymorphismen* des Vasopressinrezeptor-Gens können die Wirkung von Vasopressin und hierüber das Verhalten beeinflussen. Eine bestimmte Genvariante des V1a-Rezeptors beeinflusst das Ausmaß altruistischen Verhaltens in einer Glücksspielsituation. Ein anderes Allel dieses Polymorphismus scheint mit dem Erfolg oder Misserfolg partnerschaftlicher Beziehungen in Zusammenhang zu stehen, denn männliche Träger des sogenannten 334-Allels berichten häufiger als andere, ihre Ehe laufe nicht gut und sei häufig von Krisen geplagt. Die Ehefrauen dieser Männer sind weniger zufrieden mit ihrer Ehe als andere. Zudem werden die Ehen dieser Personen mit einer größeren Wahrscheinlichkeit geschieden (für eine Übersicht s. Heinrichs et al. 2009). Persönlichkeitseigenschaften wie die Vermeidung von Gefahren (*harm avoidance*) sowie die Lust auf Neues (*novelty seeking*) werden ebenso von der individuellen genetischen Variante des Vasopressinrezeptors beeinflusst wie die Aktivität der Amygdala. Sie kann zudem das Risiko beeinflussen, an Depressionen zu erkranken.

Ebenso wie Oxytocin wird auch die Funktionsweise des Vasopressinsystems durch frühe *Erfahrungen* beeinflusst. Wir haben bereits erwähnt, dass eine frühe Vernachlässigung von Kindern in deren späterem Leben eine verringerte Oxytocinfreisetzung als Antwort auf den körperlichen Kontakt mit der Mutter mit sich bringt. Die *basale* Freisetzung von *Vasopressin* ist bei diesen früh vernachlässigten Kindern ebenfalls verringert. Durch frühe Erfahrungen wird jedoch auch die Reaktion des Vasopressinsystems auf Stress moduliert.

Werden männliche Rattenjungen in den ersten zwei Wochen nach der Geburt jeden Tag drei Stunden von ihrer Mutter getrennt, so reagieren die Tiere mit einer höheren Vasopressinsynthese auf eine soziale Stresssituation. Die erwachsenen Tiere fallen zudem durch eine erhöhte Aggressivität gegenüber ihren gleichgeschlechtlichen Artgenossen auf, wenn diese ihr Revier bedrohen, und sie besitzen mehr Vasopressinrezeptoren im Hypothalamus.

3.8 Glucocorticoide

Glucocorticoide, beim Menschen vornehmlich das *Cortisol*, werden in der Nebennierenrinde gebildet. Sie sind ein Teil des Stressverarbeitungssystems: In einer bedrohlichen Situation erfolgt eine *schnelle Stressantwort*, die neben der Aktivierung des sympathischen Nervensystems eine Freisetzung von Noradrenalin und CRF umfasst und den Körper in die Lage versetzt, sekundenschnell auf die Bedrohung zu reagieren. In einer zweiten, *langsameren* Reaktion werden zusätzliche Energien mobilisiert, und die erste Stressreaktion wird gedämpft. Diese zweite Reaktion wird von den Glucocorticoiden bzw. Cortisol als Endprodukt der Hypothalamus-Hypophysen-Nebennierenrinden-Achse, kurz »HPA-Achse« oder »Stress-Achse« genannt, vermittelt (Abbildung 3.11). Da eine Vielzahl von Studien die Bedeutung dieses Stresshormons für die Persönlichkeit, für den Einfluss früher Erfahrungen auf die Psyche sowie für die Entstehung psychischer Erkrankungen nachgewiesen hat, wollen wir dieses Stresshormon gesondert vorstellen.

Die Wirkung der Glucocorticoide wird von zwei Arten von Rezeptoren vermittelt, dem *Glucocorticoidrezeptor* (GR) und dem *Mineralocorticoidrezeptor* (MR).

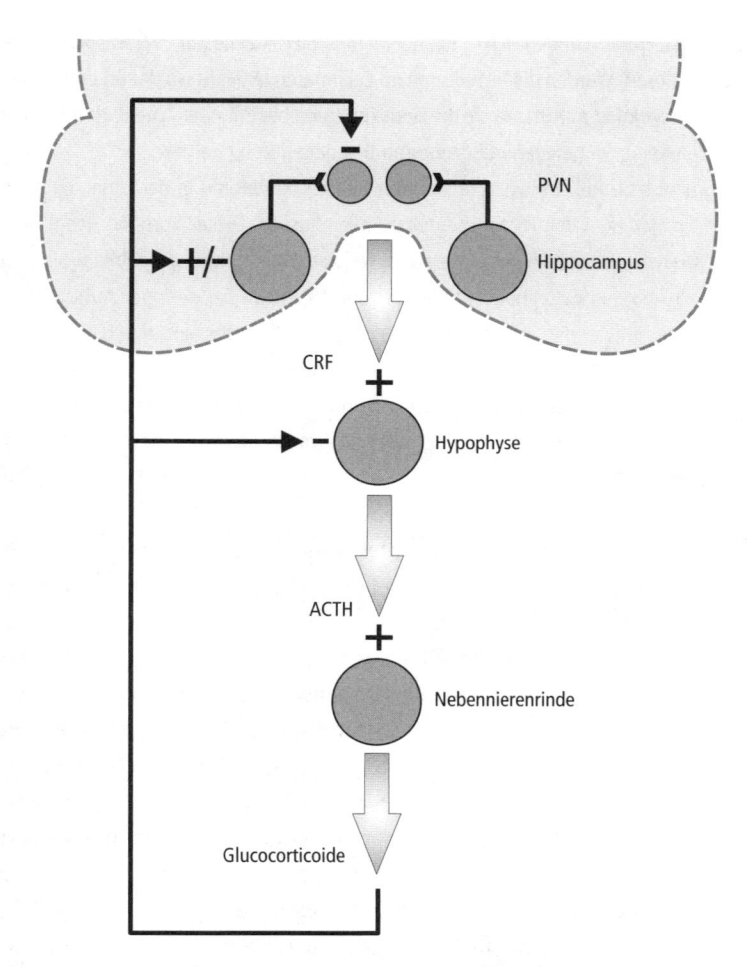

Abb. 3.11: Die Hypothalamus-Hypophysen-Nebennierenrinden-Achse (HPA-Achse). Die HPA-Achse hat zwar auch in Situationen der Ruhe ein charakteristisches Aktivitätsmuster, ist aber vor allem in Gegenwart starker oder vorerst unkontrollierbarer Stressoren hochaktiv. Der Nucleus paraventricularis (PVN) des Hypothalamus gibt hierbei den Corticotropin-freisetzenden Faktor (CRF) ab, der über das sogenannte portale Kapillarsystem zum Hypophysenvorderlappen gelangt und dort die Ausschüttung des adrenocorticotropen Hormons (ACTH) bewirkt. Dieses erreicht über die Blutbahn die Rinde der Nebennieren und führt dort in den folgenden Minuten zu einer Synthese und Freisetzung von Glucocorticoidhormonen, die über den Kreislauf in den Körper und nach Überwindung der Blut-Hirn-Schranke ins Gehirn gelangen. Hierdurch werden nicht nur Energien mobilisiert, sondern es wird über ein negatives Feedback auch die Stressreaktion selbst gehemmt.

Beide Rezeptoren finden sich entweder im Inneren der Zelle (im *Cytosol*) oder an der Zellmembran. Werden die Rezeptoren im Zellinneren aktiviert, so dauert es Stunden, bis eine Wirkung auftritt, da sie die Genexpression beeinflussen. Die Wirkung der an der Zellmembran gelegenen Rezeptoren tritt dagegen schnell ein.

Glucocorticoide sind wie die anderen Neuromodulatoren in der Lage, die *generelle Erregbarkeit* von Hirnstrukturen zu beeinflussen. Dieser Vorgang hängt allerdings davon ab, welche Rezeptoren in welcher Hirnstruktur ausgebildet sind. So werden Neurone des Hippocampus oder der Amygdala bei *geringer* Ausschüttung durch die Aktivierung von MR erregt, bei *höherer* Ausschüttung durch die Aktivierung von GR jedoch gehemmt. Da die verschiedenen Rezeptoren von unterschiedlichen Konzentrationen aktiviert werden, können Glucocorticoide mit zunehmender Freisetzung beispielsweise in der Amygdala zunächst eine Aktivierung und dann eine Hemmung bewirken.

Glucocorticoide werden sowohl unter Ruhebedingungen (d.h. basal) als auch innerhalb einer Stressreaktion ausgeschüttet. Die *basale* und damit nicht-stressbedingte Freisetzung folgt einem tageszeitlichen Rhythmus, bei dem die Freisetzung während des Schlafes zunächst gering ist, sich vor dem Aufwachen erhöht und in den Morgenstunden einen Aktivitätsgipfel zeigt. Dies koordiniert und synchronisiert die täglichen Aktivitäten und schlafgebundenen Ereignisse (Joels et al. 2008). Die Ausschüttung der Glucocorticoide erfolgt hierbei in Schüben. Der Morgen beginnt üblicherweise mit einem großen Freisetzungsschub, der sogenannten Cortisol-Aufwach-Reaktion (*cortisol-awakening response* – CAR). Im Verlauf des Tages folgen mehrere und zunehmend kleinere Pulse (Abbildung 3.12). Die erhöhte frühmorgendliche Cortisolkonzentration kann viele Funktionen haben, nämlich Energiespeicher mobilisieren (etwa durch den Abbau von Glykogen zu Glucose), den Appetit auf Kohlenhydrate stimulieren sowie Erkundungs- und Lernverhalten anregen. Die CAR ist bei verschiedenen Menschen aufgrund genetischer Faktoren und individueller Erfahrungen unterschiedlich ausgeprägt und wird als *Index* für die basale Aktivität der HPA-Achse verwendet.

Stress löst die *zusätzliche* Freisetzung einer großen Menge von Glucocorticoiden aus. Dies mobilisiert gespeicherte Energie und beeinflusst Gedächtnisleistungen und stressbezogenes Verhalten. Eine weitere wesentliche Funktion der Glucocorticoide besteht darin, über eine Feedback-

Uhrzeit

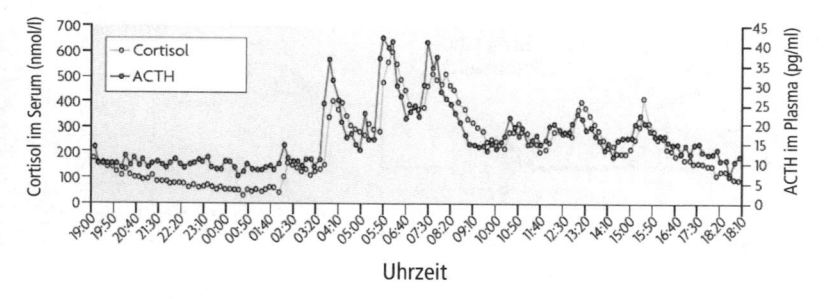

Abb. 3.12: Zeitliches Profil der basalen Freisetzung von ACTH und Cortisol. In Abwesenheit von Stress ist die Freisetzung der Stresshormone während der inaktiven Phase der Nacht gering. In Erwartung des Erwachens steigt sie an und nimmt im Verlauf des Tages wieder ab. Sowohl ACTH als auch Cortisol werden in Schüben freigesetzt, wobei die Pulse am frühen Morgen besonders groß sind (verändert nach Lightman und Conway-Campbell 2010).

hemmung die HPA-Achse, aber auch die schnelle Stressreaktion zu hemmen und dadurch eine *Überreaktion* der körperlichen Antwort auf Stress zu verhindern.

Dieses negative Feedback verläuft über die Bindung der Glucocorticoide an die MR und GR. Dies kann zum einen *direkt* über eine Bindung der Glucocorticoide an GR in Hypothalamus oder Hypophyse erfolgen, aber auch *indirekt*, indem Glucocorticoide über eine Bindung an GR und MR den Hippocampus in seinem Einfluss auf die HPA-Achse regulieren (Abbildung 3.13). Die Stärke dieses Einflusses wird durch die Anzahl der Bindungsstellen vorgegeben und ist individuell unterschiedlich. Wenn eine Person besonders *viele* GR im Hippocampus aufweist, so wird dieser besonders stark durch Glucocorticoide gehemmt, und dies wiederum mindert seine hemmende Wirkung auf die HPA-Achse. Der Netto-Effekt ist dann eine *Enthemmung* bzw. *Erhöhung* der Aktivität der HPA-Achse. Umgekehrt kann eine besonders *geringe* Anzahl an GR im Hippocampus eine *verringerte* Aktivität der HPA-Achse zur Folge haben (für eine ausführliche Darstellung s. Strüber et al. 2014, Abbildung 3.14).

Die HPA-Achse wird vornehmlich dann aktiviert, wenn eine ausgeprägte und anhaltende Mobilisation körperlicher und psychologischer Ressourcen erforderlich ist. *Sozial riskante Ereignisse* wie ein Vortrag vor einem kritischen Publikum lösen beispielsweise eine hohe HPA-Aktivierung aus, ebenso wie Familienkonflikte, soziale Ablehnung und Trennung. Bei

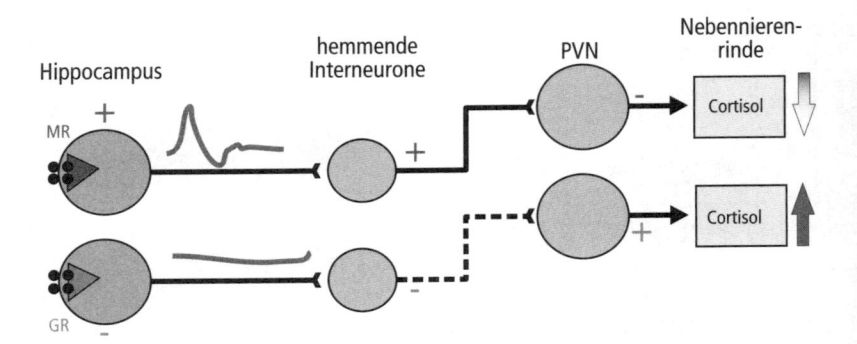

Abb. 3.13: *Indirekte Feedbackregulation der HPA-Achse. Im Hippocampus werden Glucocorticoide (schwarze Punkte) freigesetzt und binden an Mineralocorticoidrezeptoren (MR) und Glucocorticoidrezeptoren (GR) der dortigen Neuronen. Eine Aktivierung der MR führt zu einer Erregung hippocampaler Neuronen, die ihrerseits hemmende Interneurone in der Nachbarschaft des Nucleus paraventricularis (PVN) des Hypothalamus aktivieren. Deren Erregung wiederum hemmt die CRF-freisetzenden Zellen im PVN und führt zu einer Verringerung der HPA-Achsenaktivität und der Cortisolfreisetzung. Die Aktivierung der GR führt zu einer Hemmung der hippocampalen Neuronen und deren Projektionen zu den hemmenden Interneuronen. Dies bewirkt schließlich eine Enthemmung der PVN-Neuronen und eine Förderung der HPA-Achsenaktivität und Cortisolfreisetzung (verändert nach Strüber et al. 2014).*

Säuglingen aktiviert die kurzfristige Trennung von der Mutter die HPA-Achse, bei Kindern ist dies etwa bei elterlichen Konflikten oder sozialer Zurückweisung der Fall, und zwar mehr als bei physischen Herausforderungen. Bereits Diskussionen mit den Eltern stimulieren bei einigen Kindern die HPA-Achse, insbesondere dann, wenn die Kinder ängstlich sind und annehmen, dass der Ausgang der Diskussion unvorhersehbar ist. Grundsätzlich bewirken unvorhersehbare oder unkontrollierbare Situationen deutliche Cortisolantworten. Selbst unvorhersehbare positive Ereignisse, etwa die Vorfreude am Tag vor Weihnachten, können die HPA-Achse stimulieren.

Cortisol steht in einer engen Wechselwirkung mit Serotonin. Einerseits stimuliert Serotonin die Freisetzung von Cortisol, andererseits *erhöhen* die Glucocorticoide in Stresssituationen den Serotoninspiegel im Gehirn. Darüber hinaus beeinflussen die Glucocorticoide die *Wirkung* des Serotonins, denn sie können die Ausbildung der serotonergen 5-HT$_{1A}$-Rezep-

(a)

| Hippo-campus | hemmende Interneurone | PVN Hypophyse | Nebennieren-rinde |

MR + GR −

(b)

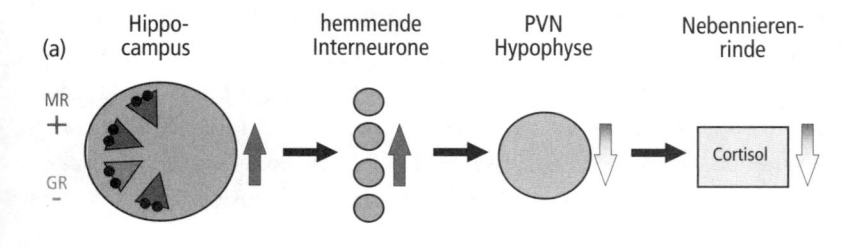

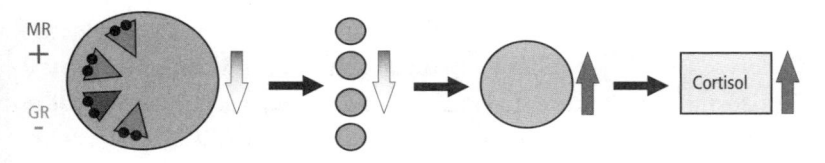

MR + GR −

Abb. 3.14: *Einfluss der hippocampalen Rezeptorausbildung auf die HPA-Achsenaktivität. (a) Eine vornehmliche Ausbildung der MR (dunkelgraue Dreiecke) sollte über eine Erregung der hippocampalen Neuronen eine erhöhte Aktivität der hemmenden Interneuronen bewirken und über deren Wirkung auf die HPA-Achse (PVN, Hypophyse und Nebennierenrinde) die Cortisolfreisetzung vermindern. (b) Eine überwiegende Ausbildung der GR (hellgraue Dreiecke) sollte eine Hemmung der hippocampalen Neuronen und schließlich eine erhöhte Cortisolfreisetzung bewirken (verändert nach Strüber et al. 2014).*

toren verringern und dadurch die Bindung des Serotonins an diese Rezeptoren und deren hemmende Wirkung begrenzen.

Ein anhaltend erhöhter Cortisolspiegel kann zur Schädigung von Nervenzellen führen. Insbesondere im Hippocampus und im medialen präfrontalen Cortex kommt es bei dauerhaftem Stress zu einer Verkümmerung der Dendriten und zu einem zumindest teilweise permanenten Verlust von Nervenzellen und im Hippocampus zudem zu einer Unterdrückung der Nervenzellneubildung.

Die Entwicklung des Cortisolsystems beginnt sehr früh und zeichnet sich durch eine Besonderheit aus: die sogenannte *Stress-hyporesponsive Periode* (SHRP). Dies bedeutet, dass während der ersten Lebensjahre des Menschen sowohl der Ruhe-Glucocorticoidspiegel als auch die Glucocorticoid-Stressreaktion dramatisch *reduziert* sind. Diese SHRP wird über eine

Dämpfung der Cortisolfreisetzung durch die elterliche Fürsorge aufrechterhalten. Möglicherweise geschieht dies durch Oxytocin, das in der Interaktion mit den Eltern, insbesondere der Mutter, freigesetzt wird und eine hemmende Wirkung auf das Cortisolsystem hat (Strüber et al. 2014). Stressoren, die einen Verlust an elterlicher Fürsorge oder sozialen Kontakten beinhalten, könnten eine Stressantwort im Kind auslösen.

Einfluss von Genen und Erfahrungen
Zwillingsstudien zeigen, dass die Reaktion des Cortisolsystems auf Stress wesentlich durch *genetische* Faktoren bestimmt wird. Ein bestimmter Genotyp (363S-Allel des N363S-Polymorphismus) geht mit einer *erhöhten* Cortisolantwort auf eine soziale Stresssituation einher, ein anderer Genotyp (GG-Genotyp des BclI-Polymorphismus) mit einer *verringerten* Cortisolantwort. Bestimmte Formen des Gens für den Glucocorticoidrezeptor könnten deshalb entweder *Vulnerabilitäts-* oder *Protektionsfaktoren* für stressbezogene Störungen darstellen (Kumsta et al. 2008) und das Risiko für die Entwicklung psychischer Erkrankungen beeinflussen, so etwa die Wahrscheinlichkeit, nach einer Traumatisierung eine posttraumatische Belastungsstörung (PTBS) zu entwickeln. Das Gen für den MR-Rezeptortyp liegt ebenfalls in verschiedenen Varianten vor und beeinflusst hierüber das Ausmaß der basalen wie auch der stressbezogenen Cortisolfreisetzung.

Schon vor längerer Zeit wurde nachgewiesen, dass frühe *Erfahrungen* einen großen Einfluss auf die Entwicklung des Cortisolsystems bzw. auf die HPA-Achse haben. Bereits während der Schwangerschaft kann das Cortisolsystem des Fötus geschädigt werden, und dies kann wiederum zu lebenslangen Veränderungen im Cortisolsystem und einem veränderten Verhalten führen.

Werdende Mütter mit dem Risiko einer Fehlgeburt erhalten häufig eine synthetische Variante des Cortisols. Diese *synthetischen Glucocorticoide* können die Reifung des Fötus, insbesondere der fötalen Lunge beschleunigen und das Risiko von Geburtskomplikationen reduzieren. Sie beeinflussen allerdings auch die Entwicklung der HPA-Achse des Fötus. Kinder von Müttern, die während der Schwangerschaft synthetische Glucocorticoide erhalten, entwickeln zudem während ihrer Kindheit und Jugend häufiger aggressives Verhalten und psychische Probleme einschließlich ADHS.

Psychischer Stress, Angststörungen oder Depressionen der Mutter können über eine Erhöhung des körpereigenen Cortisolstoffwechsels von Mutter und Fötus die Entwicklung des kindlichen Stresssystems beeinflussen. Allerdings ist bislang unklar, in welche Richtung das Stresssystem *langfristig* beeinflusst wird, d.h., ob sich eine Über- oder Unterproduktion von Cortisol ausbildet (Hyper- und Hypocortisolismus). Veränderungen im vorgeburtlichen Glucocorticoidhaushalt können die Entwicklung anderer neuromodulatorischer Systeme und Hirnregionen sowie das Temperament und das spätere emotionale Erleben und Verhalten beeinflussen. Pränataler Stress kann zudem an der späteren Entstehung von affektiven Erkrankungen, Verhaltensstörungen und kognitiven Defiziten beteiligt sein. Eine postnatale sichere Bindung vermag allerdings die Folgen pränatalen Stresses abzuschwächen.

Nachgeburtlicher Stress kann ebenfalls stabile und langfristige Auswirkungen auf die Funktionsweise des Cortisolsystems haben, hierüber die kognitive und emotionale Entwicklung beeinflussen und das Risiko für die Entwicklung von Psychopathologien wie etwa Depressionen oder aggressives Verhalten verändern (für Übersichten s. Loman und Gunnar 2010; Veenema 2009; Wilson et al. 2011). Aber auch hier herrscht keine Einigkeit über die Richtung der Auswirkung. Es wird gegenwärtig kontrovers diskutiert, ob frühe Stresserfahrungen zu einer langfristigen *Über-* oder einer *Unterfunktion* des Stresssystems führen.

Eine wichtige Rolle in der frühen Beeinflussung des Stresssystems spielen die mütterliche Fürsorge und die Mutter-Kind-Bindung. Während sicher gebundene Kinder während der SHRP in stressreichen Testsituationen *nicht* mit einer Cortisolfreisetzung reagieren, weisen Kinder mit einer *unsicher-ambivalenten* oder *desorganisierten* Bindung (s. Kapitel 4) häufig Erhöhungen der Cortisolfreisetzung auf, und zwar insbesondere dann, wenn sie ohnehin ein ängstliches oder gehemmtes Temperament haben. Es wird angenommen, dass diese frühe Aktivität des Cortisolsystems dessen eigene Funktionsweise langfristig beeinflussen bzw. »programmieren« kann (z.B. de Kloet et al. 2005).

Die Unterbringung in *Kinderbetreuungseinrichtungen* ist ebenfalls bedeutsam für den späteren Cortisolhaushalt. Wenn Kleinkinder ihren Alltag zu Hause verbringen, so weisen sie im Verlauf des Tages in der Regel eine *Abnahme* der Cortisolkonzentration auf. Sind sie aber ganztags in Kinderbetreuungseinrichtungen untergebracht, so reagieren drei- bis vierjährige Kinder im Tagesverlauf mit einer *Zunahme* der Cortisolfreisetzung, und zwar umso ausgeprägter, je jünger sie sind. Dieser Effekt tritt insbesondere dann auf, wenn die Kinder viele Stunden in der Einrichtung verbringen und die Qualität der Betreuung nicht besonders gut ist, wenn also die Kinder wenig Aufmerksamkeit von den Betreuern erhalten.

Eine sensible fürsorgliche und sichere Betreuung spielt demzufolge eine große Rolle für die Dämpfung der Cortisolantwort bei Säuglingen und Kleinkindern – und dies nicht nur in Anwesenheit der Mutter, sondern auch in Einrichtungen, in denen die Kinder ersatzweise betreut werden. Unter gewissen Umständen kann die Betreuung in einer Kindertagesstätte allerdings auch gegenteilige Wirkung haben: Während Kinder aus *emotional stabilen* Familien bei Fremdbetreuung die beschriebene *Zunahme* der Cortisolfreisetzung zeigen, reagieren Kinder aus *stark problembelasteten* Familien auf die Betreuung mit einer *Verringerung* der Cortisolantwort. Bei ihnen scheint der Alltag in der Familie stressvoller zu sein als die Stunden in der Einrichtung.

Ganz erheblich und langfristig wird das Cortisolsystem bei früher Traumatisierung verändert. Erleiden Kinder einen emotionalen Rückzug der Mutter, Vernachlässigung oder Misshandlungen, so führt dies häufig zu einer ausgeprägten Unterfunktion des basalen und stressbedingten Cortisolsystems. Diese Unterfunktion ist häufig von Hilflosigkeit begleitet. Die Kinder akzeptieren, dass sie an ihrer Situation nichts ändern können, und schalten ihre Emotionen ab. Das heißt jedoch nicht, dass auch ihre Stresswahrnehmung langfristig abgeschaltet wird – vielmehr scheint das Gegenteil der Fall zu sein. In einer sozialen Stresssituation erleben missbrauchte Frauen, die ihr Trauma nicht verarbeitet haben, den Stress am stärksten, weisen aber die geringste Cortisolreaktion auf. Haben sie hingegen z. B. aufgrund einer Psychotherapie ihr Trauma verarbeitet und besitzen infolgedessen einen organisierten Bindungsstil, so nehmen sie zwar den Stress intensiv wahr, unterscheiden sich jedoch in ihrer Cortisolreaktion kaum von den *nicht* missbrauchten Frauen (Pierrehumbert et al. 2009, Abbildung 3.15).

In einer großen Studie stellte sich vor einigen Jahren heraus, dass die Schwere der frühen negativen Erfahrungen von Bedeutung für die Entwicklung des Cortisolsystems ist. Hierbei wurden früh adoptierte Er-

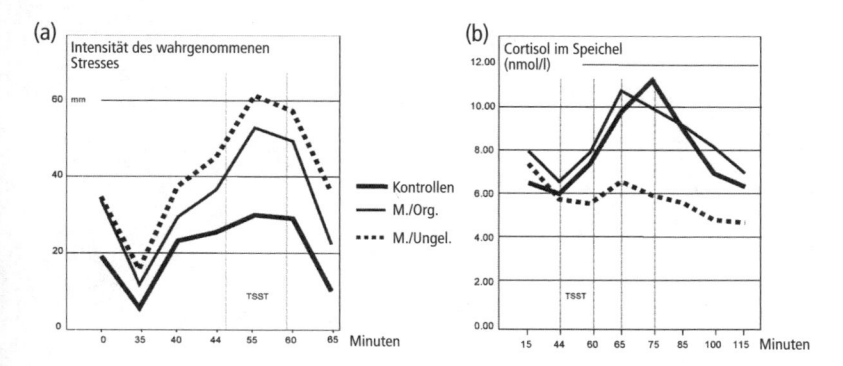

Abb. 3.15: *Erfahrungsabhängigkeit von Stressempfinden und Stressreaktion. (a) Für viele Menschen ohne Missbrauchserfahrungen, hier die Kontrollpersonen, ist eine soziale Stresssituation (Trier Social Stress Test, TSST, Kirschbaum et al. 1993) nur mäßig aufreibend. Dargestellt ist die Intensität wahrgenommenen Stresses auf einer Skala von 0 (gar nicht gestresst) bis 100 (extrem gestresst). Menschen mit Missbrauchserfahrungen (M.) reagieren dagegen auf eine solche Situation mit einem hohen Maß an wahrgenommenem Stress, insbesondere dann, wenn sie statt eines »organisierten« (M./Org.) einen sogenannten »ungelösten Bindungsstatus« haben (M./Ungel., s. Kapitel 4). (b) Im Körper der Kontrollpersonen wird in einer solchen Situation eine große Menge Cortisol freigesetzt, so dass Energien für die Bewältigung der Stresssituation mobilisiert werden können. Menschen mit Missbrauchserfahrungen, die sich durch eine organisierte Bindungsstrategie auszeichnen (und daher vermutlich das Trauma bereits verarbeitet haben), reagieren ebenfalls mit einer hohen Cortisolfreisetzung auf die Stresssituation. Im Körper der Missbrauchsopfer mit einem ungelösten Bindungsstatus bleibt dagegen die adaptive Cortisolfreisetzung aus. Sie können keine Energien zur Bewältigung der Stresssituation mobilisieren (verändert nach Pierrehumbert et al. 2009).*

wachsene untersucht. Personen, die im frühen Kindesalter *moderater* Misshandlung einschließlich Missbrauch ausgesetzt waren, zeigten eine höhere morgendliche Cortisolfreisetzung als nicht misshandelte Individuen. Schwere und langanhaltende Misshandlung und Missbrauch (insbesondere von nahestehenden Personen) gingen jedoch mit *geringeren* basalen morgendlichen Cortisolkonzentrationen einher. Alle untersuchten Individuen wurden *nach* ihrer frühen Kindheit in einem positiveren Umfeld erzogen, so dass man davon ausgehen kann, dass die Befunde tatsächlich langfristige Auswirkungen von Misshandlungen der *frühen Kindheit* darstellen (van der Vegt et al. 2009, Abbildung 3.16).

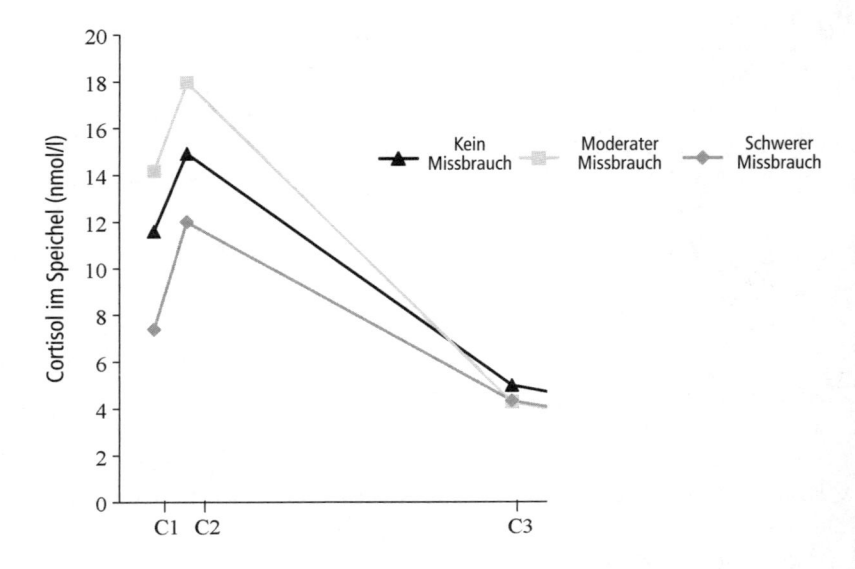

Abb. 3.16: Auswirkungen frühen Missbrauchs auf das basale Cortisolniveau. Bei erwachsenen Personen mit moderaten Erfahrungen von Missbrauch und Vernachlässigung ist die basale Cortisolfreisetzung unmittelbar nach dem Erwachen (C1) und eine halbe Stunde später (C2) gegenüber derjenigen von Menschen ohne Missbrauchserfahrungen erhöht. Individuen, die während ihrer frühen Kindheit schwerem Missbrauch und Vernachlässigung ausgesetzt waren, weisen dagegen eine verringerte basale Cortisolfreisetzung auf. Um 15.00 Uhr (C3) sind diese Unterschiede nicht mehr gegeben (verändert nach van der Vegt et al. 2009).

Die auffälligen Veränderungen der Cortisolfunktion scheinen sich innerhalb des zweiten Lebensjahres zu entwickeln. Die *basale* morgendliche Cortisolfreisetzung *früh* misshandelter und *nicht* misshandelter Kinder unterscheidet sich einer anderen Studie zufolge im Alter von 13 Monaten noch nicht voneinander, und erst im Alter von 19 Monaten beginnt sich die morgendliche Cortisolfreisetzung der *misshandelten* Kinder zu verringern. Weitere Untersuchungen zeigen zudem eine Wirkung von *Psychotherapie* von Eltern und Kind oder anderer früher Interventionen auf: Kinder aus misshandelnden Familien, die eine aktive Intervention erhielten, wiesen eine morgendliche Cortisolfreisetzung auf, die sich *nicht* von derjenigen nicht-misshandelter Kinder unterschied, und zwar selbst ein Jahr nach Ende der Interventionen (Cicchetti et al. 2011). Ein in Pflegefamilien durchgeführtes frühes therapeutisches Programm kann ebenfalls die Cortisolfreisetzung früh misshandelter Kinder normalisieren. Dabei ist es wichtig, dass die Therapie der Folgen früher Misshandlung oder Traumatisierung den Kindern die Erfahrung vermittelt, Gefühle wie Wut äußern zu dürfen und Einfluss auf die eigene Umwelt nehmen zu können (s. a. Nienstedt und Westermann 2007). Diese Erfahrung könnte dann die Grundlage einer Normalisierung der Cortisolfreisetzung sein. Bleibt es aber bei einer verringerten Cortisolfreisetzung, so kann dies erhebliche Folgen für die psychische Gesundheit der Betroffenen haben. Darüber hinaus beeinflusst dies, wie der Körper auf *spätere Traumatisierungen* reagiert (s. Kapitel 7).

Ebenso wie die anderen zuvor beschriebenen Systeme wird also auch das Cortisolsystem durch frühe Erfahrungen beeinflusst. Hier gibt es erste Hinweise darauf, welche physiologischen Veränderungen dem zugrunde liegen und dass es sich hierbei um eine Gen-Umwelt-Interaktion handelt: Erfahrungen verändern in einem epigenetischen Prozess die Genexpression.

Bei Ratten zeigt sich, dass sowohl regelmäßige kurze (mehrere Minuten andauernde) als auch regelmäßige längere (mehrere Stunden andauernde) ebenso wie lange (mehrere Tage andauernde) Trennungen junger Tiere von der Mutter das Glucocorticoidsystem langfristig beeinflussen können. Ausmaß und Art der mütterlichen Fürsorge können über einen *epigenetischen* Mechanismus eine langfristige Wirkung auf die Ausbildung der Bindungsstellen für die Glucocorticoide haben. Im Zuge der epigenetischen Veränderung werden beispielsweise Methylgruppen an genregulatorische Bereiche der DNS geheftet, was das Ablesen und die Ausbildung von Rezeptorproteinen verhindert. Die Ausbildung von Bindungsstellen legt wiederum fest, wie effizient die Glucocorticoide ihre eigene Freisetzung hemmen können, und bestimmt darüber das Ausmaß der späteren Glucocorticoidaktivität.

Allerdings ist, wie erwähnt, die *Richtung* der erfahrungsbedingten Änderung nicht klar: Kommt es aufgrund der Erfahrungen zu einer *Über-* oder einer *Unterfunktion* des Cortisolsystems? Experimente an Ratten wurden dahingehend interpretiert, dass eine *hohe* mütterliche Fürsorge das Stresssystem langfristig dämpft, während eine *geringe* mütterliche Fürsorge einen hohen Umweltstress anzeigt und das Stresssystems frühkindlich so einstellt, dass der Körper darauf vorbereitet ist, auf eine Stresssituation mit einer hohen Cortisolfreisetzung zu antworten (Meaney 2010).

In einem Beitrag in einer Fachzeitschrift haben wir kürzlich die Ergebnisse dieser Untersuchungen umgedeutet. Demnach geht Stress, der von einer hohen mütterlichen Pflege begleitet ist, mit einer *Hochregulation* der Bindungsstellen für die Glucocorticoide im Hippocampus sowie mit einer *erhöhten* basalen Cortisolaktivität einher. Frühkindlicher Stress hingegen, der in *Abwesenheit* einer hohen mütterlichen Pflege erlebt wird, führt zu einer verminderten Ausbildung von Bindungsstellen im Hippocampus sowie zu einer erhöhten Ausbildung von Bindungsstellen in der Hypophyse. Dies wiederum bewirkt eine *langfristig verringerte* Cortisolfreisetzung in Ruhe sowie bei der Konfrontation mit Stress (Strüber et al. 2014).

Ob frühkindlich erheblicher Stress erlebt und von einer *hohen* mütterlichen Fürsorge begleitet wird oder nicht, entscheidet also darüber, wie effizient das Cortisolsystem Energien langfristig mobilisieren kann und ein schnelles Hochschießen der übrigen körperlichen Stressreaktionen zu dämpfen vermag. Dies könnte bedeuten, dass frühe Stresserfahrungen in Anwesenheit einer sicheren Bindung eine *Überfunktion* und früher Stress in Abwesenheit einer sicheren Bindung eine *Unterfunktion* des Cortisolsystems bewirken. Letztgenanntes Szenario kennzeichnet in der Regel traumatische Erfahrungen wie Misshandlungen oder Vernachlässigung.

Späterer chronischer Stress geht ebenfalls mit Veränderungen des Cortisolsystems einher. Chronischer Stress scheint *zunächst* eine *hyper*aktive Funktionsweise hervorzubringen. Wird aber ein Zustand der *Erschöpfung* erreicht und ist das Individuum nicht mehr in der Lage, den Umweltstress zu bewältigen, so könnte das System auf eine *hypo*aktive Funktionsweise umschalten. In der Tat deuten die meisten Studien über Zustände tiefster Erschöpfung auf eine hypoaktive HPA-Achse hin.

3.9 Zusammenfassung: Sechs psychoneuronale Grundsysteme

Wir wollen nun das oben Gesagte in ein Gesamtbild zusammenfassen und erläutern, wie die genannten neurochemischen Substanzen bei der Bildung unserer Persönlichkeit und Psyche miteinander wechselwirken, wie sie sich also gegenseitig verstärken oder hemmen. Dabei benennen wir sechs »psychoneuronale« Grundsysteme, welche die Persönlichkeit und psychische »Verfasstheit« eines Menschen bedingen.

(1) Das Stressverarbeitungssystem

Für die Persönlichkeit eines Menschen ist entscheidend, wie viel Stress er vertragen kann, wie hoch also seine *Stressresistenz* ist. Hierzu gehört, wie schnell er potenziell negative und bedrohliche Dinge erkennt und das Stresssystem Körper und Gehirn aktivieren und die Aufregung dann wieder dämpfen kann. Dies ist Aufgabe des Stressverarbeitungssystems. Es soll dem Organismus möglich machen, körperliche wie psychische Belastungen und Herausforderungen zu bewältigen.

Das Zusammenspiel zahlreicher Substanzen versetzt Gehirn und Körper in die Lage, sich an die veränderte Umwelt anzupassen, z.B. wachsam zu sein, wegzurennen oder den Schutz der Mutter zu suchen. Merkmale eines stressreichen Ereignisses werden wahrgenommen und an den Hypothalamus, die Amygdala und den Hippocampus weitergeleitet. Im Hypothalamus und in der Amygdala kommt es dann zur Produktion des Neuropeptids *Corticotropin-freisetzender Faktor* (CRF). CRF ist ein entscheidender Bestandteil der *schnellen* Stressantwort. Es unterdrückt Erkundungsverhalten und erhöht dafür die Wachsamkeit. In höherer Dosierung erzeugt es Furcht, die wiederum Zurückhaltung oder Rückzug veranlasst. Über seine Wirkung auf den Locus coeruleus erhöht es außerdem die Freisetzung von *Noradrenalin* in vielen Hirnbereichen, unter anderem im ventromedialen präfrontalen Cortex, im Hippocampus und in der Amygdala. Dies erhöht die allgemeine Alarmbereitschaft und erleichtert emotionales Lernen.

In Gegenwart starker oder vorerst unkontrollierbarer Stressoren folgt dieser schnellen Reaktion die Aktivierung der HPA-Achse. Ausgelöst wird sie durch CRF und die Ausschüttung des *adrenocorticotropen Hormons* (ACTH) in der Hypophyse. ACTH erreicht über die Blutbahn die Rinde der Nebennieren (der »Adrenae«) und führt dort im Verlauf der nächsten Minuten zur Synthese und Freisetzung von Glucocorticoidhormonen in den Blutkreislauf. Diese Hormone bewirken die Mobilisation von Energien und dämpfen zugleich die Stressreaktion über ein negatives Feedback.

Das Zusammenspiel von Genen und gesammelten Erfahrungen legt sehr früh die individuelle Funktion des Stressverarbeitungssystems fest. Eine genetische Vorbelastung der Stressverarbeitung kann über starke frühkindliche negative bzw. traumatisierende Erfahrungen verstärkt, durch eine positive Bindungserfahrung hingegen abgemildert werden. Dies hat dann entweder eine *verminderte* oder eine *erhöhte Stresstoleranz* zur Folge. Das Stressverhalten eines Menschen kann sich auf verschiedenen Wegen auf seine Nachkommen übertragen, erstens auf rein genetische Weise durch Vererbung, zweitens über weitergegebene epigenetische, also die Genexpression bestimmende Mechanismen, und drittens über den Umgang mit den Nachkommen in deren früher Kindheit.

(2) Das interne Beruhigungssystem
Das interne Beruhigungssystem ist überwiegend durch den Neuromodulator *Serotonin* bestimmt. Serotonin ist zum einen ein wichtiger Faktor für die normale Gehirnentwicklung; zum anderen bewirkt es über bestimmte Rezeptortypen (vornehmlich den 5-HT_{1A}-Rezeptor) eine Dämpfung und Beruhigung (»Alles ist in Ordnung – reg dich nicht auf!«) und ist damit wesentlich an der Unterdrückung von Handlungsimpulsen beteiligt (»Tu lieber nichts als etwas Falsches!«). Das interne Beruhigungssystem bildet sich in engem Zusammenspiel mit der Stressachse aus und ist damit umso funktionstüchtiger, je besser das Stressverarbeitungssystem entwickelt ist. Cortisol kann aber in hohen Konzentrationen die Ausbildung der 5-HT_{1A}-Rezeptoren des Serotoninsystems *verringern*, wodurch das Serotonin nur noch eingeschränkt in der Lage ist, emotionale Hirnbereiche zu »besänftigen«.

Ein schädliches Zusammenspiel von Stresssystem und Serotoninsystem tritt vor allem dann auf, wenn genetische Belastungen des Serotoninsystems auf vorgeburtliche oder früh nachgeburtliche negative Umwelteinflüsse treffen, wie etwa starker körperlicher oder seelischer Stress der werdenden Mutter, Vernachlässigung, Misshandlung oder Missbrauch des Säuglings oder Kleinkinds, oder eine psychische Erkrankung der Mutter. Solche Umstände können die weitere psychische Entwicklung des Kindes stark negativ beeinflussen.

Generell vermag ein Mangel an Serotonin Depressionen, Ängstlichkeit, Risikoscheu, reaktive Aggression und Impulsivität hervorzurufen. Menschen erfahren die Welt dann typischerweise als bedrohlicher und sind fortwährend beunruhigt, was sich bei Männern oft in reaktiver körperlicher Gewalt äußert, bei Frauen eher in Schuldgefühlen und Selbstmordtendenz und bei beiden Geschlechtern in Depressionen.

Ein deutlich erhöhter Serotoninspiegel kann in Kombination mit einem niedrigen Cortisolspiegel ebenfalls negative Wirkungen haben. Hier ist zu erwarten, dass die emotionalen Hirnbereiche über die Maßen »besänftigt« sind, so dass eine Person auf eine eigentlich emotionale Situation eher gefühlsarm reagiert. Wenn Menschen dem Stress nicht mehr begegnen und z.B. Rechnungen nicht mehr öffnen oder ihre Wohnung verwahrlosen lassen, so kann ebenfalls eine zu hohe Serotoninfunktion vermutet werden.

(3) Das interne Bewertungs- und Belohnungssystem

Unser Handeln wird von Motiven und Beweggründen bestimmt, die unbewusst, vorbewusst-intuitiv oder bewusst vorliegen können. Allen diesen Motiven liegt das universelle Prinzip zugrunde, das anzustreben, was in irgendeiner Weise angenehm oder vorteilhaft erscheint, und das zu meiden oder zu beenden, was schmerzhaft oder nachteilig ist. Dieses Prinzip wiederum wird – von angeborenen Antrieben abgesehen – bestimmt von unserer Erfahrung beim eigenen Handeln und im Umgang mit der Welt. Das wiederum macht es erforderlich, zum einen die Konsequenzen dieser Ereignisse unablässig im Belohnungs- und Bestrafungs-(Lust-Unlust-)Gedächtnis zu bewerten, und zum anderen die sich daraus ergebenden *Belohnungs- und Bestrafungserwartungen*, die beim Erleben ähnlicher Situationen erzeugt werden, zu entwickeln.

Das interne Bewertungssystem beruht entsprechend auf *zwei Untersystemen*. Das erste ist das eigentliche *Belohnungssystem*, das mit der Erfahrung von Befriedigung und Lust verbunden ist – der hedonischen Erfahrung. Diese geht auf die Ausschüttung von endogenen Opioiden zurück, die auf Rezeptoren in der Schalenregion des Nucleus accumbens und im ventralen Pallidum einwirken und so unbewusste Belohnungserfahrungen erzeugen. Diese Gefühle werden dann im orbitofrontalen, im ventromedialen und im insulären Cortex abgebildet, und es entsteht das bewusste Lust- und Befriedigungsgefühl, das mit dem Erhalt von Belohnungen verbunden ist.

Das zweite System ist das *Belohnungserwartungssystem*, das über Dopamin vermittelt wird. Es baut auf dem System der Belohnungserfahrung auf und entwickelt daraus Erwartungen nach dem Grundsatz, dass Handlungen, die einmal zu Belohnungen geführt haben, wiederholt, und solche, die Unlust oder Schmerz zur Folge hatten, auch in der Zukunft vermieden werden sollten. Dopaminerge Neurone im VTA und der Substantia nigra sowie im Nucleus accumbens codieren mit unterschiedlichen Aktivitätsmustern die Art, die Größe und die Auftrittswahrscheinlichkeit einer erwarteten Belohnung sowie das damit verbundene Risiko. Was wir letztlich als Belohnung ansehen und wie sehr wir sie erwarten, kann so verschieden sein wie das Leben jedes Einzelnen selbst. Natürlich spielen hier genetische Prädisposition und die frühen Erfahrungen, insbesondere auch Bindungserfahrungen eine große Rolle. Je früher sich bestimmte Vorlieben entwickeln, desto größer ist ihr Einfluss auf das Opioid- und Dopaminsystem, und desto stärker wirken sie auf die Persönlichkeit des Menschen.

Negative Erfahrungen in früher Kindheit können das Opioid- und Dopaminsystem beeinträchtigen und so zu Defiziten im Belohnungs- und im Belohnungserwartungssystem führen. Ist das *Belohnungssystem* betroffen, so folgt auf normalerweise belohnende Ereignisse *kein* hinreichendes Gefühl der Befriedigung oder der Belohnung. Dadurch bildet sich ein verstärkter Drang oder gar eine Gier nach intensiver Belohnung (dem wie auch immer gearteten »Kick«) heraus, wie man ihn bei den »Sensation Seekers« findet. Dies stellt vermutlich eine Prädisposition für Drogensucht dar.

Menschen mit einem Defizit im *Belohnungserwartungssystem* haben dagegen Motivationsprobleme, denn mit dem eigenen Handeln werden keine ausreichenden Belohnungserwartungen verbunden: Ziele erscheinen dann nicht attraktiv oder nicht erreichbar oder erfordern zu viel Aufwand. Apathie und Hoffnungslosigkeit können die Folge sein, wie dies bei melancholischer Depression zu finden ist.

(4) Das Impulshemmungssystem
Säuglinge und Kleinkinder dulden in der Regel keinen Aufschub; ihr Gehirn sagt: »Ich will alles, und zwar sofort!« Doch ein solcher Anspruch würde ein soziales Leben und damit auch das eigene Vorankommen stark behindern. Daher müssen Impulshemmung und Toleranz gegenüber Belohnungsaufschub oder nicht gleich abzustellenden Widrigkeiten vom ersten Lebensjahr an bis ins Erwachsenenalter hinein entwickelt werden – ein meist mühsamer Prozess.

Dass sich eine Impulshemmung ausbildet, beruht hirnorganisch gesehen auf dem Ausreifen der überwiegend hemmenden Interaktion zwischen limbischem Stirnhirn und Amygdala. Hier spielen auch das schnelle, impulsive Stresssystem und das langsamere, hemmende Cortisolsystem sowie ihre jeweilige Wirkung auf die beiden Hirnzentren eine wichtige Rolle. Ebenso wichtig für die Impulshemmung sind bei Männern die Höhe des Testosteronspiegels und bei beiden Geschlechtern die Freisetzung von Serotonin und Dopamin in limbischen Hirnbereichen. In Stresssituationen, die ein schnelles, impulsives Handeln wie Kampf oder Flucht erfordern, wird im Nucleus accumbens ebenso wie im orbitofrontalen und ventromedialen präfrontalen Cortex die Dopaminfreisetzung erhöht. Verlangt die Situation hingegen Zurückhaltung, etwa weil der Stressor nicht vermieden werden kann, wird die Dopaminfreisetzung verringert und die Ausschüttung von Serotonin in vielen Bereichen des Endhirns, besonders im orbitofrontalen und ventromedialen Cortex, erhöht. Serotonin signalisiert dann: Es ist besser, *nicht* statt falsch zu reagieren.

(5) Das Bindungssystem

Die Entwicklung des Bindungssystems (s.a. Kapitel 4) beginnt in den ersten Wochen nach der Geburt, wenn der Säugling anfängt, seine Mutter gezielt anzulächeln und in vielfältiger Weise mit ihr zu interagieren. Hierbei spielt das Neuropeptid *Oxytocin* eine wesentliche Rolle, das bei Mutter-Kind-Beziehungen, bei Paarbeziehungen und beim Sexualverhalten, aber auch allgemein bei vertrauensvollen sozialen Kontakten als *Bindungshormon* wirkt. Es erhöht die Fähigkeit, emotionale ebenso wie soziale Signale zu erkennen, und fördert die soziale Motivation. Hierdurch werden soziale Emotionen und Verhaltensweisen aller Art begünstigt, einschließlich Vertrauen und Empathie gegenüber angenehmen Sozialkontakten, Verteidigungsverhalten gegenüber Angreifern, elterliches Verhalten und viele weitere.

Die Wirkung von Oxytocin geht meist einher mit der Ausschüttung endogener Opioide, die das *Wohlgefühl* bei sozialen Kontakten vermittelt, aber auch von *Serotonin*, das wesentlich für den *Beruhigungseffekt* von Bindung zuständig ist.

Das Oxytocin-Bindungssystem hängt zudem eng mit dem *Belohnungs-* und dem *Belohnungserwartungssystem* zusammen. Deutlich wird dies, wenn

Menschen ihren Partner oder Eltern ihr Kind anschauen, denn dadurch werden Regionen des Belohnungserwartungssystems aktiviert, die eine hohe Anzahl an Oxytocin- und Vasopressinrezeptoren aufweisen. Hirnbereiche, die im Zusammenhang mit negativen Emotionen und kritischen sozialen Bewertungen stehen, werden hingegen gehemmt. Durch die Wirkung von Oxytocin auf dopaminerge Zellen einerseits sowie die verstärkende Wirkung des Oxytocins auf die Opioidfreisetzung andererseits könnte der Belohnungswert sozialer Kontakte verstärkt und ein Individuum *motiviert werden*, immer wieder die Nähe des Bindungspartners und die Interaktion mit ihm zu suchen.

Das Neuropeptid *Vasopressin* spielt ebenfalls eine große Rolle für das Bindungssystem. Es verstärkt das Fürsorgeverhalten der Eltern, besonders in Bezug auf den Schutz des Kindes.

Ebenso wie bei den ersten drei Systemen gibt es auch im Bindungssystem eine starke Interaktion zwischen genetischer Ausstattung und Umwelteinflüssen. Sind beide positiv gerichtet, ergibt sich ein stabiles Bindungsverhalten in Jugend und Erwachsenenalter. Treffen jedoch genetisch-epigenetische Defizite im Oxytocinhaushalt mit aversiven Erfahrungen in Kindheit und früher Jugend zusammen, so kann dies zu schweren Bindungs- und zu Persönlichkeitsstörungen führen. Bei unterschiedlichen Vorzeichen beider Faktoren können sich deren Effekte allerdings auch ausgleichen, indem entweder eine sichere Bindung genetisch-epigenetische Vorbelastungen mildert oder eine robuste genetisch-epigenetische Ausstattung die Auswirkungen aversiver frühkindlicher Erfahrungen zumindest teilweise aufhebt.

(6) Das System des Realitätssinns und der Risikobewertung

Das System des Realitätssinns und der Risikobewertung entwickelt sich verstärkt nach dem dritten Lebensjahr, wenn die kognitiven Fähigkeiten des Gehirns, insbesondere in Hinblick auf Aufmerksamkeit und Gedächtnisleistungen, sich allmählich ausbilden. Realitätssinn umfasst zum einen die Fähigkeit, eine Situation so realistisch wie möglich wahrzunehmen. Diese Fähigkeit ist neben sensorischen und kognitiven Funktionen vornehmlich an die Hirnsubstanzen *Noradrenalin* und *Acetylcholin* gebunden. Noradrenalin erhöht die generelle Aufmerksamkeit und Zuwendung, Acetylcholin verstärkt die Konzentration durch eine »Fokussierung« neuronaler Aktivität im Arbeitsgedächtnis (das im dorsolateralen präfrontalen Cortex lokalisiert ist) und beim gezielten Abruf von Gedächtnisinhalten. Diese Zentren prüfen mehr oder weniger neutral, was »Sache ist«. Ventrale und mediale präfrontale Hirnareale, insbesondere der OFC und der anteriore cinguläre Cortex, sind dann damit befasst, die mit der Situation verbundenen *Risiken* und damit mögliche negative Folgen des eigenen Handelns zu erkennen. Schließlich geht es um die Umsetzung von adäquatem, d.h. überlegtem Handeln. Dies steht maßgeblich unter der Kontrolle des Motivations-, des Impulshemmungs- und des Selbstberuhigungssystems, die jeweils von übereilten und riskanten Aktionen abraten.

Das System des Realitätssinns und der Risikobewertung entwickelt sich wie auch die »Sozialisation« sehr langsam und ist erst zu Beginn des Erwachsenenalters mehr oder weniger ausgereift. Das Erreichen des Erwachsenenalters ist entsprechend dadurch charakterisiert, dass junge Leute (hoffentlich) langsam »zu Vernunft und Verstand« gekommen sind und zunehmend die Konsequenzen ihres Handelns bedenken.

Psychoneuronale Systeme und das Vier-Ebenen-Modell

Die vorgestellten sechs psychoneuronalen Systeme stehen sozusagen »quer« zu den vier Ebenen – den drei limbischen Ebenen und der kognitiv sprachlichen Ebene, wie sie im 2. Kapitel geschildert wurden. Dies bedeutet, dass alle sechs Systeme, wenngleich in unterschiedlichem Maße, aus Komponenten der unteren Ebene, d.h. der überwiegend »angeborenen« Reaktionen und Temperamenteigenschaften, der mittleren Ebene der emotionalen Konditionierung, der oberen Ebene der Sozialisierung und der Ebene kognitiv-rationalen Verhaltens bestehen. Dabei sind die ersten vier Systeme vornehmlich auf der unteren und mittleren Ebene angesiedelt, wobei das dritte System der Bewertung und Belohnung über die obere limbische Ebene durch soziale Belohnung bereichert wird, und ebenso können wir über soziale Erfahrungen die Impulshemmung stärken.

Das Bindungs- und Empathiesystem ist wesentlich von Vorgängen auf der mittleren und oberen limbischen Ebene bestimmt, d.h. von den frühkindlichen Erfahrungen mit der Mutter oder einer anderen primären Bezugsperson und später von sozialen Erfahrungen mit weiteren Familienmitgliedern sowie mit Kameraden im Kindergarten, in der Schule und im späteren Alter. Das Realitäts- und Risikowahrnehmungssystem entwickelt sich auf der Grundlage unserer Kernpersönlichkeit im Zuge von Erfahrungen auf der oberen limbischen Ebene und der Ausreifung der kognitiv-sprachlichen Ebene. Hier spielen die Impulshemmung aufgrund oft leidvoller Erfahrungen und die Ausbildung der Fähigkeit, die Konsequenzen unseres Handelns längerfristig abzuschätzen, die wichtigste Rolle.

Wir hoffen, in diesem Kapitel deutlich gemacht zu haben, wie wichtig es für das Verständnis seelisch-psychischer Vorgänge ist, die Wirkung von Neuromodulatoren, Neuropeptiden und Neurohormonen zu kennen. In den folgenden beiden Kapiteln werden wir diese Einsichten mit Erkenntnissen über die Entwicklung des Temperaments und von Persönlichkeitsmerkmalen in Beziehung setzen. Dabei wird sich zeigen, dass Gehirnprozesse und Psyche bzw. Persönlichkeit aufs Engste miteinander verflochten sind.

4 Die Entwicklung des Gehirns und der kindlichen Psyche

In diesem Kapitel werden wir uns mit der vorgeburtlichen und nachgeburtlichen Entwicklung des Gehirns sowie mit der Entwicklung der kindlichen Psyche beschäftigen. Beides steht in enger Beziehung zueinander, und beides entwickelt sich im Rahmen einer komplizierten Interaktion zwischen genetischen Prädispositionen und frühen Umwelteinflüssen.

4.1 Die Entwicklung des Gehirns

Unser Gehirn verändert sich während des gesamten Lebens sowohl auf grob- als auch auf feinanatomischer Ebene. Allerdings geschehen Veränderungen vor der Geburt und in den ersten Monaten und Jahren nach der Geburt schneller und nachhaltiger als in späterer Zeit.

In den ersten acht Wochen nach der Befruchtung der Eizelle entstehen während der *embryonalen Periode* neue Gewebe und Organe einschließlich des Gehirns. Es schließt sich die *fötale Periode* an, deren wesentliche Kennzeichen Wachstum und die Entstehung vielfältiger Zelltypen sind. Die gesamte Entwicklung des Nervensystems ist durch das Prinzip einer anfänglichen ungerichteten Überproduktion und der sich anschließenden gerichteten Reduktion von Nervenzellen und Verbindungen zwischen ihnen gekennzeichnet. Offenbar kann nur auf diese Weise ein hyperkomplexes funktionierendes System entstehen.

So sterben normalerweise bis zu 50 % der gebildeten Neuronen ab. Das Gewebe schrumpft dabei allerdings nicht, da sich für fast jede absterbende Zelle eine andere teilt und diese ersetzt. Für diesen massiven Zelltod scheint vor allem die begrenzte Verfügbarkeit von Nährstoffen – sogenannten neurotrophen Faktoren – verantwortlich zu sein. Diese werden von denjenigen Neuronen abgesondert, mit denen die entstehenden Neurone Kontakte bilden sollen. Die Menge neurotropher Faktoren reicht indes nicht aus, um alle gebildeten Neuronen zu versorgen, und nur Nervenzellen mit aktiven synaptischen Verbindungen erhalten ausreichende neurotrophe Unterstützung von ihren Zielzellen.

Dies führt bei den verbliebenen Zellen zu einem Vorgang, der etwas dramatisch als »intrazelluläres Selbstmordprogramm« bezeichnet wird. Es handelt sich hierbei um ein natürliches physiologisches Ereignis, das in keinem Zusammenhang mit einem verletzungs- oder krankheitsbedingten Zelltod steht. Dieser Mechanismus stellt vielmehr sicher, dass die Anzahl von Neuronen der Anzahl von Zielzellen angepasst wird.

Ein reifes und funktionierendes Nervensystem beruht auf einer präzisen Verschaltung unzähliger Neuronen verschiedener Hirnregionen. Während der vorgeburtlichen Entwicklung müssen die *Axone* der Nervenzellen auswachsen und ihre Zielregion finden, um sich dort mit den richtigen synaptischen Partnern zu verschalten. Der Axonauswuchs wird durch Stoffe gesteuert, die aufgrund genetischer Informationen von benachbarten oder auch weit entfernten Zellen freigesetzt werden.

Ein Wachstumskegel an der Spitze des Axons registriert mithilfe bestimmter Rezeptoren die wegweisenden Moleküle und integriert deren Informationen. In der Folge wird das Axon von bestimmten Zellgruppen im Gehirn abgestoßen oder angezogen, bis es seinen Bestimmungsort erreicht hat. Sobald die Axone die für sie adäquate Nachbarschaft gefunden haben, müssen sie aus einer Vielzahl potenzieller Partner ihre entsprechenden Zielzellen erkennen und kontaktieren. Zudem verzweigen sich Axonendigungen und bilden präsynaptische Endknöpfchen. Dies geschieht ebenfalls über den Austausch spezifischer Moleküle zwischen den Zellen.

Jedes Neuron bildet aufgrund der hier beschriebenen Prozesse Synapsen mit zahlreichen Zellpartnern. Diese intensive Synaptogenese beginnt während des zweiten Drittels der Schwangerschaft und setzt sich über die ersten Jahre nach der Geburt fort. Dabei legen genetische Informationen fest, welche Klassen von Zellen miteinander verbunden werden.

Hierdurch kommt es zu einer schnellen Synapsenbildung und zunächst zu einer Überproduktion der synaptischen Verbindungen; anschließend werden viele dieser Verbindungen wieder aufgegeben. Dabei bleiben nur die Verbindungen erhalten, die funktionell sind, weil sie durch sensorische oder motorische Erregungen hinreichend genutzt werden. Nichtfunktionelle Synapsen werden hingegen eliminiert, und die dazugehörigen Axone ziehen ihre Verzweigungen von ihren Zielzellen zurück. Die Elimination synaptischer Verbindungen bzw. der entsprechenden Fortsätze wird auch als Pruning (»Zurückschneiden«) bezeichnet. Dieser Prozess der nutzungsabhängigen Stabilisierung und Elimination synaptischer Verbindungen dient dazu, das neuronale Verbindungsmuster der jeweiligen Umwelt anzupassen.

In der menschlichen Hirnrinde erfolgt entsprechend während der vor- und nachgeburtlichen Entwicklung ein schneller Aufbau von Synapsen. Dieser Phase folgt in vielen Hirnbereichen eine Periode, in der die Synapsendichte relativ stabil, aber immer noch wesentlich höher ist als beim Erwachsenen. In der Kindheit oder der Jugend kommt es dann zu einem schnellen Abbau von Synapsen. Dieser Abbau von Synapsen und der begleitende Rückzug von Dendriten äußert sich als zunehmende Volumenverringerung der grauen Substanz. Im Erwachsenenalter ist die Synapsendichte in einigen Regionen stabil, allerdings scheint im fortgeschrittenen Alter ebenfalls ein Rückgang stattzufinden, der sich jedoch in Umfang und Geschwindigkeit deutlich von dem schnellen und massiven Abbau in der späten Kindheit und im Jugendalter unterscheidet.

Kritische Perioden der Hirnentwicklung

Viele neuronale Netzwerke besitzen während der frühen nachgeburtlichen Entwicklung *kritische Perioden*, in denen sie besonders empfänglich für äußere Einflüsse sind und entsprechend durch sie in ihrer Verknüpfungsstruktur stark verändert werden.

Im visuellen System erfordert etwa die Entwicklung einer normalen Sehschärfe während der Kindheit visuelle Informationen für die Verfeinerung der entsprechenden synaptischen Verschaltungen. Bleiben diese Erfahrungen aufgrund einer angeborenen Linsentrübung aus, so kann keine normale Sehkraft entstehen, und zwar selbst dann nicht, wenn nach einer späteren Operation die Augen wieder voll funktionsfähig sind (Lewis und Maurer 2005).

In der emotionalen Entwicklung spielen Erfahrungen während früher kritischer Perioden eine große Rolle. Dies wurde in den neunziger Jahren des letzten Jahrhunderts deutlich, als nach dem Fall des rumänischen Ceauşescu-Regimes Kinder untersucht wurden, die zuvor in staatlichen Waisenhäusern unter bedauernswerten Bedingungen lebten und anschließend adoptiert wurden, und zwar häufig von ausländischen Familien aus Nordamerika und Westeuropa. Ihre Zeit in den Waisenhäusern verbrachten die Kinder nahezu ohne individuelle Aufmerksamkeit und genügende soziale Kontakte. Zum Zeitpunkt der Adoption waren die Kinder in ihrer körperlichen und kognitiven Entwicklung sowie in der Entfaltung ihres Verhaltens in der Regel erheblich zurückgeblieben. Die langfristigen Konsequenzen dieser extremen frühen Erfahrungen wurden vom Zeitpunkt der Adoption bestimmt: Kinder, die während der ersten 24 Lebensmonate adoptiert wurden, hatten eine gute Chance, sich innerhalb der neuen Familie relativ normal zu entwickeln. Hingegen entwickelten Kinder, die erst *nach* dem zweiten Lebensjahr adoptiert wurden, wesentlich häufiger psychische Störungen wie Depressionen oder Angststörungen und Störungen des Sozialverhaltens sowie ADHS als die früh adoptierten Kinder. Ein solcher Zusammenhang trat allerdings auch bei Kindern auf, die ihre ersten Jahre in oft wechselnden Pflegefamilien verbrachten. Man könnte meinen, das Aufwachsen in einer liebevollen Pflegefamilie führe dazu, dass die Probleme des Kindes mit der Zeit abnehmen. Hinsichtlich der Verhaltensprobleme war jedoch das Gegenteil der Fall, denn mit zunehmender Zeit in der Adoptionsfamilie wurde das Verhalten immer problematischer (Gunnar und van Dulmen 2007).

Diese tragischen Befunde legen nahe, dass während der ersten zwei Lebensjahre die soziale und emotionale Entwicklung eine kritische Periode durchläuft. Erfahrungen von Nähe und Zuwendung sind während dieser Periode nötig, um eine normale psychische Entwicklung zu gewährleisten. Sind solche Erfahrungen nicht gegeben, so scheint dies einen langfristigen und tiefgreifenden Einfluss auf die psychische Entwicklung zu haben.

Aus neurobiologischer Sicht wird dieser prägende Effekt früher Erfahrungen von einer starken Beeinflussbarkeit der Organisation neuronaler Verschaltungen vermittelt. Frühe Erfahrungen bewirken hiernach eine Festlegung auf eines von mehreren möglichen neuronalen Verbindungsmustern. Dies geht während kritischer Perioden mit einer deutlichen Veränderung in der dendritischen und axonalen Verzweigung einher (Trachtenberg et al. 2002). Derartige schnelle und *nachhaltige* Veränderungen sind später nicht mehr in solchem Umfang möglich. Erfahrungen in späterer Kindheit und Jugend bilden sich eher in einer graduellen Verstärkung und Abschwächung synaptischer Kopplungen ab. Eine *kritische Periode* würde hiernach in solchen Systemen auftreten, in denen die strukturellen

Veränderungen jenseits eines bestimmten Alters irreversibel sind. Durch diese *Nachhaltigkeit* unterscheidet sich also die erfahrungsabhängige Umgestaltung des sich entwickelnden Gehirns deutlich von den Auswirkungen späterer Lernprozesse. Dies bedeutet auch, dass eine komplette Löschung früh angelegter Verschaltungen in späterer Zeit aufgrund anderer Erfahrungen – etwa im Zusammenhang von Psychotherapie – eher unwahrscheinlich ist. Vielmehr geht es hierbei eher um die Verstärkung bereits vorhandener konkurrierender Netzwerke (s. Kapitel 8 und 9).

Die weitere Ausreifung des Gehirns

Das *Hirnvolumen* des neugeborenen Kindes beträgt nur etwa ein Drittel bis ein Viertel des Volumens im Erwachsenenalter. Obwohl die meisten Neuronen bereits vor der Geburt entstehen, wächst das Volumen des Gehirns, insbesondere das der Hirnrinde, auch nach der Geburt rasant weiter, denn die Nervenzellen werden größer, entwickeln Fortsätze und bilden Synapsen. Außerdem entsteht neben neu ausgebildeten Blutgefäßen eine beachtliche Anzahl von Gliazellen. Dies beginnt viereinhalb Wochen nach der Befruchtung und setzt sich nach der Geburt fort. Eine bestimmte Klasse von Gliazellen, die Oligodendrozyten, sind im Zentralnervensystem für die Bildung von *Myelin* zuständig. Myelin ist eine lipidreiche Membran, welche die Axone der Neuronen umwickelt und isoliert und dadurch die schnelle und effiziente Übertragung von Aktionspotentialen entlang der Axone ermöglicht. Die Myelinisierung der Axone beginnt im Rückenmark bereits im ersten Schwangerschaftsdrittel. Im Gehirn wird sie gegen Ende des zweiten Schwangerschaftsdrittels eingeleitet und dehnt sich weit bis in das dritte Lebensjahrzehnt und darüber hinaus aus (Sowell et al. 1999).

Bei der Hirnreifung sind Struktur und Funktion eng miteinander verbunden. So bilden sich *Hirnstamm, Mittelhirn* und *Zwischenhirn* sehr früh aus, weil hier für den Embryo und Fötus wichtige motorische und vegetative Funktionen lokalisiert sind; erste Anlagen des Hirnstamms sind bereits im embryonalen Alter von dreieinhalb Wochen erkennbar.

Hinzu kommen Zellgruppen, die Dopamin, Noradrenalin, Adrenalin oder Serotonin produzieren und diese Stoffe über ihre Fortsätze im Gehirn verteilen. Der *Hypothalamus* beginnt seine Entwicklung ab der sechsten Entwicklungswoche, die *Hypo-*

physe noch früher. Der Hypophysen-Vorderlappen, die *Adenohypophyse*, entwickelt sich bereits ab der vierten Embryonalwoche. Zellen, die den Corticotropin-freisetzenden Faktor (CRF) produzieren, sind ab der siebten Woche nachweisbar. Dies zeigt, dass das Stressverarbeitungssystem besonders früh mit seiner Entwicklung beginnt. Der Hypophysen-Hinterlappen, die *Neurohypophyse*, reift gegen Ende der fünften Entwicklungswoche und beginnt im fötalen Alter von 12 bis 14 Wochen mit der Freisetzung von Neuropeptiden wie Oxytocin und Vasopressin.

Das *Großhirn* benötigt länger als die anderen Hirnteile für seine Reifung, und unterschiedliche Bereiche des Großhirns und des dazugehörigen Cortex reifen zu unterschiedlichen Zeiten, wobei generell subcorticale Anteile früher entstehen als assoziative corticale Anteile. Die relativ späte Ausreifung verschiedener Großhirnbereiche ist dafür verantwortlich, dass verschiedene Funktionen während der frühen Kindheit nur eingeschränkt vorhanden sind, so etwa die Fähigkeit, autobiographische Erinnerungen an diese Zeit zu bilden (s. Abschnitt 4.2).

Die *Amygdala* beginnt bereits in der fünften bis sechsten Schwangerschaftswoche mit ihrer Entwicklung, und ab dem dritten Schwangerschaftsmonat können die verschiedenen Kerngruppen der Amygdala unterschieden werden. Der *Nucleus accumbens* sowie die *septalen Kerne* beginnen mit ihrer Entwicklung in der sechsten bis siebten Woche, die Basalganglien folgen in der siebten bis achten Woche. Pyramidenzellen des *Hippocampus* beginnen in der 15. Woche mit ihrer charakteristischen Anordnung, und dieser Prozess ist nach der 23. bis 25. Woche im Subiculum und Ammonshorn weitgehend abgeschlossen, während der Gyrus dentatus sich erheblich später ausbildet. Die Ausbildung der dortigen Dendriten und Synapsen nimmt pränatal ihren Anfang und setzt sich über das fünfte postnatale Jahr hinaus fort. Dies erklärt das nur langsame Ausreifen des deklarativen, d. h. erinnerungsfähigen und sprachlich berichtbaren Gedächtnisses im Kindesalter.

Bereits vor der 15. Woche der Schwangerschaft beginnt die Oberfläche des wachsenden Gehirns Furchen (*Sulci*) und Windungen (*Gyri*) auszubilden, die der Hirnrinde das charakteristische Aussehen verleihen. Auch hier gibt es deutliche Reifungsunterschiede. Allgemein reifen limbische Bereiche der Hirnrinde relativ früh in der Schwangerschaft aus. So wird im fötalen Alter von 16 bis 19 Wochen der cinguläre Cortex als Windung sichtbar, lange bevor im Schwangerschaftsalter von 24 bis 27 Wochen die Windungen des präfrontalen Cortex entstehen. Die Windungen des orbitofrontalen Cortex entstehen hingegen sehr spät. Bei der Geburt sind nahezu alle Windungen vorhanden, doch die Komplexität des Musters von Furchen und Windungen nimmt auch nach der Geburt noch zu.

Im Neugeborenenalter findet aufgrund der geringen Binnenverdrahtung und Myelinisierung der Axone in den meisten Bereichen der Hirnrinde nur eine geringe funktionale Aktivität statt (Chugani 1998). Dies kann das relativ begrenzte Verhaltensrepertoire Neugeborener erklären, das durch einfache Reflexe und eine nur geringe Fähigkeit gekennzeichnet ist, visuelle Reize und motorische Reaktionen zu koordinieren. Erst im Alter von zwei bis drei Monaten erhöht sich die Aktivität in den verschiedenen sensorischen und motorischen Bereichen der Hirnrinde. Gleichzeitig gelingt es dem Säugling immer besser, visuelle Reize, räumliche Informationen und motorische Reaktionen zu integrieren. Der Säugling beginnt, ein Objekt gezielt zu ergreifen. Während der zweiten Hälfte des ersten postnatalen Jahres erhöht sich schließlich die funktionale Aktivität im Frontalhirn, zu einer Zeit also, in der wichtige kognitiv-emotionale Verhaltensweisen entstehen wie etwa die Angst vor Fremden oder das Wissen um das Weiterbestehen von Objekten, wenn diese aus dem Gesichtsfeld verschwinden (die sogenannte Objektpermanenz).

Corticale Regionen, die mit sensorischen Funktionen wie dem Sehen befasst sind, reifen früher aus als Areale, die für komplexere Funktionen zuständig sind. Die Schläfen-, Scheitel- und Hinterhauptslappen weisen etwa im Übergang vom Jugendalter zum Erwachsenenalter keine wesentlichen Reifungsprozesse mehr auf (Sowell et al. 1999). Bereiche des frontalen Cortex dagegen reifen während dieser Zeit noch weiter. Diese späte Reifung des präfrontalen und des orbitofrontalen Cortex ist bedeutsam, denn beide sind zuständig für die Emotionsregulation, das Abwägen der Konsequenzen von Entscheidungen, das Setzen von Prioritäten und den Entwurf von Strategien – Funktionen, die erst während der Jugend weiterentwickelt werden.

4.2 Die Entwicklung der kindlichen Psyche

Wie eingangs festgestellt, vollzieht sich die emotional-psychische und kognitive Entwicklung des Kindes in direktem Zusammenhang mit der Ausreifung des Gehirns. Psychische Funktionen entstehen dann, wenn die mit diesen Funktionen befassten Strukturen des Gehirns einen gewissen Reifegrad erlangen. Allerdings ist – auch aufgrund methodischer Beschränkungen (man kann an Säuglingen und Kleinkindern keine funktionelle Kernspintomographie betreiben) – eine detaillierte Zuordnung beim Ausreifen von Gehirn und Psyche bisher nur sehr begrenzt möglich.

Die Entwicklung des kindlichen Emotionsverständnisses und einer »Theory of Mind«

Die frühe emotionale Kommunikation des Säuglings mit seiner Umwelt bildet die Grundlage für seine gesamte weitere emotional-psychische Entwicklung. Eine wichtige Quelle hierfür ist das Gesicht der Eltern, insbesondere der Mutter oder einer anderen primären Bezugsperson. In welchem Alter aber Säuglinge emotionale Gesichtsausdrücke, also *Mimik*, erkennen können, wird kontrovers diskutiert. Eine Imitation der Mimik ist unter gewissen Bedingungen bereits nach wenigen Tagen möglich, es ist jedoch unwahrscheinlich, dass Neugeborene bereits zu diesem Zeitpunkt *verstehen, was* sie imitieren, denn die assoziative Großhirnrinde ist noch ganz unreif.

Ab wann ein solches Verstehen auftritt, kann man feststellen, wenn man den Prozess des *sozialen Referenzierens* untersucht. Dies bezeichnet die Verwendung emotionaler kommunikativer Signale Anderer für die Anleitung des eigenen Handelns: Säuglinge lernen, emotionale Signale im Gesicht, in der Stimme oder in der Gestik ihrer Bezugspersonen zu lesen und diese Information für die Beurteilung unbekannter Situationen und für eigenes Verhalten zu verwenden.

> So neigt ein Säugling dazu, ein neues Spielzeug über den mütterlichen Gesichtsausdruck zu beurteilen. Reagiert die Mutter darauf mit Furcht, dann wird der Säugling es vermeiden, das Spielzeug zu berühren. Zeigt die Mutter dagegen Freude, wird der Säugling es erkunden. Untersuchungen an neun Monate alten Säuglingen ergaben, dass Kinder, deren Mutter einen Fremden freudig begrüßt, ein ausdauerndes Lächeln gegenüber der Mutter und dem Fremden zeigen und nur wenig zurückhaltend sind. Wird dagegen der Fremde von der Mutter mit ernster Stimme und einem Stirnrunzeln begrüßt, so reagieren die Kinder nicht mit verstärktem Lächeln und sind motorisch gehemmt (Boccia und Campos 1989). All dies setzt den Beginn der Reifung lim-

bischer Cortexareale voraus, insbesondere des insulären und anterioren cingulären Cortex.

Der Begriff der »Theory of Mind«, abgekürzt ToM, der sich auch im Deutschen festgesetzt hat, bedeutet die Fähigkeit, den mentalen Zustand anderer Menschen, so etwa ihre Gedankengänge, Überzeugungen und Wünsche zu begreifen und ihr Verhalten auf dieser Grundlage in Grenzen vorausahnen zu können. Man nimmt dabei die Perspektive des Anderen ein. Zur Untersuchung dieser Fähigkeit bei Kindern wurde das Paradigma der »falschen Überzeugung« (englisch *false belief*) entwickelt. Man fand heraus, dass Kinder etwa im Alter von sechs Jahren begannen, eine ToM zu entwickeln.

Kindern wird hierbei eine Geschichte vorgespielt, in der ein Junge namens Maxi eine Schokolade in einen blauen Schrank legt und den Raum verlässt. Seine Mutter platziert die Schokolade während seiner Abwesenheit in einem grünen Schrank und verlässt ebenfalls den Raum. Maxi kommt zurück und möchte ein Stück Schokolade essen. Die Kinder werden nun gefragt, in welchem Schrank Maxi nach der Schokolade suchen würde. Die richtige Antwort lautet, Maxi würde in dem blauen Schrank nachsehen, da er aufgrund seiner Informationen fälschlicherweise annimmt, sie sei dort. Ist ein Kind in der Lage, die mentale Perspektive eines Anderen einzunehmen, so wird es die Frage korrekt beantworten können. Dies war in der Untersuchung bei den meisten sechs- bis neunjährigen Kindern auch der Fall, da der assoziative Cortex und das Realitätswahrnehmungssystem bei ihnen hinreichend ausgebildet sind. Vier- bis fünfjährige Kinder, bei denen dies noch nicht der Fall ist, gaben jedoch meist die falsche Antwort, denn sie glaubten, Maxi würde an der tatsächlichen Position nach der Schokolade suchen. Die Kinder, die eine richtige Antwort geben, verstehen, dass andere Menschen eine Meinung haben können, die nicht der Realität entspricht.

Andere Untersuchungen, in denen anhand der Blickrichtung auf die mentalen Inhalte des Kindes geschlossen wurde, kommen zu dem Ergebnis, dass ein Verständnis des *false belief* bereits wesentlich früher auftreten, dann aber nicht unbedingt verbal geäußert werden kann. Von besonderer Bedeutung für den Zusammenhang von Sprache und ToM sind die mütterlichen Äußerungen zur Beschreibung mentaler Zustände.

Kinder von Müttern, die das freie Spiel ihrer Babys mit passenden Anmerkungen über den mentalen Zustand ihres Kindes kommentieren wie »Das langweilt dich, was?« oder »Du weißt, dass das ein Ball ist, oder?« können im Kindergartenalter ausgesprochen gut die Perspektive Anderer einnehmen (Meins et al. 2002). Beantworten Mütter Verstöße ihres Kindes mit der Bitte um das Nachdenken über die Gefühle des Opfers, dann geht dies mit einer besseren ToM-Leistung einher als bei einer bloßen Zurechtweisung des Kindes (Ruffman et al. 1999).

Das Bindungsmuster eines Kindes (s. unten) steht ebenfalls in engem Zusammenhang mit der Fähigkeit, sich in andere hineinversetzen zu können, denn sicher gebundene Kinder können besser als unsicher gebundene Kinder die Perspektive anderer Menschen einnehmen und dementsprechend handeln.

Die Entwicklung des autobiographischen Gedächtnisses

Gedächtnisleistungen umfassen zum einen automatisch ablaufende *implizite* oder *prozedurale* Inhalte, etwa Fertigkeiten wie Fahrrad fahren oder eine Tastatur bedienen, die höchstens ein begleitendes Bewusstsein aufweisen, und zum anderen *explizite* oder *deklarative* Prozesse. Letztere beziehen sich auf von Detailkenntnissen begleitete Gedächtnisinhalte, die zumindest im Prinzip sprachlich berichtet werden können. Dazu gehört neben dem Wissens- bzw. Faktengedächtnis das *episodische* Gedächtnis, welches als Kern das autobiographische Gedächtnis, d.h. die Erinnerung an Ereignisse des eigenen Lebens beinhaltet. Diese unterschiedlichen Gedächtnissysteme sind an die Aktivität ganz unterschiedlicher Hirnzentren gebunden: Während das implizite Gedächtnis vornehmlich in den Basalganglien und dem Cerebellum lokalisiert ist, sind die Inhalte des deklarativen, bewusstseinsfähigen und sprachlich berichtbaren Gedächtnisses in der assoziativen Großhirnrinde gespeichert. Speicherung und Abruf dieser Erinnerungen werden vom Hippocampus organisiert (vgl. Kapitel 6 und Roth 2003).

Das autobiographische Gedächtnis ist von besonderer Bedeutung für die Entwicklung der Psyche im Zusammenhang mit Fragen wie: Was haben wir als Kinder und Jugendliche alles erlebt? Hatten wir schöne Erlebnisse, oder wurde unser Leben durch negative Ereignisse geprägt?

Versucht man sich an die eigene Kindheit zu erinnern, so fällt auf, dass

Erinnerungen an die ersten zwei bis drei Jahre nicht möglich sind. Dieses Phänomen wird seit Sigmund Freud als *infantile Amnesie* bezeichnet. In welchem Alter die infantile Amnesie endet, und ob die dann gemachten Erfahrungen später erinnerungsfähig sind, ist von Mensch zu Mensch verschieden. Einige datieren ihre frühesten Kindheitserinnerungen auf ein Alter von 18 bis 24 Monaten, viele auf ein Alter von drei Jahren und in einigen Fällen kann die infantile Amnesie bis zum achten Lebensjahr oder länger reichen.

Es gibt verschiedene Erklärungsansätze zur Entwicklung des autobiographischen Gedächtnisses und zum Phänomen der infantilen Amnesie. Einige Autoren sind der Ansicht, Reifungsprozesse des Gehirns würden eine verzögerte Entwicklung des autobiographischen Gedächtnisses bewirken. Es könnte sein, dass Hirnregionen wie der vordere Temporalcortex, der für die Organisation der langfristigen Speicherung autobiographischer Informationen zuständig ist, während der ersten zwei bis drei Lebensjahre noch nicht genügend ausgereift sind, um die entsprechenden Informationen zu verarbeiten und zu speichern. Andere Wissenschaftler glauben, dass für die Speicherung autobiographischer Erinnerungen ein Selbstkonzept nötig ist. Das erstmalige Erkennen des Selbst findet im Alter von 18 bis 24 Monaten statt und ermöglicht die Codierung von Ereignissen als *persönlich* und somit die Entstehung des autobiographischen Gedächtnisses. Ein anderer Faktor in der Bildung autobiographischer Erinnerungen könnte die Sprachentwicklung sein. Die Sprache könnte eine Organisationsstruktur für die persönlichen Erfahrungen liefern und die Sprachfähigkeit zum Zeitpunkt der Erfahrung dasjenige beeinflussen, was anschließend über dieses Ereignis erinnert wird. Zudem ist wichtig, ob und in welcher Weise die Eltern mit dem Kind über Vergangenes reden. Wahrscheinlich wird die infantile Amnesie von mehr als einem dieser Faktoren bewirkt.

Ein weiterer Aspekt, der in der Diskussion um die Entwicklung des autobiographischen Gedächtnisses immer wieder zu Kontroversen führt, ist die Erinnerung an eigene *traumatische* Erlebnisse. Kann man sich an traumatische Erlebnisse besser oder schlechter als an andere Ereignisse erinnern? Können Traumata vergessen und zu einem späteren Zeitpunkt wieder erinnert werden? Es zeigt sich, dass starke Emotionen, wie sie im Zusammenhang mit traumatischen Erlebnissen auftreten, Erinnerungen verstärken, zum anderen aber auch die Erinnerungsfähigkeit beeinträchtigen können.

Offenbar ist in einer sehr emotionalen Situation die Erinnerung an den zentralen emotionalen Reiz verstärkt, während die Erinnerung an periphere Details beeinträchtigt ist (Brewin 2007), was übrigens von erheblicher rechtspsychologisch-forensischer Bedeutung ist.

In der Beurteilung des autobiographischen Gedächtnisses muss zudem zwischen unwillkürlichen und ungefragt in das Bewusstsein eintretenden lebendigen Bildern vergangener Ereignisse einerseits und bewusst gesteuerten willkürlichen Erinnerungen andererseits unterschieden werden. Das Krankheitsbild der »posttraumatischen Belastungsstörung«, das sich bei bestimmten Personen in Folge eines traumatischen Erlebnisses entwickelt (vgl. Kapitel 7), ist durch das häufige Auftreten unwillkürlicher Erinnerungen an bestimmte Momente oder Bilder der traumatischen Situation charakterisiert. Diese Erinnerungen sind häufig emotional hoch aufgeladen und quälend. Auf der anderen Seite haben Personen mit dieser Erkrankung Schwierigkeiten, bewusst und willkürlich bestimmte Aspekte des Traumas abzurufen. Ihre Erinnerungen daran sind häufig bruchstückhaft und desorganisiert. Offenbar kommt es auch zu einer Interaktion der beiden Gedächtnisprozesse, denn diejenigen Patienten, die besonders von solchen plötzlichen »Intrusionen« betroffen sind, haben die meisten Schwierigkeiten beim willkürlichen Abruf autobiographischer Gedächtnisinhalte.

Auf Ebene des Gehirns könnte eine stressbedingte Schädigung des Hippocampus am Verlust der expliziten autobiographischen Gedächtnisinhalte beteiligt sein. Der verstärkten Speicherung traumatischer Bilder liegt dagegen vermutlich ein Einfluss des Noradrenalins auf die Verschaltungen der Amygdala zugrunde.

Im Falle frühkindlicher traumatischer Ereignisse kommt hinzu, dass subcorticale Hirnbereiche wie die Amygdala früh ausreifen und eine langfristige Speicherung der traumatischen Inhalte ermöglichen, während die spätere Ausreifung von Hippocampus und assoziativer Hirnrinde eine differenzierte Speicherung der expliziten autobiographischen Erinnerungen nicht zulässt. Dies kann erklären, weshalb einerseits frühe Traumatisierungen (z.B. ein missbrauchender Vater) einen nachhaltigen Einfluss auf die psychische Entwicklung haben und auch Schlüsselreize (z.B. der Geruch von Bier) später Angst provozieren können, andererseits die frühe Traumatisierung selbst jedoch häufig nicht erinnert wird.

Die Entwicklung von Emotionen und Emotionsregulation

Nach dem *Internalisierungsmodell der Emotionsentwicklung* von Holodynski (2004) haben Emotionen eine *handlungsregulierende* Funktion: Sie überprüfen, ob Wahrnehmungen eine Bedeutung für einen erwünschten Zustand einer Person haben, und bewirken, dass Bewältigungshandlungen durchgeführt werden. Wenn etwa das Gefühl der Furcht anzeigt, dass von einer bestimmten Person Gefahr ausgeht und dies den gegenwärtigen sicheren Zustand gefährdet, dann wird diese Furcht das Individuum vermutlich veranlassen, sich von der Person zu entfernen. Die Bewältigungshandlungen können Handlungen des Individuums selbst (*intrapersonale* Regulation) oder Handlungen einer anderen Person (*interpersonale* Regulation) darstellen. So kann etwa Trauer ein Selbsttrösten bewirken oder das Individuum veranlassen, sich jemanden zu suchen, der es tröstet.

Bei Säuglingen ist die handlungsregulierende Funktion von Emotionen interpersonal, da Säuglinge noch keine eigenen Bewältigungsstrategien beherrschen. Der Säugling drückt hierzu seine Emotionen mit Mimik, Gestik, Klang der Stimme, Blickverhalten und anderen Reaktionen aus. So rümpft er die Nase, wenn er eine Speise als ekelhaft empfindet, und erreicht dadurch in der Regel, dass man aufhört, ihn zu füttern. Erwachsene verwenden hingegen häufig eine intrapersonale Regulationsstrategie und führen die Bewältigungshandlungen selbst aus. Holodynski folgert daraus, dass im Verlauf der Individualentwicklung die intrapersonale Regulationsfunktion der Emotionen aus der interpersonalen Regulation hervorgeht.

Neugeborene besitzen dem Modell zufolge fünf Emotionen, nämlich (1) Kummer/Sorge (*Distress*), (2) Interesse, (3) inneres Wohlbehagen, (4) Erschrecken/Furcht und (5) Ekel. Diese Emotionen Neugeborener stellen nach dem Modell »Vorläuferemotionen« dar. Sie werden durch physische Reise ausgelöst und enthalten noch keine Zuschreibung von Bedeutung. Die emotionale Entwicklung lässt sich in drei Phasen gliedern. In der *ersten Entwicklungsphase* während des Säuglings- und Kleinkindalters muss das Kind aus den Vorläuferemotionen ein Repertoire an differenzierten Emotionen aufbauen. Hierzu gehören Wohlbehagen, Freude, Zuneigung und Belustigung, Frustration, Ärger und Trotz, Furcht und Verlegenheit, Überraschung, Kummer und Traurigkeit. Für die Ausbildung dieser Systeme ist es wichtig, dass während dieser Zeit eine interpersonale Regulation mit feinfühligen Bezugspersonen stattfindet; jedoch muss auch die

Bezugsperson den kindlichen Emotionsausdruck *spiegeln*, was z.B. bei Personen mit einer psychischen Erkrankung wie der Depression häufig nicht der Fall ist.

In der *zweiten Phase* im Kleinkind- und Vorschulalter, also zwischen dem dritten bis sechsten Lebensjahr, entstehen erstmals *intrapersonale* Regulationsstrategien mit selbständigen Bewältigungshandlungen, so etwa das energische Herausziehen eines begehrten, aber verklemmten Spielzeuges aus einer Schublade. Die Kinder lernen ebenso, die eigenen Bedürfnisse mit ihrem sozialen Umfeld zu koordinieren, sie aufzuschieben oder ganz auf sie zu verzichten. Es wird von dem Kleinkind verlangt, sich an bestimmten Verhaltensstandards zu orientieren und diese einzuhalten. In dieser Phase ist die obere limbische Ebene der Sozialisation von großer Bedeutung. Gegen Ende des Vorschulalters beginnen die Kinder, ihre Leistungen anhand von Erfolg und Misserfolg selbst zu bewerten. Es entstehen Emotionen wie Stolz, Scham und Schuld und vermitteln dem Kind ein normgerechtes Handeln. Diese Reaktionen werden zunächst nur in der sozialen Interaktion mit Erwachsenen erlebt. In dieser Phase der Entwicklung entsteht zudem die Fähigkeit zur *reflexiven Emotionsregulation*. Die Kinder lernen Strategien, um die Intensität und Qualität ihrer Emotionen entsprechend den sozialen Normen und situativen Anforderungen zu regulieren. Sie müssen lernen, Frustrationen zu tolerieren, Furcht und Angst zu bewältigen oder sich selbst und den eigenen Besitz zu verteidigen, ohne dabei sozial unerwünschtes Verhalten anzuwenden. Die Fähigkeit zur Emotionsregulation entwickelt sich aber nur allmählich. Vor dieser Phase waren die Kinder dabei noch weitgehend von Erwachsenen abhängig.

Der Säugling besitzt ein begrenztes Repertoire an selbstberuhigenden Verhaltensweisen wie das Saugen an der Hand, visuelle Blickvermeidung, Rückzug und Schaukeln, die wenig effektiv sind, wenn der Stress anhält oder die Erregung sehr hoch ist. In diesem Fall ist für die Regulation der emotionalen Erregung die Unterstützung durch die Bezugsperson erforderlich. Der Säugling signalisiert durch seinen emotionalen Ausdruck dem Betreuer seinen emotionalen Zustand und leitet so das Verhalten seines Betreuers an. Eltern sind mit *Verhaltensdispositionen* ausgestattet, die es ihnen ermöglichen, intuitiv die Signale des Babys zu erfassen und ihm Unterstützung zu leisten (Papoušek 2004). Der Erwachsene kann die Quelle der emotionalen

Belastung entfernen oder anderen Beistand wie Kuscheln, den Schnuller und das Lieblingsspielzeug anbieten, der die Erregungsbewältigung unterstützt. Entsprechend dem Zustand des Säuglings regen die Eltern das Kind an, beruhigen oder trösten es oder lenken seine Aufmerksamkeit auf etwas anderes.

Im frühen Kleinkindalter beginnt mit der bewussten Unterscheidung zwischen Selbst und Anderen die *selbständige Regulation* der eigenen Handlungen und Emotionen. Dies bedeutet, dass eine emotionale Handlungsbereitschaft durch eigene Aktivitäten gehemmt wird. Dafür müssen Handlungen wie Warten oder Rückzug ausgeführt werden, zu denen man eigentlich nicht bereit ist. Kinder meistern zunehmend im Alter zwischen drei und sechs Jahren diese Fähigkeit, so etwa durch Selbstablenkung, selbstberuhigendes Einkuscheln, Flucht und zeitlichen Aufschub.

Die *dritte Entwicklungsphase* ab dem sechsten Lebensjahr ist durch eine *Internalisierung* des emotionalen Ausdrucks gekennzeichnet, und Emotionen sind nicht mehr wie bei jüngeren Kindern zu jeder Zeit am Ausdrucksverhalten ablesbar. Sie sind nur subjektiv als Ausdrucks- und Körpersensationen wahrnehmbar; so wird etwa aus einem hörbaren Fluchen ein inneres Fluchen.

Das Bindungssystem

Das Bindungssystem hat die Aufgabe, Fühlen, Denken und Handeln so zu organisieren, dass das übergeordnete Ziel, nämlich Schutz und Fürsorge, erreicht wird. Es ruft *Bindungsverhalten* hervor. Hierzu gehören Verhaltensweisen, die Nähe oder Kontakt fördern und langfristig auf ein bestimmtes Individuum oder wenige Individuen gerichtet sind. Das Bindungsverhalten kann in Lächeln, Weinen oder Rufen, aber auch in Annäherung, Nachfolgen und Anhänglichkeit zum Ausdruck kommen. Es wird nur unter *Belastung* aktiviert, etwa wenn ein kleines Kind die Nähe seiner Bindungsperson braucht, weil es müde, krank, verletzt oder hungrig ist, angegriffen wird, eine fremde Person ihm zu nahe kommt, oder wenn eine Gefährdung der Bindungsbeziehung durch Trennung droht. Auch wenn die Bedrohung von der Bindungsperson selbst ausgeht, zeigt das Kind schutzsuchendes Bindungsverhalten. Ist durch das Bindungsverhalten die Nähe zur Bindungsperson hergestellt, dann ist das Bindungssystem befriedigt und wird inaktiv. Das Bindungsverhalten tritt mit zunehmendem Alter seltener und weniger intensiv auf, bleibt aber weiterhin Bestandteil des menschlichen Verhaltensrepertoires und kann auch bei Erwachsenen infolge starker Belastungen, Krankheit oder Angst auftreten.

Die *Bereitschaft* zur Bindung ist weitgehend angeboren und auf der unteren limbischen Ebene angesiedelt. Bereits das Neugeborene zeigt eine Bereitschaft für soziale Interaktionen. Es bevorzugt Gesichter gegenüber anderen Mustern, die Stimme der Mutter gegenüber anderen Geräuschen, das Schreien anderer Säuglinge gegenüber künstlichem Schreien und einen menschlichen Finger gegenüber einem solchen aus Holz. Es geht um kindliches Verhalten, das Mutter und Kind zusammenbringt, um das hilflose Kleinkind vor Risiken der Umwelt zu schützen und so das Überleben der Art zu sichern.

Die angeborenen Reaktionen bilden ebenso die Grundlage für das *explorative* Verhalten des Kindes, denn nur durch die Entfernung von der Mutter und den Erwerb von Wissen über die Eigenschaften der physischen und sozialen Umgebung kann der Zweck einer verlängerten Kindheit, nämlich die Anpassung an unterschiedliche Umwelten, gesichert werden. Bindungsverhalten und Exploration stehen in einem dynamischen Gleichgewicht, und jedes der beiden Systeme ist mit Funktionen ausgestattet, die für das Überleben der Art bedeutsam sind. In Anwesenheit der Mutter des gebundenen Kindes wird das Gleichgewicht in Richtung Exploration verschoben: Das Kind kann ungestört seine Umwelt erkunden. Die Mutter stellt in einer solchen Situation eine sichere Basis dar, von der aus das Kind seine Umgebung erforschen und zu der es bei Bedarf zurückkehren kann. Bedrohliche Situationen, etwa aufgrund einer externen Gefahr oder einer bevorstehenden oder tatsächlichen Trennung von der Mutter veranlassen das Kind, sofort wieder die Nähe der Mutter zu suchen. Das Gleichgewicht wird dann in Richtung eines erhöhten Bindungsverhaltens und einer verringerten Exploration verlagert.

Die Entwicklung der Bindungsbeziehung
Die Entwicklung der Bindungsbeziehung wird von Entwicklungspsychologen in vier Phasen eingeteilt. Die *erste* Phase, die bis etwa zum zweiten Monat dauert, besteht in sozialen Reaktionsweisen wie Anschauen, Schreien und Umklammern. Diese treten mehr oder weniger reflexartig auf und sind noch nicht auf eine bestimmte Person gerichtet. In der *zweiten*

Phase etwa bis zum sechsten Monat richtet der Säugling seine sozialen Signale, z.B. Lachen, Vokalisieren oder Ausstrecken der Arme, bevorzugt an seine Mutter oder wenige andere Vertraute und lässt sich von der Mutter eher trösten als von nicht vertrauten Personen. In der *dritten* Phase können Entwicklungsfortschritte des zweiten Halbjahres wie Krabbeln oder Rutschen, gezieltes Greifen oder eine wachsende Vorstellung von der Mutter ein deutliches Bindungsverhalten hervorbringen, das sich etwa in der Suche nach der Nähe der Mutter oder im Rufen nach ihr äußert. Der Säugling lernt, die Reaktionen seiner Bindungspersonen auf sein Verhalten vorherzusagen. Er kann sich der Bindungsperson anpassen und z.b. Nähe-suchendes Bindungsverhalten durch kommunikatives Bindungsverhalten ersetzen, wenn sich die Mutter vom Kind entfernt hat. Während dieser Phase beginnt der Säugling außerdem zu protestieren, wenn die Mutter unerwartet und ohne seine Einwilligung weggeht. Er kann seine Mutter nun als sichere Basis für die Exploration nutzen. In der *vierten* Phase, im Vorschulalter, entwickelt das Kind ein Verständnis für die aktuellen Ziele und Absichten der Bindungsperson und die möglichen Interessenskonflikte zwischen den Plänen der Mutter und den eigenen Wünschen. Es kann dieses Wissen in sein eigenes Denken und Handeln einbeziehen und versuchen, das Verhalten der Mutter so zu beeinflussen, dass es eher den eigenen Wünschen entspricht oder einen für beide akzeptablen Kompromiss darstellt. So entsteht eine *Partnerschaft* zwischen Mutter und Kind.

Klassifizierung der Bindungsqualität

Während der 50er Jahre des vorigen Jahrhunderts arbeitete der Pionier der Bindungsforschung, John Bowlby, bereits mit der bedeutenden Bindungsforscherin Mary Ainsworth zusammen, die die Ideen Bowlbys erweiterte und Möglichkeiten fand, diese empirisch zu überprüfen. Ihr gelang es auch, die Qualität der Bindung zwischen Mutter und Kind zu klassifizieren. Zusammen mit Barbara Wittig untersuchte sie die Entwicklung der Mutter-Kind-Bindung im Verlauf des ersten Lebensjahres. Sie sammelten Beobachtungen über das Verhalten der Babys in der gewohnten Umgebung des eigenen Zuhauses und führten darüber hinaus das Paradigma der »Fremden Situation« ein, um auch den Einfluss der Bindung auf das kindliche Verhalten in unbekannten Situationen untersuchen zu können.

Die »Fremde Situation« setzt sich aus acht in fester Reihenfolge ablaufenden Episoden definierter Länge zusammen, in denen sich das einjährige Kind für wenige Minuten in einem unbekannten Spielzimmer befindet, und zwar (1) mit der Mutter und einer Beobachterin, (2) nur mit der Mutter, (3) mit der Mutter und einer Fremden, (4) nur mit der Fremden, (5) nur mit der Mutter, (6) allein, (7) nur mit der Fremden und (8) nur mit der Mutter.

Aufgrund der in der »Fremden Situation« beobachteten Verhaltensunterschiede wird das Bindungsverhalten der Kinder in vier Gruppen von A bis D eingeteilt. Kinder der *Gruppe B* werden als *sicher* gebunden klassifiziert. Diese Kinder nutzen ihre Mutter als sichere Basis für die Exploration und zeigen das harmonische Gleichgewicht von Bindungsverhalten und Exploration. Sie explorieren, wenn sie sich der Nähe des Elternteils sicher sind, verlagern ihre Aufmerksamkeit in Richtung Bindung, wenn die Nähe gefährdet ist, und zeigen bei einer Wiedervereinigung Bindungsverhalten, um sich dann wieder der Exploration zuzuwenden. Diese Kinder verfügen über eine ausgewogene Strategie zur Wiederherstellung psychischer Sicherheit durch Beruhigung des Bindungssystems und sind deshalb zu konzentrierter und unbeeinträchtigter Exploration in der Lage.

Kinder der *Gruppen A und C* zeigen dagegen *unsichere* Bindungsqualitäten, unterscheiden sich aber in der Intensität des Bindungsverhaltens. In Gruppe A ist das Bindungssystem deaktiviert, und Bindungsverhalten wird entsprechend vermieden. Die Bindungsqualität der Gruppe A wird deshalb *unsicher-vermeidend* genannt. *Vermeidende* Kinder lenken in einer Stresssituation ihre Aufmerksamkeit gezielt von der Bindungsperson fort und richten sie unter anderem auf Gegenstände. Mit zunehmender Verzweiflung bemühen sie sich immer mehr, der Bindungsperson ihr Leid nicht zu zeigen. Schauen sie die Mutter an, um festzustellen, ob sie bei ihnen bleibt, so machen sie dieses häufig genau dann, wenn die Mutter gerade wegschaut. Versucht die Mutter, den Blick zu erwidern, wenden die Kinder den Blick ab.

Gruppe C ist gekennzeichnet durch eine Überaktivierung des Bindungssystems und durch ambivalentes Bindungsverhalten; sie wird als *unsicherambivalent* oder *unsicher-resistent* bezeichnet. Kinder mit einem solchen Bindungsmuster können in einer belastenden Situation ihre Aufmerksamkeit nicht von der Bindungsperson abwenden. Das Bindungssystem dieser Kinder wird auch dann übertrieben stark aktiviert, wenn nur kleinere emotionale Verunsicherungen eintreten, so dass das Explorationsverhalten auch in Anwesenheit der Bindungsperson stark eingeschränkt ist. Das ausgeprägte Bindungsverhalten ist bei diesen Kindern an den gleichzeitigen Ausdruck von *Ärger* gebunden. Dieses Zusammenspiel von Angst und Ärger könnte in der Mutter-Kind-Interaktion zu Hause begründet sein, da beide Emotionen auch dann auftreten, wenn die Mütter liebevoll auf ihr Kind eingehen. Die Kinder verfolgen wachsam mögliche Trennungsabsichten der Mutter, suchen intensiv nach Nähe, weisen sie aber gleichzeitig zurück und finden nur sehr langsam Beruhigung durch den Kontakt mit ihr.

In der Analyse der Bindungssicherheit kann in der Regel ein bestimmter Anteil der Kinder nicht in eine der drei Gruppen A bis C eingeordnet werden, da ihr Verhalten in der Fremden Situation hinsichtlich verwendeter Bindungsstrategien inkonsistent ist. Deshalb wurde das ergänzende Muster der *Desorientierung/Desorganisation* (Gruppe D) definiert, um dieses Verhalten von den organisierten Bindungsmustern A, B, und C abzugrenzen. Die Merkmale der Desorganisation können sehr verschiedenartig sein. In der Fremden Situation kann es etwa zu unterbrochenen, eingefrorenen, verlangsamten, unangebrachten oder stereotypen Bewegungen kommen. Charakteristisch ist auch, dass nacheinander oder gleichzeitig widersprüchliche Verhaltensmuster auftreten, z.B. eine Annäherung bei gleichzeitiger Abwendung des Kopfes. Annäherungsbewegungen werden teilweise durch die gleichzeitige Aktivierung vermeidender Tendenzen gehemmt, die jedoch nicht ausreichen, um die Bewegungen vollständig zu verhindern. Andere Kinder halten sich an ihren Eltern fest, drehen sich aber mit einem benommenen und düsteren Blick weg. Sie besitzen offenbar weder die Fähigkeit zur Exploration noch zur Interaktion. Das Bindungssystem und das Explorationssystem scheinen sich gegenseitig zu hemmen.

Eines der deutlichsten Merkmale des desorganisiert gebundenen Kindes ist der ungerichtete Ausdruck von Furcht und Verzweiflung, d. h., diese Emotionen werden nicht von einer physischen oder kommunikativen Orientierung zum Elternteil hin begleitet. Entsprechende Kriterien für die D-Klassifikation sind aber nur im Beisein des Elternteils gültig. In Abwesenheit der Eltern sind einige charakteristische Verhaltensweisen, so etwa eine gehemmte Bewegung, durchaus normal. Die D-Kriterien können außerdem nur auf Kinder im Alter von 12 bis 18 Monaten angewandt werden. In späterem Alter zeigen D-Kinder *kein* offensichtlich desorganisiertes, sondern ein kontrollierendes oder beschwichtigendes Verhalten. Im frühen Schulalter reagieren sie nach einer einstündigen Trennungssituation häufig mit dem Versuch, durch eine Rollenumkehr die Führung zu übernehmen. Sie benehmen sich strafend, indem sie die Bindungsperson maßregeln, in Verlegenheit bringen oder erniedrigen, oder sie sind übermäßig fröhlich und fürsorglich und zeigen eine übertriebene Begeisterung über die Wiedervereinigung mit der Bindungsperson (Main und Solomon 1990; Zulauf-Logoz 2004).

Einflussfaktoren der Bindungsqualität
Die Qualität der Bindungsbeziehung kann sowohl von mütterlichen Eigenschaften bzw. Merkmalen der Interaktion zwischen Mutter und Kind als auch von kindlichen Anlagen sowie von sozialen Faktoren beeinflusst werden. In den 1970er und 1980er Jahren wurde vor allem der mütterliche Einfluss auf die Bindungsqualität in den Vordergrund gestellt. Mary Ainsworth und ihre Mitarbeiter analysierten den Einfluss des mütterlichen Verhaltens während des letzten Viertels des ersten Lebensjahres und zeigten, dass die Mütter der B-Kinder sensitiver, akzeptierender, kooperativer und zugänglicher waren als die Mütter der anderen Kinder. Mütter der C-Gruppe waren eher insensitiv, willkürlich und ignorierend, und Mütter der A-Kinder insensitiv, beeinflussend und ablehnend (Ainsworth et al. 1971).

Andere Psychologen fanden, dass die Interaktionen zwischen Müttern und *unsichervermeidend* gebundenen Kindern im Alter von drei bis neun Monaten durch mütterliche Aufdringlichkeit und Überstimulation gekennzeichnet ist. Die Mütter redeten nahezu ständig auf die Kinder ein und verpassten es gleichzeitig, auf die Kommunikationsversuche ihres Säuglings zu antworten. In der Mutter-Kind-Interaktion *resistenter* Kinder engagierten sich die Mütter in diesem Alter nur wenig und verhielten sich inkonsistent, indem sie oft nicht verfügbar waren, wenn das Kind die Interaktion suchte, und Interaktionen wünschten, wenn der Säugling nicht daran interessiert war (Isabella und Belsky 1991). Demgemäß ist nicht so sehr das Ausmaß der mütterlichen Fürsorge, sondern die Qualität der Feinfühligkeit entscheidend für eine sichere Bindung.

In der Entwicklung einer *desorganisierten* Bindungsbeziehung scheinen allerdings weniger die Defizite in der Feinfühligkeit der Mutter als vielmehr deren *psychische Verfassung* im Vordergrund zu stehen. Einige Mütter, deren Kinder der D-Gruppe zugeordnet wurden, leiden selbst an ungelösten psychischen Traumata, etwa aufgrund von Misshandlungen in der eigenen Kindheit oder aufgrund nicht verarbeiteter Todesfälle nahestehender Personen. Infolgedessen zeigten sie den Kindern gegenüber ein verängstigtes oder ängstigendes Verhalten (Main und Hesse 1990; Jacobvitz et al. 2006). Das Kind erlebt die paradoxe Situation, dass der vermeintlich sichere Hafen gleichzeitig die Quelle von Bedrohung ist, und dies führt dann zu widersprüchlichen Tendenzen, z. b. sich anzunähern und gleichzeitig zu fliehen. Direkte Misshandlungen durch die Eltern haben ebenfalls einen verängstigenden Effekt und stehen in einem engen Zusammenhang mit einer desorientierten bzw. desorganisierten Bindung. Im Rahmen einer Untersuchung des Verhaltens misshandelter Kinder zeigte ein Großteil (82 %) ein desorganisiert/desorientiertes Bindungsmuster, während nur eine Minderheit (19 %) der Kontrollgruppe diese Bindungsart aufwies (Carlson et al. 1989; s. auch Lyons-Ruth und Jacobvitz 2008).

Nicht nur Eigenschaften der Mutter, sondern auch solche des Kindes können die Mutter-Kind-Beziehung und hierdurch die Bindungssicherheit beeinflussen. So wiesen Kinder, die später als unsicher gebunden klassifiziert wurden, bereits als Neugeborene eine erhöhte Reizbarkeit auf (Calkins und Fox 1992). Das *Temperament* des Kindes, d. h. das Ausmaß seiner Reizbarkeit und Selbstregulation (s. unten), kann einen direkten Einfluss darauf haben, ob eine sichere Bindungsbeziehung entsteht.

Neben mütterlichen und kindlichen Faktoren kann auch das soziale Umfeld Auswirkungen auf das Bindungsverhalten haben. Bei Familien, in denen das emotionale Klima durch starke emotionale Risiken wie häusliche Gewalt, unkontrollierte Wutausbrüche eines Familienmitglieds, Alkohol oder Drogenkonsum belastet ist, wirken sich die emotionalen Risiken direkt auf die Bindungssicherheit aus, und zwar unabhängig vom mütterlichen Verhalten. Im Gegensatz dazu hat ein hohes Maß ökonomischer Risiken wie Armut, Arbeitslosigkeit oder Alleinerziehung über eine Verringerung der mütterlichen Sensitivität nur einen indirekten negativen Einfluss auf die Entwicklung einer Bindungsbeziehung (Raikes und Thompson 2005). Bereits Konflikte in der Vereinbarkeit von Haushalt und Berufstätigkeit, Eheprobleme oder Depressionen können die mütterliche Feinfühligkeit beeinflussen (Donovan et al. 1998) und hierüber die Bindungsqualität mitprägen. Zudem wird diskutiert, ob eine schlechte Qualität und ein hohes Ausmaß der Kinderbetreuung die Bindungssicherheit negativ beeinflussen.

Eine in den 1990er Jahren in den USA durchgeführte umfangreiche Studie konnte zwar nicht nachweisen, dass die Kinderbetreuung während des ersten Lebensjahres einen Einfluss auf die Bindungssicherheit im Alter von 15 Monaten hat, es traten aber auch hier Interaktionseffekte zutage. Wenn nämlich eine geringe Feinfühligkeit der Mutter mit einer qualitativ schlechten Kinderbetreuung oder einer Kinderbetreuung von mehr als neun Stunden pro Woche einhergeht, so ist die Wahrscheinlichkeit für eine *unsichere* Bindung erhöht (NICHD, Early Child Care Research Network 1997). Eine ebenfalls umfangreiche Studie an israelischen Kindern (Sagi et al. 2002) zeigte allerdings, dass die Kinderbetreuung in Kindertagesstätten die Wahrscheinlichkeit einer unsicheren (in den meisten Fällen unsicher-ambivalenten) Bindung des Kindes zur Mutter erhöht, und zwar unabhängig von anderen Variablen wie etwa der mütterlichen Feinfühligkeit oder dem sozioökonomischen Status. Es zeigte sich, dass die schlechte Qualität der Kindertagesstätten mit einer hohen Gruppengröße von durchschnittlich 17 Kindern und einem inadäquaten Kind-Betreuer-Schlüssel von 8:1 für das vermehrte Auftreten einer unsicheren Bindung bei den Kindertagesstätten-Kindern verantwortlich ist. In einer internationalen Studie (Love et al. 2003) wurde ebenfalls deutlich, dass ein numerisch größeres Kind-Betreuer-Verhältnis mit einer geringeren Bindungssicherheit einhergeht.

Erhebungen der Bindungsqualität in späterem Alter
Es wurden verschiedene Verfahren entwickelt, um die Bindungsqualität im Vorschulalter, in der mittleren Kindheit oder im Erwachsenenalter erheben zu können. Das sogenannte *Adult Attachment Interview* (AAI) dient der Beurteilung des »inneren Arbeitsmodells« von Bindungen im Erwachsenenalter. Im AAI werden Erwachsene in einem einstündigen Gespräch um eine Beschreibung früher Beziehungen und bindungsrelevanter Ereignisse gebeten, und es wird erfasst, wie sie die Bedeutung dieser Beziehungen für die eigene Persönlichkeit wahrnehmen. Widersprüchliches und zusammenhangloses Berichten, dessen sich der Sprecher nicht bewusst ist, wird in der Auswertung als ebenso wichtig erachtet wie ausdrücklich

geäußerte Auffassungen. In einer großen Studie von Main und Mitarbeitern aus dem Jahre 1985 wurden Eltern von zuvor nach Bindungstypen klassifizierten Kleinkindern hinsichtlich ihrer Bindungsrepräsentationen bewertet und in vier verschiedene Kategorien eingeteilt (Main et al. 1985, s. auch Reiner et al. 2013).

(1) *Sicher-autonom (F)*: Diese Erwachsenen neigen dazu, Bindungen im Allgemeinen wertzuschätzen, und sind in der Lage, spezifische Bindungen ohne Idealisierung kohärent zu beschreiben und deren Einfluss auf die Persönlichkeit anzuerkennen. Einige von ihnen haben positive, andere negative frühe Bindungserfahrungen, so etwa den Verlust eines Elternteils oder Zurückweisung. Diese Erfahrungen scheinen jedoch lange vor dem AAI-Interview verarbeitet worden zu sein. Eltern, die als sicher beurteilt werden, haben meist Kinder, die auf die Fremde Situation mit einem Verhalten reagieren, das auf eine sichere Bindung schließen lässt.

Erwachsene, die hinsichtlich der Bindungsrepräsentation als *unsicher* bewertet wurden, zeigen dieses Verhalten *nicht*. Ihre Informationen erscheinen nicht integriert und nicht in ein kohärentes Ganzes eingebettet. Widersprüche und zusammenhanglose Darstellungen prägen ihre Berichte. Die meisten dieser Erwachsenen fallen in eine der folgenden Kategorien:

(2) *Unsicher-distanziert (Ds)*: Die Bindungsbeziehung wird von diesen Erwachsenen in Bedeutung, Wertschätzung und Einfluss abgewertet. Die Antworten der befragten Personen sind häufig durch Idealisierung der eigenen Eltern charakterisiert, wobei sich oft allgemeine und spezifische Charakterisierungen der Eltern widersprechen. So kann die Mutter als sehr liebevoll und fürsorglich bezeichnet werden, spezifische Erinnerungen zeigen jedoch ausgeprägte Ablehnung an. Ein weiteres Kennzeichen dieser Personen ist das Beharren auf dem Unvermögen, Geschehnisse aus der Kindheit zu erinnern. Im AAI wird das Selbst als »stark und unabhängig« beschrieben und Spaß, materiellem Besitz und Aktivitäten eine große Bedeutung verliehen. Es scheint, dass die emotionalen Bedürfnisse dieser unsicher-distanzierten Personen während ihrer Kindheit nicht hinreichend erfüllt wurden und der Wunsch nach Bindung deshalb »heruntergefahren« bzw. deaktiviert wurde. Diese Personen sind häufig die Eltern von Kindern mit einer unsicher-vermeidenden Bindungsbeziehung.

(3) *Unsicher-verwickelt (E)*: Die Erwachsenen sind mit der früheren Abhängigkeit von ihren eigenen Eltern beschäftigt und ringen noch immer

um deren Gunst. Antworten beinhalten häufig Wut gegenüber einer bestimmten Bindungsperson, die in einer charakteristischen Weise ausgedrückt wird, so etwa eine wütende Ansprache des Elternteils, als sei dieser anwesend. Unsicher-verwickelte Personen können ihre negativen Emotionen schlecht regulieren, machen ihren Eltern Schuldzuweisungen oder leiden selbst unter Schuldgefühlen. Der Sprecher findet häufig keine Worte, hat Schwierigkeiten, beim Thema zu bleiben, verwendet oft nichtssagende Ausdrücke oder verfällt in die Sprache eines kleinen Kindes, so als sei er in frühe Kindheitszustände oder -erinnerungen hineingezogen worden. Unsicher-verwickelte Personen sind meist in einer emotional unbeständigen Familienatmosphäre mit überforderten Bezugspersonen aufgewachsen und haben daraufhin eine Maximierung bzw. Hyperaktivierung des Bindungsssystems entwickelt. Eltern dieses Typs haben häufig Kinder mit einem unsicher-ambivalent/resistenten Verhalten in der Fremden Situation.

(4) *Ungelöst-desorganisiert (U/d)*: Diese Gruppe hat vor dem Erwachsenwerden den Tod einer Bindungsperson erfahren und scheint den Trauerprozess noch nicht abgeschlossen zu haben oder wurde als Kind Opfer von Missbrauch oder Vernachlässigung. Wenn potenziell traumatische Erlebnisse beschrieben werden, so kommt es zu irrationalen Bemerkungen und zu Fehlern in den sprachlichen Ausdrücken und der Argumentation. So erweckt der Sprecher den Eindruck, er glaube gleichzeitig, eine verstorbene Person sei tot und nicht tot. Solche Merkmale stellen jedoch kein allgemeines Muster dar, vielmehr sind sie auf Erinnerungen an ängstigende oder überwältigende Erfahrungen beschränkt und bestimmen nur *vorübergehend* die Antworten. Deshalb wird zusätzlich immer eine zugrundeliegende organisierte Kategorie vergeben (sicher, unsicher-distanziert, unsicher-verwickelt), die nach Verarbeitung des Traumas zutage treten würde. Das desorganisierte Bindungsmuster tritt häufig bei psychisch kranken oder gewaltkriminellen Personen auf (Hesse und Main 2000). Kinder von Eltern, die diese Klassifizierung erhalten haben, zeigen in der Fremden Situation häufig ein desorganisiert-desorientiertes Verhalten.

In vielen weiteren Studien zeigte sich eine robuste *Übereinstimmung* zwischen den Bindungstypen der *Eltern* und der Reaktion des *Kindes* auf diesen Elternteil in der Fremden Situation (s. van IJzendoorn 1995 für eine Metaanalyse). Darüber hinaus konnte gezeigt werden, dass Bindungsmuster nicht nur von der Mutter auf das Kind übertragen werden, sondern dass eine solche *Übertragung* der Bindungsorganisation über *drei Generationen* hinweg stattfinden kann (Benoit und Parker 1994).

Das kindliche Temperament
Kinder unterscheiden sich oft erheblich in ihrer Emotionalität. Dies betrifft die Schnelligkeit des Auftretens, die Dauer und die Intensität positiver und negativer Emotionen ebenso wie das Ausmaß der Emotionsregulation. Die individuelle Entwicklung der Emotionen und der Emotionsregulation ist wichtig für weitere Aspekte von Psyche und Persönlichkeit. Wenn Kinder bereits mit vier Jahren fähig waren, auf eine kleine sofortige Belohnung zugunsten einer späteren größeren zu verzichten, dann zeigten sie sich ein Jahrzehnt später kognitiv und sozial kompetenter als andere. Sie waren selbstsicherer, konnten besser mit Stress umgehen, waren aufmerksamer, konzentrierter, organisierter, verbal flüssiger und hatten bessere Schulnoten als andere Kinder (Mischel et al. 1989). Die individuellen Unterschiede in der Reaktivität und der Regulation werden als *Temperament* bezeichnet.

Begriffsbestimmung
Vererbung, Reifung und frühe Erfahrungen bringen ein individuelles Temperament, d. h. ein charakteristisches Muster der Reaktivität und Selbstregulation hervor. Dies gibt an, wie jemand auf Veränderungen seines Selbst und der Umgebung reagiert. Antwortet jemand auf einen bedrohlichen Reiz schnell mit einer Steigerung des Herzschlags und mit Furcht? Führt die Furcht zu einem Angriff oder zu einer Verhaltenshemmung? Ist jemand impulsiv, reagiert er also schnell auf einen Reiz? Hat jemand grundsätzlich eine negative Emotionalität? Folgt einer schnellen Aufregung eine ebenso rasche Beruhigung?

Temperament bezeichnet Tendenzen oder Dispositionen einer Person, die entsprechend nicht ständig, sondern nur unter bestimmten Bedingungen auftreten. So sind furchtsame Kinder nicht kontinuierlich gehemmt, neigen jedoch in neuartigen Situationen, bei plötzlichen Veränderungen oder bei drohender Strafe zu Furcht. Leicht frustrierte Kinder sind nicht immer gereizt oder wütend; werden aber ihre Ziele blockiert oder ihre Erwartungen nicht erfüllt, so sind sie schneller enttäuscht als andere

Kinder. Psychologen wie Mary Rothbart und John Bates (2006) grenzen das Temperament von der Persönlichkeit ab. Ihrer Auffassung nach bezieht sich das Temperament auf grundlegende Prozesse der Reaktivität und Selbstregulation, während Persönlichkeitseigenschaften auch Gedanken- und Verhaltensmuster beinhalten. Andere Autoren verwenden die Begriffe Temperament und Persönlichkeit synonym. Uns erscheint diese Unterscheidung jedoch sinnvoll, insbesondere hinsichtlich derjenigen psychischen Prozesse, die wir der unteren limbischen Ebene zuordnen.

Welche Eigenschaften oder »Dimensionen« zum Temperament gehören, wird von Experten unterschiedlich definiert. Die Temperamentforscher Thomas und Chess (1980 [1977]) gehen von neun Dimensionen aus, nämlich (1) Aktivitätsniveau, (2) Tagesrhythmus (Regelmäßigkeit), (3) Annäherung-Rückzug, (4) Anpassungsfähigkeit, (5) Sensorische Reizschwelle, (6) Reaktionsintensität, (7) Stimmungslage, (8) Ablenkbarkeit und (9) Aufmerksamkeitsspanne bzw. Durchhaltevermögen.

Auf der Grundlage dieser Klassifikation unterschieden sie drei Gruppen von Kindern: erstens die *einfachen* Kinder (40 % der Stichprobe), die eine hohe Regelmäßigkeit des Verhaltens, ein positives Herangehen an neue Reize, eine hohe Anpassungsfähigkeit bei Veränderungen und eine meist positive und mäßig intensive Stimmungslage zeigen. Zweitens die *schwierigen* Kinder (10 % der Stichprobe), die Unregelmäßigkeiten in den biologischen Funktionen aufweisen, ein Rückzugverhalten gegenüber neuen Reizen, keine oder eine nur langsame Anpassung gegenüber Veränderungen und einen intensiven, häufig negativen Stimmungsausdruck. Drittens die *langsam auftauenden* Kinder (15 % der Stichprobe), die weniger unregelmäßige biologische Funktionen und Stimmungsschwankungen zeigen als die schwierigen Kinder, darüber hinaus leicht negative Reaktionen auf neue Reize und eine langsame Anpassungsfähigkeit an neue Situationen nach wiederholtem Kontakt. Die übrigen Kinder, immerhin 35 %, passten in keine der Kategorien.

Temperament: individuelle Entwicklung und Beständigkeit
Das Temperament und damit die Art, wie Kinder auf Umweltereignisse ansprechen, wie sie negative und positive Emotionen erfahren und darauf reagieren, zeichnet sich sehr früh im Leben ab – nach Ansicht mancher Forscher zum Teil sogar schon vor der Geburt. Zunächst entwickelt der Säugling im Alter von zwei bis drei Monaten gegenüber Menschen sowie aufregenden oder neuen Objekten ein Annäherungsverhalten, das sich in

Lächeln sowie in stimmlicher und motorischer Aktivität ausdrückt und im Verlauf der folgenden Monate an Intensität zunimmt. Im Alter von sechs bis sieben Monaten wird dieses Annäherungsverhalten kontrolliert bzw. gehemmt. Diese Hemmung ist jedoch noch keine Emotionsregulation, sondern ebenso wie das Annäherungsverhalten reaktiver Natur, denn die emotionale Reaktion der Furcht hemmt die Annäherung an unbekannte Menschen und Objekte. Sobald diese Hemmung etabliert ist, scheinen die individuellen Unterschiede im Bereich von Annäherung vs. Ablehnung gegenüber Neuem oder gegenüber Herausforderungen einen relativ beständigen Aspekt des Temperaments darzustellen (Rothbart und Bates 2006).

Etwas später, ab dem Alter von zehn bis zwölf Monaten, entwickelt sich eine zweite, willentliche Form der Kontrolle (*effortful control*, EC) und erlaubt eine bessere Impulskontrolle. Im Zustand von Furcht kann das Kind mithilfe der EC die Aufmerksamkeit gegenüber bedrohlichen Faktoren willentlich verringern und auf unterstützende Faktoren ausrichten. Diese Tendenz nimmt im Alter zwischen 22 und 33 Monaten deutlich zu und ist in dieser Zeit ausgeprägter für Mädchen als für Jungen. Individuelle Unterschiede in der Selbstkontrolle entstehen und konsolidieren sich im zweiten bis dritten Lebensjahr. Das Ausmaß der Selbstregulation hat große Bedeutung für die soziale Entwicklung, denn Kleinkinder mit einer deutlicher ausgeprägten EC zeigen eine höhere soziale Kompetenz, eine geringere Trennungsangst und im Vorschulalter ein stärker entwickeltes Gewissen sowie weniger Verhaltensstörungen. Auch geht die Fähigkeit zum Belohnungsaufschub im Vorschulalter unter anderem mit einer höheren sozialen Kompetenz, einer größeren Frustrationstoleranz und einem besseren Umgang mit Stress ein Jahrzehnt später einher.

Eine umfangreiche Metaanalyse von Brent Roberts und Wendy DelVecchio (2000) unterstreicht die *Beständigkeit* von Eigenschaften des Temperamentes sowie der Persönlichkeit. Die Autoren fanden heraus, dass die Eigenschaften während der ersten drei Lebensjahre noch wenig beständig sind, dass aber im Übergang vom Säuglings- und Kleinkindalter zum Vorschulalter die Beständigkeit erheblich zunimmt. Eine Langzeitstudie der Psychologen Avshalom Caspi und Phil Silva (1995) ergab, dass Eigenschaften des Temperaments wie (1) unbeherrscht (*undercontrolled*), (2) gehemmt (*inhibited*), (3) selbstsicher (*confident*), (4) distanziert (*reserved*), und (5) ausgeglichen (well-adjusted) von dreijährigen Kindern mit deren Persönlichkeitseigenschaften im Alter von 18 Jahren signifikant zusammenhängen.

Genetischer Ursprung und Umwelteinflüsse des Temperaments
Untersuchungen an eineiigen Zwillingen ergaben, dass einige Aspekte des Temperaments, so etwa die Ausdauer und der Grad der Reizbarkeit, in hohem Maße genetisch bedingt sind (für eine Übersicht s. Goldsmith 1983). Ebenso werden Empathie, die Angst vor Neuem, aber auch die Entwicklung von Verhaltensstörungen deutlich von genetischen Faktoren beeinflusst (Goldsmith et al. 2007; van Hulle et al. 2007).

In der umfangreichen *Minnesota Study of Twins Reared Apart* (Bouchard et al.1990) wurden eineiige Zwillinge, die zusammen oder getrennt voneinander aufgewachsen waren, miteinander verglichen. Diese Studie ergab, dass erwachsene eineiige Zwillinge in vielen physiologischen und psychologischen Eigenschaften eine hohe Übereinstimmung aufweisen, und zwar unabhängig von der Art ihres Aufwachsens (gemeinsam oder getrennt), so dass auf einen erheblichen genetischen Einfluss auf das Temperament geschlossen werden kann.

Die Bedeutsamkeit der Gene für die Entwicklung des Temperaments wird auch durch den Zusammenhang zwischen verschiedenen Gen-Polymorphismen und der Ausprägung bestimmter Temperamentmerkmale unterstrichen, so der Zusammenhang zwischen der S-Variante des Serotonintransporter-Polymorphismus (s. Kapitel 3) und Ängstlichkeit (Lesch et al. 1996). Extravertiertheit und das sogenannte »Novelty Seeking«, d.h. der Drang zu neuartigen Erlebnissen, Extremsport, Sensationsgier und schließlich auch Drogenmissbrauch, scheint dagegen an einen bestimmten Polymorphismus des Dopaminrezeptors D_4 gebunden zu sein (Ebstein et al. 1996).

Wie erwähnt, können *pränatale* Ereignisse einen Einfluss auf Unterschiede in der Reaktivität und Regulationsfähigkeit haben, so etwa die vorgeburtliche Konzentration mütterlicher Stresshormone. Wenn eine Mutter während der Schwangerschaft eine große Menge Stresshormone im Blut hat, so kann dies dazu führen, dass das Kind im Säuglingsalter ängstlicher ist als andere Säuglinge (Davis et al. 2005). Nachgeburtlich ist es das soziale Umfeld, das einen langfristigen Einfluss auf Temperament und Persönlichkeit haben kann. Insbesondere die Persönlichkeitseigenschaften der Eltern, die Qualität der Eltern-Kind-Beziehung und der elterliche Umgang mit Emotionen können die Entwicklung des kindlichen Temperamentes wesentlich beeinflussen (Holodynski und Friedlmeier 2006).

Nach Ansicht des britischen Persönlichkeitsforschers Jeffrey Gray (1991) unterscheiden sich Kinder verschiedener Temperamente auch in ihrer Reaktion auf unterschiedliche Erziehungsmethoden: Extravertierte Kinder, die sich durch positiven Affekt und Annäherung auszeichnen, sind eher empfänglich für Belohnungen, während introvertierte Kinder mit einem hohen Grad an Furcht und Schüchternheit empfänglicher für Bestrafungen sind. Individuelle Unterschiede im Temperament des Kindes können von den ersten Tagen an Auswirkungen auf das Verhältnis von Eltern und Kind haben.

4.3 Was lernen wir daraus?

Dieser kurze Überblick zeigt uns die äußerst enge Verzahnung zwischen dem Ausreifen von Hirnstrukturen und der Entwicklung psychischer und kognitiver Funktionen. Eine wichtige Rolle hierbei spielt die teils genetisch, teils erfahrungsbedingte differenzielle Synapsenentstehung als Grundlage der Eigenschaften neuronaler Netzwerke.

Von großer Bedeutung ist das Vorhandensein »kritischer Perioden«, also von Entwicklungsphasen in der frühen Kindheit, in denen sowohl sensorisch-kognitive als auch emotional-limbische Zentren besonders empfänglich gegenüber Umwelteinflüssen sind. Erfahrungen während dieser Zeit wirken stark verändernd auf die Struktur von Nervenzellen, vor allem hinsichtlich der Länge und Verzweigung ihrer Dendriten und Axone und der Synapsenbildung. Diese strukturbildende Empfänglichkeit für Umwelteinflüsse nimmt aber mit der Zeit deutlich ab, und die entsprechenden Strukturen werden zunehmend resistenter gegen weitere Einflüsse. In der Jugend- und Erwachsenenzeit treten dann überwiegend Verstärkungen oder Abschwächungen bereits vorhandener synaptischer Kontakte auf, und deutliche strukturelle Änderungen einschließlich der Bildung einer Vielzahl neuer Synapsen erfolgen nur nach massiver und langanhaltender Einwirkung, insbesondere im Rahmen starker Emotionalität.

Wichtige Schritte der psychischen Entwicklung des Kindes umfassen die Ausbildung des Emotionsverständnisses und einer »Theory of Mind«, also des Verstehens kognitiver Prozesse bei anderen Personen. Diese Entwicklung wird stark von der Beziehung zwischen Säugling und den primären Bezugspersonen beeinflusst, und dies ist für eine Ausdifferenzierung angeborener Grundlagen unabdingbar. Vor diesem Hintergrund wird auch verständlich, warum es bei starker Vernachlässigung des Säuglings oder Kleinkindes zu emotionalen und kognitiven Defiziten kommt, die später nur schwer kompensierbar sind.

Eine besondere Bedeutung in der kognitiv-emotionalen Entwicklung kommt auch der Ausbildung eines autobiographischen Gedächtnisses zu, ohne die die Ausformung eines Selbst als einer überdauernden Instanz unmöglich ist. Hier gibt es allerdings die Periode der »infantilen Amnesie«, in der vom Säugling und Kleinkind Erlebnisse zwar durchaus bewusst gemacht, aber nicht erinnerungsfähig gespeichert werden können. Das ist der Grund, warum uns solche positiven oder negativen Erfahrungen später stark beeinflussen, ohne dass wir es bewusst erleben. Diese Tatsache ist für die Psychotherapie von großer Bedeutung.

Zentral für die emotionale und psychische Entwicklung des Kindes ist zudem die Qualität der Bindungserfahrung. Im Normalfall bildet sich hier die für unsere Persönlichkeit grundlegende Spannung zwischen Bindung und Autonomie heraus. Sicher gebundene Kinder entwickeln einen tragfähigen Kompromiss zwischen Exploration und Nähe oder Aufregung und Beruhigung, indem sie über Bezugspersonen verfügen, die fähig sind, einerseits loszulassen und andererseits Geborgenheit zu vermitteln. Unsicher gebundene Kinder klammern sich entweder zu sehr an ihre Bezugspersonen oder distanzieren sich zu sehr von ihnen. Dramatisch werden die psychischen Defizite bei Kindern mit einem desorientiert-desorganisierten Bindungsstil, bei denen die Suche nach Nähe und das Streben nach Distanz kompromisslos aufeinandertreffen. Solche gestörten Bindungsweisen werden dann zur Grundlage schwerer psychischer Erkrankungen wie der Borderline-Persönlichkeitsstörung.

Das Bindungsverhalten eines Kindes ist das Ergebnis einer komplexen Interaktion zwischen genetisch-angeborenen Dispositionen und Umwelteinflüssen, und zwar sowohl auf Seiten des Kindes als auch der Mutter oder einer anderen primären Bezugsperson. Die auf diese Weise erworbenen kindlichen Bindungserfahrungen werden zur Grundlage des Bindungsverhaltens. Dadurch kommt es zu einem »transgenerationellen Transfer« positiver wie negativer Bindungserfahrungen.

Das Temperament ist der Kern der psychisch-kognitiven Ausstattung eines Menschen, der nach Ansicht vieler Experten hochgradig genetisch-epigenetisch sowie durch vorgeburtliche und früh nachgeburtliche Ereignisse bedingt ist. Es betrifft vornehmlich Vorgänge, die in unserem »Vier-Ebenen-Modell« auf der unteren limbischen Ebene angesiedelt sind. Entsprechend treten die Temperamentmerkmale schon sehr früh auf und sind gegen spätere Umwelteinflüsse relativ resistent. Mit der Persönlichkeit und ihren neurobiologischen Grundlagen werden wir uns im folgenden Kapitel beschäftigen.

5 Persönlichkeit und ihre neurobiologischen Grundlagen

Schon im Altertum hat man sich Gedanken gemacht, wie sich die Persönlichkeit und Psyche eines Menschen am besten erfassen lässt. Am bekanntesten ist die »Lehre von den Temperamenten«, die eine Einteilung in vier Grundpersönlichkeiten vornimmt, nämlich in Choleriker, Melancholiker, Phlegmatiker und Sanguiniker – man denke an Dürers Darstellung der vier Temperamente anhand der vier Apostel Markus, Paulus, Petrus und Johannes. Diese bis in die Gegenwart populäre Einteilung geht auf den bereits erwähnten griechisch-römischen Arzt Galen (s. Kapitel 1) und seine »Vier-Säfte-Lehre« zurück, die besagt, dass die vier Temperamente durch die Dominanz von einem der vier »Körpersäfte«, nämlich Blut (*sanguis*), Schleim (*phlegma*), schwarzer Galle (*melas cholé*) und gelber Galle (*cholé*) in einer Person zustande kommt. Sie nimmt damit eine »physiologische« Begründung der Persönlichkeit vorweg und wirkt, obwohl sie sich als falsch erwiesen hat, bis in die Gegenwart nach. Noch heute sagt man ja von einem Menschen, er habe eine phlegmatische oder cholerische Natur.

Die moderne Persönlichkeitspsychologie sucht hingegen nicht nach bestimmten Persönlichkeitstypen, sondern nach dem Vorhandensein von einzelnen, gut abgrenzbaren Persönlichkeitsmerkmalen. Die Individualität eines Menschen besteht danach aus einer jeweils *einzigartigen Kombination* solcher Merkmale, die sich in stärkerer oder schwächerer Ausprägung bei allen Menschen finden (für eine Übersicht s. Asendorpf und Neyer 2012).

5.1 Die gängigen psychologischen Bestimmungen der Persönlichkeit

Der in der heutigen Persönlichkeitspsychologie gebräuchliche Ansatz beruht auf dem sogenannten lexikalischen Verfahren. Dabei nimmt man ausgehend von der Alltagspsychologie aus gängigen Lexika alle erdenklichen Vokabeln, die menschliche Eigenschaften beschreiben. Es handelt sich dabei um viele Tausende (im Englischen knapp 18 000) solcher Wörter, die in ihrer Bedeutung allerdings stark überlappen. Man kommt nun durch wiederholtes Zusammenfassen überlappender Merkmale mithilfe der Faktorenanalyse oder ähnlicher statistischer Verfahren auf immer weniger Persönlichkeitsattribute, bis sich schließlich wenige Grundmerkmale herauskristallisieren. Diese sollten maximal überschneidungsfrei sein. Von wie vielen Grundmerkmalen man schließlich auszugehen hat, darüber herrscht unter Fachleuten allerdings Uneinigkeit.

Die heute gebräuchlichen Persönlichkeitstests gehen meist von fünf Grundfaktoren aus, nämlich *Extraversion*, *Verträglichkeit*, *Gewissenhaftigkeit*, *Neurotizismus* und *Offenheit/Intellekt*. Sie werden die »Big Five« genannt und wurden aufbauend auf Vorarbeiten des deutsch-britischen Psychologen Hans-Jürgen Eysenck (1916–1997) von den Psychologen Costa und McCrae in den 1980er und 1990er Jahren entwickelt (Costa und McCrae 1989, 1992). Inzwischen liegen zahlreiche Versionen dieser Klassifizierung vor. Eine deutsche Spielart ist das »NEO-PI-R«-Persönlichkeitsinventar von Ostendorf und Angleitner (2004), das in seriösen Testverfahren häufig angewandt wird. Betrachten wir die fünf Grundfaktoren.

Der Faktor *Extraversion* umfasst in seiner hohen Ausprägung die Eigenschaften gesprächig, bestimmt, aktiv, energisch, offen, dominant, enthusiastisch, sozial und abenteuerlustig, und in seiner niedrigen Ausprägung die Eigenschaften still, reserviert, scheu und zurückgezogen.

Der Faktor *Verträglichkeit* bezeichnet in hoher Ausprägung die Eigenschaften mitfühlend, nett, bewundernd, herzlich, weichherzig, warm, großzügig, vertrauensvoll, hilfsbereit, nachsichtig, freundlich, kooperativ und feinfühlig, und in niedriger Ausprägung die Eigenschaften kalt, unfreundlich, streitsüchtig, hartherzig, grausam, undankbar und knickrig.

Der Faktor *Gewissenhaftigkeit* umfasst in hoher Ausprägung die Eigenschaften organisiert, sorgfältig, planend, effektiv, verantwortlich, zuverlässig, genau, praktisch, vorsichtig, überlegt und gewissenhaft, und in niedriger Ausprägung die Eigenschaften sorglos, unordentlich, leichtsinnig, unverantwortlich, unzuverlässig und vergesslich.

Der Faktor *Neurotizismus* bezieht sich in hoher Ausprägung auf die Eigenschaften gespannt, ängstlich nervös, launisch, besorgt, empfindlich, reizbar, furchtsam, selbstbemitleidend, instabil, mutlos und verzagt, und in niedriger Ausprägung auf die Eigenschaften stabil, ruhig und zufrieden.

Der Faktor *Offenheit/Intellekt* schließlich bezeichnet in hoher Ausprägung die Eigenschaften breit interessiert, einfallsreich, phantasievoll, intelligent, originell, wissbegierig, intellektuell, künstlerisch, gescheit, erfinderisch, geistreich und weise, und in geringer Ausprägung die Eigenschaften gewöhnlich, einseitig interessiert, einfach, ohne Tiefgang und unintelligent.

In einem Big-Five-Persönlichkeitstest erhält die untersuchte Person einen festgelegten Satz von Aussagen über sich selbst und bewertet jede Aussage in einer fünfstufigen Skala von »voll zutreffend« bis »ganz unzutreffend«, oder sie wird von einem Versuchsleiter entsprechend eingestuft. Zusammenfassend lässt sich dann feststellen, *in welchem Maße* eine Person »extravertiert«, »neurotizistisch« oder »gewissenhaft« usw. ist. Daraus ergibt sich ein *Persönlichkeitsprofil* der betreffenden Person, das man dann zum Beispiel mit den Anforderungen für eine bestimmte Position oder Tätigkeit abgleichen kann.

Obwohl sehr populär, ist der Big-Five-Ansatz in dieser klassischen Form umstritten. Vor allem ist unklar, ob die fünf Grundfaktoren tatsächlich weitgehend unabhängig voneinander sind oder nicht doch teilweise überlappen. In der Tat haben schon bei oberflächlicher Betrachtung Neurotizismus und Gewissenhaftigkeit eine erhebliche Nähe zueinander ebenso wie Extravertiertheit, Verträglichkeit und Offenheit/Intellekt. Deshalb nehmen führende Experten auf diesem Gebiet an, dass es in Wirklichkeit nur zwei scharf kontrastierende oder sich polar gegenüberstehende Grundfaktoren, nämlich Extraversion und Neurotizismus, gibt, so wie es bereits Eysenck konzipiert hatte. In der Tat bilden eine stark ausgeprägte Extraversion und ein stark ausgeprägter Neurotizismus die zwei Enden eines Kontinuums, und entsprechend gehen eine gering ausgeprägte Extraversion und ein gering entwickelter Neurotizismus nahezu bruchlos ineinander über und charakterisieren einen ausgeglichenen, ruhigen, nicht besonders hektischen und nicht besonders ängstlichen Menschen und so weiter.

In eine ähnliche Richtung zielten auch die Bemühungen des britischen Psychologen und Persönlichkeitsforschers Jeffrey Gray (1932–2004), eines Schülers von Eysenck. Gray ging von drei grundlegenden persönlichkeitsbezogenen Verhaltensmustern aus, nämlich einem »Annäherungssystem« (*behavioral approach system*, BAS), in dessen Zentrum die

Belohnungsorientierung steht; einem »Vermeidungs- bzw. Hemmungssystem« (behavioral inhibition system, BIS), das im Wesentlichen durch passives Vermeidungsverhalten gekennzeichnet ist; und einem »Kampf-, Flucht- und Erstarrungs-System« (fight-flight-freezing system, FFFS), das schnelles, aktives Vermeidungsverhalten beinhaltet (Gray 1990). Das BAS weist große Übereinstimmung mit dem Big-Five-Grundfaktor »Extraversion« auf, indem es starke Belohnungsorientierung, Impulsivität, Sensationslust, aber auch Geselligkeit und allgemein positive Gefühle umfasst. Das BIS hat wiederum große Ähnlichkeit mit dem Grundfaktor »Neurotizismus«, da es erhöhte Aufmerksamkeit auf negative Dinge, Grübeln, Ängstlichkeit und Depression beinhaltet. Das FFFS hingegen hat als impulsive Verteidigung, Flucht, Erstarren und Panik keine Entsprechung in den Big Five.

Bemühungen von Persönlichkeitspsychologen gehen nun dahin, angesichts der teilweise starken Überlappung der Big-Five-Merkmale neue »Supermerkmale« nach Art des Gray'schen BAS und BIS zu identifizieren. Nach Anschauung des amerikanischen Psychologen Colin DeYoung und seiner Kollegen sind dies »Stabilität« und »Plastizität« (DeYoung 2006; DeYoung et al. 2013). Das Supermerkmal *Stabilität* umfasst die drei Big-Five-Merkmale Neurotizismus, Verträglichkeit und Gewissenhaftigkeit, die das Kernmerkmal der Risikovermeidung, des »auf Nummer sicher«-Gehens bis hin zu absoluter Passivität und völligem Rückzug in die Depression besitzen. Das Supermerkmal *Plastizität* umfasst die beiden Big-Five-Merkmale Extraversion und Offenheit/Intellekt, die sich um Lust auf Neues und Abenteuerlust bis hin zu hochriskantem Verhalten und Sensationsgier drehen.

Gleichzeitig unterscheiden diese Autoren innerhalb eines jeden Big-Five-Merkmals zwei »Facetten«. Danach setzt sich *Neurotizismus* zusammen aus Rückzug (*withdrawal*) und Unbeständigkeit (*volatility*), *Verträglichkeit* aus Mitgefühl (*compassion*) und Höflichkeit (*politeness*), *Gewissenhaftigkeit* aus Fleiß (*industriousness*) und Ordnungsliebe (*orderliness*), *Extraversion* aus Begeisterungsfähigkeit (*enthusiasm*) und Durchsetzungsfähigkeit (*assertiveness*) und schließlich *Offenheit/Intellekt* aus eben Offenheit gegenüber Neuem (*openness*) und Intellekt (*intellect*) mit Nähe zu Kreativität und Intelligenz.

Viele Fachleute sind sich darin einig, dass es weitere zentrale Persönlichkeitsmerkmale gibt, die von den Big Five nicht präzise erfasst werden. Hierzu gehört das Merkmal *Impulsivität*, was mit hoher Plastizität und niedriger Stabilität, Getriebensein (*urgency*), fehlendem Durchhaltevermögen, fehlendem Vorausschauen und Sensationslust zu tun hat. Ein anderes solches Merkmal ist *Bindungsfähigkeit*, das positiv mit Extraversion, Verträglichkeit und Offenheit und negativ mit einigen Aspekten von Neurotizismus zusammenhängt. Insgesamt aber muss es – abgesehen von testpsychologischen Vorteilen – als fraglich gelten, ob es über die weithin gleichwertigen Gegensatzpaare Extraversion-Neurotizismus, BAS-BIS und Plastizität-Stabilität hinaus weitere weitgehend überschneidungsfreie Persönlichkeitsmerkmale gibt. Die Problematik solcher Annahmen wird deutlich, wenn man versucht, genauere neurobiologische Korrelate zu den Big Five bzw. den genannten polaren Merkmalen zu finden.

5.2 Die neurobiologischen Grundlagen der Persönlichkeit

Ein grundlegender Mangel der Big-Five-Persönlichkeitstests besteht nämlich darin, dass sie alltagspsychologisch orientiert sind und keinerlei tiefere Begründung dafür liefern, warum es genau diese Grundfaktoren sind, die die Persönlichkeit eines Menschen am besten beschreiben. Auch geben sie keine Antwort auf die Frage, woher es eigentlich kommt, dass der eine Mensch eher extravertiert und der andere eher neurotizistisch ist, dieser eher gewissenhaft, jener eher impulsiv und so weiter. Bereits Eysenck und Gray haben versucht, die von ihnen als Grundfaktoren angesehenen Merkmale Extraversion und Neurotizismus neurophysiologisch zu begründen, was aber an dem damals geringen Kenntnisstand in den Neurowissenschaften scheiterte. In den vergangenen Jahren wurden diese Versuche von einer Reihe von Persönlichkeitspsychologen mit etwas größerem Erfolg wieder aufgenommen (vgl. DeYoung und Gray 2009; DeYoung 2006, 2013; Corr et al. 2013).

Wie schon im Zusammenhang mit dem Begriff *Temperament* angedeutet, wird die menschliche Persönlichkeit durch die Interaktion zweier Faktoren bestimmt. Diese sind erstens die individuelle genetische Ausstattung einschließlich der Genvarianten (Polymorphismen), welche Art und Ausmaß der Expression bestimmter Gene festlegen, und zweitens die Umweltbedingungen im engeren Sinne (frühkindliche familiäre Bedingungen) wie im weiteren Sinne (Bedingungen der Sozialisation). Diese Faktoren verzahnen sich mehr oder weniger unauflöslich miteinander. So sind zwar die Gene in der Regel über wenige Generationen unveränderlich, sie werden aber als väterliche und mütterliche Allele bei jedem Zeugungsakt neu gemischt, und zudem greifen teils vorgeburtlich und teils früh nachgeburtlich Umwelteinflüsse wie die Qualität der mütterlichen Fürsorge über epigenetische Prozesse verändernd in die Genexpression ein. Diese Veränderungen werden teilweise sogar an die nächste Generation weitergegeben, was übrigens das »eiserne Gesetz« der Nichtvererbbarkeit erworbener Eigenschaften eklatant verletzt und die These Lamarcks von der Vererbbarkeit erworbener Eigenschaften ein wenig rehabilitiert.

Die genetisch-epigenetische Ausrüstung eines Menschen und die Art, wie sich Gehirn und limbische Hirnzentren entwickeln, geben den Rahmen vor, in dem die frühkindliche Erfahrung mit der Mutter und später mit anderen nahestehenden Personen wie Vater, Geschwister, Kameraden oder Lehrer positive oder negative Auswirkungen haben kann. Hierbei gibt es im Laufe der Hirnentwicklung »sensible Perioden«, in denen Gehirn und Psyche besonders empfänglich für solche Umwelteinflüsse sind. Nach Ablauf dieser sensiblen Perioden werden Veränderungen zunehmend schwieriger. Dies haben wir anhand der Entwicklung des Gehirns und des Temperaments gezeigt (vgl. Kapitel 4).

Die Frage nach der neurobiologischen Grundlage der Persönlichkeit wird dadurch noch weiter kompliziert, dass die bereits im 3. Kapitel beschriebenen und für Psyche und Persönlichkeit konstitutiven sechs psychoneuronalen Grundsysteme, nämlich Stressverarbeitung, Selbstberuhigung, Belohnung und Belohnungserwartung (Motivation), Bindungsverhalten, Impulskontrolle und Realitätssinn-Risikowahrnehmung, nicht nur in sich bereits sehr verwickelt sind, sondern sich untereinander auch noch stark beeinflussen. Deshalb ist es nicht verwunderlich, dass die bisherigen Versuche, eine »Persönlichkeits-Neurobiologie« (*personal neuroscience*) zu entwickeln, nicht voll überzeugen können. Ein besonderer Mangel entsteht dadurch, dass man sich in der Persönlichkeitsforschung bei den Neuromodulator- und Neuropeptidsystemen im Wesentlichen auf das dopaminerge und das serotonerge System beschränkt und zudem davon ausgeht, dass diese Systeme jeweils mehr oder weniger einheitliche

Funktionen haben, was angesichts der unterschiedlichen Rezeptoren und ihrer unterschiedlichen Wirkungsweisen falsch ist. Am schwersten wiegt wohl, dass das wichtigste der persönlichkeitsrelevanten Systeme, das Stressverarbeitungssystem, meist außer Acht gelassen wird. Das ist fatal, denn seine Entwicklung beeinflusst massiv die Funktion anderer neuromodulatorischer Systeme. Übergeht man diese Tatsache, ist die Entwicklung der Persönlichkeit nicht zu verstehen.

Im Folgenden wollen wir anhand der im dritten Kapitel vorgestellten psychoneuronalen Grundsysteme das Entstehen grundlegender Persönlichkeitseigenschaften erläutern.

Stressverarbeitung und Persönlichkeit
Zweifellos bildet die Art, wie ein Mensch mit körperlichen Belastungen wie Krankheit und Schmerz sowie mit psychischen Belastungen wie Bedrohung, Herausforderungen, Enttäuschungen und Niederlagen, Beschämung und Ausgrenzung umgeht, den Kern seiner Persönlichkeit. Dieser Kern bildet sich sehr früh heraus und hängt mit der vorgeburtlichen und nachgeburtlichen Entwicklung des Cortisolsystems zusammen. Dies zeigt sich bereits am ganz normalen Tagesgang der Cortisolausschüttung. So reagieren emotional instabile Personen, denen ein hoher Grad an Neurotizismus im Sinne der Big Five zugeschrieben wird, auf das morgendliche Aufwachen mit einer hohen Cortisolfreisetzung. Zudem geben bei ihnen die Nebennierenrinden im Verlauf des Tages mehr Cortisol in die Blutbahn ab als bei Menschen mit geringen Neurotizismuswerten. Bei männlichen Jugendlichen mit hohen Neurotizismuswerten sinkt außerdem die Cortisolfreisetzung im Tagesverlauf nicht in gleicher Weise wie bei anderen Jugendlichen. Möglicherweise nehmen sie ihre Umwelt als besonders bedrohlich wahr.

Wie geschildert, setzen sich die eigentlichen stressbedingten Ausschüttungen von Cortisol als »Pulse« auf den normalen Cortisol-Tagesgang auf. Anscheinend stört die hohe Cortisolfreisetzung in Ruhe eine angemessene stressbezogene Cortisolantwort, denn Frauen mit neurotizistischen Persönlichkeitseigenschaften und introvertierte Männer reagieren auf eine Stresssituation mit einer abgeschwächten Cortisolantwort. Eine geringe Ausprägung der Grundkategorie Offenheit/Intellekt ist ebenso an eine abgeschwächte Stressantwort gebunden.

Menschen mit hohen Neurotizismus- und niedrigen Extraversionswerten und einem daraus folgenden erhöhten Risiko für die Entwicklung affektiver Erkrankungen wie Angststörungen und Depressionen (s. Kapitel 7) zeichnen sich also durch eine im Tagesverlauf *erhöhte* Cortisolfreisetzung bei gleichzeitig *verminderter* Stressantwort aus. Ein solches Muster ist aus physiologischer Sicht kein Widerspruch, denn die hohe Cortisol-Ruheaktivität vermindert aufgrund der komplizierten Feedbackregulation der Cortisolfreisetzung (s. Kapitel 3) eine effektive Antwort auf zusätzliche Stressoren (für eine Übersicht s. Strüber et al. 2014). Dies bringt es mit sich, dass in akuten Stresssituationen das Cortisolsystem keine zusätzlichen Mittel zur Verfügung hat. Cortisol kann dann nicht in angemessener Weise Energie mobilisieren und darüber hinaus die schnelle Stressreaktion des Körpers (Noradrenalin, CRF usw.) nicht zügig beenden. Dies hindert den Betroffenen daran, angemessen mit Stresssituationen umzugehen.

Die Neigung zu impulsivem und aggressivem Verhalten steht ebenfalls im Zusammenhang mit dem Cortisolhaushalt. Kinder mit einem *besonders niedrigen* Cortisolspiegel zeigen im Jugendalter eine geringe Selbstkontrolle und ein aggressives Verhalten sowie eine hohe Risikobereitschaft. Eine geringe Cortisolfreisetzung scheint also mit einer geringen Selbstkontrolle und aggressivem Verhalten einherzugehen (Shoal et al. 2003).

Selbstberuhigung und Persönlichkeit

Das Selbstberuhigungssystem ist eng mit dem serotonergen System verbunden, das seinerseits in enger Wechselwirkung mit allen anderen neuromodulatorischen Systemen steht, insbesondere mit dem Stressverarbeitungssystem. Allerdings sind die Wirkungen des serotonergen Systems vielfältig. Nur ein Teil hat mit der Selbstberuhigung zu tun, und zwar im Wesentlichen über eine Aktivierung der *hemmenden* postsynaptischen 5-HT_{1A}-Rezeptoren. Die *erregenden* 5-HT_{2A}-Rezeptoren hingegen können z.B. aggressionsfördernd wirken. Das Selbstberuhigungssystem ist eines der ersten Systeme, das in der Individualentwicklung entsteht. Entsprechend ist ein adäquater Serotoninspiegel unerlässlich für eine normale Frühentwicklung des Nervensystems.

Bei der selbstberuhigenden Wirkung des Serotonins handelt es sich nicht, wie häufig dargestellt, um ein »Wohlbefinden«, das eher über Oxytocin und endogene Opioide vermittelt wird. Es geht hier vielmehr um das Gefühl, dass es besser ist, *nichts* zu unternehmen, mit der entsprechenden Aufforderung: »Reg dich nicht unnötig auf!« In ausweglosen bedrohlichen Situationen kann diese Meldung auch lauten: »Tu gar nichts, stelle dich tot!«. Es geht also bei dieser Wirkung des Serotonins um Passivität in ganz unterschiedlichen Zusammenhängen. Ein ausreichender Serotoninspiegel dient hiernach offenbar vornehmlich der Impulskontrolle, d.h., er hemmt voreilige Reaktionen auf mögliche Gefahren (s. unten). Ein *Mangel* an Serotonin oder Defizite bei den 5-HT_{1A}-Rezeptoren bedingen hingegen die fortwährende Beschäftigung mit Stress, die sich in innerer Unruhe und – hauptsächlich bei Männern – in Impulsivität und reaktiver Aggression, bei Frauen vermehrt in Angstzuständen und schließlich Depressionen niederschlagen kann.

Infolge dieser komplexen Zusammenhänge ist das Selbstberuhigungssystem an fast allen Big-Five-Merkmalen sowie am Merkmal Impulsivität beteiligt. Eine geringe Aktivität des Selbstberuhigungssystems bzw. ein niedriger Serotoninspiegel führen etwa zum Überwiegen neurotizistischer Merkmale wie Bedrohtheitsgefühl, niedrige Frustrations- und Verlusttoleranz, Grübeln, Angstzustände und Depression bis hin zu völliger Apathie. Diese Zustände werden von Corr et al. (2013) unter dem Teilmerkmal »Rückzug« (*withdrawal*) zusammengefasst und dem anderen Teilmerkmal »Unbeständigkeit« (*volatility*) gegenübergestellt, das emotionale Labilität, Ablenkbarkeit und die Tendenz zum Aufbrausen beinhaltet.

Belohnung und Belohnungserwartung (Motivation) und Persönlichkeit

Üblicherweise wird das Dopamin-vermittelte System der Belohnung und der Belohnungserwartung als Grundlage von Motivation mit dem Merkmal »Extraversion« und mit dem Gray'schen »Behavioral Activation System – BAS« in Verbindung gebracht, in dessen Zentrum die »Belohnungsempfänglichkeit« (*reward sensitivity*) steht.

Einige bedeutende Aspekte von Extraversion, nämlich die Merkmale »gesprächig«, »gesellig« und »offen« sind mit dopaminergen Funktionen ebenso verbunden wie mit dem Einfluss von Oxytocin und endogenen Opioiden, die sozialen Kontakten ihre positiv motivierende Kraft verleihen. Depue und Collins (1999) bezeichnen diese Merkmale als »bindungsorientierte« Extraversion (*affiliative extraversion*), im Gegensatz zur »handlungsbezogenen« Extraversion (*agentic extraversion*), die mit den Merkmalen »energisch« und »erfolgs- und belohnungsorientiert« einhergeht und weitgehend mit dem Gray'schen BAS übereinstimmt. Eine Steigerung der »bindungsorientierten« Extraversion führt zu einem starken Bedürfnis nach Geselligkeit (»Ich kann nicht allein sein!«) sowie nach sozialer Einbindung (»Was andere von mir halten, ist mir sehr wichtig!«). Eine stärkere Ausprägung der »handlungsbezogenen« Extraversion führt dagegen zu Ehrgeiz, Dominanz, Machtstreben sowie Abenteuer- und Sensationslust. Dies verbindet sich dann mit Merkmalen »aktiver« Impulsivität, nämlich Getriebensein und mangelnde Vorausschau, und geht mit einem niedrigen Serotonin- sowie einem hohem Noradrenalinspiegel (Cloninger 1987, 2000) und entsprechend mangelnder Impulshemmung einher. Ebenso zeigt dieses Verhalten in Hinblick auf mangelndes Risikobewusstsein oder übertriebenen und zugleich unverbesserlichen Optimismus ein Defizit im Realitäts- und Risikowahrnehmungssystem (s. unten). Die davon betroffenen Personen gehen spontan hohe Risiken ein und revidieren auch dann nicht ihre aktuelle positive Einschätzung, wenn sie unerfreuliche Informationen über ihre Erfolgschancen erhalten. Hier spielt auch bei Männern das Sexualhormon Testosteron eine wichtige Rolle.

Zugleich gibt es deutliche Hinweise auf einen Zusammenhang zwischen dem Belohnungssystem oder einer damit verbundenen hohen dopaminergen Aktivität einerseits und Persönlichkeitseigenschaften wie Neugier und Sensationslust, aber auch Kreativität andererseits. Hochkreative Menschen weisen eine geringe Dichte an hemmend wirkenden D_2-Rezeptoren in thalamischen Kernen auf, die zum präfrontalen Cortex projizieren (De Manzano et al. 2010), und sie können offenbar deshalb ihren Einfallsreichtum ungezügelt ausleben.

Das serotonerge System spielt ebenfalls eine Rolle für Belohnung und Belohnungserwartung und damit verbunden für das Merkmal »Extraversion«. Eine verringerte Serotoninfreisetzung kann eine geringe Toleranz gegenüber einem Belohnungsaufschub bewirken, was sich in der Tendenz äußert, nach kurzfristigen Belohnungen zu streben und dabei langfristige und eventuell sogar wesentlich größere Belohnungen oder Ziele zu vernachlässigen.

Bindungsverhalten und Persönlichkeit

Das Bedürfnis nach Bindung ist ähnlich wie Impulsivität ein zentrales Persönlichkeitsmerkmal, das »quer« zu den Big Five steht, indem es positiv mit Komponenten von Extraversion, Verträglichkeit und Offenheit und negativ mit einigen Komponenten von Neurotizismus, nämlich Ängstlichkeit und Rückzug, korreliert. Bindungsorientierung ist aus neurobiologischer Sicht gleichermaßen von Oxytocin, endogenen Opioiden und Dopamin als Grundlage »affiliativer« Extraversion (s. oben) bestimmt. Personen mit einem hochaktiven Oxtocinsystem zeichnen sich unter anderem durch eine ausgeprägte Sensitivität gegenüber anderen Menschen aus. Sie sind generell empfindlicher für Stimmungen, Gefühle, Bedürfnisse und Ziele Anderer, sie sind kooperativ und altruistisch und tendieren weniger dazu, sklavisch an den eigenen Zielvorstellungen festzuhalten. Gleichzeitig haben sie über eine verstärkende Wirkung von Oxytocin auf die Serotoninfreisetzung ein hohes Maß an Impulskontrolle und eine geringe Neigung, fortwährend über die Bedrohungen in der Welt nachzudenken.

Personen mit einer sicheren Bindungsrepräsentation zeigen in einer sozialen Stresssituation eine hohe Oxytocinfreisetzung, während ihr Stresssystem nur mäßig aktiv und ihr subjektives Stresserleben ebenfalls gering sind. Dagegen reagieren Personen mit einer unsicher-distanzierten bzw. abwertenden Bindungsrepräsentation auf sozialen Stress mit einer geringeren Oxytocinfreisetzung und einer starken Aktivierung ihres Stresssystems (Pierrehumbert et al. 2012, s. Abbildung 5.1). Ein niedriger Oxytocin- und Serotoninspiegel führt zu niedrigen Werten des Merkmals »Verträglichkeit«, was sich in Herzlosigkeit bzw. Empathiemangel, Aggressivität und gewissenlosem Handeln niederschlägt, wie dies bei einer antisozialen Persönlichkeitsstörung bzw. Psychopathie zu finden ist (s. Kapitel 7).

Auch wenn Oxytocin und Vasopressin eine gegensätzliche Wirkung auf das Stresssystem haben, so wirken beide doch bindungsverstärkend. Während Vasopressin dabei eher den Schutz von Partner und Kind vermittelt, fördert Oxytocin eine verstärkte Sensitivität. Entsprechend zeigen sich auch positive Einflüsse des Vasopressins auf die Persönlichkeit: Personen mit hohem Vasopressinspiegel verfügen über ein größeres soziales Netzwerk, haben weniger Partnerprobleme, eine größere Bindungssicherheit und damit eine geringere Tendenz, Bindungen zu vermeiden (Gouin et al. 2012).

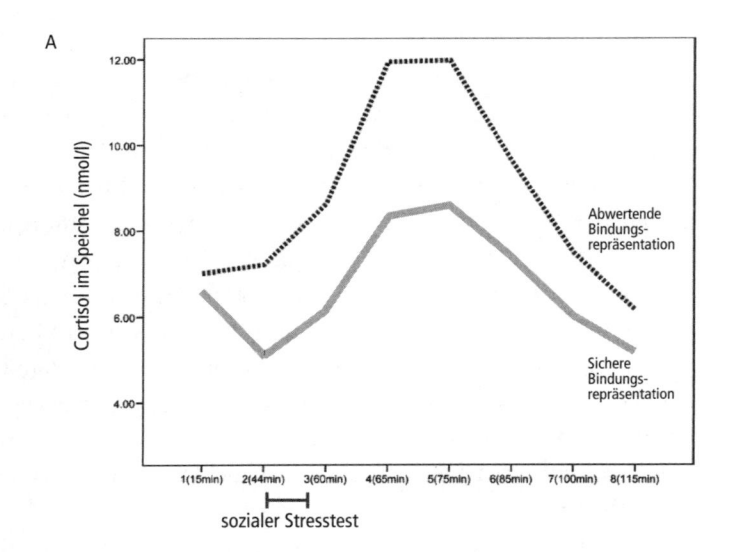

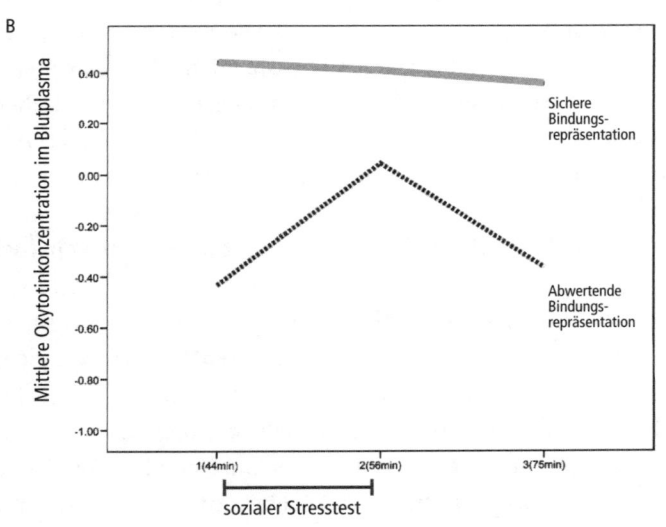

Abb. 5.1: Abhängigkeit der Konzentrationen von Cortisol und Oxytocin von der Bindungsrepräsentation. A: An den Testzeitpunkten 1 bis 8 gemessene Cortisolkonzentration vor und nach einer in der Zeit von 45 bis 55 Minuten stattfindenden sozialen Stresssituation für Personen mit einer sicheren und einer unsicher-distanzierten bzw. abwertenden Bindungsrepräsentation (s. Kapitel 4). B: An den Testzeitpunkten 1 bis 3 gemessene Oxytocinkonzentration dieser Personen. Das Oxytocin wurde dem Blutplasma entnommen und ist als standardisierte Maßeinheit aufgetragen (verändert nach Pierrehumbert et al. 2012).

Impulskontrolle und Persönlichkeit

Wie angedeutet, kritisieren viele Persönlichkeitsforscher, dass das zentrale Persönlichkeitsmerkmal Impulskontrolle nicht zu den Big Five gehört und auch nur teilweise im Merkmal Extraversion enthalten ist. Es steht wie das Bindungsverhalten quer zu den Big Five und hängt mit Komponenten von Neurotizismus und Gewissenhaftigkeit zusammen. Zweifellos spielt Serotonin bei den Merkmalen Neurotizismus und Gewissenhaftigkeit eine wichtige Rolle, indem es Verhaltenshemmung und Risikoaversion bewirkt – zwei Aspekte, die auch im Gray'schen BIS zu finden sind. Menschen mit einem hohen Serotoninspiegel finden sich mit den gegebenen Verhältnissen ab (»Nur keine Experimente!«) und zeigen eine starke Impulskontrolle. Sie neigen dazu, Ziele dauerhaft zu verfolgen und Verhaltensregeln zu beachten und lassen sich nicht von aktuellen Geschehnissen ablenken.

Unterschieden werden muss zwischen einer aktiven und einer reaktiven Impulsivität (DeYoung und Gray 2009). Die *aktive* (oder »agentische«) Impulsivität ist mit hohen Werten des Merkmals Extraversion verbunden und daher orientiert an unmittelbarer Belohnung, Dominanz, Machtstreben, Sensationsgier und mangelnder Risikowahrnehmung. Zugleich steht die aktive Impulsivität in einem Zusammenhang mit einem hohen Dopamin- und Testosteronspiegel. Ebenso weisen aktiv impulsive Personen geringe Werte von Neurotizismus, Verträglichkeit und Gewissenhaftigkeit auf.

Davon verschieden ist die *reaktive* Impulsivität, die mit niedrigen Serotoninwerten und hohen Cortisol- und Noradrenalinwerten einhergeht und auf einer verminderten Fähigkeit beruht, bedrohliche von nicht bedrohlichen Reizen zu unterscheiden (s. Selbstberuhigungssystem). Dies bringt wiederum eine hohe Verunsicherung und eine allgemeine negative Emotionalität mit sich (s. Depue 1995). Reaktiv impulsive Personen sind, anders als aktiv impulsive Menschen, nicht ständig impulsiv, sondern nur in bedrohlich erscheinenden Situationen, in denen sie sich zur Wehr setzen, weil sie keine anderen Handlungsmöglichkeiten sehen. Aufgrund genetisch-epigenetischer Vorbelastungen und frühkindlicher Traumatisierungen ist bei ihnen die Fähigkeit beeinträchtigt, aggressive Gesichtsausdrücke und Gebärden von furchtsamen oder neutralen verlässlich zu unterscheiden. Ein niedriger Serotoninspiegel führt dazu, dass zusammen mit einem Bedrohtheitsgefühl ein Impuls zum »Losschlagen« nicht kontrolliert werden kann.

Im Bereich gewaltkriminellen Verhaltens zeigen sich diese Unterschiede meist deutlich zwischen *reaktiv-impulsiven* Gewalttätern, die aus einer tatsächlichen oder vermeintlichen Bedrohungssituation heraus gewalttätig sind, und *proaktiv-instrumentellen* Gewalttätern, die in manchen Fällen auf die Suche nach Opfern gehen, um ihren »aktiv impulsiven« Drang nach Gewaltausübung zu stillen. Hier kommt deutlich die Sensationsgier (*sensation seeking*) zum Tragen, die bei solchen »Gewalttouristen« meist von einer inneren Leere begleitet ist und welche die Betroffenen durch den Kick der Gewaltausübung vorübergehend zu stillen versuchen (Roth und Strüber 2009, s. auch Kapitel 7).

Realitätssinn und Risikowahrnehmung und Persönlichkeit

Zu einer ausgeglichenen Persönlichkeit gehört es, die Situation, in der man sich befindet, »angemessen« wahrzunehmen und in ihrer Bedeutung realistisch einzuschätzen, d. h. über eine Balance zwischen übertriebenem Optimismus und übertriebenem Pessimismus, zwischen Gutgläubigkeit und Misstrauen, Eigenständigkeit und Bindung zu verfügen. Hinzu kommt die Fähigkeit, die kurz- und langfristigen Konsequenzen des eigenen Tuns richtig zu bewerten, die eigenen Kräfte nicht zu über- und nicht zu unterschätzen, Absichten der Anderen richtig zu erfassen, Chancen und Risiken zu erkennen und sie im eigenen Handeln zu berücksichtigen.

Auch dieses wichtige Persönlichkeitsmerkmal ist nicht zentral in den Big Five enthalten, sondern findet sich verteilt auf nahezu alle fünf Grundmerkmale. Zu einer guten Realitäts- und Risikowahrnehmung gehört ein ausgeglichenes Verhältnis zwischen Extraversion, also positivem Denken und Risikofreudigkeit, und Neurotizismus, also kritischem Denken und Risikoscheu, und ferner ein Gleichgewicht zwischen Gewissenhaftigkeit und Offenheit/Intellekt. Aus neurobiologischer Sicht bedeutet dies ein Gleichgewicht zwischen dem serotonergen und dem dopaminergen System, zugleich aber eine hohe Aktivität des cholinergen Systems, das die Grundlage von Aufmerksamkeit, Lernbereitschaft, dem schnellem Erfassen und Einordnen von Belohnungs- und Bestrafungsreizen, sowie von geringer Ablenkbarkeit und Zielfokussierung bildet (vgl. Kapitel 3).

Demgegenüber geht ein ausgeprägtes und risikoreiches belohnungsorientiertes Verhalten mit einer *verringerten* Acetylcholinfunktion und einem veränderten Zusammenspiel von Acetylcholin und Dopamin einher. Über diesen Zusammenhang könnte eine Beeinträchtigung der Acetylcholinfunktion das Risiko für Erkrankungen wie Übergewicht oder Drogensucht erhöhen.

Die individuelle Ausprägung des Merkmals Risikovermeidung wird auch durch den Opioidhaushalt beeinflusst. Man nimmt an, dass bei Menschen mit einer besonders ausgeprägten Risikovermeidung das µ-Opioidrezeptorsystem im anterioren cingulären, orbitofrontalen und ventromedialen präfrontalen Cortex sowie in Teilen des anterioren insulären Cortex weniger aktiv ist. Die anhaltende Neigung zu Furcht und Sorge könnte durch die verringerte Aktivität des µ-Rezeptorsystems erklärt werden.

5.3 Was sagt uns das alles?

Von den zahlreichen psychologischen Methoden zur Bestimmung von Persönlichkeitseigenschaften ist der Big-Five-Persönlichkeitstest am weitesten verbreitet. Obwohl in der Praxis populär, wird dieser Test von vielen Experten kritisch gesehen. Zum einen sind die fünf Grundfaktoren rein beschreibend, zum anderen ist die vorgebliche Überschneidungsfreiheit dieser Merkmale eine Illusion. Vielmehr ergibt sich bereits aus persönlichkeitspsychologischer Sicht eine Grundpolarität zwischen der Tendenz zur Annäherung bzw. »Plastizität«, welche die Big-Five-Merkmale Extraversion und Offenheit/Intellekt beinhaltet, und der Tendenz zur Vermeidung bzw. »Stabilität«, welche die Merkmale Neurotizismus, Gewissenhaftigkeit und Verträglichkeit umfasst.

Kritisch zu bewerten sind auch das Fehlen einer weiterreichenden persönlichkeits- und entwicklungspsychologischen Begründung der Big Five sowie eine überzeugende neurobiologische Fundierung. Daran haben sich eine Reihe von Vertretern der »Persönlichkeits-Neurowissenschaften« versucht, aber ihre Fokussierung auf das serotonerge und das dopaminerge System sowie ihre Nichtbeachtung des Stressverarbeitungssystems und der intensiven Wechselwirkungen zwischen den neuromodulatorischen Systemen erzeugen eine Reihe von Unzulänglichkeiten. Eine neurowissenschaftliche Fundierung der wichtigsten Persönlichkeitsmerkmale gelingt besser, wenn wir von den sechs im vorigen Kapitel vorgestellten psychoneuronalen Grundsystemen ausgehen. Wir verstehen dann genauer, in welcher Weise das Stressverarbeitungssystem, das Selbstberuhigungssystem, das Belohnungs- und Belohnungserwartungssystem, das Bindungssystem, das Impulskontrollsystem und das Realitätswahrnehmungssystem aufeinander aufbauen und positiv wie negativ miteinander wechselwirken. Das Stressverarbeitungssystem und das Selbstberuhigungssystem spielen hierbei die wichtigste Rolle, da sie sich zuerst entwickeln und die Ausbildung der anderen Systeme beeinflussen.

Besonders wichtig ist es zu berücksichtigen, wie Genetik, Entwicklung und Umwelt zusammenwirken. Die genetisch-epigenetische Ausstattung eines Menschen und der Verlauf der Ontogenese von Nervensystem und Gehirn geben den Rahmen vor, in dem die vorgeburtliche und nachgeburtliche Umwelt auf die sich entwickelnde Psyche und Persönlichkeit einwirken kann. Dass diese Umwelteinflüsse zum Teil verändernd in die epigenetische Ausstattung eingreifen und so an die nächste Generation weitergegeben werden können, eröffnet eine völlig neue Sicht der Entwicklung von Psyche und Persönlichkeit. Damit löst sich das alte Anlage-Umwelt-Problem auf, und zugleich ermöglicht dies ein ganz neues Verständnis von der Entstehung psychischer Erkrankungen, mit denen wir uns im übernächsten Kapitel beschäftigen werden.

6 Das Bewusstsein, das Vorbewusste und das Unbewusste

Die Frage nach der Natur und Funktion bewusster und unbewusster psychischer Prozesse und ihrem Verhältnis zueinander hat seit jeher Philosophie und Psychologie beschäftigt und ist auch ein zentrales Thema der Psychiatrie und Psychotherapie. Während die romantische Naturphilosophie und Medizin und in ihrer Nachfolge auch Sigmund Freud die große Kraft des Unbewussten betonten, tat sich die akademische Psychologie, etwa in ihrer kognitivistischen Ausrichtung, lange Zeit mit der Wirkung unbewusster Prozesse schwer oder stritt gar ihre Existenz oder zumindest ihre Bedeutung ab. Kognitive Psychologen waren der Auffassung, dass nur bewusste Prozesse eine Wirkung auf das menschliche Verhalten haben. Andererseits gab es schon immer Hinweise darauf, dass unbewusste Wahrnehmungen und Antriebe unser Verhalten beeinflussen können, oder dass Menschen Dinge tun, derer sie sich nicht gewahr sind oder von denen sie nicht wissen, warum sie sie tun.

Freud gilt als der Entdecker des Unbewussten, was nicht ganz richtig ist, aber niemand vor ihm hat sich derart systematisch mit diesem Phänomen befasst. Die Psychoanalyse ist seiner Ansicht nach im Wesentlichen die »Lehre vom Unbewussten«, wie er dies in seinen drei großen Aufsätzen *Das Unbewusste* (1915), *Jenseits des Lustprinzips* (1920) und *Das Ich und das Es* (1923) darlegte.

6.1 Die Erscheinungsformen des Unbewussten

Freud vermutete seinerzeit zu Recht, dass alle Hirnvorgänge, die außerhalb der Großhirnrinde, also subcortical ablaufen, dem Bewusstsein unzugänglich sind. Was er nicht wusste oder wissen konnte, war die Tatsache, dass auch viele Prozesse, die innerhalb der Großhirnrinde stattfinden, nicht von Bewusstsein begleitet sind. Dazu zählt z. B. alles, was in den primären und sekundären sensorischen und motorischen Zentren des Cortex geschieht.

Aus Sicht der Hirnforschung und der experimentellen Psychologie umfasst das Unbewusste Inhalte von: (1) Wahrnehmungsvorgängen, die die Bewusstseinsschwelle noch nicht erreicht haben und erst später bewusst werden; (2) unterschwelligen (»subliminalen«) Wahrnehmungen, die aus unterschiedlichen Gründen die Bewusstseinsschwelle nicht überschreiten; (3) Wahrnehmungen, die außerhalb des Aufmerksamkeitsfokus liegen und auch nicht in das Langzeitgedächtnis gelangen; (4) stark konsolidierten Inhalten des prozeduralen Gedächtnisses, deren Details uns aktuell nicht oder nicht mehr bewusst sind; sowie (5) allen perzeptiven, kognitiven und emotionalen Prozessen, die im Gehirn des Fötus, des Säuglings und des Kleinkindes vor Ausreifung eines erinnerungsfähigen Langzeitgedächtnisses ablaufen (»infantile Amnesie«).

Alle Wahrnehmungen werden vom Beginn des Reizes an für 200 bis 300 Millisekunden (abgekürzt »ms«) oder sogar länger unbewusst verarbeitet, ehe sie ins Bewusstsein gelangen – sofern sie überhaupt die Bewusstseinsschwelle übersteigen. Diese »primäre Unbewusstheit« gilt für alle Prozesse, die in den Sinnesorganen, aber auch im Thalamus und den primären und sekundären sensorischen Arealen der Großhirnrinde ablaufen. So haben wir grundsätzlich kein bewusstes Erleben der Prozesse in der Netzhaut unseres Auges oder im Innenohr, aber auch nicht von Prozessen in den nachgeschalteten Zentren, etwa in den visuellen oder auditorischen Thalamuskernen, und ebenfalls nicht, wie erwähnt, in den primären und sekundären visuellen oder auditorischen Cortexarealen. Erst die zusätzliche und genügend starke Aktivierung von *assoziativen* Cortexarealen führt zum bewussten Erleben (s. unten).

Viele sensorische Reize sind einfach zu kurz oder zu schwach, um unsere Großhirnrinde in einer Weise zu aktivieren, die für das bewusste Erleben notwendig ist; sie werden durch subcorticale Filterprozesse vom Bewusstwerden ausgeschlossen. Dennoch können sie einen messbaren Einfluss auf unsere Reaktionen nehmen, indem sie über den Thalamus entweder direkt oder über die primären und sekundären Areale des visuellen oder auditorischen Cortex indirekt zu subcorticalen Strukturen wie der Amygdala und von dort zu Zentren gelangen, die dann unser Verhalten direkt steuern. Dies kann man zum Beispiel mithilfe psychologischer Wahlexperimente demonstrieren, in denen »maskierte«, also nicht bewusst wahrnehmbare Hinweisreize eingesetzt werden. Hierbei flankiert man einen sehr kurz, beispielsweise für 40 ms dargebotenen Reiz mit zwei längeren Reizen, die wahrgenommen werden, aber ihrerseits die bewusste Wahrnehmung des sehr kurzen Reizes, etwa eines aufblitzenden Pfeils, der nach links oder rechts weist, unterdrücken. Die Versuchspersonen treffen dann statistisch häufiger die »richtige« Wahl, indem sie am Bildschirm den linken oder rechten Knopf drücken, ohne dass sie sagen könnten, warum sie dies tun. Grund für dieses Unvermögen ist, dass ihr bewusstseinsfähiger assoziativer Cortex nicht genügend erregt wurde, um eine bewusste Erfahrung zu ermöglichen. Allgemein gilt, dass das Bewusstwerden umso später einsetzt, je komplexer, unerwarteter oder in seiner Bedeutung unklarer eine Reizsituation ist, z.B. eine komplizierte visuelle Szene oder ein schwieriger Satz.

Vorgänge in subcorticalen Zentren sind nach gegenwärtiger neurobiologischer Mehrheitsmeinung nicht bewusst erlebbar. Dies gilt für alle Zentren des subcorticalen limbischen Systems, aber auch für die subcorticale Motorik und schließlich für das Kleinhirn. Das Kleinhirn besteht aus Milliarden von Neuronen, zeigt eine sehr komplexe Verdrahtung und steht in enger Interaktion mit der Großhirnrinde. Dennoch erleben wir nichts von diesen hochkomplizierten Vorgängen, wahrscheinlich, weil das Kleinhirn keine so hohe »Binnenverdrahtung« (»Selbstreferentialität«) aufweist, wie sie für die Großhirnrinde charakteristisch ist (s. unten).

Interessant sind die in der obigen Aufzählung unter (3) genannten Prozesse, also all die Geschehnisse, die wir »übersehen«, weil wir unsere Aufmerksamkeit nicht auf sie richten. Aufmerksamkeit ist ein Zustand einer besonders aktiven und »selbstreferentiellen« corticalen Verarbeitung. Dies führt dann zu erhöhten Wahrnehmungsleistungen, einer intensiveren Verankerung im Gedächtnis und zum massiven Ausblenden von Vorgängen außerhalb des »Scheinwerfers der Aufmerksamkeit«.

Unser Fertigkeitsgedächtnis, auch prozedurales Gedächtnis genannt, arbeitet ebenfalls weitgehend unbewusst. Es versetzt uns in die Lage, Handlungsfolgen wie Klavierspielen, Fahrradfahren oder das Bedienen von Maschinen mehr oder weniger automatisiert auszuführen, nachdem wir sie lange eingeübt haben. Dabei wissen wir meist nicht, *wie* wir dies eigentlich tun. Anfangs benötigen wir zwar Aufmerksamkeit und Konzentration, aber je leichter uns die Dinge von der Hand gehen, desto mehr zieht sich das Bewusstsein zurück.

Der Grund liegt darin, dass zu Beginn, wenn die Bewegungskoordination viel Aufmerksamkeit erfordert, die entsprechenden neuronalen Aktivitäten parallel im dorsolateralen, parietalen und prämotorischen Cortex sowie in den Basalganglien und im Kleinhirn ablaufen, dass aber mit zunehmender Übung die mit Bewusstsein verbundenen corticalen Prozesse stark schwinden (vgl. Abbildung 2.14). Die Aktivität findet dann weiterhin in den primären und sekundären somatosensorischen und somatomotorischen Zentren der Großhirnrinde statt und verstärkt sich in den Basalganglien (Striatum, Pallidum, VTA, Substantia nigra usw.) sowie im Kleinhirn. Dort verfestigen sich entsprechende Netzwerke, während die Aktivität assoziativer Cortexareale immer weiter abnimmt. Solche automatisierte Handlungen können dann zwar bewusst gestartet werden, laufen aber in der Folge weitgehend oder völlig automatisiert und ohne Detailbewusstsein ab. Was bleibt, ist ein begleitendes Bewusstsein davon, *dass* wir Fahrrad fahren oder unser Auto lenken, aber nicht mehr, *wie* wir dies tun. Doch auch das begleitende Bewusstsein schwindet, wenn wir mit anderen Dingen beschäftigt sind. Bemerkenswert ist, dass solche hochautomatisierten Abläufe in der Regel sogar gestört werden, wenn wir unsere Aufmerksamkeit darauf lenken. Beim Klavierspielen etwa verspielen wir uns dann leicht, sofern wir nicht Rubinstein oder Horowitz heißen. Die bewusstseinsfähige Großhirnrinde nimmt dann Einfluss auf die Basalganglien oder das Kleinhirn, und dies ist das – fälschliche – Signal dafür, dass jetzt umgelernt werden soll. Und so kommen die Netzwerke in den Basalganglien und im Kleinhirn »aus dem Takt«.

Wahrscheinlich tritt ein sensorisches Erlebnisbewusstsein schon sehr früh im Leben auf, vielleicht schon kurz nach der Geburt oder sogar bereits vorgeburtlich. Allerdings können sich dessen Inhalte noch nicht längerfristig im Gedächtnis verankern, vermutlich weil das deklarativ-autobiographische Gedächtnissystem noch nicht funktionstüchtig ist. Hierzu müssen der Hippocampus als »Organisator« und die Großhirnrinde als Speicherort der deklarativen Gedächtnisinhalte hinreichend ausgereift sein, was erst gegen Ende des dritten Lebensjahres der Fall zu sein scheint. In der Zwischenzeit herrscht die »infantile Amnesie« (vgl. Kapitel 4). Etwas Ähnliches erleben wir, wenn wir Dinge bewusst wahrnehmen, die aber das Gehirn nicht dazu veranlassen, sie über das momentane Bewusstsein hinaus zu verarbeiten. Dies geschieht etwa, wenn wir durch das Zentrum einer großen Stadt gehen und unzählige Menschen, Objekte oder Geschehnisse kurzfristig bewusst wahrnehmen. Wenn nichts davon unsere

Aufmerksamkeit erregt oder eine Erinnerung oder Vorstellung bei uns hervorruft, dann sind die Eindrücke nach etwa fünf Sekunden unwiederbringlich verloren. Sie fallen schlicht aus unserem Kurzzeit- bzw. Arbeitsgedächtnis heraus. Es muss also immer etwas Bestimmtes in unserem Gehirn geschehen, damit Dinge überhaupt bewusst und dann erinnerbar werden. Was einmal bewusst war, aber nicht im Langzeitgedächtnis abgespeichert wurde, gehört damit zum Unbewussten.

Für die Fragestellung unseres Buches ist entscheidend, ob Informationen über Personen oder Geschehnisse *jemals* in das Langzeitgedächtnis gelangen und dann im Prinzip erinnerbar sind, sei es willentlich, mit fremder Hilfe oder unwillkürlich, oder ob sie *nie* dorthin kommen. Inhalte, die nicht im Langzeitgedächtnis vorhanden sind, können also unter keinen Umständen bewusst gemacht werden.

Manchmal reagieren wir deshalb auf Reize, ohne dass uns der Grund für unsere Reaktion bewusst ist. Wenn zum Beispiel die Amygdala auf etwas Bedrohliches anspricht, so kann dies deutliche Wirkungen sowohl in der Amygdala selbst als auch in anderen Teilen des subcorticalen limbischen Systems sowie im vegetativen System und hierüber im Verhalten hervorrufen, ohne dass uns dies in irgendeiner Form bewusst wird. Dann zeigen wir gegebenenfalls bestimmte vegetative Reaktionen wie eine Erhöhung der Hautleitfähigkeit oder Verhaltensweisen wie Vermeidung, ohne dass wir den Grund dafür benennen können. Der Psychiater oder Therapeut wird dann aufgrund solcher Signale auf eine unbewusste Furchtreaktion schließen, aber dem Patienten sagt das erst einmal nichts.

Oft jedoch werden parallel zur Amygdala bewusstseinsfähige corticale limbische Areale wie der ventromediale präfrontale Cortex aktiviert, und wir erleben dann Furcht bzw. Angst bewusst. Nur diese Erlebniszustände können wir, wenn wir sie entsprechend erinnern, sprachlich wiedergeben. Der Patient redet dann über bewusste Furchterlebnisse, nicht aber über diejenigen Prozesse, die das jeweilige Erlebnis mit dem Gefühl der Furcht verknüpfen, z.B. eine während der »infantilen Amnesie« erfahrene Traumatisierung.

Diese Tatsache, dass Unbewusstes nicht bewusst gemacht werden kann, wird uns noch ausführlich beschäftigen, wenn wir uns kritisch mit der klassischen Psychoanalyse auseinandersetzen.

6.2 Die Erscheinungsformen des Bewusstseins und des Vorbewussten

Über Wesen, Funktion und das Entstehen von Bewusstsein ist unendlich viel geschrieben worden. Kein Wunder, denn unsere subjektiv erlebte Existenz ist unauflöslich mit dem Bewusstsein verknüpft. Es ist insofern ein äußerst verwickeltes und zugleich unumgängliches Thema, dem wir uns nun in systematischer Weise nähern wollen. Dabei werden wir die äußerst umfangreiche philosophische Literatur zum Thema Bewusstsein nur in jenen Fällen berücksichtigen, in denen sich die vorgebrachten philosophischen Konzepte mit der naturwissenschaftlichen Fundierung des Phänomens »Bewusstsein« befassen, sei es nun, indem sie ihre Möglichkeit bejahen oder aber bestreiten. Eine sehr gute deutschsprachige Darstellung der Diskussion, die im Rahmen der »Philosophie des Geistes« (*philosophy of mind*) gegenwärtig zum Thema Bewusstsein geführt wird, liefert das Buch von Michael Pauen Grundprobleme der Philosophie des Geistes (Pauen 2002).

Phänomenologie des Bewusstseins

Wie man die Natur des Bewusstseins ergründet, ist seit der Antike umstritten. Die Mehrzahl der Philosophen folgt dem »phänomenologischen Ansatz« und glaubt bis heute, Introspektion, also das angestrengte Betrachten der eigenen Bewusstseinszustände, sei das geeignete Mittel zur Analyse des Bewusstseins. In der Neuzeit gehörten zu den Vertretern eines solchen phänomenologischen Ansatzes zum Beispiel Hegel, Brentano und Husserl, wobei diese eine entschieden anti-empiristische und anti-naturwissenschaftliche Haltung einnahmen, da sie der Überzeugung waren, man könne das Wesen von Geist und Bewusstsein nur durch Introspektion, nicht aber durch Verhaltensbeobachtungen und Experimente erfassen.

Andererseits gab es Philosophen wie David Hume, die mit ihrer skeptisch-empiristischen Haltung solchen Ansprüchen einer metaphysischen Philosophie entgegentraten, indem sie darauf hinwiesen, dass wir niemals das Wesen der Dinge selbst erkennen können, sondern nur Regelmäßigkeiten in den Abläufen dieser Welt. So argumentierte Hume, dass wir niemals Kausalbeziehungen erkennen können, sondern nur eine mit strenger Regelmäßigkeit ablaufende zeitlich-räumliche Ereignisfolge.

Kausalität – so sagte später der von Hume stark beeinflusste Immanuel Kant – ist ein Konstrukt unseres Geistes, keine objektive Gegebenheit. Auch in der heutigen Physik ist der Begriff der Kausalität umstritten, zumal es im Bereich der Quantenphysik Abläufe gibt, die augenscheinlich keiner Kausalität im traditionellen Sinne eines festen Ursache-Wirkungsverhältnisses unterliegen (Zeilinger 2003, 2005). Hinzu kommen die Fälle eines »deterministischen Chaos«, in denen Prozesse eines Systems zwar deterministisch ablaufen, aber auf derart komplexe Weise miteinander verflochten sind, dass sich ihr Verhalten nicht mehr analytisch erfassen, sondern nur noch Schritt für Schritt errechnen lässt (Schuster 1994). Ein einfaches Beispiel hierfür ist das Würfeln, ein komplizierteres das Doppelpendel und ein sehr kompliziertes das Wetter – oder das Gehirn. Bei solchen hyperkomplexen Systemen kommt erschwerend die mangelnde Kenntnis der Anfangs- und Randbedingungen hinzu.

Wir können das Wesen der Dinge aber auch deshalb nicht erkennen, weil es ein solches Wesen gar nicht gibt. Dinge bestehen für uns Menschen aus Merkmalen, die wir aus Beobachtungen, dem Gebrauch der Dinge und aus Experimenten ableiten. Diese Merkmale wiederum unterliegen den Gesetzmäßigkeiten unseres Geistes und damit auch unseres Gehirns. Wir können aufgrund der Beobachtungen und Experimente auf Regelmäßigkeiten und Gesetze schließen und diese dann in mathematischen Formeln und abstrakten Modellen erfassen. Dennoch bleiben sie Produkte unseres Geistes und sind nicht etwa Bestandteile einer metaphysischen »Wesensschau«.

Schließlich gibt es Philosophen und Psychologen, insbesondere Vertreter des amerikanischen Behaviorismus, die eine besondere Funktion des Geistes und Bewusstseins leugnen. Für einen orthodoxen Behavioristen ist es unerheblich, ob ein Tier, das etwas lernt, dies auch bewusst erlebt – die Annahme eines Bewusstseins hat keinen zusätzlichen Erklärungswert für die Analyse des Verhaltens. Philosophen wie der Australier David Chalmers halten die Existenz von Bewusstsein beim Menschen und wohl auch bei einigen Tieren zwar für wahrscheinlich, aber aus all dem, was man über Gehirn, kognitive Leistungen und Verhalten weiß, folgt für ihn nicht zwingend, dass es ein Bewusstsein gibt (Chalmers 1996). Für Chalmers ist es also theoretisch möglich, dass es Wesen, sogenannte »Zombies« gibt, die sich genauso verhalten wie normale Menschen mit Bewusstsein, tatsächlich aber kein Bewusstsein besitzen. Danach wäre Bewusstsein bei den Nicht-Zombies möglicherweise ein »Epiphänomen« ohne jede Funktion.

Für viele Philosophen und nahezu alle Neurowissenschaftler und Psychologen ist ein solcher Standpunkt abwegig. Allerdings sind einige Aspekte von Chalmers' kritischer Haltung zumindest in Teilen ernst zu nehmen. In der Physik und Chemie kann man nachweisen, dass Phänomene gesetzmäßig auftreten, wenn bestimmte Anfangs- und Randbedingungen erfüllt sind. Kennen wir die Eigenschaften einfacher physikalischer oder chemischer Komponenten, so können wir unter günstigen Umständen die Eigenschaften von Systemen, die sich aus diesen Komponenten zusammensetzen, berechnen. Dies, so Chalmers, ist für das Bewusstsein mit dem gegenwärtigen Wissensstand der Hirnforschung, vielleicht aber auch für immer unmöglich. Dem ist insofern zuzustimmen, als wir heute zwar notwendige, aber keine hinreichenden Bedingungen dafür angeben können, wie bestimmte Bewusstseinszustände bei Primaten einschließlich des Menschen entstehen. Von der Formulierung von »Naturgesetzen des Bewusstseins«, wie sie beispielsweise Patricia und Paul Churchland als Erste einforderten (vgl. Churchland 1986), sind wir noch weit entfernt.

Allerdings ist zu bedenken, dass es auch in der Physik nur selten möglich ist, komplexe Eigenschaften von Systemen anhand der Eigenschaften ihrer Komponenten zu berechnen. Dies gelingt nur dann, wenn die Gesetzmäßigkeiten einfache Beziehungen ausdrücken, die sich mit gewöhnlichen Differenzialgleichungen beschreiben lassen. Die allermeisten komplexeren physikalischen und chemischen Vorgänge sind dagegen nur mit partiellen Differenzialgleichungen zu beschreiben, bei denen die Kenntnis der Anfangs- und Randbedingungen eine kritische Rolle spielt. Diese Kenntnis ist aber oft nicht genügend vorhanden.

In biologischen Systemen und natürlich auch bei kognitiven ebenso wie emotionalen Leistungen ist diese Problematik stets akut. Anstelle zwingender mathematischer Gesetzmäßigkeiten sind wir hier auf *Plausibilitätsargumente* angewiesen, d.h., wir gehen von der Erklärungskraft empirischer Daten sowie von Wirkmodellen aus und bevorzugen nach dem »Sparsamkeitsprinzip« (auch »Ockhams Rasiermesser« genannt) diejenige Erklärung, die bei einem Minimum an Widersprüchen und Zusatzannahmen einen maximalen Erklärungswert besitzt. Ziel ist eine Erklärung, die zumindest derzeit nicht vernünftigerweise bezweifelt werden kann oder deren Konkurrenzerklärung viel mehr Widersprüche aufweist oder unbegründbare Zusatzannahmen erfordert.

Es soll nicht geleugnet werden, dass die introspektive oder phänomenologische Methode, wenn sie systematisch-kontrolliert angewandt wird, wertvolle Aufschlüsse über die Eigenheiten bewussten Erlebens liefern kann. Das hervorstechendste Merkmal von Bewusstsein besteht ja darin, dass es ausschließlich demjenigen, der Bewusstsein hat, direkt zugänglich ist. Dies nennt man den *privaten Charakter des Bewusstseins* oder die »Erste-Person-Perspektive«. Mit absoluter Gewissheit weiß nur ich, dass ich in diesem Augenblick bei Bewusstsein bin und bestimmte Dinge bewusst wahrnehme. Deshalb sagen wir im Alltag, einem anderen Menschen könne man nicht »in den Kopf schauen«, womit wir meinen, dass wir seine Wahrnehmungen, Gedanken, Gefühle, Vorstellungen, Erinnerungen nicht so direkt erfassen können wie bei uns selbst.

Auch wenn dies richtig ist, gibt es sowohl alltagspsychologisch als auch wissenschaftlich mehr oder weniger verlässliche Signale für die An- oder Abwesenheit von Bewusstsein oder von verschiedenen Graden von Bewusstsein. Zuallererst gehen wir davon aus, dass wir – von besonderen klinischen Zuständen wie dem Wachkoma abgesehen – anhand des Verhaltens eines Menschen auf seinen Bewusstseinszustand schließen können. Denn jemand, der ohne Bewusstsein ist, verhält sich anders als der, der sein Verhalten bewusst kontrolliert. Hierzu gehört auch die Fähigkeit, über Dinge zu berichten. So kann man jemanden, dem man etwas mitgeteilt hat, auffordern, die Mitteilung zu wiederholen. Wenn er uns den Satz mehr oder weniger korrekt wiedergibt, können wir mit ziemlicher Gewissheit auf Bewusstsein schließen. Im einfachsten Fall können wir ihn fragen: »Sehen Sie jetzt etwas?« und ihn auffordern, zu nicken oder den Kopf zu schütteln. Insofern kann – etwa beim Versuchstier – auch eine eindeutige körperliche Reaktion wie ein Hebeldruck dazu dienen, über die An- oder Abwesenheit bewusster Wahrnehmungen, Vorstellungen oder Erinnerungen zu entscheiden.

Bewusstsein ist also nicht – wie viele Philosophen behaupten – ein ausschließlich aus der Ich-Perspektive heraus erfahrbarer Zustand, sondern kann aus dem beobachtbaren Verhalten erschlossen werden. Wenn mir jemand einen Gegenstand, den er gerade ansieht, im Detail beschreiben kann, so kann ich verlässlich darauf schließen, dass die Person den Gegenstand bewusst wahrnimmt, denn von unbewussten Wahrnehmungen kann man nichts berichten.

Im Falle bestimmter schwerer Hirnschädigungen kann es zum Wachkoma oder »apallischen Syndrom« kommen, das bei einigen Betroffenen zumindest rudimentäre bewusste Wahrnehmungen zulassen könnte, welche aber wegen der fast völligen Lähmung des gesamten Körpers nicht mehr geäußert werden können. Hier kann man über bildgebende Verfahren (vgl. Kapitel 9) gewisse Rückschlüsse auf ein vorhandenes Bewusstsein ziehen, die Bewusstheit des Zustandes jedoch nicht eindeutig belegen. Große Probleme entstehen, wenn man tierisches Bewusstsein an solchen Tieren erforscht, deren Verhalten und Gehirn stark vom Verhalten und Gehirn des Menschen abweicht (vgl. Roth 2013).

Welche Bewusstseinszustände gibt es?

Bewusstsein tritt in einer Vielzahl unterschiedlicher Zustände auf. Die allgemeinste Form von Bewusstsein ist der Zustand der Wachheit (»Vigilanz«). Dem stehen Zustände verringerten Bewusstseins wie reduzierte Bewusstheit (»Dösen«), Somnolenz (Benommenheit), Stupor (Regungslosigkeit) und die verschiedenen Stufen des Komas gegenüber.

Bewusstsein ist ein allgemeiner Erlebniszustand, der mit ganz unterschiedlichen Inhalten verbunden sein kann. Hierzu gehören a) Sinneswahrnehmungen von Vorgängen in der Umwelt und im eigenen Körper, b) mentale Zustände und Tätigkeiten wie Denken, Vorstellen und Erinnern, c) Emotionen, Affekte, Bedürfniszustände (z.B. Hunger oder Durst), d) Erleben der eigenen Identität und Kontinuität, e) »Meinigkeit« des eigenen Körpers, f) Autorschaft und Kontrolle der eigenen Handlungen und mentalen Akte, g) Verortung des Selbst und des Körpers in Raum und Zeit und schließlich h) Realitätscharakter von Erlebtem und Unterscheidung zwischen Realität und Vorstellung. Einige dieser Zustände, vornehmlich die unter d) bis h) genannten, bilden zusammen mit der allgemeinen Wachheit das *Hintergrundbewusstsein*, vor dem die unter a) bis c) genannten spezielleren Bewusstseinszustände mit wechselnden Inhalten und Intensitäten und in wechselnder Kombination auftreten; Letztere bilden zusammengenommen das *Aktualbewusstsein*.

Diese verschiedenen Inhalte von Bewusstsein können nach eng umgrenzten Schädigungen der Hirnrinde, etwa nach einem Schlaganfall, mehr oder weniger unabhängig voneinander ausfallen (»dissoziieren«). So gibt es Patienten, die normale geistige Leistungen vollbringen, jedoch der Meinung sind, der sie umgebende Körper sei nicht der ihre bzw. bestimmte Körperteile würden nicht zu ihnen gehören. Andere wiederum besitzen bei sonst intakten Bewusstseinsfunktionen keine autobiographische Identität mehr. Dies deutet auf eine modulare, räumlich und funktional getrennte, wenngleich unter normalen Umständen eng miteinander wechselwirkende Organisation der unterschiedlichen Bewusstseinsinhalte hin.

Aufmerksamkeit ist eine Steigerung konkreter Bewusstseinszustände, die mit erhöhten und gleichzeitig räumlich, zeitlich und inhaltlich eingeschränkten (»fokussierten«) Sinnesleistungen oder mentalen Zuständen einhergeht. Der Aufmerksamkeitsfokus kann durch auffällige oder unerwartete äußere Ereignisse gelenkt werden. Dann spricht man von einer »Bottom-up«-Kontrolle der Aufmerksamkeit. Die Aufmerksamkeit wird aber oft auch durch eine innere Erwartung oder willentliche Fokussierung kontrolliert. Dann spricht man von einer »Top-down«-Kontrolle der Aufmerksamkeit (s. unten).

Eine besondere Rolle bei Bewusstsein und Aufmerksamkeit spielt das bereits erwähnte Arbeitsgedächtnis, das teils im oberen Stirnhirn, dem dorsolateralen präfrontalen Cortex, teils im hinteren Parietallappen lokalisiert ist. Es hält für wenige Sekunden einen bestimmten Teil der Wahrnehmungen sowie damit verbundene Gedächtnisinhalte und Vorstellungen im Bewusstsein und konstituiert so den charakteristischen »Strom des Bewusstseins« oder trägt zumindest wesentlich dazu bei. Man nimmt an, dass das Arbeitsgedächtnis Zugriff zu den unterschiedlichen, in aller Regel vorbewussten Gedächtnisinhalten hat und nach bestimmten Kriterien Informationen aus diesen Systemen »einlädt«. Diese werden dann aktuell bewusst.

Generell ist das Arbeitsgedächtnis in seiner Verarbeitungsgeschwindigkeit und Speicherkapazität stark begrenzt. Typischerweise können wir Dinge, die wir hinreichend deutlich wahrnehmen, für etwa fünf Sekunden in nahezu allen Details im Aktualgedächtnis behalten, ab dann verschwinden sie unerinnerbar, sofern sie nicht mit irgendwelchen auffallenden oder bedeutsamen Merkmalen versehen sind, die zu einer Verankerung im Langzeitgedächtnis führen. Die notorische Begrenztheit des

Arbeits- oder Aktualgedächtnisses rührt daher, dass es sequenziell, also Schritt für Schritt arbeitet und man weder zwei Gedanken auf einmal haben noch zwei Inhalte mit hoher Konzentration gleichzeitig verfolgen kann. Dies gelingt beim populären »Multi-Tasking« nur scheinbar, indem unsere Aufmerksamkeit auf niedrigem Niveau zwischen den Inhalten hin und her springt, was aber wenig effektiv ist. Nur wenn die Aufmerksamkeit gering ist, können wir zwei oder gar mehr Dinge gleichzeitig verfolgen.

6.3 Die Funktionen des Bewusstseins

Wie erwähnt, denken manche Psychologen und viele Philosophen, es sei unmöglich, die Existenz von Bewusstsein bei anderen Personen zweifelsfrei nachzuweisen – dies gelinge nur für das eigene Bewusstsein. Die Mehrzahl der heutigen Psychologen und Neurobiologen wie auch eine Reihe von Philosophen glaubt hingegen, dass es zahlreiche Verhaltensweisen und kognitive sowie emotionale Zustände und Leistungen gibt, die ziemlich verlässlich auf die Existenz von Bewusstsein schließen lassen, weil sie nicht ohne Bewusstsein auftreten bzw. erbracht werden können. Mit ihnen wollen wir uns nun beschäftigen.

Bewusstsein ist nötig, wenn es darum geht, (1) vom Gehirn als »neu und wichtig« eingestufte Inhalte zu bearbeiten, (2) Geschehnisse in größeren Details zu verarbeiten, insbesondere was ihre komplexe Zeitstruktur betrifft, (3) verschiedenartige Gedächtnisinhalte zusammenzufügen und sie in dieser Form langfristig im deklarativen Gedächtnis zu verankern, (4) Geschehnisse und Mitteilungen in bedeutungshafter Weise zu verarbeiten, (5) komplexe Handlungsplanung in neuartigen Situationen zu leisten und schnelle Voraussagen zu machen sowie (6) komplexe soziale Interaktionen, insbesondere im Bereich sprachlicher Kommunikation durchzuführen.

Wahrnehmungen sind aufgrund der anatomischen und physiologischen Eigenschaften der Sinnesorgane stets selektiv und darin auf Umweltreize ausgerichtet, die für das biologische und soziale Leben und Überleben wichtig sind (vgl. Roth 2010). So nehmen wir mit dem Auge, dem Ohr oder der Nase nur winzige Ausschnitte der physiko-chemischen Umwelt wahr. In nachgeschalteten Zentren des Gehirns werden diese primären sensorischen Informationen weiter selektiert, und zwar zuerst nach den Kriterien »unbekannt-bekannt« und dann nach »unwichtig-wichtig«. Um den ersten Schritt durchzuführen, verfügen die unbewusst arbeitenden Sinneszentren im Gehirn, etwa sensorische Kerne in der Medulla oblongata, das Mittelhirndach oder sensorische thalamische Kerne sowie primäre sensorische Cortexareale über »Neuigkeitsdetektoren«, die innerhalb der ersten 100 ms nach Reizbeginn »neu/unbekannt« oder »bekannt« signalisieren. Ist ein Reiz neu, so entsteht im ereigniskorrelierten Potenzial, das man im Labor aus dem Elektro-Enzephalogramm (EEG) herausfiltert, eine stärkere negative Welle, N100 genannt; im Falle eines unauffälligen oder bekannten Reizes fällt diese N100-Welle schwach aus. Untersuchungen zeigen zudem, dass beim Vergleich eines sensorischen Reizes mit Gedächtnisinhalten, der ja einer Unterscheidung zwischen »neu« und »bekannt« zugrunde liegen muss, das Urteil »bekannt« von einer frühen oszillatorischen Antwort (s. unten) etwa 100 ms nach Reizbeginn begleitet wird (Herrmann et al. 2004).

In den nächsten 100–200 ms erfolgt eine unbewusste Überprüfung der *Wichtigkeit* des Reizes durch die Aktivierung subcorticaler limbischer Zentren wie der Amygdala, des basalen Vorderhirns oder des Nucleus accumbens. Wird ein Reiz im Lichte der dort gespeicherten positiven oder negativen Erfahrungen vorläufig als »unwichtig« eingestuft, so wird er *nicht* weiterverarbeitet, unabhängig davon, ob er bekannt oder unbekannt ist. Wird er hingegen als »bekannt, aber wichtig« klassifiziert, so wird er zu denjenigen Hirnzentren geleitet, die diesen Reiz schon einmal verarbeitet haben. Dies dringt in aller Regel nicht oder nur schwach, also intuitiv in unser Bewusstsein und ist immer dann der Fall, wenn wir bereits vielfältige Erfahrungen mit dem Reiz oder der Situation gemacht haben und unser Gehirn »Antwortroutinen« ausgebildet hat. In aller Regel sind dann die Basalganglien und das Kleinhirn zusammen mit dem Motorcortex aktiv und führen die »Routinen« aus. So können wir beim Autofahren durch eine belebte Innenstadt mit den Gedanken »ganz woanders« sein, während unser Gehirn die Verkehrssituation korrekt erfasst und unser Körper die richtigen Bewegungen des Bremsens, Gasgebens, Schaltens usw. ausführt – vorausgesetzt, es passiert nichts Ungewöhnliches.

Falls ein Reiz als »neu und potenziell wichtig« eingestuft wird, gelangt er ins Bewusstsein, etwa wenn plötzlich ein anderes Auto auftaucht, das uns die Vorfahrt zu nehmen droht. Diese Einstufung findet zwischen 200 und 300 ms nach Reizbeginn statt. »Potenziell wichtig« kann ein Reiz aus vielerlei Gründen sein, z.b. wenn er sensorisch auffällig, also etwa laut, grell oder farblich hervorstechend ist oder bizarre Bewegungen und schnelle Formveränderungen ausführt. Aber auch alles potenziell Bedrohliche oder Belohnungsversprechende, ein Blick oder eine bestimmte Gestik, Mimik oder Körperhaltung im Kontext nichtverbaler Kommunikation, bestimmte Wörter, Melodien und dergleichen können als »potenziell wichtig« bewertet werden. Dies löst »von unten nach oben« Aufmerksamkeit aus. Dinge können auch wichtig sein, weil wir sie erwarten oder benötigen und deshalb mit unserer Aufmerksamkeit und entsprechenden Orientierungsreaktionen nach ihnen suchen. Hier handelt es sich um Aufmerksamkeit »von oben nach unten«.

Um eine Wahrnehmung als »neu und potenziell wichtig« einzustufen, muss das Gehirn die Wahrnehmung in aller Regel detailliert verarbeiten und dazu zahlreiche relevante Inhalte des Langzeitgedächtnisses aufrufen, und zwar umso mehr, je komplexer die Informationen sind. Dasselbe gilt beim Erlernen neuer, ungewohnter Fertigkeiten oder beim Planen komplexer Handlungen. Kognitiv besonders anspruchsvoll ist das Erfassen von Zeitstrukturen und das Planen von Handlungen entlang der Zeitachse (»Zuerst dies, dann das, daraufhin jenes usw.«).

Um die Einzelheiten einer Wahrnehmung zu erfassen, bedarf es konzentrierter Aufmerksamkeit. Wir können bei unbewusster oder nicht von Aufmerksamkeit begleiteter visueller Wahrnehmung weder Farben noch Formen oder Bewegungsmuster so erfassen, dass wir über sie genau berichten können. Gleiches gilt für die unbewusste auditorische Wahrnehmung, bei der wir weder Tonhöhen noch Lautstärken noch Melodien oder Harmonien detailliert erfassen. Stattdessen haben wir in diesen Fällen – wenn überhaupt – nur das Gefühl, dass da etwas »interessantes Buntes« geschieht oder eine »wohlklingende« Melodie ertönt. Wahrnehmungsinhalte detailreich zu erfassen ist aber die Voraussetzung dafür, dass sie im Langzeitgedächtnis komplex verankert werden und dann auch leicht wieder abrufbar sind.

Intensive sensorische Ereignisse wie ein lauter Knall, ein Blitz, ein gebrüllter Befehl, die schnelle Annäherung eines Gegenstandes oder ein bedrohliches Gesicht können in ihrer grundlegenden Bedeutung unbewusst oder intuitiv wahrgenommen werden. Die Bedeutung eines längeren Satzes oder eines komplizierten Ablaufs kann hingegen nicht ohne Aufmerksamkeit verstanden werden. So sagt zu Recht der Lehrer bei der Einführung in einen neuen Inhalt: »Hört mir genau zu, sonst versteht ihr nicht, was ich euch erkläre!«, oder der Vater sagt beim Vorführen eines neuen Geräts: »Schau genau hin, sonst lernst du nicht, wie du es bedienen musst!« Subtile Abweichungen zwischen zwei komplexen Mustern zu erkennen, etwa beim Vergleich von Bildern, erfordert oft höchste Konzentration, und einen schwierigen Satz müssen wir manchmal dreimal lesen, ehe wir seine Bedeutung ganz verstehen. Grund hierfür ist das Arbeitsgedächtnis, das viele Informationen aus dem entsprechenden Langzeitgedächtnis »hochladen« und miteinander abgleichen muss, ehe sich ein stabiler Sinn ergibt.

Komplexe Handlungsplanung ist nur möglich, wenn eine Situation genau erfasst wird, wenn man sich erinnert, sich etwas vorstellt und gedanklich manipuliert, z.B. um verschiedene Handlungsalternativen, die Risiken und die Erfolgsaussichten abzuschätzen. Sie erfordert oft große geistige Anstrengung, besonders wenn es um Dinge geht, die nicht unmittelbar bevorstehen. Unbewusste und intuitive Verarbeitungsmechanismen erlauben es nicht, sich zukünftige Ereignisse vorzustellen. »Zukunft« ist ein komplexes gedankliches Konstrukt, für dessen Entwicklung junge Menschen mehrere Jahre benötigen. In der Fähigkeit zu »mentalen Reisen in die Zukunft« unterscheiden sich Menschen dramatisch von allen anderen Tieren (vgl. Roth 2010).

Aus psychologischer Sicht findet die Handlungsplanung ebenso wie das Ausführen jeglicher Bewegung in einem »virtuellen Wahrnehmungs-, Denk- und Handlungsraum« statt (*global workspace* genannt; vgl. Baars 1988). Dieser virtuelle Raum ist dadurch gekennzeichnet, dass das bewusst erlebende Ich als Wahrnehmungssubjekt, als denkende Instanz und Akteur auftritt. So kommt es uns vor, als existiere die Umwelt direkt um uns herum, als stehe die Mineralwasserflasche direkt vor uns und sei nicht etwa von Sinnesorganen vermittelt, als würden unsere Gedanken sich selbst lenken, unsere Gefühle sich selbst fühlen, und beim Greifen nach einem Gegenstand sei es unser Wille, der direkt unsere Hand steuert. In diesem virtuellen Handlungsraum gibt es keine Sinnesorgane und kein Gehirn, die Wahrnehmungen vermitteln, und auch keine motorischen Zentren, die die Muskeln zucken lassen. Es gleicht einem großen Betrieb, in dem der Werksleiter das übergreifende Ziel verfolgt, etwa ein neues Automodell zu entwickeln, sich aber um die Ausführung der Details nicht kümmert, sondern dies den nachgeordneten Instanzen überlässt. Dass eine Beschäftigung mit jeder Einzelheit auch sehr hinderlich wäre, lässt sich leicht am Beispiel des Klavierspielens erkennen. Wenn wir dabei stets bedenken müssten, welche Nervenimpulse unser Gehirn erzeugen muss, um bestimmte Hand- und Fingermuskeln so zu bewegen, dass die richtigen Tasten angeschlagen werden, wäre unser Spiel seines Flusses beraubt. Auch die größten Klaviervirtuosen haben keine Kenntnis davon, was zwischen der Absicht, ein bestimmtes Stück zu spielen, und den tatsächlichen Fingerbewegungen neuromuskulär geschieht, und eine solche Kenntnis würde ihnen überhaupt nichts nützen. Sie haben einfach begonnen, das Stück einzuüben, und die Ausführungssequenz verlagert sich von der bewussten assoziativen Großhirnrinde immer weiter in bestimmte Teile des Striatum (vgl. Kapitel 9) sowie des Kleinhirns. Dieses Prinzip bewirkt natürlich eine ungeheure Komplexitätsreduktion, die wir erleben, wenn wir einen anfangs sehr komplizierten motorischen Ablauf immer besser beherrschen, ohne planen oder willentlich kontrollieren zu müssen, was wir da gerade tun.

Im Gegensatz zu nichtverbaler Kommunikation, wie Gestik, Mimik, Körperhaltung, Geruch oder Intonation der Stimme, die unbewusst oder intuitiv ablaufen kann, ist komplexe, grammatikalisch-syntaktisch aufgebaute Sprache in ihrem Inhalt nur bewusst erfassbar. Dies wird deutlich, wenn beim Telefonieren oder Korrespondieren per Brief oder per E-Mail der natürliche Kontext nichtverbaler Kommunikation entfällt und man die Worte manchmal sorgfältig wählen muss, um Missverständnisse zu vermeiden. Auch dann rätseln wir häufig an Gesagtem herum. Besonders schwierig sind dabei ironische Bemerkungen oder Witze, die von vielen Zeitgenossen nicht verstanden werden. Deshalb behelfen sich die Leute bei ihren E-Mails mehr oder weniger erfolgreich mit den bekannten »Emotikons«.

Zusammengefasst stellt sich Bewusstsein aus psychologischer Sicht als ein Format zur Verarbeitung neuer, wichtiger *und* bedeutungshafter Informationen dar, gleichgültig ob es sich um perzeptive, kognitive oder emotionale Geschehnisse handelt. Dies kann von unbewusst oder intuitiv arbeitenden Hirnmechanismen nicht geleistet werden, ist aber zugleich die

Voraussetzung dafür, dass Informationen effektiv im Langzeitgedächtnis verankert und daraus ebenso effektiv wieder abgerufen werden können. Beim Menschen und den anderen Säugetieren weist nur die Großhirnrinde die hierfür nötigen Voraussetzungen auf. Deshalb werden wir uns im Folgenden mit ihr befassen.

6.4 Die neurobiologischen Grundlagen des Bewusstseins

Das Bewusstwerden von bedeutungshaften Wahrnehmungsinhalten ebenso wie von mentalen Zuständen wie Denken, Vorstellen und Erinnern beruht auf der Aktivität der assoziativen Großhirnrindenareale. Dabei handelt es sich um den vorderen Teil des Hinterhauptslappens sowie um hintere Teile des Scheitellappens, große Bereiche des Schläfenlappens und das vordere Stirnhirn, den präfrontalen Cortex (vgl. Abbildung 2.7 in Kapitel 2).

Die Tatsache, dass die Großhirnrinde Träger oder gar der Produzent des Bewusstseins ist, hängt mit ihrem besonderen Aufbau zusammen. Sie besteht aus rund 15 Milliarden Nervenzellen, meist vom Pyramidenzelltyp, wobei jede Zelle über Synapsen mit 20 000 bis 30 000 anderen corticalen Zellen verbunden ist, was die enorme Zahl von 300 bis 450 Billionen Synapsen ergibt. Im Cortex sind also nicht alle corticalen Neurone miteinander verknüpft, denn das ergäbe eine noch gigantischere Zahl von 10^{20} Synapsen, durch die das Gehirn einen Durchmesser von einigen Kilometern annehmen würde. Vielmehr weist der Cortex ein Verknüpfungsmuster auf, bei dem die meisten Neurone mehr oder weniger vollständig mit vielen Tausend Neuronen in der näheren Umgebung, also »lokal« verknüpft sind, während nur sehr wenige »zentrale« Neurone aus dieser Population Kontakte mit anderen »zentralen« Neuronen aus anderen Populationen haben. Dieses Verschaltungsprinzip wiederholt sich dann auf der jeweils höheren Ebene. Es ermöglicht nicht nur eine ungeheure Reduktion der Synapsenzahl, sondern auch eine sehr viel effizientere Kommunikation als etwa die Vollverknüpfung.

Dies kann an einem Beispiel aus dem Alltagsleben verdeutlicht werden: In einer großen Verwaltung wäre es höchst unzweckmäßig, wenn alle Angestellten ständig mit allen anderen Angestellten kommunizieren würden. Viel effektiver ist es, wenn innerhalb einer kleinen Gruppe eine sehr intensive Kommunikation besteht und dann die jeweils gefundene Meinung oder Lösung über eine »zentrale« Person, z. B. den Projektleiter, anderen Projektleitern mitgeteilt wird, die dann wiederum ihre jeweiligen Mitarbeiter informieren. Auf der Projektleiterebene eines bestimmten Bereichs wiederholt sich dasselbe, indem diese untereinander intensiv kommunizieren und das Ergebnis dann dem Bereichsleiter mitteilen, der dann mit anderen Bereichsleitern kommuniziert usw.

In der Großhirnrinde gibt es beispielsweise Kolumnen mit wenigen Tausend Neuronen, die untereinander voll verknüpft sind und zusammen eine »Hyperkolumne« bilden. Viele solcher Hyperkolumnen wiederum bilden zusammen ein corticales Areal (ein Brodmann-Areal, vgl. Abbildung 2.9). Verschiedene Brodmann-Areale bilden zusammen einen größeren corticalen Bereich, etwa den unteren Schläfenlappen oder den orbitofrontalen Cortex, die schließlich untereinander über lange Faserzüge in Verbindung stehen. Auf diese Weise ist etwa ein bestimmtes Neuron in einer Kolumne des Brodmann-Areals 20 im unteren Schläfenlappen mit einem bestimmten Neuron im ventrolateralen präfrontalen Cortex über maximal fünf Synapsen verbunden.

Die Großhirnrinde – ein assoziatives und selbstreferentielles Netzwerk
Insgesamt handelt sich bei der Großhirnrinde um ein gigantisches Netzwerk für die schnelle und komplexe Verarbeitung, die Speicherung und den Wiederaufruf großer und heterogener (z. B. multimodaler) Datenmengen mithilfe einer Kombination von paralleler, also gleichzeitiger, und sequenzieller, also nacheinander erfolgender Informationsverarbeitung. Diese Mechanismen dienen dazu, Details der Wahrnehmungsinhalte zu erfassen und zu verarbeiten und mit Gedächtnisinhalten zu vergleichen, die ebenfalls in der Großhirnrinde gespeichert sind. So wird das Wahrgenommene zu Bedeutungseinheiten zusammengefasst und kann nun als Grundlage für Handlungsentwürfe dienen. Hierzu gehört das Entwickeln vielfacher interner Repräsentationsebenen einschließlich der Konstruktion eines bewussten Ichs, das fähig ist, über die internen Repräsentationen zu reflektieren.

Wichtig für diesen Prozess ist die Fähigkeit der corticalen Netzwerke, sich schnell umzuverknüpfen und so veränderte Zustände der Informationsverarbeitung und des Bedeutungsgehalts und damit veränderte subjektive Erlebniszustände einzunehmen. Diese Vorgänge werden im Wesentlichen bestimmt durch prä- und postsynaptische Einwirkungen der Neuromodulatoren Acetylcholin, Noradrenalin, Serotonin und Dopamin auf die corticalen Netzwerke, die wir in Kapitel 3 kennengelernt haben. Die Ausschüttung der Neuromodulatoren wird ihrerseits durch subcorticale Zentren des Thalamus, des basalen Vorderhirns, des mesolimbischen Systems und der retikulären Formation gesteuert.

Die Großhirnrinde wird wie jedes informationsverarbeitende Netzwerk in ihrer Funktion vornehmlich durch die Art und Zahl ihrer Eingänge, ihre interne Verknüpfungsstruktur und die Art und Zahl ihrer Ausgänge bestimmt.

Die Masse der Eingänge (Afferenzen) stammt vom Thalamus. Die thalamischen Afferenzen enden mit erregenden Synapsen vornehmlich auf den ebenfalls erregenden corticalen Pyramidenzellen, aber auch auf den hemmenden Interneuronen. Nichtthalamische Eingänge kommen vorwiegend aus der Amygdala, dem basalen Vorderhirn einschließlich des Septums (cholinerge Afferenzen), den Basalganglien, dem Hypothalamus, den Raphe-Kernen (serotonerge Afferenzen), dem Locus coeruleus (noradrenerge Afferenzen) und dem mesocortico-limbischen System (dopaminerge Afferenzen).

Die Ausgänge (Efferenzen) des Cortex sind etwa fünfmal so zahlreich wie die Afferenzen. Sie nehmen ihren Ausgang von Pyramidenzellen und ziehen vornehmlich zum Thalamus, wobei bestimmte corticale Gebiete zu genau den Kernen zurückprojizieren, von denen sie Afferenzen erhalten. Diese rückläufigen Verbindungen bilden zusammen das thalamo-corticale System (vgl. Kapitel 2 und Abbildung 2.6). Andere Efferenzen des Cortex ziehen zum Striatum und zur Amygdala sowie über die Pyramidenbahn zum Mittelhirn, zur Brücke und zu den prämotorischen und motorischen Zentren des verlängerten Marks und des Rückenmarks. In erster Annäherung können wir die Ein- und Ausgänge des Cortex auf insgesamt 100 Millionen (10^8) Fasern schätzen.

Die weitaus meisten Faserzüge des Cortex stellen jedoch *intracorticale* Verbindungen dar, Assoziationsfasern genannt. Man unterscheidet Fasern mit kurzer und Fasern mit langer Reichweite, wobei die Letzteren die verschiedenen corticalen Areale und Lappen miteinander verbinden. Von den oberen und mittleren Schichten des Cortex gehen etwa 300 Millionen

Kommissurfasern aus, die als sogenannter Balken (*Corpus callosum*) die beiden Großhirnhemisphären miteinander verbinden. Bei rund 15 Milliarden ($1{,}5 \times 10^{10}$) corticalen Neuronen dürfte die Zahl der intracorticalen Verknüpfungen der Synapsenzahl entsprechen und bei rund vierhundert Billionen (4×10^{13}) liegen, also um mehr als fünf Größenordnungen höher als die Summe der Afferenzen und Efferenzen sein.

Um sich diese Größenverhältnisse zu veranschaulichen, stelle man sich eine Menge von rund 100 000 Personen vor, die intensiv miteinander diskutieren. Zu ihnen tritt nun jeweils eine Person hinzu, die ihnen etwas sagt (der Eingang), und eine andere Person, denen sie das Ergebnis ihrer Diskussion mitteilen (der Ausgang). So wichtig diese Ein- und Ausgänge sein mögen, sie sind verschwindend klein gegenüber der intracorticalen Kommunikation.

Die allermeisten Informationen, die der Cortex verarbeitet, stammen also von ihm selber. Der Cortex beschäftigt sich demnach im Wesentlichen mit sich selbst. Dies nennt man die Selbstbezüglichkeit oder *Selbstreferentialität* der Großhirnrinde.

Synchronisations- und Oszillationsphänomene im Cortex und Bewusstseinsentstehung

Seit den bahnbrechenden Entdeckungen des deutschen Neurologen und Psychiaters Hans Berger (1873–1941), die zur Erfindung der Elektro-Enzephalographie (EEG) führten, weiß man, dass Verbände corticaler Neurone rhythmische Spannungsschwankungen aufweisen. Diese werden unterschiedlichen Frequenzbändern zugeordnet, deren Definition jedoch von Autor zu Autor etwas variiert. So gibt es langsame Delta-Wellen im Bereich von 0,1–4 Hertz (Hz), Theta-Wellen im Bereich zwischen 4 und 8 Hz, Alpha-Wellen im Bereich zwischen 8 und 13 Hz, Beta-Wellen zwischen 13 und 30 Hz und schließlich hochfrequente Gamma-Wellen im Bereich von 30–70 Hz. Interessant sind insbesondere die Theta-Wellen, weil sie im Hippocampus des Menschen zu finden sind und von Neurobiologen mit Lernvorgängen in Verbindung gebracht werden (vgl. Zilli und Hasselmo 2006), und ferner die hochfrequenten Gamma-Wellen, die in größeren Neuronenverbänden Oszillationsmuster von 30–70 Hz aufweisen und mit der selektiven Aufmerksamkeit sowie mit kognitiven Leistungen verknüpft werden.

Einer heute von vielen Neurobiologen vertretenen Ansicht nach handelt es sich beim Cortex der Säuger um ein hyperkomplexes assoziatives Netzwerk, das bei entsprechender Energiezufuhr zu raumzeitlich schwankenden (»oszillierenden«) Aktivitätsmustern neigt, wie sie in sehr einfacher Form bei sogenannten selbstorganisierenden physiko-chemischen Systemen wie der Belousov-Zhabotinsky-Reaktion oder dem Winfree-Oszillator zu beobachten sind. Bei Letzteren handelt es sich um Systeme von gekoppelten chemischen Reaktionen einschließlich sogenannter autokatalytischer Prozesse, die rhythmisch zwischen zwei Zuständen, nämlich einem reduzierten und einem oxidierten Zustand, hin und her schwanken. Sie sind neben vielen anderen physikalischen Phänomenen ein Beweis dafür, dass es unter bestimmten Umständen in der unbelebten Natur zu raumzeitlichen Ordnungszuständen kommt (Haken 1982; Nicolis und Prigogine 1977). In der belebten Natur sind solche Phänomene universell, denn ohne spontane Ordnungsbildung wäre z. B. biologisches Wachstum gar nicht möglich. Gemeinsam ist diesen unbelebten oder belebten selbstorganisierenden Prozessen, dass sie in gekoppelten Reaktionen weitab vom chemischen Gleichgewicht ablaufen und entsprechend auf starke Energie- oder Materiezufuhr von außen angewiesen sind. Kommt diese Zufuhr zum Erliegen, so bricht die spontane Ordnung sofort zusammen. Ordnungsmuster können dabei sehr schnell wechseln, aber auch relativ lange stabil sein. Die Großhirnrinde kann als ein solches selbstorganisierendes System angesehen werden. Der Cortex benötigt für seine Aktivitäten ebenfalls eine enorme Zufuhr an Sauerstoff und Glucose, was die starke Hirndurchblutung und die extreme Empfindlichkeit gegenüber Sauerstoff- und Glucosemangel bedingt.

Dabei ist das Entstehen von Aktionspotenzialen selbst »kostenlos«, da es entlang dem Energiegefälle vonstatten geht. Stoffwechselphysiologisch teuer ist dagegen zum einen die Aufrechterhaltung eines Ruhemembranpotenzials, also der Spannung, die sich aus den Ionenkonzentrationen auf beiden Seiten der Membran ergibt. Sie zehrt allein rund 20 % des gesamten Körperstoffwechsels auf. Ebenfalls aufwendig ist die (Re-)Synthese von Glutamat und GABA, den Haupttransmittern corticaler Nervenzellen, nach der Wiederaufnahme in benachbarte Gliazellen und in die Präsynapse. Diese Vorgänge erhöhen den Sauerstoff- und Zuckerverbrauch noch einmal um 10 % oder mehr. Genauso »teuer« sind alle Prozesse der synaptischen Plastizität, die etwa beim Lernen und bei der Gedächtnisbildung oder beim Bewältigen komplexer kognitiver oder emotionaler Aufgaben und Probleme stattfinden. Im kindlichen Gehirn kann der Stoffwechselverbrauch aufgrund der vielen Wachstumsprozesse sogar bis zu 60 % des gesamten Körperstoffwechsels ausmachen.

Das Entstehen der EEG-Rhythmen ist also das Ergebnis einer Ordnungsbildung in einem hyperkomplexen System, das aus Milliarden von Nervenzellen und Billionen von Synapsen besteht, welche selbst wiederum Orte komplexer Informationsverarbeitung sind. Aufgrund des Übergewichts spontan aktiver und erregend wirkender Pyramidenzellen befindet sich der Cortex auch im sogenannten Ruhezustand (der gar keiner ist) immer auf hohem Erregungsniveau und neigt dann ebenfalls zu Ordnungsbildung etwa in dem niedrigen Frequenzbereich der Alpha- und Theta-Wellen. Während des sogenannten REM-Schlafes, in dem schnelle Augenbewegungen auftreten, ist der Cortex hochaktiv, und es treten hier unter anderem hochfrequente Zustände im Gamma-Frequenzbereich auf.

Funktion der oszillierenden neuronalen Synchronisation
Oszillationsmuster im EEG könnten ein rein spontan auftretendes Phänomen sein, aber schon Hans Berger vermutete, dass sie eine funktionale Bedeutung haben. Er nahm an, dass unterschiedliche geistige und psychische Zustände wie Schläfrigkeit, Wachheit und Aufmerksamkeit mit unterschiedlichen EEG-Rhythmen einhergehen. Seit den 1980er Jahren kam aufgrund von Überlegungen des theoretischen Neurobiologen Christoph von der Malsburg (von der Malsburg und Schneider 1986) und durch Experimente der beiden Marburger Neurobiologen Heribert Reitböck und Reinhard Eckhorn (vgl. Eckhorn et al. 1990) sowie des Frankfurter Neurobiologen Wolf Singer und seiner Kollegen und Mitarbeiter (Andreas Engel, Andreas Kreiter, Pieter Roelfsema und andere; vgl. Engel et al. 1991; Kreiter und Singer 1996) am wachen Versuchstier die Vorstellung auf, dass die im Gamma-Frequenzbereich synchronisierte Zellaktivität im Cortex dazu dienen könnte, die Aktivität von Hirnarealen, die dieselben Inhalte verarbeiten, zu integrieren. Dieses Konzept sollte das von vielen Neurobiologen, Psychologen und Philosophen als fundamental angesehene Problem lösen, wie Informationen, die gleichzeitig in räumlich ge-

trennten Cortexarealen ablaufen, zu der subjektiv empfundenen »Einheit der bewussten Wahrnehmung« zusammengefügt werden. Wie in Kapitel 2 beschrieben, werden unterschiedliche visuelle Grundmerkmale wie Kantenorientierung, Frequenz, Kontrast, Bewegungsrichtung, aber auch komplexe Bewegungsweisen, Konturen, Farben und schließlich Gesichter, Personen, Dinge und ganze Szenen getrennt voneinander in unterschiedlichen Arealen des visuellen Cortex verarbeitet. Wer aber fügt dies alles zusammen?

Eine Antwort darauf könnte lauten, dass es »oberste« oder »gnostische Neurone« gibt (Konorski 1967), in denen alle diese Teilinformationen des Sehvorgangs zusammenfließen. Diese Lösung scheidet aber aus, weil man zum einen so etwas bislang nicht gefunden hat, und weil zum anderen einzelne Neurone in ihrer Aktivität keine komplexen Bedeutungen kodieren können. Vielmehr können komplexe Informationen wie visuelle Szenen nur durch die gleichzeitige oder dicht aufeinanderfolgende Aktivität mehrerer spezialisierter Neurone repräsentiert werden. Dies nennt man *Populationskodierung*. Die Idee ist nun, dass über die Synchronisation der Entladungen einzelner Neurone und kleiner Neuronenverbände untereinander räumlich-zeitliche Muster corticaler Aktivität entstehen, welche die einzelnen Teilinformationen einer Wahrnehmung als zusammengehörig kennzeichnen. Bestimmte Synchronisationsmuster können über eine Zeit zwischen 0,3 bis 3 Sekunden stabil sein und dann in ein anderes Synchronisationsmuster übergehen. Nicht zufällig hatten Psychologen schon vor einiger Zeit gezeigt, dass unser Bewusstsein in derartigen Takten von 0,3 bis 3 Sekunden voranschreitet (vgl. Pöppel 1985). Deshalb vermuten einige Neurobiologen wie etwa Christof Koch, es könne sich hierbei um das direkte Substrat bewusster mentaler Aktivität handeln (Koch 2005).

Diese attraktive Vermutung ist jedoch unter Fachleuten nicht unumstritten. Erst einmal geht es um die Frage, ob den beobachteten corticalen Synchronisationsphänomenen überhaupt eine funktionelle Rolle zukommt, oder ob sie nicht im Cortex oder unter dem Einfluss des Thalamus »spontan« – als funktionsloses »Epiphänomen« – entstehen. Allerdings zeigt inzwischen eine große Zahl von Experimenten, dass die Synchronisationsprozesse im Cortex eindeutige funktionale Bezüge aufweisen.

So konnten der Neurophysiologe Andreas Kreiter und seine Arbeitsgruppe am Makaken nachweisen, dass Synchronisationsvorgänge im visuellen Areal V4 mit visueller Aufmerksamkeit einhergehen (Taylor et al., 2005). Ebenso wurden in EEG-Experimenten Synchronisationsvorgänge in zahlreichen anderen Kontexten visueller Wahrnehmung nachgewiesen, etwa beim Anblick »bistabiler« visueller Muster wie dem bekannten Necker-Würfel oder dem Rubin'schen Pokal-Profilmuster, bei denen die Wahrnehmung rhythmisch zwischen den beiden einander ausschließenden Erscheinungsformen wechselt (vgl. Strüber et al. 2014b). Häufig werden bei Laboruntersuchungen dem rechten und dem linken Auge unterschiedliche Bilder präsentiert, die nicht zu einem einzigen dreidimensionalen Bild »fusioniert« werden können. Unter solchen experimentellen Bedingungen wechselt dann die bewusste Wahrnehmung des einen und des anderen Bildes ab. Der Zeitpunkt des Wahrnehmungswechsels kann durch das Drücken eines Hebels signalisiert werden.

In solchen Experimenten zeigt sich, dass das subjektive Umkippen bistabiler Muster von deutlichen Änderungen der synchronen Aktivität der Großhirnrinde im Gamma-Bereich vorbereitet und begleitet wird. Man kann auf dieser Grundlage ziemlich verlässlich darauf schließen, welches der beiden Bilder Mensch oder Affe gerade bewusst sehen und wann der Wechsel stattfindet.

Aufgrund dieser Daten nimmt man an, dass selektive Aufmerksamkeit die Gleichzeitigkeit (d.h. die zeitliche Nähe oder die Synchronisation) der neuronalen Aktivität jener Zellverbände verstärkt, die an der Verarbeitung des jeweiligen Reizes beteiligt sind, und so die Übermittlung der entsprechenden Informationen ins Bewusstsein bewirkt. Die präzise synchronisierte Aktivität der »zusammengebundenen« Zellen hat dann einen verstärkten Einfluss auf nachgeschaltete Zellen und ermöglicht dadurch eine bevorzugte Verarbeitung der mit Aufmerksamkeit bedachten Reize durch andere Verarbeitungszentren, einschließlich des Arbeitsgedächtnisses (Engel et al. 1999).

Experimente mit bistabilen Mustern, z.B. horizontalen und vertikalen Streifenmustern, ergaben, dass bereits die Aktivität von Neuronen im primären visuellen Areal in gewisser Weise mit dem »Umkippen« korreliert, was eine Voraussage der Wahrnehmungsänderung ermöglichen würde (Haynes und Rees 2006).

Sehr ähnliche Ergebnisse erbrachten Aktivitätsmessungen an einzelnen Neuronen bei Makaken (Panagiotaropoulos et al. 2012). Hierbei zeigte sich, dass im primären und sekundären visuellen Cortex eine begrenzte Zahl von Neuronen (14–25 %) eine Aktivität aufweist, die exakt mit dem »Umkippen« bzw. der Hebelbetätigung korreliert. In assoziativen Teilen des Schläfenlappens wie der oberen temporalen Windung (STS) und dem unteren Schläfenlappen (IT) waren hingegen etwa 90 % der registrierten Neurone korreliert, und dasselbe traf auf Neurone im lateralen präfrontalen Cortex zu, der mit STS und IT direkt verbunden ist. Die entsprechenden Neurone waren über hochfrequente Oszillationen oberhalb von 50 Hz miteinander gekoppelt.

Das bedeutet, dass das Muster neuronaler Entladungen mit den Bewusstseinsinhalten mehr oder weniger *direkt* verbunden ist. Die Kopplung geschieht demnach in assoziativen corticalen Zentren wie dem lateralen präfrontalen Cortex, der oberen temporalen Windung und dem unteren Temporallappen, von denen aus anderen Untersuchungen bekannt ist, dass sie mit der Wahrnehmung komplexer visueller Muster befasst sind. Damit ist aber nicht gesagt, dass die registrierten Entladungsmuster hinreichende Voraussetzungen für das Entstehen eines bestimmten bewussten Inhalts bilden; vielmehr könnten sie zu den *notwendigen*, aber nicht *hinreichenden* Bedingungen gehören.

Diese zu identifizieren hat sich in den vergangenen 25 Jahren der amerikanische Neurobiologe Christof Koch zum Ziel gesetzt. Zusammen mit dem britischen Physiker und Biochemiker Francis Crick (der mit James Watson und Maurice Wilkins 1962 den Nobelpreis für die Entdeckung der DNA-Doppelhelix erhielt) formulierte er den sogenannten »NCC-Ansatz« (Crick und Koch 1990). Mit NCC sind die *»neural correlates of consciousness«* gemeint, genauer die »minimalen neuronalen Voraussetzungen für das Entstehen von Bewusstsein«. Crick und Koch gehen davon aus, dass zum Entstehen von Bewusstsein anatomisch wie physiologisch spezifische Cortexneurone notwendig sind. Hierzu gehören ihnen zufolge Pyramidenzellen im parietalen und temporalen Cortex, die Verbindungen zum dorsolateralen und ventrolateralen präfrontalen Cortex besitzen. Der PFC ist nach Crick und Koch für das Entstehen von Bewusstsein unabdingbar, da er die Aktivitäten des parietalen und temporalen assoziativen Cortex integriert (vgl. auch Koch 2005). Die unmittelbare neurophysiologische Voraussetzung für Bewusstsein sind für Crick und Koch die Gamma-Oszillationen. Sie nehmen an, dass diese Gamma-Oszillationen die Inhalte repräsentieren, die dann im Bewusstsein aufscheinen und eventuell anschließend im Langzeitgedächtnis verankert werden sollen.

Crick und Koch sowie zahlreiche andere Autoren wie Gerald Edelman, GiulioTononi und Victor Lamme gehen aber davon aus, dass die Fortleitung derartiger neuronaler Aktivität von temporalen und parietalen Bereichen zum präfrontalen Cortex allein nicht ausreicht, um Bewusstsein zu ermöglichen. Vielmehr müsse zusätzlich eine Rückführung von dort in temporale und parietale sowie im Falle bewussten Sehens in okzipitale Bereiche stattfinden (vgl. Edelman und Tononi 2000; Lamme 2000).

Diese Auffassung wurde durch Untersuchungen mehrerer Magdeburger Neurobiologen (Noesselt et al. 2002) bekräftigt. Auf das bewusste Sehen bezogen könnte das, wie in Abbildung 6.1 dargestellt, bedeuten, dass visuelle Wahrnehmungen zuerst in den primären und sekundären sensorischen Arealen des Cortex (V1, V2) unbewusst in ihren »Rohbestandteilen« wie Orientierung, Kontrast, Wellenlängen Bewegungsrichtungen und Disparität (vgl. Kapitel 2) vorverarbeitet werden. Diese »ungedeuteten« Informationen gelangen, noch immer unbewusst, zu den assoziativen Arealen (V4, PIT, CIT, AIT bzw. MT, MST, VIP, LIP, 7A), wo sie mit Inhalten des kognitiven und emotionalen Gedächtnisses zusammentreffen. Die assoziativen Areale formen dann, wiederum in unbewusster Weise, aus diesen primären Informationen einen bedeutungshaften Zustand und fügen über rückläufige Bahnen zu den primären und sekundären Arealen die dazugehörenden Wahrnehmungsdetails zu einem bedeutungshaften Ganzen zusammen. Dies geschieht nach 200–300 ms (bei komplexen Wahrnehmungen noch später) und markiert den Moment, in dem Wahrnehmungsinhalte bewusst werden. Der Grund für diese Rückführung scheint darin zu liegen, dass die Informationen in den primären und sekundären visuellen Arealen *Details*, aber *keine Bedeutung* betreffen, während die Informationen in den assoziativen Arealen *Bedeutungen* darstellen, aber *keine Details*. Unterbricht man mithilfe der transkraniellen Magnetstimulation den Strom der visuellen Wahrnehmungen auf ihrem »Hinweg« zu den assoziativen Arealen oder auf ihrem »Rückweg« von dort zu den primären und sekundären Arealen, so bleiben sie unbewusst (Lamme 2000).

In einem vor wenigen Jahren erschienenen Artikel wiesen der Frankfurter Neurobiologe Wolf Singer und Kollegen auf Probleme bei der Suche nach den NCC hin (Aru et al. 2012). Bei dieser Suche vergleicht man den Autoren zufolge mithilfe unterschiedlicher Methoden von Bewusstsein beglei-

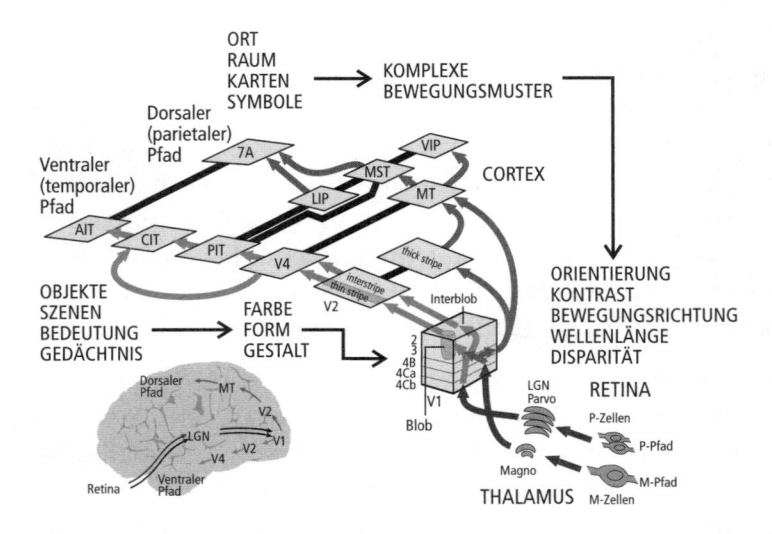

Abb. 6.1: *Schema der Entstehung bewusster visueller Wahrnehmung. Die visuelle Erregung verläuft von der Retina über den seitlichen Kniehöcker (LGN) des Thalamus zum primären visuellen Cortex (V1), und zwar getrennt im P- bzw. »Parvo«-Pfad und im M- bzw. »Magno«-Pfad (s. kleines Bild links unten). Dort und im sekundären visuellen Cortex (V2) findet die Verarbeitung der detaillierten, aber noch bedeutungslosen »Rohbestandteile« der visuellen Wahrnehmung nach Orientierung, Kontrast, Bewegungsrichtung, Wellenlänge und Disparität statt, und zwar jeweils getrennt in unterschiedlichen corticalen Schichten und Strukturen von V1 (blobs, interblobs) und V2 (thin stripes, thick stripes, interstripes) (großes Bild). In V2 teilt sich die weitere Verarbeitung der visuellen Information in zwei »Pfade« auf, nämlich erstens in einen »ventralen Pfad« im unteren temporalen Cortex, der über V4, PIT, CIT und AIT verläuft und Informationen über Farbe, Form und Gestalt beinhaltet, aus denen schließlich mithilfe von Gedächtnisinhalten Informationen über Objekte, Szenen und deren Bedeutungen werden; und zweitens in einen »dorsalen Pfad«, der über MT, MST, LIP und VIP zum assoziativen parietalen Cortex läuft, wo Informationen über Ort, Raum Karten und Symbole sowie komplexe Bewegungsmuster entstehen. Diese bedeutungshaften, aber detaillosen Informationen laufen dann vom temporalen bzw. parietalen Cortex zum primären Cortex zurück, wo sie sich mit den detaillierten, aber bedeutungslosen »Rohbestandteilen« vereinigen. Dies zusammen ergibt dann sowohl eine detaillierte als auch bedeutungshafte komplexe Wahrnehmung. Erst in diesem Augenblick wird die Gesamtinformation bewusst. Weitere Abkürzungen: AIT, CIT, PIT = anteriores, zentrales und posteriores inferiores temporales Areal, LIP = laterales intraparietales Areal, MST = mediales superiores temporales Areal, MT = mediales temporales Areal, VIP = ventrales intraparietales Areal (verändert nach Kandel et al. 1996).*

tete Prozesse im Gehirn mit Prozessen ohne begleitendes Bewusstsein. Dabei sei es jedoch nötig, die unbewussten Anteile, die dem Bewusstsein spezifisch vorhergehen, und die unbewussten Anteile, die dem Bewusstsein folgen, vom eigentlichen bewussten Teil zu trennen. So unterscheiden sich bereits in einem Zeitfenster von 130–160 ms nach Reizbeginn vorbewusst ablaufende Prozesse der Großhirnrinde, die kurz darauf bewusst werden, von solchen, die unbewusst bleiben. In diesem vorbewussten Zeitfenster laufen Prozesse ab, die den Grad der inhaltlichen Auswahl, der selektiven Aufmerksamkeit oder der Vorerwartung betreffen und einen tiefgreifenden Einfluss auf den eigentlichen Bewusstseinszustand haben. Dieser tritt gewöhnlich in einem Zeitfenster von 200–300 ms auf. In dieser Zeit treten »späte« oszillierende Sychronisationen auf, die eine weitere »Verwendung« der Bewusstseinsinhalte vorbereiten (vgl. Herrmann et al. 2004). Dieser bewussten Verarbeitung schließt sich Singer und Kollegen zufolge ein Zeitfenster von 400–600 ms an, in dem die Inhalte *nicht mehr* bewusst sind. Hier wird dann vor allem die mögliche Verankerung der bewusst erlebten Inhalte im Intermediär- und Langzeitgedächtnis vorbereitet.

Neurobiologie des Vorbewussten
Zum Vorbewussten gehören grundsätzlich alle Inhalte des Langzeitgedächtnisses, die aktuell nicht bewusst sind, aber aufgrund bestimmter Wahrnehmungen, Erlebnisse, Mitteilungen und dergleichen »von selbst« oder durch aktives Erinnern bewusst werden können. Alle bewussten Inhalte des Arbeitsgedächtnisses sinken, wenn sie nicht über Wiederholungsschleifen im Aktualbewusstsein gehalten werden, automatisch ins Vorbewusste ab. Die Leichtigkeit oder Schwierigkeit, etwas zu erinnern, hängt dann wesentlich von der Art der Verankerung im Langzeitgedächtnis ab. So erinnern wir uns besonders gut an Inhalte, wenn sie detailreich sind und viele Anknüpfungspunkte zu bereits vorhandenen Gedächtnisinhalten ergeben.

Ebenso ist der Zugriff erleichtert, wenn wir bestimmte Inhalte bereits in mehreren Kontexten erlebt haben und ein höherer Vernetzungsgrad im Langzeitgedächtnis mit anderen Inhalten besteht. Natürlich sind für ein besseres Erinnern die Bedeutung der Inhalte und die damit verbundene Höhe der Aufmerksamkeit und emotionalen Erregung wichtig. Bestimmte Geschehnisse, die uns im positiven und insbesondere im negativen Sinne emotional ergriffen machen, werden wir in aller Regel schwer oder gar nicht vergessen. Allerdings kann bei sehr starken emotionalen Belastungen auch das Gegenteil eintreten, nämlich dass Erinnerungen scheinbar ausgelöscht, d.h. »verdrängt« werden (*amnestisches Syndrom*). Eine Situation öffentlicher Beschämung kann uns ein Leben lang verfolgen, aber auch scheinbar komplett aus unserem Gedächtnis verschwinden. Ähnliches geschieht häufig bei Vergewaltigungsopfern, bei denen etwa die Täterschaft des eigenen Vaters entweder komplett verdrängt wurde oder im Gegenteil als obsessive Erinnerung das eigene Fühlen und Denken beherrscht.

Die mit einem amnestischen Syndrom oder der »Verdrängung« zusammenhängenden Prozesse sind neurobiologisch nicht gut verstanden (vgl. Kapitel 9). In jedem Fall nimmt der Hippocampus dabei eine zentrale Rolle ein, der – wie wir gehört haben – einerseits der Organisator des deklarativen Gedächtnisses ist und andererseits der Ort, an dem in engem Zusammenspiel mit der Amygdala und dem Nucleus accumbens kognitive und emotionale Aspekte von Inhalten, insbesondere ihr sachlicher und emotional-autobiographischer Kontext, eingearbeitet werden. Dem Hippocampus kommt innerhalb des Stressmanagements eine wichtige regulatorische Rolle zu, indem er einen hemmenden Einfluss auf die Produktion von CRF im Hypothalamus ausübt. Starker Stress führt zu einer Lähmung dieser regulatorischen Rolle.

Fest steht, dass unser Bewusstsein den starken Einfluss durch die subcorticalen limbischen Ebenen nicht wahrnimmt oder sie gar leugnet. Entsprechend scheinen unsere Gedanken, Absichten, Wünsche und Handlungspläne im Bewusstsein »aufzutauchen«, sie kommen uns »plötzlich«, oder wir schreiben sie uns oder unserem bewussten Ich zu. Dies liegt daran, dass das bewusste Ich die Herkunft dieser Empfindungen nicht zu den subcorticalen limbischen Zentren zurückverfolgen kann. Offenbar ist es dem bewussten Ich auch unerträglich, die sich selbst zugeschriebenen Handlungsweisen als unerklärt stehen zu lassen. Es konfabuliert, d.h., es liefert Pseudoerklärungen, und zwar in der Regel solche, die einerseits dem Selbstwertgefühl und andererseits den Erwartungen der sozialen Umgebung am besten entsprechen.

Intuition

Intuition ist ein Erlebniszustand, der nicht als detailliertes Wissen, sondern als *diffuse Ahnung* empfunden wird. Wenn wir beispielsweise bei einer Fahrt oder Wanderung, die wir schon einmal unternommen haben, nicht mehr genau wissen, ob es nach links, nach rechts oder geradeaus weitergeht, dann haben wir doch oft ein bestimmtes Gefühl, es gehe zum Beispiel nach rechts, ohne genau sagen zu können, warum. Ebenso meinen wir in manchen Situationen zu spüren, dass irgendetwas »nicht stimmt«, doch können wir nicht sagen, in welcher Weise dem so ist. Schließlich haben wir bei vielen komplexen Entscheidungen das Gefühl, wir sollten uns in einer bestimmten Weise entscheiden, können aber keine detaillierten Gründe dafür angeben.

Solche Intuitionen werden oft als »Bauchgefühle« missverstanden. Wir sollten allerdings unter »Bauchgefühlen« eher starke Affekte und Motive verstehen, die uns massiv drängen, irgendetwas zu tun, etwa zu fliehen, zuzuschlagen, sich zur Wehr zu setzen, alle Brücken hinter sich abzubrechen, und solche Zustände treten meist in stark emotionalisierenden und von hohem Stress begleiteten Situationen auf. Das ist bei Intuitionen nicht der Fall – sie drängen nicht, sondern legen nahe, flüstern uns sozusagen etwas ein.

Geläufig sind uns solche Intuitionen auch, wenn wir mit komplexen Problemen zu tun haben, etwa bei Entscheidungen, beim sich Orientieren in unübersichtlichen Situationen, beim Problemlösen, beim Bemühen, etwas Kompliziertes zu verstehen, bei künstlerischer oder erfinderischer Tätigkeit. Typisch ist dabei, dass Willensanstrengung und Konzentration meist keine Wirkung zeigen und sich die »Lösung« in der Regel erst nach einer längeren Pause ergibt, in der wir nicht mehr intensiv danach gesucht oder darüber gegrübelt haben. Wir wachen nachts auf und haben plötzlich die alles entscheidende Idee, oder sie erscheint am frühen Morgen, unter der Dusche, beim Spaziergang oder in einer Situation, die scheinbar oder tatsächlich mit dem Problem gar nichts zu tun hat.

Intuitives Problemlösen unterscheidet sich qualitativ vom gedanklich konzentrierten Problemlösen dadurch, dass es nicht linear-sequenziell, nicht Überlegung für Überlegung voranschreitet, sondern in »parallel-verteilter« Weise, wobei die Lösungssuche anstrengungslos und ohne Detailerleben verläuft. Allerdings haben Personen bei derartigen Vorgängen, insbesondere bei kreativen Prozessen, oft das Gefühl, einer Lösung nahe zu sein, sie nur nicht fassen zu können. Große Denker, Forscher, Erfinder oder Künstler einschließlich Sigmund Freud berichten von solchen Momenten.

Dies alles sind vorbewusste Prozesse, die im Langzeitgedächtnis knapp unterhalb der Schwelle des Aktualbewusstseins ablaufen. Das Langzeitgedächtnis ist der Ort unserer gesamten Erfahrungen und unseres Wissens, sofern diese einmal bewusst waren. Diese Inhalte unterliegen einer zunehmenden »Datenkompression«, d. h., sie werden in immer kompakterer Weise gespeichert und dann auch in dieser kompakten Weise erinnert, wenn sie nicht durch aktives Erinnern wieder »entpackt« werden können. Zum Beispiel erinnern wir uns anfangs nur daran, dass wir vor Jahren in Lissabon waren. Denken wir aber weiter darüber nach, so fallen uns mehr und mehr Details ein.

Da komprimierte Inhalte parallel-distributiv erinnert werden, unterliegen sie nicht den Beschränkungen des sequenziell arbeitenden Arbeitsgedächtnisses. Auf diese Weise können sehr komplexe Dinge verarbeitet werden. Dies braucht allerdings Zeit, weshalb wir etwa bei schwierigen Entscheidungen sagen, wir müssten »eine Nacht darüber schlafen«. Diese Redewendung gewinnt aufgrund neuer Erkenntnisse über die Gedächtnisarbeit im Schlaf eine sehr konkrete Bedeutung. Man nimmt heute an, dass im traumhaften wie im traumlosen Schlaf Dinge, die sich tagsüber im Kurzzeitgedächtnis und im intermediären Gedächtnis angesammelt haben, über die Aktivität des Hippocampus in die zahlreichen »Schubladen« des deklarativen Gedächtnisses in der Großhirnrinde eingelesen werden. Wie geschildert, unterliegen sie dort einer zunehmenden »Datenkompression«, die allerdings bei jedem neuen Einlese- und Erinnerungsvorgang derselben oder sehr ähnlicher Inhalte unterbrochen wird. Das bedeutet, dass Inhalte, die nicht erneut auf diese Weise aufgefrischt werden, immer weiter komprimiert werden und immer mehr ins Vorbewusste absinken, bis sie schließlich ohne fremde Hilfe gar nicht mehr erinnert werden können.

6.5 Wie verhalten sich nun Geist-Bewusstsein und Gehirn zueinander?

Geist und Bewusstsein im Sinne der geschilderten subjektiven Erlebniszustände sind beim Menschen und vermutlich bei allen anderen Primaten oder gar bei allen Säugetieren an die Aktivität assoziativer Areale der Großhirnrinde gebunden, wenngleich viele weitere Teile innerhalb (primäre, sekundäre sensorische und motorische Areale) und außerhalb des Cortex (Formatio reticularis, Basalganglien, limbische Zentren, thalamische Kerne usw.) für das Auftreten von Bewusstseinszuständen notwendig sind.

Die spezifischen Eigenschaften des Cortex weisen ihn als ein dissipatives, d.h. zur Ordnungs- und Mustererzeugung fähiges System höchster Komplexität und Dynamik aus. Mehr oder weniger alle Erregungsmuster, die im Cortex unter sensorischer Stimulation und bei hinreichender Versorgung mit Sauerstoff, Zucker und anderen für das Funktionieren des Gehirns notwendigen Substanzen auftreten, sind von solchen Netzwerkeigenschaften ableitbar. Weiterhin kann aus der extrem hohen Binnenverdrahtung der Großhirnrinde gefolgert werden, dass die corticale Informationsverarbeitung hauptsächlich intrinsisch gesteuert wird. Der Cortex – so haben wir festgestellt – ist ein *selbstreferentielles* System.

Viele Experten gehen davon aus, dass die im Sekundentakt oder gar schneller wechselnden Synchronisationszustände verschiedener Neuronengruppen innerhalb corticaler Areale und zwischen ihnen direkt zur Entstehung von Bewusstsein beitragen. Deren Rhythmen stimmen mit der Taktung unseres Bewusstseinsstroms und seiner Inhalte überein. Wird diese Taktung von außen, etwa mithilfe der transkraniellen elektrischen Stimulation verändert, so verändern sich in voraussagbarer Weise die Bewusstseinsinhalte (Strüber et al. 2014). Ebenso werden Bewusstseinsinhalte über die neuromodulatorischen, d.h. die dopaminergen, serotonergen, noradrenergen und cholinergen Eingänge verändert, und dasselbe gilt für die Wirkung von Neuropeptiden und Neurohormonen wie Cortisol, Oxytocin und endogenen Opioiden. Sie färben die Bewusstseinsinhalte emotional ein oder steigern wie Noradrenalin und Acetylcholin die unspezifische oder spezifische Aufmerksamkeit (vgl. Kapitel 3).

Besonders wichtig ist der Umstand, dass Bewusstseinsinhalten unbewusste Prozesse *vorhergehen*. Prozesse, die Aufmerksamkeit auf sich ziehen und mit großer Wahrscheinlichkeit bewusst werden, sind schon ab etwa 100 ms nach Reizbeginn an einer N100-Komponente (s. oben) des ereigniskorrelierten Potenzials bzw. an hochfrequenten Oszillationen erkennbar (vgl. Herrmann et al. 2004). Diese vorbewusst auftretenden elektrophysiologischen Vorgänge unterscheiden sich charakteristisch von den Prozessen, die nicht zu Bewusstseinszuständen führen. Ebenso haben bewusste Prozesse deutlich andere neurophysiologische und funktionale Auswirkungen als unbewusste Prozesse. So verankert sich z. B. etwas, das wir mit bewusster Aufmerksamkeit wahrnehmen, gut im Langzeitgedächtnis, während mit nicht bewusster Aufmerksamkeit Wahrgenommenes dort nur schlecht oder gar nicht festgehalten wird.

Diese Tatsache ermöglicht uns, philosophische Geist-Gehirn-Konzepte wie die populären Positionen des »psychophysischen Parallelismus« und des interaktiven Dualismus zurückzuweisen. Das zeitliche Nachlaufen des Bewusstseins gegenüber unbewussten neuronalen Prozessen ist mit einer strengen zeitlichen Parallelität von Geist und Gehirn nicht vereinbar, sondern legt eine *Verursachung des Geistes durch Hirnprozesse* nahe. Ein interaktiver Dualismus könnte zwar argumentieren, dass der autonome Geist, der sich angeblich über die Naturgesetze hinwegzusetzen vermag, auch rückwärts in der Zeit wirken und damit Dinge nachträglich determinieren könnte. Eine solche phantastische Möglichkeit wird aber durch die Tatsache widerlegt, dass man, wie erwähnt, mithilfe der transkraniellen Magnetstimulation in den Bewusstwerdungsprozess eingreifen und so verhindern kann, dass Dinge bewusst werden (vgl. Lamme 2000). Der bewusste Geist müsste also schon im Voraus wissen, was passiert, und sich dann vom Gehirn zurückziehen. Wenn aber ein solcher Geist sich über alle Schranken von Raum und Zeit hinwegsetzen kann, wozu benötigt er dann überhaupt ein Gehirn zum Steuern des Körpers?

Wenn wir also nicht zu mehr oder weniger absurden Annahmen über eine zeitunabhängige mentale Verursachung greifen wollen, so müssen wir akzeptieren, dass bestimmte Gehirnprozesse in einer messbaren Zeit und unter spezifischen Randbedingungen gesetzmäßig bestimmte Bewusstseinszustände hervorbringen. Dabei handelt es sich um makrophysikalische Vorgänge, die, soweit wir bislang wissen, deterministisch ablaufen, wenngleich auf höchst komplexe Weise im Sinne eines deterministischen Chaos. Doch selbst wenn sich herausstellen sollte, dass dabei quantenphysikalische und teilweise indeterministische Prozesse eine Rolle spielen (was bisher nicht überzeugend gezeigt wurde), so würde auch dies das hier entworfene Konzept nicht umstoßen, denn auch quantenphysikalische Prozesse laufen im Rahmen universeller Naturgesetze, etwa der Erhaltungssätze, ab (Zeilinger 2003).

Es bleibt jedoch die »bohrende« Frage, ob diese Erkenntnisse nicht doch zwingend zu einem reduktionistischen Modell von Geist und Bewusstsein führen? Sind Geist und Bewusstsein nichts anderes als das Feuern von Neuronen?

Unsere Antwort lautet: »Nein!« Ein neurobiologischer Reduktionismus im klassischen Sinne würde zu allererst voraussetzen, dass wir aus neuronalen Eigenschaften die Eigenschaften geistiger bzw. bewusster Prozesse *vollständig* ableiten könnten. Dies ist zumindest derzeit nicht möglich. Wir können zwar mit einiger Sicherheit sagen, was im Gehirn bzw. in der Großhirnrinde ablaufen muss, damit zum Zeitpunkt X Bewusstsein entsteht oder eine Versuchsperson z.B. sagt »Jetzt sehe ich den bewegten Punkt auf dem Bildschirm«, aber dazu sind wir nur in der Lage, *nachdem* wir in zahllosen Untersuchungen das zeitliche Zusammentreffen von Ereignissen festgestellt haben. Hätten wir die psychologischen Erkenntnisse über bewusstes Erleben nicht, so könnten wir sie aus der bloßen Kenntnis der neuronalen Prozesse nicht ableiten. Außerdem ergibt sich aus der Korrelation allein keine Kausalbeziehung. Wenn wir etwa feststellen, dass Gamma-Oszillationen in bestimmten Netzwerken auftreten müssen, damit dort verarbeitete Inhalte bewusst werden, so haben wir damit noch nicht den Übergang von der neuronalen Aktivität zum Bewusstsein erklärt und erst recht nicht das Phänomen des Bewusstseins selbst. Bewusstsein kommt in der Beobachtung der Gamma-Oszillation nicht vor, sondern nur im subjektiven Erleben eines Menschen.

Genauer gesagt: Wenn wir Gamma-Oszillationen zwischen Neuronen betrachten, entdecken wir darin kein Bewusstsein, und wenn wir Bewusstseinszustände haben, erleben wir keine Gamma-Oszillationen. Dasselbe gilt für die Wirkung von Noradrenalin und Acetylcholin auf den Aufmerksamkeitszustand. Wir stellen fest, dass sich unter dem Einfluss dieser Stoffe z.B. das Signal-Rausch-Verhältnis bei bestimmten Neuronen verändert, aber »Aufmerksamkeit« sehen wir dabei nicht – und umgekehrt. Beide Wahrnehmungs- und Erlebnisbereiche sind *überschneidungsfrei*, und mehr als die systematische zeitliche Korrelation von neuronalen Ereignissen einerseits und Bewusstseinsereignissen andererseits können wir erst einmal nicht feststellen. Auch die Möglichkeit, Verhaltensreaktionen genau vorherzusagen, hilft hier nicht weiter, denn wir erfassen damit ja nicht den Bewusstseinszustand selbst. Das gilt auch dann, wenn wir in Zukunft einmal vollständige Kenntnis der notwendigen und hinreichenden neuronalen Bedingungen für das Auftreten von Bewusstsein haben sollten. Wir könnten dann beim Beobachten bestimmter Aktivitätsmuster im Gehirn mit Sicherheit sagen: Jetzt sieht die Versuchsperson einen fliegenden roten Ball und jetzt denkt sie an ihre Großmutter, aber wir würden nicht den Zustand des subjektiven Erlebens erklären können, nur seinen Inhalt und sein Auftreten.

Geist und Bewusstsein als emergente physikalische Eigenschaften

Die Unmöglichkeit, von Aktivitätsmustern im Gehirn unmittelbar auf Zustände subjektiven Erlebens zu schließen, scheint Wasser auf die Mühlen derjenigen Philosophen zu sein, die von einer fundamentalen Erklärungslücke (*fundamental explanatory gap*) in der Neurophilosophie sprechen (Levine 2003; Chalmers 1996; McGinn 2001): »Ihr Neurobiologen« – so könnte es polemisierend heißen – »habt das Wichtigste nicht erklärt, nämlich wie es sich *anfühlt*, Bewusstsein zu haben. Und das werdet ihr auch niemals erklären können!« Es gibt eine umfangreiche philosophische Diskussion darüber, ob dieses Problem nicht etwa ein Scheinproblem ist, eines von vielen, die es in der Philosophie leider gibt. Wir wollen den Einwand, es bestünde eine fundamentale Erklärungslücke, aber ernst nehmen.

Der wesentliche Mangel einer solchen Argumentation besteht darin, dass sie als einzigartig ausgibt, was sich in der wissenschaftlichen Betrachtung der Natur sehr häufig findet, nämlich die Tatsache, dass bestimmte Phänomene vorerst oder vielleicht sogar für alle Zeiten unerklärlich sind, und man sich mit dieser Unerklärlichkeit gegebenenfalls abfinden muss. In der modernen Physik betrifft dies die »Verschränkung« quantenphysikalischer Prozesse, die Natur der Gravitation oder des Lichts und die Nichtübersteigbarkeit der Lichtgeschwindigkeit (vgl. Zeilinger 2003). Betrachten wir die Biowissenschaften und erst recht die Evolutionsbiologie, so ist dort fast alles nicht genau erklärt, sondern höchstens ziemlich plausibel gemacht. Überall finden sich »neuartige« oder »emergente« Eigenschaften wie das Leben selber, der aerobe Stoffwechsel, die Evolution von Gliedmaßen und von Nervensystemen und Gehirnen, um nur ganz wenige Beispiele zu nennen (vgl. Roth 2013). Innerhalb dieser Theorie werden üblicherweise schwach und stark emergente Eigenschaften eines Systems unterschieden (McLaughlin 1997; Stephan 2005). Schwach emergente Eigenschaften sind solche Eigenschaften, die auf höheren Ebenen des Systems aufgrund von Wechselwirkungen der Komponenten untereinander entstehen, nicht aber auf der Ebene der einzelnen Komponenten selbst zu finden sind. Bei genügender Kenntnis und hinreichend einfachen Systemen lassen sich solche schwach emergenten Eigenschaften vorhersagen, z.B. die Eigenschaften des Kochsalzes aus denen seiner Komponenten Natrium und Chlorid. Stark emergente Systemeigenschaften sind nach klassischer Auffassung hingegen solche, die sich auch aus der genauesten Kenntnis der Eigenschaften der Systemkomponenten *nicht* vorhersagen lassen. Ob es solche stark emergenten Eigenschaften überhaupt gibt, ist unklar, denn wir können nicht wissen, ob wir irgendetwas niemals wissen werden.

Zudem erwecken Eigenschaften komplexer Systeme immer dann den Anschein starker Emergenz, wenn sich die Komponenten eines Systems aufgrund ihrer Interaktion verändern oder sich gar gegenseitig hervorbringen. Dies ist bei biologischen Systemen fast immer der Fall, vornehmlich im Rahmen der Ontogenese und des Wachstums, und deshalb nahmen lange Zeit und bis ins 20. Jahrhundert Philosophen wie auch Biologen (z.B. der Entwicklungsbiologe Hans Driesch) eine spezielle »Lebenskraft« (*vis vitalis* oder *Entelechie* genannt) an, die als naturwissenschaftlich nicht erklärbar galt. Die Eigenschaften und Funktionen des Gehirns, zumal des menschlichen, waren und sind in besonderem Maße Gegenstand solcher Spekulationen. Viele Philosophen oder philosophierende Wissenschaftler sehen auch heute noch Geist als eine stark emergente Eigenschaft des Gehirns an, als eine unerklärliche »Fulguration«, bei der sowohl im Laufe der menschlichen Evolution als auch während der Ontogenese sozusagen der Blitz des Geistes ins Gehirn eingeschlagen ist (Lorenz 1977; Popper und Eccles 1984; Eccles 1994).

Bei nüchterner Betrachtung können zahlreiche Eigenschaften des Geistes zumindest als ein schwach emergentes Phänomen innerhalb des physikalischen Systems Gehirn angesehen werden. Dynamische Ordnungszustände, die denen von Geist und Bewusstsein entsprechen, finden sich, wie geschildert, schon auf der Ebene des neuronalen Netzwerks, und wir können sowohl das Auftreten als auch die Inhalte bewusster Zustände bei hinreichender Kenntnis der neuronalen Prozesse vorhersagen. Dennoch wird an dieser Stelle gern eingewandt, dass das Rätsel damit keineswegs gelöst sei, wie denn ein immaterieller Geist aus dem materiellen Gehirn hervorgeht.

Dieser populäre philosophische Einwand berücksichtigt jedoch nicht die Tatsache, dass der Begriff der »Materie« in der modernen Physik einen starken Wandel erfahren hat und sich auf diejenigen physikalischen Phänomene beschränkt, die eine Masse haben. Licht ist dann wie alle elektromagnetischen Wellen in diesem Sinne »immateriell«, d.h. masselos. Gleichzeitig zeigt Licht eine Wechselwirkung mit »materiellen« Phänomenen, etwa im Zusammenhang mit Absorption, Reflexion, Streuung, Brechung und dem von Einstein erstmals beschriebenen »Photoeffekt«, also dem Herauslösen von Elektronen aus einem bestrahlten Körper. Obwohl masselos und mit vielen zum Teil bis heute nicht erklärten Eigenschaften ausgestattet, unterliegt das Licht fundamentalen Naturgesetzen, z.B. dem der Gravitation oder jenem der Erhaltung von Energie, Impuls und Drehimpuls. Auf diese Weise ist die klassische Charakterisierung von Geist als »immateriell« obsolet geworden, wenn man damit ein Phänomen meint, das sich über die fundamentalen Naturgesetze hinwegsetzt. Physikalische Prozesse unterliegen darüber hinaus bestimmten Bereichsgesetzen, die definitionsgemäß keineswegs universell gelten und wie etwa die Gesetze der Festkörperphysik und die der Elektrodynamik nicht vollständig aufeinander rückführbar sind.

Wir können entsprechend Geist und Bewusstsein als »immaterielle physikalische Zustände« ansehen, da sie die universellen Naturgesetze nicht verletzen und eindeutig mit physikalischen Zuständen wechselwirken, wie sie im Gehirn vorkommen. Dass darüber hinaus Geist und Bewusstsein sehr merkwürdige Eigenschaften besitzen, die durch »mentale« Bereichsgesetzlichkeiten bestimmt werden, ist keineswegs ungewöhnlich, sondern eher zu erwarten. Und auch wenn diese Bereichsgesetzlichkeiten zur Zeit noch nicht alle bekannt sind, stellt dies kein grundlegendes Problem für die naturwissenschaftliche Beschreibung des Bewusstseins dar. All dies trifft auch für viele andere physikalische Phänomene zu, insbesondere im Bereich der Quantenphysik, und dennoch behauptet niemand, die Beschäftigung damit wäre obsolet.

Realität und Wirklichkeit des Geistes

Das Argument der »fundamentalen Erklärungslücke« beruht letztlich außerdem auf einem logischen und erkenntnistheoretischen Fehlschluss. Wie ist das zu verstehen?

Als Neurobiologen gehen wir davon aus, dass unsere Erlebniswelt – also unsere Wahrnehmungen, Gedanken, Gefühle, Vorstellungen und Erinnerungen – ein »Konstrukt« unseres Gehirns sind. Kein Fachmann würde hieran zweifeln, und wir haben die entsprechenden Vorgänge in diesem Buch zum Teil detailliert beschrieben. Kompliziert wird dieser Sachverhalt allerdings dadurch, dass auch all das, was wir als Hirnforscher untersuchen, z. B. Gehirne und ihre Aktivitäten und im Spezialfall unser eigenes Gehirn, ebenfalls Konstrukte unseres Gehirns sind. Entsprechend entsteht das konkrete Bild, das wir von einem Gehirn mithilfe der funktionellen Kernspintomographie gewonnen haben, wie alle anderen visuellen Erfahrungen selbstverständlich in unserem visuellen System. Um die Annahme zu vermeiden, dass unser Gehirn sich dabei selbst von außen betrachtet und damit eine echte Teilmenge von sich selbst ist – dies wäre ein schwerer logischer Widerspruch –, müssen wir zwischen der bewusst erfahrenen Erlebniswelt, der Wirklichkeit (*actuality*) und einer bewusstseinsunabhängigen Welt, der Realität (*reality*) unterscheiden (Roth 1996).

Diese Unterscheidung geht auf einen Aufsatz von Wolfgang Köhler aus dem Jahre 1929 zurück, der seinerseits von der klassischen erkenntnistheoretischen Unterscheidung Kants zwischen den »Dingen für uns« (den »Phainomena«) und den »Dingen an sich« (den »Noumena«) ausgeht – eine Vorstellung, die auch für die Philosophie Schopenhauers zentral ist (vgl. Grün 2000). Uns ist bewusstseinsmäßig nur die Wirklichkeit direkt zugänglich, auch wenn wir zutiefst davon überzeugt sein mögen, dass es eine bewusstseinsunabhängige Realität gibt. Über diese Realität können wir natürlich beliebig spekulieren, eine gesicherte Erkenntnis über sie ist jedoch nicht möglich, denn sie würde – so Kant – alle Grenzen unserer Erfahrung überschreiten. Diese prinzipielle Unerkennbarkeit gilt selbstverständlich auch für dasjenige reale Gehirn, das vermutlich unsere Erlebniswelt hervorgebracht hat, und das schon allein aus logischen Gründen nicht mit unserem wirklichen Gehirn identisch sein kann. Der Produzent (das reale Gehirn) kann keine echte Teilmenge seines Produkts (unserer bewusst erfahrbaren Welt) sein!

Auch wenn jedem Philosophen und sonstigen Gebildeten diese erkenntnistheoretische Unterscheidung geläufig sein müsste, weil sie logisch und empirisch zwingend ist, verstoßen viele Philosophen gegen sie. Entsprechend berücksichtigen sie nicht, dass die drei fundamentalen Bereiche unserer bewussten Erlebniswelt, nämlich Umwelt, Körper und Geist, in ihrer deutlichen Unterschiedlichkeit ebenfalls Konstrukte unseres Gehirns sind.

Diese Unterschiede muss sich das kleinkindliche Gehirn mühsam erarbeiten, indem es zuerst über das sensomotorische Feedback Körper und Nicht-Körper zu unterscheiden lernt. Es tut dies nach der Regel, dass alles, was direkt vom Gehirn beeinflusst oder bewegt werden kann und eine sensorische Rückmeldung gibt, zum »Körperschema«, und alles, was keine solche Rückmeldung liefert, zur Umwelt gehört. Die zweite Unterscheidung zwischen »Geist« und »Körper« erfolgt viel später, aber ebenfalls über eine sensomotorische Schleife, indem alles als »geistig« (Bewusstsein, Traum, Vorstellung, Erinnerung) klassifiziert wird, was nicht mit einer körperlichen Zustandsänderung verbunden ist – daher auch der Eindruck der »Immaterialität« des Geistigen. Gefühle werden vom Kind ebenso wie vom Erwachsenen interessanterweise als etwas zwischen Geist und Körper Stehendes empfunden: Wir können einerseits Gefühle haben, die scheinbar körperlos sind, aber starke Gefühle gehen andererseits immer mit körperlichen Erfahrungen einher.

Wenn wir von dieser erkenntnistheoretischen Position aus nach dem »Wesen des Geistes« oder des »Seelischen« fragen, so dürfen wir all das, was wir in einer bestimmten Weise als »geistig-psychisch-seelisch« erleben, unter keinen Umständen mit der realen Natur des Geistes verwechseln, die uns für immer verschlossen bleiben wird. So erscheinen die »wirklichen« Nervenzellen, wie wir sie sinnlich wahrnehmen, als »gegenständlich-stofflich« und daher zur Umwelt gehörig. Unsere Gedanken, Vorstellungen und Erinnerungen erscheinen uns hingegen als »immateriell«, da sie ganz offensichtlich weder zur Umwelt noch zu unserem Körper gehören. Diese Unterscheidungen sind aber, wie bereits festgestellt, Konstrukte des Gehirns, und zwar eines realen Gehirns, das uns unzugänglich ist. Wenn nun Philosophen die scheinbare Unmöglichkeit konstatieren, das Entstehen »immaterieller« geistiger Entitäten aus dem »materiellen« Gehirn nachzuvollziehen, so geraten sie in eine Falle, die ihr reales Gehirn ihnen gestellt hat.

Das kindliche Gehirn muss nämlich mehrere Jahre daran arbeiten, den Unterschied zwischen dem Dinglichen der Welt, dem Körper und dem »Geistigen« stabil zu machen, auch wenn diese Unterscheidungen zuweilen durcheinandergeraten. Auch wenn wir vermuten dürfen, dass das reale Gehirn unsere geistigen Akte und alle anderen Eigenschaften der sinnlich erfahrbaren Welt einschließlich der erwähnten Unterschiede zwischen Welt, Körper und Geist hervorbringt, so können wir definitiv ausschließen, dass das sinnlich erfahrbare, also wirkliche (mit Kant zu sprechen, phänomenale) Gehirn dies tut.

Aus all dem folgt, dass wir die Eigenschaften der realen Neurone des realen Gehirns niemals kennen können. Allerdings können wir Mutmaßungen zu diesen Eigenschaften anstellen, und eine davon scheint zu sein, dass das Gehirn im Rahmen sehr komplexer Interaktionen Zustände hervorbringen kann, die wir dann als »geistig-psychische« Eigenschaften erleben. Wie dies genau geschieht, liegt jenseits der sinnlichen Erfahrung und kann höchstens gedanklich nachgebildet werden. Die angebliche »fundamentale Erklärungslücke« ist also kein Mysterium, sondern folgt aus der erkenntnistheoretisch notwendigen Trennung von Wirklichkeit und Realität und der Konstruktivität unseres Gehirns.

Mentale Felder – die Ordnungskraft des Bewusstseins

Es hat seit dem Altertum im Rahmen eines »Panpsychismus« Spekulationen darüber gegeben, ob und inwieweit geistige Eigenschaften aus protopsychischen Eigenschaften von Atomen und Molekülen hervorgehen. In neuerer Zeit nahmen dies z.B. Alfred North Whitehead und Bernhard Rensch an (vgl. Rensch 1964). Rensch glaubte, dass sich derartige protopsychische Eigenschaften in immer komplexer werdenden Gehirnen zu geistigen Eigenschaften verdichten. Auch wenn diese Vorstellung eine gewisse Attraktivität besitzt, widerspricht ihr doch die Tatsache, dass es nicht allein die Komplexität des neuronalen Gewebes sein kann, die Geist erzeugt, denn sonst müssten die meisten Teile des Gehirns bewusstseinsfähig sein, da sie sehr komplex aufgebaut sind. Aus der oben ausführlich diskutierten Tatsache, dass zumindest im Gehirn der Säugetiere nur die assoziative Großhirnrinde bewusstseinsfähig ist, kann man schließen, dass die neuronalen Bedingungen für das Entstehen von Geist und Bewusstsein sehr spezifisch sein müssen. Vermutlich spielt hierbei die hohe Selbstreferentialität des Cortex die entscheidende Rolle.

Nach dem oben Gesagten lassen sich Geist und Bewusstsein als ein immaterielles physikalisches System verstehen, das aus »mentalen Feldern« aufgebaut ist, die sich raumzeitlich organisieren und so eine virtuelle Gesamtwelt erschaffen, nämlich unseren Körper, die Welt um ihn herum und den Geist in seinen vielfältigen Erscheinungsformen. Die ebenfalls immaterielle physikalische Grundlage dieser mentalen Felder sind selbstorganisierende elektromagnetische Felder, wie sie sich im EEG zeigen. Schnell aufeinanderfolgende Zustände der oszillierenden synchronen Aktivität verschiedener Neuronengruppen bilden hierbei die Grundlage für schnell wechselnde Bewusstseinsinhalte. Wenn wir nun davon ausgehen, dass der bewusste Geist als ein Prozess mentaler Felder eine emergente Eigenschaft selbstorganisierter Netzwerke ist, so können wir ihm auch Funktionen nach dem Haken'schen »Versklavungsprinzip« (einem zugegebenermaßen unglücklichen Begriff) unterstellen (Haken 1982). Haken meint hiermit den Vorgang, dass komplexe dynamische Systeme weitere Zustände hervorbringen, die ordnungs- und strukturbildend auf die Systeme selbst zurückwirken (und sie so »versklaven«). Dies führt im Falle von Geist und Bewusstsein dazu, dass mehrfache Beschreibungsebenen des kognitiv-emotionalen Geschehens einschließlich einer reflexiven Ich-Instanz entwickelt werden. Somit schafft sich die Großhirnrinde mit Geist und Bewusstsein eine höhere Organisationsebene, mit deren Hilfe sie ihre eigenen Aktivitäten ordnet. Dies ähnelt einer Gesellschaft, die eine Gruppe von Lenkungskräften ausbildet, von denen sie sich dann »regieren« lässt. Die Regierung erhält dadurch gegenüber dem Rest der Gesellschaft eine gewisse Autonomie – wenngleich manchmal eine zu hohe. Entsprechend kann man von einer *partiellen Autonomie des Geistes* gegenüber den Prozessen des Gehirns sprechen, indem Geist und Bewusstsein auf die dynamischen Prozesse im Cortex ordnungsbildend einwirken, z.B. im Zusammenhang mit Aufmerksamkeit.

Die Vorstellung, dass raumzeitlich dynamische Muster von Hirnwellen im Cortex die physikalisch-physiologische Grundlage von Bewusstsein bilden, wurde vor einigen Jahren von dem Britischen Molekularbiologen Johnjoe McFadden im Rahmen seiner »CEMI«-(*conscious electromagnetic field*)-Theorie dargestellt (McFadden 2002, 2013). McFadden greift darin auch explizit auf die Vorstellungen des bereits erwähnten bedeutenden Gestaltpsychologen Wolfgang Köhler und seiner »psychophysischen Feldtheorie« zurück (Köhler 1920, 1929). Köhler wurde seinerzeit wegen dieser Vorstellungen geradezu verlacht, doch haben sie inzwischen wieder eine hohe Aktualität erlangt. Nach Köhler und McFadden entsteht Bewusstsein dadurch, dass sich im Rahmen elektromagnetischer Wellen, wie sie im EEG auftreten, isomorphe Abbildungen von Umweltereignissen bilden. Bewusstsein ergibt sich nach McFadden als »intrinsische Information« aus diesen isomorphen Abbildungen. Leider bleibt der Begriff der intrinsischen Information bei McFadden sehr vage, und außerdem löst der CEMI-Ansatz nicht das Problem der »Erklärungslücke«, d.h. die Frage, wie aus elektromagnetischen Wellen denn Bewusstsein wird.

Es ist nämlich logisch und erkenntnistheoretisch zwingend, Bewusstsein *nicht* als identisch mit neuronalen Zuständen des Gehirns oder mit elektromagnetischen Wellenmustern anzusehen. Diese haben nun einmal nichts an sich, was den Bewusstseinszuständen zukommt. Da man andererseits McFadden und schließlich auch Köhler darin recht geben muss, dass die Muster elektromagnetischer Wellen im Gehirn dasjenige physikalische Ereignis sind, das am engsten mit den Bewusstseinszuständen korreliert, sind wir gezwungen, sie als mehr oder weniger unmittelbares physikalisch-physiologisches *Substrat* von Bewusstsein, aber nicht als identisch mit Bewusstsein anzusehen. Auch beim Haken'schen »Versklavungsprinzip« werden die emergent auftretenden Ordnungsparameter nicht als identisch mit dem Substrat angesehen, aus dem sie entstehen und das sie rückwirkend organisieren.

Wir können also eine partielle Autonomie von Geist und Bewusstsein gegenüber den rein neuronalen Prozessen im Sinne eines ordnungsbildenden Zustands akzeptieren, ohne in einen klassischen Dualismus zu verfallen. Dies erklärt befriedigend, warum bestimmte Funktionen des Gehirns nicht ohne Bewusstsein ausgeführt werden können und warum Geist und Bewusstsein Eigengesetzlichkeiten haben.

6.6 Was sagt uns das alles?

Geist und Bewusstsein beruhen auf Prozessen im Gehirn, die größtenteils unbewusst oder vorbewusst ablaufen. Was wir bewusst erleben, macht hingegen nur einen sehr kleinen Teil des Gesamtgeschehens aus. Doch weil wir als bewusste Wesen zu diesem Teil gehören, ist er für uns wichtig. Bewusstseinsprozesse haben eine sehr spezielle Funktion: Sie schaffen einen mentalen oder virtuellen Raum, in dem Körper, Welt und Ich *direkt*, ohne Vermittlung des Gehirns miteinander zu interagieren scheinen. Ein solcher mentaler Raum hat große Vorteile für komplexe Informationsverarbeitung und ist Voraussetzung für vielschichtiges Problemlösen, längerfristige Handlungsplanung und die Verankerung von Inhalten im deklarativen Langzeitgedächtnis. Geist und Bewusstsein sind also einerseits ein Instrument in der Hand des unbewussten Gehirns. Andererseits besitzen wir durch sie Möglichkeiten, die wir als unbewusst agierende Wesen nicht hätten. Vermutlich haben sich in diesem Zusammenhang Geist und Bewusstsein nicht nur beim Menschen ausgebildet, sondern außerdem bei zahlreichen Tieren, die wie wir in mehr oder weniger komplexen natürlichen und sozialen Umwelten leben (Roth 2010).

Der Umstand, dass uns nur weniges von dem bewusst ist, was unser Fühlen, Denken und Handeln bestimmt, stellt eine Grundtatsache des Psychischen dar. Oft empfinden Menschen diese Dominanz des Unbewussten als eine Beleidigung, als »tiefe Kränkung«, wie Freud es formulierte. Unser bewusster Geist fühlt sich als der Herr im Haus, er meint, er sei es, der unseren Körper bewege, der denke und entscheide. Mein Wille scheint meine Hand unmittelbar zu lenken, mein Verstand scheint die Dinge dieser Welt direkt wahrzunehmen – alle noch so komplexen Vermittlungsschritte werden erlebnismäßig »geleugnet«, weil sie unbewusst sind.

Diese Illusion ist auch die Grundlage des noch immer weit verbreiteten philosophischen Konzepts der Willensfreiheit: Ich kann – so scheint mir – meine Gedanken, meinen Körper, meine Handlungen kontrollieren, *wenn ich nur will* (vgl. Walter 1998; Pauen und Roth 2008). Fast die gesamte westlich-abendländische Kultur ist durchdrungen von der Annahme einer solchen »objektiven Freiheit«. Zumindest aus traditionell philosophischer Sicht wird diese Annahme bedroht durch das Schreckgespenst eines

Determinismus, wie er sich angeblich in Psychologie, Psychiatrie und Neurobiologie abzeichnet, indem man dort eine Bedingtheit unserer Persönlichkeit durch unbewusste Prozesse annimmt. Dabei wird übersehen, dass wir einen solchen Determinismus im Alltag gar nicht als Bedrohung unserer Freiheit empfinden. Wir handeln nach Motiven, Wünschen, Vorstellungen und Zielen, die wir uns selbst zuschreiben, und sofern wir darin nicht durch äußere oder innere Zwänge gehindert werden, fühlen wir uns frei. Freiheit – so der schottische Philosoph David Hume – heißt »zu tun, was man will«, und dabei werden die tieferliegenden Beweggründe unseres Willens von uns nicht wahrgenommen.

Nur manchmal erleben wir in uns bestimmte Zwänge oder fragen uns, warum wir dieses wollen oder tun und jenes nicht. Dies könnte uns gegebenenfalls ein Psychologe oder Psychotherapeut erklären. Aber auch dann würden wir uns in unserem Freiheitsgefühl nicht zwangsläufig beeinträchtig fühlen, sondern wir würden sagen: »So bin ich eben!« Nur unter pathologischen Umständen wie Depressionen, Angststörungen, Zwangshandlungen und dergleichen erleben wir, dass wir etwas tun (müssen), was wir nicht wollen. Im Rahmen gesunden psychischen Empfindens beeinträchtigt die Einsicht in die Bedingtheit unserer Persönlichkeit unser Freiheitsgefühl nicht.

Ein zweiter Grund für unser Freiheitsgefühl ist die Tatsache, dass wir in aller Regel bei unserer Handlungsplanung zwischen Alternativen entscheiden können. Wir können an dieses oder jenes denken, uns bei der Gestaltung unserer Freizeit für das eine oder andere entscheiden und so weiter. Unterliegen wir hingegen obsessiven Gedanken, oder schreibt uns jemand zwingend vor, was wir in unserer Freizeit zu tun haben, dann fühlen wir uns unfrei und versuchen, uns dieser Zwänge zu entledigen. Bei einer Entscheidung zwischen Alternativen beunruhigt uns auch nicht, dass ein Menschenkenner uns eventuell genau erklären kann, warum wir uns so entschieden haben und nicht anders. Wir haben dies eben aufgrund eigener personaler Motive getan, und wären diese Motive anders gewesen, hätten wir uns eben anders entschieden. Es genügt die bloße Vorstellung, dass wir uns unter anderen Umständen *hätten anders entscheiden können*, was bei äußerem oder innerem Zwang nicht möglich gewesen wäre.

Allerdings können wir unser Freiheitsgefühl bei Entscheidungen dadurch erhöhen, dass wir die Konsequenzen unseres Handelns bedenken lernen. Spontanes Handeln, ohne dessen Folgen zu bedenken, wird zwar von manchen Menschen als berauschend, von den meisten aber als »unfrei« und »getrieben« empfunden. Ein langfristiges Freiheitsgefühl stellt sich ein, wenn unserem Handeln ein Abwägen vorherging und klar war, »auf was wir uns da einlassen«. Das bewusste Abwägen eröffnet Möglichkeiten, an die wir bei spontanem Handeln nicht gedacht hätten – wir werden dadurch tatsächlich freier in unseren Handlungsräumen.

Philosophen haben entsprechend darauf hingewiesen, dass diese Reflexionsfähigkeit Freiheit schafft (vgl. Bieri 2001). Allerdings wird dabei oft nicht bedacht, dass auch ein solches Abwägen immer in den Bahnen unserer Persönlichkeit und unserer Erfahrung verläuft und die Grenzen unserer personalen Bedingtheit keineswegs sprengt. Hieraus folgt, dass die weitgehende Determiniertheit unserer Persönlichkeit durch Gene und Umwelt, durch das Zusammenspiel der beiden und die Zufälle unserer biologischen und psychischen Entwicklung so lange unser Freiheitsgefühl nicht bedrohen, als sie sich nicht in einem inneren psychischen oder körperlichem Zwang manifestieren, bei dem wir uns typisch unfrei fühlen und den Psychologen und Neurobiologen inzwischen gut diagnostizieren können. Alle anderen Zwänge, die wir nicht bewusst erleben, sind subjektiv irrelevant.

7 Psychische Erkrankungen und Persönlichkeitsstörungen

In der Entwicklung der Psyche kann es geschen, dass das eigene Wohlbefinden beeinträchtigt oder das Wohlergehen anderer gefährdet wird. Hierbei können sowohl eine bestimmte genetische Ausstattung als auch frühkindliche oder spätere Belastungen wirksam werden. Gene und Erfahrungen beeinflussen die synaptischen Verknüpfungen und legen fest, wo und in welcher Menge bestimmte Neuromodulatoren ausgeschüttet werden und sich deren Rezeptoren ausbilden. Hierüber haben sie Auswirkungen darauf, ob man glücklich oder depressiv verstimmt ist, mutig jeder Herausforderung ins Auge blickt oder auf bestimmte innerliche oder äußerliche Reize mit unerträglicher Angst reagiert, ob man sich seinen Mitmenschen gegenüber empathisch und hilfsbereit verhält oder darauf aus ist, sie auszunutzen oder zu missbrauchen.

Psychische Erkrankungen und Verhaltensstörungen sind oft mit einem ausgeprägten individuellen Leidensdruck verbunden und stellen aufgrund ihrer hohen Verbreitung ein beachtliches gesellschaftliches Problem dar. Das Auftreten (*Prävalenz*) psychischer Erkrankungen innerhalb eines untersuchten Jahres liegt einer Übersicht der Weltgesundheitsorganisation (WHO) zufolge in Deutschland bei rund 9 %. Aus einem Bericht des deutschen Robert-Koch-Institutes geht hervor, dass in einem Zeitraum von einem Jahr 12 % der deutschen Allgemeinbevölkerung im Alter von 18 bis 65 Jahren, d. h. fast sechs Millionen Menschen, unter einer *affektiven* Störung wie der Depression leiden. Die Lebenszeitprävalenz liegt bei 19 %. Auch das Auftreten antisozialer Persönlichkeitsstörungen ist nicht zu vernachlässigen. Kanadische und US-amerikanische Studien geben für männliche Individuen eine Lebenszeitprävalenz von 4,5–6,5 % an. Die Prävalenz der spezifischen Störung *Psychopathie* wird auf 0,6–1 % in der allgemeinen Bevölkerung geschätzt.

Wir können aus Platzgründen nur einige wenige Fehlentwicklungen der menschlichen Psyche, ihre neurobiologischen Korrelate und ihre Beeinflussung durch Gene und Erfahrungen behandeln. Deshalb beschränken wir uns hier auf Depressionen, Angststörungen, die posttraumatische

Belastungsstörung, die Zwangsstörung, die Borderline-Persönlichkeitsstörung und die antisoziale Persönlichkeitsstörung. Wir beziehen uns auf die beiden weltweit angewandten Diagnosesysteme ICD-10 und DSM-V und werden für jede der genannten Störungen verschiedene Symptome erläutern, die im Kontext dieser Erkrankungen auftreten können, aber nicht müssen. Einzelne psychische Erkrankungen und Persönlichkeitsstörungen können in leichter, mittelschwerer oder schwerer Form auftreten, und spezifische Symptome können mehr oder weniger ausgeprägt sein. Häufig ist zudem eine Komorbidität gegeben, bei der eine Person mehr als eine dieser Erkrankungen entwickelt.

7.1 Depressionen

Menschen mit einer depressiven Episode leiden an einer gedrückten Stimmung und einer Verminderung des Antriebs und der Aktivität. Es fällt ihnen schwerer, sich zu freuen, für etwas Interesse aufzubringen und sich auf etwas zu konzentrieren. Häufig ist der Schlaf gestört und sie fühlen sich entsprechend müde. Sie haben Schuldgefühle, ein geringes Selbstwertgefühl und nur wenig Selbstvertrauen. Je nach Schwere der Erkrankung können auch Suizidgedanken oder -handlungen auftreten. Oft gehen die Veränderungen in gegensätzliche Richtungen: Sowohl Schlaflosigkeit als auch ein erhöhtes Schlafbedürfnis, sowohl psychomotorische Unruhe als auch eine Verlangsamung können auftreten. Der Appetit kann ebenfalls verringert oder erhöht sein und entsprechend von einem hohen Gewichtsverlust oder einer Gewichtszunahme begleitet sein.

Depressive Episoden werden den affektiven Störungen zugerechnet. Hierzu gehört auch die bipolare Störung, bei der sich depressive Episoden mit sogenannten manischen Episoden einer gehobenen Stimmung und eines vermehrten Antriebs abwechseln. Eine Störung, die durch wiederholte depressive Episoden charakterisiert ist, wird als Rezidivierende depressive Störung bezeichnet. Sind die einzelnen depressiven Episoden weniger schwer, treten sie aber anhaltend auf und führen deshalb zu einem beträchtlichen subjektiven Leiden, dann liegt eine sogenannte Dysthymie vor. Die Dysthymie kann einer depressiven Episode vorangehen, ihr folgen oder ohne schwere depressive Episoden ablaufen.

Depressive Erkrankungen treten oft gemeinsam mit Angststörungen, Drogenmissbrauch, Zwangsstörungen und der Borderline-Persönlichkeitsstörung auf. Man unterscheidet zudem verschiedene *Unterarten* depressiver Erkrankungen. Von Bedeutung ist beispielsweise, ob die Depression von Angst begleitet ist oder mit psychotischen Symptomen einhergeht. Kennzeichen einer weiteren Untergruppe depressiver Erkrankungen ist das Auftreten von Melancholie. Eine Depression mit *melancholischen Merkmalen* ist insbesondere durch den Verlust der Freude an nahezu allen Aktivitäten charakterisiert. Selbst erfreuliche Ereignisse führen bei diesen Patienten nicht zu einem Auftauchen aus der Depression, sie sind missmutig, mutlos und verzweifelt und fühlen sich in einer unangemessenen Weise schuldig. Sie haben eine auf das Selbst fokussierte Angst, fühlen sich wertlos und hilflos. Erinnerungen an vergangene Erfolglosigkeiten durchziehen die Gedanken und den Affekt. Häufig wachen sie frühmorgens auf, zwei Stunden vor der eigentlichen Zeit, und erleben in den Morgenstunden die schlimmste Verstimmung. Psychomotorische Veränderungen wie Unruhe oder Verlangsamung treten bei Menschen mit einer melancholischen Depression fast immer auf. Ein verminderter Appetit sowie Gewichtsverlust sind weitere Kennzeichen. Diese Form der Depression ist insbesondere während schwerer depressiver Episoden und entsprechend bei stationär behandelten Patienten verbreitet.

Eine weitere Form der Depression ist durch sogenannte *atypische Merkmale* gekennzeichnet. Es wird geschätzt, dass trotz der Bezeichnung »atypisch« 15–50 % der depressiven Patienten solche Merkmale zeigen. Die Erkrankten sind im Gegensatz zu melancholischen Patienten durchaus in der Lage, durch erfreuliche Ereignisse aufgeheitert zu werden. Hinzu kommen bei ihnen ein Gefühl der inneren Leere, ein erhöhtes Schlafbedürfnis, ein gesteigerter Appetit und eine Gewichtszunahme. Die Symptome verschlechtern sich über den Tag, und die Menschen fühlen eine »bleierne« Lähmung in den Gliedern. Auch zeigen sie eine extreme Empfindlichkeit gegenüber Zurückweisungen. Diese führt häufig zu sozialen und beruflichen Beeinträchtigungen. Atypische Merkmale treten wesentlich häufiger bei Frauen als bei Männern auf, beginnen früher als Depressionen ohne diese Merkmale (z. B. während der späteren Schulzeit) und haben oft einen eher chronischen, weniger episodischen Verlauf. Menschen mit atypischen Merkmalen einer Depression haben wesentlich häufiger als andere Menschen mit einer depressiven Erkrankung Vernachlässigung, Missbrauch und Misshandlungen während der Kindheit erlebt.

Beginnt eine Stimmungsepisode innerhalb von vier Wochen nach der Geburt eines Kindes, so handelt es sich um eine *postpartale* Depression. Die Einstellung der Mutter zum Kind kann eine Angst vor dem Alleinsein mit dem Kind, ein Desinteresse oder eine erhöhte Zudringlichkeit beinhalten. Diese Episoden müssen von dem sogenannten Baby-Blues unterschieden werden, der bis zu 70 % aller Frauen in den ersten zehn postpartalen Tagen betrifft.

In vielen aktuellen wissenschaftlichen Veröffentlichungen wird gefordert, die Unterscheidung verschiedener Unterarten von Depressionen nicht zu vernachlässigen (z.B. Baumeister und Parker 2012). Die bekannten Depressionsforscher Holtzheimer und Mayberg (2011) glauben, die Definition der depressiven Erkrankung sei zu weit gefasst, um spezifische Therapien entwickeln zu können. Sie sind der Meinung, dass die wesentliche Abweichung in einer Depression nicht der depressive Zustand selbst ist, sondern die Unfähigkeit, den Zustand einer Stimmungsänderung zu regulieren und wieder zu verlassen.

Welche neurobiologischen Veränderungen lassen sich beobachten?
Im Zusammenhang mit Depressionen fand man Änderungen in Struktur und Funktion der verschiedenen Hirnbereiche sowie neurochemische Auffälligkeiten. In den letzten Jahren zeigte sich zudem, dass insbesondere auch die Neubildung von Nervenzellen im Erwachsenenalter, die sogenannte »adulte Neurogenese«, bei depressiven Menschen erheblich verändert ist.

Änderungen in Struktur und Funktion verschiedener Hirnbereiche
Ein Bereich, der in einem Zusammenhang mit Depressionen eine veränderte Aktivität aufweist, ist der *ventromediale präfrontale Cortex* (vmPFC, vgl. Kapitel 2). Dieser ist Teil eines im Ruhezustand aktiven Netzwerks von Hirnregionen (*resting state network*). Dabei sorgt ein *aktivierter* vmPFC dafür, dass die Aufmerksamkeit auf interne Prozesse, z.B. selbstreflexive Gedanken und autobiographische Erinnerungen bis hin zu ständigem Grübeln, gerichtet wird. Ist eine Person dagegen mit bestimmten Aufgaben be-

schäftigt, so wird dieser Hirnbereich deaktiviert. Dies erlaubt dann eine Fokussierung auf neue Reize und das Verfolgen von Verhaltenszielen.

Depressionen, insbesondere in schwerer Form, sind durch eine Überaktivität im vmPFC charakterisiert (Mayberg et al. 2005; Buchheim et al. 2012a, b), und zwar selbst unter Ruhebedingungen. Hingegen weisen dorsolaterale Bereiche des PFC, die »auf Anweisung« limbischer Bereiche an der Planung und Umsetzung von Handlungen beteiligt sind, meist eine *verminderte* Aktivität auf. Patienten mit einer Depression haben häufig eine Neigung zu ausgeprägter Introspektion und Selbstreflexion und einen erhöhten *Selbst-Fokus* (Grimm et al. 2009). Der Schluss liegt nahe, dass die im Ruhezustand erhöhte vmPFC-Aktivität bei depressiven Erkrankungen eine fortgesetzt selbstreflexive Fokussierung auf den negativen emotionalen Zustand bewirkt. Besonders Patienten mit einer melancholischen Depression scheinen von der Überfunktion der limbischen Hirnrindenbereiche betroffen zu sein.

Die *Amygdala* ist bei depressiven Patienten ebenfalls verstärkt aktiv. Diese Überfunktion könnte dazu führen, dass die Patienten eigentlich neutralen Reizen einen bedrohlichen Inhalt zuschreiben und überdies negative Reize in ihrer Bedeutung überbewerten. Zudem könnte hier die auffallend hohe Komorbidität von Depressionen und Angststörungen ihre Ursache haben.

Weitere Untersuchungen bei depressiven Patienten deuten eine Schädigung des *Hippocampus* an. Depressive Menschen weisen häufig ein vermindertes Hippocampusvolumen auf, und zwar umso ausgeprägter, je länger die depressive Erkrankung andauerte (Abbildung. 7.1). Es wird vermutet, dass die anhaltend hohe Cortisolfreisetzung depressiver Patienten (s. unten) die Zellen des Hippocampus schädigt. Dies wiederum kann den Hippocampus daran hindern, die Cortisolfreisetzung wie üblich zu hemmen (s. Kapitel 3), und in einem Teufelskreis die Cortisolfreisetzung langfristig erhöhen.

Neurochemische Befunde
Verschiedene Theorien nahmen bereits zur Mitte des vergangenen Jahrhunderts an, bei depressiven Erkrankungen liege eine verminderte Aktivität verschiedener neuromodulatorischer Systeme vor, und die Monoamin-Hypothese der depressiven Erkrankungen wurde formuliert.

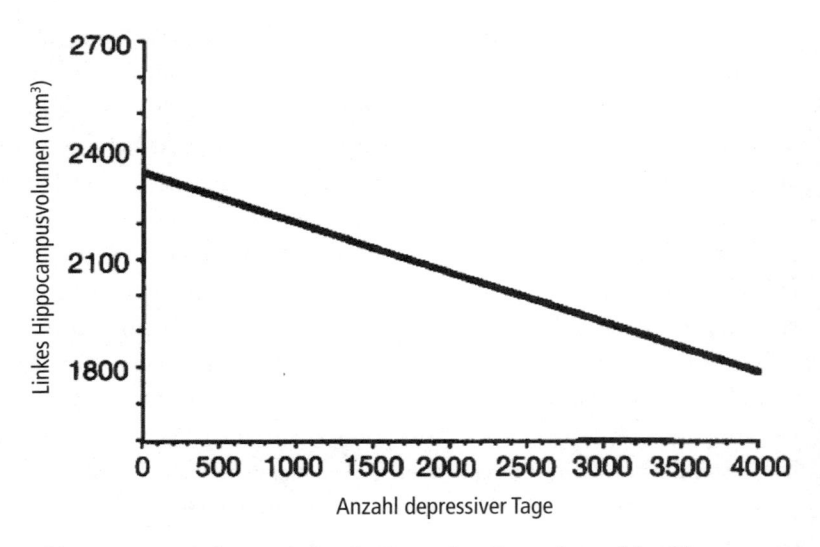

Abb. 7.1: Zusammenhang zwischen der Dauer einer Depression und dem Hippocampusvolumen. Je länger eine Depression andauert, desto geringer ist das Volumen des Hippocampus, hier dargestellt am linksseitigen Hippocampus in mm³ (verändert nach Sheline et al. 1996).

Zufällig entdeckte man nämlich, dass bestimmte Substanzen, die eigentlich zur Behandlung anderer Erkrankungen entwickelt wurden, eine antidepressive Wirkung hatten. Da diese Substanzen die serotonerge und noradrenerge Aktivität im Gehirn verstärkten, nahm man an, dass Serotonin und Noradrenalin bei depressiven Erkrankungen vermindert seien. Man stellte fest, dass alle Stoffe, die zu einer erhöhten Konzentration von Monoaminen (also Noradrenalin, Dopamin und Serotonin) im synaptischen Spalt und einer daraus folgenden erhöhten Wirkung dieser Stoffe an der postsynaptischen Zelle führten, recht wirksame Antidepressiva waren. Zu diesen Stoffen gehören Monoaminoxidase-Hemmer wie Iproniazid oder Moclobemid, die eine Aufspaltung der Monoamine verhindern, oder trizyklische Antidepressiva wie Imipramin, die eine Wiederaufnahme der Monoamine in die präsynaptische Endigung blockieren. Daraus schloss man dann, dass depressiven Erkrankungen eine verminderte Monoaminfunktion zugrunde liege.

Die verminderte Monoaminversorgung könnte mit den unterschiedlichen Symptomen einer depressiven Erkrankung zu tun haben. Die allgemeine Lustlosigkeit (*Anhedonie*) und die verringerte Motivation, die häufig mit einer Depression einhergehen, könnten dabei auf Störungen des dopaminergen Systems zurückgehen, während die negative Stimmung oder die Ängstlichkeit depressiver Patienten eher mit Störungen des noradrenergen und serotonergen Systems in Zusammenhang stehen.

Zahlreiche Veränderungen von Komponenten monoaminerger Systeme wurden in der Tat bei Depressionen nachgewiesen. Diese Veränderungen betreffen unter anderem Proteine, die für die Synthese dieser Komponenten zuständig sind, sowie Transportermoleküle oder einzelne Rezeptoren. Allerdings ist nicht bei allen Komponenten zweifelsfrei belegt, ob eine erhöhte oder verminderte Funktion auftritt, und die Ergebnisse werden zum Teil kontrovers diskutiert. Dies ist beispielsweise für die Ausbildung des serotonergen 5-HT$_{1A}$-Rezeptors bei depressiven Menschen der Fall. In einigen Studien wurde eine *Hochregulation*, in anderen eine *Herunterregulation* dieses Rezeptors bei Depressionen gefunden.

Eine Komponente des serotonergen Systems ist für die pharmakologische Behandlung depressiver Erkrankungen wichtig, nämlich der sogenannte *Serotonintransporter,* der das Serotonin aus dem synaptischen Spalt entfernt und in die präsynaptische Zelle zurücktransportiert. Die sogenannten selektiven Serotonin-Wiederaufnahmehemmer (*selective serotonin reuptake inhibitors*, SSRI) blockieren den Serotonintransporter, verringern die Wiederaufnahme und erhöhen dadurch die Serotoninkonzentration im synaptischen Spalt. Sie haben entsprechend einen antidepressiven Effekt, der allerdings mit einer zeitlichen Verzögerung von einigen Wochen einsetzt. Der verzögerte Effekt wird damit erklärt, dass die durch die SSRI verursachten hohen Serotoninkonzentrationen zunächst die hemmenden 5-HT$_{1A}$-Autorezeptoren auf den serotonergen Zellen in den Raphe-Kernen aktivieren und dazu führen, dass vorübergehend noch weniger Serotonin ausgeschüttet wird. Erst wenn nach Wochen die 5-HT$_{1A}$-Autorezeptoren in den Raphe-Kernen weniger empfindlich werden, hat dies eine erhöhte Serotoninfreisetzung in vielen Gehirnbereichen und bei einigen Patienten eine Abschwächung der depressiven Symptome zur Folge. Neuere Untersuchungen deuten darauf hin, dass die erhöhte Serotoninkonzentration nach Verabreichung der SSRI verschiedene Prozesse in Gang setzt. Dies betrifft etwa eine erhöhte Oxytocinfreisetzung oder die Förderung der Neurogenese an unterschiedlichen Orten des Gehirns. Darüber später noch mehr.

Verschiedene Argumente sprechen aber *gegen* die Monoamin-Hypothese der Depressionen. Zum einen haben monoaminerg wirksame Psychopharmaka nur bei *einigen* Patienten einen positiven Effekt. Zum anderen bewirkt ein experimenteller Entzug von Serotonin zwar bei depressiven Menschen oder solchen mit einem familienbedingt erhöhten Risiko für diese Erkrankung eine leichte Stimmungsverschlechterung, jedoch reagieren gesunde Menschen nicht darauf. Es wird daher angenommen, dass das Monoamin-Defizit ein sekundärer, »nachgeschalteter« Effekt anderer *primärer* Veränderungen ist (Hasler 2010).

Ein primärer Effekt, der den Veränderungen des Monoaminsystems bei depressiven Erkrankungen »vorgeschaltet« sein könnte, ist die Veränderung des *Stresssystems*. Depressive Erkrankungen werden häufig von einer erhöhten Funktion der HPA-Achse und der daran beteiligten Substanzen CRF, ACTH und Cortisol (s. Kapitel 3) begleitet. Allerdings spielt hier die Art der Depression eine Rolle. Von der Überfunktion des Stresssystems ist insbesondere der melancholische und psychotische Typ betroffen, während etwa atypische Depressionen mit einer Cortisol-Unterfunktion einherzugehen scheinen. Ist die Cortisolfreisetzung erhöht, so könnte dies einer der *Urheber* für viele weitere Veränderungen im depressiven Gehirn sein (s.»Wirkungsmodell«, Abb. 7.2).

Depressionen scheinen zudem mit *verringerten Oxytocinkonzentrationen* im Blut einherzugehen, und zwar insbesondere bei Frauen (z. B. Scantamburlo et al. 2007; Yuen et al. 2014). Allerdings kommen nicht alle Studien zu dem gleichen Ergebnis. Möglicherweise spielt auch hier die *Art* der Depression ebenso eine Rolle wie der Umstand, ob vor der Erhebung Antidepressiva eingenommen wurden oder nicht. In einer Studie, in der *erhöhte* (und nicht verringerte) Oxytocinkonzentrationen im Blut depressiver Patienten gefunden wurden, stand ein Großteil der Versuchspersonen unter dem Einfluss von Antidepressiva (Parker et al. 2010), und dies kann die Oxytocinfreisetzung fördern. Im Hypothalamus befinden sich ausgerechnet im Bereich der Oxytocin-freisetzenden Zellen viele mit Serotonintransportern bestückte Nervenfasern. Werden die Serotonintransporter durch die SSRI blockiert, so kommt es zu einer erhöhten Serotoninkonzentration im Bereich dieser Zellen. Da hier die Stimulation von Serotoninrezeptoren zu einer Freisetzung von Oxytocin führt, ist anzunehmen, dass depressive Patienten unter dem Einfluss von SSRI eine erhöhte Oxytocinfreisetzung haben. Dieser Effekt könnte einen wesentlichen Mechanismus der therapeutischen Wirkung der SSRI darstellen – eine Annahme, die durch die Beobachtung gestützt wird, dass bei depressiven Patienten das Desinteresse an sozialen Interaktionen und die Angst durch die Einnahme von SSRI vermindert werden. Die Ausbildung der *Rezeptoren* für das Oxytocin scheint jedoch bei depressiven Personen erhöht zu sein. Sie weisen im Mittel eine *verringerte* epigenetische Methylierung (s. unten) des Oxytocinrezeptor-Gens auf (Reiner et al. 2013a). Dies legt nahe, dass ihnen im Mittel *mehr funktionale* Oxytocinrezeptoren zur Verfügung stehen.

Das Vasopressinsystem ist ebenfalls verändert. Es sieht so aus, als würden *affektive Störungen* wie Depressionen oder Angststörungen mit einer *exzessiven* Vasopressinfunktion einhergehen. Insbesondere Patienten mit einer Depression vom *melancholischen* Typ oder solche mit einem Selbstmordversuch weisen eine erheblich verstärkte Synthese und Freisetzung von Vasopressin auf. Möglicherweise ist die verstärkte Vasopressinfunktion auch an der Entstehung eines erhöhten Cortisolspiegels im Blut (Hypercortisolismus) beteiligt, denn Vasopressin kann die Stressachse stimulieren. Dieser Mechanismus scheint bei depressiven Patienten stärker ausgeprägt zu sein als bei gesunden Menschen.

Eine Reihe weiterer neuromodulatorischer Substanzen sind im Zusammenhang mit depressiven Erkrankungen offenbar fehlreguliert. Dazu gehören zum einen die endogenen Opioide, die Lust und Freude erzeugen und eine schmerzhemmende Wirkung haben. Deren Fehlfunktion könnte die hohe Komorbidität von Schmerzstörungen und depressiven Erkrankungen erklären. Eine Fehlregulation des Acetylcholinsystems mit den dazugehörigen nikotinischen Rezeptoren könnte dagegen mit dem Befund in Zusammenhang stehen, dass unter den depressiven Patienten das Rauchen wesentlich häufiger auftritt als in der gesunden Bevölkerung und eine Beendigung dieser Sucht die depressiven Symptome steigert.

Adulte Neurogenese
Die Neubildung von Nervenzellen im Gehirn spielt auch im Erwachsenenalter eine wichtige Rolle. Die sogenannte adulte Neurogenese tritt vor-

nehmlich in der sogenannten »subventrikulären Zone« entlang der lateralen Ventrikel sowie im Gyrus dentatus des Hippocampus auf. Dort gibt es viele neuronale Stammzellen, die kontinuierlich neue Nervenzellen produzieren. Beim Menschen entstehen im Hippocampus einer einzigen Hirnhälfte pro Tag rund 700 neue Zellen (Spalding et al. 2013). Auf beide Hirnhälften hochgerechnet bedeutet dies, dass allein der Hippocampus in einem einzigen Jahr eine halbe Million neuer Zellen erhält. Es liegt nahe zu vermuten, dass dieser Prozess eine wichtige Rolle für die Informationsverarbeitung und das Verhalten spielt.

Man nimmt an, dass im Hippocampus die neuen Nervenzellen eine bedeutende Rolle in der Codierung episodischer Erinnerungen spielen. Sie sind daran beteiligt, einzelne Details neuer Informationen an einen bestimmten Kontext zu binden und die einzelnen Aspekte einer Erinnerung über die Zeit zu integrieren (Becker und Wojtowicz 2007). Depressionen gehen mit einer signifikanten *Verringerung* der Neurogenese im Hippocampus einher. Menschen mit einer depressiven Erkrankung haben, wie erwähnt, häufig einen verkleinerten Hippocampus, und zwar umso ausgeprägter, je länger ihre Erkrankung andauert. Zudem haben sie häufig Erinnerungsschwierigkeiten, insbesondere dann, wenn es um positive Dinge geht. Defizite in der Neurogenese könnten hierfür ursächlich sein und gleichzeitig das verminderte Hippocampusvolumen als auch die Probleme bei der Codierung und beim Abruf von Gedächtnisinhalten hervorbringen.

Viele *Therapien* zur Behandlung von Depressionen führen offenbar zu einer *erhöhten* Neurogenese. Dazu gehören die Elektroschocktherapie, aber auch Antidepressiva wie SSRI. Letztere führen, wie bereits berichtet, erst nach mehrwöchiger Einnahme zu einer Symptomverminderung. Diese Verzögerung entspricht der Zeitspanne, die nötig ist, um in Experimenten eine Stimulation der Neurogenese durch Verabreichung von SSRI zu erreichen. Es wird daher angenommen, dass Antidepressiva unter anderem die Neurogenese aktivieren und so eine Linderung depressiver Symptome hervorbringen. Die soziale Umwelt kann ebenfalls die Neurogenese beeinflussen; so weisen Tiere, die in Gruppen leben, im Vergleich zu isoliert gehaltenen Tieren eine höhere Neubildung von Nervenzellen auf.

Eine weitere Struktur, in der im erwachsenen menschlichen Gehirn neugebildete Nervenzellen gefunden wurden, ist das Striatum (Ernst et al.

2014; s. auch Kempermann 2014). Es ist die wesentliche Eingangsstruktur der Basalganglien, die wie der Hippocampus wichtig für die Bildung von Gedächtnisinhalten sind. Während der Hippocampus Inhalte des deklarativ-episodischen »expliziten« Gedächtnisses vermittelt, sind die Basalganglien wichtig für das »implizite« Erkennen und Erlernen von Reiz-Reaktionsbeziehungen und für die Ausbildung von Gewohnheiten. Das ventrale Striatum und der Nucleus accumbens sind zudem Bestandteil des Belohnungssystems (vgl. Kapitel 3) und vermitteln den motivationalen Wert von Umweltreizen. Ob die Neurogenese im Striatum depressiver Patienten vermindert ist, wurde noch nicht erforscht. Allerdings fand man in den Gehirnen depressiver Menschen signifikante Volumenreduktionen des Striatum, die – vergleichbar mit den Veränderungen im Hippocampus – das Ergebnis einer verringerten Neurogenese sein könnten. Man kann deshalb annehmen, dass eine verminderte Funktion des Striatum mit depressiven Symptomen zusammenhängt.

Bei Säugetieren werden im Erwachsenenalter auch im *Hypothalamus* kontinuierlich neue Nervenzellen gebildet. Da der Hypothalamus zahlreiche vegetative Reaktionen reguliert (vgl. Kapitel 2), geht man derzeit davon aus, dass eine solche Neubildung von Nervenzellen eine wichtige Bedeutung für Stimmung und Verhalten eines Individuums hat (Lee und Blackshaw 2012). So findet man im Hypothalamus z.B. eine Neubildung von Vasopressin-freisetzenden Zellen, deren Einfluss auf Stimmung und Verhalten in Kapitel 3 beschrieben wurde.

Stress scheint von großer Bedeutung für den Zusammenhang von Neurogenese und Depressionen zu sein, denn das Erleben von Stress und die erhöhte Freisetzung von Stresshormonen hemmen die Neurogenese und begünstigen die Ausbildung von Depressionen.

In diesem Zusammenhang könnte auch der sogenannte *brain-derived neurotrophic factor* (BDNF) eine Rolle spielen, denn dieser Wachstumsfaktor fördert die adulte Neurogenese. Die »neurotrophe Theorie der Depressionen« nimmt an, dass Stress die BDNF-Funktion *verringert*, dadurch die Neurogenese in Bereichen wie dem Hippocampus beeinträchtigt und so die dort bei depressiven Erkrankungen zu beobachtende Volumenänderung mit bedingt. Da Antidepressiva wie die SSRI die Produktion von BDNF erhöhen, vermutet man, dass eine *erhöhte* BDNF-Aktivität zudem an der Erholung von einer Depression beteiligt ist.

Die adulte Neurogenese wird darüber hinaus durch verschiedene Neuromodulatoren beeinflusst. So wirkt etwa die Stimulation der serotonergen 5-HT_{1A}- sowie der 5-HT_{2B}-Rezeptoren positiv auf die Neurogenese. Deshalb nimmt man an, dass der erhöhte Serotoninspiegel nach Verabreichung von SSRI die Neurogenese fördert, indem er diese Rezeptoren aktiviert.

Welche Bedeutung haben Gene und Umwelt für die Entwicklung der Störung?
Sowohl die genetische Ausstattung als auch die Umwelt können eine depressive Erkrankung fördern. Vererbungsstudien zeigen, dass die *individuelle genetische Ausstattung* eine große Rolle beim Entstehen einer depressiven Erkrankung spielt. Verwandte ersten Grades eines depressiven Menschen haben gegenüber der Normalbevölkerung ein zwei- bis vierfach erhöhtes Risiko, ebenfalls an Depressionen zu erkranken, insbesondere dann, wenn es sich um eine früh einsetzende Depression oder eine Depression mit immer wiederkehrenden Episoden handelt.

Verschiedene genetische Varianten wurden mit Depressionen in Zusammenhang gebracht, vor allem der schon in Kapitel 3 vorgestellte Polymorphismus des *Serotonintransporter-Gens*. Es wird angenommen, dass die S-Variante dieses Gens die Ausbildung von Depressionen begünstigt, und zwar dann, wenn sie mit frühen oder schwerwiegenden Stresserfahrungen zusammentrifft und es entsprechend zu einer Gen-Umwelt-Interaktion kommt.

Ein weiterer Polymorphismus betrifft das Gen für den 5-HT_{1A}-Rezeptor. Dieser kann einerseits als sogenannter *Autorezeptor* auf die serotonergen Zellen selbst einwirken und auf diese Weise die Serotoninfreisetzung hemmen. Zugleich kommt er als postsynaptischer 5-HT_{1A}-Rezeptor oder *Heterorezeptor* auf den Zielzellen der serotonergen Neuronen vor. Das Gen für den 5-HT_{1A}-Rezeptor kann in verschiedenen Allelen vorliegen. Das *G-Allel* führt dazu, dass die Expression der 5-HT_{1A}-Autorezeptoren *erhöht*, die der postsynaptischen 5-HT_{1A}-Rezeptoren dagegen *vermindert* wird. Dies hat zur Folge, dass *weniger* Serotonin freigesetzt wird und zudem in den Zielgebieten die hemmende (und häufig beruhigende) Wirkung des Serotonins nicht in einem normalen Umfang wirksam werden kann. Die Zielgebiete sind dann tendenziell überaktiv. Zudem ist aufgrund von komplizierten Rückkopplungsschleifen zu erwarten, dass infolge der erhöhten Autorezeptor-Ausbildung bei gleichzeitig verringerter Produktion von postsynaptischen Rezeptoren die verminderte Serotoninfreisetzung nach Art eines *Teufelskreises* langfristig aufrechterhalten wird. Das G-Allel kommt bei Menschen mit Depressionen überdurchschnittlich häufig vor. Es ist anzunehmen, dass die bei Depressiven festgestellte verringerte Serotoninfreisetzung und die erhöhte Aktivität des vmPFC bei einigen Erkrankten durch das Vorhandensein des G-Allels begründet sind. Weitere Genvarianten, etwa die des Oxytocinrezeptors, können ebenfalls das Risiko erhöhen, an einer Depression zu erkranken.

Neben genetischen Faktoren können auch *frühe negative Kindheitserfahrungen* wie Störungen in der Mutter-Kind-Interaktion, sexueller und physischer Missbrauch, der Verlust der Eltern oder das Erleben einer Naturkatastrophe die Entwicklung depressiver Erkrankungen im Jugend- oder Erwachsenenalter begünstigen. Vor allem Störungen *zwischenmenschlicher Beziehungen* in der Kindheit und Jugend erhöhen nachweislich das Risiko für die Entwicklung einer Depression. Das Risiko, später an Depressionen zu erkranken, steigt, wenn das Klima im Elternhaus von mütterlicher Überbehütung bei gleichzeitig verringerter elterlicher Anteilnahme geprägt ist und die Kinder die Eltern als wenig liebevoll und zugleich stark kontrollierend erleben (Benecke 2014). Andererseits begünstigt auch der sogenannte *permissive* elterliche Erziehungsstil die Entwicklung einer Depression. Ein entsprechend hochtoleranter und wenig kontrollierender und Grenzen setzender Erziehungsstil steht in engerem Zusammenhang mit depressiven Erkrankungen als etwa in der Kindheit erlebte Instabilität oder fehlende Kontinuität in Hinblick auf die primären Bezugspersonen. Nicht-depressive Personen erleben hingegen am häufigsten einen sogenannten autoritativen Erziehungsstil, der sich einerseits durch Kontrolle und Autorität, andererseits aber durch ein liebevolles Eingehen auf die Bedürfnisse und Sorgen des Kindes auszeichnet (Ottemeyer et al. 2013). Es scheint, dass insbesondere letztgenannter Punkt – die liebevolle Responsivität – wichtig für die gesunde psychische Entwicklung ist.

Spätere Umweltbedingungen können ebenfalls das Risiko für die Entstehung depressiver Erkrankungen erhöhen. Dazu gehören einschneidende Erlebnisse wie der Tod einer geliebten Person, eine Scheidung oder auch eine Vergewaltigung ebenso wie andauernde Arbeitslosigkeit, ein chronisch niedriges Einkommen, ein niedriges Ausbildungsniveau und vor allem das Fehlen vertrauensvoller persönlicher Beziehungen. Umgekehrt kann das Vorhandensein solch enger Beziehungen eine schützende Wirkung haben.

Bei der Ausbildung depressiver Erkrankungen aufgrund negativer Erfahrungen sind meist Gen-Umwelt-Interaktionen zu erwarten. So können frühe Erfahrungen *epigenetische Veränderungen* hervorrufen, die dazu führen, dass die Gene nicht mehr im normalen Umfang exprimiert, d.h. in Proteine »übersetzt« werden können.

Ein Beispiel hierfür ist die Methylierung des Oxytocinrezeptor-Gens. Im Rahmen einer solchen epigenetischen Veränderung werden Methylgruppen an genregulatorische Bereiche der DNA geheftet und hierdurch die Produktion von Rezeptorproteinen verhindert. Bei Depressiven wurde eine *verringerte* epigenetische Methylierung des Oxytocinrezeptor-Gens gefunden, d.h., das Gen kann hier besonders effizient exprimiert werden und es werden *mehr Rezeptoren* ausgebildet. Die Gen-Umwelt-Interaktion besteht darin, dass die Methylierung an bestimmte Umwelterfahrungen gebunden ist. Sie steht z.B. in Zusammenhang mit dem Bindungsstatus einer Person: Depressive Menschen haben sowohl eine *verringerte* Methylierung als auch eine Tendenz zu unsicheren Bindungsrepräsentationen (Bakermans-Kranenburg und van IJzendoorn 2009; Reiner et al. 2013a, b). Erste Hinweise deuten aber an, dass Menschen mit einer distanzierten bzw. unsicher-vermeidenden Bindungsrepräsentation zu einer *erhöhten* Methylierung des Oxytocinrezeptor-Gens neigen. Gut untersucht ist auch der Einfluss der Umwelt auf epigenetische Veränderungen am Stresssystem. Hier wurde gezeigt, dass frühe Stresserfahrungen die Ausbildung der Glucocorticoidrezeptoren epigenetisch beeinflussen können, und man vermutet, dass dies in einem Zusammenhang mit der Entstehung von Depressionen steht (Strüber et al. 2014).

Besonders interessant ist in diesem Zusammenhang der Befund, dass die epigenetischen Veränderungen an die *nächste Generation übertragen* werden können (s. Abschnitt 7.7). Neben den eigentlichen genetischen Informationen wird dabei das Ausmaß vererbt, mit dem die Gene exprimiert werden. Im Klartext bedeutet dies, dass eine Person mit frühen negativen Erfahrungen die veränderte Ausbildung von Bindungsstellen für verschiedene neurochemische Substanzen einschließlich aller Konsequenzen an ihre Kinder weitergeben kann.

Eine weitere Gen-Umwelt-Interaktion betrifft das Zusammenwirken der eigentlichen genetischen Ausstattung mit der Umwelt. Bestimmte genetische Varianten erhöhen das Risiko, infolge frühkindlicher Erfahrungen später eine Depression zu entwickeln, wie es etwa für das S-Allel des Serotonintransporter-Polymorphismus beschrieben wurde. Hier scheint die genetische Variante zu beeinflussen, mit welchen Serotoninkonzentrationen auf den frühkindlichen Stress reagiert wird. Diese wiederum haben innerhalb der kritischen Periode der frühen Kindheit Auswirkungen auf die langfristige Entwicklung des Serotonin-, aber auch des Stresssystems und auf die Hirnentwicklung im Allgemeinen.

Andere genetische Varianten vermitteln eine Widerstandsfähigkeit (*Resilienz*) gegenüber Belastungen. Bei Menschen mit einer solchen genetischen Ausstattung hat das Erleben frühkindlichen Stresses keine negativen Auswirkungen auf die Psyche, sondern kann bestenfalls die Entwicklung einer starken Persönlichkeit fördern.

Entstehungsmechanismen einer Depression
Ein umfassendes Wirkungsmodell depressiver Störungen liegt aufgrund der Heterogenität dieser Erkrankung bisher nicht vor. Dennoch sollen nachfolgend einige Mechanismen beschrieben werden, die zur Entstehung einer Depression beitragen und die Grundlage für Erklärungsmodelle zur Wirkung von Psychotherapie bilden können (s. auch Abbildung 7.2). Es sind hierbei nicht alle Unterarten gleichermaßen von allen Veränderungen betroffen, und viele hier nicht beschriebene neurobiologische Veränderungen werden ebenfalls eine Rolle spielen.

Stress, der nicht durch eigenes Handeln beseitigt werden kann, wird als *unkontrollierbarer* oder *unvermeidbarer* Stress bezeichnet. Eine solche frühkindliche Stresssituation kann etwa die emotionale Abwesenheit einer depressiven Mutter, Vernachlässigung oder Missbrauch sein. In späteren Jahren können ein Verlust naher Angehöriger, Trennungen, partnerschaftlicher Stress, berufliche oder sozioökonomische Belastungen oder etwa Naturkatastrophen unkontrollierbare Stresssituationen darstellen. Diese gehen dann mit einer erhöhten Ausschüttung von Cortisol einher, was wiederum zahlreiche Auswirkungen auf verschiedene Systeme des Gehirns hat und so die Entstehung von Depressionen begünstigen kann.

Zum einen beeinflusst Cortisol die Ausbildung der Glucocorticoidrezeptoren im Hippocampus und hierüber das Ausmaß der eigenen langfristigen Freisetzung. Ob sich das Cortisolsystem in Richtung einer Überfunktion oder einer Unterfunktion verändert, hängt dabei von verschiedenen Faktoren ab. Dazu gehören die frühkindliche Bindungssicherheit, das Ausmaß der traumatischen Erfahrung, der chronische Verlauf sowie die genetische Ausstattung. Stresserfahrungen, die von einer frühkindlichen *sicheren* Bindung begleitet werden, sowie danach auftretende traumatische Erfahrungen bewirken vermutlich die Tendenz zu einer *Cortisol-Überfunktion*, während frühkindliche traumatische Erfahrungen der Vernachlässigung und des Missbrauchs, die üblicherweise nicht mit einer sicheren Bindung einhergehen, eine *Cortisol-Unterfunktion* zu fördern scheinen. Dabei kann auch der Polymorphismus des Serotonintransporters eine Rolle spielen. Das Ausmaß der Serotoninfreisetzung während früher kritischer Perioden kann nämlich ebenfalls die Ausbildung der Glucocorticoidrezeptoren und hierüber das langfristige Ausmaß der Cortisolfreisetzung beeinflussen. Es wird angenommen, dass eine Person, die während der frühen Kindheit erheblichen Stress erlebt und aufgrund eines S-Allels des Serotonintransporter-Gens eine hohe Wirksamkeit von Serotonin aufweist, eine langfristige Cortisol-Überfunktion entwickelt, und zwar insbesondere unter Ruhebedingungen (Strüber et al. 2014). Die Cortisol-Überfunktion kann die Ausbildung einer Depression des melancholischen oder psychotischen Typs begünstigen und die Grundlage für die nachfolgend aufgeführten Veränderungen schaffen. Entsteht die Cortisol-Überfunktion bereits während der Kindheit, so kann dies über eine Wechselwirkung mit dem Serotoninsystem die weitere Gehirnentwicklung beeinflussen.

Cortisol hemmt die Ausbildung von serotonergen 5-HT_{1A}-Rezeptoren. In Tierexperimenten wurde deutlich, dass ein *vorübergehendes* Fehlen der 5-HT_{1A}-Rezeptoren in Hippocampus und Cortex während der frühen Kindheit ängstliches Verhalten im Erwachsenenalter bedingt (Gross et al. 2002). Dies hängt vermutlich damit zusammen, dass 5-HT_{1A}-Rezeptoren die Länge und Verzweigung von Dendriten sowie die Bildung von Dornfortsätzen als Orte hoher synaptischer Dichte anregen. Verhindert eine früh erhöhte Cortisolfreisetzung Wachstum und Verzweigung der Dendriten, dann könnte dies langfristige Auswirkungen auf die Funktion verschiedener Hirnbereiche haben, und zwar auch solcher Bereiche, die erst in der Jugend oder im Erwachsenenalter vollständig ausreifen, so dass Veränderungen erst dann wirksam werden. Dies könnte das häufig beobachtete zeitlich stark verzögerte Auftreten depressiver Erkrankungen infolge früher negativer Erfahrungen erklären.

Manchmal werden die frühen Veränderungen des Cortisolsystems erst dann relevant, wenn die Personen in einer späteren Lebensphase *erneut* erheblichem oder chronischem Stress ausgesetzt sind. Dies kann die Cortisol-Überfunktion über einen klinisch relevanten Wert hinaus verstärken.

Zudem ist zu erwarten, dass eine auch in Ruhe auftretende Cortisol-Überfunktion eine gesunde körperliche Stressreaktion verhindert, bei der auf die Aufregung die zügige Beruhigung folgt.

Ist die Cortisolaktivität langfristig und auch unter Ruhebedingungen erhöht, so kann dies das Gehirn und damit die psychischen Funktionen in verschiedener Weise beeinflussen. Die hohe Cortisolkonzentration kann im ventromedialen präfrontalen Cortex (vmPFC) die Ausbildung der 5-HT_{1A}-Rezeptoren behindern, die normalerweise diesen limbischen Bereich der Hirnrinde hemmen. In der Folge kommt es zu der – im Zusammenhang mit Depressionen bereits beschriebenen – erhöhten Aktivität dieser Hirnbereiche, die mit einer Fokussierung auf das Selbst, mit Grübelei, negativem Affekt, Schuldgefühlen und Reizbarkeit einhergeht. Die fortgesetzt erhöhte Cortisolfreisetzung würde die erhöhte Aktivität des vmPFC aufrechterhalten, und die erkrankten Individuen hätten Schwierigkeiten, einen negativen Stimmungszustand zu verlassen und sich an positiven Dingen in der Umwelt zu erfreuen (vgl. Holtzheimer und Mayberg 2011).

Die hohe Cortisolfreisetzung kann zudem die adulte Neurogenese in verschiedenen Hirnbereichen vermindern und dadurch das verringerte Volumen von Hippocampus und Striatum bei depressiven Patienten, aber auch die veränderte Funktion der in Hypothalamus und Hypophyse erzeugten Peptide (Oxytocin, Vasopressin, Endorphin) bewirken.

Normalerweise hemmt der Hippocampus die Cortisolfreisetzung, und auch die neugebildeten Nervenzellen im Hippocampus sind daran beteiligt, die Stresshormone zu drosseln. Verhindert jedoch eine Cortisol-Überfunktion die Neubildung der Nervenzellen, so kann ein *Teufelskreis* einer anhaltend erhöhten Cortisolfunktion entstehen (Snyder et al. 2011).

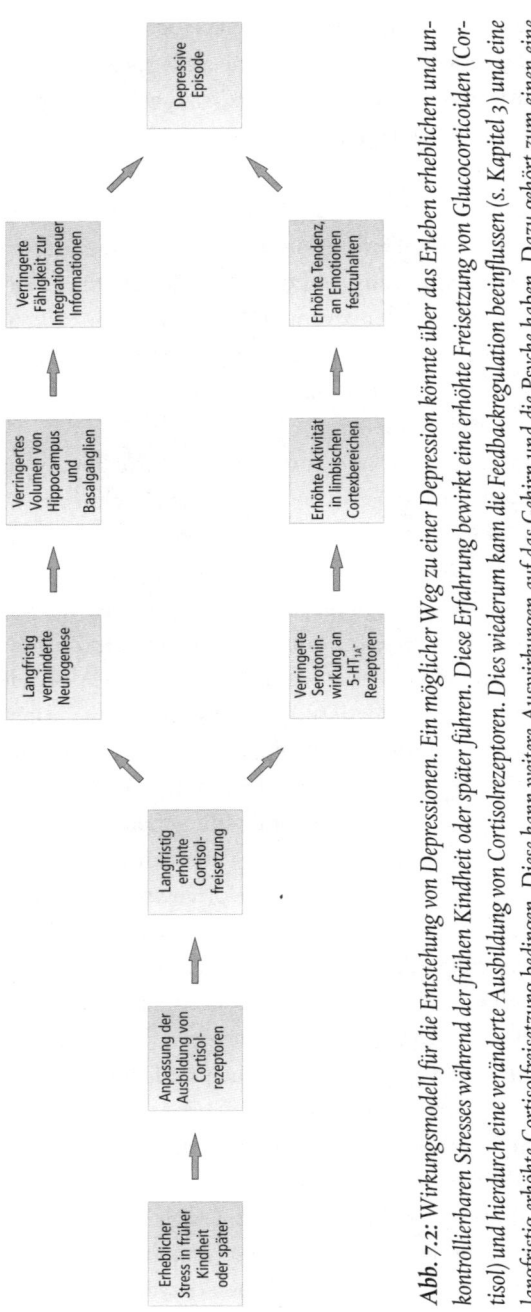

```
Erheblicher          Anpassung der        Langfristig          Langfristig           Verringertes         Veringerte
Stress in früher  →  Ausbildung von    →  erhöhte           →  verminderte        →  Volumen von       →  Fähigkeit zur
Kindheit             Cortisol-            Cortisol-            Neurogenese           Hippocampus          Integration neuer
oder später          rezeptoren           freisetzung                                und                  Informationen
                                                                                    Basalganglien                       ↘
                                                                                                                      Depressive
                                                                                                                       Episode
                                          ↓                                                                             ↗
                                       Verringerte             Erhöhte Aktivität    Erhöhte Tendenz,
                                       Serotonin-           →  in limbischen     →  an Emotionen
                                       wirkung an              Cortexbereichen      festzuhalten
                                       5-HT_{1A}-
                                       Rezeptoren
```

Abb. 7.2: Wirkungsmodell für die Entstehung von Depressionen. Ein möglicher Weg zu einer Depression könnte über das Erleben erheblichen und unkontrollierbaren Stresses während der frühen Kindheit oder später führen. Diese Erfahrung bewirkt eine erhöhte Freisetzung von Glucocorticoiden (Cortisol) und hierdurch eine veränderte Ausbildung von Cortisolrezeptoren. Dies wiederum kann die Feedbackregulation beeinflussen (s. Kapitel 3) und eine langfristig erhöhte Cortisolfreisetzung bedingen. Diese kann weitere Auswirkungen auf das Gehirn und die Psyche haben. Dazu gehört zum einen eine Hemmung der Neurogenese, die ein verringertes Volumen von Hippocampus und Basalganglien sowie möglicherweise eine verringerte Fähigkeit zur Anpassung des Verhaltens an die aktuellen Gegebenheiten hervorbringen kann. Zum anderen kann die erhöhte Cortisolfreisetzung die Ausbildung der 5-HT$_{1A}$-Rezeptoren beeinträchtigen und hierdurch eine verminderte Wirkung des Serotonins auf die limbischen Cortexbereiche bewirken. Eine erhöhte Tendenz zur anhaltenden Fokussierung auf den eigenen emotionalen Zustand könnte die Folge sein. Die verringerte Fähigkeit zur Verhaltensänderung sowie zum Verlassen des emotionalen Zustandes können die Grundlage für die Entwicklung einer depressiven Episode bilden.

Die verminderte Neurogenese im Striatum könnte zudem verhindern, dass der Depressive sein Verhalten den aktuellen Gegebenheiten anpasst und Gewohnheiten und seine negativen emotionale Zustände ändert. Dazu kann beispielsweise gehören, dass der Ärger über den Verlust des Arbeitsplatzes oder die Trauer über eine Trennung vom Partner und damit verbundene Rückzugstendenzen überdurchschnittlich lange andauern und in eine Depression einmünden.

Sowohl bei frühkindlichem Stress wie auch als Folge von späterem Stress wurde auch eine *Unterfunktion* des Glucocorticoidsystems beobachtet, und zwar dann, wenn der Stress während der Kindheit *nicht* von einer sicheren Bindung begleitet wird, wenn er also *traumatisch* ist, oder wenn chronischer Stress nicht mehr bewältigt werden kann und zur Erschöpfung führt. Ein solcher Zustand der Cortisol-Unterfunktion, der in der Regel mit Gefühlen der emotionalen Leere und einem verminderten Zugang zum Selbst verbunden ist, charakterisiert die posttraumatische Belastungsstörung (s. unten), die antisoziale Persönlichkeitsstörung (s. unten) sowie möglicherweise auch die atypische Depression.

7.2 Angststörungen

Angststörungen umfassen Zustände exzessiver Furcht oder Angst. Innerhalb der Angststörungen wird zwischen solchen Zuständen unterschieden, bei denen die Emotionen auf eine bestimmte Umgebungssituation bezogen sind (*phobische Störungen*), und solchen, bei denen die Angst selbst im Vordergrund steht (z. B. *Panikstörung, generalisierte Angststörung*). Bei den phobischen Störungen wird die Angst durch bestimmte, eigentlich ungefährliche Situationen hervorgerufen wie das Benutzen öffentlicher Verkehrsmittel, eine soziale Situation, die Begegnung mit einer kleinen Spinne oder die Aussicht auf eine Fahrt im Fahrstuhl. Bei einer *Sozialphobie* ist die Furcht auf Situationen gerichtet, in denen eine Person die Kritik Anderer erwartet. Dazu gehören die soziale Kommunikation in Gesprächen und auf Partys, das Essen und Trinken vor anderen oder das Halten einer Rede vor einem größeren Publikum. Der Erkrankte befürchtet, aufgrund seines Verhaltens (Erröten, Zittern, Schwitzen, Stottern, unpassendes Blickverhalten) als ängstlich, schwach, verrückt, langweilig, bedrohlich oder ungepflegt angesehen zu werden. Diese Erkrankung kann den Betroffenen in der Ausübung seiner sozialen und beruflichen Gewohnheiten massiv beeinträchtigen.

Die Furcht, allein das Haus zu verlassen, sich in Menschenmengen oder auf öffentlichen Plätzen oder in öffentlichen Verkehrsmitteln aufzuhalten, kennzeichnet die *Agoraphobie*. Hierbei fürchten Menschen, dass sie im Falle panikartiger (s. unten) oder anderer beschämender Symptome (z.B. Orientierungsverlust) in der jeweiligen Situation nicht flüchten können oder keine Hilfe erhalten. Häufig lässt bei diesen Patienten die Angst nach, wenn sie von einer vertrauten Person begleitet werden. Andere Phobien, etwa vor Spinnen oder Fahrstühlen, werden als *spezifische Phobien* bezeichnet.

Typischerweise werden die betreffenden Situationen von den Patienten entweder vermieden oder nur mit großer Angst ertragen. Geraten Menschen mit einer Phobie in eine entsprechende Situation, so können Herzklopfen und weitere körperliche Symptome der Angst ebenso auftreten wie Ängste vor dem Sterben, Kontrollverlust oder das Gefühl, wahnsinnig zu werden. Bereits die Vorstellung einer phobischen Situation kann eine *Erwartungsangst* erzeugen.

Bei anderen Angststörungen ist die Angst nicht auf eine bestimmte Umgebungssituation bezogen. Bei *Panikstörungen* kommt es beispielsweise zu wiederkehrenden schweren und vor allem nicht vorhersehbaren Attacken. Eine solche Situation ist durch eine abrupte Welle intensiver und »namenloser« Angst gekennzeichnet.

Ebenso wie bei anderen Angsterkrankungen treten Symptome auf wie Herzklopfen, Kurzatmigkeit, Brustschmerz, Erstickungsgefühle, Schwindel, Entfremdungsgefühle, die Furcht zu sterben, Furcht vor Kontrollverlust oder davor, wahnsinnig zu werden. Nach der Attacke fürchten die Erkrankten einen weiteren Anfall und vermeiden häufig Situationen, in denen sie das Anfallrisiko als erhöht ansehen.

Eine *generalisierte Angststörung* beinhaltet eine »diffuse«, anhaltende Angst, die häufig mit Ruhelosigkeit, Nervosität, Reizbarkeit, Konzentrationsschwierigkeiten, Muskelspannung, leichter Ermüdbarkeit und Schlafstörungen einhergeht. Menschen mit einer solchen Störung sorgen sich oft übermäßig um alltägliche Lebensumstände wie etwa Haushaltsaufgaben, das Zuspätkommen zu einem Termin oder um ihre Gesundheit und die ihrer Familienmitglieder, ihre berufliche Verantwortung oder ihr Einkommen. Sie haben Schwierigkeiten, ihre Sorge zu kontrollieren, und lassen sich von ihren gegenwärtigen Beschäftigungen ablenken, die eigentlich ihre Aufmerksamkeit erfordern würden.

Welche neurobiologischen Veränderungen lassen sich beobachten?

Im Gehirn stellt die *Amygdala* die zentrale Struktur für das Erleben von Furcht und Angst dar. Wie in Kapitel 2 beschrieben, erhält bei einer Furchtkonditionierung die basolaterale Amygdala Informationen über Bedeutung und Kontext der wahrgenommenen Reize. Nach einer Weiterleitung dieser Informationen aktiviert der Zentralkern der Amygdala Zentren in Hypothalamus und Hirnstamm, in denen die eigentliche affektive und vegetative Furchtreaktion ausgelöst wird: Der Blutdruck steigt, das Herz klopft und die Hände schwitzen. Allerdings reagiert die Amygdala nicht nur auf Reize, die mit Furcht assoziiert sind, sondern allgemein auf solche, die emotional erregend, überraschend oder besonders bedeutsam sind.

Der *mediale präfrontale Cortex* einschließlich des anterioren cingulären Cortex ist eine weitere Struktur, die im Kontext der Furchtkonditionierung, aber auch beim Erlernen von Furcht durch Beobachtung sowie als Antwort auf emotionale Reize (z. B. Bilder) aktiv ist. Ebenso ist der *insuläre Cortex* beteiligt, der durch negative Reize stimuliert wird und auch bei Traurigkeit aktiv ist. All diese Strukturen werden nicht nur durch bedrohliche Reize erregt, sondern auch durch solche Reize, die Informationen über eine Bedrohung oder etwa die Ängstlichkeit Anderer beinhalten, z. B. Fotografien emotionaler Gesichter. Die Amygdala reagiert sogar dann auf ein ängstliches Gesicht mit erhöhter Aktivität, wenn es »maskiert« dargeboten und deshalb nicht bewusst wahrgenommen wurde (vgl. Kapitel 6). Diese Hirnstrukturen sind in einem Zusammenhang mit Angststörungen oft übermäßig aktiv.

Bei einer *Sozialphobie* wird vor allem eine überhöhte Amygdala-Aktivität festgestellt. Diese tritt z. B. beim Sprechen in der Öffentlichkeit oder schon bei der Vorstellung davon auf. Negative Kommentare, aber auch die Betrachtung neutraler, wütender, herablassender, glücklicher und selbst schematischer Gesichter können eine solche erhöhte Amygdala-Aktivierung bei Menschen mit dieser Erkrankung auslösen. Wiederholt wurde auch eine Überfunktion limbischer Hirnrindenbereiche, d. h. vorderer Bereiche des anterioren cingulären sowie des insulären Cortex gemessen, allerdings sind die Befunde widersprüchlich. Das ventrale Striatum, das den Nucleus accumbens einschließt, ist dagegen bei einer Sozialphobie vermindert aktiv, etwa wenn man gleich eine Rede halten muss. Bei spezifischen Phobien geht eine Konfrontation mit den phobischen Reizen ebenfalls mit einer Überfunktion von Amygdala, anteriorem cingulären Cortex sowie insulärem Cortex einher.

Bei Panikstörungen betrifft die Überfunktion neben den limbischen Hirnrindenbereichen vor allem auch das eigentliche unbewusst arbeitende Furchtnetzwerk von Amygdala, Thalamus und Hirnstammstrukturen. Bei der generalisierten Angststörung ist die Erkenntnislage nicht so eindeutig. Es gibt aber auch hier Hinweise auf eine erhöhte Aktivität von Amygdala und limbischem medialen Cortex, aber auch des limbisch-kognitiven lateralen präfrontalen Cortex. Zudem tritt bei der generalisierten Angststörung ein vermindertes Hypothalamusvolumen auf.

Diese Überfunktion der Amygdala und medialer präfrontaler Cortexbereiche in den Angststörungen kennzeichnet auch die Depression. Entsprechend weisen beide Störungen ähnliche Merkmale auf und werden von vergleichbaren neurochemischen Veränderungen begleitet.

Depressionen und Angststörungen haben zahlreiche überlappende Symptome wie Müdigkeit, Reizbarkeit, Schlafstörungen, verringerte Konzentrationsfähigkeit sowie Ruhelosigkeit, und auch die Risikofaktoren (s. unten) sind ähnlich. Es wird angenommen, dass hohe Ängstlichkeit als Persönlichkeitsfaktor das Risiko für die Entwicklung einer Depression steigert. Zudem werden für die Behandlung der meisten Angststörungen häufig dieselben Medikamente empfohlen wie bei Depressionen. Dazu gehören die SSRI, die Serotonin-Noradrenalin-Wiederaufnahmehemmer sowie die trizyklischen Antidepressiva. Es verwundert deshalb nicht, dass Depressionen und Angststörungen oft gemeinsam auftreten. Einer niederländischen Studie zufolge wird bei 67 % aller depressiven Patienten die Depression von einer Angsterkrankung begleitet. Etwa genauso viele Angstpatienten haben gleichzeitig eine Depression (Lamers et al. 2011).

Charakteristisch für beide Arten von Erkrankungen ist die Unterfunktion des serotonergen Systems. So sind ebenso wie Depressionen auch die Panikstörung und die Sozialphobie durch eine verringerte 5-HT_{1A}-Rezeptorbindung gekennzeichnet. Auch eine Veränderung der HPA-Achsenaktivität einschließlich CRF und Cortisol ist in beiden Erkrankungen zu beobachten

In ihrer Manifestation unterscheiden sich die beiden Klassen von Erkrankungen allerdings erheblich. Es ist möglich, dass die ihnen gemeinsamen Veränderungen, also die erhöhte Cortisolfreisetzung und die erhöhte Aktivität limbischer Hirnrindenareale, in einer depressiven Episode oder einer generalisierten Angststörung anhaltend auftreten, also auch in Abwesenheit bestimmter Reize oder Situationen, während sie bei Menschen mit einer Sozialphobie, einer Agoraphobie oder einer spezifischen Phobie nur in der Vorstellung oder Begegnung mit der angstauslösenden Situation relevant werden.

Hinsichtlich des *Oxytocinsystems* wurde einerseits gefunden, dass sich die Plasmakonzentration von Oxytocin bei Patienten mit einer Sozialphobie kaum von der bei gesunden Individuen unterscheidet, allerdings scheint die *Verabreichung von Oxytocin* auch bei Angstpatienten eine positive Wirkung zu haben. Betrachten Patienten mit einer sozialen Angststörung emotionale Gesichter, so sind bei ihnen die Amygdala und der mediale präfrontale Cortex viel stärker aktiv als bei gesunden Kontrollpersonen. Wird den Angstpatienten vor der Bildbetrachtung jedoch intranasal Oxytocin verabreicht, so normalisiert sich die Aktivität von Amygdala und medialem präfrontalen Cortex (s. Abb. 7.3).

Welche Bedeutung haben Gene und Umwelt für die Entwicklung der Störung?

Die Entwicklung von Angsterkrankungen wird durch Eigenschaften des Temperaments begünstigt, vor allem von Neurotizismus und gehemmtem Verhalten. Dieser Zusammenhang legt nahe, dass die Gene und frühe Erfahrungen einen wesentlichen Einfluss auf die spätere Entwicklung dieser Störungen haben.

Diese Merkmale stehen jedoch in unterschiedlichem Zusammenhang mit den verschiedenen Angsterkrankungen. Während etwa ein früh gehemmtes Verhalten das Risiko erhöht, eine Sozialphobie zu entwickeln, steigert sich das Risiko von Panikstörungen eher durch neurotizistische Eigenschaften. Für die Agoraphobie besteht ein enger Zusammenhang mit beiden Merkmalen. Die generalisierte Angststörung ist darüber hinaus mit der Tendenz zum Vermeidungsverhalten verbunden. Diese frühen Temperamentmerkmale haben einen engen Bezug zu den Antworteigenschaften der Amygdala. Erwachsene, deren Temperament im Alter von zwei Jahren als gehemmt beurteilt wurde, reagierten auf unbekannte Gesichter mit einer

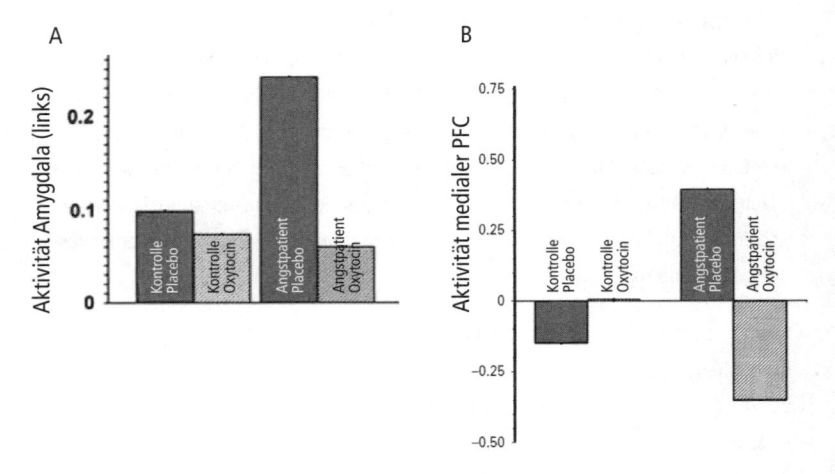

Abb. 7.3: *Beeinflussung der Aktivität limbischer Hirnbereiche durch Oxytocin. In einem bildgebenden Verfahren wurde die Reaktion der linken Amygdala (A) sowie des medialen präfrontalen Cortex (B) auf die Betrachtung furchtsamer oder trauriger Gesichter ermittelt, während die Studienteilnehmer, d.h. Personen mit einer generalisierten sozialen Angststörung (»Angstpatient«) oder gesunde Kontrollpersonen (»Kontrolle«), entweder ein Placebopräparat oder Oxytocin erhielten. Es zeigte sich, dass die Personen mit der Angststörung mit einer wesentlich höheren Aktivität dieser Hirnbereiche auf die emotionalen Gesichter reagierten, die Aktivität sich jedoch nach Verabreichung von Oxytocin normalisierte (modifiziert nach Labuschagne et al. 2010, 2012).*

größeren Amygdala-Aktivierung als Erwachsene, die in ihrer Kindheit ungehemmt waren (Schwartz et al. 2003).

Vererbung scheint bei den Angsterkrankungen eine relativ große Rolle zu spielen. So schätzt man, dass das Risiko, an der generalisierten Angststörung zu erkranken, zu einem Drittel genetischer Natur ist. Depressionen und Angsterkrankungen haben möglicherweise gemeinsame genetische Grundlagen, während das *individuelle* Krankheitsbild von den jeweiligen Umweltbedingungen geformt wird. So steht das S-Allel des Serotonintransporter-Polymorphismus nicht nur mit Depression, sondern auch mit generalisierter Angststörung, Sozialphobie und einer generellen Ängstlichkeit sowie auf neurobiologischer Seite mit einer erhöhten Amygdala-Aktivierung in Verbindung.

Physische Misshandlungen und sexueller Missbrauch, eine frühe Trennung von den Eltern, aber auch die elterliche Überbehütung können das Risiko erhöhen, eine Angsterkrankung zu entwickeln. Panikstörungen stehen dabei in einem stärkeren Zusammenhang mit frühem Missbrauch als andere Angsterkrankungen, während etwa die Trennung von den Eltern oder ein Elternhaus, das gleichzeitig durch eine mangelnde Wärme und Überbehütung charakterisiert ist, eher eine Agoraphobie zu begünstigen scheinen.

Auch spätere belastende Ereignisse können zur Entstehung spezieller Angststörungen beitragen. In einigen Fällen geht einer spezifischen Phobie eine traumatische Begegnung mit dem gefürchteten Reiz voraus. Ebenso kann eine Agoraphobie etwa infolge eines Überfalls entstehen. Bei Panikattacken waren die Monate vor der ersten Attacke oft durch das Auftreten belastender Situationen wie zwischenmenschlicher Stress, Erkrankungen oder Todesfälle in der Familie gekennzeichnet.

7.3 Posttraumatische Belastungsstörung

Eine posttraumatische Belastungsstörung (PTBS, englisch PTSD) ist ebenfalls an das Erleben von Angst gebunden, unterscheidet sich aber in einem wesentlichen Punkt von den anderen Angsterkrankungen dadurch, dass ihr ein außergewöhnlich *belastendes Lebensereignis* oder ein *kontinuierliches Trauma* vorausgeht. Dabei kann es sich um eine unmittelbare traumatische Erfahrung handeln, etwa eine akute Lebensgefahr, eine ernsthafte Verletzung oder sexuelle Gewalt, aber auch um das Miterleben traumatischer Erfahrungen Anderer (Sekundärtraumatisierung).

Wenige Wochen bis Monate nach dem Trauma treten bei einer PTBS charakteristische Symptome auf. Hierzu gehört das wiederholte Erleben des Traumas in Form von sich aufdrängenden Erinnerungen, Träumen oder Alpträumen. Die Erinnerung kann so intensiv sein, dass die betroffene Person das Gefühl hat, sich erneut in der traumatischen Situation zu befinden, und wie »weggetreten« wirkt. Dinge oder Situationen, die an das Trauma erinnern, führen zu ausgeprägten vegetativen Reaktionen und zu intensivem psychologischen Stress. Die Person versucht dabei angestrengt, Aktivitäten und Situationen zu vermeiden, die Erinnerungen an das Trauma wachrufen könnten. Häufig beinhaltet diese

Störung zudem, dass wichtige Aspekte des Traumas vergessen werden. Gleichzeitig tritt oft ein anhaltendes Gefühl des Betäubtseins und der emotionalen Stumpfheit auf. Der betroffene Mensch ist anderen Menschen gegenüber gleichgültig und fühlt sich *entfremdet*. Ebenso gleichgültig reagieren viele Menschen mit einer PTBS auf normalerweise angenehme Aktivitäten; sie wirken dabei teilnahmslos und freudlos. Innerlich sind sie aber übererregt, erhöht wachsam und übermäßig schreckhaft. Sie haben Schwierigkeiten, sich zu konzentrieren, und leiden unter Schlafstörungen. Häufig erleben PTBS-Patienten einen anhaltenden Zustand von Furcht, Wut, Schuld oder Scham und haben Schwierigkeiten, positive Emotionen wie Glück, Zufriedenheit oder Liebe zu genießen. Depressionen und auch Suizidgedanken sind nicht selten. Nicht jeder Patient entwickelt alle diese Symptome. Bei einigen Patienten dominieren Furcht und Angstzustände, andere leiden vornehmlich unter Anhedonie und einer negativen Stimmung, und wieder andere sind vor allem besonders wachsam, reizbar und aggressiv.

Manche Patienten erholen sich bereits einige Monate nach einem traumatischen Ereignis von den Symptomen einer PTBS, während andere über Jahre und Jahrzehnte hinweg unter dieser Erkrankung leiden. Zudem können die Symptome nach Erinnerungen an das ursprüngliche Trauma, nach gegenwärtig erlebtem Stress oder erneut erlebten traumatischen Ereignissen wieder auftauchen oder intensiviert werden. Bei älteren Menschen können eine sich verschlechternde Gesundheit, nachlassende kognitive Funktionen oder soziale Isolation die Symptome einer PTBS verschlimmern.

Welche neurobiologischen Veränderungen lassen sich beobachten?
Bei Personen mit einer PTBS scheint eine Überfunktion der *Amygdala* mitverantwortlich für die erhöhte Ängstlichkeit sowie die Beständigkeit und Intensität traumatischer Erinnerungen zu sein. Diese erhöhte Amygdala-Aktivität tritt sowohl unter Ruhebedingungen wie auch als Antwort auf traumabezogene Reize oder ängstliche Gesichter auf.

Im Gegensatz zu Depressionen und den Angststörungen sind bei einer PTBS die limbischen Hirnrindenbereiche des vmPFC *generell vermindert* aktiv. Normalerweise ist dieser Bereich des Gehirns dafür zuständig, die emotionale Bedeutung der Situation für das Selbst zu erfassen und sie mit vorangegangenen Erfahrungen in Einklang zu bringen. Eine Deaktivierung des vmPFC kann in Abwesenheit traumatischer Erinnerungen für Gefühle der inneren Leere, die diese Erkrankung charakterisieren, verantwortlich sein.

Der Aktivierungsgrad dieser Hirnstruktur scheint sich bei den verschiedenen bisher beschriebenen psychischen Erkrankungen zu unterscheiden: Bei *depressiven* Erkrankungen sind die limbischen Cortexbereiche erhöht aktiv, und zwar auch bei Abwesenheit emotionaler Reize; der Erkrankte grübelt ständig über vergangene und zukünftige Erfahrungen. Bei *Angststörungen* geht die Erwartung eines Angstreizes ebenfalls mit einer erhöhten Aktivierung des vmPFC einher: Der Angsterkrankte grübelt über bisherige Erfahrungen mit der Angstsituation. Er hat *Angst vor der Angst*. Den *PTBS*-Patienten dagegen »überkommen« die Erinnerungen. Diese erscheinen plötzlich, angetrieben von einer starken Aktivität der Amygdala.

Bei einer PTBS weist zudem das *Stresssystem* erhebliche Veränderungen auf. Traumatisierte Personen mit dieser Erkrankung haben zwar eine erhöhte Konzentration von CRF, zeigen jedoch zugleich einen *verringerten* Cortisolspiegel in Urin und Plasma. Gegenüber gesunden Menschen fallen sie durch eine geringere morgendliche Cortisolfreisetzung sowie eine geringere Cortisolantwort bei der Konfrontation mit Stress auf. Diese Änderungen entsprechen denen, die in Zusammenhang mit frühkindlichen Traumatisierungen auftreten (Yehuda et al. 2010. s. Kapitel 3).

Interessanterweise haben die Personen, die später eine PTBS entwickeln, bereits *unmittelbar* nach dem traumatischen Erlebnis eine höhere Herzfrequenz bei gleichzeitig verringerter Cortisolfreisetzung im Vergleich zu Personen, bei denen nach dem Erlebnis *keine* PTBS auftritt. Man kann daraus schließen, dass eine aufgrund *früherer* (z.B. frühkindlicher) traumatischer Erfahrungen reduzierte Cortisolfreisetzung die Art und Weise beeinflusst, wie der Körper auf *spätere* Traumatisierungen reagiert und hierüber auch das Risiko erhöht, eine PTBS zu entwickeln.

Es gehört zu den normalen Funktionen der stressbedingten Cortisolausschüttung, die »schnelle Stressreaktion« (CRF, Katecholamine, vegetatives Nervensystem) zu drosseln und vor einem Überschießen zu bewahren. Ist die Cortisolfreisetzung aber aufgrund früherer traumatischer Erfahrungen verringert, so kann das Cortisol diese Aufgabe nicht wahrnehmen, und es kommt zu einem Überschießen der schnellen

Stressantwort. Diese *verlängerte physiologische Erregung* kann wiederum die Entstehung einer PTBS begünstigen (Yehuda et al. 2010). Ein solcher Mechanismus wird an Vergewaltigungsopfern sichtbar: Frauen, die bereits in der Vergangenheit traumatische Ereignisse erlebt hatten, reagieren auf eine Vergewaltigung mit einer nur *geringen* Cortisolfreisetzung, während *erstmals* traumatisierte Frauen mit einer *hohen* Cortisolkonzentration auf die Vergewaltigung reagieren. Die erneut traumatisierten Frauen entwickeln daraufhin mit einer höheren Wahrscheinlichkeit eine posttraumatische Belastungsstörung (PTBS).

Da das Fehlen von Cortisol eine PTBS begünstigen kann, könnte sich daraus ein Ansatz zur *Vorbeugung* gegen diese Erkrankung ergeben. Tatsächlich kann die Verabreichung einer einzelnen hohen Dosis Hydrocortison (100–140 mg) innerhalb von sechs Stunden nach einem traumatischen Ereignis (z.B. einem Autounfall) sowohl die Kernsymptome des akuten Stresses als auch die Ausbildung einer anschließenden PTBS abschwächen.

Ebenso wie die depressiven Erkrankungen wurde auch die PTBS mit einer verringerten Neurogenese in Verbindung gebracht – obwohl Cortisol als vermeintlicher Verursacher dieser Defizite in der PTBS eine Unterfunktion aufweist. Dies könnte damit zusammenhängen, dass einer traumabedingten Cortisol-Unterfunktion gewöhnlich eine Periode der Überfunktion *vorausgeht*. Missbrauch oder Vernachlässigung während der Kindheit führen beispielsweise zunächst zu einer Cortisol-*Überfunktion*. Mit der Zeit entsteht jedoch eine Cortisol-*Unterfunktion* (Trickett et al. 2010). Psychisch scheint dies mit einer Resignation des Kindes zusammenzuhängen: Das Kind gibt seinen Widerstand auf. Späterer chronischer Stress ist ebenfalls von einer zunächst *hyperaktiven* Cortisolfunktion begleitet, die dann, wenn ein Zustand der *Erschöpfung* erreicht ist, in eine *Unterfunktion* umschlägt (s. Kapitel 3).

Die Neurogenese scheint für die Unterscheidung neuer Erfahrungen von gespeicherten Erinnerungen notwendig zu sein, und es wird angenommen, dass eine Verringerung der adulten Neurogenese dazu führen kann, dass einander ähnelnde Ereignisse *generalisiert* werden. Betrachtet etwa ein Soldat mit traumatischen Kriegserfahrungen ein Lagerfeuer, so kann dies aufgrund von Merkmalsähnlichkeiten den Abruf der Kriegserinnerungen samt der damit verbundenen körperlichen Erregung und Furcht auslösen. Ein gesunder Mensch würde hingegen den Anblick eines

Lagerfeuers als ein separates und mit »Sicherheit« assoziiertes Ereignis abspeichern.

Welche Bedeutung haben Gene und Umwelt für die Entwicklung der Störung?

Unterschiedliche *Genotypen* können das Risiko, nach einem Trauma eine PTBS auszubilden, abschwächen oder erhöhen. Ein erhöhtes Risiko besteht etwa für Personen, die sowohl frühe negative Kindheitserlebnisse als auch spätere traumatische Erfahrungen hatten, wenn sie zusätzlich ein oder zwei S-Allele des Serotonintransporter-Gens besitzen.

Umweltereignisse sind definitionsgemäß ursächlich für die Entstehung einer PTBS. Darüber hinaus legen *frühe* Erfahrungen fest, welchen Einfluss *spätere* Erfahrungen haben werden: Frühkindliche traumatische Erfahrungen können – wie oben dargestellt – das Risiko einer PTBS erhöhen. Eine soziale Unterstützung vor dem Erleben der traumatischen Situation kann dagegen eine schützende Wirkung haben und entsprechend das Risiko einer PTBS vermindern.

Ein wichtiger Aspekt ist die Tatsache, dass Nachkommen von Müttern mit einer PTBS gegenüber Gesunden eine verringerte Cortisolkonzentration aufweisen, und zwar schon im ersten Lebensjahr. Dies wiederum erhöht das Risiko für die Entstehung einer eigenen PTBS, was zeigt, dass eine erhöhte Anfälligkeit für die PTBS an die Nachfahren weitergegeben wird. Untersuchungen an Personen, die im Jahr 2001 den Anschlag auf das New Yorker World Trade Center überlebten, legen nahe, dass der über Generationen hinweg feststellbaren langfristig verringerten Cortisolfreisetzung eine vererbbare *epigenetische Methylierung* des Glucocorticoidrezeptor-Gens zugrunde liegt.

7.4 Zwangsstörung

Zwangsstörungen sind durch wiederkehrende Zwangsgedanken oder -handlungen gekennzeichnet. Eine Zwangsstörung wird dann diagnostiziert, wenn die Zwänge zeitraubend oder quälend sind oder den Patienten in sozialen oder beruflichen Belangen stark einschränken. Der Patient weiß in der Regel um die Sinnlosigkeit seiner Zwänge und wehrt sich gelegentlich auch dagegen, doch erlebt er immer wieder, dass diese Impulse stärker sind als er. Sind *Zwangsgedanken* vorherrschend, so wird häufig von einem *Grübelzwang* gesprochen. Es kann dabei vorkommen, dass Personen mit dieser Störung in einer quälenden Endlosschleife das Für und Wider von Alternativen abwägen, ohne die einfachen Entscheidungen des täglichen Lebens treffen zu können. Ebenso kann eine übertriebene Angst vor einer Ansteckung oder vor Feuer die Gedanken beherrschen.

Zwangshandlungen oder Zwangsrituale beinhalten häufig übertriebene Ordnung und Sauberkeit sowie Kontrollverhalten. Nach jeder Berührung werden die Hände gewaschen, um Infektionen zu vermeiden, zum sechsten Mal wird nachgeschaut, ob der Herd wirklich ausgeschaltet ist, und immer wieder werden bestimmte Gegenstände genau symmetrisch arrangiert, um vermeintliche Bedrohungen abzuwenden. Solche Zwangshandlungen sollen die Angst reduzieren, die mit den Zwangsgedanken einhergeht.

Viele Menschen mit einer Zwangsstörung haben unangepasste Überzeugungen. Dazu gehören ein übersteigertes Verantwortungsbewusstsein, eine Tendenz zum Überbewerten von Gefahren, Perfektionismus und eine starke Risikoaversion.

Ein großes Problem dieser Erkrankung stellt die hohe Selbstmordneigung bei Zwangsstörungen dar. Bei bis zu 50 % aller Personen mit einer Zwangserkrankung kommt es irgendwann zu Selbstmordgedanken und bei einem Viertel zu Selbstmordversuchen. Das Selbstmordrisiko ist vor allem dann sehr hoch, wenn gleichzeitig eine depressive Erkrankung vorliegt.

Innerhalb der Zwangserkrankungen werden die Zwangsstörung (*obsessive-compulsive disorder,* OCD) und die zwanghafte Persönlichkeitsstörung (anankastische Persönlichkeitsstörung, *obsessive-compulsive personality disorder*) unterschieden. Im Gegensatz zur Zwangsstörung ist die zwanghafte Persönlichkeitsstörung nicht durch Zwangsgedanken und Zwangshandlungen charakterisiert. Stattdessen ist die gesamte Persönlichkeit von übertriebener Gewissenhaftigkeit, Perfektionismus, Zweifel, ständigen Kontrollen, Halsstarrigkeit, Vorsicht und Starrheit gekennzeichnet. Beharrliche und unerwünschte Gedanken können auftreten, erreichen aber nicht die Schwere einer Zwangsstörung.

Welche neurobiologischen Veränderungen lassen sich beobachten?
Bei Zwangserkrankungen scheinen vor allem die in Kapitel 2 beschriebene dorsale und ventrale Schleife der Basalganglien von Veränderungen betroffen zu sein, d. h. die vom Cortex ausgehenden und über Striatum, Pallidum und Thalamus wieder zu ihm zurücklaufenden Bahnen. Insbesondere die ventrale Schleife, die den orbitofrontalen und anterioren cingulären Cortex sowie das ventrale Striatum miteinander verbinden, weist Veränderungen auf. Diese Strukturen sind bei Patienten mit einer Zwangsstörung sowohl im Ruhezustand als auch beim Auftreten der genannten Symptome *verstärkt aktiv*.

Das *Volumen* der grauen Substanz ist jedoch in verschiedenen Bereichen des präfrontalen und orbitofrontalen Cortex vermindert. Die weiße Substanz des präfrontalen Cortex, d. h. die Masse der myelinisierten Fasern, die den präfrontalen Cortex mit anderen Hirnbereichen verbinden, weist ebenfalls ein verringertes Volumen auf. Einzelne Symptome sind jeweils an ein spezifisches Muster von Veränderungen gebunden. So haben Personen mit einem Waschzwang über die Veränderungen in präfrontalen Regionen hinaus ein verringertes Volumen der grauen Substanz in den Basalganglien. Menschen mit einem Kontrollzwang weisen dagegen ein verringertes Volumen grauer und weißer Substanz in den Temporallappen auf, also dort, wo unter anderem Amygdala und Hippocampus lokalisiert sind.

Wie in Kapitel 2 beschrieben, gehört es zu den Funktionen der ventralen Schleife, bestimmte situationsangepasste Handlungen »freizuschalten«, während gleichzeitig unpassende Handlungsalternativen unterdrückt werden (s. auch Roth 2001). Die Schleifen sind entsprechend daran beteiligt, motorische wie kognitive Gewohnheiten aufzubauen. Hier scheinen bei Zwangsstörungen Fehler aufzutreten, denn die Störung *verhindert*, dass bestimmte Gewohnheiten, etwa die sich ständig wiederholenden Zwangshandlungen und Gedanken, dann unterdrückt werden, wenn sie unpassend sind (Graybiel und Rauch 2000).

In Anbetracht der impulshemmenden und beruhigenden Funktion des *Serotonins* sowie der motivierenden Funktion des *Dopamins* liegt die Vermutung nahe, dass Zwangsstörungen auch mit einer veränderten Funktion dieser beiden Systeme zusammenhängen. Tatsächlich wurden sowohl eine verminderte Funktion einer bestimmten Klasse von Serotoninrezeptoren in verschiedenen Bereichen des präfrontalen Cortex als auch Hinweise auf eine erhöhte dopaminerge Funktion im Striatum gefunden. Dies könnte ebenfalls dazu beitragen, dass an Zwang erkrankte Menschen unangebrachten Handlungsimpulsen nicht widerstehen können. Eine Reihe weiterer Befunde unterstützt die Annahme, dass die serotonerge und dopaminerge Erregungsverarbeitung bei Zwangsstörungen fehlerhaft ist. Für die Beteiligung des serotonergen Systems spricht etwa, dass eine Behandlung der Zwangsstörungen mit Serotonin-Wiederaufnahmehemmern erfolgreich sein kann.

Welche Bedeutung haben Gene und Umwelt für die Entwicklung der Störung?

Wie bei den Angststörungen gibt es auch bei den Zwangsstörungen einen Zusammenhang mit den Temperamenteigenschaften *Neurotizismus* und *Verhaltenshemmung*. Erwachsene mit einer Zwangsstörung neigten im Kindesalter mehr zu ängstlichem, in sich gekehrtem Verhalten und zu einer negativen Emotionalität und waren sozial isolierter als andere Kinder.

Eine genetische und/oder frühkindliche Prädisposition dieser Erkrankung ist deshalb zu vermuten. Verwandte ersten Grades von Personen mit einer Zwangsstörung haben ein zweifach erhöhtes Risiko, ebenfalls daran zu erkranken. Trat die Erkrankung in der engen Verwandtschaft jedoch schon während Kindheit oder Jugend auf, so ist das Risiko zehnfach erhöht. Zwillingsstudien zeigen, dass nicht nur die Erfahrung mit den eigenen zwanghaft agierenden Eltern eine Rolle spielt, sondern dass tatsächlich die Gene an diesem Zusammenhang mitwirken, denn eineiige Zwillinge weisen eine größere Übereinstimmung bei der Entwicklung von Zwängen auf als zweieiige Zwillinge.

Bestimmte Varianten des Serotonintransporter-Gens und auch genetische Varianten anderer Komponenten des serotonergen und dopaminergen Systems können das Risiko für die Entwicklung einer Zwangsstörung erhöhen. Allerdings scheint der Beitrag einzelner genetischer Varianten nur gering zu sein, und nur der kumulative Effekt verschiedener Gene bringt das erhöhte Krankheitsrisiko hervor.

Körperlicher oder sexueller Missbrauch im Kindesalter sowie andere stark belastende oder traumatische Ereignisse erhöhen das Risiko für die Entwicklung einer Zwangsstörung. So gehen physische Misshandlungen im Kindesalter mit einer siebenfach erhöhten Wahrscheinlichkeit für die

Ausbildung einer solchen Störung einher. Auch der Bindungsstatus spielt eine Rolle, denn Jugendliche mit einer Zwangsstörung weisen in der Mehrzahl einen unsicher-vermeidenden Status auf.

7.5 Borderline-Persönlichkeitsstörung

Persönlichkeits- und Verhaltensstörungen umfassen bei all ihrer Verschiedenheit gleichbleibende Verhaltensmuster, die vornehmlich den individuellen Lebensstil und das Verhältnis zur eigenen Person und zu anderen Menschen betreffen. Eine Persönlichkeitsstörung liegt dann vor, wenn das innere Erleben oder Verhalten schon ab der Jugend oder dem frühen Erwachsenenalter langfristig und unflexibel von den gesellschaftlichen Normen abweicht und zu erheblichen Problemen in Sozialverhalten und Partnerschaft führt.

Die emotional instabile Persönlichkeitsstörung des Borderline-Typs, kurz *Borderline-Persönlichkeitsstörung (BPS)* genannt, ist eine von zwei Persönlichkeitsstörungen, auf die wir in diesem Kapitel eingehen werden. Menschen mit einer emotional instabilen Persönlichkeit neigen dazu, Impulsen nachzugeben, ohne die Konsequenzen zu berücksichtigen. Begleitet wird dies von unvorhersehbarer und launenhafter Stimmung sowie emotionalen Ausbrüchen und streitsüchtigem Verhalten. Ist die emotional instabile Persönlichkeitsstörung vom *Borderline-Typ*, so kommen noch weitere Merkmale hinzu. Menschen mit einer Borderline-Persönlichkeitsstörung haben häufig ein ausgeprägt instabiles Selbstbild mit dramatischen Verlagerungen von Meinungen, Zielen und Werten. Sie haben ein chronisches Gefühl von Leere, ihre Stimmung ist schwankend und ausgeprägt reaktiv. Sie erleben Perioden intensiver depressiver Verstimmung, von großer Reizbarkeit oder Angst. Sie sind ständig innerlich angespannt und haben Schwierigkeiten, ihre Emotionen zu regulieren. Der subjektive Leidensdruck ist hierbei hoch. Ihre Partnerbeziehungen sind häufig intensiv und zugleich unbeständig. Sie haben große Angst davor, verlassen zu werden und allein zu sein, und neigen in Beziehungen dazu, ihre Partner abwechselnd zu idealisieren und abzuwerten.

Menschen mit einer BPS erleben intensive Wut und haben Schwierigkeiten, ihre Zornausbrüche zu kontrollieren. Sie sind auch in anderen Lebensbereichen impulsiv und fügen sich dadurch selbst Schaden zu. Das kann Glücksspiel, unkontrolliertes sexuelles Verhalten, Kauflust, leichtsinniges Autofahren, Essattacken und Alkohol- oder Drogenkonsum beinhalten. Häufig haben sie eine Tendenz zu selbstverletzendem Verhalten bis hin zu Suizidversuchen; indem sich die Patienten selber Schnitt- oder Brandwunden zufügen, verschaffen sie sich insofern Erleichterung, als dies die normalerweise gefühlte Leere ausfüllt und sie sich dabei intensiv selbst erleben können. Borderline-Patienten wird ein großes Beachtungsbedürfnis zugeschrieben. Häufig zeugt auch ihre Kleidung von dem Wunsch nach Beachtung. Einige Menschen mit einer solchen Störung finden zudem positive Wege, Aufmerksamkeit zu erlangen, etwa durch Kunst, Musik oder Schauspiel. Sie haben in der Regel eine verminderte Frustrationstoleranz und sind nicht in der Lage, Belohnungen aufzuschieben. Aufgrund dieser Beeinträchtigung beenden Patienten mit dieser Störung häufig vorzeitig ihre Schullaufbahn oder Berufsausbildung (Bandelow et al. 2010).

Die Borderline-Persönlichkeitsstörung tritt bei bis zu 2 % der Bevölkerung auf. Sie geht mit einer ausgeprägten psychosozialen Beeinträchtigung und einer erheblichen Suizidrate von bis zu 10 % der Erkrankten einher. Die BPS hat eine hohe Komorbidität mit anderen Erkrankungen; so entwickelt ein Großteil der Patienten Depressionen, PTBS, soziale Phobien, Zwangsstörungen, eine Drogenabhängigkeit oder andere psychische Erkrankungen und Verhaltensstörungen (Lieb et al. 2004). Die Symptome der BPS treten am intensivsten im frühen Erwachsenenalter auf. Mit dem Alter nehmen die Symptome meist ab, jedoch verbleibt häufig lebenslang eine Tendenz zu Impulsivität und intensiven Beziehungen. BPS wird vor allem bei Frauen diagnostiziert.

Welche neurobiologischen Veränderungen lassen sich beobachten?
Bildgebende Untersuchungen zeigen bei einer BPS ein vermindertes Volumen des Hippocampus, der Amygdala sowie des orbitofrontalen und anterioren cingulären Cortex, die bis zu einem Viertel des Normalvolumens betragen kann. Eine Volumenminderung des Hippocampus ist auch bei anderen Erkrankungen wie etwa der posttraumatischen Belastungsstörung zu finden, während eine Verkleinerung der Amygdala und limbischer Hirnrindenbereiche relativ spezifisch für die BPS ist. Allerdings weisen Jugendliche mit einer neu diagnostizierten BPS keine Volumenminderung von Hippocampus und Amygdala auf, weshalb man davon

ausgehen kann, dass diese Verminderung erst im Krankheitsverlauf entsteht. Das Volumen des rechten orbitofrontalen Cortex ist dagegen bereits bei den Jugendlichen verringert.

Die *Aktivität* der Amygdala von Menschen mit einer BPS ist bei der Konfrontation mit emotionalen Reizen jedoch erhöht. Veränderungen der Gehirnaktivität treten zudem in ventromedialen präfrontalen und orbitofrontalen Cortexbereichen sowie im Hippocampus auf. Diese Merkmale scheinen an den Schwierigkeiten bei der Kontrolle von Emotionen und Impulsen sowie an der Störung zwischenmenschlicher Beziehungen beteiligt zu sein.

In Experimenten zur Verhaltenshemmung, in denen es darum ging, Reaktionen auf emotionale Wörter zu unterdrücken, zeigte sich eine erhöhte Aktivität im Bereich der ventralen Amygdala und des ventralen Striatum. Gleichzeitig waren der ventrale und ventromediale präfrontale Cortex minderaktiv, während laterale Anteile des orbitofrontalen Cortex verstärkt aktiv waren (Silbersweig et al. 2010). Die medialen Bereiche des ventromedialen und orbitofrontalen Cortex sind für die Integration von Informationen über den eigenen Zustand einschließlich Erinnerungen und Erwartungen verantwortlich. Eine Unterfunktion geht mit Defiziten in der Beurteilung der sozialen und individuellen Folgen des eigenen Handelns und einer verminderten Fähigkeit zu Impulskontrolle und Belohnungsaufschub einher, während laterale Bereiche eher für die Bewertung sensorischer Reize zuständig sind. Die veränderte Aktivität dieser Hirnregionen könnte mit der verminderten emotionalen Kontrolle der Borderline-Patienten zu tun haben.

In einer weiteren Studie wurde dagegen eine *erhöhte* Funktion limbischer Hirnrindenbereiche gefunden. Die emotionalen Reize waren in dieser Studie jedoch andere, und die gestellte Verhaltensaufgabe umfasste keine Verhaltenshemmung. Stattdessen wurden die Patienten aufgefordert, Geschichten zu Darstellungen bindungsrelevanter Szenen zu erzählen. Sie reagierten hierauf anders als Gesunde. Wenn Bilder gezeigt wurden, in denen eine Figur *allein* dem Verlust eines geliebten Menschen gegenüberstand, so führte dies zu einer verstärkten Antwort in limbischen Hirnrindenbereichen. Bei Bildern, in denen eine *Interaktion* zwischen Bindungspersonen dargestellt wurde, zeigten die Patienten hingegen eine verminderte Aktivität des parahippocampalen Gyrus, der wie der Hippocampus eine wichtige Rolle beim Gedächtnis spielt. Diese neuronalen Veränderungen könnten die Grundlage der Störung zwischenmenschlicher Beziehungen in der BPS sein, die sich etwa äußert in ängstlicher Intoleranz des Alleinseins, in Überempfindlichkeit gegenüber der sozialen Umwelt und in der Schwächung positiver Erinnerungen an Bindungsbeziehungen (Buchheim et al. 2008).

Die Borderline-Persönlichkeitsstörung wird zudem mit einer Fehlfunktion verschiedener neuromodulatorischer Systeme in Verbindung gebracht. Dazu gehören das serotonerge und das dopaminerge System ebenso wie das Opioid- und das Oxytocinsystem. Bei Frauen mit einer BPS finden sich etwa verringerte Oxytocinkonzentrationen im Blutplasma (Bertsch et al. 2013), und auch die basale Opioidfreisetzung scheint reduziert zu sein. Diese Veränderungen können vor allem die Schwierigkeiten im zwischenmenschlichen Bereich erklären.

Neuerdings nimmt man an, dass der Kern der BPS eine erhöhte *zwischenmenschliche Empfindlichkeit* ist (Stanley und Siever 2010). Die verschiedenen Beeinträchtigungen der erkrankten Personen, etwa durch Impulsivität oder eine Fehlregulation von Emotionen, treten danach vornehmlich im zwischenmenschlichen Bereich auf und sind von einer solchen erhöhten Empfindlichkeit angetrieben. Innere Stabilität, Wohlbefinden, Selbstbewusstsein und Selbstregulation sind demzufolge bei BPS-Patienten zerbrechlich und hängen zu stark von zwischenmenschlichem Kontakt und Verbundenheit ab. Das charakteristische Verhalten dieser Personen, nämlich emotionale Ausbrüche, Anklammern und Furcht vor dem Verlassenwerden, sind hiernach Versuche, über die Bewahrung der zwischenmenschlichen Verbundenheit ein stabiles Selbstbild aufrechtzuerhalten.

Die *verminderte Oxytocinfreisetzung* kann etwa das Erkennen sozialer Hinweise und die Beurteilung der Gemütsverfassung Anderer, den Aufbau von Vertrauen sowie die Fähigkeit zur Bildung enger Bindungen beeinträchtigen. Darüber hinaus kann eine erhöhte Vasopressinkonzentration eine erhöhte Reizbarkeit und Aggression in zwischenmenschlichen Interaktionen bewirken.

Von zentraler Bedeutung ist bei der BPS offensichtlich die verringerte *basale Opioidfreisetzung* (Bandelow et al. 2010; Stanley und Siever 2010). Dieser Mangel könnte die Lustlosigkeit und das Gefühl der inneren Leere hervorbringen, die für die BPS typisch sind. Bindungsorientierte Verhaltensweisen wie die verzweifelten Bemühungen, ein Verlassenwerden zu verhindern, oder ein häufiger Partnerwechsel könnten entsprechend als

Versuche gedeutet werden, über eine Aktivierung des Bindungssystems Opioidreserven zu mobilisieren. Ebenso könnte selbstverletzendes Verhalten die Reserven des Opioidsystems aktivieren, um Defizite im Belohnungssystem auszugleichen (Bresin und Gordon 2013).

Vermutlich bewirkt der geringe Opioidspiegel eine ausgleichende Übersensitivität bzw. eine erhöhte Anzahl an μ-Rezeptoren in der Amygdala, im Striatum bzw. Nucleus accumbens und im orbitofrontalen Cortex. Kommt es aufgrund intensiver zwischenmenschlicher Verbundenheit oder selbstverletzendem Verhalten zu einer kurzfristigen Erhöhung der Opioidfreisetzung, dann hat diese eine überaus starke Wirkung. Wohlbefinden und Selbstbewusstsein werden vorübergehend wiederhergestellt, und dies führt dann zu einem intensiven Streben nach solchen Situationen.

Die Annahme, selbstverletzendes Verhalten gehe mit einer erhöhten Opioidfreisetzung und deren Wirkung auf besonders empfindliche Opioidrezeptoren einher, erklärt auch, weshalb die Verletzungen in der Regel kaum als schmerzhaft empfunden werden und vielmehr ein Wohlbefinden bis hin zu einem Rausch verursachen. Zudem gibt es Hinweise darauf, dass die Verabreichung von Opioid-Antagonisten, die durch eine Blockade die Wirkung der Opioide an den Rezeptoren verhindern, bei der Behandlung von selbstverletzendem Verhalten positive Effekte hat.

Die Störung des Opioidsystems kann weitere Symptome der BPS erklären. So können der Drang nach unmittelbarer Belohnung und die damit einhergehende verringerte Fähigkeit zu Belohnungsaufschub sowie eine verminderte Frustrationstoleranz hierdurch begründet sein, ebenso das hohe Bedürfnis nach Beachtung. Riskanten Verhaltensweisen von BPS-Patienten wie waghalsige Motorradfahrten und Skateboard-Stunts, Balanceakte auf einem Brückengeländer oder Ladendiebstahl können als »Sensation Seeking« dem unbewussten Wunsch zugrunde liegen, das normalerweise unteraktive Belohnungssystem zu stimulieren (Bandelow et al. 2010).

Welche Bedeutung haben Gene und Umwelt für die Entwicklung der Störung?

Personen, deren Verwandte ersten Grades eine BPS aufweisen, haben im Vergleich mit der Normalbevölkerung ein fünffach erhöhtes Risiko, selbst diese Störung zu entwickeln. Dies weist auf eine nicht unerhebliche *gene-*

tische *Grundlage* dieser Erkrankung hin, und auch Zwillingsstudien legen eine Erblichkeit von etwa 40 % nahe. Allerdings konnte in Meta-Analysen kein eindeutiger Zusammenhang zwischen der Borderline-Störung und verschiedenen Polymorphismen des serotonergen oder des dopaminergen Systems nachgewiesen werden. Angesichts der Auswirkungen von Polymorphismen des Oxytocin- und des Opioidsystems (s. Kapitel 3), die bei einer BPS fehlreguliert sind, liegt die Vermutung nahe, dass solche Polymorphismen an der Entstehung einer BPS beteiligt sind.

Über eine genetische Anfälligkeit hinaus ist bei der BPS der *Umwelteinfluss* erheblich. Patienten mit BPS sind sehr häufig von sexuellem Missbrauch oder anderen traumatischen Erfahrungen während ihrer frühen Kindheit betroffen, nämlich in 74 % der Fälle gegenüber einem Wert von 6 % bei Gesunden. Aber auch gegenüber Personen mit anderen psychischen Störungen sind diese Werte deutlich erhöht. Weitere Umwelteinflüsse, die ebenfalls die Entstehung einer BPS zu begünstigen scheinen, sind psychische Erkrankungen der Familienmitglieder, insbesondere Angststörungen, Depressionen und Selbstmord, eine Trennung von den Eltern sowie wenig fürsorgliche Erziehungsmethoden der Eltern. Nur 6 % der Borderline-Patienten berichten *nicht* von erheblich negativen Erlebnissen (Bandelow et al. 2005).

Frühe negative Bindungserfahrungen spielen ebenfalls eine große Rolle für die Entstehung der BPS, und zwar sowohl eine desorganisierte wie auch eine unsicher-ambivalente Bindung. Insbesondere Erstere ist ja charakterisiert durch widersprüchliche Tendenzen der Annäherung und des Rückzugs (s. Kapitel 4), die auch für die BPS kennzeichnend sind.

Der Zusammenhang der Borderline-Störung mit der desorganisierten Bindung weist zudem auf eine *Gen-Umwelt-Interaktion* hin. Kinder mit einer bestimmten Variante des Gens für den Dopamin-D_4-Rezeptor (DRD4) haben ein erhöhtes Risiko einer desorganisierten Bindung zu ihrer Mutter, wenn diese einen unbewältigten Verlust oder ein ungelöstes Trauma aufweist. Hat ein Kind beide Risikofaktoren, dann steigt die Wahrscheinlichkeit für eine desorganisierte Bindung um das 19-Fache.

Allerdings ist diese genetische Variante kein Risikofaktor an sich. Werden nämlich Kinder mit diesem Allel von Müttern *ohne* eine solche Vorbelastung aufgezogen, so haben sie – entsprechend der Theorie der »Differential Susceptibility« (s. Kapitel 3) – ein *geringeres* Risiko, eine desorganisierte Bindung zu entwickeln, als

Gleichaltrige *ohne* das Allel (van IJzendoorn und Bakermans-Kranenburg 2006). Die Frage, ob sich in der Beziehung zu einer traumatisierten Mutter eine desorganisierte Bindung entwickelt und das Kind hierdurch für eine BPS prädisponiert ist, hängt also erheblich von der genetischen Ausstattung ab.

Bei der BPS wird erneut deutlich, in welcher Weise das Risiko für psychische Erkrankungen und Verhaltensstörungen an die Nachfahren weitergegeben werden kann und erlebte Traumatisierungen einen *generationsübergreifenden* Einfluss haben. Mütter mit einer Borderline-Störung weisen häufig einen Zustand unbewältigter Trauer oder ein sonstiges ungelöstes Trauma auf. Wenn sie mit ihrem Säugling interagieren, so neigen sie dazu, sich zurückzuziehen, und zeigen ansonsten entweder ein ängstigendes oder verängstigtes Verhalten. Ein solches mütterliches Verhalten wird oft bei desorganisierten Bindungsbeziehungen beobachtet, und tatsächlich entwickeln 80 % aller Kinder von Müttern mit einer BPS eine desorganisierte Bindung. Diese erhöht ihrerseits das Risiko des Kindes, selbst eine Borderline-Störung zu entwickeln.

7.6 Antisoziale Persönlichkeitsstörung und Psychopathie

Bereits in früher Jugend, also vor dem Alter von 15 Jahren, fallen Personen, die im Erwachsenenalter eine antisoziale Persönlichkeitsstörung entwickeln, durch eine *Störung des Sozialverhaltens* auf (*conduct disorder*). Schon als Kinder sind sie aggressiv gegenüber Menschen und Tieren, zerstören das Eigentum Anderer, sind hinterlistig, stehlen oder missachten die normalen Regeln des Zusammenlebens.

In dem in Deutschland und vielen anderen Ländern verwendeten Klassifikationssystem (ICD-10) wird eine solche Persönlichkeitsstörung als *dissoziale Persönlichkeitsstörung* bezeichnet. Da sich aber viele aktuelle wissenschaftliche Studien auf die im amerikanischen Klassifikationssystem (DSM-V 2013) aufgeführte antisoziale Persönlichkeitsstörung (APS) beziehen, wollen wir hier diese Bezeichnung verwenden.

Menschen mit einer APS sind allgemein *impulsiv* und haben häufig Schwierigkeiten, ihr Verhalten vorauszuplanen. Ihre Frustrationstoleranz ist niedrig, ebenso ihre Schwelle für aggressives oder gewalttätiges Verhalten. Entsprechend oft sind sie in Schlägereien verwickelt oder bedrohen andere in gewalttätiger Weise. Sie überschreiten häufig das Gesetz und werden inhaftiert. Ein besonderes Merkmal von Personen mit einer APS ist die Unfähigkeit, sich durch negative Konsequenzen des eigenen Verhaltens zu ändern.

Es finden sich zudem typische Beeinträchtigungen der *emotionalen* Funktionen. Einige dieser Menschen sind unsensibel gegenüber den Gefühlen Anderer. Sie sind manipulativ und hinterlistig, sie lügen und betrügen zum persönlichen Vorteil oder zum Vergnügen. Verletzen sie andere, so empfinden sie kein Schuldgefühl. Werden sie gefragt, warum sie so gehandelt haben, so neigen sie dazu, die Schuld bei anderen zu suchen oder vordergründige Erklärungen anzubieten wie: »Er hat es nicht anders verdient.« Leichtsinnig oder rücksichtslos kümmern sie sich nicht um die eigene Sicherheit oder die Sicherheit Anderer, was beispielsweise in ihrem Fahrverhalten Ausdruck findet. Einige Menschen mit einer APS haben eine übertriebene und arrogante Selbsteinschätzung, z.b. das Gefühl, dass normale Arbeit unter ihrer Würde ist, und sind über die Maßen rechthaberisch, selbstbewusst und eingebildet. Manche von ihnen haben einen oberflächlichen Charme und beeindrucken andere mit ihrer Redegewandtheit und ihrem Wortreichtum.

Die in den Diagnosesystemen der antisozialen Störung zugeordneten emotionalen Beeinträchtigungen sowie die überhöhte Selbsteinschätzung und der oberflächliche Charme kennzeichnen vor allem eine besondere Form der antisozialen Persönlichkeitsstörung, die *Psychopathie*.

Eigenschaften, die mit Psychopathie in Verbindung gebracht wurden, sind neben den bereits genannten Merkmalen ein hohes Beachtungsbedürfnis, eine Neigung zu dominantem Verhalten sowie eine verminderte Angst und Stressanfälligkeit.

Es gibt deutliche Unterschiede zwischen Menschen mit einer Psychopathie und einer »normalen« antisozialen Persönlichkeitsstörung hinsichtlich der Aggressivität ihres Handelns. Ein solches Verhalten kann einerseits impulsiv-reaktiv sein. Diese Aggression ist gedankenlos, sehr emotional und tritt als Reaktion auf die Wahrnehmung einer Bedrohung oder Provokation auf. Häufig wird sie von anschließender Reue begleitet. Im Gegensatz dazu ist eine *instrumentelle* Aggression, wie sie Psychopathen charakterisiert, geplant und in der Regel unemotional oder »kalt«. Sie dient als

Mittel, um Macht, Status oder Drogen zu erlangen oder andere Ziele zu erreichen (s. Strüber et al. 2008).

Entsprechend ist nicht jeder Mensch mit einer antisozialen Persönlichkeitsstörung auch ein Psychopath. Untersuchungen an Strafgefangenen ergaben, dass viele der inhaftierten Individuen (70–80 %) die Kriterien für eine antisoziale Persönlichkeitsstörung erfüllen, während nur ein Drittel dieser Individuen als psychopathisch klassifiziert werden kann.

Die APS findet sich vor allem bei Männern. Sie tritt oft zusammen mit weiteren psychischen Erkrankungen wie Depressionen, Angststörungen, Drogenmissbrauch, Spielsucht und generell Störungen der Impulskontrolle auf.

Welche neurobiologischen Veränderungen lassen sich beobachten?

Neurobiologische Veränderungen können bei Menschen mit einer APS bereits während der Entwicklung festgestellt werden. In der Reaktion auf Belohnung und Bestrafung zeigen etwa das Striatum, der ventromediale präfrontale und der anteriore insuläre Cortex von Jugendlichen mit einer Verhaltensstörung Auffälligkeiten. Das Lernen aus Erfahrungen ist dadurch bei diesen Jugendlichen eingeschränkt.

Ist eine Bestrafung schlimmer als erwartet, so führt dies bei Gesunden zu einer *verringerten* Aktivität im Striatum, was ein wichtiges Signal für eine entsprechende Verhaltensänderung darstellt. Bei verhaltensgestörten Jugendlichen dagegen wird die unerwartete Höhe der Strafe mit einer *erhöhten* Aktivität im Striatum beantwortet. Bei der Reaktion auf Belohnung ist es genau umgekehrt. Die Fehlfunktionen von Striatum, vmPFC und anteriorem insulären Cortex scheinen bei diesen Jugendlichen mit der verminderten Fähigkeit zusammenzuhängen, bestimmte Reize oder Handlungen mit Belohnung oder Bestrafung in Zusammenhang zu bringen (Blair 2013).

Die Psychopathie kann aufgrund neurobiologischer Befunde deutlich von anderen Formen der APS abgegrenzt werden. Unterschiede können ebenfalls bereits während der kindlichen oder jugendlichen Entwicklung beobachtet werden, und zwar nicht nur anhand einer Störung des Sozialverhaltens, sondern auch an einer charakteristischen Veränderung der Amygdala-Aktivität.

Eine APS mit psychopathischen Zügen deutet sich im Jugendalter durch eine *verminderte* Antwort der Amygdala auf soziale Hinweise von Furcht, Angst, Traurigkeit und Elend an. Diese verminderte Aktivität steht offenbar im Zusammenhang mit dem beobachteten mitleid- und emotionslosen Verhalten. Die zweite, reaktiv-impulsive Form der jugendlichen antisozialen Verhaltensstörung wird dagegen von einer *erhöhten* Aktivität der Amygdala begleitet. Die Amygdala reagiert im Rahmen dieser Störung besonders empfindlich auf Signale der Bedrohung und Provokation.

Reaktive Aggression wird von einem Schaltkreis vermittelt, der von der medialen Amygdala über das »Stria terminalis« genannte Faserbündel zum medialen Hypothalamus und von dort zum dorsalen zentralen Höhlengrau verläuft. Dieser Schaltkreis wird aktiv, wenn eine Verteidigungsreaktion auf Bedrohung erforderlich ist. Limbische Hirnrindenbereiche wie der vmPFC oder der anteriore cinguläre Cortex können diesen Schaltkreis dämpfend regulieren, wenn reaktive Aggression in einer bestimmten Situation fehl am Platze ist. Jugendliche mit einer reaktiv-impulsiven APS scheinen zum einen eine erhöhte Empfindlichkeit dieses »Bedrohungsschaltkreises« und zum anderen eine verminderte Regulation durch die genannten limbischen Hirnrindenbereiche aufzuweisen. Die erhöhte Amygdala-Aktivität steigert bei den betroffenen Jugendlichen die Wahrscheinlichkeit, später affektive Störungen wie Depressionen oder Angsterkrankungen zu entwickeln (Blair 2013).

Die eingangs beschriebene beeinträchtigte Verarbeitung von Informationen über Belohnung und Bestrafung charakterisiert sowohl Jugendliche mit einer psychopathischen als auch solche mit einer reaktiv-aggressiven Verhaltensstörung. Sie kann jedoch in Kombination mit der verminderten Empfindlichkeit der Amygdala das emotionslose und bestrafungsresistente Verhalten hochkrimineller jugendlicher Gewalttäter mit psychopathischen Zügen erklären.

Antisoziale Persönlichkeitsstörung mit psychopathischen Zügen
Erwachsene mit einer APS mit psychopathischen Zügen weisen als Reaktion auf emotionale Reize häufig eine *verminderte* körperliche Erregung auf, was auf eine emotionale Unterfunktion hindeutet (für eine Übersicht s. Roth und Strüber 2009). Hirnbereiche wie die Amygdala und der ventromediale präfrontale Cortex (vmPFC), die mit emotionaler Verarbeitung zu tun haben, sind ebenfalls vermindert aktiv. Diese Veränderungen

können mit den Defiziten in der emotionalen Empfindlichkeit dieser Personen einschließlich des Mangels an Empathie zusammenhängen.

Der vmPFC, dessen Aktivität bei Depressionen und Angststörungen erhöht ist, weist bei kriminellen Psychopathen unter experimentellen Bedingungen eine *verringerte* Aktivität auf (für eine Übersicht s. Blair 2008). In diesem Bereich der Hirnrinde werden Informationen über die körperliche Erregung zusammen mit Aspekten der Situation gespeichert, in der sich die Erregung ereignet. Tritt eine vergleichbare Situation auf, so wird das betreffende Erregungsmuster »reaktiviert«, man ist vorbereitet und kann emotionale Informationen in Entscheidungsprozesse einfließen lassen. Liegt bei Psychopathen eine Unterfunktion des vmPFC vor, dann ist der Einfluss emotionaler Aspekte auf Entscheidungsprozesse reduziert. Eine verringerte Fähigkeit zu moralischen Bewertungen, gewissenhaftem Handeln und Empathie sind dann die Folge. Menschen mit einer solchen Störung wissen zwar *rational* um die Konsequenzen ihrer Handlungen wie etwa skrupelloser Geschäftsgebaren, Vergewaltigung oder Mord, sie führen sie aber dennoch aus, da ihnen diese Folgen emotional nichts bedeuten. In Übereinstimmung damit zeigten Läsionsstudien von Anderson et al. (1999), dass eine frühkindliche Schädigung ventromedialer (und frontopolarer) Bereiche zu sozial-moralischen Defiziten und einem Psychopathie-ähnlichen Verhalten führt.

Es besteht ein deutlicher Zusammenhang zwischen Psychopathie und einem verminderten Cortisolspiegel. Sowohl gefühllos-unemotionales Verhalten als auch aggressive Tendenzen werden unter Ruhebedingungen wie auch bei Stress von einer Cortisol-*Unterfunktion* begleitet. Diese Unterfunktion kann bereits bei zehnjährigen Jungen festgestellt werden, die durch erhöhte Aggressivität auffallen. Allerdings reagieren nur die Jungen, deren aggressives Verhalten unemotional ist, in einer Stresssituation mit einer verringerten Cortisolfreisetzung, während diejenigen, deren Aggressivität mit *großer* Angst verbunden ist, eine viel höhere Cortisolantwort als nicht-aggressive Kinder aufweisen.

Wie beschrieben findet man bei Depressionen eine genetisch wie erfahrungsbedingte *Cortisol-Überfunktion*, die über eine Wirkung auf das Serotoninsystem die dabei typische vmPFC-Hyperaktivität hervorbringen kann. Bei Psychopathen scheint dies genau umgekehrt zu sein. Eine genetisch wie erfahrungsbedingte *Cortisol-Unterfunktion* führt über eine erhöhte Ausbildung der serotonergen 5-HT$_{1A}$-Rezeptoren zu einer chronischen vmPFC-Hypoaktivität und den damit verbundenen emotionalen und moralischen Defiziten (Strüber et al. 2014). Entsprechend wurde eine erhöhte HT_1A-Rezeptorbindung bei besonders aggressiven Personen gefunden (Witte et al. 2009).

Weitere Neuromodulatoren wie Dopamin werden mit der Entstehung von Psychopathie in Verbindung gebracht. Während Depressionen an eine *verringerte* dopaminerge Übertragung gebunden sind, sind psychopathische Eigenschaften von einer *erhöhten Empfindlichkeit* des Dopaminsystems charakterisiert (Buckholtz et al. 2010), was die abnorme Belohnungssensitivität psychopathischer Individuen und auch deren hohe Risikobereitschaft erklären könnte. Eine Rolle spielt auch das Geschlechtshormon *Testosteron*. Es fördert aggressive Handlungen sowie motiviertes und belohnungsorientiertes Verhalten. Das Hormon kann das *dopaminerge System* aktivieren und hierüber die Belohnungssensitivität verstärken. Das *Testosteron-Cortisol-Verhältnis* scheint zudem eine Grundlage für die besonders gewalttätige Aggression und die Gefühllosigkeit in der psychopathischen Störung zu bilden.

Soziale Aggressionen werden sowohl durch einen hohen Testosteron- als auch durch einen niedrigen Cortisolspiegel gefördert, jedoch bringt offenbar nur die *Kombination* beider Faktoren die für psychopathische Personen charakteristische besonders gewalttätige Aggression hervor. Hieran kann auch der oben beschriebene neuronale Schaltkreis von Amygdala und dem limbischen Hirnrindenbereich des vmPFC beteiligt sein, denn beide Faktoren (hoher Testosteron- und geringer Cortisolspiegel) verringern die Kommunikation zwischen Amygdala und vmPFC und hierdurch vermutlich auch die Weiterleitung emotionaler Informationen an die Hirnrinde.

Die bei Psychopathen typischerweise gestörten Fähigkeiten wie das Erkennen von Emotionen Anderer, Empathie und der Aufbau sozialer Bindungen werden durch Oxytocin beeinflusst, und es verwundert nicht, dass auch das Oxytocinsystem bei Psychopathen fehlreguliert ist (vgl. Kumsta et al. 2013). Die Gegensätzlichkeit der depressiven Erkrankung und der psychopathischen Störung wiederholt sich auch beim Oxytocinsystem. Während depressive Störungen mit einer verminderten Methylierung des Oxytocinrezeptor-Gens und einer daraufhin *erhöhten* Ausbildung der Rezeptoren einhergehen, weisen ältere Kinder und Jugendliche mit einer auffallenden Gefühlskälte eine erhöhte Methylierung und eine *verminderte* Ausbildung von Oxytocinrezeptoren auf. Das bedeutet, dass bei ihnen selbst hohe Mengen dieses Neuropeptids kaum Wirkung zeigen dürften. Zudem ist bei diesen Heranwachsenden der Oxytocingehalt im Blut gering. Man nimmt an, dass die verminderte Oxytocinproduktion und die herabgesetzte Ausbildung entsprechender Rezeptoren mit Eigenschaften der Psychopathie zusammenhängt (Dadds et al. 2014).

Antisoziale Persönlichkeitsstörung mit reaktiver Aggression
Erwachsene mit einer APS des reaktiv-impulsiven Typs zeigen ebenso wie Jugendliche mit diesem Verhalten eine hohe emotionale Labilität. Sie reagieren auf furchtsame oder wütende Gesichter mit *hoher* Erregung. Hierbei zeigt vor allem die Amygdala eine charakteristische erhöhte Aktivität. Dies hängt vermutlich mit der Tendenz der betroffenen Individuen zusammen, die Welt als bedrohlicher wahrzunehmen als andere (für eine Übersicht s. Roth und Strüber 2009). Der vmPFC ist bei diesen Personen ebenso wie bei den Psychopathen fehlreguliert.

Personen, die im Affekt getötet haben, reagieren beispielsweise auf das Lösen von Aufmerksamkeitsaufgaben im Vergleich zu Kontrollen mit einer erhöhten amygdalären und einer verringerten präfrontalen Aktivität. Das Betrachten wütender Gesichter führt bei impulsiv-aggressiven Menschen ebenso zu einer abnorm erhöhten subcorticalen Amygdala-Aktivität und einer abnorm verringerten Funktion des orbitofrontalen Cortex.

Während also bei Psychopathen infolge einer Amygdala-Unterfunktion eine normale emotionale Erregung gar nicht erst stattfindet und es zudem infolge einer Unterfunktion des vmPFC nicht zu einer hinreichenden Verarbeitung der emotionalen Information kommt, scheint bei den reaktiv-aggressiven Personen aufgrund einer Amygdala-Überfunktion eine erhöhte Emotionalität vorzuherrschen, die aber aufgrund einer verminderten Funktion des vmPFC nicht hinreichend in einen Kontext gesetzt und gegebenenfalls gehemmt werden kann.

Während eine hohe Testosteronkonzentration offenbar eher in Zusammenhang mit instrumentell-kompetitiver Aggression steht, scheint ein geringer *Serotoninumsatz* mit *impulsiven* aggressiven Verhaltensweisen verbunden zu sein.

Allerdings hängt der Einfluss von Serotonin auf das aggressive Verhalten von der individuellen Neigung zu Aggressionen ab. Anscheinend bewirkt Serotonin nur bei konstitutiv aggressiven Personen eine Verringerung der Aggressivität (s. Kapitel 3) und hemmt nicht das aggressive Verhalten an sich, sondern die Impulsivität, also die Bereitschaft, den Impulsen nachzugeben. Bei Personen mit einer APS kann die verminderte Serotoninfreisetzung für die reaktive und impulsive Aggression verantwortlich sein.

Welche Bedeutung haben Gene und Umwelt für die Entwicklung der Störung?

Adoptionsstudien zeigen, dass sowohl genetische als auch Umweltfaktoren an der Entwicklung einer antisozialen Persönlichkeitsstörung beteiligt sind. Sowohl adoptierte als auch biologische Kinder von Eltern mit dieser Störung weisen ein erhöhtes APS-Risiko auf, was für einen *Umwelteinfluss* spricht. Werden Kinder von Eltern mit einer APS adoptiert, dann ähneln sie eher ihren biologischen Eltern als den Adoptiveltern; das wiederum legt einen *genetischen Einfluss* nahe.

Verschiedene Genvarianten werden mit der Entwicklung einer antisozialen Störung in Verbindung gebracht. Darüber erhöhen auch hier negative frühkindliche Erfahrungen wie Missbrauch, Vernachlässigung und schwankendes oder unberechenbares elterliches Verhalten das Risiko einer späteren Störung. Zudem sagt der Grad der mütterlichen Nichtverfügbarkeit während der Kindheit das Ausmaß von 20 Jahre später auftretenden antisozialen Eigenschaften vorher. Dem Zusammenhang liegt eine Beeinflussung der Hirnentwicklung zugrunde. So zeigen früh traumatisierte Personen mit einer APS ein verringertes Volumen des anterioren cingulären Cortex, der umso ausgeprägter ist, je schlimmer die frühen Erfahrungen von Vernachlässigung und körperlichem und sexuellem Missbrauch waren.

Die Entwicklung einer antisozialen Persönlichkeitsstörung mit psychopathischen Zügen
Innerhalb der Psychopathie wird unterschieden zwischen *primären* Psychopathen mit einer *angeborenen* Störung sozial-affektiven Verhaltens, und *sekundären* Psychopathen, deren Beeinträchtigung durch frühe negative Erfahrungen *erworben* wurde.

Die charakteristische *Gefühllosigkeit* psychopathischer Individuen scheint stärker genetisch beeinflusst zu sein als das Verhalten von Personen mit APS des reaktiven Typs, und dieser Einfluss wird bereits im Alter von sieben Jahren sichtbar. Gene können die Entwicklung jener Hirnstrukturen beeinflussen, die in Zusammenhang mit der psychopathischen Störung eine verminderte Empfindlichkeit aufweisen, also insbesondere der Amygdala und des vmPFC.

Das L-Allel des bereits mehrfach erwähnten Serotonintransporter-Gens könnte eine solche Wirkung hervorbringen. Das andere Allel dieses Polymorphismus, das S-Allel, steht in Zusammenhang mit einer erhöhten Amygdala-Aktivität und kann das Risiko für Depressionen und Angststörungen erhöhen, insbesondere wenn es zu einer Gen-Umwelt-Interaktion bei negativen frühkindlichen Erfahrungen kommt. Seit einigen Jahren wird dieses Allel als Risikofaktor für psychische Erkrankungen angesehen, während man dem L-Allel einen positiven Einfluss auf die Resilienz zuschreibt, denn Letzteres schütze davor, nach einer starken Stresskonfrontation depressive Symptome zu entwickeln. Allerdings scheint das L-Allel nicht so harmlos zu sein wie vermutet: Bei Trägern zweier L-Allele reagiert die Amygdala kaum auf negative emotionale Reize wie etwa Fotografien ängstlicher oder wütender Gesichter, und auch bei der Stressreaktivität treten Parallelen zwischen dem L/L-Genotyp und psychopathischen Merkmalen auf (Glenn 2011). Für einen solchen Zusammenhang sprechen zudem Untersuchungen zur Kombination dieses L-Allels mit Stresserfahrungen. So führt vorgeburtlicher Stress nur bei Kindern mit zwei L-Allelen zu einer erhöhten Aggression, und jugendliche Träger dieses Genotyps neigen bei einem geringen sozioökonomischen Status zu Gefühllosigkeit und Narzissmus, während dies bei Personen mit einem S-Allel nicht der Fall ist.

Dies könnte erklären, warum es so schwierig oder gar unmöglich ist, psychopathische Charaktereigenschaften der Emotions- und Mitleidlosigkeit zu ändern. Entsprechend sind elterliche Erziehungsmaßnahmen oder psychosoziale Interventionen zur Verminderung von Verhaltensproblemen bei Kindern und Jugendlichen mit psychopathischer Emotionslosigkeit weitaus weniger wirksam als bei Heranwachsenden mit anderen Verhaltensstörungen. Es wird vermutet, dass es besonders die genetisch vermittelte Furchtlosigkeit und Unempfänglichkeit dieser Kinder gegenüber Bestrafungen ist, die ihre Sozialisation und Erziehung erschweren (Blair 2013). Allerdings kann eine starke und sichere *Bindung* auch diese gefühlsarmen Kinder schützen. Gelingt es den Eltern, trotz emotionaler Defizite der Kinder eine hohe Einfühlsamkeit aufrechtzuerhalten und eine sichere Bindung herzustellen, so kann dies die Kinder dazu bringen, elterliche Werte und Absichten zu akzeptieren und ein soziales Gewissen zu entwickeln (Kochanska und Aksan 2006). Werden aber die emotionalen Defizite dieser Kinder nicht durch solche frühen positiven Erfahrungen kompensiert, etwa in dem Kontext früher Misshandlungen, einer emotionalen Nichtverfügbarkeit der Eltern oder einer frühen Trennung von den Eltern, so steigert dies das Risiko einer APS.

Die Untersuchung inhaftierter Straftäter ergab einen Zusammenhang psychopathischer Eigenschaften mit einer charakteristischen Familienkonstellation eines ablehnenden Vaters und einer als besonders warmherzig beschriebenen Mutter (Frodi et al. 2001). Diese Konstellation eines tyrannischen bzw. brutalen Vaters und einer als »abgöttisch liebend« geschilderten Mutter, die aber zugleich nicht willens oder in der Lage war, das Kind vor dem Vater zu schützen, zeichnet auch das familiäre Umfeld von Menschen wie Hitler, Goebbels, Stalin und anderen berüchtigten Psychopathen aus, und man fragt sich, welche Rolle die als warmherzig beschriebene Mutter in der Entstehung der Störung spielt.

Die meisten der untersuchten psychopathischen Straftäter zeigten eine *distanzierte Bindungsrepräsentation*, deren herausragendes Kennzeichen – die starke *Idealisierung* der eigenen Mutter oder beider Eltern – mit dem Unvermögen einhergeht, sich an einzelne positive Erlebnisse zu erinnern (s. Kapitel 4). Gleichzeitig ist Personen mit dieser Bindungsrepräsentation, so auch den psychopathischen Straftätern, das Thema »Bindung« fremd, und sie lenken in Gesprächen schnell von dieser Thematik ab. Dieses Muster ist die Folge einer schon in der Kindheit gestörten Bindungsbeziehung zur Mutter – auch wenn diese im Nachhinein idealisiert und (unzutreffend) als warmherzig beschrieben wird.

Neurobiologisch kann man hier einen Zusammenhang mit der Ausbildung von Oxytocinrezeptoren vermuten. Psychopathische Eigenschaften gehen mit einer erhöhten Methylierung und infolgedessen einer verminderten Ausbildung des Oxytocinrezeptor-Gens einher (s. oben). Unsicher-distanzierte Bindungsbeziehungen werden ebenfalls von einer erhöhten Methylierung des Oxytocinrezeptor-Gens begleitet, und es liegt nahe zu vermuten, dass die zugrundeliegende frühe unsicher-vermeidende Bindungsbeziehung über die Methylierung des Oxytocinrezeptor-Gens der Entwicklung psychopathischer Eigenschaften den Weg ebnet.

Eine bestimmte problematische genetische Ausstattung kann hiernach in Kombination mit einer unsicheren frühen Bindung zur Mutter das Risiko für die Entwicklung einer antisozialen Persönlichkeitsstörung mit psychopathischen Zügen erhöhen.

Unklar ist, ob auch ohne eine solche genetische Prädisposition, d. h. allein aufgrund früher gestörter Bindungserfahrungen oder starker Traumatisierungen eine psychopathische APS entstehen kann. Psychologen vermuten, dass früh traumatisierte Kinder einen effektiven Bewältigungsmechanismus entwickeln, indem sie ihre Emotionen einfach abschalten (vgl. Porter 1996). Eine solche Resignation wird mit der Entwicklung einer umweltinduzierten Unterfunktion des Cortisolsystems in Verbindung gebracht (Gold und Chrousos 2002), die ihrerseits – wie oben beschrieben – über Wechselwirkung mit dem Serotonin eine verminderte Aktivität limbischer Hirnbereiche und eine dadurch reduzierte Emotionalität hervorbringen kann. Es ist jedoch wahrscheinlicher, dass der Ausbildung von Psychopathie eine Gen-Umwelt-Interaktion zugrunde liegt.

Entwicklung einer antisozialen Persönlichkeitsstörung mit reaktiver Aggression
Eine APS, verbunden mit reaktiver Aggression und Gewalt wurde insbesondere mit einer Mutation des Enzyms Monoaminoxidase-A (MAO-A) in Verbindung gebracht, und zwar bei der Untersuchung einer großen holländischen Familiengemeinschaft, deren männliche Mitglieder durch hochgradig impulsiv-aggressives Gewaltverhalten auffielen und dabei eine solche Mutation aufwiesen. MAO-A trägt zum Abbau von Monoaminen wie Serotonin, Dopamin und Noradrenalin bei. Entsprechend führt ein Defizit in der Enzymfunktion zu einem Überschuss dieser Substanzen im Gehirn.

Man fand heraus, dass auch in der Normalbevölkerung Polymorphismen (Varianten) des Gens für die MAO-A vorliegen. Bei Personen mit der Variante (MAO-A-L), die zu einer *geringen* Produktion dieses Enzyms führt, weisen Amygdala, Hippocampus und anteriorer cingulärer Cortex ein verringertes Volumen auf. Zugleich zeigen die Träger dieser Variante bei emotionaler Belastung eine überhöhte Aktivität der Amygdala und des insulären Cortex sowie eine verringerte Aktivierung des orbitofrontalen und anterioren cingulären Cortex (Buckholtz und Meyer-Lindenberg 2008). Ferner haben sie eine erhöhte Neigung zu aggressivem Verhalten. Hier tritt allerdings eine Gen-Umwelt-Interaktion auf, wie Avshalom Caspi und Kollegen in ihrer bahnbrechenden Studie zeigen konnten: Kinder mit einem MAO-A-L-Genotyp haben ein größeres Risiko, infolge früher traumatischer Erfahrungen der Misshandlung und des Missbrauchs eine Störung des Sozialverhaltens, gewalttätiges Verhalten oder eine antisoziale Persönlichkeit zu entwickeln als Kinder mit einem hochaktiven MAO-A-Genotyp. Machen sie aber keine traumatischen Erfahrungen, ist ihr Risiko geringer als das der Kinder mit einem hochaktiven MAO-A-Genotyp (Caspi et al. 2002; Abb. 7.4).

Diesem Zusammenhang scheint eine Wirkung des MAO-A-Genotyps auf die Entwicklung wichtiger Hirnstrukturen zugrunde zu liegen. Hierbei ist besonders die frühkindliche Serotoninkonzentration von großer Bedeutung. Wie erwähnt, hat Serotonin einen wesentlichen Einfluss auf die Hirnentwicklung (s. Kapitel 3), etwa auf die Ausbildung und Differenzierung von Dendriten, und frühe Veränderungen der serotonergen Neuromodulation können einen nachhaltigen, oft auch verzögerten Einfluss auf die Hirnentwicklung und das emotionale Verhalten haben. Es wird angenommen, dass die minderaktive MAO-A-L-Variante während der frühen Entwicklung zu einem *Überschuss* an Serotonin im Gehirn des Kindes führt. Dieses wiederum destabilisiert den für soziale Bewertungen und Emotionsregulation verantwortlichen Schaltkreis zwischen Amygdala und limbischen Hirnrindenbereichen. Eine erhöhte Empfindlichkeit gegenüber Bedrohungen, eine verminderte Kontrolle über Emotionen und ein verstärktes Furchtgedächtnis wären die Folge (Buckholtz und Meyer-Lindenberg 2008).

In einer gesunden frühkindlichen Umgebung können diese Veränderungen zu bestimmten Temperamentseigenschaften im Normbereich führen, etwa zu einem leicht impulsiven und durchsetzungsfähigen Temperament. In Kombination mit frühen Erfahrungen des Missbrauchs und der Vernachlässigung, mit anhaltender Unsicherheit, unvorhersehbarer Bedrohung, unzureichenden Rollenvorbildern und einer inkonsistenten Verstärkung prosozialen Verhaltens kann eine destabilisierte Verschaltung von Amygdala und limbischen Hirnrindenbereichen jedoch das Risiko für die Entwicklung offener Aggression und impulsiver Gewalt massiv erhöhen. Das genetisch vermittelte Risiko wird hierbei mit dem

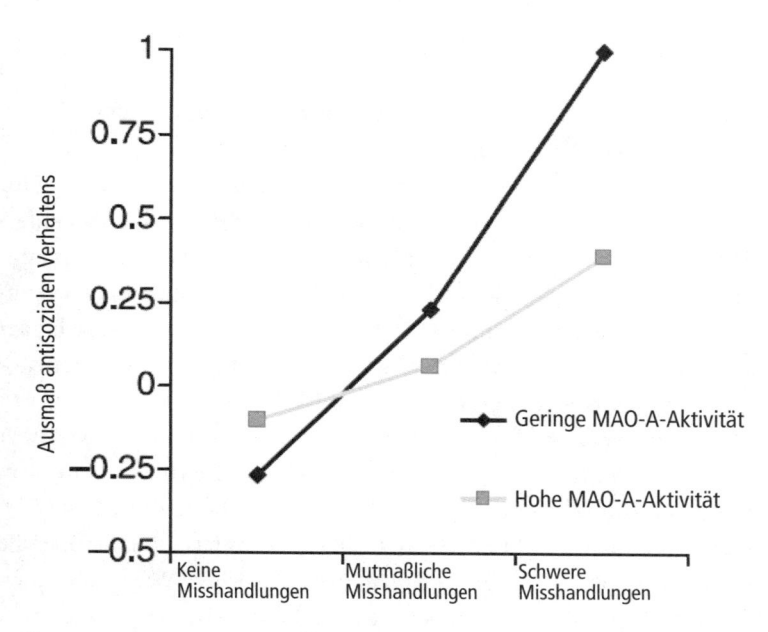

Abb. 7.4: *Einfluss des MAO-A-Genotyps auf die Auswirkungen früher Misshandlungen. Dargestellt ist der Zusammenhang zwischen Misshandlungen im Kindesalter und einem aus verschiedenen Messverfahren zusammengesetzten Index für den Grad antisozialen Verhaltens in der Jugend und im jungen Erwachsenenalter. Es wurde deutlich, dass insbesondere Kinder mit einer geringen MAO-A-Aktivität dann ein hohes Maß an antisozialem Verhalten aufwiesen, wenn sie schweren Misshandlungen ausgesetzt waren. Allerdings reagierten diese Kinder auf eine Kindheit ohne Misshandlungen mit einem gegenüber den anderen Kindern verringerten Grad antisozialen Verhaltens (verändert nach Caspi et al. 2002).*

Laden einer Waffe verglichen, die abgedrückt werden kann, aber nicht muss – über Letzteres entscheiden die frühen Erfahrungen (s. Buckholtz und Meyer-Lindenberg 2008).

7.7 Psychische Erkrankungen und das Gehirn: Was sagt uns das?

Wir haben versucht deutlich zu machen, dass die hier behandelten psychischen Erkrankungen von jeweils spezifischen neuromodulatorischen Fehlregulationen sowie von strukturellen und funktionellen Veränderungen limbischer Hirnregionen begleitet werden. In der Regel passen die Annahmen über die Funktionen der fehlregulierten Substanzen und Hirnbereiche gut zu den Symptomen der jeweiligen Erkrankung, und ein funktionaler Zusammenhang ist sehr wahrscheinlich.

Über alle Erkrankungen hinweg bilden die Gene eine *Vorbelastung* für die Entwicklung einer psychischen Erkrankung. Hierbei sind besonders solche Gene von Bedeutung, die in unterschiedlicher Weise die Funktionen des serotonergen Systems betreffen, da dieses System die Hirnentwicklung maßgeblich beeinflusst. Frühe Erfahrungen, vorgeburtlich oder frühkindlich, können sich auf die Entwicklung weiterer neuromodulatorischer und regulatorischer Systeme auswirken, insbesondere des Cortisol- und des Oxytocinsystems. Frühe traumatische Erfahrungen, aber auch das Muster früher Bindungen sind in diesem Zusammenhang von besonderer Bedeutung. Solche Erfahrungen können an Genen dieser Systeme das epigenetische Methylierungsmuster verändern und hierüber die Funktionalität der Bindungsstellen langfristig festlegen. Wir haben einen solchen Einfluss für den Glucocorticoidrezeptor und den Oxytocinrezeptor beschrieben.

Das Risiko, während der Kindheit traumatisierenden Erfahrungen ausgesetzt zu sein, ist keineswegs so gering, dass dies nur eine Minderheit der Gesellschaft betreffen würde. Gilbert et al. (2009) berichten in der Fachzeitschrift *The Lancet*, dass jedes Jahr 4–16 % aller Kinder physisch misshandelt und 10 % vernachlässigt oder psychisch misshandelt werden. Bei den Mädchen erfahren bis zu 15–30 %, bei den Jungen bis zu 15 % während ihrer Kindheit milden bis schweren sexuellen Missbrauch. In Deutschland schlagen mit 6,6 bzw. 10,8 % insbesondere die emotionale oder physische Vernachlässigung zu Buche (Häuser et al. 2011).

Bei einigen Personen reichen diese Erlebnisse aufgrund einer ganz bestimmten Konstellation von Genen und Erfahrungen bereits aus, um die strukturelle Beschaffenheit des Gehirns und die dort stattfindende neurochemische Modulation so zu beeinflussen, dass psychische Erkrankungen oder Verhaltensstörungen auftreten. Bei anderen Personen werden im Sinne eines »zweiten Schlages« diese Konsequenzen erst deutlich, wenn im späteren Leben weitere belastende Ereignisse hinzukommen, etwa der Tod einer nahestehenden Person oder chronischer Stress.

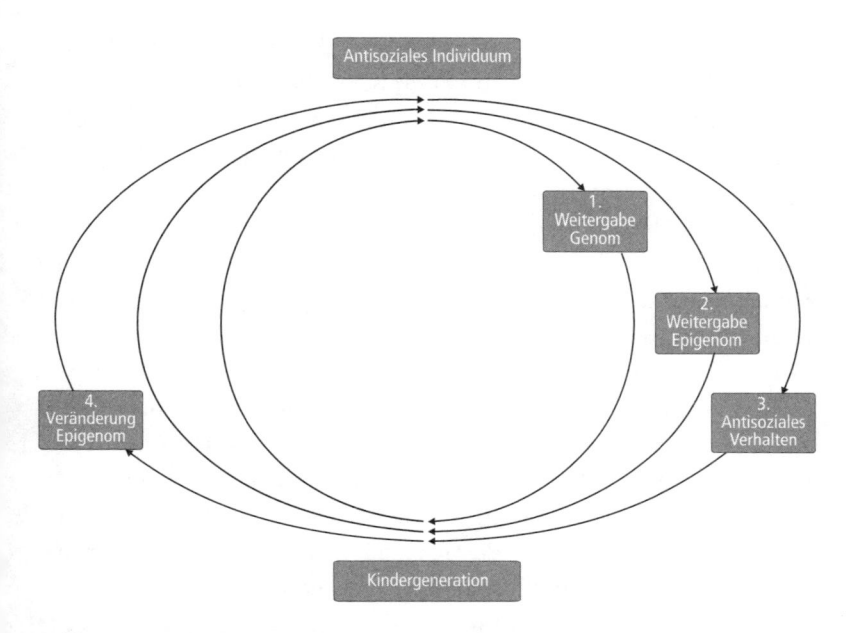

Abb. 7.5: »*Kreislauf der Gewalt*«: *Antisoziales Verhalten wird auf verschiedenen Wegen von einer Generation an die nächste übertragen. Personen mit einer antisozialen Persönlichkeitsstörung (APS) vererben erstens direkt Risikogene für die Entwicklung antisozialen Verhaltens (z. B. die MAO-A-L-Genvariante) an ihre Nachkommen. Zweitens haben diese Eltern aufgrund ihrer eigenen Erfahrungen ein verändertes Epigenom, das ebenfalls – zumindest teilweise – auf die Kindergeneration übertragen wird. Drittens beeinflusst das Epigenom der Eltern (z. B. das Methylierungsmuster von Rezeptorgenen des Oxytocin- oder Cortisolsystems) ihr Verhalten – auch dasjenige gegenüber ihren Kindern. Viertens wirkt das charakteristische Verhalten von Eltern mit einer APS (z. B. Misshandlungen, Vernachlässigung) auf das Epigenom der Kinder ein und erhöht auf diese Weise deren Risiko, später selbst eine antisoziale Persönlichkeitsstörung zu entwickeln. Molekularbiologische Veränderungen können also den Kreislauf der Gewalt aufrechterhalten.*

Von revolutionärer Bedeutung ist die Erkenntnis, dass die Auswirkungen früher Erfahrungen auf das Gehirn und die Psyche von einer Generation auf die nächste übertragen werden können. Dies bedeutet beispielsweise, dass für die Nachkommen traumatisierter Menschen ein erhöhtes Risiko besteht, infolge eigener negativer Erfahrungen eine posttraumatische Belastungsstörung zu entwickeln. Gesellschaftlich hochrelevant ist diese Weitergabe zudem im Zusammenhang mit antisozialem Verhalten. Kinder, deren Eltern eine APS aufweisen und zudem früh missbraucht oder vernachlässigt wurden, werden mit größerer Wahrscheinlichkeit als andere später selbst antisozial und gewalttätig und misshandeln ihre eigenen Kinder – ein *Kreislauf der Gewalt* entsteht (s. Abbildung 7.5). Möglich ist dieser »transgenerationale Transfer« einerseits durch eine *direkte* genetische Vererbung von Anfälligkeitsfaktoren (z. B. bei der MAO-A-L-Genvariante) und andererseits durch die Auswirkungen elterlichen Verhaltens auf das Gehirn des Kindes. Das Fehlen einer sensitiven frühen mütterlichen Fürsorge und der sich daraus ergebende Mangel an sicherer Bindung kann beispielsweise über die epigenetische Anheftung von Methylgruppen an die DNA die Überführung der genetischen Information in Proteine und hierdurch die Ausbildung von Bindungsstellen für Neuromodulatoren wie Oxytocin und Cortisol verhindern. Das aufgrund der Erfahrungen entstandene epigenetische Muster der Genexpression und somit das Ausmaß, mit dem die Gene in Proteine überführt werden, beeinflusst einerseits das mütterliche Verhalten (gegenüber der zweiten Generation) und kann darüber hinaus direkt an die *nächste Generation vererbt* werden. Dies zeigt, wie molekularbiologische Veränderungen den Kreislauf der Gewalt aufrechterhalten können (s. Abbildung 7.5).

8 Psychotherapien

Psychotherapien befassen sich mit der Linderung oder gar Heilung psychischer Störungen, von denen einige im vorangegangenen Kapitel beschrieben wurden. Es gibt zahllose Formen von Psychotherapien, die sich sowohl in der Erklärung der Ursachen und der Entstehung der zu behandelnden Störungen als auch in der Darlegung der eigenen Wirkungsweise zum Teil deutlich voneinander unterscheiden.

Im Folgenden wollen wir uns nur mit den derzeit gängigsten Therapieformen beschäftigen, nämlich der Verhaltenstherapie (einschließlich der kognitiven Verhaltenstherapie sowie ihrem Vorläufer, der klassischen Verhaltenstherapie) sowie den psychoanalytisch und psychodynamisch begründeten Therapien. Es handelt sich bei diesen Therapieformen um die im Psychotherapeutengesetz zugelassenen Psychotherapien. Diese Beschränkung soll aber keinen generellen Zweifel an der Effektivität anderer Therapieformen unterstellen.

8.1 Psychoanalyse

Sigmund Freud (1856–1939) ist der Begründer der psychoanalytischen Psychotherapie, und trotz aller Wandlungen bestimmt sein Denken nach wie vor wesentlich die Psychoanalyse. Bei ihm sind Leben, Persönlichkeit und Werk aufs Engste miteinander verflochten (vgl. die umfassenden Darstellungen von Ellenberger 1996 und Makari 2008).

Freud begann seine Laufbahn als Mediziner und Neurobiologe. Während seines Studiums in Wien arbeitete er unter anderem im Labor des Physiologen und Histologen Ernst Brücke (1819–1892). Brücke war ein Schüler von Johannes Müller, dem Begründer der Physiologie, ebenso wie Hermann von Helmholtz, Emil Dubois-Reymond und Carl Ludwig, die zu den Vätern der modernen Natur- und Biowissenschaften zählen. Brücke wollte psychische Prozesse vollständig auf physiologische Vorgänge und diese wiederum auf physikalische und chemische Gesetze zurückführen, also das »Reduktionismusprogramm« verwirklichen (vgl. Einleitung und

Kapitel 6). Im Labor von Brücke traf Freud auf den Physiologen Sigmund Exner und den Neurologen Josef Breuer, die ihn auf unterschiedliche Weise stark beeinflussten. Im Jahre 1881 erwarb Freud den medizinischen Doktorgrad und wurde Lehrassistent in Brückes Labor. Im darauffolgenden Jahr brach er diese Tätigkeit ab und ließ sich als Neurologe nieder, um heiraten und eine Familie ernähren zu können. Zwischen 1883 und 1886 arbeitete er im Labor des Hirnanatomen Theodor Meynert (1833–1892) und beschäftigte sich am Beispiel des Neunauges mit der Neuroanatomie des Hirnstamms von »niederen« Wirbeltieren. Meynert galt neben dem Leipziger Paul Flechsig (1884–1929) als der führende europäische Neuroanatom; er versuchte, psychische und psychopathologische Phänomene mehr oder weniger direkt mit der Aktivität bestimmter Hirnzentren in Verbindung zu bringen, und verfolgte damit einen Forschungsansatz, den man damals als »Gehirnmythologie« bezeichnete. In den Jahren 1885 bis 1886 hielt sich Freud für vier Monate in Paris bei dem seinerzeit berühmten Pathologen und Neurologen Jean-Martin Charcot (1825–1893) auf, der sich mit der Heilung von Hysterie durch Hypnose beschäftigte. Dies machte auf Freud großen Eindruck und brachte ihn vertieft mit psychiatrischen Fragestellungen in Berührung. In den Jahren 1895 bis 1896 schrieb er zusammen mit Josef Breuer die *Studien über Hysterie*, die einen Meilenstein in der Entwicklung der Psychoanalyse während der folgenden Jahre darstellten.

In das Jahr 1896 fällt auch die Niederschrift des Manuskripts *Entwurf einer Psychologie*, das erst 1950 posthum veröffentlicht wurde (s. unten). Im Jahr 1899 schrieb Freud das umfangreiche Werk *Die Traumdeutung*, das noch im gleichen Jahr – auf 1900 vordatiert – erschien und seinen Autor schlagartig berühmt machte. In dieser Zeit war Freud von dem Gefühl durchdrungen, eine große Wahrheit und eine neue geistige Welt entdeckt zu haben, eben die Welt des Psychisch-Unbewussten, die sich unter anderem im Traum äußert, und mit der sich die neue Lehre namens *Psychoanalyse* beschäftigte.

In kurzen Abständen folgten nun Werke, die heute als Eckpfeiler der Psychoanalyse gelten: *Zur Psychopathologie des Alltagslebens* von 1904, *Drei Abhandlungen zur Sexualtheorie* von 1905 und *Der Witz und seine Beziehung zum Unbewussten*, ebenfalls von 1905. In den folgenden Jahren wurde der erste internationale Kongress für Psychoanalyse abgehalten, die erste psychoanalytische Zeitschrift herausgegeben und 1910 die Internationale Psychoanalytische Vereinigung gegründet. In den Jahren darauf erschienen die für das Spätwerk Freuds grundlegenden Werke *Jenseits des Lustprinzips* (1920) und *Das Ich und das Es* (1923), die religionskritische Schrift *Die Zukunft einer Illusion* (1927) und schließlich *Das Unbehagen in der Kultur* (1929). Nach dem »Anschluss« Österreichs an das nationalsozialistische Deutschland im Jahre 1938 floh Freud auf Drängen und unter Mithilfe einflussreicher Freunde über Paris nach London, wo er 1939 an einem Krebsleiden starb, das er über lange Jahre heroisch ertragen hatte.

Als universell gebildete Person nahm Freud eine Vielzahl unterschiedlicher geistiger Strömungen im damaligen Kontinentaleuropa auf. Von großer Bedeutung waren für ihn zunächst die Neurobiologie und die Hirnforschung seiner Zeit, die er in den damals besten Labors bei Brücke und Meynert und durch eigene neuroanatomische Untersuchungen gründlich kennenlernte. In diesem Zusammenhang verfasste er im Jahre 1896 als Vierzigjähriger den bereits erwähnten *Entwurf einer Psychologie*. Dieser Aufsatz stellte den Versuch dar, eine neurobiologisch fundierte »Theorie des seelischen Apparates« zu entwickeln. Die empirische Grundlage für das Unternehmen war allerdings sehr schmal. Erst wenige Jahre zuvor war die für die heutige Neurobiologie grundlegende »Neuronendoktrin« aufgestellt worden, derzufolge das Nervensystem aus Nervenzellen, *Neuronen* aufgebaut ist. Völlig unklar war damals aber noch die Frage, wie die Nervenzellen untereinander in Kontakt standen; der Begriff »Synapse« wurde erst einige Jahre später von Charles Sherrington geprägt (vgl. Kapitel 1).

In genialer Vorwegnahme dieser späteren Theorie entwickelte Freud die Vorstellung von »Kontaktzonen« zwischen den Nervenzellen. Da man aber von den elektrophysiologischen Vorgängen im Gehirn noch wenig und von den neurochemischen Vorgängen gar keine Kenntnis besaß, konnte Freud auch nichts Fundiertes über diese »Kontaktstellen« aussagen. Man wusste lediglich einiges über die anatomische Gliederung des menschlichen Gehirns und hatte grobe Vorstellungen von den Funktionen der einzelnen Hirnzentren.

In anderen wichtigen Punkten waren die von Freud entwickelten Vorstellungen aus heutiger neurobiologischer Sicht unzutreffend. Hierzu gehörte die unter anderem auf Gustav Fechner zurückgehende Anschauung, dass alle seelischen Vorgänge auf die *Abfuhr* von übermäßiger Erregung, von Spannung, angelegt seien, die von außen als Wahrnehmung (furcht-)erregender Umweltgeschehnisse und von innen als Triebe in die Psyche eindringen. Die derart erzeugte psychische Spannung werde als *Unlust* wahrgenommen, wohingegen die Abfuhr oder zumindest die Herabsetzung von Spannung *Lust* erzeuge. Freud konnte sich damals ebenso wenig wie alle anderen Neurobiologen vorstellen, dass es Zentren geben könne, die durch ihre *Aktivität* Lustgefühle erzeugen; ebenso wenig war das Prinzip der neuronalen *Hemmung* bekannt.

Der kühne Versuch einer neurobiologischen Grundlegung der Psychoanalyse war also unter damaligen Umständen von vornherein zum Scheitern verurteilt. Das ahnte wohl auch Freud, der das ganze Projekt schließlich abbrach. Was blieb, war ein ambivalentes Verhältnis zur Hirnforschung: einerseits die Hoffnung, es könne sich irgendwann doch einmal eine neurobiologischen Fundierung der Psychoanalyse ergeben, und andererseits der heroische, ja teilweise bewusste Verzicht auf ein solches Ziel. So schrieb Freud Jahre später zur Beziehung zwischen seiner Theorie des psychischen Geschehens und der strukturellen und funktionalen Organisation des Gehirns:

»Wir wissen, dass solche Beziehungen im gröbsten existieren. Es ist ein unerschütterliches Resultat der Forschung, dass die seelische Tätigkeit an die Funktion des Gehirns gebunden ist wie an kein anderes Organ. Ein Stück weiter – es ist nicht bekannt, wie weit – führt die Entdeckung von der Ungleichwertigkeit der Gehirnteile und deren Sonderbeziehung zu bestimmten Körperteilen und geistigen Tätigkeiten. Aber alle Versuche, von da aus eine Lokalisation der seelischen Vorgänge zu erraten, alle Bemühungen, die Vorstellungen in Nervenzellen aufgespeichert zu denken und die Erregungen auf Nervenfasern wandern zu lassen, sind gründlich gescheitert. Dasselbe Schicksal würde einer Lehre bevorstehen, die etwa den anatomischen Ort des Systems Bw, der bewussten Seelentätigkeit, in der Hirnrinde erkennen und die unbewussten Vorgänge in die subkortikalen Hirnpartien versetzen wollte. Es klafft hier eine Lücke, deren Ausfüllung derzeit nicht möglich ist, auch nicht zu den Aufgaben der Psychologie gehört. Unsere psychische Topik hat vorläufig nichts mit der Anatomie zu tun; sie bezieht sich auf Regionen des seelischen Apparates, wo immer sie im Körper gelegen sein mögen, und nicht auf anatomische Örtlichkeiten.« (Freud, Das Ich und das Es, 1923).

Als die Freudsche Psychoanalyse an der Wende zum 20. Jahrhundert in Wien entstand, waren Vorstellungen von der Dynamik des Psychischen und seiner Erkrankungen sowie vom Zusammenhang zwischen Sexualpathologie und kindlicher Sexualität gängige und heftig diskutierte Themen, die Freud wie selbstverständlich aufnahm. Hierzu gehörten auch die Annahmen, dass das Sexuelle die Hauptursache von Neurosen und Psychosen sei und sich Wahnvorstellungen bis in die frühe Kindheit zurückverfolgen ließen. Es verwundert daher nicht, dass Freuds Anschauungen schnell zahlreiche Anhänger und ebenso viele erbitterte Gegner fanden (Ellenberger 1996).

Das Grundschema des Psychischen nach Freud

Trotz vieler Entwicklungsphasen lässt sich in Freuds Werk ein *Grundschema* des Psychischen erkennen. Freud geht in seinem ersten Konzept des psychischen Apparates vor 1920 (»erste Topik« genannt) von einer Schichtung des Psychischen in ein Unbewusstes, ein Vorbewusstes und ein Bewusstes aus, die in einer »zweiten Topik« ab 1920 durch die Systeme »Es«, »Ich« und »Über-Ich« ergänzt wird. Die beiden Modelle sind nicht identisch, gemeinsam sind ihnen aber zwei Grundvorstellungen. Die erste Grundvorstellung greift explizit auf das oben bereits dargestellte Fechnersche »Konstanzprinzip« und die Vorstellung der »Spannungsabfuhr« zurück. Die zweite Grundannahme lautet, dass es eine Sphäre des Unbewussten gibt, die in der Entwicklung des Seelischen schon *vor* dem Bewusstsein entsteht und dieses das ganze Leben lang dominiert. Dieses Unbewusste hat seinerseits verschiedene Schichten, nämlich eine überindividuelle (d. h. allen Menschen zukommende) Schicht, in der sich der allgemeine, in den Mythen beschriebene Vater-Sohn-Konflikt (die Ermordung des Urvaters), der *Ödipuskonflikt* (das inzestuöse Begehren der Mutter durch das männliche Kleinkind) und die sich aus beidem ergebenden Mordphantasien und Kastrationsängste des Kindes finden. Eine zweite Schicht ist die der frühkindlichen Sexualität und Sexualerfahrung, etwa das traumatische Erlebnis elterlicher Sexualität, der Penisneid des Mädchens oder psychopathologische Auswirkungen phantasierten wie realen sexuellen Missbrauchs durch Erwachsene. Beide Schichten werden gegen das Bewusstsein durch die *infantile Amnesie*, d. h. die Unfähigkeit, sie bewusst zu erinnern, abgeriegelt (vgl. Kapitel 4). Eine dritte Schicht bilden sexuelle Handlungen und Fehlhandlungen während der Pubertät. Derartige »libidinöse« Antriebe werden durch nichtlibidinöse frühkindliche Erfahrungen und seelische Verletzungen ergänzt.

Bestimmte Teile des Unbewussten haben – von starker *Triebenergie* besetzt – die Tendenz, in Richtung des Bewusstseins zu dringen. Sie werden dabei aber nach Freud durch eine aktive Kraft, einen Zensor, vom Bewusstsein ferngehalten – ein Vorgang, den Freud *Verdrängung* nennt. In den Schriften nach 1920 ist es der unbewusste Teil des Ich, der diese Verdrängung vornimmt.

Starke Antriebe und traumatische Erinnerungen, die als ungelöste Konflikte in verdrängter Form weiterexistieren, äußern sich auf Bewusstseinsebene als schwere seelische Erkrankungen. Aber auch in weniger schweren Fällen dringt das Unbewusste in *verkleideter Form* ins Bewusstsein vor, und zwar in unseren Träumen, in Fehlleistungen wie Versprechern oder »falschen« Handlungen oder im Witz. Im Traum (und entsprechend in der hysterischen oder anderen neurotischen Erkrankung) gibt es eine *Oberfläche* (der »manifeste Trauminhalt«), die durch den aktuellen Trauminhalt gebildet wird, eine *Zwischenebene* (der »latente Trauminhalt«), auf der Kindheitserlebnisse und -konflikte in verstellter Form auftauchen, und schließlich eine *tiefe Ebene* der frühkindlichen Erlebnisse (z.B. Ödipuskonflikt). Für Freud ist der Traum die Ersatzerfüllung eines verdrängten sexuellen Wunsches. Der Zensor greift ein und versucht die Wahrnehmung und Erfüllung dieses Wunsches dadurch niederzuhalten, dass er dessen Auftauchen »in verkleideter Form«, in einer nicht bedrohlichen Weise erlaubt, nämlich entstellt durch Traummechanismen wie *Verschiebung, Verdichtung* und *Symbolisierung*. Der Traum ist somit eine verschlüsselte Rückkehr vom Bewussten ins Unbewusste, vom Erwachsenen ins Frühkindliche, vom Sprachlichen ins Bildliche und Symbolische. Daher rührt für Freud und viele seiner Nachfolger der große Stellenwert der Traumdeutung.

Die Funktion des Bewusstseins besteht darin, die Aufmerksamkeit auf die äußere Welt zu richten, zu registrieren, *was Sache ist*. An der Zensur und der aktiven Verdrängung hat das Bewusstsein keinen Anteil, im Gegensatz zu den *unbewussten* Anteilen des Ich, die die eigentlichen »Verdränger« sind. Wichtig ist in diesem Zusammenhang, dass das Individuum weder in seinem Traum, noch in seinen »Freudschen Fehlleistungen« oder seinen Neurosen und Psychosen weiß, *warum* es so handelt, wie es handelt.

Da das Bewusstsein keinen direkten Zugang zum Unbewussten hat, ist das Individuum auch nicht in der Lage, die Wirkungen des Unbewussten zu durchschauen. Hierzu bedarf es der »psychoanalytischen Kur« als – wie Freud sagt – »mühsame, wenn auch nicht unmögliche Beeinflussung des Unbewussten vom Bewusstsein her«. Im Laufe dieser Kur werden die Widerstände, die zwischen den Systemen des *Unbewussten* und des *Vorbewussten* herrschen, überwunden.

Das Vorbewusste gehört im Rahmen der ersten wie der zweiten Topik deutlich auf die Seite des Bewussten und ist vom Unbewussten durch den eigentlichen Zensor getrennt. Das Vorbewusste enthält alles, was dem Bewusstsein *im Prinzip* zugänglich, aber nicht aktual bewusst ist, also etwa Erinnerungen und Kenntnisse. Entsprechend sind vorbewusste ebenso wie bewusste Vorstellungen im Gegensatz zu denen des Unbewussten an die verbale Sprache gebunden. Das Bewusstwerden vorbewusster Inhalte muss einen zweiten, schwächeren Zensor passieren; dieser wählt aus, um Inhalte zu vermeiden, die das Bewusstsein stören können, aber er verdrängt nicht im eigentlichen Sinne.

In dem späteren Aufsatz *Das Ich und das Es* von 1923 gliedert Freud den »psychischen Apparat« neu, und zwar in die drei Systeme *Es, Ich* und *Über-Ich*. Diese »zweite Topik« ist allerdings nur teilweise identisch mit der früheren Entgegensetzung zwischen dem Unbewussten und dem Bewussten. Während das Es größtenteils unbewusst ist, haben sowohl das Ich als auch das Über-Ich bewusste wie unbewusste Anteile. Das Es wird in der zweiten Topik zum »großen Triebpol« der Persönlichkeit, zur Quelle der Triebenergie überhaupt, die sich in den beiden »Partialtrieben« *Eros* und *Thanatos* verkörpert. Der Lebenstrieb will sich fortpflanzen, vermehren, will Neues schaffen, der Todestrieb hingegen will zu früheren, anorganischen Zuständen zurückkehren; er ist die ultimative Spannungsabfuhr.

Das Es als das eigentlich Unbewusste ist unstrukturiert, »chaotisch«, hat keine Organisationsform, keinen Gesamtwillen, keine Beziehung zur Realität; es strebt nach *unbedingter Verwirklichung und Erfüllung* unter dem Primat der Selbsterhaltung. Seine Inhalte werden in ihrer überwiegenden Mehrheit nie bewusst, wirken aber wie »Magneten« auf diejenigen Inhalte ein, die vom unbewussten Teil des Ich verdrängt werden.

Das *Ich* der zweiten Topik ist nur zum Teil identisch mit dem Bewusstsein. Es reicht tief in das Es hinein und ist zum Teil dessen Knecht; es

»pflegt seinen Willen, so als wäre es sein eigener Wille«. Zugleich ist aber das Ich die Verkörperung des *Realitätsprinzips*, nämlich als Kontrolle der Abfuhr von seelischen Spannungen, der Wahrnehmung, als Realitätsprüfung, Antizipation, zeitliche Ordnung der seelischen Vorgänge, als rationales Denken und zugleich als Träger der Abwehroperationen gegen die Triebforderungen des Es. Das Ich soll die zunehmende Beherrschung der Triebe sichern und das Realitätsprinzip an die Stelle des im Es herrschenden Lustprinzips und seiner Triebstrukturen stellen. Diese Operationen vollziehen sich zum großen Teil unbewusst. Im Ich sind auch die *Widerstände* gegen die aufdeckende Psychotherapie beheimatet, die dem Patienten unbewusst sind und die der Psychotherapeut behutsam identifizieren und beseitigen muss.

Neben dem Es muss sich das Ich gegen das *Über-Ich* und dessen Forderungen zur Wehr setzen und sich mit ihm gegebenenfalls auch einigen, z.b. indem es zu strenge Forderungen des Über-Ich abmildert. Diese Instanz repräsentiert das Gewissen, die Selbstbeobachtung, die Idealbildung, den Richter und Zensor des Ich. Das Über-Ich ist entwicklungsmäßig einerseits ein Teil des Es, das »phylogenetische, archaische Prinzipien« verkörpert; es ist »der Anwalt des Innersten des Es«. Andererseits ist das Über-Ich ein Teil des Ich, der sich zunehmend abtrennt und sich dem Ich gegenüberstellt. Es entstammt nach Freud dem »Untergang des Ödipuskomplexes«, indem das männliche Kind auf die Befriedigung seiner inzestuösen Wünsche gegenüber der Mutter und auf die Mordphantasien gegenüber dem Vater verzichtet und die libidinöse Besetzung der Eltern in eine Identifizierung der Eltern als Über-Macht verwandelt, das Inzestverbot also *verinnerlicht*. Nach Freud wird das Über-Ich umso stärker, je stärker der Ödipuskomplex war und je mehr Kräfte dessen Überwindung verzehrte.

In der weiteren Entwicklung der kindlichen Psyche wird das Über-Ich durch die sozialen und kulturellen Anforderungen im Rahmen von Erziehung, Religion und Moral ergänzt; darin gehen auch die Über-Ich-Vorstellungen der Eltern ein. Das kindliche Über-Ich wird so zum Träger der Tradition, all der zeitbeständigen Wertungen, die sich auf diesem Wege über Generationen fortgepflanzt haben. Es wird zum Gewissen, zum Autoritätsglauben und – im Falle des Versagens des Ich – zur Quelle von Schuldgefühlen. Zu Beginn ist das Ich schwach und hat den Ödipuskomplex, also den Inzestwunsch, zu bewältigen. Später wird es stark oder soll zumindest stark werden; das Über-Ich ist für das Ich das »Denkmal der einstigen Schwäche und Abhängigkeit des Ich und setzt seine Herrschaft auch über das reife Ich fort«, und zwar in Form des kategorischen Imperativs (»Du sollst!«).

Das bewusste Ich ist nach Freud also eingezwängt in ein Netzwerk von dreierlei Einflüssen, nämlich denen des Es bzw. Unbewussten, denen des Über-Ich und denen der Realität. Das Ich versucht verzweifelt, Diener dieser drei Herren zu sein. Dabei erlebt es den Einfluss des Mächtigsten der drei Herren, nämlich des Es bzw. des Unbewussten, gar nicht direkt, sondern indirekt als Träume, Fehlleistungen, Obsessionen, Perversionen oder als psychische Erkrankung und damit als vermeintlich eigene Zustände. Das bewusste Ich hat keine Einsicht in die unbewussten Kräfte, die es bewegen; zugleich reicht das Ich weit in das Unbewusste hinein; es wird nach Freud weitgehend, wenn nicht gar völlig determiniert durch Geschehnisse, die vor oder an seinen Ursprüngen liegen, nämlich in der frühen Kindheit oder gar in der Vorgeschichte des Menschen (der »Urhorde«).

Das Ich bemüht sich, das Realitätsprinzip anstelle des Lustprinzips, welches das Es charakterisiert, zu setzen, z.B. durch Verzicht und Ersatzbefriedigung. Was nicht durch das Ich bewältigt werden kann, wird verdrängt, abgewehrt. Verdrängung und Abwehr sind also elementare psychische Prozesse, die das bewusste Ich schützen sollen, aber letztlich dysfunktional sind, wenn der Abwehrprozess zu viel psychische Energie in Anspruch nimmt wie etwa in der Psychose. Die ins Unbewusste abgedrängten Inhalte verzehren viel »psychische Energie«, die dann den bewussten Akten nicht zur Verfügung steht; sie bleiben aktiv und drängen ins Bewusstsein, so dass immer weitergehende Abwehrmechanismen erforderlich sind. Diese erfordern zusätzliche Energien und wirken dadurch psychisch erschöpfend (Benecke 2014).

Psychoanalytische Therapie

Freud hat sich nicht darauf beschränkt, eine neue Theorie des »psychischen Apparats« zu entwickeln. Ein weiteres Hauptanliegen war für ihn die Entwicklung einer »psychoanalytischen« Psychotherapie auf Grundlage dieser Theorie. Im Folgenden können nur die wesentlichen Bestandteile der psychoanalytischen Therapie genannt werden. Eine ausführliche Darstellung einschließlich der vielfältigen Weiterentwicklungen findet sich im Lehrbuch von Cord Benecke (2014).

Zentraler Ausgangspunkt der psychoanalytischen Therapie, wie Freud sie verstand, ist die Annahme, dass gegenwärtige psychische Störungen vornehmlich durch unbewusste oder unbewusst gewordene psychische Vorgänge in Kindheit und Jugend verursacht werden, die von der Psyche als unangemessen angesehen und deshalb ins Unbewusste »verdrängt« wurden. Der Umgang mit den verdrängten Inhalten zehrt »psychische Energie« auf, und die verdrängten Inhalte verschaffen sich in Form von Träumen oder »Freudschen Fehlleistungen« Zugang zum Bewusstsein. Es treten unangemessene Reaktionen auf, die sich in ständig wiederholenden unangepassten Verhaltensmustern, im *Wiederholungszwang* äußern. Für die Psychoanalyse hängt Heilung ganz wesentlich von der *Bewusstmachung des Verdrängten* ab. Entsprechend besteht der Kern der Therapie in der Analyse der Verdrängung und der Abwehrmechanismen. Der Therapeut muss diese Mechanismen aber vorsichtig aufdecken. Abwehrmechanismen können nicht vollkommen aufgehoben, sondern nur besser an die Realität angepasst werden. »Wo Es war, soll Ich werden«, heißt es an einer berühmten Stelle in der *Neuen Folge der Vorlesungen zur Einführung in die Psychoanalyse* von 1933. Damit ist die Psychoanalyse nach ihrem klassischen Verständnis im Kern eine *aufdeckende* Therapie, auch wenn sie wie andere Psychotherapien zugleich darum bemüht ist, alte Wahrnehmungs- und Verhaltensmuster abzuwandeln oder durch neue zu ersetzen.

Für die Wirksamkeit der psychoanalytischen Therapie ist es demnach entscheidend, einen Zugang zu den unbewussten Inhalten der Psyche des Patienten zu erlangen – also zu dem, was dem Patienten selbst nicht gegenwärtig ist, während es doch sein Fühlen, Denken und Handeln umso stärker beeinflusst. Der Patient kann also gar nicht direkt sagen, was die eigentlichen Ursachen seiner psychischen Leiden sind, sondern er erlebt nur den *bewussten Widerschein* und die manifesten Folgen dieser unbewussten Geschehnisse. Für Freud bestand der Königsweg zum Unbewussten des Patienten im diagnostischen und therapeutischen Gespräch als einem unstrukturierten, spontan ablaufenden Interview, bei dem der Patient auf der berühmten Couch lag und der Therapeut hinter ihm saß, zuhörte und nur wenige Fragen stellte. Dies geschah aus der Überzeugung heraus, dass das *spontane Reden* am ehesten die unbewussten Motivationen und psychodynamischen Zusammenhänge des Patienten enthüllt. Hierzu gehören Berichte des Patienten über seine alltäglichen Erfahrungen und Handlungen, die bewusst erlebten Konflikte und Schwierigkeiten, über seine Träume und Sehnsüchte. Aber auch die Art, *wie* der Patient berichtet (stockend, flüssig oder chaotisch usw.), *worüber* er häufig oder überhaupt nicht spricht, sowie die Mimik, Gestik, Intonation der Stimme – also das ganze Repertoire der nichtsprachlichen Kommunikation im engeren Sinne sind dabei von Bedeutung.

Aus all dem zieht der Therapeut Schlüsse hinsichtlich dessen, was an verdrängten und damit unverarbeiteten Konflikten unter der Oberfläche des bewussten Erlebens des Patienten liegt und als Ursache der zu behandelnden Störungen in Frage kommt. Besonders wichtig ist dabei das, was Freud »Übertragung« nannte, nämlich das Hineinlegen der unausgesprochenen und für den Patienten unaussprechlichen Konflikte und Gefühle aus früheren bedeutungsvollen Beziehungen in die Beziehung zum Therapeuten. Gewöhnlich handelt es sich dabei um frühere, meist negative Beziehungserfahrungen mit Mutter, Vater, Geschwistern und so weiter. Ein Patient, der als Kind sehr unter der Dominanz seines Vaters gelitten hat, neigt entsprechend dazu, im Therapeuten und dessen »dominantem« Verhalten ein Abbild dieser früheren und oft unbewusst-verdrängten Erfahrungen zu sehen und widerwillig bis abwehrend, aber auch unterwürfig zu reagieren – ganz im Sinne des »Wiederholungszwangs« von Verhaltensweisen, die sich schon früh eingeprägt haben. Der Therapeut befindet sich dadurch in einer starken emotionalen Beziehung zum Patienten, die er aber als solche auch erkennen, dem Patienten darstellen und dann therapeutisch bearbeiten muss.

Dies ist nach Freud und den meisten Psychoanalytikern ein weiterer zentraler Teil jeder Analyse. Deshalb sprechen führende Psychoanalytiker wie Otto Kernberg auch von einer »übertragungsfokussierten« Therapie (Clarkin et al. 2001). Im Therapeuten kommt es dann zu einer »Gegenübertragung«, d.h. zu einer Reaktion auf die Gefühle und die Phantasien, die der Patient ihm und ihrer gemeinsamen Beziehung gegenüber hat, indem er etwa ungewollt ärgerlich auf das Verhalten des Patienten reagiert. Die Schwierigkeit besteht dann für den Therapeuten darin, dass er in der Lage sein muss zu erkennen, welche Gefühle durch den Patienten hervorgerufen und somit »übertragen« wurden und welche dem eigenen Inneren entstammen.

Der Therapeut muss diese Erkenntnisse über die unbewussten Beziehungsphantasien, Antriebe und Konflikte dazu nutzen, den Patienten über die Ursachen seiner Störungen aufzuklären und ihn behutsam in der sogenannten »Regression« wieder in frühere Konfliktsituationen zurückzuführen, um von da aus Neustrukturierungen des Unbewussten einzuleiten. Durch das Ansprechen anstelle des Wiederholens von Beziehungsmustern ergeben sich neue verändernde Beziehungserfahrungen. Wie Benecke (2014) schreibt, geht es in der Psychoanalyse darum,

> »mittels Nutzung (dosierter) regressiver Prozesse und der vertiefenden Bearbeitung der Übertragungsbeziehungen einen Prozess in Gang zu bringen, der dadurch gekennzeichnet ist, dass sich die Dynamik des Unbewussten in der Übertragungs-Gegenübertragungsbeziehung relativ offen entfalten kann («Übertragungsneurose») und somit einer bewussten Bearbeitung zugänglich wird. Dieser Prozess soll (es) dem Patienten ermöglichen, über emotionale Einsicht in vormals unbewusste Prozesse sowie durch neue affektive Erfahrungen, die bewussten und unbewussten Determinanten seiner Problematik strukturell so zu verändern, dass eine Heilung oder zumindest deutliche und nachhaltige Verbesserung seiner Problematik erfolgt.«

Dieser Prozess wird allgemein als »Umstrukturierung der Persönlichkeit« bezeichnet (Sandler und Dreher 1999). Nach diesem Konzept hängt der Erfolg einer psychoanalytischen Psychotherapie erstens davon ab, ob und inwieweit es dem Therapeuten gelingt, das Unbewusste des Patienten zu erfassen und die Ursachen der Störungen mehr oder weniger zweifelsfrei zu identifizieren, und zweitens davon, dass diese Deutung der Ursachen und deren Mitteilung eine heilende oder zumindest lindernde Wirkung ausübt. Letzteres kann dadurch erreicht werden,

> »dass die zutage tretenden (und meist negativen und schmerzlichen) Affekte nicht einfach benannt werden, sondern ins Erleben kommen. Nach und nach entsteht durch diese Arbeit im Patienten eine immer tiefere emotionale Erfahrung verbunden mit einem Verstehen, wie er innerpsychisch ›funktioniert‹. Durch das intensive Erleben der vormals abgewehrten Wünsche und Affekte innerhalb eines geschützten Beziehungsrahmens entstehen gleichzeitig neue Möglichkeiten des Umgangs damit sowie eine Integration ins Selbst« (Benecke 2014, S. 478).

Moderne Ansätze der psychoanalytischen und psychodynamischen Therapie

Ein wesentlicher Punkt der Lehre Freuds, der inzwischen innerhalb der Psychoanalyse sehr kritisch angesehen wird, ist ihre Trieblehre, die dem Denken des 19. Jahrhunderts entspricht und vom Konzept des Spannungsaufbaus und -abbaus ausgeht. Es sei hier noch einmal daran erinnert, dass die Neurobiologie zu Zeiten Freuds das Prinzip der neuronalen Hemmung noch nicht kannte und man so jede Inaktivität nur als Rückkehr von einer erhöhten Aktivität oder als Beseitigung eines »Triebstaus« begreifen konnte. Eine generelle »Triebenergie«, wie Freud sie annahm, die sich aufstauen und »aufgezehrt« werden kann, existiert nach heutiger Anschauung nicht. Anstelle der Freudschen Triebtheorie tritt die Vorstellung konfliktbedingter und strukturbedingter Störungen, wie sie von Psychoanalytikern entwickelt wurde, die der »Operationalisierten Psychodynamischen Diagnostik – OPD« nahestehen oder diese mitentwickelt haben (s. unten).

Dieses neue Konzept geht davon aus, dass der psychischen Entwicklung einander entgegengerichtete »Motivbündel« zugrunde liegen wie etwa Abhängigkeit vs. Individuation, Unterwerfung vs. Kontrolle, Versorgung vs. Autarkie, Selbstwertkonflikte, Schuldkonflikte, Ödipale Konflikte und Identitätskonflikte. Zwischen diesen unvermeidlich vorhandenen Konflikten der seelischen Existenz müssen Gehirn und Psyche eine Balance finden, die stets nur »schlecht und recht« ausfallen kann, d. h. umso *besser* ist, je mehr Ressourcen aus Kindheit und Jugend zur Verfügung stehen, und umso *schlechter,* je mehr negative Erfahrungen während dieser Zeit gemacht wurden, etwa in Form von Defiziten in der Bindungserfahrung und der Selbstbestätigung sowie von Erlebnissen der Erniedrigung, Ablehnung und Ausgrenzung. Im Falle solcher negativen Erfahrungen kommt es dann zu einer Pseudo-Balance, indem konflikthafte Zustände aus dem Aktualbewusstsein tief ins Vorbewusste verdrängt werden, wo sie aber weiterhin wirksam sind. Dieser Abwehrkampf kann sich dann in psychischen Erkrankungen unterschiedlicher Schwere, den *konfliktbedingten* Störungen, ausdrücken. Um eine neue Balance zu erreichen, muss der Patient mithilfe des Therapeuten neue, »korrigierende emotionale« Erfahrungen machen, was der Therapeut dadurch ermöglicht oder unterstützt, dass er sich anders verhält, als es der Patient von seinen primären Bezugspersonen (»Objekte« genannt) eigentlich erwartet (vgl. Benecke 2014).

Schwieriger liegt der Fall bei *strukturbedingten* Störungen, die – meist als Folge vorgeburtlicher und frühnachgeburtlicher traumatisierender Lebensumstände – eine stärkere oder schwächere Integration der konflikthaften Motive überhaupt verhindern. Während zum Beispiel bei der konfliktbedingten Störung eine Person unter der Konflikthaftigkeit ihrer Motive leidet, tritt bei strukturbedingten Störungen, etwa der Borderline-Persönlichkeitsstörung, ein abrupter Wechsel zwischen starker Bindung (»Anklammern«) und starker Ablehnung (»aggressive Zurückweisung«) auf. Für diese Schwankung scheint der personale Bindungsstil verantwortlich zu sein: Unsicher gebundene Personen mit einem organisierten Bindungsstil verfügen über bestimmte Ressourcen, die eine – wenn auch schwankende – Balance ermöglichen, während Menschen mit einem desorganisierten-desorientierten Bildungsstil, der häufig die Borderline-Störung begleitet, diese Ressourcen nicht haben (vgl. Kapitel 4 und 7).

Im Falle tiefer struktureller Störungen ist nach dem Konzept von Rudolf (2012) ein »Nachentwickeln« von Ressourcen erforderlich. Dabei geht es um vier Strukturbereiche, in denen die größten Defizite vorliegen, nämlich erstens um *Selbstwahrnehmung* und *Objektwahrnehmung*, zweitens um *Selbstregulierung* im Zusammenhang mit Eigenverantwortlichkeit und Aushalten-Können von Frustration sowie um Regulierung des Objektbezugs, drittens um *emotionale Kommunikation nach innen*, d. h. die Ermutigung zu eigenen Emotionen, und um *emotionale Kommunikation nach außen*, also um die Bereitschaft, die eigenen Affekte und Emotionen nach außen zu tragen und gleichzeitig für die Affekte und Emotionen Anderer erreichbar zu sein. Die vierte Dimension betrifft die *Bindung an innere und äußere Objekte*. Dies alles dient nach Rudolf dem Erreichen von vier Hauptzielen, nämlich *Nähe und Beziehung, Objektbindung, Autonomie* und *Identität*. Das Beheben »tiefer« struktureller Defizite ist jedoch ein schwieriges Unterfangen, wie die oft problematische Therapie von Persönlichkeitsstörungen zeigt.

Die kritische Diskussion innerhalb der modernen Psychoanalyse setzt sich neben der Freudschen Trieblehre auch mit dem Dogma auseinander, dass psychoanalytische Therapie vor allem eine »aufdeckende« Therapie ist: Der mehr oder weniger allwissende (und allmächtige) Therapeut zeigt dem Patienten die Ursachen seines Leidens auf, und dieses Wissen ist schon ein großer Teil der Heilung. Demgegenüber wächst bei vielen Psychotherapeuten die Einsicht, dass jede Deutung erstens eine Hypothese bleiben muss, dass diese zweitens lediglich anzeigen kann, in welche Richtung und mit welchen Mitteln die Therapie verlaufen sollte, und dass drittens »Wissen allein nicht heilt« (s. auch Benecke 2014). Unbezweifelt bleibt hingegen die Annahme, dass Therapie in einer »Umstrukturierung« des Psychischen bzw. der Persönlichkeit bestehen muss.

Wie auf die anderen Psychotherapien haben die Ergebnisse der Bindungsforschung, die ja im Wesentlichen erst nach Freud einsetzte, auch auf moderne Formen der Psychoanalyse einen überaus starken Einfluss genommen. Eine »Bindungsorientierung« ist in der heutigen Psychoanalyse fast alltäglich, auch wenn – wie es scheint – die Integration der Ergebnisse der Bindungsforschung in die klassische Psychoanalyse noch nicht abgeschlossen ist. Es ergibt sich zudem erst über die Bindungsforschung ein tragfähiger Zugang zu den neurobiologischen Einsichten in die Ausbildung des Psychischen und ihre Fehlentwicklungen.

Die »Operationalisierte Psychodynamische Diagnostik – OPD«

Von besonderer Bedeutung innerhalb der Weiterentwicklung der Psychoanalyse und der Psychotherapie allgemein ist die Entwicklung der Operationalisierten Psychodynamischen Diagnostik (OPD). Dieses Verfahren setzt an einem besonders kritischen Punkt der Psychotherapie und insbesondere der Psychoanalyse an, nämlich der präzisen Diagnose der psychischen Erkrankung des Patienten und der ihr zugrundeliegenden Ursachen, die meist in früher Kindheit liegen und dem Patienten entweder überhaupt nicht oder nur wenig bewusst sind. Hier sind trotz aller Bemühungen um eine standardisierte Ausbildung zum Psychoanalytiker einer individuellen »Deutungsfreiheit« Tür und Tor geöffnet, was ganz wesentlich zum negativen Bild der Psychoanalyse beigetragen hat.

Auch heute noch bekennen sich viele Psychoanalytiker zu dieser Deutungsfreiheit, indem sie die Psychoanalyse als »verstehend-interpretierendes« Verfahren ansehen, das sich an der »Hermeneutik« der klassischen Geisteswissenschaften und an der Lehre des »kommunikativen Handelns« des Philosophen Jürgen Habermas (Habermas 1981) orientiert. Die »kalte« Diagnostik empirisch fundierter und standardisierter Vorgehensweisen wird hingegen strikt abgelehnt. Gerade um diese Standards geht es der OPD, die seit den 1990er Jahren von führenden deutschen Psychoanalytikern entwickelt wurde und inzwischen weltweit zur Anwendung kommt (vgl. Arbeitskreis OPD 2006). Die OPD will zum einen ein diagnostisches Instrument sein, ist aber zugleich, anders als die üblichen Manuale wie DSM-V oder ICD-10, die rein deskriptiv-klassifizierend sind, auf die Prozesse ausgerichtet, die den psychischen Störungen zugrunde liegen. Sie versucht ebenso, die Ressourcen von Patienten zu erfassen und eine Therapieplanung durch die Bestimmung von Therapieschwerpunkten (sogenannten Foki) zu ermöglichen.

Die OPD geht bei der Eingangsdiagnose und der Identifikation von Ressourcen und Therapieschwerpunkten von fünf »Achsen« der Persönlichkeit und Psyche aus, die das in diesem Buch vorgestellte »Vier-Ebenen-Modell der Psyche« deutlich beeinflusst haben.

Bei der Achse I geht es neben den Behandlungsvoraussetzungen um das konkrete Krankheitserleben des Patienten, also um die subjektive Befindlichkeit, die körperlichen und seelischen Leiden und deren Geschichte, um die Motivation, die ihn zum Therapeuten geführt hat, ferner um die Erwartungen an die Therapie und um die möglicherweise vorhandenen Ressourcen. Dies spielt sich in unserem »Vier-Ebenen-Modell« vornehmlich auf der kognitiv-sprachlichen Ebene der wunschhaften Selbstdarstellung des Patienten sowie auf der oberen limbischen Ebene der angeeigneten Schemata sozial angemessener Kommunikation ab.

Bei Achse II geht es um die Beziehungen, in denen der Patient steht. Genauer geht es hierbei darum zu erfassen, wie der Patient sich selbst und wichtige andere Personen in seinem Beziehungsumfeld erlebt, und darum, wie andere den Patienten und sich selbst ihm gegenüber erleben. Hierbei haben nach Ansicht der Vertreter der OPD Übertragung und Gegenübertragung, wie sie oben geschildert wurden, eine besondere Bedeutung.

Achse III ist die Ebene des Erfassens innerpsychischer Konflikte und damit »ein Stück klassischer psychoanalytischer Diagnostik«. Hierbei geht es um die oben genannten polaren Motivbündel, nämlich Abhängigkeit vs. Individuation, Unterwerfung vs. Kontrolle, Versorgung vs. Autarkie, Selbstwertkonflikte, Schuldkonflikte, Ödipale Konflikte und Identitätskonflikte und deren individuelle Ausbalancierung oder Nicht-Ausbalancierung. Diese Achse entspricht im »Vier-Ebenen-Modell« den frühkindlichen Erfahrungen und damit der mittleren limbischen Ebene sowie Erfahrungen in der weiteren Sozialisation im Kindes- und Jugendalter auf der oberen limbischen Ebene.

Achse IV ist die Strukturebene, auf der sich die elementaren Komponenten des Psychischen ausbilden (untere limbische Ebene und Teile der mittleren limbischen Ebene) und entsprechend ihre Störungen durch genetisch-epigenetische Belastungen und vorgeburtliche oder schwere nachgeburtliche negative Erfahrungen, die zu Persönlichkeitsstörungen führen. Zu diesen elementaren Komponenten des Psychischen zählen die grundlegende Fähigkeit (oder Unfähigkeit) zur inneren und äußeren Abgrenzung, zur Selbstwahrnehmung und Selbstkontrolle und so weiter.

Achse V beinhaltet die genaue Diagnose der psychischen oder psychosomatischen Störungen in Bezug auf die gängigen Diagnostikmanuale (ICD-10, DSM-V), wobei in das neue DSM-V wichtige Teile der OPD eingegangen sind.

Die OPD ist als Meilenstein in der Entwicklung einer modernen psychodynamischen Therapie anzusehen, weil sich über sie Ansätze aus anderen Therapieformen gut integrieren lassen und sie sich sehr gut mit den Erkenntnissen der neurobiologischen Forschung verbinden lässt.

8.2 Verhaltenstherapie

Die Verhaltenstherapie (VT) ist eine der gängigsten Formen der Psychotherapie und bezieht ihr Konzept ursprünglich aus dem amerikanischen Behaviorismus, der seinerseits eine der erfolgreichsten und folgenreichsten Theorien zum menschlichen und tierischen Verhalten war, die in der jüngsten Vergangenheit zum Tragen kamen (vgl. McFarland 1989; Pearce 1997). Der Behaviorismus war einerseits die radikale Auseinandersetzung mit einer geisteswissenschaftlich orientierten Humanpsychologie, die ihr Hauptziel in einer *verstehenden* Erklärung von Phänomenen wie Bewusstsein, Erleben, Geist und allgemein mentalen Leistungen sah und deren Vorgehen im Wesentlichen in der *Introspektion*, d.h. der Analyse des eigenen Erlebens bestand.

Zum anderen setzte sich der Behaviorismus vehement gegen eine Verhaltenstheorie zur Wehr, die Tiere und auch den Menschen im Wesentlichen von Trieben und Instinkten geleitet sah. Eine solche Theorie fand sich in dem einflussreichen Werk des amerikanischen Psychologen William McDougall (1871–1938) und wurde später von europäischen Verhaltensforschern, vornehmlich Konrad Lorenz (1903–1983) und Niko Tinbergen (1907–1988), ausgearbeitet. Parallel zu diesen Instinkttheorien und teilweise aus denselben ideengeschichtlichen Quellen schöpfend entwickelte Sigmund Freud, wie soeben dargestellt, eine Triebtheorie im Rahmen der Psychoanalyse.

Die Instinkt-Verhaltenstheorie von McDougall und später von Lorenz und Tinbergen sowie die Psychoanalyse waren für die Behavioristen der Inbegriff unwissenschaftlicher Erklärungsansätze für tierisches und menschliches Verhalten. Der Behaviorismus wollte stattdessen menschliches Verhalten mit denselben Konzepten und Methoden wie tierisches Verhalten (natur)wissenschaftlich untersuchen, ein Programm, das gegen Ende des 19. Jahrhunderts erstmals von dem amerikanischen Psychologen Edward Thorndike (1874–1949) angegangen wurde. Thorndike war einer der Ersten, die experimentell und systematisch das Lernverhalten geeigneter Versuchstiere wie Katzen und Hunde studierten und dies dann auf menschliches Verhalten übertrugen. Er formulierte in diesem Zusammenhang das berühmt gewordene »Gesetz des Effektes«, wonach sich Verhalten aufgrund der eigenen Effekte bzw. der Konsequenzen ändert, sich also bei positiven Konsequenzen verstärkt und bei negativen abschwächt. Charakteristisch für diese Art des Lernens ist die langsame Änderung des Verhaltens, nicht eine plötzliche Einsicht. Diese Art von Lernen wurde später *Lernen am Erfolg, instrumentelle Konditionierung, Verstärkungslernen* oder *operante Konditionierung* genannt (s. unten). Sie unterscheidet sich charakteristisch von einem anderen Typ des Lernens, der von dem russischen Physiologen und Lerntheoretiker Iwan Pawlow (1849–1936) entdeckt und konzipiert wurde und *klassische Konditionierung* genannt wird. Diese Reflexlehre (»Reflexologie«) wurde von Pawlow um die Jahrhundertwende entwickelt und hatte großen Einfluss auf den amerikanischen Behaviorismus.

Als der eigentliche Begründer des amerikanischen Behaviorismus gilt der Psychologe John Broadus Watson (1879–1958). Seine Hauptwerke sind *Behavior: An Introduction to Comparative Psychology* von 1914 und *Psychology from the Standpoint of a Behaviorist* von 1919.

Im Jahre 1913 schrieb er den berühmt gewordenen Aufsatz »Psychology as a Behaviorist Views It«. Watson wollte die Psychologie zur Lehre von der Kontrolle und Voraussage von Verhalten machen. Bei der Erklärung menschlichen und tierischen Verhaltens lehnte er radikal »mentalistische« oder »internalistische« Begriffe wie Bewusstsein, Wille, Absicht und Vorstellung ab. Bewusstsein als eigenständiges Phänomen existiert nach Watson nicht; etwas Derartiges anzunehmen, sei reiner Aberglaube. Verhalten könne vollständig über die Beziehung von Reiz und Reaktion erklärt werden und über die sich daraus ergebende Ausbildung von Gewohnheiten (*habits*). Diese seien nichts anderes als komplexe Verkettungen einfacher konditionierter Verhaltensweisen. Worte sind für Watson linguistische Reaktionen auf Außenreize, Gedanken ein leises »Zu-sich-Sprechen«. Sie werden von außen angestoßen und können dann eine Zeit lang in sich kreisen. Innere Zustände sind »verdecktes Verhalten« (*covert behavior*).

Nach Watson gelten für tierisches und menschliches Verhalten dieselben »objektiven« Gesetze; deshalb gibt es auch keine menschliche oder tierische Psychologie, sondern nur eine einzige Art von Psychologie, und zwar die Lehre von der Veränderung des Verhaltens nach den Prinzipien der klassischen und operanten Konditionierung. Alles Verhalten ist hierdurch gezielt veränderbar, wenn dies auch manchmal in der Praxis schwierig zu erreichen ist.

Einen bedeutenden Beitrag zur behavioristischen Theorie entwickelte Clark Hull (1884–1952), indem er die Bedeutung eines Reizes als Belohnung (*reward*) betonte. Nach Hull liegt jedem Lernen das Streben zugrunde, ein bestimmtes Bedürfnis zu befriedigen bzw. einen sich daraus ergebenden Triebzustand zu beseitigen (*need reduction*), was an die fast gleichzeitig entwickelte Freudsche Triebtheorie erinnert (s. oben). Diese Überzeugung Hulls übernahm auch der letzte große und vielleicht bedeutendste Behaviorist Burrhus F. Skinner (1904–1990). Er entwickelte in seinem langen Leben das Begriffsinstrumentarium des modernen Behaviorismus. Sein Hauptwerk ist das Buch *Science and Human Behavior* von 1953.

Skinner erlangte in der Lernpsychologie und Verhaltensbiologie allein schon dadurch große Bedeutung, dass er die experimentellen Bedingungen der Erforschung menschlichen und tierischen Verhaltens stark verbesserte und verfeinerte. Er entwickelte die nach ihm benannte *Skinnerbox*, in der Versuchstiere, vor allem Tauben und Ratten, von störenden und verfälschenden menschlichen Einflüssen weitgehend ferngehalten werden können. Die Belohnung für einen Hebeldruck oder das Picken auf eine Glasscheibe, nämlich der kurzzeitige Zugang zu Futter, wurden dabei ebenso automatisiert wie die Registrierung des Verhaltens des Versuchstieres. Skinner nannte das von ihm detailliert studierte Verhalten »operantes Lernen«, da es sich hierbei um ein aktives, die Umwelt erkundendes und veränderndes Verhalten handle und nicht um ein rein reaktives (»respondentes«) Verhalten wie bei der klassischen Konditionierung. Durch die Konsequenzen des aktiven Verhaltens (Hebeldrücken, Scheibenpicken usw.) auf die Umwelt, nämlich das Erscheinen von Futter, verändert sich das Verhalten selbst. Die Konsequenzen wirken als Verstärker (*reinforcer*); deshalb wird dieses Lernverhalten auch »Verstärkungslernen« (*reinforcement learning*) genannt (McFarland 1989).

Es gibt nach Skinner zwei Formen von Verstärkung, nämlich *positive Verstärkung*, die durch das Auftreten einer Belohnung hervorgerufen wird, und *negative Verstärkung*, die aus dem Entfernen, Beenden oder Vermeiden eines negativen (aversiven) Zustandes resultiert. Von negativer Verstärkung strikt zu unterscheiden ist *Bestrafung*. Bestrafung senkt zwar die Auftrittswahrscheinlichkeit einer Handlung, beseitigt sie aber meist nicht völlig, insbesondere auch deshalb, weil man nicht dauernd strafen kann, ohne das Versuchstier oder den zu konditionierenden Menschen körperlich oder psychisch schwer zu schädigen oder gar zu töten. Hört man aber mit der Bestrafung auf, so wirkt das Ende einer Bestrafung – etwa wenn die Eltern endlich aufhören, ihr Kind wegen des unaufgeräumten Zimmers auszuschimpfen – nach Meinung der Behavioristen stark belohnend auf die ursprünglich zu unterdrückende Verhaltensweise.

Alles willkürliche Verhalten von Mensch und Tier – so lautet das Glaubensbekenntnis Skinners und seiner Anhänger – wird über Verstärkungs- und Vermeidungslernen gesteuert, d. h. über die *Konsequenzen des Verhaltens*. Skinner verwandte große Sorgfalt darauf, die Wirkung unterschiedlicher Verstärkungsstrategien, sogenannter Verstärkungsschemata oder Verstärkungsprogramme, auf den Lernerfolg zu untersuchen. So gibt es regelmäßige Verstärkung, auch fixierte Quotenverstärkung genannt, die darin bestehen kann, dass eine Belohnung nach jedem Hebeldrücken (»Immer-Belohnen«) auftritt, nach dem x-ten Hebeldrücken oder in festen zeitlichen Intervallen, z. B. alle drei Minuten. Schließlich gibt es die Belohnung mit variablen Quoten (nach dreimaligem Hebeldrücken, dann nach fünfmaligem, nach siebenmaligem, nach viermaligem Hebeldrücken usw.) oder mit variablen Zeitintervallen (Belohnung nach drei Sekunden, dann nach sieben, fünf, zehn, vier Sekunden, vorausgesetzt, das Versuchstier drückt relativ regelmäßig den Hebel).

Wichtig ist die von Skinner getroffene Unterscheidung zwischen primärer und sekundärer Verstärkung. Beobachtet man, dass sich nach Futterentzug das Verhalten eines Versuchstieres durch erneute Futtergabe verändert, so kann das Futter als *primärer Verstärker* angesehen werden. Andere primäre Verstärker sind die Gabe von Flüssigkeit, Schlafen nach Schlafentzug, sexueller oder sozialer Kontakt. Jedoch können Ereignisse wie das Geräusch des Futterbehälters, das Herabfallen der Futterpille, das Öffnen der Tür durch den Pfleger, die blinkende Pinzette, mit der Futterbrocken dargeboten werden, Geschirrklappern usw. zu *sekundären Verstärkern* werden, wenn sie häufig zusammen mit dem primären Verstärker auftreten. Solche Prozesse gehören aus heutiger Sicht zum *Kontextlernen*, und man weiß inzwischen, dass sie eine wichtige Rolle beim Lernen von Tier und Mensch spielen, denn diese sekundären Verstärker haben die Funktion von Hinweisreizen (»Gleich gibt's was zu essen!«, »Hier lauert Gefahr!«).

Mensch und Tier werden von Skinner und den meisten anderen Behavioristen als *extern determinierte und determinierbare Wesen* angesehen. Daraus resultierte ein Veränderungsoptimismus, der annahm, dass jedes Tier und jeder Mensch zu jedem erwünschten Verhalten erzogen werden können, vorausgesetzt sie sind körperlich überhaupt dazu in der Lage und man führt es richtig aus, d.h. nach den Gesetzen der Habituation, der Sensitivierung und der klassischen (Pawlowschen) und operanten Konditionierung.

Das behavioristische Konzept der Verhaltenstherapie
Diese Ansicht liegt auch der »klassischen« Verhaltenstherapie zugrunde. Ausgangspunkt aller Formen der Verhaltenstherapie, auch der weiter unten dargestellten kognitiven Verhaltenstherapie, ist die Überzeugung, dass es sich bei psychischen Störungen um Resultate »falsch verlaufener« bzw. *nichtadaptiver* Lern- und Konditionierungsprozesse handelt, die entsprechend im täglichen Leben eines Individuums zu Einschränkungen führen, besonders in Hinblick auf die Wahrnehmung des eigenen Selbst,

der sozialen Umwelt und der Zukunft (vgl. Margraf 2009). So hat eine Person allein aufgrund bestimmter Erfahrungen ein geringes Selbstwertgefühl, kann nicht angst-und konfliktfrei mit anderen Menschen umgehen oder sieht die eigene Zukunft als unsicher, bedrohlich oder perspektivlos an. Die Verhaltenstherapie, gleich welcher Spielart, zielt daher darauf ab, dass sich der Patient dieser nichtadaptiven Denk- und Verhaltensweisen *bewusst* wird und zusammen mit dem Therapeuten lernt, sie zu löschen bzw. abzuschwächen und adaptivere Denk- und Verhaltensweisen zu entwickeln.

Freilich gibt es innerhalb der verschiedenen Richtungen der Verhaltenstherapie deutliche Unterschiede. Die klassische, direkt auf dem Behaviorismus aufbauende VT setzt den Schwerpunkt auf Maßnahmen zur *direkten* Verhaltensänderung. Eine Analyse der Befindlichkeit des Patienten findet zwar statt, doch dient sie nicht, wie in der Psychoanalyse, dazu, die *Störungsursachen* zu klären, sondern vielmehr hat sie hier den Zweck, die Störungen genau zu *diagnostizieren*, um dann die jeweils beste verhaltenstherapeutische Methode auszuwählen. Es wird heute – anders als im »klassischen« Behaviorismus – auch nicht mehr geleugnet, dass es genetische Vorbelastungen gibt, von denen in diesem Buch bereits die Rede war; ihr Gewicht für die gegenwärtigen Störungen wird jedoch im Hier und Jetzt gesehen. Insbesondere geht man davon aus, dass ihre Folgen durch die Präsentation geeigneter Lernumgebungen und ein entsprechendes »Umlernen« deutlich veränderbar sind.

Hierzu gehören die sogenannten *Konfrontations- bzw. Expositionsverfahren*, die der klassischen Konditionierung nahestehen und darauf setzen, durch massive Reize die Störung zu beseitigen. Dies kann dadurch geschehen, dass der Therapeut etwa bei schweren Angststörungen, Panikattacken, Phobien (Flugangst, Höhenangst, Platzangst usw.) Patienten mit den Reizsituationen konfrontiert, vor denen sie Angst haben oder die bei ihnen Panik auslösen. Zum Beispiel stellt er sie dazu auf einen hohen Turm, setzt sie in ein Flugzeug oder bringt sie an einen Ort ohne eine Möglichkeit zur schnellen Flucht. Beim sogenannten *Flooding* konfrontiert man den Patienten mit einer sehr stark aversiven Situation und hofft, ihn durch diese »Schocktherapie« auf besonders effektive Weise unempfindlicher zu machen. Man geht davon aus, dass er die Angst durch *Habituation* verlernen kann. Es soll eine Art Gewöhnung entstehen, so dass er in der Zukunft keine physiologische Überreaktion mehr erlebt. Andere Verfahrensweisen gehen behutsamer vor und setzen auf eine *graduierte* Desensibilisierung.

Der Patient lernt somit langsam, dass er eine als bedrohlich empfundene oder Panikreaktionen auslösende Situation zunehmend besser meistern und seine Ängste besser kontrollieren kann, bis er keine erheblichen Verhaltenseinschränkungen wie etwa Vermeidung mehr erlebt. Neurobiologisch orientierte Verhaltenstherapeuten gehen davon aus, dass sich (1) dadurch im Gehirn, etwa in der Amygdala, »falsche Verdrahtungen« beheben lassen, (2) durch massive Reizeinwirkungen die nichtadaptiven synaptischen Verknüpfungen *gelöscht* werden und so Raum für neue Erfahrungen geschaffen wird, oder (3) durch die erworbene »Gegenerfahrung« die alten Bahnungen ersetzt werden. Allerdings setzt sich auch hier die Einsicht durch, dass es weder im Gehirn noch im Verhalten eine Löschung im eigentlichen Sinne, sondern nur ein Neu-Lernen gibt (vgl. Neudeck und Wittchen 2012 und Kapitel 9).

Andere Methoden benutzen die Technik der operanten Konditionierung so, dass durch positive oder negative Verstärkung bzw. durch Belohnungsentzug oder gar Bestrafung ebenfalls eine »Umverdrahtung« erreicht wird. Dies kann auf verschiedenste Weise geschehen, etwa durch Biofeedback oder den Einsatz von sekundären Verstärkern oder eintauschbaren Belohnungssymbolen (»Tokens«) unter Beachtung aller sonstigen »Gesetze des Lernens« und der Belohnungsstrategien (Immer-Belohnen, intermittierendes Belohnen usw.). Zusammen mit dem Patienten werden genaue Interventionspläne aufgestellt, und Patienten werden angehalten, Symptomtagebücher zu führen, die der Identifikation zu wiederholender stimmungsaufhellender Tätigkeiten sowie zu unterlassender Aktivitäten mit negativen Einfluss dienen (Einzelheiten dazu in Margraf und Schneider 2009).

Kognitive Verhaltenstherapie
Die *kognitive Verhaltenstherapie* ist die im deutschsprachigen Raum und auch international derzeit am weitesten verbreitete Form der Verhaltenstherapie. Sie wurde vor allem als »rational-emotionale Verhaltenstherapie« von Albert Ellis oder als »kognitive Verhaltenstherapie« bzw. »kognitive Therapie« von Aaron Beck entwickelt.

Diese Entwicklungen standen in einem engen ideengeschichtlichen Zusammenhang mit der sogenannten »kognitiven Wende« der Psychologie und der damit verbundenen Abkehr vom klassischen Behaviorismus. Die ersten bedeutenden Kritiker des Behaviorismus kamen aus den eigenen Reihen, darunter der Psychologe Edward C. Tolman (1886–1959). Tolman, ein Vertreter des »zweckhaften« Behaviorismus, war beeinflusst von der Gestaltpsychologie; sein Hauptwerk *Purposive Behavior in Animals and Men* erschien 1932. Nach Tolman ist die Grundeinheit des Verhaltens der zweckhafte, zielgerichtete Akt, der von »kognitiven Prozessen« geleitet ist. Der wichtige Schritt Tolmans war es anzuerkennen, dass interne Repräsentationen oder »intervenierende Variablen« existieren, also Vorgänge im Innern von Tier und Mensch, die die reine Reiz-Reaktionsbeziehung mehr oder weniger stark beeinflussen können. Eine solche Annahme war die Grundlage der berühmten »kognitiven Wende« in Psychologie und Neurobiologie und ist heute völlig anerkannt (vgl. Gardner 1987). In der Psychologie wurde die »kognitive Wende« schließlich durch Arbeiten der Psychologen Donald Broadbent und Eric Neisser eingeleitet. Daraus entwickelte sich der sogenannte Funktionalismus, der die Auffassung vertritt, dass Kognition *Informationsverarbeitung* ist, die mithilfe von logischen Berechnungsabläufen (*Algorithmen*) nachgezeichnet werden kann (Anderson 1996).

Albert Ellis (1913–2007) begann als Psychoanalytiker, wandte sich aber bald von der Psychoanalyse ab und begründete die »rationale Therapie«, später »rational-emotive Therapie« und noch später »rational-emotive Verhaltenstherapie« genannt. Er setzte sich bewusst vom Behaviorismus ab, wehrte sich aber zugleich dagegen, dass man seine Lehre zu den »kognitiven« Verhaltenstherapien zählte. Dennoch teilt er mit diesen Therapierichtungen die Grundauffassung, dass psychische Störungen auf »irrationalen« Ideen und Anschauungen (*irrational beliefs*) beruhen. Es ist danach Aufgabe des Therapeuten, den Patienten von der Irrationalität seiner Anschauungen zu überzeugen, und zwar nicht nur auf der rationalen, sondern auch auf der emotionalen Ebene.

Aaron Beck (geb. 1921) ist der eigentliche Begründer der kognitiven Verhaltenstherapie (KVT). Er begann seine therapeutische Arbeit wie Ellis als Psychoanalytiker und stellte wie dieser fest, dass er bei seinen Patienten, die an Depressionen litten, mit der psychoanalytischen Therapie nur geringe

Erfolge erzielte. Dagegen erhielt er bessere Ergebnisse, wenn er sich an Störungen »kognitiver« Funktionen wie Wahrnehmen, Denken, Vorstellen, Schlussfolgern und Antizipieren orientierte. Diese Ausrichtung unterscheidet ihn einerseits von der klassischen Verhaltenstherapie, die »innere« mentale Prozesse für weitgehend irrelevant hält, und andererseits von der Freudschen Psychoanalyse, die nichtkognitive Triebstrukturen oder Triebkonflikte als primäre Ursachen für psychische Störungen ansieht.

Die KVT geht in der Nachfolge des Behaviorismus davon aus, dass jegliches Verhalten erlernt ist und durch neue Lernvorgänge verändert werden kann. Gleichzeitig schließt sich Beck ebenso wie Ellis der »kognitiven Wende« an. Psychische Störungen wie Depression oder Angststörungen beruhen also auf »nichtadaptiven« Lernprozessen in Hinblick auf das Selbst und die Sicht der Welt und der eigenen Zukunft, die sich in »dysfunktionalen Kognitionen« niederschlagen. Diese haben sich mit der Zeit zu falschen »Grundannahmen« von Selbst, Welt und Zukunft und zu »pathogenen Überzeugungen«, verbunden mit automatischen Gedanken, unlogischen Denkprozessen und kognitiven Verzerrungen entwickelt. Das kann sich in unangemessenem Generalisieren einer Einzelerfahrung äußern, in Katastrophendenken, Personalisieren eines Sachverhaltes oder in »Schwarz-Weiß-Denken«. Beck und andere führende Vertreter der KVT sind der Ansicht, dies entspräche auf neurobiologischer Ebene einem Ungleichgewicht zwischen subcorticalen limbischen Zentren, vornehmlich der Amygdala, und präfrontalen Regionen, die dadurch eine »kognitive Kontrolle« falscher Gedanken und Einstellungen nicht mehr ausführen können (Clark und Beck 2010).

Der therapeutische Ansatz der KVT wird dem lerntheoretischen Grundgedanken entsprechend als *Problemlöseprozess* verstanden und beruht (1) auf dem Bewusstmachen falscher Gedanken, Einstellungen und Überzeugungen (also von dysfunktionalen Kognitionen), (2) auf der Überprüfung dieser dysfunktionalen Kognitionen und Schlussfolgerungen auf ihre Angemessenheit, (3) auf der Korrektur von irrationalen Überzeugungen – »kognitive Um-Strukturierung« genannt – und (4) auf dem Einüben entsprechender verbesserter Verhaltensweisen (Wilken 2006).

Anders als beim klassischen verhaltenstherapeutischen Ansatz wird in der KVT versucht, die *Persönlichkeit* des Patienten, seine Denkweisen (*Kognitionen*) und handlungsleitenden Pläne genau zu erfassen. Dabei werden

Verhalten und Reaktionen des Patienten auf drei Ebenen erfasst, nämlich auf der Ebene des motorisch-beobachtbaren Verhaltens (z. B. Flucht vor der Spinne), auf der Ebene der perzeptiv-kognitiven Prozesse (»Oh Gott, eine Spinne!«) und auf der Ebene des somatisch-physiologischen Geschehens (Schweißausbruch). Die Sichtweise des Patienten soll dabei vom Therapeuten nicht belehrend entkräftet werden, sondern der Patient soll dazu angeleitet werden, sie selbständig zu relativieren. Zum Beispiel soll er lernen, kreativ über sich und seine Möglichkeiten nachzudenken (»Was wäre, wenn ...?«), seine Situation zu »entkatastrophieren« und eigenständig die Angemessenheit der eigenen Gedanken zu überprüfen.

Dabei steht die Auseinandersetzung mit *gegenwärtigen* dysfunktionalen Kognitionen im Vordergrund. Das Erkennen »tieferliegender« Ursachen insbesondere aus früher Kindheit und deren Aufarbeitung ist zuweilen nützlich, aber nicht wesentlich. Mehr als um ein ausführliches Ergründen unbewusster Vorgänge und eine Erörterung des Leidensdruckes geht es, nachdem günstige therapeutische Ausgangsbedingungen geschaffen sind, um den Aufbau von *Änderungsmotivation*, um eine genaue Verhaltensanalyse und ein funktionales Bedingungsmodell, um die Vereinbarung therapeutischer Ziele und die Planung und Durchführung spezieller Methoden zur Verhaltensänderung, ferner um die Evaluation und Stabilisierung der therapeutischen Fortschritte und um das Erlernen von Selbstmanagementfähigkeiten (Kanfer et al. 2000). Zentral für die Therapie ist die »kognitive Umstrukturierung«, d. h. die Überwindung negativer Schemata und pathogener Einstellungen.

In jüngster Zeit vollzieht sich aber – auch unter Beteiligung von Beck selbst – eine starke Aufweichung des Begriffs »kognitiv«, der nun angeblich auch emotionale Zustände umfasse. In den Augen von Psychologen und Neurobiologen ist diese Begriffsausweitung jedoch problematisch, da »kognitiv« dann letztlich »alles, was wirkt« beinhaltet. Sowohl in der Psychologie als auch in der Neurobiologie, auf die man sich innerhalb der KVT zunehmend beruft, hat der Begriff »kognitiv« eine präzise Bedeutung, die sich scharf von jener des Begriffes »emotional« abgrenzt.

Grund für diese Aufweichung des Kognitionsbegriffs bei Beck und seinen Kollegen ist die von ihnen zögerlich akzeptierte Tatsache, dass es für eine rein kognitive »Umstrukturierung« keine experimentellen neurobiologischen Belege gibt (vgl. nächstes Kapitel). Entsprechend gibt es wie schon in der Psychoanalyse auch in der KVT zahlreiche Weiterentwicklungen, die die *emotionalen* Komponenten kognitiver Leistungen stärker berücksichtigen. Insbesondere gilt dies für die große Bedeutung, die die Bindungserfahrung von der frühen Kindheit bis hinein ins Erwachsenenalter auf die Entwicklung des Psychischen hat. Manche Vertreter der KVT sprechen daher inzwischen von einer »bindungsorientierten« KVT (Borg-Laufs 2007; Immisch 2011) und betonen die Bedeutung der »therapeutischen Allianz« und von Echtheit und Aufrichtigkeit, Empathie und Verständnis, Akzeptanz und Wärme im Umgang mit dem Patienten (Hautzinger 2000). Umso mehr muss verwundern, dass Beck und andere führende Vertreter der KVT nach wie vor »eisern« an der Vorherrschaft des Denkens gegenüber den Gefühlen festhalten.

Gegenwärtig ist zunehmend von einer dritten Welle der kognitiven Verhaltenstherapie die Rede. Hierzu gehören unter anderem die Dialektisch-Behaviorale Therapie, die Funktional-analytische Psychotherapie, die Akzeptanz- und Commitmenttherapie und die Achtsamkeitsbasierte Kognitive Therapie. Von besonderer Bedeutung sind in diesem Zusammenhang auch die Schematherapie nach Jeffrey E. Young sowie das CBASP-System (englisch *Cognitive Behavioral Analysis System of Psychotherapy*) nach James P. Mc Cullough, da beide Ansätze psychodynamische Aspekte in ihre Therapiekonzepte integrieren. Allerdings liegen hierzu bisher weder international anerkannte Wirksamkeitsstudien noch neurobiologische Untersuchungen vor.

8.3 Ergebnisse der Psychotherapie-Wirksamkeitsforschung

Innerhalb der Psychotherapie-Wirksamkeitsforschung unterscheidet man die *Ergebnisforschung* (oder Outcome-Forschung) von der *Prozessforschung*. Erstere fragt nach der Wirksamkeit von Psychotherapie überhaupt, etwa im Vergleich zur Pharmakotherapie, einem unspezifischen Umgang mit einer Person des Vertrauens oder bloßem Abwarten; Letztere untersucht die Unterschiede in der Wirksamkeit einzelner Therapietechniken oder anderer Prozesselemente. In diesem Zusammenhang gibt es einen erbitterten Streit, ob und in welchem Maße die Wirkung von Psychotherapie überhaupt mit den Standardmethoden empirisch-experimenteller

Forschung, etwa den *randomisiert-kontrollierten Untersuchungen* (RCT) erfasst werden kann (den sogenannten *Efficacy*-Studien). Dies hieße nämlich, dass man die Patienten nach dem Zufallsprinzip einer der zu testenden Methoden zuordnet. Das ist nach inzwischen weit verbreiteter Meinung in der Praxis kaum durchführbar, insbesondere weil es bisweilen gegen den ausdrücklichen Willen von Patienten geschehen müsste und bestimmte, durchaus therapierelevante Voreingenommenheiten nicht berücksichtigt werden. Alternativ wird mit einem quasi-experimentellen Design ohne Randomisierung (den sogenannten *Effectiveness*-Studien) gearbeitet, bei denen dennoch hohe Standards etwa für die Diagnose oder Durchführung der Therapie beachtet werden. Letzteres ist nicht selbstverständlich, denn wie wir noch hören werden, bedeutet die Selbstzuordnung eines Psychotherapeuten zu einer bestimmten Psychotherapierichtung keineswegs, dass er auch den »orthodoxen« Vorgaben dieser Richtung entsprechend arbeitet. Wird dies aber nicht kontrolliert, so sind Outcome-Vergleiche von vornherein wertlos.

Bei der *Prozessforschung* geht es um die Frage nach der Wirksamkeit von einzelnen Faktoren einer Psychotherapie. Wie geschildert, präsentieren die verschiedenen Psychotherapien ganz unterschiedliche Wirkmodelle, und man muss fragen, ob es denn überhaupt die dort genannten Faktoren sind, die die Wirkung einer Therapie bedingen, ob also tatsächlich die »kognitive Umstrukturierung« oder das »Bewusstmachen verdrängter Motive« eine Rolle spielen oder nicht doch ganz andere Faktoren.

Die moderne Psychotherapie-Wirksamkeitsforschung nahm ihren Anfang mit einem Paukenschlag des schon mehrfach erwähnten deutschbritischen Psychologen Hans-Jürgen Eysenck. Eysenck untersuchte ab 1952 die Wirksamkeit von Psychotherapien einschließlich der Psychoanalyse und kam zu dem Ergebnis, dass Psychoanalyse nicht nur genauso wenig zur Gesundung der Patienten beitrage wie »eklektische«, aus mehreren Therapieverfahren zusammengestückelte Therapien, sondern eine Besserung durch spontane Heilung sogar behindere (vgl. Eysenck 1952). In seinen Untersuchungen zeigte nur rund die Hälfte der Therapiepatienten eine Besserung, während dies bei über 70 % einer Gruppe der Fall war, die keinerlei Therapie erhielt. Nach heftiger Kritik, vornehmlich von Seiten der besonders angegriffenen Psychoanalytiker, und dem Nachweis schwerer methodischer und statistisch-mathematischer Fehler machte

Eysenck einen Rückzieher und beschränkte sich auf die Aussage, dass der Nachweis einer Wirksamkeit von psychotherapeutischer Behandlung bisher nicht erbracht worden sei. Trotz dieser erheblichen Einschränkungen ist die Eysenck-Studie bei Kritikern der Psychoanalyse nach wie vor sehr beliebt, obwohl sich nur fünf der 24 Studien, die Eysenck berücksichtigte, auf die Psychoanalyse bezogen.

Die seit Eysenck durchgeführten Wirksamkeitsstudien zeigen ein uneinheitliches Bild. Zum einen konnten in den 1960er Jahren Dührssen und Mitarbeiter die Wirksamkeit einer mittel- bis langfristigen psychoanalytischen Therapie nachweisen. Demnach zeigten knapp 50 % der Patienten eine sehr gute bis gute Besserung ihrer Befindlichkeit, ein gutes Drittel eine befriedigende bis genügende Besserung und knapp 20 % keinerlei Besserung (Dührssen und Jorswieck 1965). Als Folge dieser Untersuchung wurden ab 1964 psychoanalytisch begründete Psychotherapien als geeignete Verfahren zur Behandlung neurotischer Erkrankungen anerkannt. Zu ähnlichen Ergebnissen kamen spätere Untersuchungen zur generellen Wirksamkeit von Psychotherapie. So wiesen McNeilly und Howard (1991) aufgrund einer Re-Analyse der ursprünglichen Daten Eysencks nach, dass eine Psychotherapie bei rund der Hälfte der Patienten innerhalb von acht Wochen eine deutliche Besserung erbrachte, während dies bei nur 2 % der unbehandelten Personen der Fall war. In einer großen Meta-Meta-Analyse von 156 Meta-Analysen kamen Lipsey und Wilson 1993 zu dem Schluss, dass Psychotherapie und andere Interventionsmaßnahmen gegenüber einem bloßen Abwarten eine mittlere Effektstärke von 0,47 aufweisen. Einige große Metanalysen kommen allerdings auf höhere Effektstärken von bis zu 0,85 (für eine Übersicht s. Benecke 2014).

Solche Befunde sagen aber nur etwas über die *generelle* Wirksamkeit von Psychotherapien aus, an der heutzutage auch nicht mehr gezweifelt werden kann, gehen doch viele Experten davon aus, dass die Psychotherapie zumindest längerfristig einer Pharmakotherapie überlegen ist (Margraf 2009; Lambert 2013; vgl. Benecke 2014). Hingegen sagen die Befunde nichts darüber aus, ob und in welchem Maße eine *bestimmte* Psychotherapierichtung einer anderen überlegen ist, und auch nichts darüber, *welche* Faktoren einer Psychotherapie denn nun die festgestellte Wirkung hervorbringen.

Seit Mitte der 1970er Jahre äußerten Wirksamkeitsforscher die Meinung, es gebe zwischen den gängigen Psychotherapierichtungen, also vor allem zwischen kognitiver Verhaltenstherapie und psychoanalytisch-psychodynamischer Therapie hinsichtlich der Wirksamkeit überhaupt keine grundlegenden Unterschiede (Luborsky und Singer 1975; Smith et al. 1980; Wittmann und Matt 1986), was Spekulationen über einen dominierenden gemeinsamen Wirkfaktor neu belebte.

Seit längerem wird nämlich vermutet, dass allen nachweislich wirksamen Methoden zur Behandlung psychischer Störungen, von schamanisch-indianischen Heilritualen bis hin zu modernen Psychotherapien, gemeinsame »Heilelemente« zugrunde liegen. Nach Ansicht des Pioniers auf diesem Gebiet, des amerikanischen Psychiaters J. D. Frank (1961) kann man vier »allgemeine Elemente von Psychotherapien« erkennen. Dies sind: (1) Eine Vertrauensbeziehung und Wertschätzung zwischen Patient und Helfer (Therapeut). Hierzu gehört, dass der Patient auf die Kompetenz des Therapeuten und auf dessen Willen, ihm zu helfen, vertraut. (2) Die Rahmensituation der Behandlung, insbesondere innerhalb einer anerkannten oder geachteten Heilstätte, die Zuflucht vor den Anforderungen und Ablenkungen des Alltags bietet und eine Aura wissenschaftlicher Heilkunst besitzt. (3) Eine explizite Behandlungstheorie bzw. ein »Behandlungsmythos«, der auf einer »optimistischen Philosophie der menschlichen Natur« aufbaut. Diese Behandlungstheorie bzw. der Behandlungsmythos müssen keineswegs wissenschaftlich im westlichen Sinne sein, sondern nur ein für den Patienten sinnvolles Erklärungsschema für die betreffende Erkrankung und die durchgeführte Behandlungsmethode liefern. Meist sind diese Schemata so verfasst, dass sie gegen Misserfolge immun sind und daher als unfehlbar gelten. (4) Die Anordnung bestimmter Maßnahmen, an die sich der Leidende genau zu halten hat.

Die zentrale Aussage von Frank lautet: »Das Entscheidende ist, dass die therapeutische Wirksamkeit der Theorien und Techniken nicht notwendig in ihren spezifischen Inhalten liegt, die verschieden sind, sondern in ihren Funktionen, die gleich sind.« In eine ähnliche Richtung geht Edward Bordins Begriff vom »Arbeitsbündnis« (*Working Alliance*, Bordin 1979). Dieses Bündnis umfasst die Übereinstimmung zwischen Patient und Therapeut hinsichtlich der Ziele der Behandlung und der zu erledigenden Aufgaben sowie eine positive Bindung.

Gegenwärtig muss die Frage unentschieden bleiben, ob eine bestimmte Psychotherapierichtung allen anderen *generell* überlegen ist, auch wenn es viele entsprechende Behauptungen gibt. Dies ist zahlreichen Umständen geschuldet: Erstens leiden die meisten vergleichenden Untersuchungen neben oft schwerwiegenden Mängeln im Studiendesign wie etwa zu kleinen Stichproben unter der Tatsache, dass sich innerhalb der Psychotherapierichtungen, die miteinander verglichen werden, ganz unterschiedliche Konzepte finden, so dass man von *der* KVT oder *der* Psychoanalyse gar nicht sprechen kann. Zweitens gibt es einen nur geringen Zusammenhang zwischen dem Bekenntnis eines Therapeuten zu einer bestimmten Therapierichtung und dem, was er tatsächlich in seiner Praxis macht; man spricht hier vom unterschiedlichen Grad der »Manualtreue« gegenüber der eigenen Therapierichtung (Wampold 2001). Drittens fällt auf, dass der Wirksamkeitsnachweis zugunsten einer bestimmten Psychotherapierichtung in der Regel dann gut gelingt, wenn die untersuchenden Wissenschaftler dieser Richtung angehören und – bewusst oder unbewusst – ein Interesse daran haben, die Überlegenheit ihrer Therapierichtung nachzuweisen (im Englischen *»researcher allegiance bias«* genannt). Viertens sind in aller Regel die Kriterien für den Erfolg einer Maßnahme gar nicht vergleichbar. So zeigten Lambert und Hill, dass je nach Wahl der Erfolgskriterien die »Erfolgsquote« zwischen rund 6 % und rund 80 % schwankt (Lambert und Hill 1994; vgl. Margraf 2009).

Fünftens scheint es bei den Wirksamkeitsstudien gängige Praxis zu sein, Kontrollgruppen so zusammenzustellen, dass von vornhinein eine höhere Wirksamkeit der angewandten Therapieform gewährleistet ist. In jüngster Zeit kamen vergleichenden Studien, in denen diese Faktoren und besonders die »researcher allegiance« kontrolliert wurden, zu dem Schluss, dass eine nachgewiesene spezifische Überlegenheit einer bestimmten Therapierichtung bei hoher Qualität und trotz einer »researcher allegiance« nur sehr geringe Effektstärken von 0,2 ergeben (für eine Übersicht s. Munder et al. 2011). Man kann heute davon ausgehen, dass die *differenziellen* Effekte einer bestimmten Therapierichtung zumindest in der sogenannten ersten Therapiephase gering sind (vgl. Kapitel 9) – trotz aller vollmundigen Behauptungen von den Protagonisten der jeweiligen Richtung.

Bestätigt dies nun die oben genannte Auffassung, wonach gleichgültig ist, was gemacht wird, wenn es nur am Ende wirkt (das berühmt-berüchtigte »Dodo-Bird-Argument« frei nach *Alice im Wunderland*: Alle haben gewonnen, alle haben einen Preis verdient!)? Dagegen spricht, dass je nach zu behandelnder Erkrankung und nach Länge der Therapie durchaus Unterschiede in der Wirkung von KVT und PA festzustellen sind, auch wenn keine *generelle* Überlegenheit nachzuweisen ist. Dies ist angesichts der großen Variabilität in der Symptomatik der Erkrankung, ihrer Vorgeschichte, in der Persönlichkeit des Patienten und des Therapeuten und ihrer Beziehung zueinander und in dem, was in der Therapie tatsächlich unternommen wird, letztlich auch gar nicht zu erwarten. Es scheint also eine Art »multiple Passung« zwischen den genannten (und sicherlich vielen weiteren) Faktoren zu geben, was erklären würde, warum eine bestimmte Behandlungsmethode immer nur bei einem bestimmten Teil der Patienten gut wirkt. Natürlich muss man auch davon ausgehen, dass es bereits eine gewisse Vorselektion zwischen Patient und Therapeut gibt, zumindest nach dem ersten Gespräch, denn diejenigen, die den Therapeuten nicht »passend« finden, kommen nicht wieder.

Wie Holtzheimer und Mayberg (2011) eindrucksvoll darstellen, gibt es bei der Depression keine Einzelmethode (Antidepressiva, Psychotherapie, Elektrokonvulsionstherapie, Vagusnervstimulation, transkranielle Magnetstimulation), die anderen Methoden signifikant überlegen ist, und Entsprechendes kann für die unterschiedlichen psychotherapeutischen Behandlungsrichtungen gesagt werden. Vielmehr liegt die Rückfallquote depressiver Patienten nach beliebiger Psychotherapie zwischen 60 und 80 % – ein Wert, der für sich selbst spricht. Allerdings sind die Erfolgsquoten einer reinen Pharmakotherapie, selbst bei Anwendung der derzeit wirksamsten Medikamente wie der SSRI, keineswegs besser (Holtzheimer und Mayberg 2011; Cuipers et al. 2013), während eine *Kombination* von Pharmako- und Psychotherapie den einzelnen Therapieformen überlegen zu sein scheint.

Die »Common-Factor-Theorie« und der sogenannte Placeboeffekt

Großangelegte Metastudien zeigen über alle gängigen Psychotherapieverfahren hinweg einen relativ gleichförmigen Verlauf des Therapieerfolges: Bei allen Personen, bei denen eine Besserung eintritt, vollzieht sich diese anfangs oft schnell und deutlich, später aber nur noch langsam und in kleinen Schritten. Diese Beobachtungen haben zu der »Theorie der gemeinsamen Faktoren« (*Common Factors Theory*, vgl. Wampold 2001, Benish et al. 2008) geführt, die besagt, dass allen erfolgreichen Behandlungen wenige, immer gleiche Faktoren zugrunde liegen, die zwischen 30 und 70 % des gesamten Erfolges ausmachen. Den Unterschieden in den einzelnen Verfahren messen die Vertreter dieser Theorie hingegen geringere Bedeutung zu.

In der Tat zeigen diese Metastudien, dass der wichtigste Faktor für den Behandlungserfolg ein positives Verhältnis zwischen Klient/Patient und Behandelndem ist: die »therapeutische Allianz«. Sie beruht auf einer vertrauensvollen Zusammenarbeit, auf der Fähigkeit des Behandelnden, die Befindlichkeiten des Patienten zu erfassen, zu verstehen und darüber zu kommunizieren, sowie auf dem Vertrauen des Patienten in den Behandelnden und seine Vorgehensweise. Einschränkend muss jedoch gesagt werden, dass auch bei einem »idealen« Behandelnden nicht alle Patienten zu einer therapeutischen Allianz in der Lage sind, und dass das Vorliegen tiefliegender (»struktureller«) Störungen etwa bei Persönlichkeitsstörungen eine Therapie grundsätzlich schwierig macht (vgl. Benecke 2014).

Insgesamt ist die Qualität der therapeutischen Allianz der wahrscheinlich wirksamste Faktor jeder Psychotherapie. Im Klartext heißt dies: Wichtiger als die Zugehörigkeit des Therapeuten zu Psychoanalyse oder KVT ist seine Fähigkeit, eine emotionale Bindung und ein Arbeitsbündnis mit dem Patienten herzustellen, auch wenn dies gelegentlich in »schulfremdes« Verhalten mündet. Dies zeigt sich besonders bei der KVT. Mehrere Untersuchungen belegen, dass eine KVT-Behandlung umso wirksamer war, je mehr »emotionale« Elemente sie enthielt (Beziehungsmuster, Aufarbeiten früherer Erfahrungen usw.), und umso weniger wirksam, je »kognitiver« sie war (Hayes et al. 1996). Wie Alan Edward Kazdin vor einigen Jahren feststellte: »Perhaps we can state more confidently now than before that whatever may be the basis of changes with CT [KVT], it does not seem to be the cognitions as originally proposed« (Kazdin 2007, S. 8).

Es stellt sich damit die Frage, ob und in welchem Maße diese lange verächtlich als »Placeboeffekt« abgetane Wirkung der therapeutischen Allianz empirisch bzw. neurowissenschaftlich untermauert werden kann. Darauf werden wir im nächsten Kapitel eingehen. Auch muss gefragt werden, ob und inwieweit diese Wirkung über den ganzen Therapieverlauf anhält oder sich langsam abschwächt. Wenn Letzteres der Fall sein sollte, so müssten zumindest für die zweite Therapiephase andere Faktoren eine Rolle spielen, wenn die Therapie am Ende wirksam ist.

8.4 Was sagt uns das alles?

Ohne Zweifel ist die Psychotherapie eine wirksame Methode zur Behandlung psychischer Erkrankungen. Die gängigen Psychotherapien, vornehmlich die Psychoanalyse und psychodynamische Therapie, die Verhaltenstherapie und die kognitive (Verhaltens-)Therapie wurden im Kontext einer ganz bestimmten Ideengeschichte entwickelt. Bei der Psychoanalyse Freuds war dies die romantische Medizin mit ihren Ideen vom Primat des Unbewussten über das Bewusstsein und ihrer Triebtheorie, die auch in Form der Lorenzschen Instinktlehre bis in die Gegenwart hinein wirksam war, und daneben die Neurobiologie, an deren stürmischer Entwicklung Freud als junger Wissenschaftler selbst Anteil nahm. Dies erzeugte bei Freud ein eigenartiges Gemisch aus hochspekulativen Konzepten und der gleichzeitigen Vision einer naturwissenschaftlich-neurobiologisch begründeten Lehre vom »seelischen Apparat«. Seine Ambitionen in Bezug auf Letzteres gingen so weit, dass er bis kurz vor seinem Tod noch damit rechnete, den Nobelpreis für Medizin oder Physiologie zu erhalten.

Der Ruch des Hochspekulativen haftet der Psychoanalyse angesichts der Freudschen Triebtheorie, der Theorie des Ödipuskomplexes und der Traumdeutung (um nur einige Aspekte zu nennen) bis heute an. Auch wenn aus neurobiologischer Sicht inzwischen einige Grundaspekte der Lehre Freuds als unbezweifelbar richtig angesehen werden können – etwa die Dominanz des Unbewussten über das Bewusste, die Rolle der Verdrängung, die große Bedeutung prägender frühkindlicher Erfahrungen und der Bindung –, so muss man vieles andere durchaus kritisch sehen. Neben der Trieblehre betrifft dies insbesondere die nach wie vor verbreitete Überzeugung, das bei der Analyse entstehende Wissen um die verdrängten Motive des Patienten mache einen Großteil des Therapieerfolges aus. Hieraus ergibt sich das gängige Klischee des Psycho-*Analytikers*, der mit seinem allwissenden und alles durchdringenden Blick die Wurzeln des psychischen Übels erfasst.

Manche gegenwärtige Psychoanalytiker haben immer noch große

Schwierigkeiten, sich von diesen Denkweisen zu lösen. Ein bedeutender Schritt hin zu einer solchen Ablösung ist es zweifellos, dass die Ergebnisse der Bindungsforschung zunehmend Beachtung finden und Bemühungen unternommen werden, die Diagnostik zu standardisieren, wie es etwa in der OPD geschieht. Allerdings wird sich die Psychoanalyse so lange nicht zu einer modernen Psychotherapie entwickeln können, wie eine Mehrzahl von Psychoanalytikern an überkommenen Modellen der Geisteswissenschaften (»Verstehen statt Erklären!«) festhält und jegliche Bemühungen zurückweist, die bestehenden Konzepte insbesondere durch neurobiologische Untersuchungen empirisch zu validieren. Denn als wirklich moderne Psychotherapie muss auch sie aufbauend auf den Ergebnissen der Bindungsforschung und im Einklang mit ihr den Nachweis erbringen, dass alle psychischen Erkrankungen in ihrem Kern auf einem Wechselspiel zwischen genetisch-epigenetischer Prädisposition und vorgeburtlichen wie früh-nachgeburtlichen negativen Erfahrungen und Einflüssen beruhen.

Die Verhaltenstherapie hat gänzlich andere Wurzeln als die Psychoanalyse, nämlich den amerikanischen Behaviorismus, der sich das radikale Ziel gesetzt hatte, tierisches und menschliches Verhalten nicht nur mit denselben Mitteln, sondern auch ohne jeglichen Rückgriff auf »Innerpsychisches« oder »Mentales« zu begreifen. Die klassische Verhaltenstherapie setzt grundsätzlich und ausschließlich am gegenwärtigen Verhalten der Patienten an und sieht in dem, was andere Richtungen »psychischen Störungen« nennen, in Wirklichkeit Ergebnisse von »falschem« (nichtadaptivem) Lernen oder falscher Konditionierung, die nur mit den bewährten Mitteln der klassischen und operanten Konditionierung beseitigt werden können. Die Frage, *warum* Personen überhaupt, warum einige stark und andere gar nicht fehlkonditioniert wurden, wird nicht gestellt. Stattdessen gilt das »Hier und Jetzt«. Entsprechend haben die Ergebnisse der Bindungsforschung bisher keinen nennenswerten Eingang in die klassische Verhaltenstherapie gefunden.

Die kognitive Therapie hat zwar die post-behavioristische »kognitive Wende« mitgemacht und stellt entsprechend kognitive Leistungen ins Zentrum ihres Konzepts. Aber wie in der klassischen Verhaltenstherapie gelten auch bei ihr die Prinzipien des »Hier und Jetzt« und der rigiden *Störungsorientierung*, und nur langsam finden die Ergebnisse der Bindungs-

und Emotionsforschung Eingang in ihre Konzepte. Zu stark ist das Dogma, dass das Denken das Fühlen bestimmte und nicht umgekehrt, obwohl die neurobiologische Forschung das genaue Gegenteil belegt. Positiv sind hingegen die Bemühungen der (kognitiven) Verhaltenstherapie um eine wissenschaftliche, empirisch-psychologische und neurobiologische Grundlegung, auch wenn dabei – wie wir im nächsten Kapitel sehen werden – Ergebnisse dieser Forschung nicht immer adäquat berücksichtigt werden.

Die große Herausforderung aller gängigen Psychotherapierichtungen ist zum einen die Tatsache, dass der wichtigste Garant für einen Therapieerfolg das »Arbeitsbündnis« zwischen Therapeut und Patient zu sein scheint, und dass eine bestimmte Therapierichtung offenbar umso erfolgreicher ist, je mehr positive Bindung zwischen Patient und Therapeut besteht und je mehr beide hinsichtlich der Ziele der Behandlung und der Aufgaben, die ihnen beiden dabei zukommen, übereinstimmen (Martin et al. 2000; Safran et al. 2009; Horvath et al. 2011).

Allerdings – so scheint es – gilt dieses Überwiegen des »Arbeitsbündnisses« vornehmlich für den Beginn und die erste Phase einer Therapie, in der die Linderung der Störungen schnell, aber vielleicht nur oberflächlich eintritt, während in der zweiten Phase andere Faktoren hinzukommen, die zu einer tiefergreifenden und längerfristigen Besserung führen könnten. Mit den neurobiologischen Aspekten dieser Hypothese werden wir uns im nächsten Kapitel beschäftigen.

9 Die Wirkungsweise von Psychotherapie aus Sicht der Neurowissenschaften

In diesem Kapitel wollen wir fragen, wie die Wirksamkeit von Psychotherapie aus Sicht der Hirnforschung zu bewerten ist. Wir stellen dabei nicht infrage, *dass* Psychotherapie wirkt. Wie im vorangegangenen Kapitel dargestellt, besteht kein vernünftiger Zweifel daran, dass Psychotherapie bei psychischen Erkrankungen wirksamer als eine Nichtbehandlung ist und – wie eine Reihe von Untersuchungen zeigt – zumindest auf längere Sicht einer reinen Pharmakotherapie überlegen ist (Lambert 2013; Benecke 2014). Allerdings liegen nur für die Verhaltenstherapie (VT), die kognitive Verhaltenstherapie (KVT) und die Psychoanalyse und nahe verwandte psychodynamische Therapien (PA/PD) aussagekräftige Daten vor.

Im Folgenden wollen wir uns hauptsächlich mit folgenden Fragen beschäftigen: (1) Wie könnten Korrelate einer erfolgreichen Psychotherapie im Gehirn aussehen, und mit welchen Mitteln kann die Hirnforschung diese erfassen? (2) Wie sind die Kernaussagen der hier behandelten Psychotherapien über deren Wirkungsweise aus neurowissenschaftlicher Sicht zu beurteilen? (3) Wie lassen sich die als psychotherapeutischer Hauptwirkfaktor nachgewiesene »therapeutische Allianz« und der dabei unterstellte »Placeboeffekt« neurobiologisch interpretieren? (4) Wie ist aus neurobiologischer Sicht die vermutliche Existenz zweier Therapiephasen zu beurteilen?

9.1 »Neuropsychotherapeutische« Korrelate und Messmethoden

Für eine erfolgreiche Psychotherapie gibt es aus neurobiologischer Sicht im Prinzip folgende Möglichkeiten:

(1) Unzulänglich oder fehlentwickelte limbische oder kognitive Hirnstrukturen reifen unter Einwirkung der Psychotherapie nach. Dies ist angesichts unserer Erkenntnisse über die Hirnentwicklung einigermaßen unwahrscheinlich, denn das menschliche Gehirn ist zu einer »Reparatur« ganzer Hirnzentren nicht in der Lage.

(2) Gestörte Strukturen und Prozesse werden durch die Therapie gelöscht und dauerhaft durch »gesunde« Strukturen und Prozesse ersetzt. Dies ist nur sehr begrenzt möglich, wie wir sehen werden.

(3) Die gestörte Wirkung von Neuromodulatoren wird durch eine Vermehrung oder Verminderung der entsprechenden Rezeptoren bzw. eine Erhöhung oder Verminderung ihrer Empfindlichkeit behoben. Dadurch könnte sich ein neues Gleichgewicht der Interaktion zwischen Zentren herstellen.

(4) Aufgrund neuer und positiver Erfahrungen werden *kompensatorische Schaltungen* ausgebildet, welche die gestörten Strukturen und Prozesse in ihren Wirkungen auf psychische Befindlichkeit und Verhalten durch Überlagerung zumindest teilweise außer Kraft setzen.

Diese Möglichkeiten werden wir diskutieren, wenn wir uns kritisch mit der Wirkungsweise der behandelten Therapieformen auseinandersetzen. Zunächst müssen wir uns aber kurz mit den Problemen der Messmethoden und des »Untersuchungsdesigns« beschäftigen.

Welche Methoden besitzt die Neurobiologie, um die Wirksamkeit von Psychotherapien zu überprüfen?

Das psychische Geschehen ist unabdingbar an die Aktivitäten corticaler und subcorticaler limbischer Zentren und deren Wechselwirkungen gebunden, und es gilt als erwiesen, dass sie bei psychisch kranken Menschen je nach Erkrankung in bestimmter Weise verändert sind.

Dies kann z. B. eine gegenüber dem »Normalzustand« deutlich erhöhte oder verminderte Aktivität von Amygdala, Nucleus accumbens, Hippocampus, dorsolateralem, orbitofrontalem und ventromedialem Cortex usw. bedeuten. Mithilfe geeigneter Methoden lässt sich außerdem feststellen, ob und in welcher Weise diese jeweiligen Veränderungen miteinander zusammenhängen, etwa derart, dass eine Aktivitätserhöhung der Amygdala mit einer Aktivitätserniedrigung des dorsolateralen präfrontalen Cortex einhergeht. Solche Untersuchungen sind inzwischen Routine, auch wenn sie mit erheblichen methodischen Schwierigkeiten zu kämpfen haben. Ein Problem liegt darin, dass bei der Untersuchung des menschlichen Gehirns in der Regel nur solche Verfahren zum Einsatz kommen können, mit denen man die Hirnaktivität durch die intakte Schädeldecke hindurch messen kann.

Üblicherweise finden bei Untersuchungen am intakten Gehirn vier Methoden Verwendung: die Elektroenzephalographie bzw. das Elektroenzephalogramm (EEG), die Magnetenzephalographie bzw. das Magnetenzephalogramm (MEG), die Positronen-Emissionstomographie (PET) und die funktionelle Kernspin- oder Magnetresonanztomographie (fMRT bzw. fMRI).

Beim *EEG* wird am Kopf mithilfe von Oberflächenelektroden durch die intakte Schädeldecke hindurch die elektrische Aktivität einer großen Zahl von Nervenzellen gemessen, und zwar im Wesentlichen der vertikal zur Hirnoberfläche angeordneten Pyramidenzellen. Subcorticale Vorgänge können damit nicht erfasst werden. Die zeitliche Auflösung des EEG liegt im Millisekundenbereich. Mit dieser Methode können deshalb Erregungsverteilungen in der Großhirnrinde bei kognitiven oder emotionalen Leistungen zeitlich genau dargestellt werden; die Herkunftsorte der Erregungen lassen sich dagegen nur ungenau lokalisieren, auch wenn inzwischen häufig mit über hundert Elektroden gemessen wird. Allerdings können sie durch aufwendige mathematische Methoden über die dort entstehenden »Dipole« genauer identifiziert werden. Bei der Messung *ereigniskorrelierter Potenziale* (EKP) wird die Änderung des EEG bei der Wahrnehmung von äußeren Reizen (Lichtblitzen, Tönen, auch Gesichtern, Wörtern und Objekten) oder von rein intern generierten Ereignissen wie Aufmerksamkeit, Vorstellungen und Erinnerungen gemessen.

Anders als beim EEG werden beim *MEG* mithilfe hochsensitiver Detektoren Veränderungen der parallel zur Cortexoberfläche verlaufenden *magnetischen* Felder gemessen. Das MEG hat bei gleicher sehr guter Zeitauflösung eine etwas bessere Ortsauflösung als das EEG, weil die magnetische Leitfähigkeit des Hirngewebes und damit die Ausbreitung und das »Verschmieren« des Signals geringer sind als seine elektrische Leitfähigkeit.

Beim *PET* wird dem Blut des Patienten oder der Versuchsperson ein Positronen aussendendes Isotop (z.B. ^{15}O oder ^{18}F) in Verbindung mit einer am Stoffwechsel beteiligten Substanz (z.B. Wasser oder Glucose) zugeführt. Dieser Stoff wird in hoher Konzentration an den Stellen des Gehirns verbraucht, an denen die Hirnaktivität besonders ausgeprägt ist. Das beim Zerfall des Isotops freiwerdende Positron vereinigt sich mit einem Elektron, was zur Aussendung von Gammastrahlung führt, bei der zwei Photonen in genau entgegengesetzte Richtungen fliegen. Dies wird durch Detektoren registriert, die ringförmig um den Kopf des Patienten angebracht sind. Mithilfe eines Computers lassen sich Zerfallsort und Zerfallsmenge genau berechnen und in ein dreidimensionales Aktivitätsbild umsetzen. Die räumliche Auflösung liegt im Bereich von 5–10 mm, das Erstellen eines aussagekräftigen PET-Bildes benötigt

45 bis 90 Sekunden. Schnellere neuronale bzw. kognitive Prozesse können mit dieser Methode daher nicht erfasst werden. Auch liefert PET keine Darstellung der Anatomie des untersuchten Gehirns. Der große Vorteil von PET gegenüber der unten dargestellten fMRI ist allerdings die Möglichkeit, Stoffwechselprozesse, z. B. die Ausschüttung und Verteilung von Neuromodulatoren oder Neuropeptiden quantitativ zu erfassen.

Die *fMRI* ist innerhalb der »Neuropsychiatrie« bzw. »Neuropsychotherapie« die derzeit am häufigsten angewandte Methode. Hierbei werden die Veränderungen in den magnetischen Eigenschaften des Blutes in eng umgrenzten Hirnregionen gemessen, die ihrerseits mit der neuronalen Aktivität in diesen Regionen zusammenhängen. Dem wiederum liegt die bereits erwähnte Tatsache zugrunde, dass eine erhöhte neuronale Aktivität, und zwar besonders synaptische Reorganisationen und neuromodulatorische Prozesse, stoffwechselphysiologisch »teuer« sind und sich in Veränderungen des Blutdurchflussvolumens oder der Sauerstoffsättigung des Blutes niederschlagen. Dies nennt man den »BOLD«-(*blood-oxygenation level dependent*) Effekt (für einen Überblick s. Schneider und Fink 2007).

Die hierbei gemessenen Veränderungen des fMRI-Signals sind allerdings ziemlich klein – bei corticalen Prozessen betragen sie nur wenige Prozent gegenüber dem Kontrastreiz, bei subcorticalen Prozessen sogar meist weniger als ein Prozent. Man muss daher einen erheblichen Aufwand treiben, etwa mithilfe von Vielfachmessen an einer Person oder besser mehreren Personen, um statistisch abgesicherte Ergebnisse zu erhalten. Nimmt man für Vergleichsmessungen unterschiedliche Personen, so müssen die Gehirne, die natürlicherweise anatomisch voneinander abweichen, außerdem »normiert« werden.

In einer Reihe von Studien werden unter denselben Reizbedingungen EEG oder MEG mit fMRI kombiniert, so dass man schließlich Daten mit einer hohen zeitlichen *und* räumlichen Auflösung besitzt (vgl. Noesselt et al. 2002).

Die Präsentation geeigneter Reize ist ein weiteres großes Problem. Die einfachste Vorgehensweise zur Untersuchung der Hirnaktivität wäre es, die Patienten und die Kontrollpersonen in den »Scanner« (also das MRI-Gerät, entweder ein Ganzkörper-Gerät oder einen Kopf-Scanner) zu legen und die Gehirnaktivität unter *Ruhebedingungen* (*resting state*) zu messen. So ging man anfangs auch vor, doch erbrachte dies keine verlässlichen Ergebnisse, da das Gehirn keine eigentliche Ruhe kennt. Daher präsentiert man mittlerweile in der Regel visuelle oder akustische Reize, die eine spezifischere Bedeutung für die entsprechende psychische Erkrankung aufweisen, und misst sie gegen »neutrale« Reize. So kann man z. B. bei Angsterkrankungen den

Patienten und Kontrollpersonen furchterregende Abbildungen oder Geräusche präsentieren und gegen neutrale Abbildungen oder Geräusche messen und dabei hoffen, dass die Patienten auf die Testreize anders, in diesem Fall heftiger reagieren als die Kontrollen, und dass dies im Gehirn auch sichtbar wird. In eigenen Untersuchungen, bei denen es um Aggressivität ging, verwendeten wir kurze Videoclips mit Szenen, in denen die Versuchspersonen aufgrund einer Ich-Perspektive das Gefühl hatten, selber anzugreifen oder angegriffen zu werden (Fehr et al. 2014). In anderen Untersuchungen stellten wir fest, dass standardisierte statische Bilder (Fotos), z. B. solche aus der bekannten »International Affective Picture Series – IAPS«, über alle Patienten und Kontrollen hinweg keine deutliche Wirkung zeigten. Wir gingen deshalb dazu über, Reizmaterial (hier standardisierte kurze Sätze) zu verwenden, das aufgrund ausführlicher Interviews mit den Patienten individuell angepasst und dadurch besonders leidbezogen war (HNPS, vgl. Kessler et al. 2011; Buchheim et al. 2012a, b; Wiswede et al., eingereicht).

Eine weitere Schwierigkeit beim Erfassen von Therapieerfolgen durch bildgebende Verfahren besteht neben der notwendigen Zahl von Patienten und Kontrollpersonen in der hinreichenden Dauer der Untersuchung. Viele Studien weisen, vornehmlich aus Kostengründen, nicht nur eine aus Sicht der Statistik viel zu kleine Zahl von Patienten und Kontrollen auf, sondern decken außerdem einen viel zu kurzen Zeitraum von meist 6–16 Wochen ab, was bedeutet, dass man in der Regel nur die Anfangserfolge der Therapie erfasst. In der Hanse-Neuro-Psychoanalyse-Studie (HNPS) liefen die Tests dagegen über zwei Jahre und erfassten auch die spätere Therapiephase.

Schwierig ist auch die Deutung der gemessenen Signale. Wie geschildert, misst die fMRI *relative* Aktivitätsveränderungen in neuronalem Gewebe unter Stimulationsbedingungen, wobei erst einmal nicht klar ist, was diese Veränderungen überhaupt bedeuten. Registriert man beispielsweise eine Erhöhung der Aktivität von Neuronen im Nucleus accumbens, dann könnte dies sowohl eine Zunahme von *Erregung* (über erregende Neurone bzw. Synapsen) als auch eine Zunahme von *Hemmung* (über hemmende Neurone bzw. Synapsen), also ganz unterschiedliche Effekte bedeuten, die erst einmal nicht auseinandergehalten werden können. Man muss also zusätzlich wissen, in welchem Ausmaß in der entsprechenden Hirnregion erregende Neurone bzw. Synapsen vorliegen, und das erfährt man in der Regel nur durch unabhängig davon durchgeführte neuroanatomische und neurophysiologische Untersuchungen. Selbst unter besten Bedingungen kann eine fMRI-Messung nur die simultane Aktivität Hunderttausender von Nervenzellen erfassen. Alle genaueren Kenntnisse des zellulären und subzellulären Geschehens stammen – von gelegentlichen Messungen am freigelegten menschlichen Gehirn etwa im Zusammenhang mit Hirnoperationen abgesehen – aus Untersuchungen an Versuchstieren, meist Ratten oder Mäusen, gelegentlich Makaken.

9.2 Neurowissenschaftliche Beurteilung der Therapiewirkungsforschung

Im Folgenden werden wir uns damit befassen, welche Ergebnisse wissenschaftliche Untersuchungen zur Wirksamkeit der verschiedenen Therapien erbracht haben, insbesondere in Hinblick auf die Frage, ob hierbei die Kernaussagen der entsprechenden Therapierichtung über ihre Wirksamkeit bestätigt oder widerlegt wurden. Wie erwähnt, beschränken wir uns dabei auf die Verhaltenstherapie, die kognitive (Verhaltens-)Therapie und die Psychoanalyse sowie mit ihr verwandte psychodynamische Therapien.

(1) Das VT-Paradigma der »Löschung« unangepasster Verknüpfungen
Wie im vorangegangenen Kapitel dargestellt, gehen Verhaltenstherapeuten, der behavioristischen Lerntheorie folgend, davon aus, dass durch massive Reizeinwirkungen im Rahmen einer Konfrontationstherapie, durch Techniken wie EMDR (*Eye Movement Desensitization and Reprogramming*) sowie durch traditionelle Konditionierungsmaßnahmen nichtadaptive synaptische Verknüpfungen *gelöscht* werden. Obwohl die Löschung ein wichtiges Paradigma der VT darstellt, liegen hierzu aber kaum neurobiologische Studien an Patienten oder Versuchspersonen vor. Daher müssen wir die Gültigkeit dieser Aussage zumindest teilweise anhand von experimentellen Untersuchungen an Tieren, meist Ratten prüfen.

Bereits vor Jahren haben Experimente mit Furchtkonditionierung an Ratten gezeigt, dass frühe negative Erfahrungen durch spätere positive nicht gelöscht, sondern nur *überlernt* werden. D.h., die alten Erfahrungen verschwinden nicht, sondern werden durch neue »eingekapselt«. Wenn zum Beispiel Ratten in früher Jugend in einem bestimmten Käfig furchtkonditioniert wurden und dann nach zwei Jahren eines durchaus angenehmen Lebens in die Umgebung zurückgebracht wurden, in der sie furchtkonditioniert worden waren, so reagierten sie auf den furchtauslösenden Reiz so furchtsam wie beim ersten Mal. Die frühe negative Erfahrung war also nicht vergessen (Fendt und Fanselow 1999; LeDoux 2000).

Wie entsprechende Experimente bei der Ratte zeigten, ist die Amygdala der Ort einer solchen klassischen (Pavlovschen) Furchtkonditionierung, in der ein ursprünglich neutraler Reiz (bedingter Reiz, *conditioned stimulus*, CS), z. B. ein Licht- oder Tonsignal, mit einem natürlicherweise Furcht auslösenden Reiz (unbedingter Reiz, *unconditioned stimulus*, US), z. B. einem lauten Geräusch oder grellem Licht, mehrmals gepaart wird. Anschließend reagiert das Tier für eine bestimmte Zeit allein auf den bedingten Reiz mit einer starken Furchtreaktion. Eine Variante dieses Ansatzes ist die »furchtpotenzierte Schreckreaktion«, in der eine natürliche Schreckreaktion, etwa auf ein sehr lautes Geräusch, durch eine Zusatzkonditionierung auf ein grelles Licht noch weiter verstärkt wird (vgl. Koch 1999).

Bei Menschen kann eine einmalige Panikattacke oder ein gewalttätiger Angriff in der U-Bahn dazu führen, dass U-Bahnfahren mit starker Angst vor weiteren solchen Attacken verknüpft und in Zukunft vermieden wird; oft genügt dazu auch das Miterleben einer solchen Situation. Im Gehirn wird diese erlernte Verknüpfung über die zentrale Amygdala auf das zentrale Höhlengrau und den Hypothalamus und von dort auf andere vegetative und motorische Zentren des Hirnstamms weitergeleitet, die dann die Furchtreaktion auslösen.

Wenn sich nun ein entsprechendes Erlebnis wiederholt, *ohne* dass es von dem einmal erfahrenen negativen Geschehen begleitet wird, so kann es zu einem langsamen Rückgang der Aversion, also zu einer *Abschwächung* der Furchtreaktion kommen. Allerdings ist dies *keine* Löschung, sondern ein eigenständiger, aktiver Lernprozess, der die bestehende CS-US-Assoziation nicht eliminiert, sondern neue Verknüpfungen aufbaut, die besagen, dass das Ganze »doch nicht so schlimm ist« (Quirk und Beer 2006). Diese Abschwächung betrifft zum einen das bewusste Erleben und zum anderen das Auslösen der Furchtreaktion, z. B. das Wegrennen, Kleinmachen, Erstarren usw., während die ursprüngliche negative Erfahrung weiterbesteht. Dies zeigt sich zum einen daran, dass die Amygdala als Konditionierungsort nach wie vor erhöht aktiv ist, ohne dass der Betroffene dies merkt, und zum anderen, dass ein erneutes Eintreten der negativen Erfahrung alle gegenteiligen positiven Erfahrungen (»Es ist ja lange nichts passiert!«) außer Kraft setzt und die Ersterfahrung noch erheblich verstärkt (»Also doch!«). Zudem können negativ belastende Ereignisse bzw. starker Stress ein erneutes Aufflammen der Furchtreaktion einschließlich begleitender Angst auslösen.

Im Gehirn ist aufgrund der Erfahrung, dass »alles nicht so schlimm ist«, der mediale präfrontale Cortex für diesen abschwächenden Lernprozess und die Erinnerung daran zuständig. Er hemmt bei normaler Funktion die Ausgänge der Amygdala und hierdurch die körperliche Furchtreaktion. Ist dieser Hirnbereich aber geschädigt, findet die vorgeblich »gelöschte«, d. h. gehemmte Reaktion wieder statt. Die Erinnerung an das »doch nicht so schlimm« ist dann verschwunden, während die Erinnerung an das ursprüngliche Erlebnis bestehen bleibt (Milad und Quirk 2002).

Dies bedeutet, dass eine Konfrontationstherapie durchaus auf das bewusste Erleben der Furcht wie auch auf die Furchtreaktion einen deutlichen Besserungseffekt haben kann, insbesondere wenn die Furchtkonditionierung nicht stark war oder wenn sie in einem Alter, etwa in später Kindheit oder im Erwachsenenalter stattfand, in dem eine Person das Geschehen deutlich bewusst erlebte und sich deshalb in der Therapie auch bewusst damit auseinandersetzen kann. Wenn jemand als zehnjähriges Kind von einem Hund angegriffen wurde und daraufhin eine Hundephobie entwickelt hat, so kann eine spätere Konfrontationstherapie gute Erfolge erzielen.

Es ist dabei davon auszugehen, dass die entsprechenden Vorgänge in der Amygdala eines älteren Kindes nicht nachhaltig sind und deshalb gut überlernt werden können. Kritisch wird es hingegen, wenn ein traumatisches Ereignis während der Phase der infantilen Amnesie stattfindet und die noch nicht ausgereiften Verbindungen der Amygdala mit den medialen präfrontalen Cortexbereichen es *nicht* erlauben, das traumatische Ereignis in einen begrenzten Kontext zu setzen (»Der Hund hat mich nur gebissen, weil er mich für einen Eindringling hielt«). Die Amygdala ist dann schutzlos dem Erlebnis ausgeliefert. Die Erfahrung gräbt sich tief in sie ein, und es bildet sich eine »namen- bzw. sprachlose« Furcht aus, die später auch in der Therapie nicht über bewusstes Wiedererleben aufgearbeitet werden kann. Ebenso hängt der Grad einer solch frühen Traumatisierung davon ab, ob eine genetisch-epigenetische Vorbelastung, die ihrerseits den Traumatisierungsvorgang potenziert, vorliegt oder nicht.

Aus unserer Sicht ist eine Konfrontationstherapie also umso eher von Erfolg gekrönt, je leichter oder begrenzter das konditionierende Furchtereignis war und je später im Leben es stattfand. Unter diesen Umständen kann ein »Überlernen« zu relativ stabilen Verhaltensänderungen führen.

Seit einigen Jahren ist bekannt, dass bei Ratten, die eine Furchtkonditionierung erfahren, durch Injektion des Antibiotikums D-Cycloserin eine radikale Auslöschung der Furchtkonditionierung erreicht werden kann (vgl. Norberg et al. 2008). Cycloserin moduliert den Calciumeinstrom an der NMDA-Synapse und beeinflusst die synaptische Plastizität von Neuronen und hierüber Lernvorgänge. Seit einigen Jahren wird es bei Menschen zur Verstärkung einer Therapie verschiedener Angsterkrankungen (Phobien, Panikattacken usw.), meist einer VT oder KVT, eingesetzt. Die gegenwärtige Befundlage über seine Wirksamkeit ist aber uneinheitlich. Während einige Meta-Analysen durchaus Verstärkungseffekte bei einer Expositionstherapie erkannten (vgl. Bontempo et al. 2012), konnten andere Meta-Analysen keine signifikanten Effekte nachweisen (Myers und Carlezon 2012).

Experten der Furchtkonditionierung gehen sowohl bei der Ratte als auch beim Menschen davon aus, dass die hemmenden Eingänge von den »emotionalen« Hirnrindenbereichen wie OFC und vmPFC auf die basolaterale Amygdala durch die Gabe von Oxytocin und zumindest im Tierversuch durch Cycloserin noch verstärkt werden (Wotjak und Pape 2013). Die Wirkung von Cycloserin auf diesen emotionalen Schaltkreis legt nahe, dass eine erfolgreiche VT oder KVT nicht auf einem kognitiven, sondern einem emotionalen »Umlernen« beruht. Zudem hat der »kognitive« dorsolaterale PFC, wie wir in Kapitel 2 gehört haben, gar keine oder nur sehr schwache direkte Verbindungen zur Amygdala als dem Zentrum der Furchtkonditionierung.

Eine Vorgehensweise zur Minderung der Rückfallgefahr nach einer vorerst erfolgreich abgeschwächten Furchtkonditionierung ist die Verabreichung des sogenannten »Beta-Blockers«, genauer des beta-adrenergen Rezeptorantagonisten Propranolol (oft falsch geschrieben), der eine Entkopplung von Furchtgedächtnis und Furchtreaktion bewirkt (vgl. Wotjak und Pape 2013). Das bedeutet allerdings, dass der Patient Furcht bzw. Angst noch erlebt, aber nicht mehr entsprechend reagiert. Von einer Besserung der Befindlichkeit des Patienten kann dabei also nicht gesprochen werden, und deshalb ist die Gabe von Propranolol auch nicht zur Furchtabschwächung geeignet.

Für die von einigen Verhaltenstherapeuten behauptete vollständige Löschung traumabedingter »Fehlverdrahtungen« etwa in der Amygdala liegen also bisher keinerlei neurobiologische Beweise vor. Entsprechend stehen viele Psychotherapeuten dem VT-Paradigma der Löschung im Zusammenhang mit einer Konfrontationstherapie skeptisch gegenüber. Klaus Grawe schreibt zutreffend, dass eine Psychotherapie niemals eine frühere Traumatisierung auslöscht, sondern vielmehr die vorher zu schwache hemmende Wirkung corticaler Areale verstärkt. Das Motto lautet: »Hemmung statt Ausradieren!« (Grawe 2004). Die Psychotherapie kann die Voraussetzungen für diesen neuen Lernprozess einer verstärkten Hemmung liefern. Hierbei geht es für Grawe um (1) das Schaffen einer sicheren Bindung mit kompensatorischer, verständnisvoller und engagierter Therapie, (2) explizite Aktivierung wichtiger positiver motivationaler Ziele, (3) die Aktivierung positiver Fähigkeiten und Ressourcen, (4) die Steigerung der Vorbereitung auf Angstkonflikte und (5) das Einüben positiver Selbstäußerungen und angstbewältigender Gedanken.

Der Erfolg einer Konfrontations- bzw. Expositionstherapie hängt also davon ab, in welchem Maße in den entsprechenden Hirnzentren (z.B. der Amygdala) negative Erfahrungen relativ stabil überlernt werden können. Dies ist der Fall, wenn es keine genetischen Vorbelastungen gibt, die Konditionierung nicht frühkindlich und nicht sehr schwer war und zugleich Bindungsressourcen vorhanden sind, die eine stabile und sichere Beziehung zu dem Therapeuten ermöglichen.

(2) Das Paradigma der kognitiven Kontrolle und kognitiven Umstrukturierung in der KVT

Wie schon im vorangegangenen Kapitel angedeutet, baut die kognitive Verhaltenstherapie oder kognitive Therapie auf dem Paradigma auf, dass bei vielen psychischen Störungen eine Minderaktivität kognitiver corticaler Strukturen, vornehmlich des dorsolateralen präfrontalen Cortex (dlPFC) als Sitz von Einsicht und Verstand, vorliegt, deren Hauptfunktion es ist, die oft »irrationale« Aktivität subcorticaler Zentren wie der Amygdala, des Nucleus accumbens oder des Striatum insgesamt zu zügeln. Zu erwarten wäre deshalb, dass man in den bildgebenden Studien an Patienten mit Angststörungen, Depression, Zwangsstörungen oder Phobien, bei denen die KVT oft zum Einsatz kommt, vor Beginn der Therapie eine *abnorm verminderte* Aktivität des dlPFC und eine *abnorm erhöhte* Aktivität der genannten subcorticalen Zentren findet.

So hatte man in einigen Voruntersuchungen entdeckt, dass bei Zwangsstörungen die Basalganglien hyperaktiv waren. Man erwartete deshalb, dass eine KVT oder eine Interpersonelle Therapie (IPT) parallel zu einer deutlichen Besserung der Symptomatik eine Reduktion dieser Hyperaktivität herbeiführt. Dies war aber nur teilweise der Fall. PET-Studien zur Wirksamkeit der KVT bei Zwangsstörungen (Baxter et al. 1992; Schwartz et al. 1996; Nakatani et al. 2003) ergaben widersprüchliche Befunde in dem Sinne, dass in relevanten Hirnregionen wie dem Nucleus caudatus als wichtigem Teil der Basalganglien sowie im ACC, dlPFC und OFC zu Beginn der Untersuchungen und der Therapie teils eine *erhöhte*, teils eine *erniedrigte* Aktivität gefunden wurde, die sich dann zurückbildete. In der Amygdala fand man keinerlei Aktivitätsänderung. Der beobachtete Haupteffekt war demnach eine *Normalisierung* von ganz unterschiedlichen Ausgangszuständen aus.

Ähnliche inkonsistente Ergebnisse erzielten Studien zu Panikstörungen oder sozialer Phobie bei Behandlung mit einer KVT (vgl. Furmark et al. 2002; Paquette et al. 2003; Prasko et al. 2004; Straube et al. 2006). Der einzige übereinstimmende Befund war wiederum eine weitgehende Normalisierung zuvor abnormer Aktivitätszustände (vgl. Barsaglini et al. 2013), d.h., irgendetwas, das vorher im Gehirn aus dem Gleichgewicht geraten war, wurde durch die Psychotherapie augenscheinlich wieder ins Lot gebracht. Wieso dies geschah, konnte in diesen Untersuchungen nicht geklärt werden.

Im Falle depressiver Erkrankungen fand man in zahlreichen Studien eine anfängliche *Hyperaktivität* der Amygdala und der Basalganglien sowie eine *Minderaktivität* des dorsolateralen präfrontalen Cortex (z.B. Mayberg et al. 1999). Dies deutete man anfangs dahingehend, dass hier der dlPFC in seiner Fähigkeit beeinträchtigt sei, die durch die Amygdala vermittelten und überschießenden negativen Gefühle im Zaum zu halten. Dies entsprach dem bei der KVT dominierenden Modell der »kognitiven Kontrolle«, in dessen Zentrum eine zügelnde Wirkung des kognitiven dlPFC, eventuell unterstützt durch den kognitiven dorsalen Teil des anterioren cingulären Cortex (dACC) steht. Die Erwartung war also, dass eine erfolgreiche KVT zu einer *Reduktion* der überschießenden Amygdala-Aktivität und einer *Erhöhung* der zu geringen Aktivität des dlPFC führt.

Die Erwartungen erfüllten sich allerdings auch hier nicht. In einer Studie von Martin et al. (2001), in der eine Interpersonelle Therapie (IPT) zur Anwendung kam, tat sich im dlPFC gar nichts. In der zur selben Zeit durchgeführten Studie von Brody et al. (2001) ergab sich bei erfolgreicher IPT nach einer unerwarteten Erhöhung der Aktivität des dlPFC vor

Beginn der Therapie eine ebenso unerwartete Erniedrigung nach Ende der Therapie. In der vielzitierten Studie von Goldapple et al. (2004), in der mithilfe von PET der Effekt einer KVT mit jenem der Verabreichung des selektiven Wiederaufnahmehemmers Paroxetin verglichen wurde, ergaben sich besonders verwirrende Befunde. Zum einen nahm die anfangs erniedrigte dlPFC-Aktivität nach erfolgreicher KVT nicht zu, wie man erwartet hatte, sondern wie bei Brody et al. noch weiter ab. Die Autoren, unter ihnen die renommierte Depressionsforscherin Helen Mayberg, konnten keine überzeugende Erklärung für diese Befunde liefern. Besonders verwirrend war, dass im Gegensatz zu anderen Studien die Verabreichung von Paroxetin eine entgegengesetzte Wirkung hatte, d. h. zu einer Erhöhung der Aktivität des dlPFC führte, was man damit zu erklären suchte, dass Psychotherapie und Pharmakotherapie eben an ganz unterschiedlichen Hirnmechanismen ansetzten.

Seit 2004 sind eine ganze Reihe weiterer Bildgebungsstudien, meist fMRI-Studien, zur Wirkung von Psychotherapie bei depressiven Patienten hinzugekommen, die auf VT, KVT, Psychodynamischer Kurzzeittherapie oder längerfristiger psychoanalytischer Therapie (15 Monate und mehr) beruhen und mit Zahlen von 12 bis 23 untersuchten Patienten mehr oder weniger repräsentativ sind (für eine Übersicht s. Barsaglini et al. 2013; Messina et al. 2013). Die meisten dieser Studien einschließlich der Studie von Buchheim et al. (2012b) als der einzigen psychoanalytischen Langzeitstudie zeigen eine *erhöhte* Aktivität der Amygdala und des Hippocampus sowie limbischer Cortexareale (vmPFC, ACC) zu Beginn der Therapie, die nach erfolgreicher Therapie unterschiedlichster Art auf einen Normalzustand *zurückgeht*, wie er bei der Kontrollgruppe vorliegt. In keiner der Untersuchungen war nach erfolgreicher Therapie eine Aktivitäts*erhöhung* des dorsolateralen präfrontalen Cortex zu beobachten (Linden 2008, Barsaglini et al. 2013; Messina et al. 2013). Stattdessen betrafen alle Veränderungen neben dem ventrolateralen PFC limbische Cortexareale wie den vmPFC und den ACC ebenso wie subcorticale limbische Areale wie Hippocampus, Amygdala, Striato-Pallidum (Nucleus caudatus, Putamen, Globus pallidus) und Nucleus accumbens. Die wesentliche Wirkung der Psychotherapie einschließlich der KVT ist hiernach eine Veränderung – in der Regel eine Verminderung – der Aktivität emotionaler und nicht kognitiver Strukturen.

In diesem Zusammenhang sei daran erinnert, dass emotionale Hirnstrukturen wie die Amygdala oder der ventromediale präfrontale Cortex bei vielen depressiven Patienten eine erhöhte Aktivität aufweisen (s. Kapitel 7). Verschiedene weitere therapeutische Verfahren wie etwa die sogenannte »tiefe Hirnstimulation« oder eine Vagusnervstimulation führen ebenfalls zu einer verminderten Aktivität limbischer Hirnrindenbereiche (Pardo et al. 2008; Holtzheimer und Mayberg 2010).

In der Hanse-Neuro-Psychoanalyse-Studie, deren Ergebnisse bisher nur teilweise veröffentlicht sind, zeigte sich das gleiche Bild: Vor Beginn der psychoanalytischen Therapie war bei den Patienten im Vergleich zu den Kontrollpersonen die Aktivität der genannten Regionen stark erhöht, wenn ihnen die »leidensbezogenen« individualisierten Sätze dargeboten wurden; nach einer 15-monatigen Therapie unterschieden sich diese Regionen in ihrer Aktivität nicht mehr wesentlich von denen bei den Kontrollpersonen. Eine wichtige Abweichung von diesem Bild zeigte sich im anterioren cingulären Cortex (ACC), der bei den Patienten nach erfolgreicher Therapie eine *geringere* Aktivität aufwies als bei den Kontrollpersonen. Hierauf werden wir weiter unten noch eingehen. Der dlPFC war an diesen Veränderungen nicht beteiligt, auch nicht in den parallel durchgeführten EEG-Messungen (Buchheim 2012b; Wiswede et al. 2014, eingereicht).

Die bei aller Heterogenität der Befunde eindeutige Sachlage, dass der dorsolaterale präfrontale Cortex nicht beteiligt ist, hat verständlicherweise zu Irritationen geführt, insbesondere bei den Theoretikern der KVT einschließlich Aaron Beck, und in jüngerer Zeit eine Reihe von Publikationen ausgelöst, in denen man versucht, das ursprüngliche KVT-Modell der neuen Befundlage anzupassen (Clark und Beck 2010, Hofmann et al. 2012, 2013). Während Clark und Beck noch 2010 das Konzept der kognitiven Kontrolle und der »kognitiven Umstrukturierung« durch die neueren Untersuchungen voll bestätigt sahen (paradoxerweise auch durch die erwähnte Arbeit von Goldapple et al. von 2004), waren die Autoren in den späteren Arbeiten gewillt anzuerkennen, dass nach erfolgreicher KVT (inzwischen nur noch kognitive Therapie – KT bzw. *cognitive therapy – CT* genannt) die Aktivität des »kognitiven« dlPFC eher ab- als zunimmt. Sie versuchen dies damit zu erklären, dass dieses Cortexareal nach erfolgreicher Therapie ja »weniger zu tun« habe. Wichtig sei hingegen die Abnahme der Hyperaktivität emotionsbezogener limbischer Areale aufgrund der KVT.

Ziel der KVT ist nunmehr nach Aussage der Autoren die Stärkung der bewussten emotional-kognitiven Kontrolle durch den ventrolateralen und ventromedialen Cortex über eine »Neubewertung« (reappraisal) der Situation. Dies entlaste zudem den dlPFC, was das weitere Absinken der dortigen Aktivität nach erfolgreicher Therapie erkläre. Mit anderen Worten: Die ventral-limbischen Areale der Großhirnrinde bekommen die Bewertung negativer emotionaler Reize besser in den Griff, und der dlPFC wird nicht mehr in so starkem Maße benötigt.

Das Ganze wird aber nach wie vor als eine primär kognitive und nicht primär emotionale Umstrukturierung angesehen, da nach dem zugrundeliegenden Konzept die Gedanken die Emotionen beeinflussen und negative Emotionen von negativen Gedankengängen bewirkt werden (Hofmann et al. 2013). Leider kann man sich hierbei nicht des Gedankens erwehren, dass alle Hinweise zugunsten einer primär *emotionalen* Umstrukturierung, die natürlich auch eine kognitive Umstrukturierung nach sich ziehen kann, letztlich doch nicht genügend berücksichtigt werden, weil dies das vermeintliche Herzstück der (K)VT zu bedrohen scheint.

Ein Abschied vom Paradigma der kognitiven Kontrolle oder kognitiven Umstrukturierung wird auch durch neuere großangelegte Studien zur Konnektivität frontaler Cortexbereiche untereinander und mit subcorticalen limbischen Zentren nahegelegt. In solchen Konnektivitätsstudien wird mithilfe unterschiedlicher neuroanatomischer Techniken untersucht, in welcher Weise Hirnzentren miteinander interagieren, ob also z. B. ein bestimmtes Hirnzentrum ein anderes stärker beeinflusst als umgekehrt. Daraus lässt sich eine »Hierarchie« unter den Hirnzentren herausarbeiten. Die Ergebnisse dieser Studien zeigen, dass nur die medial und orbitofrontal gelegenen limbischen Hirnrindenbereiche direkt mit der Amygdala verbunden sind und diese auch beeinflussen können. Der dorsolaterale präfrontale Cortex hingegen hat keine direkten Verbindungen zur Amygdala und ist in der Hierarchie den limbischen Hirnrindenbereichen untergeordnet. Dies zeigt, dass die Emotionen die Kognitionen beherrschen und nicht umgekehrt.

In der großen Studie von Ray und Zald (2012) ging es um die für die Psychotherapie zentrale Frage, ob und inwieweit Hirnzentren mit kognitiven Funktionen solche mit limbisch-emotionalen Funktionen dominieren (KVT) oder umgekehrt, wie man es in der Psychoanalyse mehrheitlich glaubt. Konkret ging es zum einen um das Interaktionsmuster zwischen corticalen Arealen, genauer von dorsolateralem, ventrolateralem, frontopolarem, ventromedialem und dorsomedialem Cortex, und zum anderen um die jeweiligen Verbindungen dieser Areale mit der Amygdala, dem Hypothalamus und dem Hirnstamm.

OFC und medialer PFC, besonders der hintere Anteil des OFC, der subgenuale Bereich des cingulären Cortex und der insuläre Cortex, empfangen starke Eingänge von der Amygdala. Der dlPFC empfängt hingegen nur minimale Eingänge von der Amygdala, und diese verlaufen überwiegend indirekt über den Gyrus cinguli und den hinteren OFC. Den Eingängen entsprechen die Ausgänge, wobei der mediale Cortex etwas stärker und der orbitale Cortex etwas schwächer auf die Amygdala einwirkt als umgekehrt; die Bahnen sind in jedem Fall aber massiv. Entsprechend hat der dlPFC keinen nennenswerten Eingang zur Amygdala und ist deshalb auch nicht in der Lage, die Aktivität der Amygdala zu regulieren. Innerhalb der Amygdala empfangen die basalen und lateralen Teile einen stärkeren Einfluss von corticalen Arealen als die übrigen Komponenten der Amygdala (corticale, laterale und zentrale Anteile). Den stärksten Einfluss erhält die Amygdala vom subgenualen cingulären Cortex. Die Einflüsse des OFC sind teils direkt erregend, teils indirekt hemmend über die »intercalare Masse« und enden auf der zentralen Amygdala, diejenigen des vmPFC sind erregend und enden auf der basolateralen Amygdala (vgl. Kapitel 2).

Eine weitere Konnektivitätsstudie (Goulas et al. 2012) zeigt, dass im Frontalcortex von Primaten einschließlich des Menschen nicht die früher als »oberste Kontrollzentren« angesehenen Areale, nämlich der dorsolaterale und der frontopolare Cortex, sondern der anteriore cinguläre Cortex (BA 25), der ventrolaterale präfrontale Cortex (BA 45) und der orbitofrontale Cortex (BA 11–14) an der »Spitze« des gesamten frontalen Netzwerkes stehen und der dlPFC eine Funktion ausübt, die diesen emotional-limbischen Funktionen untergeordnet ist.

Dies wird auch durch die im vorigen Kapitel zitierten Studien belegt, die zeigten, dass eine KVT-Behandlung umso wirksamer war, je mehr »emotionale« Elemente sie enthielt, und umso weniger wirksam, je »kognitiver« sie war.

(3) Das Paradigma des Bewusstmachens unbewusster Inhalte in der Psychoanalyse

Die zentrale These Freuds und vieler seiner Anhänger lautet, dass das »Aufdecken« negativer Erlebnisse in früher Kindheit und Jugend durch den Analytiker ein wesentlicher Bestandteil des Therapieerfolges ist. Es ergeben sich hierbei allerdings zwei wichtige Probleme. Zum einen ist nicht klar, auf welchen »Etagen« des seelischen Apparates solche aufgedeckten Inhalte ursprünglich angesiedelt sind – der unbewussten, der vorbewussten oder der bewussten Ebene? Wie bereits erwähnt, zeigt eine genauere Analyse der entsprechenden Aussagen einschließlich derjenigen von Freud in seinen »großen« Beiträgen von 1915 und 1923 zum Verhältnis zwischen dem Unbewussten und dem Bewussten, dass hier viele begriffliche Unklarheiten vorliegen. Das berühmte Diktum: »Wo Es war, muss Ich werden«, kann im Lichte der »zweiten Topik« (vgl. voriges Kapitel) nur so gedeutet werden, dass Freud tatsächlich der Meinung war, die psychoanalytische Therapie könne Unbewusstes zu Bewusstsein bringen, und so wird es auch heute noch in vielen psychoanalytischen Abhandlungen dargestellt (für eine Übersicht vgl. Benecke 2014). In einer anderen Formulierung ging es Freud um das »Bewusstmachen des Verdrängten«, wobei wiederum unklar ist, *wohin* bestimmte unerwünschte Inhalte verdrängt werden – ins Vorbewusste oder ins Unbewusste? Da Freud als den eigentlichen »Verdränger« die unbewussten Anteile des Ich ansieht, scheint er auch hier zu meinen, solche Inhalte würden ins Unbewusste verdrängt.

Wie in Kapitel 6 dargestellt, muss aus neurobiologischer und neuropsychologischer Sicht zwischen *grundsätzlich* unbewussten, *potenziell* bewussten (»vorbewussten«) und *aktuell* bewussten Prozessen unterschieden werden. Zu den grundsätzlich *unbewussten* Prozessen gehören solche, die in subcorticalen Hirnarealen wie der Amygdala und den Basalganglien ablaufen, aber auch solche, die in den primären und sekundären sensorischen und motorischen Arealen der Großhirnrinde stattfinden. *Potenziell bewusst* können nach heutiger Kenntnis nur Prozesse sein, die in den assoziativen limbischen und kognitiven Cortexarealen ablaufen. Innerhalb dieser Cortexareale sind jeweils nur wenige Prozesse *aktuell bewusst*. Nach wenigen Sekunden bis maximal wenigen Minuten sinken die Bewusstseinsinhalte in das Vorbewusste ab.

Prinzipiell kann etwas, das subcortical abläuft, nicht bewusst gemacht werden, da diese Prozesse nicht in »versprachlichbarer« Form vorliegen. Aber auch solche corticalen Prozesse, die während der infantilen Amnesie (s. Kapitel 4) stattfanden und eventuell dann bewusst abliefen, können nicht erinnert werden. Bewusst gemacht werden können nur Gedächtnisinhalte, die jenseits der infantilen Amnesie im deklarativ-expliziten Gedächtnis niedergelegt wurden und einmal bewusst waren und dann – aus welchen Gründen auch immer – abgesunken sind. Daraus folgt: Was in der Amygdala in früher Kindheit vor sich gegangen ist oder noch aktuell vor sich geht, ist prinzipiell unbewusst und entsprechend auch sprachlich gar nicht fassbar. Wenn also der psychoanalytische Therapeut Geschehnisse aus dem »Unbewussten« hervorzuholen glaubt, so handelt es sich um *vorbewusste*, d.h. spontan abgesunkene oder verdrängte Inhalte. Diese geben, wenn sie bewusst gemacht werden, keineswegs Geschehnisse innerhalb der infantilen Amnesie wieder, sondern solche, die später bewusst erlebt und im Langzeitgedächtnis verankert wurden.

Wenn zum Beispiel eine Patientin während ihrer infantilen Amnesie von ihrem Vater missbraucht wurde, so kann das therapeutische Gespräch nur Erinnerungen an den Vater hervorholen, die sich auf spätere Geschehnisse beziehen. Sofern der Missbrauch dann nicht mehr stattfand, könnte dies sogar zu einer auffälligen und für den Therapeuten verräterischen Verherrlichung des Vaters führen, die sich aber auch aufgrund einer Verdrängung ins Vorbewusste ergeben kann, wenn der Missbrauch andauerte oder erst nach dem Ende der infantilen Amnesie einsetzte. In diesem letzteren Fall könnten durch die Analyse des Therapeuten reale Geschehnisse hervorgerufen werden, während im ersten Fall keinerlei Erinnerungen hervorzuholen wären, sondern nur eine »namenlose« Angst.

Zudem lassen sich Funktionsweisen der Amygdala *nicht* durch ein sprachlich vermitteltes Bewusstmachen ändern, sondern es ändert sich nur die bewusste limbische Erlebnisebene.

Die Aussage des Therapeuten: »Ihr Vater hat Sie offenbar in frühen Jahren missbraucht«, trägt auch nach Meinung vieler heutiger Psychoanalytiker meist nicht zur tiefgreifenden Besserung des Leidens bei, sondern manchmal sogar zumindest vorübergehend zu einer Verschlimmerung. Hinzu kommt, dass alle solche Analysen, sofern sie nicht verifiziert werden können (was wohl selten möglich ist), reine Hypothesen sind.

Was kann also das Ergründen möglicher traumatisierender Ereignisse in früher Kindheit im Rahmen einer psychoanalytischen Therapie dann überhaupt noch bewirken? Nach dem Konzept der Umstrukturierung der Persönlichkeit (s. Kapitel 8) muss der Therapeut in der Lage sein, die Ursachen des psychischen Leidens zu erfassen. Selbstverständlich ist es für diese Arbeit sehr wichtig, zu wissen oder zu ahnen, welche Art von Traumatisierung in früher Kindheit stattgefunden hat. Wie wir gehört haben, ist es von großer Bedeutung, ob es sich um Unglücksfälle, den Tod eines Elternteils oder ein unangemessenes Verhalten des Vaters und insbesondere der Mutter handelte. Die therapeutische Wirkung dieser Erkenntnisse erfolgt allerdings – wie beschrieben – nicht durch die einfache Benennung, sondern durch die erneute emotionale Erfahrung der zuvor nicht bewussten Inhalte innerhalb eines geschützten Beziehungsrahmens, der therapeutischen Allianz (s. unten).

Verdrängung
Über den wichtigen Mechanismus der Verdrängung liegen bisher kaum neurobiologische Untersuchungsergebnisse vor. Einzig die Studie von Anderson und Mitarbeitern (2004) lieferte hierzu bisher brauchbare Ergebnisse, wobei es dort allerdings um *willentlich* verdrängte Inhalte ging.

> In dieser Studie wurden die Versuchsteilnehmer dazu aufgefordert, bei willkürlich zusammengesetzten Wortpaaren ein Wort entweder zu erinnern oder aktiv zu vergessen. Es zeigte sich, dass eine solche Maßnahme deutliche Auswirkungen auf das spätere Erinnern hatte, indem später die bewusst verdrängten Worte erheblich weniger gut erinnert werden konnten als andere Worte, die einem einfachen Vergessensprozess unterlagen. Die dabei durchgeführten Bildgebungsexperimente (fMRI) zeigten beim aktiven Verdrängen eine deutlich erhöhte Aktivität im dorsolateralen und ventrolateralen präfrontalen Cortex, im orbitofrontalen und ventromedialen Cortex, im prämotorischen Cortex sowie im rechten Putamen (als Bestandteil des Striatum). Gleichzeitig war eine deutliche Hemmung des Hippocampus zu beobachten, die mit dem Ausmaß korrelierte, mit dem die verdrängten Worte später schlechter erinnert werden konnten. Die Amygdala war interessanterweise nicht betroffen.

Auch wenn in dieser Studie nur aktive Verdrängung untersucht wurde, zeigt sie, dass die Verdrängung das vom Hippocampus und der umgebenden Rinde kontrollierte deklarative Gedächtnis als Sitz des »Vorbewussten« betrifft. Die Autoren nehmen an, dass diese bewusste Verdrängung durch den dorso- und ventrolateralen Cortex unter dem Einfluss des anterioren cingulären Cortex stattfindet. Ersterer verfügt als Sitz des Arbeitsgedächtnisses über eine intensive Verbindung zum Hippocampus und steht gleichzeitig, wie oben erwähnt, unter der Kontrolle des ACC, der wiederum in enger Verbindung mit der Amygdala steht. Amygdala und Hippocampus sind ihrerseits eng miteinander verbunden und wirken über langsame Theta-Oszillationen (s. Kapitel 6) aufeinander ein (Seidenbecher et al. 2003). Hierüber üben unbewusste Inhalte einen Einfluss auf das vorbewusste deklarative Gedächtnis aus, ohne dass dies vom Betroffenen erlebt wird.

Zu den *unbewusst* ablaufenden Verdrängungsprozessen, die bei Freud eine zentrale Rolle spielen, gibt es bisher keine plausible neurobiologische Erklärung. Unbestritten ist die Tatsache, dass bestimmte traumatisierende Erinnerungen, wenn sie einmal bewusst erlebt waren, so ins *Vorbewusste* absinken können, dass sie unter normalen Umständen nicht mehr erinnert werden. Warum und wie dies geschieht, ist ebnso unklar wie das Gegenteil, bei dem eine bestimmte traumatische Erinnerung nicht vergessen werden kann oder im Rahmen einer PTBS als »Flashback« plötzlich ins Bewusstsein einbricht. Vermutlich hängt beides mit der traumatischen Schädigung des Hippocampus zusammen.

Die Schwierigkeit einer wissenschaftlichen Erklärung besteht unter anderem darin, dass Freud bei der Entwicklung des Verdrängungskonzepts, angefangen von seinen *Studien über Hysterie* von 1895, ein Erklärungsszenario entwickelte, das eng mit seiner Trieblehre verbunden ist. Im Prozess der Verdrängung sollen Instanzen wie das Unbewusste tätig werden, das einen unerwünschten Inhalt »anzieht«, oder der unbewusste Anteil des Ich bzw. des Über-Ich, die ihrerseits den Inhalt ins Unbewusste »abdrängen«. Solche aus der romantischen Medizin und Psychologie stammenden Erklärungen sollen nach Freud den »Motivkampf« veranschaulichen, welcher der Verdrängung zugrunde liegt. Wichtig war für Freud, dass durch den Prozess der Verdrängung »Triebenergie« gebunden und dem bewussten Ich entzogen wird. Das »Nichtwissen« – so Freud – sei in Wirklichkeit ein »Nichtwissen-Wollen« des bewussten Ich, und dieser Entzug bzw. die unbewusste Bindung von Triebenergie war für Freud neben dem durchaus positiven Effekt der Verdrängung dessen negative, neurotisierende Seite.

Aus Sicht der Neurobiologie gibt es jedoch keine Instanzen des »Unbewussten«, des »Ich« oder des »Über-Ich«, die in irgendeiner Weise miteinander kämpfen, ebenso wenig wie es »Triebenergien« gibt, die abgezogen werden. Man kann sich vorstellen, dass bestimmte Erregungsmuster in der Amygdala, im Nucleus accumbens oder im dorsalen Striatum, indem sie auf den Hippocampus einwirken, die Art und Weise beeinflussen, wie bestimmte Erlebnisinhalte ins Langzeitgedächtnis eingespeichert werden, und so bewirken, dass sie nicht mehr ohne Weiteres erinnert oder aber vergessen werden können. Ebenso können auch Erregungsmuster in den corticalen limbischen Arealen diese Prozesse befördern oder behindern. Wie diese Weichenstellung aber geschieht, ist ganz unklar. Sicher ist allerdings, dass es nur eine Verdrängung von einmal Bewusstem ins Vorbewusste gibt, aber nicht ins Unbewusste.

Veränderungen der Hirnaktivität infolge einer psychodynamischen Therapie
Die Psychoanalyse ist generell in einer etwas günstigeren Lage als die VT oder KVT, da sie keine genaueren Aussagen darüber macht, was nach einer erfolgreichen psychoanalytischen oder psychodynamischen Therapie im Gehirn an Veränderungen zu erwarten sei. Dies bezahlt sie aber damit, dass viele ihrer grundlegenden Aussagen bisher nicht »operationalisierbar« und damit auch nicht empirisch überprüfbar sind.

Die wenigen vorliegenden Daten aus Experimenten, in denen eine psychodynamische Kurzzeittherapie durchgeführt wurde (Karlsson et al. 2010; Hirvonen et al. 2008) wie auch die Ergebnisse der Hanse-Neuro-Psychoanalyse-Studie (HNPS) (Buchheim et al. 2012b; Wiswede et al., eingereicht) zeigen vor allem, dass sich ein anfängliches Ungleichgewicht corticaler und subcorticaler limbischer Areale nach erfolgreicher Therapie normalisiert, ohne dass rein kognitive Areale beteiligt sind. Worauf diese Normalisierung beruht, bleibt unklar. Lediglich die Studie von Karlsson et al. (2010) liefert Hinweise, denn sie konnte nach einer psychodynamischen Kurzzeittherapie eine *erhöhte* $5HT_{1A}$-Rezeptorbindung nachweisen, und zwar vornehmlich in Amygdala, Gyrus angularis, Hippocampus, insulärem, medio- und orbitofrontalem sowie dorsolateralem Cortex um durchschnittlich 10 %. Wenn man davon ausgeht, dass diese

Rezeptoren vorwiegend eine hemmende Wirkung auf den lateralen und medialen Frontalcortex ausüben, so könnte die erhöhte Rezeptorbindung auf eine »Beruhigung« dieser Areale hindeuten.

Eine solche Interpretation wird durch einen interessanten Befund innerhalb der HNPS gestützt. Die von uns untersuchten depressiven Patienten berichten nach 15 wie auch nach 24 Monaten, sie fühlten sich bei der Konfrontation mit den leidensbezogenen Sätzen nicht mehr so bedroht, und ihr Leiden interessiere sie nicht mehr so wie früher; entsprechend ging das Beck-Depressions-Inventar als Maß für die Stärke der Depression auf etwa die Hälfte zurück. Gleichzeitig zeigte die Aktivität des anterioren cingulären Cortex als »Aufmerksamkeitszentrum« für mentale »innere« Inhalte eine starke Abnahme und fiel sogar unter die Werte der Kontrollpersonen ab.

Dies würde bedeuten, dass der Effekt der Therapie in der ersten Phase auf einer abnehmenden Fokussierung auf bedrohliche Ereignisse beruht. Während die Patienten zuvor unablässig mit ihrer negativen Befindlichkeit, mit Grübeln und mit ihrer trostlosen Situation beschäftigt waren, sind sie jetzt abgelenkt. Wie Holtzheimer und Mayberg eindrücklich beschreiben (2011), gelingt es ihnen nun besser, die tief eingefahrenen Gleise der Depression zu verlassen. Diese »emotionale Umstrukturierung« würde damit zumindest zum Teil auf einer geringeren Beachtung des eigenen Leidens beruhen.

9.3 Neurobiologische Interpretation der »therapeutischen Allianz«

Wie im vorangegangenen Kapitel dargestellt, scheint bei Psychotherapien verschiedenster Ausrichtungen ein gemeinsamer Faktor zu wirken, nämlich die *therapeutische Allianz*, also das Vertrauensverhältnis zwischen Patient und Therapeut. Man hat in diesem Zusammenhang lange Zeit abwertend von einem »Placeboeffekt« im Sinne einer Scheinwirkung gesprochen. Allerdings konnte vor einigen Jahren im Zusammenhang mit der Schmerzbehandlung gezeigt werden, dass die Verabreichung eines pharmakologisch unwirksamen Mittels (des Placebos) und die damit verbundene Minderung des Schmerzgefühls auf realen neurobiologischen Prozessen beruht.

So konnte nachgewiesen werden, dass die Verabreichung des Placebos (hier einer Substanz, die angeblich ein zu erprobendes neues Schmerzmittel darstellt, tatsächlich aber wirkungslos ist) signifikant die Aktivität der sogenannten Schmerz-Matrix vermindert, die unter anderem aus den anterioren cingulären Cortex und dem anterioren insulären Cortex besteht (Wager et al. 2004). Wie in Kapitel 3 dargestellt, haben diese Zentren wesentlich mit der subjektiven Schmerzempfindung zu tun. Es wird deshalb angenommen, dass die schmerzlindernde Wirkung des Placebos auf einer erhöhten Ausschüttung von endogenen Opioiden beruht, die generell eine analgetische Wirkung haben (vgl. Kapitel 3). In ähnlicher Weise kann ein nur angekündigter bzw. erwarteter, aber nie auftretender schmerzhafter Reiz zu einer deutlichen Erhöhung der Aktivität in Amygdala und insulärem Cortex und zu »antizipatorischem Schmerz« führen (Phelps et al. 2001).

Es besteht kein Zweifel, dass freundliche, lobende oder aufmunternde Worte, aber auch nichtverbale Kommunikation wie Blicke, Gestik, Mimik und sanfte Berührungen die Ausschüttung »positiver« neuroaktiver Substanzen wie etwa endogener Opioide, Serotonin und Oxytocin auslösen können. Für eine solche Wirkung im Zusammenhang mit der therapeutischen Allianz liegen inzwischen zahlreiche neurobiologische Belege vor. So werden vertrauensvolle Interaktionen von Menschen, die sich in irgendeiner Weise aneinander gebunden fühlen, im Gehirn von einer *Oxytocinausschüttung* begleitet (Crockford et al. 2014). Werden etwa Geheimnisse ausgetauscht, so finden sich anschließend erhöhte Oxytocinkonzentrationen im Blut (Kéri und Kiss 2011). Man kann davon ausgehen, dass auch die Wirksamkeit der therapeutischen Allianz auf einer erhöhten Oxytocinfreisetzung im Gehirn des depressiven Patienten beruht, und zwar aufgrund von dessen Überzeugung, dass der Therapeut gewillt ist, ihm zu helfen, und über eine wirksame Therapiemethode verfügt (s. voriges Kapitel). Die positive Wirkung von Serotonin-Wiederaufnahmehemmern könnte teilweise ebenfalls auf einer Oxytocinwirkung beruhen, denn sie stimulieren dessen Freisetzung (s. Kapitel 7).

Wie erwähnt, gehen Depressionen häufig mit einem verringerten Oxytocinspiegel und einer gleichzeitig *erhöhten* Ausbildung von Oxytocinrezeptoren einher. Diese erhöhte Rezeptorausbildung könnte auf der genetisch-epigenetischen Ausstattung und/oder auf frühkindlichen Erfahrungen beruhen und dazu führen, dass diese Patienten einen überdurchschnittlich hohen Bedarf an Oxytocin haben, der in den vertraulichen Sitzungen mit dem Therapeuten, aber auch in den Erinnerungen an vergangene Begegnungen oder mentale Zwiegespräche mit dem Therapeuten gestillt wird. Oxytocin kann dann im Gehirn eine Reihe von Veränderungen in Gang setzen und hierüber die Funktionsweise der verschiedenen psychoneuronalen Grundsysteme beeinflussen (s. Abbildung 9.1).

Eines dieser Systeme ist das *Bindungssystem*. Patienten mit einer depressiven Erkrankung haben häufig einen unsicheren Bindungsstatus (Bakermans-Kranenburg und van IJzendoorn 2009, Reiner et al. 2013a) und daher kein stabiles Modell einer verlässlichen Bindung zur Bezugsperson. Sowohl eine intranasale Oxytocinverabreichung (Buchheim et al. 2009) als auch Psychotherapie (Reiner et al. 2013b) können nachweislich die Bindungssicherheit fördern. Der erhöhten Bindungssicherheit infolge einer Psychotherapie könnten sowohl die aufgrund der therapeutischen Allianz erhöhte Oxytocinfreisetzung als auch eine verringerte Ausbildung von Rezeptoren zugrunde liegen.

Bindet Oxytocin an die entsprechenden Rezeptoren, so werden diese »internalisiert«, d.h., sie stehen zunächst nicht mehr für eine Bindung zur Verfügung, und dies könnte bei regelmäßiger Aktivierung die erhöhte Rezeptorausbildung depressiver Patienten reduzieren. Zudem wurde bereits beim Stresssystem gezeigt, dass Psychotherapie durchaus in der Lage ist, über epigenetische Veränderungen die Ausbildung von Rezeptoren langfristig zu beeinflussen (Yehuda et al. 2013). Es liegt daher die Vermutung nahe, dass auch das in der therapeutischen Allianz freigesetzte Oxytocin einen positiven Einfluss auf das Bindungssystem hat.

Oxytocin beeinflusst darüber hinaus das *interne Beruhigungssystem*, indem es über die Bindung an Oxytocinrezeptoren in den Raphe-Kernen die Serotoninfreisetzung fördert und auf diese Weise angstlösend wirkt (Yoshida et al. 2009). Die therapeutische Allianz könnte über diesen Weg das Serotonindefizit depressiver Patienten ausgleichen und Angstsymptome mindern.

Oxytocin hat über eine Bindung an Rezeptoren im ventralen Striatum bzw. im Nucleus accumbens auch Auswirkungen auf das interne *Bewertungs- und Belohnungssystem* (Skuse und Gallagher 2008). Es kann nämlich die Freisetzung endogener Opioide stark erhöhen und hierdurch sowohl körperliche wie seelische Schmerzen lindern und Wohlgefühl erzeugen (Depue und Morrone-Strupinsky 2005). Oxytocin moduliert zudem die Aktivität des Dopaminsystems und könnte dadurch der allgemeinen Lustlosigkeit (*Anhedonie*) depressiver Menschen entgegenwirken und das verkümmerte Verlangen nach sozialen Interaktionen steigern.

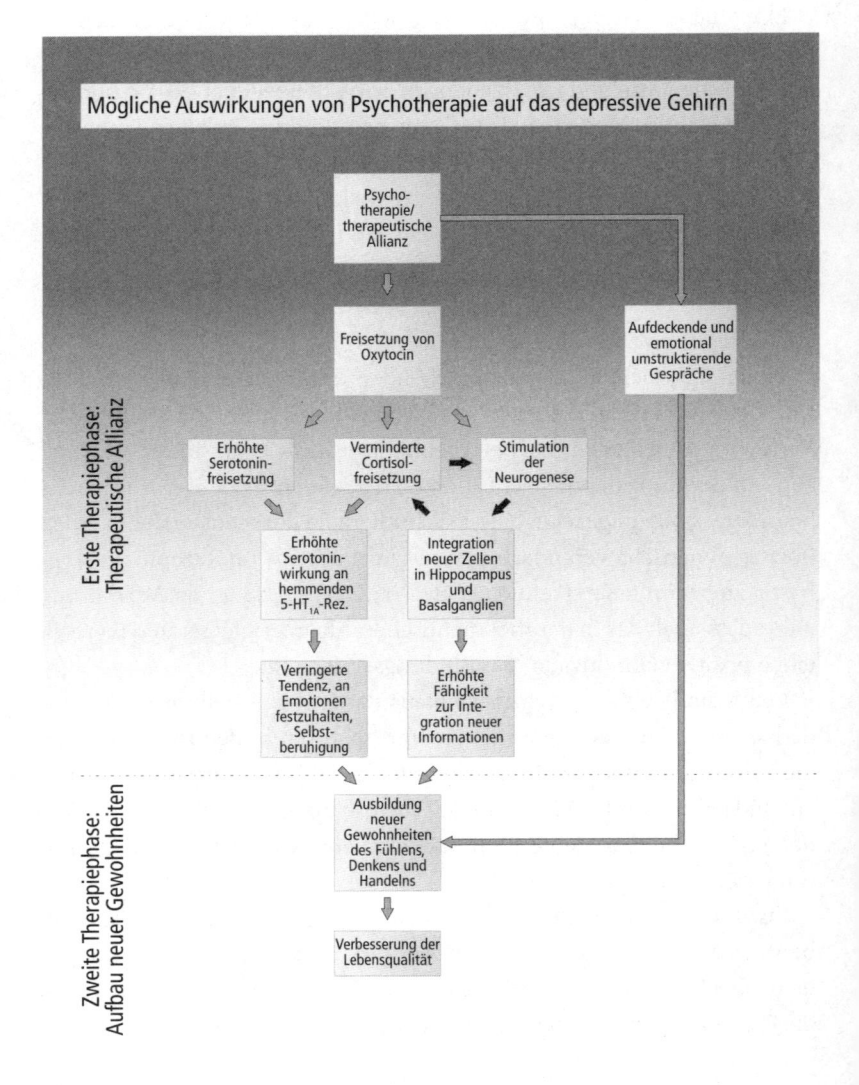

Mögliche Auswirkungen von Psychotherapie auf das depressive Gehirn

Erste Therapiephase: Therapeutische Allianz

- Psychotherapie/therapeutische Allianz
- Freisetzung von Oxytocin
- Aufdeckende und emotional umstrukturierende Gespräche
- Erhöhte Serotoninfreisetzung
- Verminderte Cortisolfreisetzung
- Stimulation der Neurogenese
- Erhöhte Serotoninwirkung an hemmenden $5\text{-}HT_{1A}$-Rez.
- Integration neuer Zellen in Hippocampus und Basalganglien
- Verringerte Tendenz, an Emotionen festzuhalten, Selbstberuhigung
- Erhöhte Fähigkeit zur Integration neuer Informationen

Zweite Therapiephase: Aufbau neuer Gewohnheiten

- Ausbildung neuer Gewohnheiten des Fühlens, Denkens und Handelns
- Verbesserung der Lebensqualität

Besonders wichtig ist der Effekt von Oxytocin auf das *Stresssystem*. Oxytocin *vermindert* deutlich die Freisetzung von Stresshormonen (Neumann et al. 2000) und dadurch das Belastungsgefühl und den Leidensdruck. Nicht umsonst heißt es: »(Mit)geteiltes Leid ist halbes Leid.« Vertrauensvolle Gespräche mit dem Therapeuten könnten zudem einen konstruktiveren Umgang mit Stress und hierdurch die Kontrollierbarkeit von Stress fördern. Dies würde ebenfalls zu einer verminderten Cortisolaktivität führen.

Wie erinnerlich bewirkt eine Cortisolerhöhung die verminderte Ausbildung der hemmenden 5-HT_{1A}-Rezeptoren im vmPFC, und dies führt zu der bei Depressiven typischen erhöhten Fokussierung auf das Selbst und die eigenen Probleme. Kommt es nun infolge einer therapeutischen Allianz zu einer erhöhten Oxytocinfreisetzung, so könnte das Oxytocin über die Hemmung des Cortisolsystems eine erhöhte Ausbildung der hemmenden 5-HT_{1A}-Rezeptoren bewirken. Ein Ende der Grübelei, der Schuldgefühle und der Reizbarkeit wären die Folge (s. Abbildung 9.1).

Abb. 9.1: Mögliche Auswirkungen von Psychotherapie auf das depressive Gehirn. Es ist anzunehmen, dass im Rahmen einer therapeutischen Allianz und somit in der ersten Phase der Therapie eine regelmäßige deutliche Freisetzung von Oxytocin stattfindet, die Auswirkungen auf verschiedene neurochemische Prozesse im Gehirn hat. Oxytocin verringert die Ausschüttung von Cortisol und mindert dessen hemmende Wirkung auf die Ausbildung der serotonergen 5-HT_{1A}-Rezeptoren. Zudem fördert es die Serotoninfreisetzung und begünstigt durch beide Effekte eine erhöhte Serotoninwirkung auf die 5-HT_{1A}-Rezeptoren. Diese Rezeptoren hemmen die Aktivität limbischer Cortexbereiche und können so dazu beitragen, die Tendenz, auf negative Emotionen zu fokussieren, zu verringern. Ein weiterer Effekt der erhöhten Oxytocinfreisetzung und der verminderten Cortisolfreisetzung ist die Stimulation der Neurogenese in Bereichen wie dem Hippocampus und dem Striatum. Von besonderer Bedeutung könnte in diesem Zusammenhang auch ein »Engelskreis« einer sich selbst aufrechterhaltenden verminderten Cortisolfreisetzung sein: Durch die Stimulation der Neurogenese bilden sich vermehrt Zellen aus, die an der Hemmung der Cortisolfreisetzung beteiligt sind (s. Snyder et al. 2011). Deren Hemmung begünstigt wiederum die Neurogenese (schwarze Pfeile). Die im Kontext der Neurogenese stattfindende verstärkte Integration neuer Zellen in den Hippocampus und in die Basalganglien fördert im Zusammenspiel mit den aufdeckenden und emotional umstrukturierenden Gesprächen innerhalb der zweiten Phase der Therapie die Ausbildung neuer Gewohnheiten des Fühlens, Denkens und Handelns und hebt somit die Lebensqualität.

Experimentelle Befunde stützen diese Theorie. Zum einen kann bei Menschen mit einer psychischen Erkrankung (der sozialen Angststörung) die Verabreichung von Oxytocin einer erhöhten Aktivierung des mPFC entgegenwirken und die Aktivität normalisieren (Labuschagne et al. 2012, s. Abb. 7.3). Wie erwähnt, kann zudem eine psychodynamische Psychotherapie bei Patienten mit einer depressiven Störung eine Erhöhung der 5-HT_{1A}-Rezeptorbindung im mPFC bewirken (Karlsson et al. 2010) und bei gleichzeitiger Symptomverbesserung die Aktivierung des mPFC vermindern (Buchheim et al. 2012a, b).

Dass sich bei der Behandlung von depressiven Erkrankungen oder Angststörungen im Rahmen einer KVT die Aktivität präfrontaler Bereiche unerwartet verminderte, kann auf diese Weise erklärt werden.

Alle diese Veränderungen charakterisieren vornehmlich die im vorigen Kapitel beschriebene *erste Phase* der Wirksamkeit von Psychotherapien. Diese ist meist von einer schnellen Besserung der Befindlichkeit des Patienten gekennzeichnet, die jedoch in aller Regel nicht nachhaltig ist. Es kommt zu einer scheinbaren Normalisierung, indem das eigene Leiden vermehrt unbeachtet bleibt, d.h., das psychische Leiden »interessiert« den Patienten nicht mehr so wie früher. Dies wird auch durch den Befund der Hanse-Neuro-Psychoanalyse-Studie unterstützt, wonach die Aktivität des anterioren cingulären Cortex als Sitz der nach innen gerichteten Aufmerksamkeit bei depressiven Patienten deutlich verringert war und sogar unter dem Wert der Kontrollpersonen lag. Die im Sinne der OPD *tieferliegenden* Konflikte bleiben dabei aber unberührt, so dass die Besserung sich bald verlangsamt und es oft zu einer Stagnation oder gar Verschlechterung sowie zu Rückfällen kommt.

In diesem Zusammenhang liegt die Vermutung nahe, dass eine regelmäßige *Verabreichung* von Oxytocin, etwa als begleitende Maßnahme innerhalb einer Psychotherapie, einen antidepressiven Effekt haben könnte. In ersten Studien hat man begonnen, diese Möglichkeit zu untersuchen (für eine Übersicht s. Bakermans-Kranenburg und van IJzendoorn 2013; s.a. MacDonald et al. 2013). Die Ergebnisse sind jedoch noch wenig aussagekräftig, zumal verschiedene methodische Schwierigkeiten bestehen. So ist nicht klar, ob und in welcher Weise intranasal verabreichtes Oxytocin tatsächlich die relevanten Rezeptoren im Gehirn erreicht (oder nur einen Teil der Rezeptoren) und in welcher Konzentration es gegeben werden muss. Letztgenannter

Punkt ist besonders wichtig, da Oxytocin in höherer Konzentration auch die Vasopressinrezeptoren besetzen kann, die etwa auf das Stresssystem eine dem Oxytocin entgegengesetzte Wirkung haben und dessen Tätigkeit fördern.

Von großer Bedeutung ist auch die regelmäßige Verabreichung. In entsprechenden Studien wurde Oxytocin in der Regel nur einmal appliziert und Änderungen der Stimmung festgehalten. Depressive Erkrankungen scheinen jedoch nicht nur mit einer verminderten Oxytocinfreisetzung, sondern auch mit einer erhöhten Oxytocinrezeptorausbildung einherzugehen. Letzteres legt nahe, dass eine einmalige Verabreichung keinen wesentlichen Effekt haben wird, da nur ein kleiner Teil der Rezeptoren besetzt wird. Erst wenn die bei Depression erhöhte Rezeptorausbildung durch die regelmäßige Aktivierung vermindert wird, kann ein langfristiger Effekt auftreten. Darüber hinaus ist es vor allem die zweite Phase der Therapie, die den dauerhaft positiven Effekt einer Therapie vermittelt (s. unten), und wir nehmen an, dass die therapeutische Allianz über das Oxytocin lediglich den Weg für die folgenden nachhaltigen Veränderungen ebnet. Es erscheint deshalb unerlässlich, dass Oxytocin im Kontext einer *Psychotherapie* wirksam wird.

9.4 Was geschieht in der zweiten Therapiephase?

Klaus Grawe spricht in seiner *Neuropsychotherapie* von einem »expliziten«, d. h. auf Worten beruhenden, und einem »impliziten«, also auf nichtverbaler Interaktion gründenden Modus der Therapie, wobei Letzterer seiner Meinung nach vornehmlich unbewusst wirkt. Freilich sind hier die Begriffe »explizit« und »implizit« nicht genau auf die erste und zweite Phase einer Therapie anzuwenden, denn auch in der ersten Therapiephase läuft neben den notwendigen »expliziten« Gesprächen zwischen Patient und Therapeut vieles nichtverbal-implizit ab, etwa die gegenseitige Vertrauensbildung, und dadurch stellt sich ja auch ganz wesentlich die für den ersten Therapieerfolg notwendige positive Emotionalität her. In der zweiten Therapiephase liegt der Schwerpunkt vornehmlich auf den impliziten Maßnahmen, da der Patient jetzt – wenngleich explizit-verbal und implizit-nonverbal vom Therapeuten angeleitet und betreut – *selbst* etwas tun muss, nämlich neue Weisen des Fühlens, Denkens und Handelns *einüben*.

Ein Neu- und Umlernen ist aus neurobiologischer Sicht nur zu Beginn an Aktivitäten des bewusstseinsfähigen Cortex gebunden; danach vollzieht es sich nach dem Muster der *Umbildung von Gewohnheiten* in den Basalganglien. Gewohnheiten jeglicher Art haben ihren »Sitz« im lateralen »sensomotorischen« Teil des dorsalen Striatum, der mit den sensomotorischen Arealen des Cortex (parietaler Cortex, supplementär-motorisches Areal, prämotorischer und motorischer Cortex) in enger Verbindung steht. Wir haben diese Verbindung die »sensomotorische Schleife« genannt, denn sie läuft über bestimmte weitere subcorticale Zentren (s. Abbildung 2.14) zum sensomotorischen Cortex zurück.

Wenn sich neue Gewohnheiten ausbilden und alles (auch gedanklich und emotional) noch holprig abläuft, ist hingegen eine Schleife aktiv, die durch den medialen assoziativen Teil des Striatum läuft, vom assoziativen präfrontalen, temporalen und parietalen Cortex sowie vom prä-supplementär-motorischen Areal ihren Haupteingang erhält und über andere Umschaltstationen zu diesen Arealen zurückläuft. Wir haben sie die »assoziative Schleife« genannt. Sie ist stark von Dopamin und damit von motivierenden Belohnungserwartungen abhängig. Wie bereits geschildert, verlagert sich nun bei der Ausbildung von Gewohnheiten die Hirnaktivität zunehmend von der assoziativen zur sensomotorischen Schleife. Dort konsolidiert sie sich, d. h., sie wird in immer kompakterer Form im lateralen dorsalen Striatum »eingegraben«. Ähnliche, aber noch nicht genau verstandene Prozesse laufen parallel zwischen Cortex, Striatum und dem Kleinhirn ab.

Alle diese Prozesse werden durch zwei Faktoren gesteuert, nämlich sensomotorische Übung und Einfluss des limbischen Systems. Das ständige Einüben von Abläufen wird über die Ausschüttung von Dopamin durch emotionale Einflüsse, d. h. durch Motivation beflügelt, später aber sinkt der Dopaminausstoß immer weiter ab.

Dies erklärt übrigens, warum Parkinson-Patienten mit einem eklatanten Dopaminmangel zumindest teilweise noch hochautomatisierte Bewegungen ausführen können (Ashby et al. 2010). Das Abspulen von Gewohnheiten wird allerdings von einem Ausstoß endogener Opioide begleitet, was sie zu »lieben Gewohnheiten« macht, bei denen wir uns wohlfühlen – es sei denn, es handelt sich um krankhafte Automatismen im Sinne von Zwangshandlungen (s. Kapitel 8). Aber auch hier bewirkt das Ausführen solcher Zwangshandlungen vorübergehend Erleichterung.

Diese zunehmende Konsolidierung ist der Grund dafür, dass Gewohnheiten so stabil und so schwer zu ändern sind. Ein Beispiel hierfür ist eine Person, die sich das

Klavierspielen selbst beigebracht hat oder von einem schlechten Klavierlehrer unterrichtet wurde. Die neue und bessere Klavierlehrerin bemerkt die »grässlichen Fehler« und falschen Fingersätze und versucht nun, diese zu beseitigen. Das wird durch eine kognitive Umstrukturierung allein nicht gelingen; es ist also nur begrenzt hilfreich, wenn die Lehrerin dem Schüler erklärt, was er alles falsch macht, es sei denn sie tut dies, um das weitere Vorgehen zu erläutern und ihm aufzuzeigen, wo man ansetzen muss und warum. Ernsthafte Fortschritte ergeben sich vielmehr auf meist qualvolle Weise durch Üben, Üben und nochmals Üben, d. h. durch »Überlernen«. Dies gelingt dann gut, wenn die Lehrerin den Schüler motiviert und das Ganze in einer vertrauensvollen Atmosphäre mit Ermunterung und freundlicher Kritik geschieht. Kommt aber Stress auf, z. B. bei harscher Kritik oder beim öffentlichen Vorspielen, so wird der Schüler häufig in alte Fehler verfallen.

Auf die Situation der Psychotherapie übertragen, können psychische Erkrankungen – entsprechend der Sicht der kognitiven Verhaltenstherapie – als fehlausgebildete Gewohnheiten verstanden werden, auch wenn es hierbei eher um emotionale als kognitive oder motorische Prozesse wie das Klavierspielen geht. Diese graben sich aufgrund bestimmter negativer konditionierender Erfahrungen tief in das limbische System samt den Basalganglien ein, und zwar meist in Kindheit oder früher Jugend – einer Entwicklungsphase also, in der das limbische System noch sehr plastisch ist. Mit der entwicklungsbedingt abnehmenden neuronalen Plastizität werden diese Gewohnheiten dann im Sinne eines »Teufelskreises« zunehmend resistent gegen spätere Erfahrungen. Wenn ein Patient nämlich aufgrund einer psychischen Traumatisierung gelernt hat, die Welt angstbesetzt zu sehen, so wird er alle weiteren Geschehnisse ebenfalls eher negativ als positiv sehen.

Die starke Verfestigung von Gewohnheiten ist, wie erwähnt, am deutlichsten bei den Zwangshandlungen zu beobachten, bei denen sich aus heutiger Sicht bestimmte neuronale Abläufe in den Basalganglien (fast) völlig gegen Außeneinflüsse immunisiert und verselbständigt haben und deshalb wie im Falle eines Wasch- oder Kontrollzwanges (vgl. Kapitel 7) auch gegen jede Willensanstrengung des Betroffenen ausgeführt werden. Hier wie auch bei starker Drogensucht und ebenso bei Depressionen führt als ein experimenteller Ansatz die elektrische Stimulation unterschiedlicher limbischer Zentren wie des dorsalen Striatum, des Nucleus accumbens oder des anterioren cingulären Cortex zu deutlichen Abschwächungen der Symptomatik (vgl. Holtzheimer und Mayberg 2010). Allerdings ist die Wirkungsweise solcher Eingriffe unklar; es wird von einigen Autoren angenommen, dass durch die elektrische Stimulation bestimmte »in sich kreisende« neuronale Prozesse unterbrochen werden.

Es ist ebenfalls noch unklar, was in der »impliziten« zweiten Therapiephase im Gehirn eigentlich geschieht – sicher ist nur, dass Therapeut und Patient gegen fest eingegrabene Weisen des Fühlens, Denkens und Handelns ankämpfen. Wie eingangs erwähnt, ist sehr unwahrscheinlich, dass es zu größeren »Reparaturen« defizitärer Strukturen kommt. Wahrscheinlicher ist das Wirken zweier anderer Prozesse, die möglicherweise eng zusammenhängen. Zum einen kommt es während der Therapie zu Veränderungen bei der Produktion von Neuromodulatoren, so dass etwa der CRF-ACTH-Cortisolspiegel gesenkt und der Serotoninspiegel erhöht wird, und zwar unter anderem über eine therapiebedingte Erhöhung des Oxytocinspiegels. Dies wird meist von einer Veränderung in der Anzahl und Empfindlichkeit der entsprechenden Rezeptoren in limbischen Zentren begleitet, was durch die vertrauensvolle Beziehung zwischen Patient und Therapeut, seine Ermutigungen und Ratschläge hervorgerufen wird. Wichtig sind aber auch die von der Ausschüttung endogener Opioide bewirkten positiven Gefühle aufgrund »kleiner« Erfolge oder sonstiger (manchmal zufälliger) erfreulicher Ereignisse. Dem stehen dann Enttäuschung über den schleppenden Therapiefortschritt, Misserfolge und Frustrationen gegenüber, die den Spiegel der Stresshormone erhöhen. All dies kann das typische »Auf und Ab« der zweiten Therapiephase erklären.

Zum anderen scheint die *Neubildung von Nervenzellen* in verschiedenen Zentren des Gehirns, nämlich im Hippocampus, im Hypothalamus und auch im Nucleus caudatus und im Putamen des Striatum, von großer Bedeutung für die zweite Therapiephase zu sein. Wie gehört, gehen Depressionen mit einer *verminderten* Neurogenese einher (Kapitel 7). Entsprechend ist eine Besserung der depressiven Symptomatik an eine *Zunahme* der Neurogenese gebunden (Becker und Wojtowicz 2007). Oxytocin stimuliert diese Neurogenese. Selbst bei gleichzeitigem Erleben von Stress und einer erhöhten Freisetzung von Stresshormonen kann das im Kontext der therapeutischen Allianz freigesetzte Oxytocin die Neubildung von Zellen im Hippocampus stimulieren (vgl. Leuner et al. 2012). Da Oxytocin zudem die Cortisolfreisetzung hemmt, entfällt dessen hemmender Einfluss auf die Neurogenese. Darüber hinaus kann das Oxytocin die Freisetzung von Serotonin stimulieren, dadurch die Neubildung von Nervenzellen im Hippocampus anregen und hierüber dann eine Erholung von der Depression fördern.

Es werden wieder vermehrt neue Zellen im Hippocampus, in den Basalganglien und vielleicht auch im Hypothalamus gebildet, also in Hirnbereichen, die für unsere Stressverarbeitung, den Antrieb, die Ausbildung von Gewohnheiten, die Berücksichtigung von Kontextinformationen und dergleichen wichtig sind. Das System wird hierdurch für Veränderungen geöffnet. Neue neuronale Verbindungen können unter Einbezug der neu gebildeten Zellen diese neuen Erfahrungen abbilden und dabei alte, dysfunktionale und der Depression zugrundeliegende Verbindungen zwischen Nervenzellen überschreiben (s. Abbildung 9.1).

Generell werden Maßnahmen während der zweiten Therapiephase folgende Effekte haben: (1) eine bessere Einbettung bewusst erlebter, aber vielleicht vergessener oder verdrängter belastender oder traumatisierender Ereignisse in einen belastungsfreien Kontext innerhalb des Langzeitgedächtnisses; (2) die Aktivierung von »verschütteten« Ressourcen (z. B. Bindungserfahrungen, positive Selbsterfahrungen) auf der mittleren limbischen Ebene durch verbal-nichtverbale Interaktion zwischen Patient und Therapeut; (3) geduldiges Neuschaffen von Ressourcen im Bereich von Beziehung, Bindung, Identität und Autonomie im Sinne von Grawe (2004) und Rudolf (2012). Solche Maßnahmen eröffnen die Möglichkeiten zu einer tiefergreifenden und stabileren Behandlung von Belastungen und Störungen.

9.5 Was bedeuten diese Erkenntnisse für eine »Neuropsychotherapie«?

»Neuropsychotherapie« kann nicht bedeuten, dass Neurobiologen die Psychotherapie »feindlich übernehmen«, wie dies vor einiger Zeit für eine »Neuropädagogik« in Hinblick auf schulische Bildung propagiert wurde. Die Arbeit müssen die Psychotherapeuten und die Patienten selbst leisten, und zwar im Rahmen einer therapeutischen Allianz. Wie wir aber gesehen haben, ist die Zuarbeit der Neurobiologie im Sinne einer empirisch-experimentellen Grundlegung von Psychotherapie unabdingbar.

Die wichtigste Aufgabe besteht darin zu erkennen, *welche* neuronalen Prozesse bei psychischen Erkrankungen gestört sind, und zwar auf der Ebene der Neuromodulatoren, die hier entscheidend sind, und zu überprüfen, was auf dieser Ebene und auf der hierauf aufbauenden Ebene der Interaktion limbischer Zentren bei einer erfolgreichen Psychotherapie geschieht. Ohne solche Erkenntnisse muss jede Psychotherapie ein Lernen nach Versuch und Irrtum ohne tiefergehendes Verständnis von den Mechanismen bleiben.

In diesem Zusammenhang wird deutlich, dass ein erheblicher Widerspruch zwischen den – wenngleich durchaus mäßigen und oft nicht nachhaltigen – Behandlungserfolgen der zurzeit am häufigsten angewandten Psychotherapien und ihren jeweiligen Wirkungsmodellen besteht. Für die klassische Verhaltenstherapie ist die Annahme zentral, dass durch geeignete Mittel wie Konfrontationstherapie oder EMDR (s. oben) »nichtangepasste« erlernte Verhaltensweisen *gelöscht* und durch angepasste *ersetzt* werden können. Das ist aber nach gegenwärtiger neurobiologischer Kenntnis gar nicht möglich, und zwar offenbar auch nicht oder zumindest nicht verlässlich durch die Injektion von »Extinktionsbeschleunigern« wie D-Cycloserin. Was als Möglichkeit bleibt, ist ein Überlernen im Sinne eines Einkapselns der alten Inhalte, die weiter bestehen bleiben und unter starker Belastung oder starker Erinnerung an das ursprüngliche Trauma wieder hervorbrechen können, denn »die Amygdala vergisst nicht!«.

Entsprechend zeigen verhaltenstherapeutische Maßnahmen am ehesten Wirkung, wenn das »fehlkonditionierende« Ereignis nicht sehr schlimm war und insbesondere nicht schon eine schwere Traumatisierung in frühkindlicher Zeit vorlag. Dieser wichtige Gesichtspunkt ist von klassischen Verhaltenstherapeuten lange Zeit hartnäckig geleugnet oder ignoriert worden, und erst langsam wächst auch hier die Einsicht in die besondere Bedeutung frühkindlicher Traumatisierung, insbesondere im Rahmen der Bindungserfahrung.

Die kognitive Verhaltenstherapie, von ihrem Begründer Aaron Beck inzwischen einfach »kognitive Therapie« genannt, hat als zentrales Dogma die Aussage, dass das Denken mehr das Fühlen bestimmt als umgekehrt und dass deshalb eine erfolgreiche Therapie vornehmlich darin besteht, den Patienten zu der Einsicht zu bringen, dass er sich selbst, sein Handeln und die Welt im Sinne kognitiver Verzerrungen falsch »sieht«. Entsprechend muss sich daran eine »kognitive Umstrukturierung« anschließen, die dann zum Therapieerfolg führt. Aus Sicht der Neurobiologie ist dies jedoch unzutreffend, denn emotionale, oft unbewusste Zustände bedingen weitestgehend die kognitiven Zustände im Gehirn und nicht umgekehrt: Dies ist schon bei jedem Wahrnehmungsakt so, denn Emotionen beeinflussen erheblich, was wir in unserer Umwelt erfassen. Diese Bedeutung der Emotionen wird interessanterweise in den neuesten Publikationen der KVT-Vertreter gar nicht mehr infrage gestellt, und deshalb ist es unverständlich, warum man zumindest innerhalb des Grundkonzeptes am Primat des Kognitiven festhält. Wie gezeigt, liefern bildgebende Studien keinerlei Belege, dass der dorsolaterale präfrontale Cortex als Ort von Kognition, Verstand und Intelligenz gegenüber den limbischen Arealen dominiert und dass er bei psychischen Erkrankungen geschwächt und bei einer erfolgreichen Psychotherapie wieder aufgebaut wird. Schließlich zeigen einschlägige neuroanatomische und funktionelle Untersuchungen, dass der dorsolaterale präfrontale Cortex auf die verhaltenssteuernden limbischen Strukturen wie die Amygdala gar nicht im Sinne einer kognitiven Umstrukturierung einwirken kann, da er keine Verbindungen zu ihnen besitzt. Solche direkten Verbindungen haben dagegen die limbischen corticalen Zentren wie der orbitofrontale, ventromediale und anteriore cinguläre Cortex. Diese *emotional* bedeutsamen Hirnregionen sind auf der Ebene des Bewusstseins die Ansatzpunkte einer Umstrukturierung, was sich dann in Veränderungen ihrer Aktivität ausdrücken kann. Statt einer vermeintlichen kognitiven Umstrukturierung findet also eine direkte Beeinflussung subcorticaler Zentren wie der Amygdala durch nichtverbale Kommunikation und die therapeutische Allianz statt. Letzteres wird erfreulicherweise zunehmend von kognitiven Verhaltenstherapeuten im Rahmen einer »emotional-kognitiven« bzw. »bindungsorientierten Verhaltenstherapie« anerkannt.

Die Psychoanalyse und daraus hervorgegangene psychodynamische Therapien gehen im Gegensatz zu den orthodoxen Konzepten der (kognitiven) Verhaltenstherapie davon aus, dass in den meisten Fällen frühkindliche negative Erfahrungen die Ursache für psychische Erkrankungen sind, die dann von späteren negativen Erfahrungen verstärkt werden. Dies ist aus neurobiologischer Sicht völlig richtig. Große Zweifel bestehen aber hinsichtlich einer der Grundannahmen der Psychoanalyse in ihrer klassischen, durch Freud geprägten Form, nämlich dass ein wichtiger, wenn nicht *der* wichtigste Teil einer erfolgreichen psychoanalytischen Therapie das Bewusstmachen *unbewusster*, d.h. verdrängter oder nie bewusster Inhalte ist. So etwas ist aus neurobiologischer Sicht überhaupt nicht möglich: Unbewusstes kann nicht bewusst gemacht werden, sondern nur Vorbewusstes, das einmal bewusst war und ins Langzeitgedächtnis »abgesunken« ist. Das für die Psychoanalyse so wichtige Konzept der Verdrängung spielt sich zweifellos zwischen dem Aktualbewusstsein und dem Vorbewussten ab, aber es gibt keine Verdrängung ins Unbewusste.

Allerdings ist hiermit nicht gesagt, dass die Analyse der tatsächlich unbewussten *Ursachen* psychischen Leidens überflüssig wäre. Zwar hat der Patient selbst keinerlei Einsichten in diese unbewussten Ursachen, wie etwa ein traumatisches Erlebnis während der infantilen Amnesie oder gar vorgeburtliche negative Einflüsse über das Gehirn der Mutter, und es hilft ihm auch wenig oder schadet ihm sogar vorübergehend, zu erfahren, was da wohl vorgefallen ist. Aber diese Einsichten geben dem Therapeuten wichtige Hinweise auf Art und Vorgehensweise der Therapie sowie auf Prozesse innerhalb der wichtigen, neurobiologisch jedoch wenig verstandenen Übertragung und Gegenübertragung.

Kritisch muss angemerkt werden, dass die orthodoxe Psychoanalyse, der leider noch viele Psychoanalytiker anhängen, weitere Bestandteile enthält, die bestenfalls jeglicher empirischer Fundierung entbehren, wie etwa die Traumdeutung oder die Lehre vom Ödipuskomplex, oder eindeutig falsch sind, wie die Freudsche Trieblehre, die dem Denken des 19. Jahrhunderts verhaftet ist. Andere Grundkonzepte wie die Verdrängung oder die Übertragung-Gegenübertragung, die sicherlich bedeutsam sind, bedürfen noch, wie angedeutet, der empirischen Fundierung. Zum Glück gibt es zahlreiche Psychoanalytiker, die im Verein mit Bindungsforschern und Neurobiologen eine moderne Form der Psychoanalyse anstreben.

Eine für die Psychotherapie zentrale Erkenntnis betrifft die große Bedeutung der »therapeutischen Allianz« zwischen Patient und Therapeut und dem Glauben, helfen zu können bzw. Hilfe zu erhalten. Wie gezeigt, führt dies zu einer massiven Erhöhung des Oxytocinspiegels und einer dadurch erhöhten Ausschüttung von endogenen Opioiden und Serotonin sowie zu einer Senkung des Stresshormonspiegels. Diese Vorgänge innerhalb der therapeutischen Allianz machen nach einschlägigen Studien 30–70 % der schnell einsetzenden Linderung psychischen Leidens aus, wie sie für die erste Phase einer Psychotherapie typisch ist. Dies mag in Fällen leichterer psychischer Störungen, besonders solcher, die nicht mit einer frühkindlichen Traumatisierung zusammenhängen, auch einen wesentlichen Therapieerfolg herbeiführen. Die Ursachen und Folgen einer tiefergreifenden Traumatisierung werden hiervon aber nicht berührt.

Aufbauend auf den wichtigen Prozessen der ersten Phase besteht dann die zweite, oft sehr langwierige Phase der Therapie in einem *impliziten Umlernen* tief eingegrabener Gewohnheiten des Fühlens, Denkens und Handelns. Hierbei scheint die Neubildung von Nervenzellen in limbischen Strukturen eine wichtige Rolle zu spielen. Das Umlernen vollzieht sich nur teilweise und meist nur anfangs auf assoziativer corticaler Ebene und dann vornehmlich auf der Ebene der Basalganglien als dem Sitz solcher Gewohnheiten. Die Einsicht in die Ursachen der Erkrankung hilft hierbei nur wenig. Viel wichtiger ist das fortbestehende Vertrauensverhältnis zwischen Patient und Therapeut, dessen ständige Ermutigung und Richtungsgebung. Die eigentliche therapeutische Arbeit muss indessen der Patient selber leisten.

Allgemein ist wohl davon auszugehen, dass eine erfolgreiche Psychotherapie zumindest beim Vorliegen vorgeburtlicher oder frühkindlicher psychischer Schädigungen nicht in einer »Heilung«, also der völligen Wiederherstellung früherer gesunder Zustände besteht, sondern im deutlichen Lindern der Befindlichkeit des Patienten und im Einstellen eines neuen psychischen Gleichgewichts, mit dem der Patient ein weniger eingeschränktes Leben führen kann.

10 Zusammenfassung

In diesem Buch haben wir mit »Seele« die Gesamtheit der Vorgänge bezeichnet, die sich in unserem bewussten, vorbewusst-intuitiven und unbewussten Fühlen, Denken und Wollen ausdrücken. Hierfür gibt es im Deutschen kein besseres Wort, auch wenn »Geist« und »Psyche« wesentliche Teile davon abdecken. Die religiösen Vorstellungen von »Seele«, etwa Unsterblichkeit oder göttliche Abkunft, haben wir bewusst nicht berührt.

Die in unserem Sinne definierte Seele ist nach aller verfügbaren wissenschaftlichen Erkenntnis untrennbar an Hirnfunktionen gebunden. Ihre Eigenschaften und Leistungen formen sich mit der Entwicklung des Gehirns, und mit dem Tod des Gehirns enden diese »Seelenvermögen«. Wenn man also nach einer möglichen Unsterblichkeit der Seele fragt, so muss sich dies auf gänzlich andere Zustände und Eigenschaften beziehen als diejenigen, die einer wissenschaftlichen Behandlung zugänglich sind.

Wie im ersten Kapitel gezeigt, war die Einengung des Seelenbegriffs von einem Lebensprinzip, *Anima*, *Spiritus* oder *Odem* genannt, auf empirisch erfassbare perzeptive, emotionale und kognitive Vorgänge ein Prozess der Philosophie- und Wissenschaftsgeschichte, der sich über zweieinhalb Jahrtausende hinzog, und ebenso lange dauerte die Suche nach dem »Sitz« dieser Vorgänge. Aus wissenschaftlicher Sicht ist diese Suche insofern beendet, als dass das Gehirn unbezweifelbar entweder der »Produzent« des Seelisch-Geistig-Psychischen ist, wie es ein Naturalismus-Physikalismus sieht, oder zumindest das Organ, über das ein unsterblicher und immaterieller Geist in der natürlichen Welt wirksam wird, wie es der nach wie vor populäre Dualismus begreift.

Für die Mehrzahl der Psychologen und Neurowissenschaftler und auch für eine ganze Reihe von Philosophen ist eine dualistische Sicht mit den vorliegenden empirisch-experimentellen Erkenntnissen unvereinbar und auch logisch widersprüchlich, zumal kein Dualist angeben kann, wie eine Instanz, die den Prinzipien des Naturgeschehens nicht unterliegt, mit diesem Naturgeschehen wechselwirken kann, ohne diese Prinzipien zu verletzen. Ebenso problematisch erscheint der unter Psychologen traditionell verbreitete »psychophysische Parallelismus«, der keinerlei Erklärung hinsichtlich der offenkundigen Wechselwirkung zwischen dem Geistig-Psychischen und Gehirnprozessen anbieten kann und im Dilemma einer »doppelten Verursachung« unseres Verhaltens, nämlich einmal durch geistige Akte und zum anderen durch neurobiologische Vorgänge, steckenbleibt.

Wir nehmen entsprechend eine *naturalistische* Sichtweise ein und sehen im Rahmen der »Einheit der Natur« das Geistig-Psychische als einen Naturprozess an, ohne jeden Bezug auf eine metaphysische »mentale Kausalität«. Gleichzeitig lehnen wir einen reduktionistischen Standpunkt ab und sehen das Geistig-Psychische als einen *emergenten Zustand*, der unter sehr spezifischen physikalisch-chemisch-physiologischen Bedingungen stammesgeschichtlich entstanden ist und individualgeschichtlich in jedem Menschen entsteht und bestimmte *Eigengesetzlichkeiten* entwickelt. Diese Eigengesetzlichkeiten, die als solche in der Natur gar nichts Besonderes sind, führen im Gehirn zu einer gewissen *Autonomie* geistiger Prozesse, die sich insbesondere bei der Verarbeitung neuer und für das Leben und Überleben wichtiger Informationen als ordnungsstiftende und gestaltende Faktoren zeigt. Mit der partiellen Autonomie des Geistigen ist das Entstehen unserer bewussten Erlebniswelt verbunden – der einzigen Welt, die uns direkt zugänglich ist. Voraussetzung hierfür ist die ausgeprägte *Selbstreferentialität* unserer Großhirnrinde als Entstehungsort des bewussten Wahrnehmens, Fühlens, Denkens und Handlungsplanens. Dieser Selbstreferentialität der Großhirnrinde liegt wiederum eine extrem hohe Binnenverdrahtung der corticalen Neuronen zugrunde. Die oszillierende Aktivität schnell wechselnder Netzwerke corticaler Neuronen scheint über eine präzise zeitliche Synchronisation Zustände des Bewusstseins zu ermöglichen oder als emergente Eigenschaft hervorzubringen. In dem Maße, in dem nichtmenschliche Tiere über einen solchen Cortex oder ein ähnlich aufgebautes Hirnareal verfügen, ist das Vorhandensein geistig-seelischer Zustände bei ihnen wahrscheinlich (Roth 2010, 2013).

Das Seelische findet seinen spezifischen Ausdruck in unserer *Persönlichkeit*, und deshalb waren weite Teile dieses Buches der Darstellung der verschiedenen Ebenen des Gehirns gewidmet, auf denen sich diese Persönlichkeit entwickelt: der unteren, mittleren und oberen limbischen sowie der kognitiv-sprachlichen Ebene. Hierbei ist die untere limbische Ebene, zu der Strukturen wie der Hypothalamus, die zentrale Amygdala und vegetative Zentren des Hirnstamms gehören, für die Regulation lebenswichtiger vegetativer Funktionen zuständig und bildet unter dem Einfluss von Genen und vorgeburtlichen Erfahrungen die Grundlage für unser Temperament. Die individuelle Funktion dieser Ebene kann durch spätere Erfahrungen oder Erziehung nur schwer verändert werden.

Die mittlere limbische Ebene besteht im Wesentlichen aus der basolateralen Amygdala und dem mesolimbischen System. Es ist die Ebene der unbewussten emotionalen Konditionierung und des individuellen emotionalen Lernens: Elementare Emotionen (z.B. Furcht, Ekel, Freude, Glück) werden hierbei an individuelle Lebensumstände angebunden. Die charakteristische Funktion dieser Ebene entwickelt sich in den ersten Lebensjahren vor allem im Kontext frühkindlicher Bindungserfahrungen und bildet zusammen mit der unteren limbischen Ebene den Kern unserer Persönlichkeit. Sie kann im Jugend- oder Erwachsenenalter nur über starke emotionale oder lang anhaltende Einwirkungen verändert werden.

Die obere limbische Ebene umfasst die limbischen Cortexareale, d.h. den ventromedialen präfrontalen, den orbitofrontalen, den cingulären und den insulären Cortex. Auf dieser Ebene findet das bewusste emotional-soziale Lernen statt. Hier werden die emotionalen Reaktionen der beiden unteren limbischen Ebenen verstärkt oder abgeschwächt, je nachdem wie es die Sozialisation vorgibt. Bewertungen auf dieser Ebene bilden die Grundlage für Gewinn- und Erfolgsstreben, für Freundschaft, Liebe, Hilfsbereitschaft, Moral und Ethik. Diese Ebene entwickelt sich in der späten Kindheit und Jugend aufgrund sozial-emotionaler Erfahrungen und ist entsprechend vornehmlich durch solche veränderbar. Für die kognitiv sprachliche Ebene sind im Gehirn Sprachzentren in der linken Großhirnrinde und weitere Bereiche des präfrontalen Cortex, insbesondere der dorsolaterale präfrontale Cortex wichtig. Dies ist die Ebene der bewussten sprachlichen und rationalen Kommunikation. Hier finden bewusste Handlungsplanung, Erklärung der Welt und die Rechtfertigung des eigenen Verhaltens statt. Die individuelle Funktion dieser Ebene entsteht relativ spät und wandelt sich ein Leben lang, und zwar im Wesentlichen durch sprachliche Interaktion.

Eine besondere Rolle bei der Entwicklung von Psyche und Persönlichkeit spielt die »Sprache der Seele«, nämlich die Wirkung der Neuromodulatoren im weiteren Sinne. Mehr als die »schnellen« Transmitter Glutamat, GABA und Glycin sind die neuromodulatorisch wirkenden Transmitter Dopamin, Serotonin, Noradrenalin und Acetylcholin sowie Neuropeptide oder Neurohormone wie Oxytocin, Vasopressin, CRF und Cortisol aufs Engste mit der »Seele« verknüpft, denn sie beeinflussen die Wechselwirkung zwischen den zahlreichen psychisch relevanten Hirnzentren und liefern so wichtige Impulse für unser Fühlen, Denken und Wollen. Dopamin motiviert uns etwa zu einer Handlung, von der wir uns eine Belohnung versprechen. Serotonin dagegen hält uns davon ab, in einer ausweglosen Stresssituation etwas zu unternehmen, und vermindert hierdurch nicht nur ein depressives Grübeln, sondern auch aggressives impulsives Verhalten. Noradrenalin kann insbesondere in Gegenwart emotionaler Reize unsere fokussierte Aufmerksamkeit und auch unsere Fähigkeit fördern, emotionale Erinnerungen zu bilden. Acetylcholin hingegen unterstützt, dass diese Aufmerksamkeit aufrechterhalten wird, und zwar so lange, bis wir uns ausreichend mit den Inhalten unseres Bewusstseins beschäftigt haben. Dadurch wird ein Verhalten begünstigt, das optimal der Umwelt angepasst ist. Endogene Opioide fördern unser Wohlgefühl und vermindern in diesem Sinne das Empfinden von Schmerz ebenso wie das Gefühl sozialer Ablehnung. Sie sind es, die ausgeschüttet werden, wenn wir eine Belohnung erhalten. Soziales Miteinander, insbesondere auch die liebevolle Interaktion zwischen Eltern und Kind, wird von einer Oxytocinfreisetzung begleitet. Hierdurch wird Vertrauen, das Erkennen emotionaler Hinweise sowie die Bereitschaft für ein soziales Miteinander verstärkt. Das Stresssystem hingegen wird gehemmt. Vasopressin verstärkt die Freisetzung von Stresshormonen, spielt aber ebenfalls eine große Rolle für Bindungsprozesse. In ausgeprägt stressreichen Situationen, aber auch in Ruhe wird zudem Cortisol freigesetzt. Dieses Hormon dient dem Mobilisieren körperlicher und psychologischer Ressourcen, wirkt aber darüber hinaus in einer Rückkopplungsschleife hemmend auf die weitere Stressreaktion des Körpers ein.

Die individuelle Funktionsweise dieser Systeme, d. h. die von ihnen freigesetzten Mengen an Neurotransmittern oder Neuromodulatoren und die Ausbildung der entsprechenden Bindungsstellen, korreliert mit frühen Erfahrungen, mit Persönlichkeitsfaktoren ebenso wie mit psychischen Erkrankungen. Differenzierte Gefühle und komplexes Verhalten entstehen infolge einer engen Wechselwirkung dieser neurochemischen Systeme. Entsprechend bilden die modulatorisch wirksamen Substanzen sechs »psychoneuronale Grundsysteme« aus, nämlich das System der Stressverarbeitung, der Selbstberuhigung, der Bewertung und Belohnung bzw. Belohnungserwartung, der Impulshemmung, der Bindung und des Realitätssinns. So liegt etwa der zwischenmenschlichen Bindung ein kompliziertes Zusammenspiel von Oxytocin, endogenen Opioiden, Vasopressin, Dopamin und weiteren neurochemischen Stoffen zugrunde.

Defizite in der Produktion dieser Stoffe sowie in der Art, Anzahl und Empfindlichkeit ihrer Rezeptoren sind Grundlage aller psychischen Erkrankungen. Hierbei werden verschiedene Erkrankungen von unterschiedlichen Fehlregulationen begleitet. Bei depressiven Erkrankungen liegt häufig eine Fehlregulation des Cortisol-, des Serotonin- und des Oxytocinsystems vor. Defizite in der Neubildung von Nervenzellen und in der Beeinflussung des Zusammenspiels limbischer Hirnstrukturen können die Folge sein. Bei weiteren Störungen sind andere Fehlfunktionen wirksam. So ist die Borderline-Persönlichkeitsstörung durch eine stark veränderte Opioidfunktion gekennzeichnet, während etwa bei der antisozialen Persönlichkeitsstörung Besonderheiten in der Funktion einer ganzen Reihe von Substanzen zutage treten, welche mit dem charakteristischen erhöhten Bedrohtheitsgefühl, einer mangelnden Impulshemmung oder im Falle einer Psychopathie einem »bösartigen Narzissmus« (Kernberg 2002) sowie mit Emotions- und Reuelosigkeit einhergehen.

Auf dieser Ebene der Neuromodulatoren treffen Gene und Umwelteinflüsse aufeinander. Das zeigt sich in der Entwicklung von Temperament und Persönlichkeit des Menschen und ihren charakteristischen Merkmalen. Auf dieser Basis besteht die Möglichkeit, den gängigen psychologischen Beschreibungen von Persönlichkeitsmerkmalen, wie sie etwa in den »Big-Five«-Konzepten und ihren Erweiterungen enthalten sind, eine neurobiologische Fundierung zu verleihen. Um Entwicklung und Ausprägung der Persönlichkeit zu verstehen, muss genau erfasst werden, wie hierbei Gene und Umwelt auf der Ebene epigenetischer Prozesse miteinander wechselwirken. Inzwischen kann man nachverfolgen, wie Umwelteinflüsse auf die Expression neuromodulatorischer Gene einwirken und deren Expressionsmuster aktuell oder dauerhaft verändern. Unter ganz bestimmten Umständen können sogar erworbene Eigenschaften, nämlich ein verändertes Expressionsmuster der Neuromodulatoren, genomisch weitergegeben werden, auch wenn sich die Gene selber nicht ändern.

Rein genetische »Vulnerabilitäten« beruhen meist auf einer Kombination mehrerer oder gar vieler Polymorphismen und stellen oft als solche kein großes Risiko dar, an einer psychischen Störung zu erkranken. Dieses Risiko erhöht sich jedoch dramatisch, wenn schwere vorgeburtliche oder frühkindliche Erfahrungen mit ihnen wechselwirken. Vorgeburtlich sind dies vor allem Veränderungen des Gehirns einschließlich der neuromodulatorischen Systeme der werdenden Mutter aufgrund traumatisierender Erfahrungen wie Misshandlung, Vergewaltigung, Verlust des Partners, Kriegsereignissen oder schwerer Unfälle. Diese wirken über die Blutbahn auf das noch ganz unreife Gehirn des Embryos oder Fötus ein und führen zu Fehlentwicklungen vor allem im Stressverarbeitungs- und Selbstberuhigungssystem des Kindes. Ebenso rufen bei Kleinkindern Misshandlung, Missbrauch, Vernachlässigung und Tod der Eltern oder die längere Trennung von ihnen, aber auch psychische Störungen der primären Bezugsperson gleichermaßen Beeinträchtigungen dieser Systeme und insbesondere des Bindungssystems hervor.

Frühe massive Störungen des Stressverarbeitungssystems (CRF-Cortisol) sowie des Selbstberuhigungssystems (Serotonin) sind besonders schicksalhaft, weil die Fehlregulation des CRF-Cortisol-Haushalts langfristiger Natur ist und zudem die Ausbildung der anderen psychoneuronalen Systeme stark beeinflusst, und weil der Serotoninspiegel einen nachhaltigen Einfluss auf die allgemeine Hirnentwicklung hat. Allerdings kann eine positive Bindungserfahrung über eine starke Ausschüttung von Oxytocin solche negativen Effekte zumindest teilweise dämpfen. Diese Prozesse sind in bestimmten frühkindlichen »Zeitfenstern« besonders empfänglich für äußere Einflüsse, und dies bedeutet, dass negative Einflüsse während dieser Perioden je nach Schweregrad später nur noch in geringem Umfang kompensiert werden können, wie die Untersuchungen an rumänischen Waisenkindern zeigen. Aber auch positive korrigierende Einflüsse sind in diesen Phasen besonders wirksam.

Diesen Zusammenhängen entsprechend müssen Psychotherapien gleich welcher Richtung ihre Wirkung letztendlich auf Ebene der Neuromodulatoren und damit der sechs psychoneuronalen Grundsysteme ausüben und sich in einer Aktivitätserhöhung oder -erniedrigung der subcorticalen und corticalen limbischen Zentren bzw. ihrer Komponenten manifestieren. In der Tat kann man mithilfe bildgebender Verfahren, vornehmlich der funktionellen Magnetresonanztomographie und zum Teil des Elektro- bzw. Magnetenzephalogramms, nachweisen, dass diese Zentren bei psychischen Erkrankungen wie Depression, Angststörungen, posttraumatischer Belastungsstörung, Zwangsstörungen, der Borderline-Persönlichkeitstörungen und der antisozialen Persönlichkeitsstörungen deutlich von der Norm abweichende Aktivitätsmuster aufweisen. So hat man etwa eine stark erhöhte Aktivität der Amygdala oder des Nucleus accumbens bzw. der übrigen Basalganglien festgestellt oder eine deutlich erhöhte oder verminderte Aktivität des orbitofrontalen oder ventromedialen Cortex. Wie auch immer diese Aktivitätsmuster bei Beginn der Psychotherapie aussehen: Die allermeisten Studien zeigen nach erfolgreicher Therapie eine Rückkehr zum Normalzustand, wie man ihn bei den gesunden Kontrollgruppen findet.

Allerdings ist die Interpretation derartiger Befunde nicht immer leicht. Erstens tritt eine solche mithilfe der funktionellen Bildgebung festgestellte »Rückkehr zur Normalität« auch dann auf, wenn das subjektive Leiden der Patienten sich nur teilweise gebessert hat. Das würde bedeuten, dass die beobachteten Veränderungen eher oberflächlicher Natur sind und die erkrankten Strukturen und Funktionen zum Teil weiterbestehen, was sich dann in einer bei vielen psychischen Erkrankungen hohen Rückfallquote äußert. Zum anderen zeigen zahlreiche Untersuchungen, dass ein beträchtlicher Teil dieser vorläufigen Besserung vornehmlich auf den Effekt der »therapeutischen Allianz« zurückzuführen ist, nämlich dem *Vertrauensverhältnis* zwischen Patient und Therapeut sowie der festen Erwartung des Patienten, dass der Therapeut ihm helfen kann und will, und ebenso des Therapeuten, dass er dazu auch in der Lage ist. Dieses häufig als »Placeboeffekt« bezeichnete Phänomen ist oft hochwirksam und besteht aus neurobiologischer Sicht in einer deutlich erhöhten Ausschüttung von Oxytocin und endogenen Opioiden, was stärkend auf das Selbstberuhigungssystem und das Belohnungssystem wirkt und die Stressreaktion abschwächt.

Eine *längerfristig* wirksame Psychotherapie beruht aus unserer Sicht aber nicht allein auf einer solchen bindungsbezogenen Besserung der subjektiven Befindlichkeit, sondern auf dem »Umlernen« verfestigter negativer Gewohnheiten des Fühlens, Denkens und Handelns. Dieses vollzieht sich nur zu Beginn in den limbischen corticalen Arealen; später findet es zunehmend in den Basalganglien statt, vornehmlich im Striato-Pallidum als dem »Sitz« der Gewohnheiten und Automatismen. Da sich solche Gewohnheiten und Automatismen schon im Normalzustand gegenüber Veränderungen abkapseln (sonst wären sie nicht das, was sie sind), stellen sie auch in der Therapie einen erheblichen Widerstand dar. Dieser Widerstand kann im Arbeitsbündnis zwischen Patient und Therapeut, insbesondere aber durch den Patienten selbst nur durch ständiges Einüben eines neuen Umgangs mit sich und der Welt überwunden werden, und zwar meist nur mühsam, mit vielen Rückschritten und dann oft auch nur teilweise. Dabei kommt es im Gegensatz zu früheren Anschauungen nicht zu einer Löschung früherer dysfunktionaler psychischer Zustände, sondern zu einem – mehr oder weniger stabilen – Überlernen, das immer bedroht ist von Rückfällen in die alten Verhältnisse.

Die mithilfe der funktionellen Bildgebung und anderer neurophysiologischer und neuropharmakologischer Untersuchungen gewonnenen Erkenntnisse über die Ursachen psychischer Störungen und psychotherapeutischer Behandlungserfolge führen zu begründeten Zweifeln an wichtigen Aspekten der Wirkungsmodelle der gängigen Psychotherapieformen, also der Verhaltenstherapie, der kognitiven (Verhaltens-)Therapie und der Psychoanalyse bzw. der psychodynamischen Therapien. Die klassische, oft mit Konfrontationstechniken arbeitende Verhaltenstherapie hat mit der Tatsache zu kämpfen, dass ihre Maßnahmen in aller Regel nur in leichten Störungsfällen zu einer Löschung der dysfunktionalen Verhaltensweisen führen; bei schwereren Fällen kommt es hingegen meist nur zu einem *Überlernen*, das wie geschildert zu einem umso labileren Behandlungserfolg führt, je tiefgreifender die Störung ist.

Aus neurobiologischer Sicht kritisch zu betrachten ist die zentrale Annahme der kognitiven (Verhaltens-)Therapie, dass die Gedanken die Emotionen bedingen und dass daher psychische Störungen das Ergebnis »falscher Kognitionen«, d.h. unzutreffender Vorstellungen des Patienten von sich selbst, seinem Handeln und seinem Verhältnis zu Anderen seien. Dagegen steht die wohlfundierte Einsicht der Neurobiologie, dass es umgekehrt die bewussten oder unbewussten Emotionen sind, deren Fehlentwicklungen, etwa aufgrund einer frühen Traumatisierung, das »fehlerhafte« Denken bestimmen. Deshalb kann eine kognitive Umstrukturierung *allein* keinen therapeutischen Effekt haben. Vielmehr muss zuallererst eine *emotionale* Umstrukturierung stattfinden, die dann natürlich zur *Folge* haben kann, dass der Patient sich selbst und die Welt auch kognitiv anders sieht und dann entsprechend anders denkt und handelt. Untersuchungen zur Konnektivität von Hirnzentren zeigen, dass der »kognitive« dorsolaterale präfrontale Cortex (dlPFC) gar keinen direkten Einfluss auf die verhaltenssteuernden limbischen Zentren wie Nucleus accumbens, Amygdala und Hypothalamus besitzt, sondern umgekehrt von diesen Zentren wie auch von limbischen corticalen Arealen wie dem orbitofrontalen, ventromedialen und anterioren cingulären Cortex stark beeinflusst wird. Hier müssen sich die Veränderungen vollziehen, die zu einer Besserung der Symptomatik führen.

Diese Annahme wird auch von allen verfügbaren bildgebenden Studien zum Effekt einer KVT-Therapie gestützt: Aufgrund der Therapie verstärkt sich nicht etwa die Aktivität des dlPFC, wie es das Paradigma einer wiedererlangten *kognitiven Kontrolle* erfordern würde, sondern es tut sich entweder nichts, oder die Aktivität verringert sich sogar. Da aber gleichzeitig die Aktivität der Amygdala in der Regel abnimmt, ist zu erwarten, dass nicht der dlPFC, sondern die limbischen corticalen Areale eine höhere Kontrollfunktion erhalten haben. Aber auch andere positive Veränderungen sind denkbar. In den letzten Jahren haben diese Befunde zu einer beträchtlichen Veränderung im Deutungskonzept der KVT geführt und eine immer größere Bereitschaft entstehen lassen, den Primat des Emotionalen über das Kognitive und auch die große Wirkung der therapeutischen Allianz anzuerkennen. In diesem Zusammenhang wird die große Bedeutung, die die Ergebnisse der Bindungsforschung auch für die KVT besitzen, zunehmend akzeptiert. Wenn eine KVT wirkt, dann nicht primär über eine kognitive, sondern über eine emotionale Umstrukturierung im Rahmen der therapeutischen Allianz.

Der klassischen Psychoanalyse und vielen psychodynamischen Therapierichtungen ist generell vorzuhalten, dass sie – entgegen den Überzeugungen ihres Begründers Sigmund Freud und trotz prominenter Meinungsäußerungen wie denen von Eric Kandel – über lange Zeit den Forderungen nach einer empirisch-experimentellen Überprüfung ausgesprochen feindlich gegenüberstand. Erst in jüngerer Zeit haben sich etwa im deutschsprachigen Raum führende Psychoanalytiker wie Manfred Cierpka, Marianne Leutzinger-Bohleber, Anna Buchheim und Cord Benecke um einen engen Kontakt mit Neurobiologen bemüht und erfolgreich eine sehr fruchtbare wissenschaftliche Zusammenarbeit mit ihnen in Gang gesetzt.

Die neurobiologische Forschung hat bestimmte grundlegende Bestandteile der Psychoanalyse und psychodynamischer Konzepte bestätigen können, z. B. die Erkenntnis, dass Störungen unbewusster limbischer Prozesse die Grundlage von psychischen Störungen auf der Bewusstseinsebene sind; dass frühkindliche traumatische Erfahrungen einen wesentlichen und ursächlichen Anteil an diesen psychischen Störungen haben, gerade weil sie aufgrund der infantilen Amnesie nicht erinnert werden; dass Verdrängung »unerwünschter« Erfahrungen und Motive ein wichtiger Vorgang beim Entstehen dieser Störungen ist; und dass der Prozess der Übertragung und Gegenübertragung zwischen Patient und Therapeut ein wichtiges Element des therapeutischen Prozesses darstellt. Dieser letztere Vorgang vollzieht sich aus unserer Sicht auf der Ebene nichtverbaler Kommunikation unter Einbeziehung des insulären Cortex und subcorticaler limbischer Zentren.

Demgegenüber sind viele klassische Anteile der Psychoanalyse aus neurobiologischer Sicht empirisch fragwürdig, wie etwa die Traumdeutung, die Trieblehre, der Ödipuskomplex und vor allem die Überzeugung, dass das Aufdecken »unbewusster« oder verdrängter Motive und Erlebnisse durch den Psychoanalytiker ein wesentlicher Bestandteil des Therapieerfolgs sei: »Wo Es war, soll Ich werden!«, heißt es an prominenter Stelle bei Freud. Diesem populären Konzept steht aber schon die Tatsache entgegen, dass etwas Unbewusstes grundsätzlich nicht bewusst gemacht und nichts Bewusstes ins Unbewusste verdrängt werden kann, sondern nur ins Vorbewusste. Das Unbewusste ist sprachlich-gedanklich nicht zugänglich und äußert sich für den Patienten nur unmerklich auf der limbischen Bewusstseinsebene und immer untrennbar vermischt mit bewussten Erfahrungen. Das Aufdecken der unbewussten oder verdrängten Ursachen des Leidens als solchem hat keinerlei direkten therapeutischen Wert, es dient aber – und das ist wiederum sehr wichtig – dem Therapeuten als Richtschnur für die therapeutische Vorgehensweise sowie als

Grundlage für eine emotionale Aufarbeitung der vergangenen Erfahrungen. Zugleich wird von modernen Psychotherapeuten immer mehr anerkannt, dass die Erkenntnisse des Analytikers stets nur Hypothesen, aber nicht der große Durchblick sind, den Freud besonders für sich selbst in Anspruch genommen hat.

Bedeutende Fortschritte hat auch die Psychoanalyse gemacht, indem sie die Ergebnisse der Bindungsstudien aufgenommen und die große Rolle der therapeutischen Allianz akzeptiert hat. Der große Vorteil der Psychoanalyse und der anderen psychodynamischen Methoden ist die Erkenntnis, dass im Gehirn des Patienten aufgrund frühkindlicher und zum Teil bereits vorgeburtlicher Traumatisierungen funktionelle und strukturelle Dysfunktionen entstanden sind, die sich nur durch das mühsame und langwierige Aktivieren verschütteter Ressourcen, etwa im Selbstbild und auf der Beziehungsebene, einigermaßen beheben lassen. Wie bereits Klaus Grawe feststellte, handelt es sich hierbei um eine »implizite« Therapie, eine Therapie der Neubildung von Fühl-, Denk- und Handlungsgewohnheiten. Diese vollzieht sich vornehmlich in den Basalganglien des Gehirns, ähnlich der Korrektur lange eingeprägter Fehler beim Klavierspielen oder anderen hochautomatisierten sensomotorischen Abläufen.

Es ergibt sich in unseren Augen somit ein »Zwei-Phasen-Modell« der Psychotherapie. In der ersten Phase ist der Hauptwirkfaktor die therapeutische Allianz, verbunden mit einer massiven Ausschüttung von Oxytocin und endogenen Opioiden, die dann eine spürbare Besserung der Symptomatik bewirkt. In leichteren Fällen psychischer Störung kann dies tatsächlich einen guten Behandlungserfolg erbringen. Bei schwereren psychischen Störungen, die auf einer Interaktion zwischen genetisch-epigenetischen Vorbelastungen und frühkindlichen negativen Erfahrungen beruhen, ist eine zweite und eher »implizite« Phase der Therapie notwendig, in der sich wie erwähnt strukturelle Änderungen im Bereich der Basalganglien ergeben müssen. Hier ist die Tatsache bemerkenswert, dass nicht nur im Hippocampus, sondern auch im Striatum, genauer im Nucleus caudatus und im Putamen im Erwachsenenalter die Neubildung von Neuronen stattfindet. Diese adulte Neurogenese wird durch Stress gestört und durch Oxytocin gefördert. Die therapeutische Allianz ist hier sozusagen der unspezifische Helfer der zweiten Phase.

Großangelegte Metastudien zur Wirksamkeit von Psychotherapien kommen zu dem Ergebnis, dass letztendlich alle gängigen Psychotherapien denselben Wirkungsverlauf zeigen. Dieser Umstand hat vielfältige Gründe: Aus unserer Sicht zeigt er die in allen Psychotherapierichtungen dominante Wirkung der therapeutischen Allianz auf, was bedeutet, dass bei allem, was ein Therapeut konkret tut, das Vertrauen zwischen ihm und dem Patienten der entscheidende Aspekt ist. Zweitens ist es ganz offensichtlich so, dass je nach Krankheitstyp, Vorgeschichte und Persönlichkeit des Patienten und des Therapeuten bestimmte therapeutische Maßnahmen bei dem einen Patienten eher besser helfen, bei dem anderen dagegen weniger, und dass sich dies letztendlich »ausmittelt«. Schließlich zeigt sich in den einschlägigen Studien, dass die »Manualtreue« der Therapeuten, also das korrekte Befolgen der orthodoxen Therapieregeln, im Durchschnitt eher gering ist. Mit anderen Worten: Es ist letztlich unwichtig, ob sich jemand als kognitiver Verhaltenstherapeut oder als Psychoanalytiker gibt, wichtig ist, was er in der Praxis tut, und dies unterscheidet sich immer weniger voneinander. Die Einsicht, dass beträchtliche Anteile der jeweils orthodoxen Wirkungsmodelle der Psychotherapierichtungen wissenschaftlich nicht haltbar sind, sollte diese Richtungen dazu bewegen, stärker über Gemeinsamkeiten nachzudenken und gleichzeitig die notwendige Methodenvielfalt zu akzeptieren.

Unser Buch befasst sich zu einem beträchtlichen Teil mit dem Entstehen psychischer Erkrankungen und ihren möglichen Therapien aus Sicht der Neurobiologie. Diese neurobiologisch-naturwissenschaftliche Sicht ist für viele Menschen, die sich aus einer geistes- und sozialwissenschaftlichen Grundhaltung heraus mit dem Geistig-Psychischen befassen, nicht selbstverständlich, und es bleibt für solche Leser die Frage an uns: Seid ihr nicht doch Reduktionisten? Reduziert ihr nicht doch die »Seele« auf das Gehirn?

In seinem Buch *Synaptic self. How our brains become who we are* stellt der bekannte Neurobiologe Joseph LeDoux fest: »We are our synapses, and they are who you are.« (LeDoux 2002/2006). Dies klingt in der Tat nach einem krassen neurobiologischen Reduktionismus. Folgen nicht auch wir in unserem Buch letztendlich dieser Feststellung?

Wir haben dargelegt, dass die Ebene der synaptischen Übertragung und des Einflusses der Neuromodulatoren auf dieses Geschehen die »Sprache der Seele« darstellt. Dennoch »sind« wir nicht »unsere Synapsen«, und eine solche Formulierung ist schon aussagenlogisch nicht korrekt. Das synaptische Geschehen bildet als Teilgeschehen eine notwendige Voraussetzung für das Seelische, denn hierüber kommunizieren die limbischen Zentren und Ebenen miteinander und mit den vegetativen, sensorischen, kognitiven und exekutiven Zentren des Gehirns. Dieses Geschehen ist aber nicht hinreichend. Aus dieser äußerst komplexen Interaktion entwickeln sich Psyche und Persönlichkeit im Normal- und Krankheitszustand. Diese Interaktion wird wiederum von zwei Faktoren gesteuert, nämlich dem Expressionsmuster der Gene zum einen und den Umwelteinflüssen zum anderen, seien sie positiver oder negativer Art. Diese Einflüsse schlagen sich dann in Veränderungen innerhalb der synaptischen »Sprache der Seele« nieder. Zweifellos können diese Veränderungen derart dramatische Folgen haben, dass sie nur schwer oder gar nicht rückgängig zu machen sind, und das kann eine bestimmte Dominanz dieser Prozesse über die psychischen Zustände vorspiegeln. Synapsen, Neuromodulatoren, Neuronen und dergleichen sind aber eben nur *Kommunikationsmittel*, nicht die eigentlichen Ursachen. Viel eher könnte man sagen: Wir, also unsere Psyche und Persönlichkeit, sind das Ergebnis der Interaktion von Genen und Umwelt.

Allerdings ist auch eine solche Formulierung unzulänglich, denn sie zieht nicht in Betracht, dass die sechs psychoneuronalen Systeme auf den genannten vier Ebenen des Gehirns die eingangs erwähnte *partielle Autonomie des Psychischen* bei der Kontrolle unseres Handelns hervorbringen – eine Autonomie, die aus der Fähigkeit zur Reflexion, zur Impulshemmung, zum Belohnungsaufschub, zum Abwägen zwischen Alternativen und zur Zielsetzung erwächst. Der Mensch ist dadurch nicht weniger abhängig von den Strukturen und Funktionen seines Gehirns, aber das Gehirn selbst kann sich aufgrund dieser Fähigkeiten »aus sich heraus« verändern, wenngleich nur in bestimmten Grenzen. So kann uns doch gelegentlich ein einziger gehörter oder gelesener Satz ändern, indem er Dinge in uns wachrüttelt, die im Vorbewussten verborgen waren; meist sind es aber langanhaltende emotionale Einwirkungen, die uns in der partnerschaftlichen Beziehung oder einer Psychotherapie (die ja auch eine Art Partnerschaft ist) tiefgreifend verändern können.

Dies führt uns zu einer ebenso häufig gestellten Frage: Wenn all das stimmt, was vorgetragen wurde, ist nicht dann ab dem 3. Lebensjahr »schon alles gelaufen«? Träfe dies zu, so wäre Psychotherapie zwecklos, ebenso wie jede andere Form der Erziehung. Dem ist aber nicht so. Auf der einen Seite ist es eben die Interaktion von Genen und Umweltbedingungen, die bereits in den ersten Lebensjahren unsere Psyche und Persönlichkeit ganz wesentlich bestimmt, und mit rund 14 Jahren – so sagen uns die Persönlichkeits- und Entwicklungspsychologen – ist die spätere Persönlichkeit eines Menschen weitgehend ausgereift, so dass man schon in diesem Alter die Persönlichkeitseigenschaften eines Menschen mit 40 Jahren gut vorhersagen kann (vgl. Asendorpf und Neyer 2012). In schweren Fällen, in denen eine starke genetische Vorbelastung auf eine starke negative Erfahrung trifft, kann es sein, dass kaum mehr etwas auszurichten ist, aber in allen anderen Fällen – und immer bis zum Beweis des Gegenteils – können therapeutische Maßnahmen Effekte haben, seien sie groß oder gering. Es gilt aber auch hier: Je früher, desto besser. Gerade die Tatsache, dass frühkindliche Traumatisierung dramatische neurobiologische Folgen hat, unterstreicht diese Erkenntnis nachdrücklich.

Allerdings gibt es innerhalb der Psychiatrie und Psychotherapie auch Beispiele für einen aus wissenschaftlicher ebenso wie therapiepraktischer Sicht unhaltbaren Optimismus. Der finnische Psychiater Ben Furman ist in seinem Buch *Es ist nie zu spät, eine glückliche Kindheit zu haben* (Furman 1999) der Ansicht, dass nur bei einem »geringen« Teil derjenigen Kinder, die in ihrer Kindheit misshandelt, missbraucht, von der Mutter dauerhaft getrennt oder in anderer Weise schwer traumatisiert wurden, diese Ereignisse schicksalhaft seien. Stattdessen gebe es viele Wege, die Folgen solch negativer Erfahrungen abzuwenden, etwa durch Humor, positives Denken, religiöse Erfahrungen, das Schreiben eines Tagebuchs, sogar das Erfinden einer liebenden »Fantasie-Familie«. Nach allem was wir heute über den Einfluss früher traumatischer Erfahrungen auf die Hirnentwicklung und das psychische Erkrankungsrisiko wissen, ist dieser Optimismus nur in solchen Fällen gerechtfertigt, in denen eine ausgesprochen günstige genetische Ausstattung Widerstandsfähigkeit verleiht, der traumatisierte Mensch auf die Ressourcen einer frühen sicheren Bindungsbeziehung zurückgreifen kann oder die Erlebnisse in einer langfristigen therapeutischen Allianz emotional aufgearbeitet werden. Keineswegs jedoch können alleine mit dem kognitiven Vorsatz, besonders humorvoll oder positiv denkend sein zu wollen, die Auswirkungen einer traumatischen Erfahrung vermindert oder gar beseitigt werden.

Eine letzte Bemerkung soll helfen, den generellen Anspruch unseres Buches zu verdeutlichen. In seinen Bemühungen um eine »Neuropsychotherapie« wurde bereits Klaus Grawe von Seiten geisteswissenschaftlich orientierter Psychotherapeuten der Vorwurf gemacht, er plädiere dafür, die bisherige Psychotherapie durch eine rein neurobiologische Behandlung zu ersetzen. Ein solcher Vorwurf ist im Falle von Grawe völlig unzutreffend, zumal er bekanntlich kein Neurobiologe war.

Zudem ist ganz unklar, wie das befürchtete »Ersetzen« einer Psychotherapie durch neurobiologische Methoden funktionieren sollte. Man kann sich vorstellen, dass neurobiologische Untersuchungen, wie in diesem Buch dargestellt, bei der Diagnose einer psychischen Erkrankung wie auch bei der Überwachung des Therapieverlaufs eine wichtige Rolle spielen. Wie aber Neurobiologen die Psychotherapie tatsächlich ersetzen sollten, ist nicht ersichtlich, es sei denn, der Forscher nimmt die klassische Rolle des Therapeuten ein – eine absurde Vorstellung. Die entscheidende Rolle der vertrauenswürdigen und einfühlsamen Persönlichkeit des Therapeuten wird niemand ersetzen können, und auch nicht dessen jahre- und jahrzehntelange therapeutische Ausbildung und Erfahrung. Die Neurobiologie wird hier immer eine dienende Wissenschaft zur Aufklärung der Ursachen psychischer Erkrankungen im Allgemeinen und – bei weiteren Fortschritten der Methodik – im Individuellen sein.

Literatur

Einleitung
Grawe, K. (2004): Neuropsychotherapie. Hogrefe, Göttingen u.a.
Kandel, E. (2008): Ein neuer theoretischer Rahmen für die Psychotherapie. In: *Psychiatrie, Psychoanalyse und die neue Biologie des Geistes*. Suhrkamp, Frankfurt am Main, S. 73–111.
Kandel, E. (2008): Biologie und die Zukunft der Psychoanalyse. In: *Psychiatrie, Psychoanalyse und die neue Biologie des Geistes*. Suhrkamp, Frankfurt am Main, S. 119–183.
Rüegg, J. K. (2014): *Gehirn, Psyche und Körper. Neurobiologie von Psychosomatik und Psychotherapie*. Schattauer, Stuttgart.

Kapitel 1
Breidbach, O. (1997): *Die Materialisierung des Ichs. Zur Geschichte der Hirnforschung im 19. und 20. Jahrhundert*. Suhrkamp, Frankfurt am Main.
Damasio, A. R. (1994): *Descartes' Irrtum. Fühlen, Denken und das menschliche Gehirn*. List, München.
Eccles, J. C. (1994): *Wie das Selbst sein Gehirn steuert*. Piper, München.
Florey, E. (1996): Geist – Gehirn – Seele: Eine kurze Ideengeschichte der Hirnforschung. In: G. Roth und W. Prinz (Hrsg.), *Kopfarbeit. Kognitive Leistungen und ihre neuronalen Grundlagen*. Spektrum Akademischer Verlag, Heidelberg, S. 37–86.
LeDoux, J. (1998): *Das Netz der Gefühle. Wie Emotionen entstehen*. Carl Hanser, München, Wien.
Panksepp, J. (1998): *Affective Neuroscience. The Foundations of Human and Animal Emotions*. Oxford University Press, New York u.a.
Shepherd, G. M. (1991): *Foundations of the Neuron Doctrine*. Oxford University Press, Oxford.

Kapitel 2
Anderson, S. W., A. Bechara, H. Damasio, D. Tranel und A. R. Damasio (1999): Impairment of social and moral behavior related to early damage in human prefrontal cortex. *Nature Neuroscience* 2: 1032–1037.
Ashby, F. G., B. O. Turner und J. C. Horvitz (2010): Cortical and basal ganglia contributions to habit learning and automaticity. *Trends in Cognitive Sciences* 14: 208–215.
Balleine B. W. und S. Killcross (2006): Parallel incentive processing: an integrated view of amygdala function. *Trends in Neuroscience*. 29: 272–279.
Drenckhahn, D. und W. Zenker (Hrsg.)(1994): In: Benninghoff, *Anatomie, Makroskopische Anatomie, Embryologie und Histologie des Menschen*. Bd. 2, Urban und Schwarzenberg, München u.a.
Brodmann, K. (1909): *Vergleichende Lokalisationslehre der Großhirnrinde*. Barth, Leipzig, (Nachdruck Leipzig 1985).
Cardinal, R. N, J. A. Parkinson, J. Hall und B. J. Everitt (2002): Emotion and motivation:

the role of the amygdala, ventral striatum, and prefrontal cortex. *Neuroscience and Biobehavioral Reviews* 26: 321–52.

Creutzfeldt, O. D. (1983): *Cortex Cerebri. Leistung, strukturelle und funktionelle Organisation der Hirnrinde.* Springer, Berlin u.a.

Damasio, A. R. (1994): *Descartes' Irrtum. Fühlen, Denken und das menschliche Gehirn.* List, München.

Eliot, L. (2001): *Was geht da drinnen vor? Die Gehirnentwicklung in den ersten fünf Lebensjahren.* Berlin Verlag, Berlin.

Förstl, H. (2002): *Frontalhirn. Funktionen und Erkrankungen.* Springer, Berlin u.a.

Kahle, W. (1976): *Nervensystem und Sinnesorgane.* G. Thieme, Stuttgart.

Kandel, E. R., J. H. Schwartz und T. M. Jessell (1996): *Neurowissenschaften.* Spektrum Akademischer Verlag, Heidelberg.

Kolb, B. und I. Q. Wishaw (1996): *Neuropsychologie.* Spektrum Akademischer Verlag, Heidelberg.

Liljeholm, M. und J. P. O'Doherty (2012): Contributions of the striatum to learning, motivation, and performance: an associative account. *Trends in Cognitive Sciences* 16: 467–475.

Nieuwenhuys, R., J. Voogd und C. van Huijzen (1991): *Das Zentralnervensystem des Menschen.* Springer, Berlin u.a.

Roth, G. (2001/2003): *Fühlen, Denken, Handeln. Wie das Gehirn unser Verhalten steuert.* Suhrkamp, Frankfurt am Main.

Roth, G. (2009a): *Aus Sicht des Gehirns.* Suhrkamp, Frankfurt am Main.

Roth, G. (2009b): *Persönlichkeit, Entscheidung und Verhalten.* Klett-Cotta, Stuttgart.

Roth, G. (2010): *Wie einzigartig ist der Mensch?* Spektrum Akademischer Verlag, Heidelberg u.a.

Roth, G. (2012): *The Long Evolution of Brains and Minds.* Springer, Heidelberg u.a.

Roth, G. und U. Dicke (2006): Funktionelle Neuroanatomie des limbischen Systems. In: Förstl, H., M. Hautzinger und G. Roth (Hrsg.), *Neurobiologie psychischer Störungen.* Springer, Heidelberg, S. 1–74.

Singer, T., B. Seymour, J. O'Doherty, H. Kaube, R. J. Dolan und C. D. Frith (2004): Empathy for pain involves the affective but not sensory components of pain. *Science* 303: 1157–1162.

Singer, T., H. D. Critchley und K. Preuschoff (2009): A common role of insula in feelings, empathy and uncertainty. *Trends in Cognitive Sciences* 13: 334–340.

Zilles, K. (2006): Architektonik und funktionelle Neuroanatomie der Hirnrinde des Menschen. In: Förstl, H., M. Hautzinger und G. Roth (Hrsg.), *Neurobiologie psychischer Störungen.* Springer, Heidelberg, S. 75–140.

Zilles, K., N. Palomero Gallagher und K. Amunts (2013): Development of cortical folding during evolution and ontogeny. *Trends in Cognitive Ciences* 36: 275–284.

Kapitel 3

Aguilera, G. und C. Rabadan-Diehl (2000): Vasopressinergic regulation of the hypothalamic-pituitary-adrenal axis: Implications for stress adaptation. *Regulatory Peptides* 96: 23–29.

Arnsten, A. F. T. (2009): Stress signalling pathways that impair prefrontal cortex structure and function. *Nature Reviews. Neuroscience* 10: 410–422.

Baarendse, P. J. J., D. S. Counotte, P. O'Donnell und L. J. M. Vanderschuren (2013):

Early social experience is critical for the development of cognitive control and dopamine modulation of prefrontal cortex function. *Neuropsychopharmacology* 38: 1485–1494.
Bakermans-Kranenburg, M. J. und M. H. van IJzendoorn (2013): Sniffing around oxytocin: Review and meta-analyses of trials in healthy and clinical groups with implications for pharmacotherapy. *Translational Psychiatry* 3: e258.
Bakermans-Kranenburg, M. J. und M. H. van IJzendoorn (2006): Gene-environment interaction of the dopamine D4 receptor (DRD4) and observed maternal insensitivity predicting externalizing behavior in preschoolers. *Developmental Psychobiology* 48: 406–409.
Barr, C. S., M. L. Schwandt, S. G. Lindell, J. D. Higley, D. Maestripieri, D. Goldman, ... M. Heilig (2008): Variation at the mu-opioid receptor gene (OPRM1) influences attachment behavior in infant primates. *Proceedings of the National Academy of Sciences of the United States of America* 105: 5277–5281.
Barry, R. A., G. Kochanska, und R. A. Philibert (2008): G × E interaction in the organization of attachment: Mothers' responsiveness as a moderator of children's genotypes. *Journal of Child Psychology and Psychiatry* 49: 1313–1320.
Bartels, A. und S. Zeki (2004): The neural correlates of maternal and romantic love. *NeuroImage* 21: 1155–1166.
Bartz, J. A., J. Zaki, N. Bolger und K. N. Ochsner (2011): Social effects of oxytocin in humans: Context and person matter. *Trends in Cognitive Sciences* 15: 301–309.
Beitchman, J. H., C. C. Zai, K. Muir, L. Berall, B. Nowrouzi, E. Choi und J. L. Kennedy (2012): Childhood aggression, callous-unemotional traits and oxytocin genes. *European Child und Adolescent Psychiatry* 21: 125–132.
Belsky, J. (1997): Variation in susceptibility to environmental influence: An evolutionary argument. *Psychological Inquiry* 8: 182–186.
Benes, F. M., J. B. Taylor und M. C. Cunningham (2000): Convergence and plasticity of monoaminergic systems in the medial prefrontal cortex during the postnatal period: Implications for the development of psychopathology. *Cerebral Cortex* 10: 1014–1027.
Berg, K. A., W. P. Clarke, K. A. Cunningham und U. Spampinato (2008): Fine-tuning serotonin2c receptor function in the brain: Molecular and functional implications. *Neuropharmacology* 55: 969–976.
Bergman, K., P. Sarkar, V. Glover und T. G. O'Connor (2008): Quality of child-parent attachment moderates the impact of antenatal stress on child fearfulness. *Journal of Child Psychology and Psychiatry* 49: 1089–1098.
Berridge, K. C. und M. L. Kringelbach (2013): Neuroscience of affect: Brain mechanisms of pleasure and displeasure. *Current Opinion in Neurobiology* 23: 294–303.
Berry, D., C. Blair, A. Ursache, M. Willoughby, P. Garrett-Peters, L. Vernon-Feagans, ... D. A. Granger (2014): Child care and cortisol across early childhood: Context matters. *Developmental Psychology* 50: 514–525.
Bosch, O. J. (2011): Maternal nurturing is dependent on her innate anxiety: The behavioral roles of brain oxytocin and vasopressin. *Hormones and Behavior* 59: 202–212.
Bosch, O. J. und I. D. Neumann (2012): Both oxytocin and vasopressin are mediators of maternal care and aggression in rodents: From central release to sites of action. *Hormones and Behavior* 61: 293–303.
Bradley, B., D. Westen, K. B. Mercer, E. B. Binder, T. Jovanovic, D. Crain, C. Heim (2011):

Association between childhood maltreatment and adult emotional dysregulation in a low-income, urban, African American sample: Moderation by oxytocin receptor gene. *Development and Psychopathology* 23: 439–452.

Branchi, I., J. P. Curley, I. D'Andrea, F. Cirulli, F. A. Champagne und E. Alleva (2013): Early interactions with mother and peers independently build adult social skills and shape BDNF and oxytocin receptor brain levels. *Psychoneuroendocrinology* 38: 522–532.

Braun, K., E. Lange, M. Metzger und G. Poeggel (2000): Maternal separation followed by early social deprivation affects the development of monoaminergic fiber systems in the medial prefrontal cortex of Octodon degus. *Neuroscience* 95: 309–318.

Buchheim, A., M. Heinrichs, C. George, D. Pokorny, E. Koops, P. Henningsen, ... H. Gündel (2009): Oxytocin enhances the experience of attachment security. *Psychoneuroendocrinology* 34: 1417–1422.

Burkett, J. P., L. L. Spiegel, K. Inoue, A. Z. Murphy und L. J. Young (2011): Activation of m-opioid receptors in the dorsal striatum is necessary for adult social attachment in monogamous prairie voles. *Neuropsychopharmacology* 36: 2200–2210.

Cabib, S. und S. Puglisi-Allegra (2012): The mesoaccumbens dopamine in coping with stress. *Neuroscience and Biobehavioral Reviews* 36: 79–89.

Caldwell, H. K., H.-J. Lee, A. H. Macbeth und W. S. I. Young (2008): Vasopressin: Behavioral roles of an »original« neuropeptide. *Progress in Neurobiology* 84: 1–24.

Campbell, A. (2010): Oxytocin and human social behavior. *Personality and Social Psychology Review* 14: 281–295.

Canli, T. und K.-P. Lesch (2007): Long story short: The serotonin transporter in emotion regulation and social cognition. *Nature Neuroscience* 10: 1103–1109.

Carter, C. S. (2014): Oxytocin pathways and the evolution of human behavior. *Annual Review of Psychology* 65: 1–23.

Caspi, A., J. McClay, T. E. Moffitt, J. Mill, J. Martin, I. W. Craig, ... R. Poulton (2002): Role of genotype in the cycle of violence in maltreated children. *Science* 297: 851–854.

Caspi, A., K. Sugden, T. E. Moffitt, A. Taylor, I. W. Craig, H. Harrington, ... R. Poulton (2003): Influence of life stress on depression: Moderation by a polymorphism in the 5-HTT gene. *Science* 301: 386–389.

Charil, A., D. P. Laplante, C. Vaillancourt und S. King (2010): Prenatal stress and brain development. *Brain Research Reviews* 65: 56–79.

Chugani, D. C., O. Muzik, M. Behen, R. Rothermel, J. J. Janisse, J. Lee und H. T. Chugani, (1999): Developmental changes in brain serotonin synthesis capacity in autistic and nonautistic children. *Annals of Neurology* 45: 287–295.

Cicchetti, D., F. A. Rogosch, S. L. Toth und M. L. Sturge-Apple (2011): Normalizing the development of cortisol regulation in maltreated infants through preventive interventions. *Development and Psychopathology* 23: 789–800.

Cleare A. J. und A. J. Bond (1995): The effect of tryptophan depletion and enhancement on subjective and behavioural aggression in normal male subjects. *Psychopharmacology* 118: 72–81.

Daw, N. D., S. Kakade und P. Dayan (2002): Opponent interactions between serotonin and dopamine. *Neural Networks* 15: 603–616.

Dayan, P. und Q. J. M. Huys (2009): Serotonin in affective control. *Annual Review of Neuroscience* 32: 95–126.

Deakin, J. F. W. und F. G. Graeff (1991): 5-HT and mechanisms of defence. *Journal of Psychopharmacology* 5: 305–315.

Debiec, J. und J. E. LeDoux (2006): Noradrenergic signaling in the amygdala contributes to the reconsolidation of fear memory: Treatment implications for PTSD. *Annals of the New York Academy of Sciences 1071*: 521–524.

Deco, G. und A. Thiele (2009): Attention: Oscillations and neuropharmacology. *European Journal of Neuroscience 30*: 347–354.

De Kloet, E. R., R. M. Sibug, F. M. Helmerhorst, M. V. Schmidt und M. Schmidt (2005): Stress, genes and the mechanism of programming the brain for later life. *Neuroscience and Biobehavioral Reviews 29*: 271–281.

Depue, R. A. und J. V. Morrone-Strupinsky (2005): A neurobehavioral model of affiliative bonding: Implications for conceptualizing a human trait of affiliation. *Behavioral and Brain Sciences 28*: 313–50.

DeRijk, R. H., S. Wüst, O. C. Meijer, M.-C. Zennaro, I. S. Federenko, D. H. Hellhammer, ... E. R. de Kloet (2006): A common polymorphism in the mineralocorticoid receptor modulates stress responsiveness. *The Journal of Clinical Endocrinology and Metabolism 91*: 5083–5089.

Dettling, A. C., M. R. Gunnar und B. Donzella (1999): Cortisol levels of young children in full-day childcare centers: Relations with age and temperament. *Psychoneuroendocrinology 24*: 519–536.

DeYoung, C. G., D. Cicchetti, F. A. Rogosch, J. R. Gray, M. Eastman und E. L. Grigorenko (2011): Sources of cognitive exploration: Genetic variation in the prefrontal dopamine system predicts Openness/Intellect. *Journal of Research in Personality 45*: 364–371.

Ditzen, B., M. Schaer, B. Gabriel, G. Bodenmann, U. Ehlert und M. Heinrichs (2009): Intranasal oxytocin increases positive communication and reduces cortisol levels during couple conflict. *Biological Psychiatry 65*: 728–731.

Eisenberger, N. I., S. L. Master, T. K. Inagaki, S. E. Taylor, D. Shirinyan, M. D. Lieberman und B. D. Naliboff (2011): Attachment figures activate a safety signal-related neural region and reduce pain experience. *Proceedings of the National Academy of Sciences of the United States of America 108*: 11721–11726.

Emiliano, A. B. F., T. Cruz, V. Pannoni und J. L. Fudge (2007): The interface of oxytocin-labeled cells and serotonin transporter-containing fibers in the primate hypothalamus: A substrate for SSRIs therapeutic effects? *Neuropsychopharmacology 32*: 977–988.

English, B. A., M. K. Hahn, I. R. Gizer, M. Mazei-Robison, A. Steele, D. M. Kurnik, ... R. D. Blakely. (2009): Choline transporter gene variation is associated with attention-deficit hyperactivity disorder. *Journal of Neurodevelopmental Disorders 1*: 252–263.

Evans, S., S. S. Shergill und B. B. Averbeck (2010): Oxytocin decreases aversion to angry faces in an associative learning task. *Neuropsychopharmacology 35*: 2502–2509.

Evenden, J. L. (1999): Varieties of impulsivity. *Psychopharmacology 146*: 348–361.

Everitt, B. J. und T. W. Robbins (1997): Central cholinergic systems and cognition. *Annual Review of Psychology 48*: 649–684.

Feldman, R., I. Gordon und O. Zagoory-Sharon (2010): The cross-generation transmission of oxytocin in humans. *Hormones and Behavior 58*: 669–676.

Fiorillo, C. D., P. N. Tobler und W. Schultz (2003): Discrete coding of reward probability and uncertainty by dopamine neurons. *Science 299*: 1898–1902.

Fries, A. B. W., T. E. Ziegler, J. R. Kurian, S. Jacoris und S. D. Pollak (2005): Early experience in humans is associated with changes in neuropeptides critical for regulating social behavior. *Proceedings of the National Academy of Sciences of the United States of America 102*: 17 237–17 240.

Galvan, A., T. A. Hare, M. Davidson, J. Spicer, G. Glover und B. J. Casey (2005): The role of ventral frontostriatal circuitry in reward-based learning in humans. *Journal of Neuroscience* 25: 8650–8656.

Gimpl, G. und F. Fahrenholz (2001): The oxytocin receptor system: Structure, function, and regulation. *Physiological Reviews* 81: 629–683.

Gold, P. und G. Chrousos (2002): Organization of the stress system and its dysregulation in melancholic and atypical depression: High vs low CRH/NE states. *Molecular Psychiatry* 7: 254–275.

Gordon, I., O. Zagoory-Sharon, J. F. Leckman und R. Feldman (2010): Oxytocin and the development of parenting in humans. *Biological Psychiatry* 68: 377–382.

Graef, S., P. Schönknecht, O. Sabri und U. Hegerl (2011): Cholinergic receptor subtypes and their role in cognition, emotion, and vigilance control: An overview of preclinical and clinical findings. *Psychopharmacology* 215: 205–229.

Gunnar, M. R. und B. Donzella (2002): Social regulation of the cortisol levels in early human development. *Psychoneuroendocrinology* 27: 199–220.

Gunnar, M. R., N. M. Talge und A. Herrera (2009): Stressor paradigms in developmental studies: What does and does not work to produce mean increases in salivary cortisol. *Psychoneuroendocrinology* 34: 953–967.

Gunnar, M. R. und D. M. Vazquez (2001): Low cortisol and a flattening of expected daytime rhythm: Potential indices of risk in human development. *Development and Psychopathology* 13: 515–538.

Han, X., W. Wang, F. Shao und N. Li (2011): Isolation rearing alters social behaviors and monoamine neurotransmission in the medial prefrontal cortex and nucleus accumbens of adult rats. *Brain Research* 1385: 175–81.

Hariri, A. R., E. M. Drabant, K. E. Munoz, B. S. Kolachana, V. S. Mattay, M. F. Egan und D. R. Weinberger (2005): A susceptibility gene for affective disorders and the response of the human amygdala. *Archives of General Psychiatry* 62: 146–152.

Hasselmo, M. E. und M. Sarter (2011): Modes and models of forebrain cholinergic neuromodulation of cognition. *Neuropsychopharmacology* 36: 52–73.

Heim, C., L. J. Young, D. J. Newport, T. Mletzko, A. H. Miller und C. B. Nemeroff (2009): Lower CSF oxytocin concentrations in women with a history of childhood abuse. *Molecular Psychiatry* 14: 954–958.

Heinrichs, M., B. von Dawans und G. Domes (2009): Oxytocin, vasopressin and human social behavior. *Frontiers in Neuroendocrinology* 30: 548–557.

Hikosaka, O. (2010): The habenula: From stress evasion to value-based decision-making. *Nature Reviews Neuroscience* 11: 503–513.

Holmes, A. (2008): Genetic variation in cortico-amygdala serotonin function and risk for stress-related disease. *Neuroscience and Biobehavioral Reviews* 32: 1293–1314.

Howe, M. W., P. L. Tierney, S. G. Sandberg, P. E. M., Phillips und A. M. Graybiel (2013a): Prolonged dopamine signalling in striatum signals proximity and value of distant rewards. *Nature* 500: 575–579.

Howe, W. M., A. S. Berry, J. Francois, G. Gilmour, J. M. Carp, M. Tricklebank, ... M. Sarter (2013b): Prefrontal cholinergic mechanisms instigating shifts from monitoring for cues to cue-guided performance: Converging electrochemical and fMRI evidence from rats and humans. *The Journal of Neuroscience* 33: 8742–8752.

Hsu, D. T., B. J. Sanford, K. K. Meyers, T. M. Love, ... J.-K. Zubieta (2013): Response of the m-opioid system to social rejection and acceptance. *Molecular Psychiatry* 18: 1211–1217.

Inoue, K., J. P. Burkett und L. J. Young (2013): Neuroanatomical distribution of m-opioid receptor mRNA and binding in monogamous prairie voles (Microtus Ochrogaster) and non-monogamous meadow voles (Microtus Pennsylvanicus). *Neuroscience* 244: 122–133.
Iversen, S. D. und L. L. Iversen (2007): Dopamine: 50 years in perspective. *Trends in Neurosciences* 30: 188–193.
Joëls, M. und T. Z. Baram (2009): The neuro-symphony of stress. *Nature Reviews Neuroscience* 10: 459–466.
Joels, M., H. Karst, R. DeRijk und E. R. de Kloet (2008): The coming out of the brain mineralocorticoid receptor. *Trends in Neurosciences* 31: 1–7.
Karst, H., S. Berger, G. Erdmann, G. Schütz und M. Joëls (2010): Metaplasticity of amygdalar responses to the stress hormone corticosterone. *Proceedings of the National Academy of Sciences of the United States of America* 107: 14449–14454.
Kaufman, J., B. Birmaher, J. Perel, R. E. Dahl, S. Stull, D. Brent, ... N. D. Ryan (1998): Serotonergic functioning in depressed abused children: Clinical and familial correlates. *Biological Psychiatry* 44: 973–981.
Khalife, N., V. Glover, A. Taanila, H. Ebeling, M.-R. Järvelin und A. Rodriguez (2013): Prenatal glucocorticoid treatment and later mental health in children and adolescents. *PloS One* 8: e81394.
Kim, S., P. Fonagy, O. Koos und K. Dorsett (2013): Maternal oxytocin response predicts mother-to-infant gaze. *Brain Research*: in press.
Kirsch, P., C. Esslinger, Q. Chen, D. Mier, S. Lis, S. Siddhanti, ... A. Meyer-Lindenberg (2005): Oxytocin modulates neural circuitry for social cognition and fear in humans. *Journal of Neuroscience* 25: 11489–11493.
Kirschbaum, C., K.-M. Pirke und D. H. Hellhammer (1993): The »Trier Social Stress Test« – A tool for investigating psychobiological stress responses in a laboratory setting. *Neuropsychobiology* 28: 76–81.
Knobloch, H. S., A. Charlet, L. C. Hoffmann, M. Eliava, S. Khrulev, A. H. Cetin, ... V. Grinevich (2012): Evoked axonal oxytocin release in the central amygdala attenuates fear response. *Neuron* 73: 553–566.
Koepp, M. J., A. Hammers, A. D. Lawrence, M. C. Asselin, P. M. Grasby und C. J. Bench (2009): Evidence for endogenous opioid release in the amygdala during positive emotion. *NeuroImage* 44: 252–256.
Kofman, O. (2002): The role of prenatal stress in the etiology of developmental behavioural disorders. *Neuroscience and Biobehavioral Reviews* 26: 457–470.
Kudielka, B. M., S. Bellingrath und D. H. Hellhammer (2006): Cortisol in burnout and vital exhaustion: An overview. *Giornale Italiano Di Medicina Del Lavoro Ed Ergonomia* 28: 34–42.
Kumsta, R., S. Entringer, J. W. Koper, E. F. C. van Rossum, D. H. Hellhammer und S. Wüst (2008): Glucocorticoid receptor gene polymorphisms and glucocorticoid sensitivity of subdermal blood vessels and leukocytes. *Biological Psychology* 79: 179–184.
Kumsta, R. und M. Heinrichs (2013): Oxytocin, stress and social behavior: Neurogenetics of the human oxytocin system. *Current Opinion in Neurobiology* 23: 11–16.
Laplante, D. P., R. G. Barr, A. Brunet, G. Galbaud du Fort, M. L. Meaney, J.-F. Saucier, ... S. King (2004): Stress during pregnancy affects general intellectual and language functioning in human toddlers. *Pediatric Research* 56: 400–410.

Lemonde, S., G. Turecki, D. Bakish, L. Du, P. D. Hrdina, C. D. Bown, ... P. R. Albert (2003): Impaired repression at a 5-hydroxytryptamine 1A receptor gene polymorphism associated with major depression and suicide. *Journal of Neuroscience* 23: 8788–8799.

Lesch, K.-P., D. Bengel, A. Heils, S. Z. Sabol, B. D. Greenberg, S. Petri, ... D. L. Murphy (1996): Association of anxiety-related traits with a polymorphism in the serotonin transporter gene regulatory region. *Science* 274: 1527–1531.

Leventopoulos, M., H. Russig, J. Feldon, C. R. Pryce und J. Opacka-Juffry (2009): Early deprivation leads to long-term reductions in motivation for reward and 5-HT$_{1A}$ binding and both effects are reversed by fluoxetine. *Neuropharmacology* 56: 692–701.

Levine, S. (1957): Infantile experience and resistance to physiological stress. *Science* 126: 405.

Lightman, S. L. und B. L. Conway-Campbell (2010): The crucial role of pulsatile activity of the HPA axis for continuous dynamic equilibration. *Nature Reviews Neuroscience* 11: 710–718.

Lischke, A., M. Gamer, C. Berger, A. Grossmann, K. Hauenstein, M. Heinrichs, ... G. Domes (2012): Oxytocin increases amygdala reactivity to threatening scenes in females. *Psychoneuroendocrinology* 37: 1431–1438.

Loman, M. M. und M. R. Gunnar (2010): Early experience and the development of stress reactivity and regulation in children. *Neuroscience and Biobehavioral Reviews* 34: 867–876.

Luijk, M. P. C. M., N. Saridjan, A. Tharner, M. H. van IJzendoorn, M. J. Bakermans-Kranenburg, V. W. V. Jaddoe, ... H. Tiemeier (2010): Attachment, depression, and cortisol: Deviant patterns in insecure-resistant and disorganized infants. *Developmental Psychobiology* 52: 441–452.

Lupien, S. J., B. S. McEwen, M. R. Gunnar und C. Heim, (2009): Effects of stress throughout the lifespan on the brain, behaviour and cognition. *Nature Reviews Neuroscience* 10: 434–445.

Maier, S. F. und L. R. Watkins, (2010): Role of the medial prefrontal cortex in coping and resilience. *Brain Research* 1355: 52–60.

Matthews, K., J. W. Dalley, C. Matthews, T. H. Tsai und T. W. Robbins (2001): Periodic maternal separation of neonatal rats produces region- and gender-specific effects on biogenic amine content in postmortem adult brain. *Synapse* 40: 1–10.

Meaney, M. J. (2010): Epigenetics and the biological definition of gene x environment interactions. *Child Development* 81: 41–79.

Meinlschmidt, G. und C. Heim (2007): Sensitivity to intranasal oxytocin in adult men with early parental separation. *Biological Psychiatry* 61: 1109–1111.

Meyer-Lindenberg, A., J. W. Buckholtz, B. Kolachana, A. R. Hariri, L. Pezawas, G. Blasi, ... D. R. Weinberger (2006): Neural mechanisms of genetic risk for impulsivity and violence in humans. *Proceedings of the National Academy of Sciences of the United States of America* 103: 6269–6274.

Meyer-Lindenberg, A., G. Domes, P. Kirsch und M. Heinrichs (2011): Oxytocin and vasopressin in the human brain: Social neuropeptides for translational medicine. *Nature Reviews. Neuroscience* 12: 524–538.

Meyer-Lindenberg, A., B. Kolachana, B. Gold, A. Olsh, K. K. Nicodemus, V. Mattay, ... D. R. Weinberger (2009): Genetic variants in AVPR1A linked to autism predict amygdala activation and personality traits in healthy humans. *Molecular Psychiatry 14*: 968–975.

Muhtz, C., B.-C. Zyriax, B. Bondy, E. Windler und C. Otte (2011): Association of a common mineralocorticoid receptor gene polymorphism with salivary cortisol in healthy adults. *Psychoneuroendocrinology 36*: 298–301.

Nelson, E. E. und J. Panksepp (1998): Brain substrates of infant – mother attachment: Contributions of opioids, oxytocin, and norepinephrine. *Neuroscience and Biobehavioral Reviews 22*: 437–452.

Nemoda, Z., A. Szekely und M. Sasvari-Szekely (2011): Psychopathological aspects of dopaminergic gene polymorphisms in adolescence and young adulthood. *Neuroscience and Biobehavioral Reviews 35*: 1665–1686.

Neumann, I. D. und R. Landgraf (2012): Balance of brain oxytocin and vasopressin: Implications for anxiety, depression, and social behaviors. *Trends in Neurosciences 35*: 649–659.

Neumann, I. D., A. Wigger, L. Torner, F. Holsboer und R. Landgraf (2000): Brain oxytocin inhibits basal and stress-induced activity of the hypothalamo-pituitary-adrenal axis in male and female rats: Partial action within the paraventricular nucleus. *Journal of Neuroendocrinology 12*: 235–243.

Nienstedt, M. und A. Westermann (2007): *Pflegekinder und ihre Entwicklungschancen nach frühen traumatischen Erfahrungen*. Klett-Cotta, Stuttgart.

Niv, Y. (2013): Dopamine ramps up. *Nature 500*: 534–535.

Oberlander, T. F., M. Papsdorf, U. M. Brain, S. Misri, C. Ross und R. E. Grunau (2010): Prenatal effects of selective serotonin reuptake inhibitor antidepressants, serotonin transporter promoter genotype (SLC6A4), and maternal mood on child behavior at 3 years of age. *Archives of Pediatrics and Adolescent Medicine 164*: 444–451.

Panksepp, J., B. H. Herman, T. Vilberg, P. Bishop und F. G. DeEskinazi (1980): Endogenous opioids and social behavior. *Neuroscience and Biobehavioral Reviews 4*: 473–487.

Parker, K. J. und T. M. Lee (2001): Central vasopressin administration regulates the onset of facultative paternal behavior in Microtus pennsylvanicus (Meadow Voles). *Hormones and Behavior 39*: 285–294.

Pepeu, G. und M. G. Giovannini (2004): Changes in acetylcholine extracellular levels during cognitive processes. *Learning and Memory 11*: 21–27.

Picciotto, M. R., M. J. Higley und Y. S. Mineur (2012): Acetylcholine as a neuromodulator: Cholinergic signaling shapes nervous system function and behavior. *Neuron 76*: 116–129.

Pierrehumbert, B., R. Torrisi, N. Glatz, N. Dimitrova, M. Heinrichs und O. Halfon (2009): The influence of attachment on perceived stress and cortisol response to acute stress in women sexually abused in childhood or adolescence. *Psychoneuroendocrinology 34*: 924–938.

Proulx, E., D. Suri, S. P. Heximer, V. A. Vaidya und E. K. Lambe (2013): Early stress prevents the potentiation of muscarinic excitation by calcium release in adult prefrontal cortex. *Biological Psychiatry*: in press.

Rilling, J. K., A. C. Demarco, P. D. Hackett, X. Chen, P. Gautam, S. Stair, ... G. Pagnoni (2014): Sex differences in the neural and behavioral response to intranasal oxytocin and vasopressin during human social interaction. *Psychoneuroendocrinology 39*: 237–248.

Rinne, T., H. G. M. Westenberg, J. A. den Boer und W. van den Brink (2000): Serotonergic blunting to meta-chlorophenylpiperazine (m-CPP) highly correlates with sustained childhood abuse in impulsive and autoaggressive female borderline patients. *Biological Psychiatry* 47: 548–556.

Sadeh, N., S. Javdani, J. J. Jackson, E. K. Reynolds, M. N. Potenza, J. Gelernter, ... E. Verona (2010): Serotonin transporter gene associations with psychopathic traits in youth vary as a function of socioeconomic resources. *Journal of Abnormal Psychology* 119: 604–609.

Saltzman, W. und D. Maestripieri. (2011): The neuroendocrinology of primate maternal behavior. *Progress in Neuro-Psychopharmacology und Biological Psychiatry* 35: 1192–1204.

Sapolsky, R. M. (1996): Why stress is bad for your brain. *Science* 273: 749–750.

Savitz, J., I. Lucki und W. C. Drevets (2009): 5-HT$_{1A}$ receptor function in major depressive disorder. *Progress in Neurobiology* 88: 17–31.

Schultz, W. (2007): Behavioral dopamine signals. *Trends in Neurosciences* 30: 203–210.

Schultz, W., P. Dayan und P. R. Montague (1997): A neural substrate of prediction and reward. *Science* 275: 1593–1599.

Schulz, K. M., K. M. Andrud, M. B. Burke, J. N. Pearson, A. D. Kreisler, K. E. Stevens, ... C. E. Adams (2013): The effects of prenatal stress on alpha4 beta2 and alpha7 hippocampal nicotinic acetylcholine receptor levels in adult offspring. *Developmental Neurobiology* 73: 806–814.

Seltzer, L. J., T. E. Ziegler und S. D. Pollak (2010): Social vocalizations can release oxytocin in humans. *Proceedings of the Royal Society B: Biological Sciences* 277: 2661–2666.

Shamay-Tsoory, S. G., M. Fischer, J. Dvash, H. Harari, N. Perach-Bloom und Y. Levkovitz (2009): Intranasal administration of oxytocin increases envy and schadenfreude (gloating). *Biological Psychiatry* 66: 864–870.

Shayit, M., R. Nowak, M. Keller und A. Weller (2003): Establishment of a preference by the newborn lamb for its mother: The role of opioids. *Behavioral Neuroscience* 117: 446–454.

Soubrié, P. (1986): Reconciling the role of central serotonin neurons in human and animal behavior. *Behavioral and Brain Sciences* 9: 319–335.

Stoop, R. (2012): Neuromodulation by oxytocin and vasopressin. *Neuron* 76: 142–159.

Strüber, N., D. Strüber und G. Roth (2014): Impact of early adversity on glucocorticoid regulation and later mental disorders. *Neuroscience und Biobehavioral Reviews* 38: 17–37.

Thompson, R. A. (2006): The Development of the person: Social understanding, relationships, conscience, self. In: W. Damon, R. Lerner und N. Eisenberg (Hrsg.), *Handbook of Child Psychology. Vol 3: Social, Emotional, and Üersonality Development*. New York, Wiley, S. 24–98.

Trezza, V., R. Damsteegt, E. J. M. Achterberg und L. J. M. J. Vanderschuren (2011): Nucleus accumbens m-opioid receptors mediate social reward. *Journal of Neuroscience* 31: 6362–6370.

Troisi, A., G. Frazzetto, V. Carola, G. Di Lorenzo, M. Coviello, A. Siracusano und C. Gross (2012): Variation in the m-opioid receptor gene (OPRM1) moderates the influence of early maternal care on fearful attachment. *Social Cognitive and Affective Neuroscience* 7: 542–547.

Valentino, R. J. und E. van Bockstaele (2008): Convergent regulation of locus coeruleus activity as an adaptive response to stress. *European Journal of Pharmacology* 583: 194–203.

Van der Vegt, E. J. M., J. van der Ende, C. Kirschbaum, F. C. Verhulst und H. Tiemeier (2009): Early neglect and abuse predict diurnal cortisol patterns in adults. A study of international adoptees. *Psychoneuroendocrinology 34*: 660–669.

Veenema, A. H. (2009): Early life stress, the development of aggression and neuroendocrine and neurobiological correlates: What can we learn from animal models? *Frontiers in Neuroendocrinology 30*: 497–518.

Veenema, A. H., A. Blume, D. Niederle, B. Buwalda und I. D. Neumann (2006): Effects of early life stress on adult male aggression and hypothalamic vasopressin and serotonin. *European Journal of Neuroscience 24*: 1711–1720.

Veening, J. G., T. de Jong und H. P. Barendregt (2010): Oxytocin-messages via the cerebrospinal fluid: Behavioral effects; a review. *Physiology und Behavior 101*,193–210.

Vuong, C., S. H. M. van Uum, L. E. O'Dell, K. Lutfy und T. C. Friedman (2010): The effects of opioids and opioid analogs on animal and human endocrine systems. *Endocrine Reviews 31*: 98–132.

Walum, H., L. Westberg, S. Henningsson, J. M. Neiderhiser, D. Reiss, W. Igl, ... P. Lichtenstein (2008): Genetic variation in the vasopressin receptor 1a gene (AVPR1A) associates with pair-bonding behavior in humans. *Proceedings of the National Academy of Sciences of the United States of America 105*: 14153–14156.

Way, B. M., S. E. Taylor und N. I. Eisenberger (2009): Variation in the mu-opioid receptor gene (OPRM1) is associated with dispositional and neural sensitivity to social rejection. *Proceedings of the National Academy of Sciences of the United States of America 106*: 15079–15084.

Weinstock, M. (2008): The long-term behavioural consequences of prenatal stress. *Neuroscience and Biobehavioral Reviews 32*: 1073–1086.

Weisman, O., O. Zagoory-Sharon und R. Feldman (2012): Oxytocin administration to parent enhances infant physiological and behavioral readiness for social engagement. *Biological Psychiatry 72*: 982–989.

Wilson, K. R., D. J. Hansen und M. Li (2011): The traumatic stress response in child maltreatment and resultant neuropsychological effects. *Aggression and Violent Behavior 16*: 87–97.

Winslow, J. T. und T. R. Insel (2002): The social deficits of the oxytocin knockout mouse. *Neuropeptides 36*: 221–229.

Winslow, J. T., P. L. Noble, C. K. Lyons, S. M. Sterk und T. R. Insel (2003): Rearing effects on cerebrospinal fluid oxytocin concentration and social buffering in rhesus monkeys. *Neuropsychopharmacology 28*: 910–918.

Wüst, S., I. Federenko, D. H. Hellhammer und C. Kirschbaum (2000): Genetic factors, perceived chronic stress, and the free cortisol response to awakening. *Psychoneuroendocrinology 25*: 707–720.

Wüst, S., E. F. C. van Rossum, I. S. Federenko, J. W. Koper, R. Kumsta und D. H. Hellhammer (2004): Common polymorphisms in the glucocorticoid receptor gene are associated with adrenocortical responses to psychosocial stress. *Journal of Clinical Endocrinology and Metabolism 89*: 565–573.

Yehuda, R., J. D. Flory, L. C. Pratchett, J. Buxbaum, M. Ising und F. Holsboer (2010): Putative biological mechanisms for the association between early life adversity and the subsequent development of PTSD. *Psychopharmacology 212*: 405–417.

Yoshida, M., Y. Takayanagi, K. Inoue, T. Kimura, L. J. Young, T. Onaka und K. Nishimori

(2009): Evidence that oxytocin exerts anxiolytic effects via oxytocin receptor expressed in serotonergic neurons in mice. *Journal of Neuroscience* 29: 2259–2271.

Zubieta, J. K., Y. R. Smith, J. A. Bueller, Y. Xu, M. R. Kilburn, D. M. Jewett, ... C. S. Stohler (2001): Regional mu opioid receptor regulation of sensory and affective dimensions of pain. *Science* 293: 311–315.

Zubieta, J.-K., T. A. Ketter, J. A. Bueller, Y. Xu, M. R. Kilburn, E. A. Young und R. A. Koeppe (2003): Regulation of human affective responses by anterior cingulate and limbic mu-opioid neurotransmission. *Archives of General Psychiatry* 60: 1145–1153.

Kapitel 4

Ainsworth, M. D. S. und S. M. Bell (1970): Attachment, exploration, and separation: Illustrated by the behaviour of one year olds in a strange situation. *Child Development* 41: 49–67.

Ainsworth, M. D. S., S. M. Bell und D. J. Stayton (1971): Individual differences in strange situation behaviour of one-year olds. In: H. R. Schaffer (Hrsg.), *The Origins of Human Social Relations*. Academic Press, London, S. 17–57.

Ainsworth, M. D. S., S. M. Bell und D. J. Stayton (1974): Infant-mother attachment and social development: Socialisation as a product of reciprocal responsiveness to signals. In: P. M. Richards (Hrsg.), *The Integration of a Child into a Social World*. Cambridge University Press, London, S. 99–135.

Benoit, D. und K. C. Parker (1994): Stability and transmission of attachment across three generations. *Child Development* 65: 1444–1456.

Boccia, M. und J. J. Campos (1989): Maternal emotional signals, social referencing, and infants' reactions to strangers. *New Directions for Child Development* 44: 25–49.

Bouchard, T. J., D. T. Lykken, M. McGue, N. L. Segal, und A. Tellegen (1990): Sources of human psychological differences: The Minnesota Study of Twins Reared Apart. *Science* 250: 223–228.

Bowlby, J. (2006): *Bindung und Verlust. Band 1: Bindung*. Ernst Reinhardt, München (Original: Bowlby, J. (1969): *Attachment and loss. Vol. 1: Attachment*. Basic Books, New York.)

Bowlby, J. (2009): Bindung. In: K. E. Grossmann und K. Grossmann (Hrsg.), *Bindung und menschliche Entwicklung*. Klett-Cotta, Stuttgart, S. 22–26.

Brewin, C. R. (2007): Autobiographical memory for trauma: Update on four controversies. *Memory* 15: 227–248.

Calkins, S. D. und N. A. Fox (1992): The relations among infant temperament, security of attachment, and behavioral inhibition at twenty-four months. *Child Development* 63: 1456–1472.

Carlson, V., D. Cicchetti, D. Barnett und K. Braunwald (1989): Disorganized/disoriented attachment relationships in maltreated infants. *Developmental Psychology* 25: 525–531.

Caspi, A. und P. A. Silva (1995): Temperamental qualities at age three predict personality traits in young adulthood: Longitudinal evidence from a birth cohort. *Child Development* 66: 486–498.

Chugani, H. T. (1998): Biological basis of emotions: Brain systems and brain development. *Pediatrics* 102: 1225–1229.

Davis, E. P., L. M. Glynn, C. Dunkel Schetter, C. Hobel, A. Chicz-Demet und C. A. Sandman (2005): Corticotropin-releasing hormone during pregnancy is associated with infant temperament. *Developmental Neuroscience* 27: 299–305.

Donovan, W., L. A. Leavitt und R. O. Walsh (1998): Conflict and depression predict maternal sensitivity to infant cries. *Infant Behavior and Development 21*: 505–517.
Ebstein, R. P., O. Novick, R. Umansky, B. Priel, Y. Osher, D. Blaine, ... R. H. Belmaker (1996): Dopamine D4 receptor (D4DR) exon III polymorphism associated with the human personality trait of Novelty Seeking. *Nature Genetics 12*: 78–80.
Gloger-Tippelt, G. (2012): Das Adult Attachment Interview: Durchführung und Auswertung. In: Gloger-Tippelt, G. (Hrsg.), *Bindung im Erwachsenenalter: Ein Handbuch für Forschung und Praxis*. Huber, Bern, S. 93–111.
Gogtay, N., J. N. Giedd, L. Lusk, K. M. Hayashi, D. Greenstein, A. C.Vaituzis, ... P. M. Thompson (2004): Dynamic mapping of human cortical development during childhood through early adulthood. *Proceedings of the National Academy of Sciences 101*: 8174–8179.
Goldsmith, H. H. (1983): Genetic influences on personality from infancy to adulthood. *Child Development 54*: 331–355.
Goldsmith, H. H., K. Lemery-Chalfant, N. L. Schmidt, C. L. Arneson und C. K. Schmidt (2007): Longitudinal analyses of affect, temperament, and childhood psychopathology. *Twin Research and Human Genetics 10*: 118–126.
Gray, J. A. (1991): The neuropsychology of temperament. In: J. Strelau und A. Angleitner (Hrsg.), *Explorations in Temperament. International Perspectives on Theory and Measurement*. Plenum Press, New York, S. 105–128.
Grossmann, K. (2009): *Bindung und menschliche Entwicklung*. Klett-Cotta, Stuttgart.
Grossmann, K. und K. E. Grossmann (2008): *Bindungen. Das Gefüge psychischer Sicherheit*. Klett-Cotta, Stuttgart.
Gunnar, M. R. und M. H. M. van Dulmen (2007): Behavior problems in postinstitutionalized internationally adopted children. *Development and Psychopathology 19*: 129–148.
Hesse, E. (1996): Discourse, memory, and the Adult Attachment Interview: A note with emphasis on the emerging cannot classify category. *Infant Mental Health Journal 17*: 4–11.
Hesse, E. (2008): The Adult Attachment Interview: Protocol, method of analysis, and empirical studies. In: J. Cassidy und P. R. Shaver (Hrsg.), *Handbook of Attachment: Theory, Research, and Clinical Applications*. Guilford Press, New York, S. 552–598.
Hesse, E. und M. Main (2000): Disorganized infant, child, and adult attachment: Collapse in behavioral and attentional strategies. *Journal of the American Psychoanalytic Association 48*: 1097–1127.
Holodynski, M. (2004): Die Entwicklung von Emotion und Ausdruck. Vom biologischen zum kulturellen Erbe. *Zentrum für Interdisziplinäre Forschung der Universität Bielefeld: Mitteilungen 3*: 1–16.
Holodynski, M. und W. Friedlmeier (2006): *Emotionen. Entwicklung und Regulation*. Springer, Heidelberg.
Isabella, R. A. und J. Belsky (1991): Interactional synchrony and the origins of infant-mother attachment: A replication study. *Child Development 62*: 373–384.
Jacobvitz, D., K. Leon und N. Hazen (2006): Does expectant mothers' unresolved trauma predict frightened/frightening maternal behavior? Risk and protective factors. *Development and Psychopathology 18*: 363–379.
Lesch, K.-P., D. Bengel, A. Heils, S. Z. Sabol, B. D. Greenberg, S. Petri, ... D. L. Murphy

(1996): Association of anxiety-related traits with a polymorphism in the serotonin transporter gene regulatory region. *Science* 274: 1527–1531.

Lewis, T. L. und D. Maurer (2005): Multiple sensitive periods in human visual development: Evidence from visually deprived children. *Developmental Psychobiology* 46: 163–183.

Love, J. M., L. Harrison, A. Sagi-Schwartz, M. H. van IJzendoorn, C. Ross, J. A. Ungerer, ... R. Chazan-Cohen (2003): Child care quality matters: How conclusions may vary with context. *Child Development* 74: 1021–1033.

Lyons-Ruth, K. und D. Jacobvitz (2008): Attachment disorganization: Genetic factors, parenting contexts, and developmental transformation from infancy to adulthood. In: J. Cassidy und P. R. Shaver (Hrsg.), *Handbook of Attachment: Theory, Research, and Clinical Applications*. Guilford Press, New York, S. 666–697.

Main, M. und R. Goldwyn (1984): *Adult attachment scoring and classification system*. Unpublished manuscript, University of California at Berkeley.

Main, M. und E. Hesse (1990): Parents' unresolved traumatic experiences are related to infant disorganized attachment status: Is frightened and/or frightening parental behaviour the linking mechanism? In: M. T. Greenberg, D. Cicchetti und E. M. Cummings (Hrsg.), *Attachment in the Preschool Years. Theory, Research and Intervention*. University of Chicago Press, Chicago, S. 161–182.

Main, M., N. Kaplan und J. Cassidy (1985): Security in infancy, childhood, and adulthood: A move to the level of representation. *Monographs of the Society for Research in Child Development* 50: 66–104.

Main, M. und J. Solomon (1990): Procedures for identifying infants as disorganized/disoriented during the Ainsworth Strange Situation. In: M. T. Greenberg, D. Cicchetti und E. M. Cummings (Hrsg.), *Attachment in the Preschool Years. Theory, Research and Intervention*. University of Chicago Press, Chicago, S. 121–160.

Meins, E., C. Fernyhough, R. Wainwright, M. D. Gupta, E. Fradley und M. Tuckey (2002): Maternal mind-mindedness and attachment security as predictors of theory of mind understanding. *Child Development* 73: 1715–1726.

Mischel, W., Y. Shoda und M. L. Rodriguez (1989): Delay of gratification in children. *Science* 244: 933–938.

Möhler, E. und F. Resch (2012): Temperament. In: M. Cierpka (Hrsg.), *Frühe Kindheit 0–3 Jahre. Beratung und Psychotherapie für Eltern mit Säuglingen und Kleinkindern*. Springer, Berlin u. a., S. 39–55.

NICHD Early Child Care Research Network (1997): The effects of infant child care on infant-mother attachment security: Results of the NICHD Study of Early Child Care. *Child Development* 68: 860–879.

Papoušek, M. (2004): Regulationsstörungen der frühen Kindheit: Klinische Evidenz für ein neues diagnostisches Konzept. In: M. Papoušek, M. Schieche und H. Wurmser (Hrsg.), *Regulationsstörungen der frühen Kindheit*. Hans Huber, Bern, S. 77–110.

Raikes, H. A. und R. A. Thompson (2005): Links between risk and attachment security: Models of influence. *Applied Developmental Psychology* 26: 440–455.

Reiner, I. C., E. Frommer-Bombik, M. E. Beutel, M. Steele, M. und H. Steele (2013): Das Adult Attachment Interview – Grundlagen, Anwendung und Einsatzmöglichkeiten im klinischen Alltag. *Zeitschrift für Psychosomatische Medizin und Psychotherapie* 59: 231–246.

Roberts, B. W. und W. F. DelVecchio (2000): The rank-order consistency of personality

traits from childhood to old age: A quantitative review of longitudinal studies. *Psychological Bulletin 126*: 3–25.
Roth, G. (2003): *Aus Sicht des Gehirns.* Suhrkamp, Frankfurt am Main.
Rothbart, M. K. und J. E. Bates (2006): Temperament. In: W. Damon, R. Lerner und N. Eisenberg (Hrsg.), *Handbook of Child Psychology. Vol 3: Social, Emotional, and Personality Development.* Wiley, New York, S. 99–166.
Ruffman, T., J. Perner und L. Parkin (1999): How parenting style affects false belief understanding. *Social Development 8*: 395–411.
Sagi, A., N. Koren-Karie, M. Gini, Y. Ziv und T. Joels (2002): Shedding further light on the effects of various types and quality of early child care on infant-mother attachment relationship: The Haifa Study of Early Child Care. *Child Development 73*: 1166–1186.
Sowell, E. R., P. M. Thompson, C. J. Holmes, T. L. Jernigan und A. W. Toga (1999): In vivo evidence for post-adolescent brain maturation in frontal and striatal regions. *Nature Neuroscience 2*: 859–861.
Thomas, A. und S. Chess (1980): *Temperament. Über die Enstehung des Individuellen.* Enke, Stuttgart. Original: Thomas, A. und S. Chess (1977): *Temperament and development.* Brunner/Mazel, New York.
Trachtenberg, J. T., B. E. Chen, G. W. Knott, G. Feng, J. R. Sanes, E. Welker und K. Svoboda (2002): Long-term in vivo imaging of experience-dependent synaptic plasticity in adult cortex. *Nature 420*: 788–794.
Van Hulle, C. A., K. Lemery-Chalfant und H. H. Goldsmith (2007): Genetic and environmental influences on socio-emotional behavior in toddlers: An initial twin study of the infant – toddler social and emotional assessment. *Journal of Child Psychology and Psychiatry 48*: 1014–1024.
Van IJzendoorn, M. H. (1995): Adult attachment representations, parental responsiveness, and infant attachment: A meta-analysis on the predictive validity of the adult attachment interview. *Psychological Bulletin 117*: 387–403.
Zulauf-Logoz, M. (2004): Die Desorganisation der frühen Bindung und ihre Konsequenzen. In: L. Ahnert (Hrsg.), *Frühe Bindung, Entstehung und Entwicklung.* Ernst Reinhardt, München, S. 297–312.

Kapitel 5

Asendorpf, J. B. und F. J. Neyer (2012): *Psychologie der Persönlichkeit.* Springer, Heidelberg u.a.
Cloninger, C. R. (2000): Biology of personality dimensions. *Current Opinions in Psychiatry 13*: 611–616.
Cloninger, C. R. (1987): A systematic method for clinical description and classification of personality variants. *Archives of General Psychiatry 44*: 573–588.
Corr, P. T., C. G. DeYoung und N. McNaughton (2013): Motivation and Personality: A Neuropsychological Perspective. *Social and Personality Psychology Compass 7/3 (2013)*: 158–175.
Costa, P. T., Jr. und R. R. McCrae (1992): Normal personality assessment in clinical practice: The NEO Personality Inventory. *Psychological Assessment 4*: 5–13.
Costa, P. T. und R. R. McCrae (1989): *The NEO-PI/NEO-FFl manual supplement.* Odessa FL Psychological Assessment Resources.
De Manzano, O., S. Cervenka, A. Karabanov, L. Farde und F. Ullén (2010): Thinking

outside a less intact box: Thalamic dopamine D2 receptor densities are negatively related to psychometric creativity in healthy individuals. *PloS One* 5: e10 670.

Depue, R. A. (1995): Neurobiological factors in personality and depression. *European Journal of Personality* 9: 413–439.

Depue R. A. und P. F. Collins (1999): Neurobiology of the structure of personality: dopamine, facilitation of incentive motivation, and extraversion. *Behavioral and Brain Sciences* 22: 491–517.

DeYoung, C. G. (2006): Higher-order factors of the Big Five in a multi-informant sample. *Journal of Personality and Social Psychology* 91: 1138–1151.

DeYoung, C. G. (2013): The neuromodulator of exploration: A unifying theory of the role of dopamine in personality. *Frontiers in Human Neuroscience* 7: 762–788.

DeYoung, C. G., Y. J. Weisberg, L. C. Quilty und J. B. Peterson (2013): Unifying the aspects of the Big Five, the interpersonal circumplex, and trait affiliation. *Journal of Personality* 81: 465–475.

DeYoung, C. G. und J. R. Gray (2009): Personality Neuroscience: Explaining Individual Differences in Affect, Behavior, and Cognition. In: P. J. Corr und G. Matthews (Hrsg.), *Cambridge Handbook of Personality Psychology*. Cambridge University Press, New York, S. 323–346.

Gouin, J.-P., C. S. Carter, H. Pournajafi-Nazarloo, W. B. Malarkey, T. J. Loving, J. Stowell und J. K. Kiecolt-Glaser (2012): Plasma vasopressin and interpersonal functioning. *Biological Psychology* 91: 270–274.

Gray, J. A. (1990): Brain systems that mediate both emotion and cognition. *Cognition and Emotion* 4: 269–288.

Ostendorf, F. und A. Angleitner (2004): *NEO-PI-R – NEO Persönlichkeitsinventar nach Costa und McCrae – Revidierte Fassung (PSYNDEX Tests Review)*. Hogrefe, Göttingen.

Pierrehumbert, B., R. Torrisi, F. Ansermet, A. Borghini und O. Halfon (2012): Adult attachment representations predict cortisol and oxytocin responses to stress. *Attachment and Human Development* 14: 453–476.

Roth, G. und D. Strüber (2009): Neurobiologische Aspekte reaktiver und proaktiver Gewalt bei antisozialer Persönlichkeitsstörung und »Psychopathie«. *Praxis Der Kinderpsychologie und Kinderpsychiatrie* 58: 87–609.

Shoal, G. D., Giancola, P. R. und G. P. Kirillova (2003): Salivary cortisol, personality, and aggressive behavior in adolescent boys: A 5-Year Longitudinal Study. *Journal of the American Academy of Child & Adolescent Psychiatry* 42: 1101–1107.

Strüber, N., D. Strüber und G. Roth (2014): Impact of early adversity on glucocorticoid regulation and later mental disorders. *Neuroscience and Biobehavioral Reviews* 38: 17–37.

Kapitel 6

Aru, J., T. Bachmann, W. Singer und L. Mellonia(2012): Distilling the neural correlates of consciousness. *Neuroscience and Biobehavioral Reviews* 36: 737–746.

Baars, B. (1988): *A cognitive theory of consciousness*. Cambridge University Press, Cambridge.

Bieri, P. (2001): *Das Handwerk der Freiheit. Über die Entdeckung des eigenen Willens*. Hanser, München.

Chalmers, D. J. (1996): *The Conscious Mind. In Search of a Fundamental Theory*. Oxford University Press, New York, Oxford.

Churchland, P. S. (1986): *Neurophilosophy: Towards a unified science of the mind-brain.* MIT-Press, Cambridge, MA.
Crick F. und C. Koch (1990): Towards a neurobiological theory of consciousness. *Seminars in the Neuroscience* 2: 263–275.
Crick, F. H. C. und C. Koch (2003): A framework for consciousness. *Nature Neuroscience* 6: 119–126.
Eccles, J. C. (1994): *Wie das Selbst sein Gehirn steuert.* Piper, München.
Eckhorn, R., H. J. Reitboeck, M. Arndt, M. und P. Dicke (1990): Feature linking via synchronization among distributed assemblies: Simulations of results from cat visual cortex. *Neural Computation*2: 293–307.
Edelman, G. M. und G. Tononi (2000): *Consciousness. How Matter Becomes Imagination.* Penguin Books, London.
Engel, A. K., A. K. Kreiter, P. König und W. Singer (1991): Synchronisation of oscillatory responses between striate and extrastriate visual cortical areas of the cat. *Proceedings of the National Acadamy of Sciences USA* 88: 6048–6052.
Engel, A. K., P. Fries, P. König, M. Brecht und W. Singer (1999): Temporal binding, binocularrivalry, and consciousness. *Consciousness and Cognition* 8: 128–151.
Grün, K. J. (2000): *Arthur Schopenhauer.* C. H. Beck, München.
Haken, H.(1982): *Synergetik.* Springer, Berlin u.a.
Haynes, J. D. und G. Rees (2006): Decoding mental states from brain activity in humans. *NatureReviews Neuroscience* 7: 523–34.
Herrmann, C. S., M. H. J. Munk und A. K. Engel (2004): Cognitive functions of gamma-band activity: Memory match and utilization. *Trends in Cognitive Sciences* 8: 347–355.
Kandel, E. R., J. H. Schwartz und T. M. Jessell (1996): *Neurowissenschaften.* Spektrum Akademischer Verlag, Heidelberg.
Koch, C. (2005): *Bewusstsein: ein neurobiologisches Rätsel.*Spektrum/Elsevier, Heidelberg.
Köhler, W. (1920): *Die physischen Gestalten in Ruhe und im stationären Zustand. Eine naturphilosophische Untersuchung.* Viehweg & Sohn, Braunschweig.
Köhler, W. (1929): Ein altes Scheinproblem. *Naturwissenschaften 17:* 395–401.
Konorski, J. (1967): *Integrative Activity of the Brain: An Interdisciplinary Approach.* University of Chicago Press, Chicago.
Kreiter, A. K. und W. Singer (1996): Stimulus dependent synchronization of neuronal responses in the visual cortex of the awake macaque monkey. *Journal of Neuroscience 16*: 2381–2396.
Lamme, V. A. F. (2000): Neural mechanisms of visual awareness: a linking proposition. *Brain and Mind 1:* 385–406.
Levine, J. (2003): Explanatory gap. In: *Encyclopedia of Cognitive Science.* Wiley Online Library.
Lorenz, K. (1973): *Die Rückseite des Spiegels.* Piper, München.
McFadden, J. J. (2002): The Conscious Electromagnetic Information (Cemi) Field Theory: The Hard Problem Made Easy? *Journal of Consciousness Studies* 9 (8): 45–60.
McFadden, J. J. (2013): The CEMI Field Theory: Gestalt information and the meaning of meaning.*Journal of Consciousness Studies 20*: 152–182.
McGinn, C. (1999): *Wie kommt der Geist in die Materie. Das Rätsel des Bewusstseins.* C. H. Beck, München.
McLaughlin, B. (1997): Emergence. In: Wilson, R. und F. Keil (Hrsg.), *MIT Encyclopedia of Cognitive Sciences*, MIT Press, Cambridge MA, S. 266–268.

Noesselt, T., S. A. Hillyard, M. G. Woldorff, A. Schoenfeld, T. Hagner, L. Jäncke und H. J. Heinze (2002): Delayed striate cortical activation during spatial attention. *Neuron* 35: 575–587.

Panagiotaropoulos, T. I., G. Deco, V. Kapoor und N. K. Logothetis (2012): Neuronal Discharges and gamma oscillations explicitly reflect visual consciousnessin the lateral prefrontal cortex. *Neuron* 74: 924–935.

Pauen, M. (2001): *Grundprobleme der Philosophie des Geistes*. S. Fischer, Frankfurt am Main.

Pauen, M. und G. Roth (2008): *Freiheit, Schuld und Verantwortung. Grundzüge einer naturalistischen Theorie der Willensfreiheit*. Suhrkamp, Frankfurt am Main.

Pöppel, E. (1985): *Grenzen des Bewußtseins. Über Wirklichkeit und Welterfahrung*. Deutsche Verlagsanstalt, Stuttgart.

Popper, K. und J. C. Eccles (1977): *Das Ich und sein Gehirn*. Piper, München.

Nicolis, G. und I. Prigogine (1977): *Self-Organization in Nonequilibrium Systems*. Wiley-Interscience, New York.

Rensch, B. (1968): *Biophilosophie auf erkenntnistheoretischer Grundlage (Panpsychistischer Identismus)*. Gustav Fischer, Stuttgart.

Roth, G.: (1994/1996): *Das Gehirn und seine Wirklichkeit. Kognitive Neurobiologie und ihre philosophischen Konsequenzen*. Suhrkamp, Frankfurt am Main.

Roth, G. (2010): *Wie einzigartig ist der Mensch? Die lange Evolution der Gehirne und des Geistes*. Spektrum-Springer, Heidelberg.

Roth, G. (2013): *The long evolution of brains and minds*. Springer, Doordrecht u.a.

Schuster, H. G. (1994): *Deterministisches Chaos*. VCH, Weinheim.

Stephan, A. (2005): *Emergenz: Von der Unvorhersehbarkeit zur Selbstorganisation*. Mentis, Paderborn.

Strüber, D., S. Rach, S. A. Trautmann-Lengsfeld, A. K. Engel und C. S. Herrmann (2014): Antiphasic 40 Hz oscillatory current stimulation affects bistable motion perception. *Brain Topography* 27: 158–171.

Taylor, K., S. Mandon, W. A. Freiwald und A. K. Kreiter (2005): Coherent oscillatory activity in monkey area v4 predicts successful allocation of attention. *Cerebral Cortex* 15: 1424–37.

Von der Malsburg, C. und W. Schneider (1986): A neural cocktail-party processor. *Biological Cybernetics* 54: 29–40.

Walter, H. (1998): *Neurophilosophie der Willensfreiheit*. Mentis, Paderborn.

Zeilinger, A. (2003): *Einsteins Schleier – Die neue Welt der Quantenphysik*. C. H. Beck, München.

Zeilinger, A. (2005): *Einsteins Spuk – Teleportation und weitere Mysterien der Quantenphysik*. Goldmann, München.

Zilli, E. A. und M. E. Hasselmo (2006): An analysis of the mean theta phase of population activity in a model of hippocampal region CA1. *Network. Computation in Neural Systems* 17: 277–297.

Kapitel 7

Akimova, E., R. Lanzenberger und S. Kasper (2009): The serotonin-1A receptor in anxiety disorders. *Biological Psychiatry* 66: 627–635.

Albert, P. R., B. Le François und A. M. Millar (2011): Transcriptional dysregulation of 5-HT_{1A} autoreceptors in mental illness. *Molecular Brain* 4: 21.

Alldredge, B. (2010): Pathogenic involvement of neuropeptides in anxiety and depression. *Neuropeptides 44*: 215–224.
Amad, A., N. Ramoz, P. Thomas, R. Jardri und P. Gorwood (2014): Genetics of borderline personality disorder: Systematic review and proposal of an integrative model. *Neuroscience and Biobehavioral Reviews 40*: 6–19.
American Psychiatric Association (Hrsg.) (2013): *Diagnostic and Statistical Manual of Mental Disorders*. 5th ed., American Psychiatric Association, Washington.
Anderson, S. W., A. Bechara, H. Damasio, D. Tranel und A. R. Damasio (1999): Impairment of social and moral behavior related to early damage in human prefrontal cortex. *Nature Neuroscience 2*(11): 1032–1037.
Bakermans-Kranenburg, M. J. und M. H. van IJzendoorn (2009): The first 10,000 Adult Attachment Interviews: Distributions of adult attachment representations in clinical and non-clinical groups. *Attachment & Human Development 11*(3): 223–263.
Bandelow, B., J. Krause, D. Wedekind, A. Broocks, G. Hajak und E. Rüther (2005): Early traumatic life events, parental attitudes, family history, and birth risk factors in patients with borderline personality disorder and healthy controls. *Psychiatry Research 134*(2): 169–179.
Bandelow, B., C. Schmahl, P. Falkai und D. Wedekind (2010): Borderline personality disorder: A dysregulation of the endogenous opioid system? *Psychological Review 117*(2): 623–636.
Bandelow, B., L. Sher, R. Bunevicius, E. Hollander, S. Kasper, J. Zohar und H.-J. Möller (2012): Guidelines for the pharmacological treatment of anxiety disorders, obsessive-compulsive disorder and posttraumatic stress disorder in primary care. *International Journal of Psychiatry in Clinical Practice 16*(2): 77–84.
Baumeister, H. und G. Parker (2012): Meta-review of depressive subtyping models. *Journal of Affective Disorders 139*: 126–140.
Bechara, A. und A. Damasio (2005): The somatic marker hypothesis: A neural theory of economic decision. *Games and Economic Behavior 52*: 336–372.
Becker, S. und J. M. Wojtowicz (2007): A model of hippocampal neurogenesis in memory and mood disorders. *Trends in Cognitive Sciences, 11*(2), 70–76.
Bel, N. und F. Artigas (1993): Chronic treatment with fluvoxamine increases extracellular serotonin in frontal cortex but not in raphe nuclei. *Synapse 15*: 243–245.
Belmaker, R. H. und G. Agam (2008): Major depressive disorder. *The New England Journal of Medicine 358*: 55–68.
Benecke, C. (2014): *Klinische Psychologie und Psychotherapie. Ein integratives Lehrbuch*. Kohlhammer, Stuttgart.
Bertsch, K., I. Schmidinger, I. D. Neumann und S. C. Herpertz (2013): Reduced plasma oxytocin levels in female patients with borderline personality disorder. *Hormones and Behavior 63*: 424–429.
Blair, R. J. R. (2008): The amygdala and ventromedial prefrontal cortex: Functional contributions and dysfunction in psychopathy. *Philosophical Transactions of the Royal Society of London. Series B, Biological Sciences 363*(1503): 2557–2565.
Blair, R. J. R. (2013): The neurobiology of psychopathic traits in youths. *Nature Reviews. Neuroscience 14*(11): 786–799.
Boehme, S., V. Ritter, S. Tefikow, U. Stangier, B. Strauss, W. H. R. Miltner und T. Straube (2013): Brain activation during anticipatory anxiety in social anxiety disorder. *Social Cognitive and Affective Neuroscience nst 129*: 1–6.

Bora, E., B. J. Harrison, C. G. Davey, M. Yücel und C. Pantelis (2012): Meta-analysis of volumetric abnormalities in cortico-striatal-pallidal-thalamic circuits in major depressive disorder. *Psychological Medicine* 42(4): 671–681.

Bresin, K. und K. H. Gordon (2013): Endogenous opioids and nonsuicidal self-injury: A mechanism of affect regulation. *Neuroscience and Biobehavioral Reviews* 37(3): 374–383.

Buchheim, A., S. Erk, C. Georg, H. Kächele, T. Kircher, P. Martius, ... H. Walter (2008): Neural correlates of attachment trauma in borderline personality disorder: A functional magnetic resonance imaging study. *Psychiatry Research* 163(3): 223–235.

Buchheim, A., R. Viviani, H. Kessler, H. Kächele, M. Cierpka, G. Roth, ... S. Taubner (2012a): Changes in prefrontal-limbic function in major depression after 15 months of long-term psychotherapy. *PloS One* 7(3): e33745.

Buchheim, A., R. Viviani, H. Kessler, H. Kächele, M. Cierpka, G. Roth, ... S. Taubner (2012b): Neuronale Veränderungen bei chronisch-depressiven Patienten während psychoanalytischer Psychotherapie. *Psychotherapeut* 57(3): 219–226.

Buckholtz, J. W. und A. Meyer-Lindenberg (2008): MAOA and the neurogenetic architecture of human aggression. *Trends in Neurosciences* 31(3): 120–129.

Buckholtz, J. W., M. T. Treadway, R. L. Cowan, N. D. Woodward, S. D. Benning, R. Li, ... D. H. Zald (2010): Mesolimbic dopamine reward system hypersensitivity in individuals with psychopathic traits. *Nature Neuroscience* 13: 419–421.

Caldwell, H. K., H.-J. Lee, A. H. Macbeth und W. S. I. Young (2008): Vasopressin: Behavioral roles of an »original« neuropeptide. *Progress in Neurobiology* 84: 1–24.

Caspi, A., J. McClay, T. E. Moffitt, J. Mill, J. Martin, I. W. Craig, ... R. Poulton (2002): Role of genotype in the cycle of violence in maltreated children. *Science* 297: 851–854.

Chanen, A. M., D. Velakoulis, K. Carison, K. Gaunson, S. J. Wood, H. P. Yuen, ... C. Pantelis (2008): Orbitofrontal, amygdala and hippocampal volumes in teenagers with first-presentation borderline personality disorder. *Psychiatry Research* 163(2): 116–125.

Chu, D. A., L. M. Williams, A. W. F. Harris, R. A. Bryant und J. M. Gatt (2013): Early life trauma predicts self-reported levels of depressive and anxiety symptoms in nonclinical community adults: Relative contributions of early life stressor types and adult trauma exposure. *Journal of Psychiatric Research* 47(1): 23–32.

Cleare, A. J. und A. J. Bond (1995): The effect of tryptophan depletion and enhancement on subjective and behavioural aggression in normal male subjects. *Psychopharmacology* 118: 72–81.

Coccaro, E. F., M. S. McCloskey, D. Fitzgerald und K. L. Phan (2007): Amygdala and orbitofrontal reactivity to social threat in individuals with impulsive aggression. *Biological Psychiatry* 62: 168–178.

Coid, J., M. Yang, S. Ullrich, A. Roberts und R. D. Hare (2009): Prevalence and correlates of psychopathic traits in the household population of Great Britain. *International Journal of Law and Psychiatry* 32: 65–73.

Craig, I. W. (2007): The importance of stress and genetic variation in human aggression. *BioEssays* 29: 227–236.

Dadds, M. R., C. Moul, A. Cauchi, C. Dobson-Stone, D. J. Hawes, J. Brennan und R. E. Ebstein (2014): Methylation of the oxytocin receptor gene and oxytocin blood levels in the development of psychopathy. *Development and Psychopathology* 26(1): 33–40.

Damasio, A. R., B. J. Everitt und D. Bishop (1996): The somatic marker hypothesis and the possible functions of the prefrontal cortex. *Philosophical Transactions of the Royal Society of London. Series B, Biological Sciences* 351: 1413–1420.

De Brito, S. A. und S. Hodgins (2009): Die Antisoziale Persönlichkeitsstörung des DSM-IV-TR – Befunde, Untergruppen und Unterschiede zu Psychopathy. *Forensische Psychiatrie, Psychologie, Kriminologie* 3(2): 116–128.

De Souza Silva, M. A., C. Mattern, B. Topic, T. E. Buddenberg und J. P. Huston (2009): Dopaminergic and serotonergic activity in neostriatum and nucleus accumbens enhanced by intranasal administration of testosterone. *European Neuropsychopharmacology* 19: 53–63.

Deutsches Institut für Medizinische Dokumentation und Information (Hrsg.): ICD-10-GM Version 2014 Systematisches Verzeichnis, Internationale statistische Klassifikation der Krankheiten und verwandter Gesundheitsprobleme, 10. Revision, German Modification, 23. September 2011, http://www.dimdi.de/dynamic/de/klassi/ downloadcenter/icd-10-gm /version2012/syste matik/x1gbp2012.zip, 18. 02. 2014.

Dinan, T. G. und L. V. Scott (2005): Anatomy of melancholia: Focus on hypothalamic-pituitary-adrenal axis overactivity and the role of vasopressin. *Journal of Anatomy* 207: 259–264.

Drevets, W. C., T. O. Videen, J. L. Price, S. H. Preskorn, S. T. Carmichael und M. E. Raichle (1992): A functional anatomical study of unipolar depression. *Journal of Neuroscience* 12: 3628–3641.

Duman, R. S. und L. M. Monteggia (2006): A neurotrophic model for stress-related mood disorders. *Biological Psychiatry* 59: 1116–1127.

Emiliano, A. B. F., T. Cruz, V. Pannoni und J. L. Fudge (2007): The interface of oxytocin-labeled cells and serotonin transporter-containing fibers in the primate hypothalamus: A substrate for SSRIs therapeutic effects? *Neuropsychopharmacology* 32: 977–988.

Ernst, A., K. Alkass, S. Bernard, M. Salehpour, S. Perl, J. Tisdale, … J. Frisén (2014): Neurogenesis in the striatum of the adult human brain. *Cell* 156(5): 1072–1083.

Frodi, A., M. Dernevik, A. Sepa, J. Philipson und M. Bragesjö (2001): Current attachment representations of incarcerated offenders varying in degree of psychopathy. *Attachment & Human Development* 3: 269–283.

Furmark, T., M. Tillfors, H. Garpenstrand, I. Marteinsdottir, B. Långström, L. Oreland und M. Fredrikson (2004): Serotonin transporter polymorphism related to amygdala excitability and symptom severity in patients with social phobia. *Neuroscience Letters* 362(3): 189–192.

Gao, Y., A. Raine, F. Chan, P. H. Venables und S. A. Mednick (2010): Early maternal and paternal bonding, childhood physical abuse and adult psychopathic personality. *Psychological Medicine* 40(6): 1007–1016.

Gilbert, R., C. S. Widom, K. Browne, D. Fergusson, E. Webb und S. Janson (2009): Burden and consequences of child maltreatment in high-income countries. *Lancet* 373: 68–81.

Glasper, E. R., T. J. Schoenfeld und E. Gould (2012): Adult neurogenesis: Optimizing hippocampal function to suit the environment. *Behavioural Brain Research* 227(2): 380–383.

Glenn, A. L. (2011): The other allele: Exploring the long allele of the serotonin transporter gene as a potential risk factor for psychopathy: A review of the parallels in findings. *Neuroscience and Biobehavioral Reviews* 35: 612–620.

Gold, P. und G. Chrousos (2002): Organization of the stress system and its dysregulation in melancholic and atypical depression: High vs low CRH/NE states. *Molecular Psychiatry* 7: 254–275.

Gould, E. (1999): Serotonin and hippocampal neurogenesis. *Neuropsychopharmacology* 21: 46S–51S.
Graybiel, A. M. und S. L. Rauch (2000): Toward a neurobiology of obsessive-compulsive disorder. *Neuron* 28(2): 343–347.
Grimm, S., J. Ernst, P. Boesiger, D. Schuepbach, D. Hell, H. Boeker und G. Northoff (2009): Increased self-focus in major depressive disorder is related to neural abnormalities in subcortical-cortical midline structures. *Human Brain Mapping* 30: 2617–2627.
Grisham, J. R., M. A. Fullana, D. Mataix-Cols, T. E. Moffitt, A. Caspi und R. Poulton (2011): Risk factors prospectively associated with adult obsessive-compulsive symptom dimensions and obsessive-compulsive disorder. *Psychological Medicine* 41(12): 2495–2506.
Gross, C., X. Zhuang, K. Stark, S. Ramboz, R. Oosting, L. Kirby, … R. Hen (2002): Serotonin1A receptor acts during development to establish normal anxiety-like behaviour in the adult. *Nature* 416: 396–400.
Guastella, A. J., A. L. Howard, M. R. Dadds, P. Mitchell und D. S. Carson (2009): A randomized controlled trial of intranasal oxytocin as an adjunct to exposure therapy for social anxiety disorder. *Psychoneuroendocrinology* 34(6): 917–23.
Gunderson, J. G. und K. Lyons-Ruth (2008): BPD's interpersonal hypersensitivity phenotype: A gene-environment-developmental model. *Journal of Personality Disorders* 22(1): 22–41.
Hariri, A. R., V. S. Mattay, A. Tessitore, B. Kolachana, F. Fera, D. Goldman, … D. R. Weinberger (2002): Serotonin transporter genetic variation and the response of the human amygdala. *Science* 297: 400–403.
Hasler, G. (2010): Pathophysiology of depression: Do we have any solid evidence of interest to clinicians? *World Psychiatry* 9(3): 155–161.
Häuser, W., G. Schmutzer, E. Brähler und G. Glaesmer (2011): Maltreatment in childhood and adolescence: Results from a survey of a representative sample of the german population. *Deutsches Ärzteblatt International* 108(17): 287–294.
Hegadoren, K. M., T. O'Donnell, R. Lanius, N. J. Coupland und N. Lacaze-Masmonteil (2009): The role of beta-endorphin in the pathophysiology of major depression. *Neuropeptides* 43(5): 341–353.
Heim, C. und C. B. Nemeroff (2001): The role of childhood trauma in the neurobiology of mood and anxiety disorders: Preclinical and clinical studies. *Biological Psychiatry* 49: 1023–1039.
Higley, J. D., P. T. Mehlman, R. E. Poland, D. M. Taub, J. Vickers, S. J. Suomi und Linnoila, M. (1996): CSF testosterone and 5-HIAA correlate with different types of aggressive behaviors. *Biological Psychiatry* 40: 1067–1082.
Hoge, E. A., M. H. Pollack, R. E. Kaufman, P. J. Zak und N. M. Simon (2008): Oxytocin levels in social anxiety disorder. *CNS Neuroscience & Therapeutics* 14(3): 165–170.
Holtzheimer, P. E. und H. S. Mayberg (2011): Stuck in a rut: Rethinking depression and its treatment. *Trends in Neurosciences* 34(1): 1–9.
Ivarsson, T., P. Granqvist, C. Gillberg und A. G. Broberg (2010): Attachment states of mind in adolescents with Obsessive-Compulsive Disorder and/or depressive disorders: A controlled study. *European Child & Adolescent Psychiatry* 19(11): 845–853.
Karpman, B. (1946): Psychopathy in the scheme of human typology. *Journal of Nervous and Mental Disease* 103: 276–288.

Kempermann, G. (2014): Off the beaten track: New neurons in the adult human striatum. *Cell 156*(5): 870–871.
Kheirbek, M. A., K. C. Klemenhagen, A. Sahay und R. Hen (2012): Neurogenesis and generalization: a new approach to stratify and treat anxiety disorders. *Nature Neuroscience 15*(12): 1613–1620.
Kochanska, G. und N. Aksan (2006): Children's conscience and self-regulation. *Journal of Personality 74*(6): 1587–1617.
Koenigs, M., A. Baskin-Sommers, J. Zeier und J. P. Newman (2011): Investigating the neural correlates of psychopathy: A critical review. *Molecular Psychiatry 16*(8): 792–799.
Krämer, U. M., J. Riba, S. Richter und T. F. Münte (2011): An fMRI study on the role of serotonin in reactive aggression. *PloS One 6*: e27 668.
Krishnan, V. und E. J. Nestler (2008): The molecular neurobiology of depression. *Nature 455*(October): 894–902.
Kumari, V., S. Uddin, P. Premkumar, S. Young, G. H. Gudjonsson, S. Raghuvanshi, ... M. Das (2014): Lower anterior cingulate volume in seriously violent men with antisocial personality disorder or schizophrenia and a history of childhood abuse. *The Australian and New Zealand Journal of Psychiatry 48*(2): 153–161.
Kumsta, R., E. Hummel, F. S. Chen und M. Heinrichs (2013): Epigenetic regulation of the oxytocin receptor gene: Implications for behavioral neuroscience. *Frontiers in Neuroscience 7*: 83.
Labuschagne, I., K. L. Phan, A. Wood, M. Angstadt, P. Chua, M. Heinrichs, ... P. J. Nathan (2010): Oxytocin attenuates amygdala reactivity to fear in generalized social anxiety disorder. *Neuropsychopharmacology 35*: 1–11.
Labuschagne, I., K. L. Phan, A. Wood, M. Angstadt, P. Chua, M. Heinrichs, ... P. J. Nathan (2012): Medial frontal hyperactivity to sad faces in generalized social anxiety disorder and modulation by oxytocin. *The International Journal of Neuropsychopharmacology 15*: 883–896.
Lamers, F., P. van Oppen, H. C. Comijs, J. H. Smit, P. Spinhoven, A. J. L. M. van Balkom, ... B. W. J. H. Penninx (2011): Comorbidity patterns of anxiety and depressive disorders in a large cohort study: The Netherlands Study of Depression and Anxiety (NESDA). *Journal of Clinical Psychiatry 72*(3): 341–348.
Lamers, F., N. Vogelzangs, K. R. Merikangas, P. de Jonge, A. T. F. Beekman und B. W. J. H. Penninx (2012): Evidence for a differential role of HPA-axis function, inflammation and metabolic syndrome in melancholic versus atypical depression. *Molecular Psychiatry 18*(6): 692–699.
Lee, D. A. und S. Blackshaw (2012): Functional implications of hypothalamic neurogenesis in the adult mammalian brain. *International Journal of Developmental Neuroscience 30*: 615–621.
Lemogne, C., P. Delaveau, M. Freton, S. Guionnet und P. Fossati (2012): Medial prefrontal cortex and the self in major depression. *Journal of Affective Disorders 136*: 1–11.
Leonardo, E. D. und R. Hen (2006): Genetics of affective and anxiety disorders. *Annual Review of Psychology 57*: 117–137.
Lieb, K., M. C. Zanarini, C. Schmahl, M. M. Linehan und M. Bohus (2004): Borderline personality disorder. *Lancet 364*(9432): 453–461.
Loney, B. R., M. A. Butler, E. N. Lima, C. A. Counts und L. A. Eckel (2006): The relation

between salivary cortisol, callous-unemotional traits, and conduct problems in an adolescent non-referred sample. *Journal of Child Psychology and Psychiatry 47*: 30–36.

Mahar, I., F. R. Bambico, N. Mechawar und J. N. Nobrega (2014): Stress, serotonin, and hippocampal neurogenesis in relation to depression and antidepressant effects. *Neuroscience and Biobehavioral Reviews 38*: 173–192.

Matza, L. S., D. A. Revicki, J. R. Davidson und J. W. Stewart (2003): Depression with atypical features in the national comorbidity survey. *Archives of General Psychiatry 60*: 817–826.

Mayberg, H. S., A. M. Lozano, V. Voon, H. E. McNeely, D. Seminowicz, C. Hamani, ... S. H. Kennedy (2005): Deep brain stimulation for treatment-resistant depression. *Neuron 45*: 651–660.

Meaney, M. J. (2010): Epigenetics and the biological definition of gene x environment interactions. *Child Development 81*: 41–79.

O'Leary, M. M., J. Taylor und L. Eckel (2010): Psychopathic personality traits and cortisol response to stress: The role of sex, type of stressor, and menstrual phase. *Hormones and Behavior 58*: 250–256.

Oberlander, T. F., M. Papsdorf, U. M. Brain, S. Misri, C. Ross und R. E. Grunau (2010): Prenatal effects of selective serotonin reuptake inhibitor antidepressants, serotonin transporter promoter genotype (SLC6A4), and maternal mood on child behavior at 3 years of age. *Archives of Pediatrics and Adolescent Medicine 164*: 444–451.

Ottemeyer, J., M. Beutel, M. Michal, und I. Reiner (2013): Instabilität früher Bindungserfahrungen und Depression im Erwachsenenalter. Poster presented at the Annual Meeting of the German College for Psychosomatic Medicine (Deutscher Kongress für Psychosomatische Medizin und Psychotherapie 2013), Heidelberg.

Ozsoy, S., E. Esel und M. Kula (2009): Serum oxytocin levels in patients with depression and the effects of gender and antidepressant treatment. *Psychiatry Research 169*(3): 249–252.

Packard, M. G. und B. J. Knowlton (2002): Learning and memory functions of the Basal Ganglia. *Annual Review of Neuroscience 25*: 563–593.

Parker, K. J., H. A. Kenna, J. M. Zeitzer, J. Keller, C. M. Blasey, J. A. Amico und A. F. Schatzberg (2010): Preliminary evidence that plasma oxytocin levels are elevated in major depression. *Psychiatry Research 178*(2): 359–362.

Perani, D., V. Garibotto, A. Gorini, R. M. Moresco, M. Henin, A. Panzacchi, ... F. Fazio (2008): In vivo PET study of 5HT(2A) serotonin and D(2) dopamine dysfunction in drug-naive obsessive-compulsive disorder. *NeuroImage 42*(1): 306–314.

Porter, S. (1996): Without conscience or without active conscience? The etiology of psychopathy revisited. *Aggression and Violent Behavior 1*(2): 179–189.

Posner, J., R. Marsh, T. V. Maia, B. S. Peterson, A. Gruber und H. B. Simpson (2014): Reduced functional connectivity within the limbic cortico-striato-thalamo-cortical loop in unmedicated adults with obsessive-compulsive disorder. *Human Brain Mapping 35*(6): 2852–2860.

Raine, A., J. R. Meloy, S. Bihrle, J. Stoddard, L. LaCasse und M. S. Buchsbaum (1998): Reduced prefrontal and increased subcortical brain functioning assessed using positron emission tomography in predatory and affective murderers. *Behavioral Sciences and the Law 16*: 319–332.

Rankin, S. L., G. D. Partlow, R. D. Mccurdy, E. D. Giles und K. R. S. Fisher (2003): Postnatal neurogenesis in the vasopressin and oxytocin-containing nucleus of the pig hypothalamus. *Brain Research 971*: 189–196.

Reiner I., M. Beutel, L. Müller-Engling, G. Trojan, A. Kotsiari und H. Frieling (2013a): DNA methylation of the Oxytocin receptor gene (OXTR), adverse life events and depression. Poster presented at the Herrenhausen Conference on mental health, Hannover, Germany.

Reiner, I., M. Michal, E. Ertz, J. Ottemayer, G. Trojan, J. Bechtluft-Sachs und M. Beutel (2013b): Depressive Symptomatology and Attachment Representation during inpatient Psychotherapy. Poster presented at the 21th World Congress of Social Psychiatry, Lisbon, Portugal.

Reiner, I. C., E. Fremmer-Bombik, M. E. Beutel, M. Steele und H. Steele (2013): Das Adult Attachment Interview – Grundlagen, Anwendung und Einsatzmöglichkeiten im klinischen Alltag. *Zeitschrift für Psychosomatische Medizin und Psychotherapie 59*: 231–246.

Resnick, S., R. Yehuda, R. K. Pitman und D. W. Foy (1995): Effect of previous trauma on acute plasma cortisol level following rape. *American Journal of Psychiatry 152*: 1675–1677.

Ressler, K. J. und C. B. Nemeroff (2000): Role of serotonergic and noradrenergic systems in the pathophysiology of depression and anxiety disorders. *Depression and Anxiety 12*: 2–19.

Roth, G. (2001): *Fühlen, Denken, Handeln. Wie das Gehirn unser Verhalten steuert.* Suhrkamp, Frankfurt am Main.

Roth, G. und D. Strüber (2009): Neurobiologische Aspekte reaktiver und proaktiver Gewalt bei antisozialer Persönlichkeitsstörung und »Psychopathie«. *Praxis Der Kinderpsychologie Und Kinderpsychiatrie 58*: 587–609.

Sadeh, N., S. Javdani, J. J. Jackson, E. K. Reynolds, M. N. Potenza, J. Gelernter, … E. Verona (2010): Serotonin transporter gene associations with psychopathic traits in youth vary as a function of socioeconomic resources. *Journal of Abnormal Psychology 119*(3): 604–609.

Sandi, C. und G. Richter-Levin (2009): From high anxiety trait to depression: A neurocognitive hypothesis. *Trends in Neurosciences 32*(6): 312–320.

Savitz, J., I. Lucki und W. C. Drevets (2009): 5-HT$_{1A}$ receptor function in major depressive disorder. *Progress in Neurobiology 88*: 17–31.

Scantamburlo, G., M. Hansenne, S. Fuchs, W. Pitchot, P. Maréchal, C. Pequeux, … J. J. Legros (2007): Plasma oxytocin levels and anxiety in patients with major depression. *Psychoneuroendocrinology 32*(4): 407–410.

Schwartz, C. E., C. I. Wright, L. M. Shin, J. Kagan und S. L. Rauch (2003): Inhibited and Uninhibited Infants »Grown Up«: Adult Amygdalar Response to Novelty. *Science 300*: 1952–1953.

Sheline, Y. I., P. W. Wang, M. H. Gado, J. G. Csernansky und M. W. Vannier (1996): Hippocampal atrophy in recurrent major depression. *Proceedings of the National Academy of Sciences of the United States of America 93*: 3908–3913.

Shi, Z., J.-F. Bureau, M. A. Easterbrooks, X. Zhao und K. Lyons-Ruth (2012): Childhood maltreatment and prospectively observed quality of early care as predictors of antisocial personality disorder. *Infant Mental Health Journal 33*: 55–69.

Shin, L. M. und I. Liberzon (2010): The neurocircuitry of fear, stress, and anxiety disorders. *Neuropsychopharmacology 35*(1): 169–191.

Silbersweig, D., J. F. Clarkin, M. Goldstein, O. F. Kernberg, O. Tuescher, K. N. Levy, … E.

Stern (2010): Failure of frontolimbic inhibitory function in the context of negative emotion in borderline personality disorder. *Focus* 8(2): 250–260.

Snyder, J. S. und H. A. Cameron (2012): Could adult hippocampal neurogenesis be relevant for human behavior? *Behavioural Brain Research* 227(2): 384–390.

Snyder, J. S., A. Soumier, M. Brewer, J. Pickel und H. A. Cameron (2011): Adult hippocampal neurogenesis buffers stress responses and depressive behaviour. *Nature* 476: 458–462.

Spalding, K. L., O. Bergmann, K. Alkass, S. Bernard, M. Salehpour, H. B. Huttner, ... J. Frisén (2013): Dynamics of hippocampal neurogenesis in adult humans. *Cell* 153(6): 1219–1227.

Stanley, B. und L. J. Siever (2010): The interpersonal dimension of borderline personality disorder: Toward a neuropeptide model. *The American Journal of Psychiatry* 167(1): 24–39.

Steele, H. und L. Siever (2010): An Attachment Perspective on Borderline Personality Disorder: Advances in Gene – Environment Considerations. *Current Psychiatry Reports* 12: 61–67.

Stein, M. B., L. Campbell-Sills und J. Gelernter (2009): Genetic variation in 5HTTLPR is associated with emotional resilience. *American Journal of Medical Genetics Part B (Neuropsychiatric Genetics)* 150: 900–906.

Strüber, D., M. Lück und G. Roth (2008): Sex, aggression and impulse control: An integrative account. *Neurocase* 14: 93–121.

Strüber, N., D. Strüber und G. Roth (2014): Impact of early adversity on glucocorticoid regulation and later mental disorders. *Neuroscience and Biobehavioral Reviews* 38: 17–37.

Taylor, S. (2013): Molecular genetics of obsessive-compulsive disorder: Acomprehensive meta-analysis of genetic association studies. *Molecular Psychiatry* 18(7): 799–805.

Tebartz van Elst, L., B. Hesslinger, T. Thiel, E. Geiger, K. Haegele, L. Lemieux, ... M. Bohus (2003): Frontolimbic Brain Abnormalities in Patients with Borderline Personality Disorder: A Volumetric Magnetic Resonance Imaging Study. *Biological Psychiatry* 54: 163–171.

Terlevic, R., M. Isola, M. Ragogna, M. Meduri, F. Canalaz, L. Perini, ... P. Brambilla (2013): Decreased hypothalamus volumes in generalized anxiety disorder but not in panic disorder. *Journal of Affective Disorders* 146: 390–394.

Thompson, S. M., C. Hammen, L. R. Starr und J. M. Najman (2014): Oxytocin receptor gene polymorphism (rs53576) moderates the intergenerational transmission of depression. *Psychoneuroendocrinology* 43: 11–19.

Trickett, P. K., J. G. Noll, E. J. Susman, C. E. Shenk und F. W. Putnam (2010): Attenuation of cortisol across development for victims of sexual abuse. *Development and Psychopathology* 22: 165–175.

Uvnäs-Moberg, K., E. Bjökstrand, V. Hillegaart und S. Ahlenius (1999): Oxytocin as a possible mediator of SSRI-induced antidepressant effects. *Psychopharmacology* 142: 95–101.

Van den Heuvel, O. A., P. L. Remijnse, D. Mataix-Cols, H. Vrenken, H. J. Groenewegen, H. B. M. Uylings, ... D. J. Veltman (2009): The major symptom dimensions of obsessive-compulsive disorder are mediated by partially distinct neural systems. *Brain* 132(Pt 4): 853–868.

Van Goozen, S. H., W. Matthys, P. T. Cohen-Kettenis, C. Gispen-de Wied, V. M. Wiegant und H. van Engeland (1998): Salivary cortisol and cardiovascular activity during

stress in oppositional-defiant disorder boys and normal controls. *Biological Psychiatry* 43: 531–539.
Van IJzendoorn, M. H. und M. J. Bakermans-Kranenburg (2006): DRD4 7-repeat polymorphism moderates the association between maternal unresolved loss or trauma and infant disorganization. *Attachment and Human Development* 8(4): 291–307.
Viding, E., R. J. R. Blair, T. E. Moffitt und R. Plomin (2005): Evidence for substantial genetic risk for psychopathy in 7-year-olds. *Journal Of Child Psychology And Psychiatry* 6: 592–597.
Wittchen, H.-U., F. Jacobi, M. Klose und L. Ryl (2010): Depressive Erkrankungen. In: *Gesundheitsberichterstattung des Bundes* (Heft 51, S. 1–46), Robert Koch-Institut, Berlin.
Witte, A. V., A. Flöel, P. Stein, M. Savli, L.-K. Mien, W. Wadsak, … R. Lanzenberger (2009): Aggression is related to frontal serotonin-1A receptor distribution as revealed by PET in healthy subjects. *Human Brain Mapping* 30: 2558–2570.
World Mental Health Surveys Consortium (2004): Prevalence, severity, and unmet need for treatment of mental disorders in the World Health Organization World Mental Health Surveys. *JAMA* 291(21): 2581–2590.
Xie, P., H. R. Kranzlern, J. Poling, M. B. Stein, R. F. Anton, K. Brady, … J. Gelernter (2009): Interactive effect of stressful life events and the serotonin transporter 5-HTTLPR genotype on posttraumatic stress disorder diagnosis in 2 independent populations. *Archives of General Psychiatry* 66(11): 1201–1209.
Yehuda, R., J. D. Flory, L. C. Pratchett, J. Buxbaum, M. Ising und F. Holsboer (2010): Putative biological mechanisms for the association between early life adversity and the subsequent development of PTSD. *Psychopharmacology* 212: 405–417.
Yuen, K. W., J. P. Garner, D. S. Carson, J. Keller, A. Lembke, S. A. Hyde, … K. J. Parker (2014): Plasma oxytocin concentrations are lower in depressed vs. healthy control women and are independent of cortisol. *Journal of Psychiatric Research* 51: 30–36.
Zohar, J., H. Yahalom, N. Kozlovsky, S. Cwikel-Hamzany, M. A. Matar, Z. Kaplan, … H. Cohen (2011): High dose hydrocortisone immediately after trauma may alter the trajectory of PTSD: Interplay between clinical and animal studies. *European Neuropsychopharmacology* 21(11): 796–809.

Kapitel 8:

Anderson, J. R. (1996): *Cognitive Psychology and its Implications*. Freeman, New York.
Arbeitskreis OPD (2006): *Operationalisierte Psychodynamische Diagnostik OPD-2. Das Manual für Diagnostik und Therapieplanung*. Huber, Bern.
Benecke, C. (2014): *Klinische Psychologie und Psychotherapie. Ein integratives Lehrbuch*. Kohlhammer, Stuttgart.
Benish, S. G., Z. E. Imel und B. E. Wampold (2008): The relative efficacy of bona fide psychotherapies for treating post-traumatic stress disorder: a meta-analysis of direct comparisons. *Clinical Psychology Review* 28:746–58.
Bordin, E. S. (1979): The generalizability of the psychoanalytic concept of the working alliance. Psychotherapy. *Theory Research and Practice* 16: 252–260.
Borg-Laufs, M. (Hrsg.) (2007): *Lehrbuch der Verhaltenstherapie mit Kindern und Jugendlichen. Bd. 1*. DGVT-Verlag, Tübingen.
Castonguay, L. G., M. R. Goldfried, S. Wiser, P. J. Raue und A. M. Hayes (1996): Predicting the effect of cognitive therapy for depression. A study of human and common factors. *Journal of Consulting and Clinical Psychology* 64 (3): 497–504.

Clark, D. A. und A. T. Beck (2010): Cognitive theory and therapy of anxiety and depression: Convergence with neurobiological findings. *Trends in Cognitive Sciences* 14: 418–424.

Clarkin J. F., F. E. Yeomans und O. F. Kernberg (2001): *Psychotherapie der Borderline-Persönlichkeit.* Schattauer, Stuttgart.

Cuipers, P., M. Sijbrandij, S. L. Koole, G. Andersson, A. T. Beekman und C. F. Reynolds III (2013): The efficacy of psychotherapy and pharmacotherapy in treating depressive and anxiety disorders: a meta-analysis of direct comparisons. *World Psychiatry* 12: 137–148.

Dührssen, A. und E. Jorswieck (1965): Eine empirisch-statistische Untersuchung zur Leistungsfähigkeit psychoanalytischer Behandlung. *Der Nervenarzt* 36: 166–169.

Ellenberger, H. F. (1996): *Die Entdeckung des Unbewussten.* 2. Aufl. Diogenes/Huber, Zürich, Bern.

Eysenck, H. J. (1952): The effects of psychotherapy: an evaluation. *Journal of Consulting Psychology* 16: 319–324.

Frank, J. D. (1961): *Die Heiler. Wirkungsweisen psychotherapeutischer Beeinflussung. Vom Schamanismus bis zu den modernen Therapien.* Klett-Cotta, Stuttgart.

Freud, S. (1915): *Das Unbewusste.* GW 10, 263–303.

Freud, S. (1923): *Das Ich und das Es.* GW 13, 237–289.

Freud, S. (1933): *Neue Folge der Vorlesungen zur Einführung in die Psychoanalyse.* GW 1, 449–608.

Gardner, H. (1987): *The Mind's New Science.* Basic Books, New York.

Habermas, J. (1981): *Theorie des kommunikativen Handelns.* Suhrkamp, Frankfurt am Main.

Hautzinger, M. (2000): *Kognitive Verhaltenstherapie bei Depression.* 5. Aufl. Beltz, Weinheim.

Hayes, A. M, L. G. Castonguay und M. R. Goldfried (1996): Effectiveness of targeting the vulnerability factors of depression in cognitive therapy. *Journal of Consulting and Clinical Psychology* 64: 623–627.

Holtzheimer, P. E. und H. S. Mayberg (2011): Stuck in a rut: Rethinking depression and its treatment. *Trends in Neurosciences* 34: 1–9.

Horvath, A. O., A. C. Del Re, D. Flückiger und D. Symonds (2011): Alliance in individual psychotherapy. *Psychotherapy (Chic)* 48: 9–16.

Immisch, P. F. (2011): *Bindungsorientierte Verhaltenstherapie.* DGVT-Verlag, Tübingen.

Kanfer, F. H., H. Reinecker und D. Schmelzer (2000): *Selbstmanagement-Therapie – Ein Lehrbuch für die Praxis.* Springer, Berlin.

Kazdin, A. E. (2007): Mediators and mechanisms of change in psychotherapy research. *Annual Review of Clinical Psychology* 3: 1–27.

Lambert M. J. und C. E. Hill (1994): Assessing psychotherapy outcomes and process. In: A. E. Bergin und S. L. Garfield (Hrsg.), *Handbook of Psychotherapy and Behavior Change.* 4. Aufl., Wiley, New York, 72–113.

Lambert, M. J. (2013): The efficiacy and effectiveness of psychotherapy. In: M. J. Lambert (Hrsg.), *Bergin and Garfield's handbook of psychotherapy and behavior change.* 6. Aufl., John Wiley & Sons, New York, 169–218.

Leichsenring, F. und S. Rabung (2011): Long-term psychodynamic psychotherapy in complex mental disorders: update of a meta-analysis. *British Journal of Psychiatry* 199: 15–22.

Luborsky L. und B. Singer (1975): Comparative studies of psychotherapies: is it true »everyone has won and all must have prizes«? *Archives of General Psychiatry* 32: 995–1008.
Makari, G. (2008): *Revolution in Mind. The Creation of Psychoanalysis.* HarperCollins, New York.
Margraf, J. (2009): *Kosten und Nutzen der Psychotherapie.* Springer, Berlin.
Margraf, J. und S. Schneider (2009): *Lehrbuch der Verhaltenstherapie. Bd. 2: Störungen im Erwachsenenalter.* 3. Aufl., Springer, Berlin.
Martin, D. J., J. P. Garske und M. K. Davis (2000): Relation of the therapeutic alliance with outcome and other variables: a meta-analytic review. *Journal of Consulting and Clinical Psychology* 68: 438–450.
McFarland, D. (1989): *Biologie des Verhaltens. Evolution, Physiologie, Psychobiologie.* VHC, Weinheim.
McNeilly, Ch. L. und K. I. Howard (1991): The effects of psychotherapy: A reevaluation based on dosage. *Psychotherapy Research* 1: 74–78.
Munder. T, H. Gerger, S. Trelle und J. Narth (2011): Testing the allegiance bias hypotheses: A meta-analysis. *Psychotherapy Research* 21: 670–684.
Neudeck, P. und H. Wittchen (Hrsg.) (2012): *Exposure Therapy: Rethinking the Model – Refining the Method.* Springer, New York.
Pearce, J. M. (1997): *Animal Learning and Cognition: An Introduction.* Psychology Press, Hove.
Rudolf, G. (2012): *Strukturbezogene Psychotherapie. Leitfaden zur psychodynamischen Therapie struktureller Störungen.* Schattauer, Stuttgart.
Safran, J. D., J. C. Muran und B. Proskurov (2009): Alliance, Negotiation, and Rupture Resolution. In: Levy, R. A. und J. S. Ablon (Hrsg.), *Handbook of Evidence-Based Psychodynamic Psychotherapy.* Humana Press, New York, 201–226.
Sandler, J. und U. Dreher (1999): *Was wollen die Psychoanalytiker? Das Problem der Ziele in der psychoanalytischen Behandlung.* Klett-Cotta, Stuttgart.
Shepherd, G. M (1991): *Foundations of the Neuron Doctrine.* Oxford University Press, Oxford.
Smith, M. L., G. V. Glass und T. I. Miller (1980): *The benefits of Psychotherapy.* The Johns Hopkins University Press, Baltimore.
Wampold, B. E. (2001): *The great psychotherapy debate: Models, methods, and findings.* Lawrence Erlbaum, New York.
Wilken, B. (2006): *Methoden der Kognitiven Umstrukturierung. Ein Leitfaden für die psychotherapeutische Praxis.* 3. Aufl., Kohlhammer, Stuttgart.
Wittmann W. und W. Matt (1986): Meta-Analyse als Integration von Forschungsergebnissen am Beispiel deutschsprachiger Arbeiten zur Effektivität von Psychotherapien. *Psychologische Rundschau* 37: 20.

Kapitel 9
Anderson M. C., K. N. Ochsner, B. Kuhl, J. Cooper, E. Robertson, S. W. Gabrieli, G. H. Glover und J. D. E. Gabrieli (2004): Neural Systems Underlying the Suppression of Unwanted Memories. *Science* 303: 232–235.
Bakermans-Kranenburg, M. J. und M. H. van IJzendoorn (2009): The first 10,000 Adult Attachment Interviews: Distributions of adult attachment representations in clinical and non-clinical groups. *Attachment & Human Development* 11(3): 223–263.

Bakermans-Kranenburg, M. J. und M. H. van IJzendoorn (2013): Sniffing around oxytocin: Review and meta-analyses of trials in healthy and clinical groups with implications for pharmacotherapy. *Translational Psychiatry* 3(5): e258.

Barsaglini, A., G. Sartori, S. Benetti, W. Pettersson-Yeo und A. Mechelli (2013): The effects of psychotherapy on brain function: A systematic and critical review. *Progress in Neurobiology*, 114: 1–14.

Baxter Jr., L. R., J. M. Schwartz, K. S. Bergman, M. P. Szuba, B. H. Guze, J. C. Mazziotta, A. Alazraki, C. E. Selin, H. K. Ferng, P. Munford und M. E. Phelps (1992): Caudate glucose metabolic rate changes with both drug and behavior therapy for obsessive-compulsive disorder. *Archives of General Psychiatry* 49: 681–689.

Becker, S. und J. M. Wojtowicz (2007): A model of hippocampal neurogenesis in memory and mood disorders. *Trends in Cognitive Sciences* 11: 70–76.

Benecke, C. (2014): *Klinische Psychologie und Psychotherapie. Ein integratives Lehrbuch*. Kohlhammer, Stuttgart.

Bontempo, A., K. E. Panza und M. H. Bloch (2012): D-cycloserine augmentation of behavioral therapy for the treatment of anxiety disorders: a meta-analysis. *Journal of Clinical Psychiatry* 73: 533–537.

Brody A. L., S. Saxena, P. Stoessel, L. A. Gillies, L. A. Fairbank, S. Alborzian, M. E. Phelps, S. C. Huang, H. M. Wu, M. L. Ho, M. K. Ho, S. C. Au, K. Maidment und L. R. Baxter Jr. (2001): Regional brain metabolic changes in patients with major depression treated with either paroxetine or interpersonal therapy: Preliminary findings. *Archives of General Psychiatry* 58: 631–640.

Buchheim, A., M. Heinrichs, C. George, D. Pokorny, E. Koops, P. Henningsen, M.-F. O'Connor und H. Gundel (2009): Oxytocin enhances the experience of attachment security. *Psychoneuroendocrinology*. 34: 1417–1422.

Buchheim, A., R. Viviani, H. Kessler, H. Kachele, M. Cierpka, G. Roth, C. George, O. F. Kernberg, G. Bruns und S. Taubner (2012a): Changes in prefrontal-limbic function in major depression after 15 months of long-term psychotherapy. *PLoS ONE* 7: e33745.

Buchheim, A., R. Viviani, H. Kessler, H. Kachele, M. Cierpka, G. Roth, C. George, O. F. Kernberg, G. Bruns und S. Taubner (2012b): Neuronale Veränderungen bei chronisch-depressiven Patienten während psychoanalytischer Psychotherapie. *Psychotherapeut*, 57(3), 219–226.

Clark, D. A. und A. T Beck (2010): Cognitive theory and therapy of anxiety and depression: Convergence with neurobiological findings. *Trends in Cognitive Sciences* 14: 418–424.

Crockford, C., T. Deschner, T. E. Ziegler und R. M. Wittig (2014): Endogenous peripheral oxytocin measures can give insight into the dynamics of social relationships: A review. *Frontiers in Behavioral Neuroscience* 8: in press.

Depue, R. A. und J. V. Morrone-Strupinsky (2005): A neurobehavioral model of affiliative bonding: implications for conceptualizing a human trait of affiliation. *Behavioral Brain Sciences* 28: 313–50.

Fehr, T., A. Achtziger, G. Roth und D. Strüber (2014): Neural correlates of the empathic perceptual processing of realistic social interaction scenarios displayed from a first-order perspective. *Brain research*: in press.

Fendt, M. und M. S. Fanselow (1999): The neuroanatomical and neurochemical basis of conditioned fear. *Neuroscience and Biobehavioral Reviews* 23: 743–760.

Furmark,T., M. Tillfors, L. Marteinsdottir, H. Fischer, A. Pissiota, B. Langstrom et al. (2002): Common changes in cerebral blood flow in patients with social phobia treated with citalopram or cognitive-behavioral therapy. *Archives of General Psychiatry* 59: 425–433.

Goldapple, K., Z. Segal, C. Garson, M. Lau, P. Bieling, S. Kennedy, und H. Mayberg (2004): Modulation of cortical-limbic pathways in major depression: treatment-spe-cific effects of cognitive behavior therapy. *Archives of General Psychiatry* 61: 34–41.

Goulas, A., H. B. M. Uylings und P. Stiers (2012): Unravelling the intrinsic functional organization of the human lateral frontal cortex: A parcellation scheme based on resting state fMRI. *Journal of Neuroscience* 32: 10 238–10 252.

Grawe, K. (2004): *Neuropsychotherapie*. Hogrefe, Göttingen.

Hirvonen, J., H. Karlsson, J. Kajande, A. Lepola, J. Markkula, H. Rasi-Hakala, K. Någren und J. Hietala (2008): Decreased brain serotonin 5-HT$_{1A}$ receptor availability in medication-naive patients with major depressive disorder: An in-vivo imaging study using PET and [carbonyl-11C]WAY-100635. *International Journal of Neuropsychopharmacology* 11: 465–476.

Hofmann, S. G., K. Ellard und G. J. Siegle (2012): Neurobiological correlates of cognitions in fear and anxiety: A cognitive-neurobiological information-processing model. *Cognition and Emotion* 26: 282–299.

Hofmann, S. G., G. J. G. Asmundson und A. T. Beck (2013): The Science of Cognitive Therapy. *Behavior Therapy* 44: 199–2012.

Holtzheimer, P. E. und H. S. Mayberg (2010): Deep brain stimulation for treatment-resistant depression. *American Journal of Psychiatry* 167: 1437–1444.

Holtzheimer, P. E. und H. S. Mayberg (2011): Stuck in a rut: Rethinking depression and its treatment. *Trends in Neurosciences*, 34(1): 1–9.

Karlsson, H., J. Hirvonen, J. Kajander, J. Markkula, H. Rasi-Hakala, J. K. Salminen, H. Någren et al. (2010): Research Letter: Psychotherapy increases brain serotonin 5-HT$_{1A}$ receptors in patients with major depressive disorder. *Psychological Medicine*, 40: 523–528.

Kéri, S. und I. Kiss (2011): Oxytocin response in a trust game and habituation of arousal. *Physiology & Behavior*, 102(2): 221–224.

Kessler, H., S. Taubner, A. Buchheim, T. F. Münte, M. Stasch, H. Kächele, ... D. Wiswede (2011): Individualized and clinically derived stimuli activate limbic structures in depression: An fMRI study. *PloS One* 6(1): e15 712.

Koch, M. (1999): The neurobiology of startle. *Progress in Neurobiology* 59: 107–128.

Labuschagne, I., K. L. Phan, A. Wood, M. Angstadt, P. Chua, M. Heinrichs, ... P. J. Nathan (2012): Medial frontal hyperactivity to sad faces in generalized social anxiety disorder and modulation by oxytocin. *The International Journal of Neuropsychopharmacology* 15: 883–896.

Lambert, M. J. (2013): The efficiacy and effectiveness of psychotherapy. In: M. J. Lambert (Hrsg.), *Bergin and Garfield's handbook of psychotherapy and behavior change*. 6. Aufl., John Wiley & Sons, New York, 169–218.

LeDoux, J. E. (2000): Emotion circuits in the brain. *Annual Review of Neuroscience* 23: 155–184.

Leuner, B., J. M. Caponiti und E. Gould (2012): Oxytocin stimulates adult neurogenesis even under conditions of stress and elevated glucocorticoids. *Hippocampus* 22(4): 861–868.

Linden, D. E. (2008): Brain imaging and psychotherapy: methodological considerations and practical implications. *European Archives of Psychiatry and Clinical Neuroscience* 258 (Suppl 5): 71–75.

Macdonald, K., T. M. Macdonald, M. Brüne, K. Lamb, M. P. Wilson, S. Golshan und D. Feifel (2013): Oxytocin and psychotherapy: A pilot study of its physiological, behavioral and subjective effects in males with depression. *Psychoneuroendocrinology* 38: 2831–2843.

Martin, S. D., E. Martin, S. S. Rai, M. A. Richardson und R. Royall (2001): Brain blood flow changes in depressed patients treated with interpersonal psychotherapy or venlafaxine hydrochloride: preliminary findings. *Archives of General Psychiatry* 58: 641–648.

Mayberg, H. S., M. Liotti, S. K. Brannan, S. McGinnis, R. K. Mahurin, P. A. Jerabek, J. A. Silva, J. L. Tekell, C. C. Martin, J. L. Lancaster und P. T. Fox (1999): Reciprocal limbic-cortical function and negative mood: converging PET findings in depression and normal sadness. *American Journal of Psychiatry* 156: 675–82.

Messina, I., M. Sambin, A. Palmieri und R. Viviani (2013): Neural correlates of psychotherapy in anxiety and depression: A Meta-Analysis. *PLoS ONE* 8: e74657.

Milad, M. R. und G. J. Quirk (2002): Neurons in medial prefrontal cortex signal memory for fear extinction. *Nature* 420: 70–74.

Myers, K. M. und W. A. Carlezon Jr. (2012): D-cycloserine effects on extinction of conditioned responses to drug-related cues. *Biological Psychiatry* 71: 947–55.

Nakatani, E., A. Nakgawa, Y. Ohara, S. Goto, N. Uozumi, M. Iwakiri, Y. Yamamoto, K. Motomura, Y. Iikura und T. Yamagami (2003): Effects of behavior therapy on regional cerebral blood flow in obsessive-compulsive disorder. *Psychiatry Research* 124: 113–120.

Neumann, I. D., A. Wigger, L. Torner, F. Holsboer und R. Landgraf (2000): Brain oxytocin inhibits basal and stress-induced activity of the hypothalamo-pituitary-adrenal axis in male and female rats: Partial action within the paraventricular nucleus. *Journal of Neuroendocrinology*, 12: 235–243.

Noesselt, T., S. A. Hillyard, M. G. Woldorff, A. Schoenfeld, T. Hagner, L. Jäncke, L. Tempelmann, C. Hinrichs und H. J. Heinze (2002): Delayed striate cortical activation during spatial attention. *Neuron* 35: 575–587.

Norberg, M. M., J. H. Krystal und D. F. Tolin (2008): A meta-analysis of d-cycloserine and the facilitation of fear extinction and exposure therapy. *Biological Psychiatry* 63: 1118–1126.

Paquette, V., J. Levesque, B. Mensour, J. M. Leroux, G. Beaudoin und M. Beauregard (2003): »Change the mind and you change the brain«: Effects of cognitive-behavioral therapy on the neural correlates of spider phobia. *Neuroimage* 18: 401–409.

Pardo, J. V., S. A. Sheikh, G. C. Schwindt, J. T. Lee, M. A. Kuskowski, C. Surerus, S. M. Lewis und B. R. Rittberg(2008): Chronic vagus nerve stimulation for treatment-resistant depression decreases resting ventromedial prefrontal glucose metabolism. *NeuroImage* 42: 879–889.

Phelps, E. A., K. J. O'Connor, J. C. Gatenby, J. C. Gore, C. Grillon und M. Davis (2001): Activation of the left amygdala to a cognitive representation of fear. *Nature Neuroscience* 4: 437–441.

Prasko, J., J. Horacek, R. Zalesky, M. Kopecek, T. Novak, B. Paskova, L. Skrdlantova, O. Belohlavek und C. Hoschl (2004): The change of regional brain metabolism (18FDG

PET) in panic disorder during the treatment with cognitive behavioral therapy or antidepressants. *Neuroendocrinology Letters* 25: 340–348.

Quirk, G. J. und J. S. Beer (2006): Prefrontal involvement in the regulation of emotion: Convergence of rat and human studies. *Current Opinion in Neurobiology* 16: 723–727.

Ray, R. D. und D. H. Zald (2012): Anatomical insights into the interaction of emotion and cognition in the prefrontal cortex. *Neuroscience and Biobehavioral Reviews* 36: 479–501.

Reiner, I. C., E. Fremmer-Bombik, M. E. Beutel, M. Steele und H. Steele (2013a): Das Adult Attachment Interview – Grundlagen, Anwendung und Einsatzmöglichkeiten im klinischen Alltag. *Zeitschrift für Psychosomatische Medizin und Psychotherapie* 59: 231–246.

Reiner, I., M. Michal, E. Ertz, J. Ottemayer, G. Trojan, J. Bechtluft-Sachs und M. Beutel (2013b): Depressive Symptomatology and Attachment Representation during impatient Psychotherapy. Poster presented at the 21th World Congress of Social Psychiatry, Lisbon, Portugal.

Rudolf, G. (2012): *Strukturbezogene Psychotherapie. Leitfaden zur psychodynamischen Therapie struktureller Störungen.* 3. Aufl., Schattauer, Stuttgart.

Schneider, F. und G. R. Fink (2007): *Funktionelle MRT in Psychiatrie und Neurologie.* Springer, München u. a.

Schwartz, J. M., P. W Stoessel, L. R. Baxter und M. E. Phelps (1996): Systematic changes in cerebral glucose metabolic rate after successful behavior modification treatment of obsessive-compulsive disorder. *Archives of General Psychiatry* 53: 109–113.

Seidenbecher, T., T. R. Laxmi, O. Stork und H. C. Pape (2003): Amygdalar and hippocampal theta rhythm synchronization during fear memory retrieval. *Science* 301: 846–850.

Skuse, D. H. und L. Gallagher (2008): Dopaminergic-Neuropeptide interactions in the social brain. *Trends in Cognitive Sciences* 13: 27–35.

Straube, T., M. Glauer, S. Dilger, H. Mentzel und W. H. R. Miltner (2006): Effects of cognitive-behavioural therapy on brain activation in specific phobia. *Neuroimage* 29: 125–135.

Wager, T. D., J. K. Rilling, E. E. Smith, A. Sokolik. K. L. Casey, R. J. Davidson, S. M. Kosslyn, R. M. Rose und J. D. Cohen (2004): Placebo-induced changes in fMRI in the anticipation and experience of pain. *Science* 303: 1162–1167.

Wiswede, D., S. Taubner, A. Buchheim, T. F. Münte, M. Stasch, M. Cierpka, H. Kächele, G. Roth, P. Erhard und H. Kessler (eingereicht): Tracking functional brain changes in patients with depression under psychodynamic psychotherapy using individualized stimuli.

Wotjak, C. T. und H.-C. Pape (2013): Neuronale Schaltkreise von Furchtgedächtnis und Furchtextinktion. *Neuroforum* 3/13: 92–102.

Yehuda, R., P. Nikolaos, E. Koch, J. D. Flory, J. D. Buxbaum, M. J. Meaney und L. M. Bierer (2013): Epigenetic biomarkers as predictors and correlates of symptom improvement following psychotherapy in combat veterans with PTSD. *Frontiers in Psychiatry* 4: 1–14.

Yoshida, M., Y. Takayanagi, K. Inoue, T. Kimura, L. J. Young, T. Onaka, und K. Nishimori (2009): Evidence that oxytocin exerts anxiolytic effects via oxytocin receptor expressed in serotonergic neurons in mice. *Journal of Neuroscience* 29: 2259–2271.

Kapitel 10

Asendorpf, J. B. und F. J. Neyer (2012): *Psychologie der Persönlichkeit.* Springer, Heidelberg u.a.
Furman, B. (1999, 8. Aufl. 2008): *Es ist nie zu spät, eine glückliche Kindheit zu haben.* Borgmann, Dortmund.
Kernberg, O. F. (2002): *Borderline-Störungen und pathologischer Narzissmus,* 12. Aufl., Suhrkamp, Frankfurt am Main.
LeDoux, J. (2006): *Synaptic self. How our brains become who we are.* Viking, New York. Dt. *Das Netz der Persönlichkeit.* dtv, München.
Roth, G. (2010): *Wie einzigartig ist der Mensch? Die lange Evolution der Gehirne und des Geistes.* Spektrum-Springer, Heidelberg u.a.
Roth, G, (2013): *The long evolution of brains and minds.* Springer, Heidelberg u.a.

Register

A

Acetylcholin 114–116, 150, 198, 233, 373
Adult Attachment Interview (AAI) 174–175
Aggression 66, 69, 92, 106, 110, 126, 280, 288, 290–291, 294
– impulsive 284, 290
– instrumentelle 284
– instrumentell-kompetitive 289
– reaktive 106, 146, 192, 284, 286, 289–290, 293
Agoraphobie 264, 267
Aktivität, basale 96, 132, 141–142
Aktivität, phasische 97, 99–100, 111–113
Aktivität, tonische 96
Aktualbewusstsein, s. Bewusstsein, Aktualbewusstsein
Allianz, therapeutische 21, 331, 355, 357, 361, 367, 380
Amnesie, infantile 93, 163, 182, 201, 203–204, 303, 342, 351, 368, 379
Amygdala 18, 49, 56, 59, 65, 69–72, 80, 82, 84–85, 108, 110, 112, 121, 125, 145, 158, 164, 204, 228, 249, 265, 267–268, 270, 279, 285–286, 289, 291, 294, 341–345, 348–349, 351, 353, 356, 366–367, 376, 378
– basale 71
– basolaterale 69, 72–74, 84, 265, 343, 349, 372
– corticale 69, 71
– mediale 66, 71, 83, 286
– zentrale 70–74, 83, 125–126, 130, 341, 349, 372
– Zentralkern 69, 73
Angst 17, 42, 67, 73, 106–109, 118, 125–126, 130, 146, 166, 173, 180, 187, 192, 204, 247, 253, 260, 263–271, 274, 276–277, 283–284, 286–287, 320–321, 338, 341, 343–344, 357, 363

Angststörungen, Angsterkrankungen 68, 139, 156, 191, 243, 245, 247, 249, 253, 263–271, 282, 285, 287, 291, 320, 323, 343, 360, 37
– generalisierte 263, 266–268
– soziale 360
Anhedonie 270, 358
Antidepressiva 16, 250, 252, 254–255, 266, 330
Antisoziale Persönlichkeitsstörung (APS) 86, 194, 245–246, 263, 283–295, 297–298, 374, 376
Arbeitsgedächtnis 82, 94, 151, 210, 214, 227, 230, 353
Aristoteles 26–28
Aufdecken/Bewusstmachen unbewusster Inhalte 20, 306, 308, 312, 326, 350–351, 368, 379
Aufmerksamkeit 85, 102, 111–115, 130, 187, 201–202, 204, 210–211, 213, 219, 223, 227, 231, 233, 355, 373
Aufmerksamkeitsdefizit-Hyperaktivitätsstörung (ADHS) 102, 115, 138, 156

B

Basalganglien 59, 74, 79–80, 158, 162, 203, 212, 255, 262, 275, 344, 361, 363, 369, 377, 380
Beck, Aaron 321–325, 347, 366
Behaviorismus 206, 315–316
Belohnung 77, 79, 81, 85–86, 93, 97, 99–102, 117, 147–148, 150–151, 181, 189, 192–193, 199, 281, 285–286, 317–318, 373–374
Belohnungsaufschub 86, 93, 148, 179, 193, 279, 281, 382
Belohnungserwartung 80, 93, 97, 99, 101, 147–150, 189, 192, 199, 362
Belohnungssystem 99, 117, 147, 193, 255, 281, 357, 376

Belohnungswert 100
Beruhigungssystem, internes 146, 357
Bestrafung 85–86, 100–102, 147, 181, 285–286, 291, 318, 321
Bewusstsein 91–92, 162, 200–201, 203, 205–212, 215–216, 222–225, 227–228, 231–234, 236, 239–242, 304–305, 332, 367, 373
- Aktualbewusstsein 94, 209, 227, 230, 311, 368
- Hintergrundbewusstsein 209
- Zustände 205, 207, 209, 231–233, 241
- Funktionen 211
- neurobiologische Grundlagen 216
Big-Five (Persönlichkeitsmerkmale) 185–188, 190, 197–198, 374
Bindung 93, 109, 118–120, 125, 131, 139, 144, 146, 148–150, 162, 168–170, 172–176, 182–183, 194, 260, 263, 279–280, 282–283, 288, 291–293, 296, 298, 313, 328, 331, 334, 344, 357
- Partnerbindung 119
Bindungserfahrung 175, 293, 325, 365–366, 372, 375
Bindungsmuster 170–171, 173, 176
Bindungsrepräsentation 129, 141, 175, 194–195, 258, 292
Bindungssicherheit 121, 171, 173–174, 194, 260
Bindungsstatus 277, 357
Bindungssystem 149–151, 167, 170–171, 176, 199, 281, 357, 375
Bindungsverhalten 118–119, 150, 167–171, 182–183, 189, 194
Borderline-Störung (BPS) 24, 182, 246–247, 277–283, 312, 374, 376
Brodmann-Areale 60, 217
Brücke (Pons) 46, 49, 54–55, 85, 218

C
Cerebellum, s. Kleinhirn
Common-Factor-Theorie 330
Corpus striatum, s. Striatum
Cortex 45, 56–57, 59, 72, 80, 116, 198
- anteriorer cingulärer (ACC) 60, 80, 83–85, 93, 117, 121, 151, 161, 265, 275, 286, 290, 293, 345, 347, 349, 353, 355, 360, 363, 378
- auditorischer 88
- cingulärer 372
- dorsolateraler präfrontaler 84, 90, 94, 151, 210, 336, 344–348, 367, 372, 378
- Frontalcortex 90, 96
- inferotemporaler (ITC) 59–60
- insulärer (IC) 56, 71, 83, 86–87, 90, 93, 147, 198, 265, 293, 349, 372
- Isocortex 59–61, 82, 87, 93
- limbischer 104
- medialer präfrontaler 265–267, 342, 349
- motorischer (MC) 59–60, 79, 88, 362
- orbitofrontaler (OFC) 59, 64, 66, 71, 78, 83–84, 91, 102, 158–159, 217, 275, 279, 281, 349, 372
- posteriorer parietaler 79, 88
- präfrontaler 112
- prämotorischer (PMC) 88, 362
- somatosensorisch 87
- temporaler (TC) 59, 89, 163
- ventrolateraler präfrontaler 91, 217, 224, 349, 352
- ventromedialer (VMC) 60, 64, 81, 83, 90, 99, 149, 204, 336, 348, 352, 376, 378
- ventromedialer präfrontaler (vm PCF) 84, 248–249, 257, 261, 270–271, 279, 285–289, 291, 343, 346–347, 349, 359, 367
- Verknüpfungsmuster 216
- visueller 60, 88, 226
Cortexareale 75–76, 93
Corticotropin-freisetzender Faktor (CRF) 66, 72, 96, 112, 131–133, 136, 145, 158, 191, 228, 252, 266, 271, 364, 373, 375
Cortisol 95–96, 122, 124–125, 127–128, 130, 132–144, 146–147, 149, 190–191, 195–196, 231, 252–253, 259–262, 266, 271–273, 287–288, 293, 296–298, 359, 364, 373

- Freisetzung, Ausschüttung 134–144, 190–191, 249, 261–262, 267, 271–272, 287, 365
- Tagesgang 134
- Überfunktion 253, 260–261, 272, 287
- Unterfunktion 260, 263, 272, 287
Cortisol-Aufwach-Reaktion (CAR) 134
CRF, s. Corticotropin-freisetzender Faktor (CRF)

D

Depression 24, 68, 108–109, 131, 139, 146, 156, 166, 174, 192, 245–263, 266, 268, 270, 278, 282, 286, 322–323, 330, 344, 346, 355–356, 361, 363–365, 376
- atypische 247, 252, 263
- melancholische 148, 247, 249, 252–253, 260
Descartes, René 16, 32–35
Diencephalon, s. Zwischenhirn
Dopamin 80, 96–104, 107, 117, 147, 192, 194, 275–276, 282, 288, 362, 374
- Freisetzung 99–101, 105, 107, 115, 149
Dopaminrezeptor 180
Dopaminsystem 148
Dopaminsystem, mesolimbisches, s. auch Nucleus accumbens 96, 101, 115
Drogen 99, 148, 180, 198, 247, 278, 285
Dualismus 15, 19, 23, 26, 33, 43, 241, 370
- interaktiver 17, 35, 232

E

Ebene, kognitiv-sprachliche 63, 87, 152, 314, 371
Ebene, mittlere limbische 68, 82, 93, 151, 315, 365, 372
Ebene, obere limbische 63, 82–83, 93, 151–152, 166, 314–315, 372
Ebene, untere limbische 63, 92, 168, 178, 183, 371–372

Eccles, John C. 38–39
Elektroenzephalographie (EEG) 41, 114, 212, 219, 221, 223, 240–241, 337–338, 345–346, 376
Ellis, Albert 321–323
Emergenz 234–235, 240, 371
Empathie 93, 121, 125–126, 149, 151, 180, 287–288, 325
Endhirn 46, 56–57
Endorphine 95, 116
Epigenetik, s. auch Methylierung, epigenetische 19, 143, 146, 150, 189, 199, 258, 296
Erinnerung, autobiographische, s. Gedächtnis, autobiographisches
Erziehung 83, 93, 181, 257, 291, 383
Es, das (Psychoanalyse) 200, 303, 305, 307
Expositionstherapie 340, 342–344, 366
Expositionsverfahren 320
Extraversion 185–188, 191–194, 196–198
Eysenck, Hans-Jürgen 185–186, 188, 326–327

F

Felder, elektromagnetische 240
Felder, mentale 239–240
fMRI, s. Magnetresonanz-Tomographie, funktionelle (fMRT)
Formatio reticularis 54–56, 67, 81, 218, 231
Freud, Sigmund 21, 242, 299–309, 311, 313, 332, 350, 353, 368, 378–380
Furcht 15, 17, 42, 73–74, 86–87, 106, 118, 125, 145, 160, 165–166, 171, 177, 179, 181, 198, 204, 263–266, 270, 280, 286, 294, 341–343
Furchtkonditionierung 18, 74, 265, 340, 342–343

G

Galen 28–30, 184
Gedächtnis, autobiographisches 72, 162–164, 182, 203
Geist-Gehirn-Problem 32–34

Generationsübergreifende Anfälligkeit 122, 183, 189, 199, 258, 273, 283, 297–298
Gen-Umwelt-Interaktion 20, 23, 103, 110, 120, 129, 143, 256, 258–259, 282, 291, 293–294
Gewissenhaftigkeit 185–187, 196–198
Globus pallidus 56–58, 74–79, 81, 117, 147, 203, 275
Glucocorticoide, s. Cortisol
Golgi, Camillo 38
Grawe, Klaus 10–11, 22, 343–344, 361, 365, 380, 384
Gray, Jeffrey 186
Großhirnrinde, s. auch Cortex, Isocortex 40–41, 45, 47, 55, 57, 59–60, 68–69, 79, 82–83, 160, 162, 200–203, 215–220, 223, 227, 230–231, 233, 240, 337, 348, 350, 371–372

H
Habenula 79, 81, 102, 114
Hanse-Neuro-Psychoanalyse-Studie (HNPS) 10, 339, 347, 354–355, 360
Hippocampus 82, 219, 228, 230, 249, 254–255, 260–262, 293, 352–354, 359, 364–365
HNPS, s. Hanse-Neuro-Psychoanalyse-Studie (HNPS)
Höhlengrau, zentrales (PAG) 63–64, 67, 71, 116, 286, 341
HPA-Achse, s. Hypothalamus-Hypophysen-Nebennierenrinden-Achse (HPA-Achse)
Hypercortisolismus, s. Cortisol, Überfunktion 253
Hypocortisolismus, s. Cortisol, Unterfunktion 253
Hypophyse 56, 63, 65, 120, 137, 144–145, 261
Hypothalamus 49, 57
Hypothalamus-Hypophysen-Nebennierenrinden-Achse (HPA-Achse) 132–133, 135–138, 144–145, 252, 266

I
Ich, das (Psychoanalyse) 228, 303, 305–307
Impulshemmung 93, 148–149, 151–152, 193
Impulsivität 86, 102, 106–107, 146, 149, 187–188, 191–193, 196, 277–278, 280, 283, 289–290
Impulskontrolle 85–86, 103, 179, 189, 192, 194, 196, 199, 279, 285
Intuition 229

K
Kandel, Eric 10, 21–22, 40, 378
Kernberg, Otto F. 309, 374
Kernspintomographie, s. Magnetresonanz-Tomographie, funktionelle (fMRT) 61, 160, 237, 337
Kinderbetreuung 139–140, 174
Kleinhirn 46–47, 49, 55, 88, 162, 202, 212, 362
Koch, Cristof 225
Kognitiven Wende 322
Koma 115, 209
Konditionierung, klassische 316–320
Konditionierung, operante 316–317, 319, 321
Konfrontationstherapie, s. Expositionstherapie
Kreislauf der Gewalt 297–298
Kritische Periode 11, 127, 155–156, 189, 259

L
Limbisches System 45, 59, 63–91
Locus coeruleus 49, 67, 96, 110–113
Löschung 157, 321, 340, 343, 377

M
Magnetenzephalographie (MEG) 337–338, 376
Magnetresonanz-Tomographie, funktionelle (fMRT) 41, 61, 160, 237, 337–339, 346, 352
Medulla oblongata, s. Verlängertes Mark

MEG, s. Magnetenzephalographie
Melancholie 247
Mesencephalon, s. Mittelhirn
Mesolimbisches System 70, 72, 78, 82, 85, 218, 372
Methylierung, epigenetische 143, 253, 258, 273, 288–289, 292–293, 296–298
Missbrauch 19, 128–129, 140, 142, 146, 164, 176, 248, 257, 259–260, 269, 272, 276, 282, 290, 294, 303, 351
Misshandlung 109–110, 128, 130, 140–141, 143–144, 146, 173, 248, 269, 276, 292, 294–297, 375, 383
Mittelhirn 46, 55, 78, 90, 114, 157
Monoamin-Hypothese 249, 252

N

Neural Correlates of Consciousness (NCC) 224–225
Neurogenese 248, 252–255, 261–263, 272, 359, 364, 380
– adulte 248, 253, 256, 261
Neurohormone 19, 23, 47, 53, 72, 95, 152, 231, 373
Neuromodulatoren 19, 23, 53, 55, 95–96, 105, 121, 134, 152, 218, 245, 256, 336, 338, 364, 366, 373–375
Neuropeptide 19, 23, 47, 53, 57, 68, 72, 75, 95, 116, 152, 158, 231, 338, 373
Neurotizismus 185–188, 190–191, 194, 196–198, 267, 276
Neurotransmitter 23, 51, 114, 373
Neurotrophane Faktoren 153
Neurotrophe Faktoren 255
Noradrenalin 67, 110–114, 132, 145, 150, 164, 191, 193, 196, 231, 233, 250, 373
Nucleus accumbens 49, 66, 73–75, 77–78, 80, 83, 85, 96, 101, 107, 117, 147, 149, 228, 255, 266, 336, 339, 344, 346, 354, 357, 363, 376, 378
Nucleus paraventricularis (PVN) 65–66, 120, 129, 133, 136–137
Nucleus supraopticus 65–66, 120, 129

O

Ödipuskomplex 306, 332, 368
Ödipuskonflikt 303–304, 379
Offenheit/Intellekt 102, 185–187, 190, 197–198
Operationalisierte Psychodynamische Diagnostik (OPD) 311, 313–315, 333, 360
Opioide, endogene 77, 96–97, 99, 102, 112–113, 116–120, 147, 149, 192, 194, 231, 253, 280, 356–357, 362, 364, 369, 373–374, 376, 380
Ordnungsbildung 220–221
Oszillationen 219–227, 233
Oxytocin 95, 120–129, 158, 194–195, 231, 251, 253, 261, 267–268, 280, 282, 288, 296–298, 356–361, 364, 369, 373–376, 380
– Freisetzung 280, 357, 359, 373

P

Pallidum, s. Globus pallidus
Panik 106, 264, 269, 320, 341
Panikstörungen 263–264, 266–267, 269, 345
Parallelismus, psychophysischer 16–17, 232, 371
Periaquäduktales Grau (PAG), s. Höhlengrau, zentrales (PAG)
Persönlichkeitsmerkmale 108, 110, 152, 184, 187–188, 199, 374
PET, s. Positronen-Emissions-Tomographie (PET)
Pflegekinder 142, 156
Physikalismus 370
– nichtreduktionistischer 33
Placeboeffekt 330–331, 335, 355, 376
Plastizität (Persönlichkeit) 187–188, 198
Platon 26–29
Polymorphismus 107–110, 119–120, 126–127, 129, 131, 138, 180, 188, 256, 260, 268, 282, 291, 375
Pons, s. Brücke (Pons)
Positronen-Emissions-Tomographie (PET) 41, 337–338, 345–346

Posttraumatische Belastungsstörung (PTBS) 24, 112, 138, 164, 245, 263, 269–273, 278, 297, 353, 376
Prozessforschung 325–326
Psychoanalyse 16, 20, 24, 204, 299–300, 302–303, 308, 310–313, 316, 325–327, 329, 331–333, 335, 340, 349–350, 354, 367–368, 377–380
Psychopathie 86, 110, 127, 194, 245, 283–285, 287–290, 293, 374
Psychotherapie, psychoanalytische 307
Psychotherapie, psychodynamische 10, 299, 309, 332, 335, 340, 354, 367, 377
Psychotherapie-Wirksamkeitsforschung 325–328, 360–361
PTSD, s. Posttraumatische Belastungsstörung (PTBS)

R
Ramón y Cajal, Santiago Felipe 37–38
Randomisiert kontrollierte Untersuchungen (RCT) 326
Raphe-Kerne 63, 66–68, 96, 104–105, 116, 251, 357
Realitätssinn und Risikowahrnehmung 150–151, 189, 193, 196–197, 199
Reduktionismus 12, 18–19, 23, 299
– neurobiologischer 233, 381
Resilienz 128–129, 259, 291
Resting State 338
Resting State Network 86, 248
retikuläre Formation, s. Formatio reticularis
Rudolf, Gerd 312, 365

S
Schleife, dorsale 68, 78–79, 88, 275
Schleife, ventrale 68, 79–80, 275
Schwangerschaft 93, 110, 116, 138, 154, 157–158, 180
Seelenlehre, antike 25
Seelenlehre, mittelalterliche 25
Seelenlehre, neuzeitliche 32

Selbstberuhigungssystem 151, 192, 199, 375–376
Selbstorganisation 220, 240
Selbstreferentialität 202, 217, 219, 240, 371
Selektive Serotonin-Wiederaufnahmehemmer (SSRI) 18, 251–256, 266, 330, 346
Sensible Periode, s. Kritische Periode
septale Region, s. Septum
Septum 59, 66, 68–69, 105, 218
Serotonin 96, 103–110, 136–137, 146–147, 149, 191–194, 196, 250–252, 256, 260, 262, 275, 290, 293–294, 356, 364–365, 369, 373, 375
– Freisetzung 357
Serotonintransporter-Polymorphismus 107–108, 180, 259
Sozialphobie 156, 263, 265–268
Sozialverhalten, gestörtes 285, 294
SSRI, s. Selektiver Serotonin-Wiederaufnahmehemmer (SSRI)
Stabilität (Persönlichkeit) 187–188, 198
Störungen, strukturbedinge 312
Stress 105, 107, 109, 111–112, 120, 122–125, 128, 130, 132, 135, 138, 140–141, 143, 145–146, 149, 189–191, 194–195, 252, 255, 269, 271–272, 341, 359, 369
– chronischer 137, 144, 261, 263, 272, 296
– frühkindlicher 115–116, 128, 139, 144, 256, 259–260, 263
– unkontrollierbarer 107, 133, 145, 259, 262
– vorgeburtlicher 110, 116, 139, 146, 180, 291
Stressantwort 138
Stress-hyporesponsive Periode (SHRP) 137, 139
Stressresilienz 291
Stressresistenz 145
Stresstoleranz 146
Stressverarbeitung 57, 132, 145–146, 158, 189–191, 198–199, 365, 375

Striatum 57–58, 66, 74–75, 77, 203, 215, 254–255, 261, 263, 276, 285, 344, 362, 364, 380
– dorsales 75–76, 78, 96, 119, 362
– ventrales 75, 77, 255, 266, 279
Substantia nigra 56–57, 74–78, 203
Suizidalität 109, 146, 246, 253, 270, 274, 278, 282
Synaptogenese 50, 154
Synchronisation 219, 221–223, 231, 371

T
Telencephalon, s. Endhirn
Temperament 92, 110, 139, 151–152, 173, 177–181, 188, 267, 276, 294, 372, 374
Temporalcortex, s. Cortex, temporaler
Testosteron 66, 149, 193, 196, 288–289
Thalamus 80
– dorsaler 57, 75, 77, 81
Theory of Mind (ToM) 160–162, 182
Traumatisierung 140, 143, 163–164, 173, 196, 204, 271, 283, 293, 342, 344, 352, 363, 366, 369, 378, 380, 383

U
Über-Ich, das (Psychoanalyse) 303, 305–307, 353–354
Übertragung und Gegenübertragung 309–310, 314, 368, 379
Umstrukturierung, kognitive 20, 310, 323–324, 326, 344, 347–348, 363, 367, 378
Unbewusste, das 23, 200–201, 204, 300, 303–305, 307–308, 310, 332, 350–351, 353–354, 379

V
Vasopressin 64, 95, 129–132, 150, 158, 194, 253, 261, 373–374

ventrales tegmentales Areal (VTA) 49, 56, 64–66, 69, 71, 74–75, 77–79, 81, 85, 90, 96, 99–100, 102, 104, 148, 203
Verdrängung 228, 304, 307–308, 332, 351–354, 368, 379
Vererbung 146, 177, 256, 268, 298
Verhaltenshemmung 107, 177, 196, 276, 279
Verhaltenstherapie 24, 299, 315, 319–323, 332–333, 335, 340, 366
Verhaltenstherapie, kognitive 10, 20, 24, 299, 319, 321–322, 325, 334–335, 344, 363, 366–367
Verlängertes Mark 45–46, 49, 54, 112
Vernachlässigung 19, 127–128, 132, 140, 142, 144, 146, 176, 182, 248, 259–260, 272, 290, 294, 296–297, 375
Verträglichkeit 185
Vier-Ebenen-Modell 23, 63–91, 151, 183, 314
Vorbelastung 145, 150, 196, 282, 296, 320, 342, 344, 375, 380, 383
Vorbewusste, das 200, 205, 227, 230, 303, 305, 311, 350–351, 353–354, 368, 379, 382
Vorderhirn, basales 49, 69, 72–73, 96, 105, 121, 218
VTA, s. ventrales tegmentales Areal (VTA)
Vulnerabilität, s. Vorbelastung

W
Wellen, elektromagnetische 241
Wirksamkeitsforschung, s. Psychotherapie-Wirksamkeitsforschung

Z
Zwangsstörungen 24, 246–247, 273–278, 344–345, 376
Zwischenhirn 46, 56, 67

www.klett-cotta.de

Gerhard Roth
**Persönlichkeit,
Entscheidung,
Verhalten**
Warum es so schwierig ist,
sich und andere zu ändern

349 Seiten, broschiert
ISBN 978-3-608-94706-9

»Der Neurobiologe und Philosoph Gerhard Roth hat ein Buch geschrieben, das wichtige Erkenntnisse vermittelt, wie wenige Sachbücher es tun.«
Martin Urban, Süddeutsche Zeitung

Wir erfahren, wie unsere Persönlichkeit im Gehirn entsteht, wie sie bewusst und insbesondere unbewusst unsere Entscheidungen und unser Handeln lenkt. Bei Entscheidungen und Verhaltensänderungen haben die unbewussten Anteile unserer Persönlichkeit das erste und das letzte Wort, Verstand und Vernunft sind nur Berater. Der Autor erläutert, warum es schwer ist, uns selbst und andere nachhaltig zu ändern, und wie dies dennoch zu schaffen ist.

Klett-Cotta

www.klett-cotta.de

Gerhard Roth
Bildung braucht Persönlichkeit
Wie Lernen gelingt

355 Seiten, gebunden mit Schutzumschlag
ISBN 978-3-608-94655-0

»Gerhard Roth – der wichtigste lebende deutschsprachige Naturwissenschaftler«
Cicero

Gerhard Roth erklärt, woran die Bemühungen um Bildung und Weiterbildung scheitern: Die Erkenntnisse der Psychologie und Neurowissenschaften haben bisher keinen Eingang in unser Bildungssystem gefunden.
Er beantwortet die wichtigsten Fragen zum Thema:
- Wie lernt der Mensch eigentlich?
- Warum sind Emotionen beim Lernen so wichtig und wie kann ich Begeisterung für einen Stoff wecken?
- Wie kann das Gelernte dauerhaft im Gedächtnis implantiert werden?

Klett-Cotta

www.klett-cotta.de

Ap Dijksterhuis
Das kluge Unbewusste
Denken mit Gefühl und
Intuition

240 Seiten, gebunden mit
Schutzumschlag
ca. 20 Abbildungen
ISBN 978-3-608-94560-7

Überlassen Sie schwierige Entscheidungen Ihrem Unbewussten

Das Unbewusste spielt in unserem Alltag eine größere Rolle, als man denkt. Ap Dijksterhuis zeigt kurzweilig, lebendig und überraschend, wie das menschliche Hirn arbeitet.

»Dijksterhuis hat ein außerordentlich kluges und wichtiges Buch geschrieben, lebensnah, nützlich und zugleich eine atemberaubende Reise zu den Fragen des 21. Jahrhunderts: Handlungsfreiheit, Bewusstseinsmanipulation und Entscheidungsfindung. Und eines ist sicher, auch der Leser ist nach der Lektüre ein bisschen klüger geworden. Ob bewusst, oder unbewusst.«
Ariadne von Schirach, Deutschlandradio

Klett-Cotta

www.klett-cotta.de

Sie möchten mehr über das Programm von Klett-Cotta erfahren?

Noch mehr Bücher mit Leseproben, Rezensionen, Terminen u. v. m. finden Sie auf unserer Homepage
www.klett-cotta.de

Erhalten Sie per E-Mail regelmäßig aktuelle Informationen zu Ihren Interessengebieten:
www.klett-cotta.de/newsletter

Hier finden Sie einen Überblick unserer Online-Auftritte: **www.klett-cotta.de/im-netz**

Schauen Sie vorbei!

Klett-Cotta